PHANTASTISCHE FLUGDRACHEN

PHANTASTISCHE FLUGDRACHEN

44 Modelle zum Nachbauen.

Konstruktion, Material, Aerodynamik, Design

von Maxwell Eden

KÖNEMANN

151 West 19th Street, New York, NY 10011

Redaktionelle Betreuung: Jessica Mac Murray
Schwarzweiß- und Farbillustrationen © Alan Radom
Konstruktionsfotos © Alyce Parseghian

Buchgestaltung: Jonette Jakobson

Originaltitel: The Magnificent Book of Kites.

Könemann Verlagsgesellschaft mbH
Bonner Straße 126, D–50968 Köln

Übersetzung aus dem Amerikanischen: Werner Horwath, Katharina Jotz und Armin Preisler für Agents – Producers – Editors, Overath
Redaktion: Willfried Baatz, München für Agents – Producers – Editors, Overath
Fachlektorat: Georg Pälchen, München für Agents – Producers – Editors, Overath
Produktion und Satz: Agents – Producers – Editors, Overath

Projektkoordination: Dr. Marten Brandt
Montage: Reproservice Pees, Essen
Herstellungsleitung: Detlev Schaper
Herstellungsassistenz: Ursula Schümer

Druck und Bindung: Reálszisztéma Dabasi Nyomda Rt.
Printed in Hungary

ISBN: 3-8290-2206-9
10 9 8 7 6 5 4 3 2 1

Inhalt

Drachenmodelle

Drachen in Farbe

Für meine Mutter
Adele –
von ihr habe ich
gelernt,
daß es nach oben
keine Grenzen gibt …

Vorwort

Wie und warum bestimmte Dinge funktionieren, faszinierte mich seit jeher mindestens genauso wie die Dinge selbst – wenn nicht sogar noch mehr. Daher möchte ich kurz erzählen, wie dieses Buch zustande kam.

Es war Ende November, ein öder, grauer Tag im Nordosten der Vereinigten Staaten, und das Wetter lud nicht gerade dazu ein, Drachen steigen zu lassen. Trotzdem verstaute ich an jenem Morgen meinen Nadelstreifen-Deltadrachen und fuhr ein paar Meilen bis zu einem Park, in dem es auch einen großen Sportplatz gab. Als ich am Spielfeld angelangt war, den Wind im Rücken, fiel mir auf, daß dort alles sehr ruhig war. Die Footballspieler, die den Park zu dieser Jahreszeit sonst bevölkerten, waren an diesem Tag nicht da. Zweifellos hielten sie die Kälte und die Vorbereitungen für das unmittelbar bevorstehende alljährliche Truthahnfest ab. Ich begann also, den Drachen auszupacken. Er war so grau wie der Tag, an dem ich ihn steigen ließ.

Eine Woche zuvor, als ich darauf brannte, diesen Drachen zu bauen, hatte sich die Lieferung des bestellten farbigen Spinnakernylons verzögert. Ich brauchte also eine Alternative. Ich ging an den Kleiderschrank und nahm mir vier neue Baumwollhemden – es waren weiße Brooks-Brothers-Hemden mit grauen Nadelstreifen. Ich legte sie auf dem Arbeitstisch neben die Nähmaschine und opferte sie für meinen Drachen. Sie taten mir nicht einmal leid: Hauptsache, ich hatte das Material für mein Drachensegel.

Das Thema Drachen war erst ein halbes Jahr zuvor bei einer Party zu meinem dreißigsten Geburtstag in mein Leben getreten. Ein Freund hatte mir eine lange Röhre geschenkt, die einen Drachen enthielt. Damals meinte ich, daß es ein merkwürdiges Geschenk für einen Erwachsenen sei. Ich legte den Drachen beiseite und vergaß ihn erst einmal. Einige Wochen später, an einem Sonntagmorgen, verspürte ich das dringende Bedürfnis rauszugehen. Ich hatte allerdings keine Idee, was ich unternehmen sollte, bis ich mich an den Drachen erinnerte. Also schnallte ich mir die Pappröhre wie einen Köcher auf den Rücken und radelte zu einem nahe gelegenen Parkplatz.

Es wehte ein beständiger Nordwind. Ich öffnete die Röhre, nahm den Drachen heraus und baute ihn zusammen. Im nächsten Moment hatte er mich kalt

erwischt: Er riß sich los und zog und zerrte an mir, bis er sich freigekämpft hatte. Als ich nun mit der Schnur in der Hand dastand und den Drachen in die Lüfte steigen sah, überkam mich ein ganz euphorisches Gefühl. Ich war begeistert und irritiert zugleich. Ich fühlte mich wie zwischen zwei Welten, am Boden und zugleich abgehoben, schwebend. Völlig fasziniert von dem, was ich bis dahin nur für ein Kinderspielzeug gehalten hatte, verlor ich jegliches Zeitgefühl und ließ den Drachen bis zum Sonnenuntergang fliegen. Als ich an jenem Abend nach Hause radelte, empfand ich ein Gefühl der Schwerelosigkeit und inneren Harmonie. Jetzt wußte ich, daß das Drachensteigen mehr sein konnte, als es ein flüchtiger Beobachter vermuten würde.

Ich ließ diesen Drachen bei jeder nur möglichen Gelegenheit steigen, bewahrte ihn im Kofferraum meines Autos auf und nahm ihn mit zur Arbeit, wo ich machmal ausgedehnte Mittagspausen machte. Wer würde auch meine stürmischen »Verabredungen« verstehen!

Thanksgiving stand unmittelbar vor der Tür. Es spielte für mich keine Rolle, ob der Himmel grau war und der Sportplatz leer blieb. Ich war damit beschäftigt, meinen Nadelstreifen-Deltadrachen zusammenzubauen. Mit einer sanften Brise im Rücken überließ ich den Drachen seiner Bestimmung. Ich hatte diese Hemden nie gemocht und wünschte ihnen in ihrer neuen Rolle alles Gute. Der Drachen stieg nach oben, während die Spule in meiner Hand beständig schnurrte. Schließlich geriet mein Delta in rund 300 m Höhe in eine sanfte und gleichmäßige Luftströmung und stabilisierte sich, als er fast senkrecht über mir stand. Gelegentlich flatterte er. Die meiste Zeit stand er jedoch still in der Luft, und es sah aus, als wäre er auf eine riesige, mit Wolken bedeckte Leinwand gemalt.

Nach einer Weile begann das weiße Dreieck wie eine Fata Morgana in der Wüste zu flimmern. Zuerst nahm ich an, daß die Sonne durch die Wolkendecke brechen würde. Aber es war etwas anderes. Als das Flimmern nachließ, schien der Drachen plötzlich ganz nah zu sein, so, als würde ich ihn durch ein riesiges Fernrohr betrachten. Der Gegenstand, der aus meinen ehemaligen Hemden entstanden war, hatte sich in etwas verwandelt, was ich nur als durchsichtiges, dreieckiges Fenster beschreiben kann.

Ich rieb mir die Augen, und es war immer noch da. Ein dreidimensionales Loch, wie die Seitenfläche einer Pyramide, hatte sich im Himmel aufgetan. Hinter dem Fenster sah ich eine Landschaft aus geometrischen Körpern und Formen – zwar vertraut, auf merkwürdige Art jedoch auch unbestimmbar. Mein Drachen war zu einer Linse oder zu einer Art scharfem Brennpunkt geworden, der sich zwischen den Welten bewegte oder sich dort verfangen zu haben schien. Sah ich hinein oder hinaus? War da jemand, der mich ansah? Ich hatte den Eindruck, daß es viele Möglichkeiten gab.

Das Fenster am Himmel blieb, und die geometrischen Objekte dahinter, was immer sie auch waren, bewegten sich wie in Zeitlupe. Lange stand ich so da, bis mir langsam eine Erklärung in den Sinn kam.

Der Himmel war wie ein unbeschrifteter Briefumschlag, der darauf wartete, ausreichend frankiert und adressiert zu werden. Mein Drachen war die Briefmarke – wenn auch eine Marke von so surrealer Art, wie es sie nur in Träumen gibt –, und der Bereich jenseits der Grenze war die Adresse. Und als ob dies alles noch nicht genug wäre, schien der Drachen meinen Atemrhythmus übernommen zu haben.

Gerade als die Körper und Formen im Hintergrund konkret werden wollten, setzte auch das Flimmern wieder ein, und die Szenerie löste sich auf wie in einem Traum. Ich zwinkerte mit den Augen, aber das magische Fenster, das eben noch zum Greifen nah war, war verschwunden und hatte sich weit entfernt am Ende der Drachenschnur wieder in ganz normales Oxfordtuch verwandelt. Ich fand mich damit ab, daß das Schauspiel wirklich zu Ende war, nahm meinen Drachen und machte mich quer über den Platz auf den Heimweg.

Obwohl ich danach meine Drachen noch oft steigen ließ, geschah nichts Außergewöhnliches mehr. Bald vergaß ich die Drachen wieder und zog nach Kalifornien, um mich neuen beruflichen Aufgaben zu widmen.

San Francisco, zehn Jahre später: Ich saß im Wohnzimmer eines Apartments im Stadtteil Fillmore, als mir jemand ohne ersichtlichen Grund einen Wälzer mit dem Titel »Synergetics: Explorations in the Geometry of Thinking«[1] von Buckminster Fuller in die Hand drückte. Ich hatte den Namen des Autors im Laufe der Jahre immer wieder mal gehört – und zwar im Zusammenhang mit der geodätischen Kuppel, einer von ihm stammenden architektonischen Erfindung –, hatte aber sonst keine besondere Beziehung dazu. Als ich das Buch jetzt in der Hand hielt, fiel mir ein, daß ich seinen Namen in gedruckter Form zum letztenmal bei den Todesanzeigen gesehen hatte.

Ich schlug das Buch auf, und zufälligerweise fielen mir gleich beim ersten Blick vertraute geometrische Muster auf, stachen mir förmlich in die Augen. Es handelte sich um genau jene Körper und Formen, die mir zehn Jahre zuvor als Vision erschienen waren. Ich blätterte weiter: Da gab es Dreiecke, Tetraeder und gestreckte Rauten. Daneben standen kombinierte Formen von unterschiedlicher

[1] *Veröffentlicht bei Macmillan Publishing Co., Inc., 1979*

Komplexität. Es fiel mir wie Schuppen von den Augen. »Der Kerl hat Drachen gezeichnet!« rief ich aus.

Fullers Denken war verblüffend breit angelegt. Er war Metaphysiker und Zauberer, Erfinder und Philosoph, Poet und Mathematiker. Der Kern von Fullers Buch »Synergetics« ist im Grunde folgender: Man kann keine Aussage über die Wirkung oder das Verhalten des Ganzen machen, wenn man die einzelnen Teile nur jeweils für sich betrachtet.

Umgekehrt gilt, daß man bei der Betrachtung der Einzelteile eines Drachens keine Rückschlüsse auf deren Verhalten im Zusammenspiel des Ganzen ziehen kann.

Fuller ging davon aus, daß das vierseitige Polyeder, das Tetraeder, die Grundstruktur des Universums ist. Als Modell kann es, unabhängig von der konkreten Ausprägung und der relativen Größe, überall auftreten – angefangen bei den Pyramiden von Giza bis hin zu meinen dreieckigen Nadelstreifen-Deltadrachen.

Endlich hatte ich eine Theorie – wenn auch noch keine Erklärung – für mein seltsames Erlebnis vor vielen Jahren in jenem Park. Obwohl ich nicht wußte warum, so war mir doch klar, daß mein Drachen zu einem dreieckigen Fenster geworden war, das mir einen kurzen Einblick in die Struktur der Realität gewährt hatte. Das inspirierte mich dazu, dieses Buch zu schreiben.

Einleitung

Dieses Buch handelt von der Erfahrung und der Freude, Drachen zu bauen und sie dann steigen zu lassen. Ich schrieb das Buch für alle Drachenfreunde, unabhängig davon, ob sie schon einmal einen Drachen haben steigen lassen oder nicht.

Das Buch enthält Bauanleitungen für eine ganze Reihe unterschiedlicher Drachen, die ich bei Drachenbauern in aller Welt gesehen habe. Darunter befinden sich einfache, preiswerte Modelle – wie z. B. die Origami-Käferdrachen oder der Kaffeebecherdrachen – sowie mit Preisen überhäufte fliegende Skulpturen, die in ihrer beeindruckenden Architektur schon eine echte Herausforderung darstellen. Meine Absicht war es, eine ganze Bandbreite von Modellen vorzustellen, die den Leser dazu verleiten sollen, die Magie des Drachenbaus für sich selbst zu entdecken.

Irgendwer hat einmal gesagt, daß man das ganze Universum verstehen würde, wenn man nur einen einzigen Gegenstand in seiner ganzen Komplexität begriffen hätte. Wie sich herausgestellt hat, eignen sich besonders Drachen dazu, um dieses Verständnis zu erlangen.

Obwohl das meiste Material für dieses Buch direkt von Drachenexperten stammt, war ich doch der Meinung, daß nichts so funktioniert, wie es soll, wenn man es nicht selbst ausprobiert hat. Die hier vorgestellten Drachen wurden hauptsächlich nach folgenden Kriterien ausgewählt: Einfachheit, Raffinement und handwerkliche Kunstfertigkeit. Alle Drachen fliegen zuverlässig, die Tips funktionieren, das empfohlene Zubehör ist durchaus nützlich und jede Bauvariante wurde getestet.

Zusätzlich zu den einzelnen Bauanleitungen und den allgemeinen Informationen über Materialien und den Drachenbau enthält das Buch Geschichten und Anekdoten über Drachen und berühmte Erfinder. Auf diese Weise bin ich über das eng umrissene Thema Drachen hinausgegangen und habe mich entschlossen, selbst solche Bereiche wie Geschichte, Naturwissenschaften und Philosophie zu streifen.

Während des Prozesses der Konzeption, der Recherche und des eigentlichen Schreibens bin ich nach und nach völlig in diesem Projekt aufgegangen, und es wurde zu einer Art Heiligtum für mich – zu meinem Heim. Nun, da es vollendet ist, lade ich Sie ein, hereinzukommen. Mein Haus hat viele Fenster, und jeder Drachen hat eine Geschichte zu erzählen.

Bevor Sie beginnen …

Die Anatomie eines Drachens

Ein Drachen ist ein Fluggerät, das an einer Leine gehalten und vom Wind getragen wird.

Ein Drachen besitzt drei grundlegende Eigenschaften:
- eine Bauweise, die so beschaffen ist, daß der Wind für den Auftrieb sorgt,
- eine Flugleine, die den Drachen hält, und
- eine Waage, die die Unterseite des Drachens so zum Wind ausrichtet, daß er den bestmöglichen Auftrieb erfährt.

Eine Waage besteht aus zwei oder mehreren Schnüren, die direkt am Drachen angebracht sind. Die Waagschnüre laufen in einem Punkt zusammen, von dem aus sie mit der Flugleine verbunden sind. Der Vorteil des Waagensystems besteht darin, daß der Zugpunkt problemlos an die herrschenden Windbedingungen angepaßt werden kann.

Manche Drachen haben keine Waage. Sie haben eine einfache Flugleine, die direkt an einem bestimmten Waagpunkt am Längsstab oder am Mast angebracht ist.

Die Abb. 3 zeigt die Drachen-Grundtypen. In Abb. 4–6 sind viele Begriffe erläutert, die im Drachenbau immer wieder vorkommen.

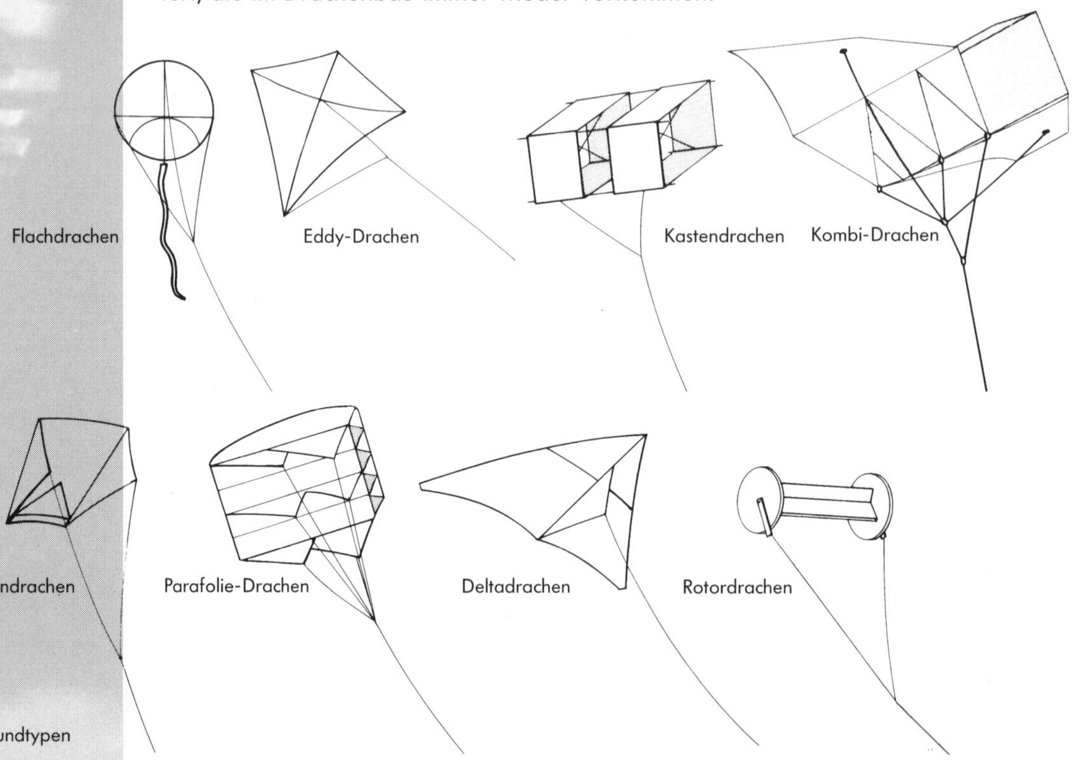

Abb. 3 Drachen-Grundtypen

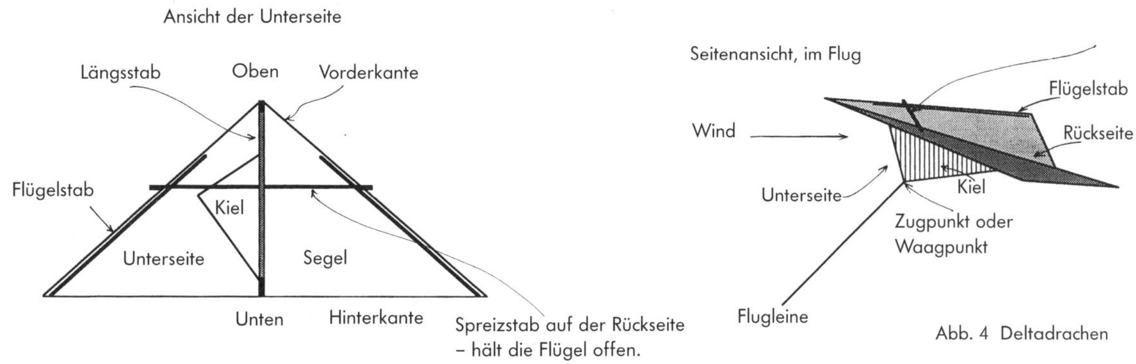

Abb. 4 Deltadrachen

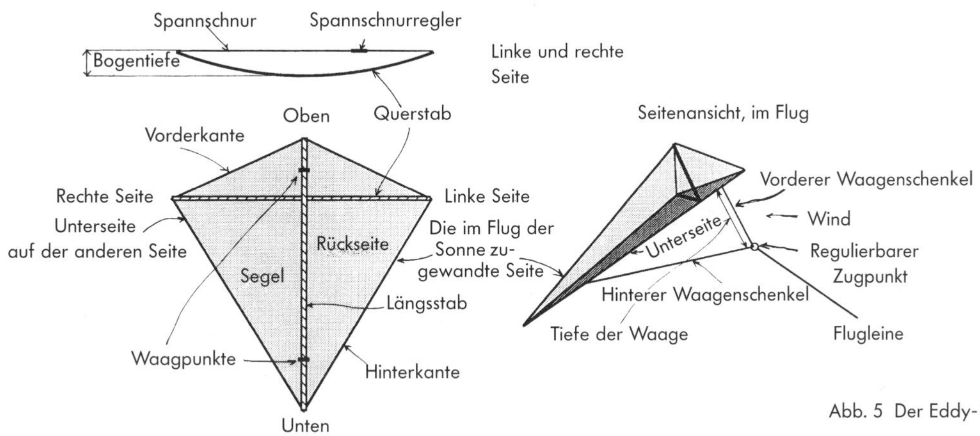

Abb. 5 Der Eddy-Drachen

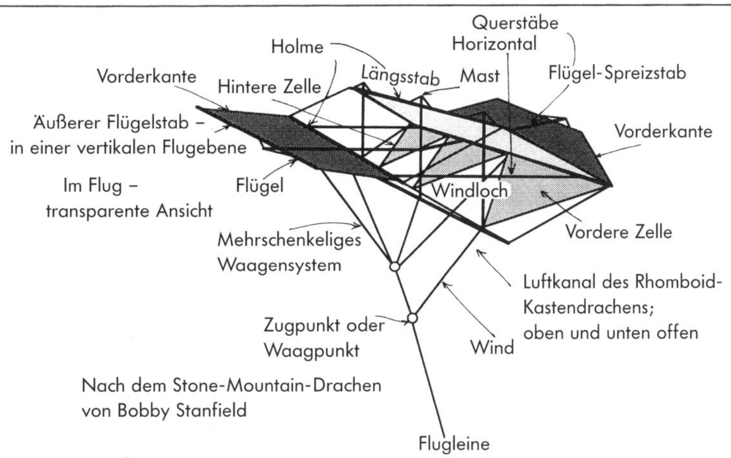

Abb. 6 Ein Kombidrachen

Holme und Stäbe können aus demselben Material bestehen, besitzen jedoch unterschiedliche Funktionen für die Aufrechterhaltung der Struktur des Drachens. Holme dienen der Versteifung auf vertikaler Ebene; Stäbe sorgen für die horizontale Spannung – so wie die Querstäbe oder die Spreizstäbe.
Die Bezeichnung der einzelnen Stäbe kann von Drachen zu Drachen variieren. Da dieser Drachen einem Luftschiff ähnlich ist, kann man die Querstäbe auch als Masten bezeichnen. Der obere Holm ist das Rückgrat des Drachens. Er wird meist als Längsstab bezeichnet.

2

Die Grundlagen des Drachensteigens

Echte Drachenprofis laufen nicht gegen den Wind

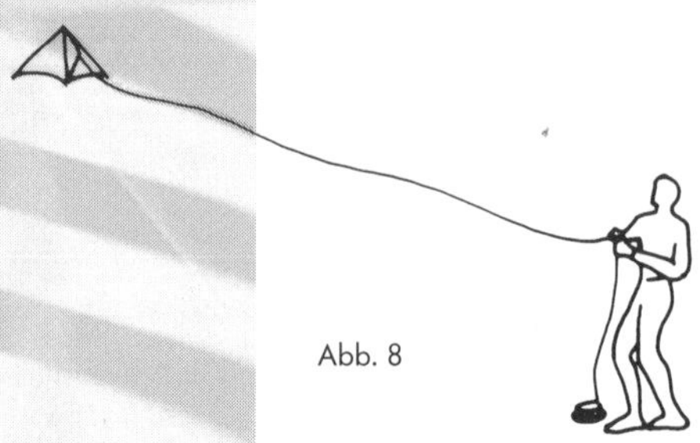

Abb. 8

Der alte Menscheitstraum, einen Drachen in die Lüfte steigen zu lassen, ist im Laufe der Zeit schon in vielen Büchern, Filmen und anderen Medien thematisch verarbeitet worden. Das oft dabei gezeigte Laufen mit einem Drachen ist aber nicht die richtige Methode, ihn in den Himmel steigen zu lassen.

1. Anfänger sollten den Drachenflug aus zwei Gründen mit einem Handstart beginnen. Zum einen ist es einfacher, zum anderen regt sich manchmal nahe am Boden kein Lüftchen, und die beständigen Winde, die man braucht, damit der Drachen fliegt, beginnen erst in 30 m Höhe. Ein Helfer, der sich in entsprechender Entfernung von Ihnen befindet, kann Ihnen bei einem solchen Start helfen. Er sollte Sie ständig im Blickfeld haben, während er den Drachen vorsichtig festhält. Halten Sie die Leine etwas gespannt. Bei leichtem Rückenwind beginnen Sie, an der Leine zu ziehen, und der Drachen steigt nach oben (siehe Abb. 7). Sie können den Drachen auch ohne fremde Hilfe steigen lassen, wenn Sie die Leine beim Start Stück für Stück nachführen bzw. loslassen (siehe Abb. 8).

2. Geraten Sie nicht in Panik und ziehen Sie nicht an der Leine, wenn sich Ihr Drachen rasch nach unten bewegt. Lassen Sie die Spule nicht los: Sie könnte sich verdrehen, außer Kontrolle geraten und dabei Verletzungen verursachen. Hält man die Flugleine locker, kommt der Drachen normalerweise wieder in eine stabile Fluglage (siehe Abb. 9).

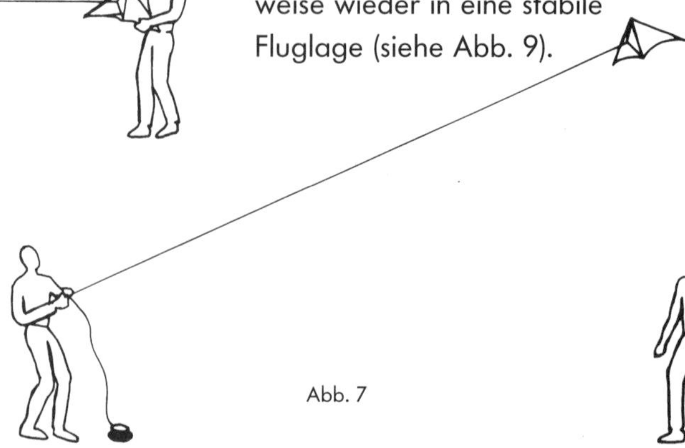

Abb. 7

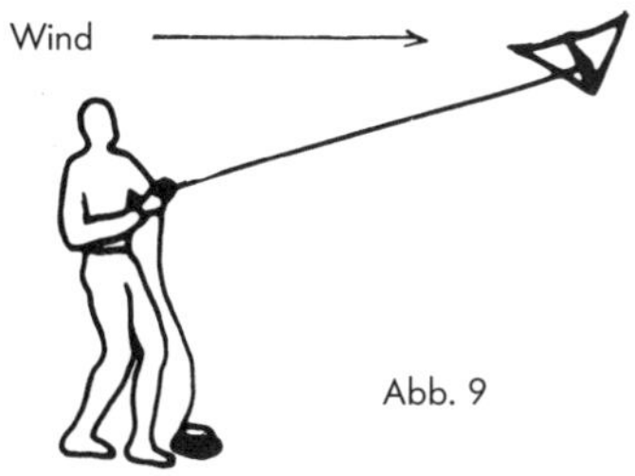

Abb. 9

3. Wollen Sie einen Drachen mit guter Steigfähigkeit wieder einholen, sollten Sie dies gemeinsam mit einem Begleiter versuchen, der sich dabei hinter Ihnen befindet und die Leine aufnimmt. Ziehen Sie den widerspenstigen Drachen an der Leine Stück für Stück nach unten, indem Sie immer wieder mit den Händen umgreifen (siehe Abb. 10).

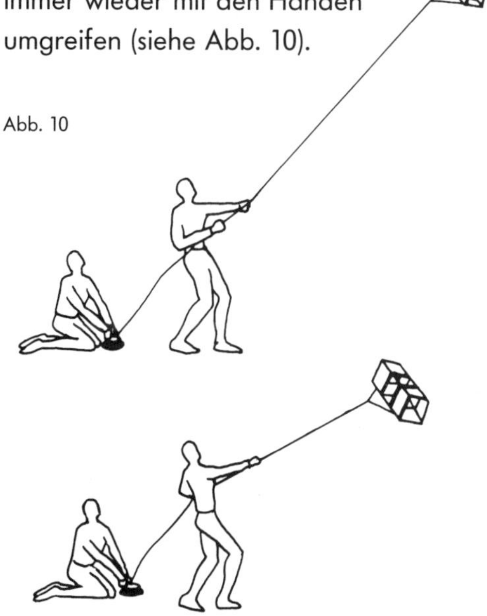

Abb. 10

4. Eine zusätzliche Hilfe beim Einholen eines solchen Drachens ist ausgelegte Einholrolle. Halten Sie die Rolle über die Leine, drücken Sie sie nach unten, wobei Sie vorwärts gehen. Über eine zweite Spule hinter Ihnen sollte die Schnur dabei ständig gespannt werden (siehe Abb. 11).

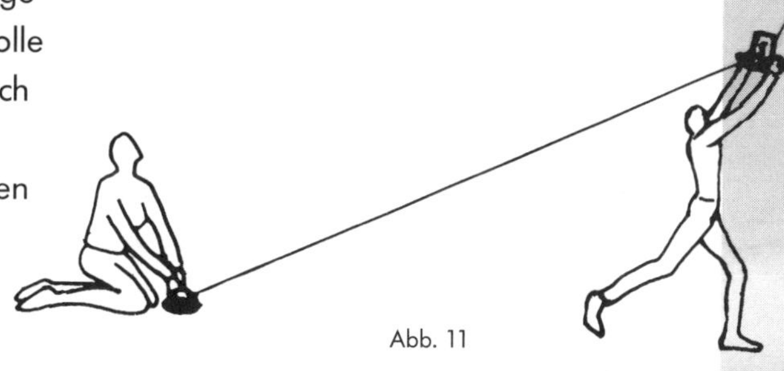

Abb. 11

5. Verwickeln sich zwei Flugleinen ineinander (siehe Abb. 12), so entsteht Reibung, wenn Sie an der Leine ziehen. Dadurch reißt oftmals eine, manchmal sogar beide Leinen. In diesem Fall können Sie sich von Ihrem Drachen verabschieden!

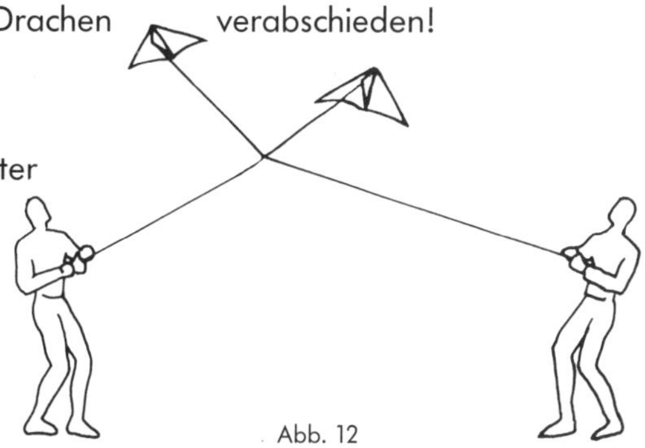

Abb. 12

6. Anstatt an der Leine zu ziehen, sollten beide Drachenfreunde aufeinander zugehen, bis sich ihre Flugleinen wieder entwirren lassen (siehe Abb. 13). Auf diese Weise kann man auch neue Freunde gewinnen!

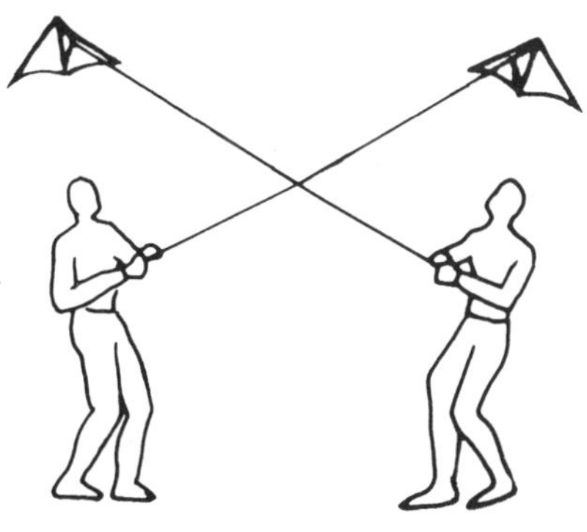

Abb. 13

3

Aerodynamik

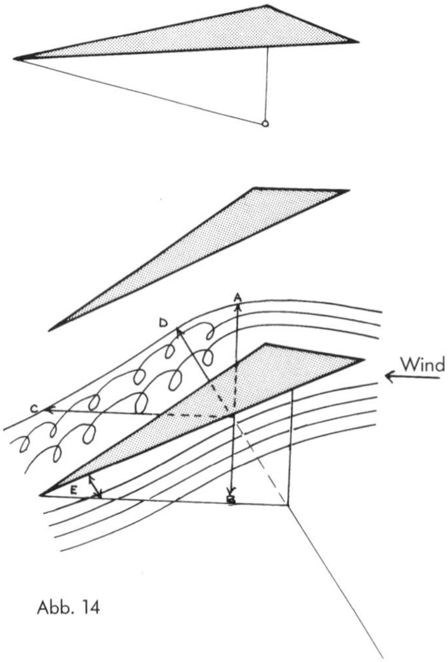

Abb. 14

Drachen sind schwerer als Luft und können dennoch fliegen. Dabei wirken drei Kräfte: Auftriebskraft, Schwerkraft und Zugkraft. Die Auftriebskraft läßt den Drachen nach oben steigen und wirkt der Schwerkraft entgegen. Außerdem muß die Kraft des Windes den Luftwiderstand bei der Vorwärtsbewegung des Drachens überwinden. Die Leistungsfähigkeit eines Drachens wird durch das Verhältnis von Auftrieb zu Zug beschrieben. Ist dieses Verhältnis niedrig, so fliegt der Drachen schräg am Himmel. Bei einem hohen Auftrieb-Zug-Verhältnis steigt der Drachen sehr steil empor. Deltadrachen haben normalerweise ein hohes Auftrieb-Zug-Verhältnis. Daher ist es nicht ungewöhnlich, daß Deltadrachen in einem 90°-Winkel senkrecht über dem Boden fliegen.

Wie die Abb. 14 zeigt, konvergieren Auftriebskraft (A), Schwerkraft (B) und Zugkraft (C) im Druckzentrum (D). Der Anstellwinkel (E) des Drachens entspricht dem Winkel zwischen seiner Bespannung und dem anströmenden Wind. Dieser wird über den Zugpunkt reguliert, der mit dem Druckzentrum auf einer Linie liegen sollte. Der exakte Zugpunkt eines Drachens ist der Waagpunkt.

Die Flugleine sorgt für einen beständigen Druck auf das Segel, woraus wiederum der Auftrieb resultiert (siehe Abb. 15). Das Druckzentrum verlagert sich nach vorn, wenn der Drachen im Flug nach oben steigt.

Befindet sich der Drachen hoch oben in einem gleichmäßigen Luftstrom, bewegt er sich weder vorwärts noch rückwärts und scheint von der Wirkung der Schwerkraft unangetastet zu bleiben. Wie läßt sich dies erklären? Einfach ausgedrückt, kann sich der Drachen deshalb in der Luft halten, weil die durch den Wind erzeugte Auftriebskraft größer ist als die nach unten gerichtete Schwerkraft.

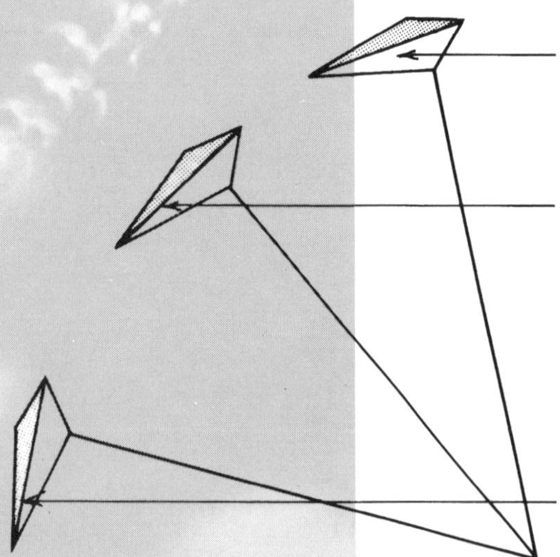

Abb. 15

Als die Vergangenheit die Zukunft wieder einmal eingeholt hatte

London, im Jahre 1809[1] bei Sherlock Holmes.

»Das nenne ich eine aufregende Nachricht«, sagt Dr. Watson, der gerade die London Times liest.
Holmes ist damit beschäftigt, seine Geige zu stimmen.

»In dem Artikel steht, daß Sir George eine Entdekkung gemacht hat ...«

»Sir George?« Holmes versucht sich zu erinnern.

»Genau, ja. Sir George Cayley, dieser Erfinder, wissen Sie. Anscheinend hat Sir George jetzt endlich die wissenschaftliche Erklärung dafür gefunden, warum ein Drachen fliegt.« Holmes spielt weiter mit seiner Geige.

»Soll ich weitermachen?« fragt Watson. Holmes nickt.

»Hier kommt es. Allem Anschein nach bewirkt der Druck des Windes auf die schräg liegende Fläche des Drachens, daß dieser aufsteigt.«

Holmes streicht jetzt mit einem Bogen über die Geige und spielt probeweise einige Töne: »Nicht gerade eine Nachricht für die Titelseite im Jahr 1809. Ich würde sagen, hier hat die Vergangenheit die Zukunft wieder mal eingeholt.«

Watson sieht sich angesichts dieser widersprüchlichen Aussage vor ein Rätsel gestellt.

»Keine Nachricht für die Titelseite, sagen Sie? Die Vergangenheit holt die Zukunft ein? Verflixt noch mal, Holmes, was meinen Sie?«

Holmes legt die Geige beiseite und zündet sich nachdenklich eine Pfeife an. »Das fragliche Gesetz ist nicht neu und unter Wissenschaftlern allgemein bekannt.«

Watson legt die Zeitung beiseite und geht zur Hausbar, um zwei Gläser Sherry einzugießen. Er bietet Holmes eine Erfrischung an. Dieser ist jedoch mehr mit seinen Gedanken beschäftigt. »Nein, danke, mein Bester. Tatsache ist, daß die Erklärung dafür, warum ein Drachen fliegt, schon vor Jahrhunderten gefunden wurde. Im 17. Jahrhundert, um genau zu sein.«

»Hmmm. Schon so früh«, murmelt Watson.

Holmes fährt fort: »Der Mann, auf den die Erklärung zurückgeht, war der einflußreichste Wissenschaftler seiner Zeit.«

»Ich wette, ein Engländer«, meint Watson.

»Auch richtig. Im Jahr 1687 veröffentlichte Sir Isaac Newton offiziell das Dritte Newtonsche Gesetz, nach dem es zu jeder Kraft eine gleichstarke und entgegengesetzt wirkende Gegenkraft gibt.«

Um dieses Gesetz zu veranschaulichen, zieht Holmes tief an seiner Pfeife und bläst den Rauch geradewegs aus dem Mund. »Der Rauch wird in die entgegengesetzte Richtung zurückgeblasen, und zwar mit einer Kraft, die direkt proportional zu jener Kraft ist, mit der ich ihn ausstoße.« Um zu zeigen, wie der Wind von einer Oberfläche abgelenkt wird, bläst Holmes gleichmäßig Tabakrauch gegen seine Handfläche.

»Wie immer, Holmes, sind Sie der scharfsichtige Beobachter. Sir George folgerte, Drachen fliegen durch den Auftrieb, der dadurch entsteht, daß der Wind vom Segel nach unten abgelenkt wird. Newtons Gesetz ging dieser Folgerung voraus und erklärt sie.«

»Gut gesagt, Watson. Sie sehen also, die Neuigkeit ist gar nicht so neu.« Holmes nimmt den Geigenbogen wieder zur Hand.

Hätte Holmes noch weiter in die Zukunft blicken können, dann hätte er auch den Schweizer Physiker Daniel Bernoulli in sein Beispiel für die Vergangenheit, die die Zukunft einholt, einbezogen. Im Jahr 1738 veröffentlichte Bernoulli sein Werk zur Strömungslehre (Luft und Wasser) mit dem Titel »Hydrodynamica«, das auch eine Beobachtung enthielt, die heute Bernoullisches Gesetz heißt. Das Gesetz war die Grundlage für zukünftige Forschungen auf dem Gebiet der Aerodynamik, indem es die Wirkung einer gewölbten Tragfläche vorwegnehmend erklärt.

[1] Wegen der historischen Zusammenhänge habe ich mir erlaubt, die Geschichte vorzuverlegen, da sich die eigentlichen Fälle von Sherlock Holmes erst gegen Ende des 19. Jahrhunderts begeben.

Im Windkanal

Jeder, der einmal seine Hand aus einem fahrenden Auto hielt, hat die Grundprinzipien der Aerodynamik unmittelbar erfahren. Der durch das fahrende Auto erzeugte Luftstrom teilt sich an der Hand und bewegt sich entlang der Handoberfläche. Hält man die Finger in Fahrtrichtung und die Hand horizontal, kann man eine geringe Auftriebs- und Zugkraft wahrnehmen. Hebt man die Handfläche vorn leicht an, wird sie vom Fahrtwind nach oben gedrückt. Bei weiterer Drehung der Hand nach oben wird die Hand stärker nach hinten gedrückt, und die Auftriebskraft wird kleiner. Obwohl dies ein relativ einfaches Beispiel ist, die Gesetze der Aerodynamik zu erklären, wirken auf den Drachen am Himmel die gleichen Kräfte wie auf eine Hand, die man aus einem fahrenden Auto hält.

Ein atemberaubendes Experiment

Führen Sie dieses einfache Experiment einmal selbst aus. Halten Sie ein DIN-A4-Blatt an den Ecken der kürzeren Seite zwischen Ihren Fingern fest und führen Sie die Kante nahe an Ihre Lippen. Wenn Sie gleichmäßig Luft an der Oberfläche entlang blasen, entsteht auf der Oberseite ein Vakuum, welches das Papier nach oben steigen läßt.

Damit haben Sie das Bernoullische Gesetz nachvollzogen. Diese einfache Gesetzmäßigkeit der Aerodynamik erklärt, warum Flugzeuge fliegen und Segelboote segeln. Der gewölbte Flügel eines Flugzeugs hat natürlich bessere Eigenschaften als Ihr Blatt Papier oder ein Drachen. Der Luftstrom muß entlang der gekrümmten Oberseite einen längeren Weg schneller zurücklegen als auf der Unterseite. Je größer der dadurch entstehende Unterdruck auf der Oberseite wird, desto stärker wirkt die Auftriebskraft. Analog dazu wird ein Segelboot in Diagonalrichtung zum Wind über das Wasser gezogen.

Die meisten Drachen fliegen ständig mit einem großen Anstellwinkel und damit im Vergleich zu einem Flugzeug in ungünstigen aerodynamischen Verhältnissen, die jedoch für einen Drachen, der seine Position halten soll, erforderlich sind. Eine Ausnahme ist der Parafoil-Drachen (siehe Kapitel 38).

Die Abb. 16 zeigt ein sogenanntes Airfoil und ein Parafoil. Das Parafoil entspricht in seiner Form dem gewölbten Flügel eines Flugzeugs. Mit einem kleinen Anstellwinkel erreicht es nach dem Bernoullischen Gesetz ein großes Auftrieb-Zug-Verhältnis, d. h. einen beträchtlichen Auftrieb mit minimalem Zug. Die meisten Drachen werden jedoch stärker nach vorn geschoben als nach oben gezogen – wie etwa bei dem Experiment

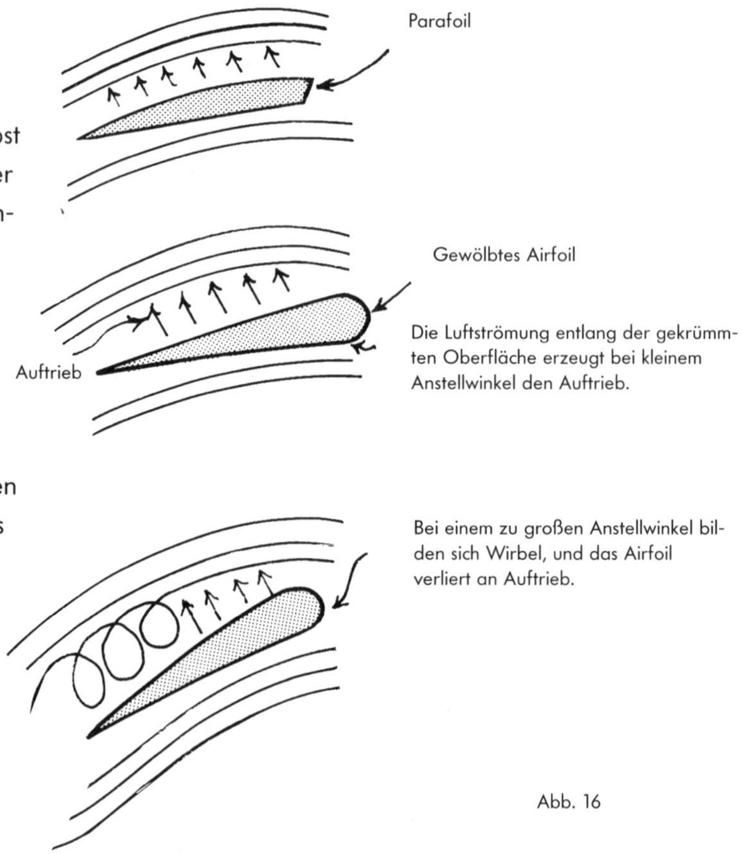

Abb. 16

mit dem Blatt Papier. Das Bernoullische Gesetz spielt in der Praxis aber eher eine untergeordnete Rolle, obwohl es bei einigen Drachentypen, die für kleine Anstellwinkel ausgelegt sind, Anwendung findet.

Die Auswirkungen warmer Luft

Drachen gewinnen auch durch die Wirkung von Aufwinden und der Thermik an Höhe. Aufwinde werden durch Luftströme erzeugt, die sich in der Nähe von Bergen und Klippen nach oben bewegen. Die Thermik entsteht durch aufsteigende warme Luftschichten, die sich an heißen Tagen über weitem und flachem Gelände bilden. Beispiele dafür sind Wüsten oder leere Parkplätze mit Teerbelag. Gleiter, Segelflugzeuge, hochfliegende Vögel und auch Drachen – vor allem Deltadrachen – können sich stundenlang in großen Höhen halten, indem sie die genannten Effekte ausnutzen.

Der Ozean am Himmel

Die uns umgebende Luft läßt sich mit einem Ozean vergleichen, in dem es Strömungen, Wirbel und Widerstände gibt. Einen Drachen in die Luft emporsteigen zu lassen, ist nur der erste Schritt. Im Flug sind Drehungen um drei verschiedene Achsen möglich: das Rollen um die Längsachse, das Nicken um die Querachse und das seitliche Ausbrechen um die Hochachse (siehe Abb. 17). Alle drei Bewegungen müssen ständig reguliert werden, um den Drachen stabil in der Luft zu halten.

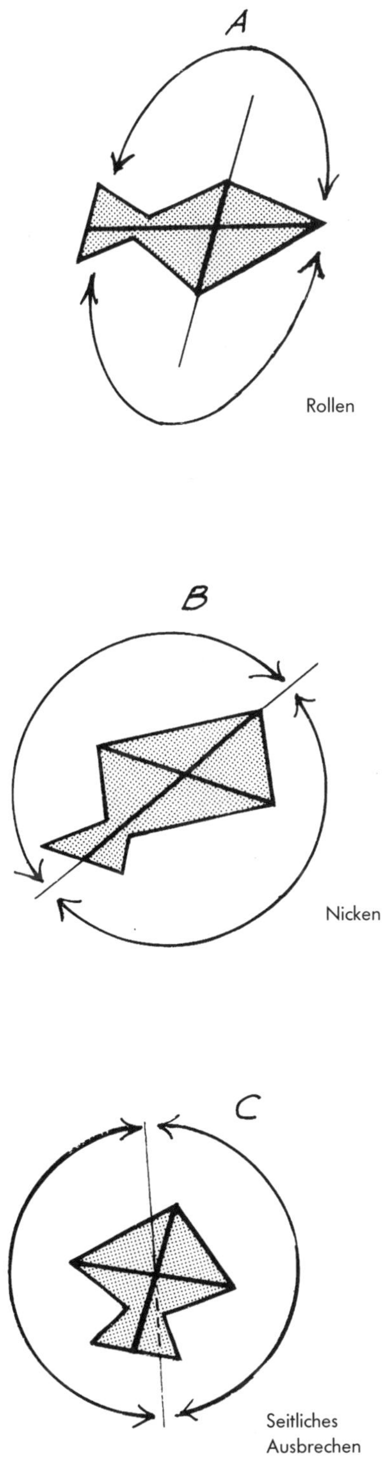

Abb. 17

Drachen und Segelboote

Obwohl die Technik beim Drachenfliegen nicht genau der des Segelns entspricht, gibt es dennoch Gemeinsamkeiten. Im direkten Vergleich wird deutlich, wie unterschiedliche Drachentypen ihre Flugstabilität behalten.

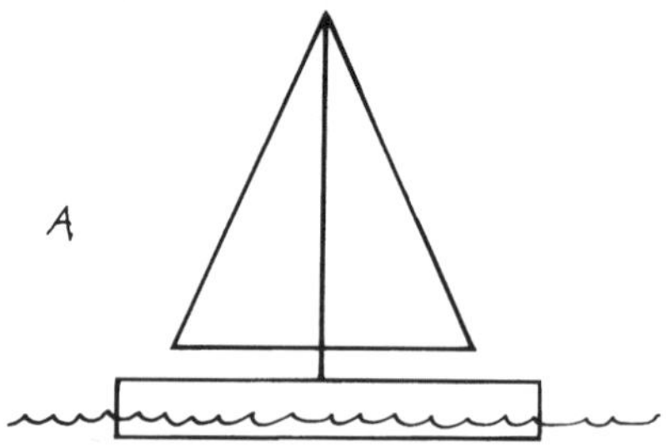

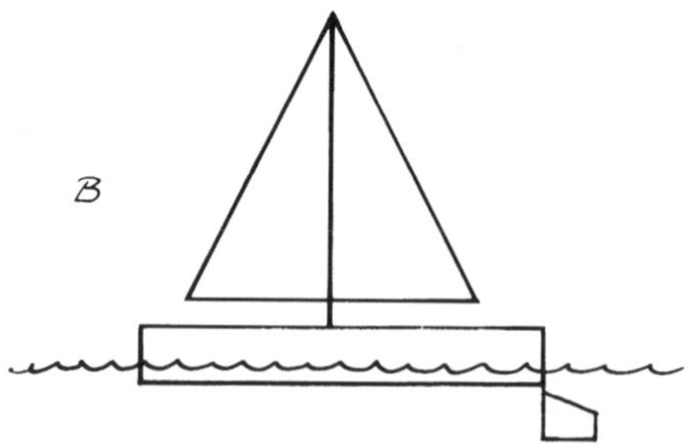

Das Beispiel A zeigt ein Floß mit einem Segel und ohne Richtungsstabilisierung. Das gleiche Floß ist in Beispiel B zusätzlich mit einem Ruder ausgerüstet und wird damit gesteuert.

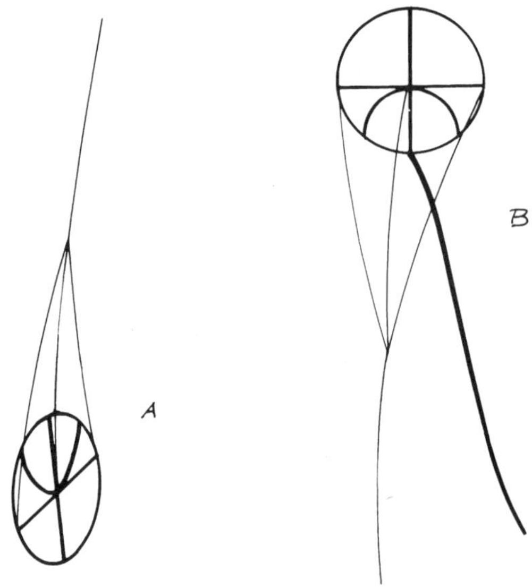

Analog zu dem Floß besitzt der Flachdrachen in Beispiel B im Gegensatz zu Beispiel A einen Drachenschwanz zur Stabilisierung im Wind.

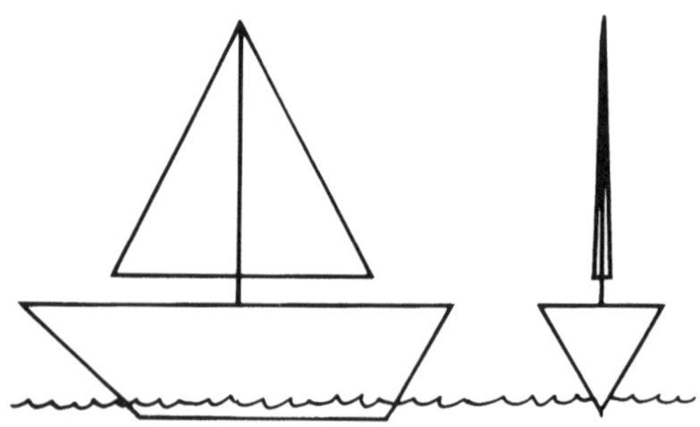

Dieses Segelboot besitzt einen nach unten spitz zulaufenden Rumpf, der es stabil im Wasser schwimmen läßt und gleichzeitig den Weg durch die Wellen bahnt.

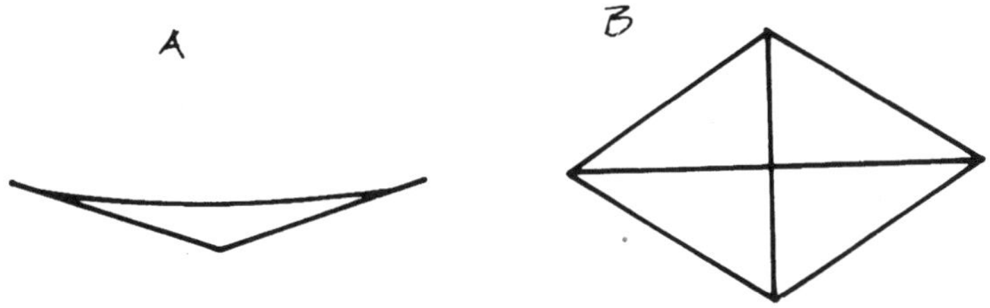

Hier werden zwei Drachentypen gezeigt, die in ihrer Auslegung dem Segelboot entsprechen: ein Eddy- (A) und ein Kastendrachen (B). Die V-Form stabilisiert die Flugrichtung.

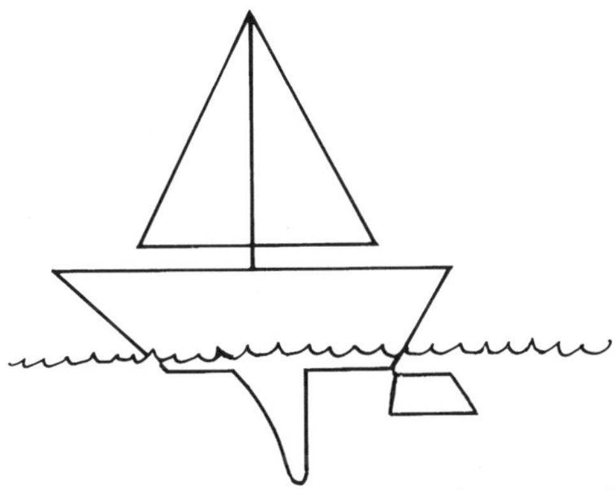

Dieses Segelboot besitzt neben dem spitzen Rumpf einen Kiel und ein Ruder zur Richtungsstabilisierung.

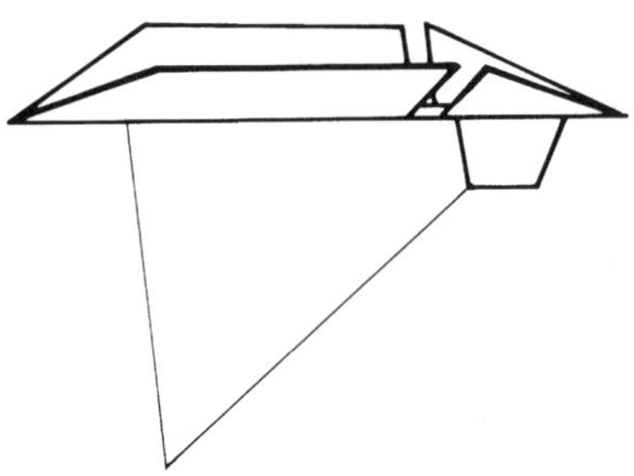

Der hier gezeigte Roloplan-Drachen ist mit einem Ruder ausgerüstet und V-förmig ausgelegt.

Wie hoch fliegt mein Drachen?

Es gibt eine einfache Methode, um die ungefähre Höhe eines Drachens zu bestimmen.

Suchen Sie sich einen Tag mit beständigen Winden aus. Beginnen Sie mit Ihren Berechnungen, wenn sich der Drachen in einer stabilen Fluglage befindet und sich dabei wenig bewegt. Sorgfältige Messungen werden Ihnen genaue Meßergebnisse bringen. Sie benötigen aber einen Helfer, der Sie bei den Messungen unterstützt.

Die folgenden Schritte werden in der graphischen Darstellung gezeigt.

1. Befestigen Sie die Drachenschnur an einem ortsfesten Punkt.
2. Erfassen Sie mit den Augen und mit Hilfe des Winkelmessers den Drachen (A zu B). Lassen Sie Ihren Begleiter den Winkel ablesen, der durch die Senkschnur am Winkelmesser angezeigt wird.
3. Ihr Begleiter sollte dabei genau unter dem in der Luft befindlichen Drachen stehen. Messen Sie den Abstand zwischen Ihnen (A) und Ihrem Begleiter (C). Dazu müssen Sie die normale Schrittlänge Ihres Begleiters wissen und diese mit der Anzahl der Schritte zum Drachen multiplizieren.
4. Multiplizieren Sie den Tangens des Winkels aus Schritt 2 mit der Länge der Strecke A–C.
5. Addieren Sie nun Ihre Körpergröße zu der Zahl, die in Schritt 4 ermittelt wurde und Sie erhalten als Ergebnis die Flughöhe Ihres Drachens.

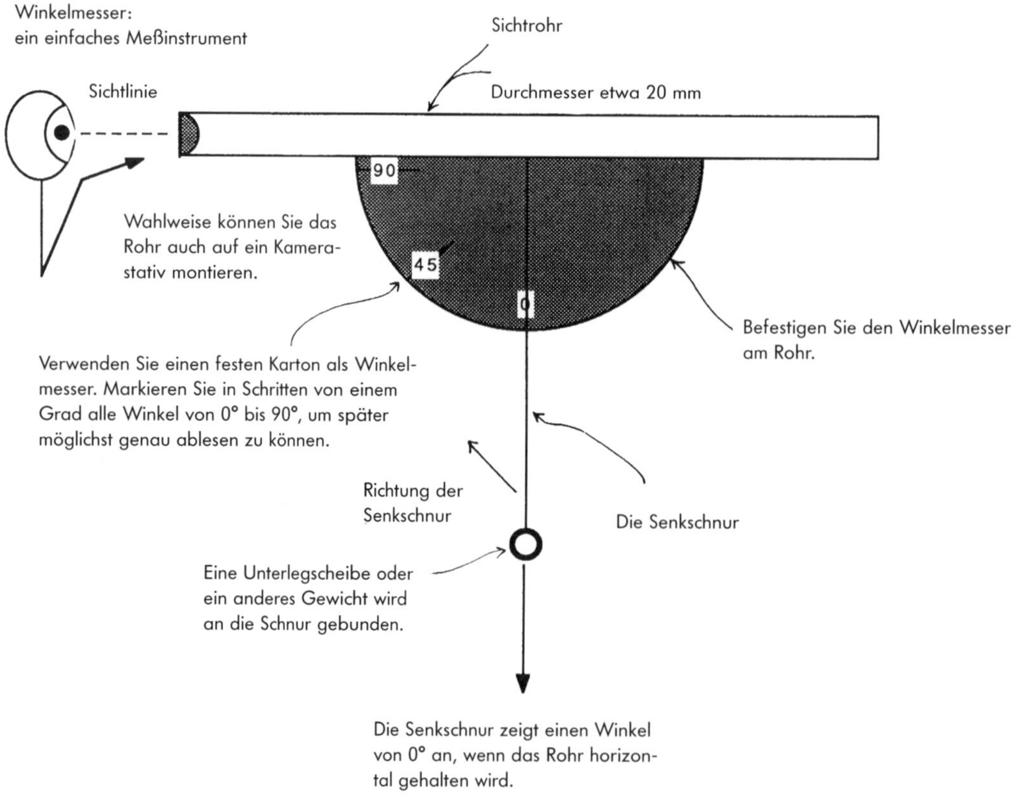

Trigonometrie

Hinweis: Eine fehlende Größe in einem rechtwinkligen Dreieck (ein Winkel darin ist gleich 90°) kann bestimmt werden, wenn zwei andere Größen bekannt sind. In diesem Fall sind der durch die Strecken A–B und A–C eingeschlossene Winkel im Punkt A und die Länge der Strecke A–C als bekannte Größen gegeben, um die unbekannte Länge der Strecke C–B zu berechnen.

Hinweis: Wenn Sie mit einem Entfernungsmesser arbeiten, sollten Sie darauf achten, daß die Länge der Strecke A–B genau abgelesen wird, nicht die Höhe. Nutzen Sie das Meßergebnis für die vorgesehene Berechnung.

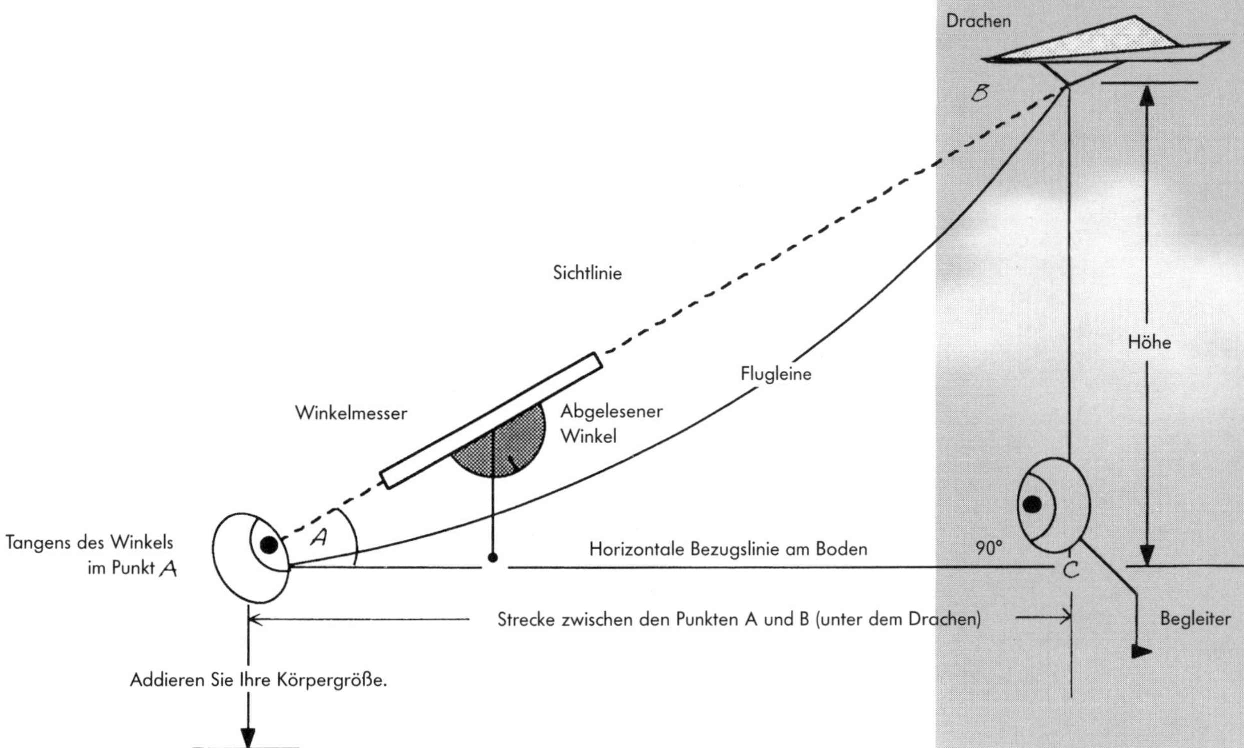

Die Windgeschwindigkeit auf einen Blick

Die Beaufortskala

1806 erarbeitete der britische Marineadmiral Sir Francis Beaufort eine brauchbare Skala zur Bestimmung von Windstärken, die auf den Auswirkungen des Windes auf See gründeten. Die Skala sollte den Seeleuten eine Hilfe bei der Beschreibung von Windverhältnissen sein. Zum Drachensteigen sind meist Windgeschwindigkeiten von 5 bis 30 km/h am geeignetsten. Kunstflugdrachen fliegen am besten bei mittleren bis starken Windgeschwindigkeiten von 25 bis 40 km/h. Asiatische Kampfdrachen benötigen dagegen fast keinen Wind. Finden Sie selbst heraus, bei welchen Windverhältnissen Ihr Drachen am besten fliegt.

Die Skala von Beaufort umfaßt insgesamt 12 Grade – von völliger Windstille (Grad 0) bis zum Orkan (Grad 12). In untenstehender Tabelle sind nur die für den Drachenfreund wichtigen Grade 0 bis 6 angegeben.

Ein kräftig ziehender Drachen bei starkem Wind kann gefährlich werden. Lassen Sie daher Ihren Drachen nicht bei Winden steigen, die Ihnen selbst nicht mehr ganz geheuer sind. Sollte Ihr Drachen aber doch zu stark ziehen, so können Sie ihn mit der richtigen Ausrüstung wieder herunterholen (siehe Kapitel 10).

Beaufortgrad	**Bezeichnung**	**km/h**	**Auswirkungen an Land**
0	Windstille	0	Rauch steigt gerade empor.
1	Leiser Zug	1–5	Windrichtung wird durch den Rauch angezeigt.
2	Leichte Brise	6–11	Der Wind ist im Gesicht spürbar; Blätter rascheln; Windfahnen bewegen sich.
3	Schwache Brise	12–19	Blätter und dünne Zweige bewegen sich; der Wind streckt eine Fahne.
4	Mäßige Brise	20–28	Der Wind hebt Staub und dünnes Papier; bewegt Zweige und dünne Äste.
5	Frische Brise	29–38	Kleine Laubbäume schwanken, und normale Flugleinen reißen.
6	Starker Wind	39–49	Starke Äste sind in Bewegung. Das Drachensteigen ist riskant und nur noch für erfahrene Flieger von Kunstflugdrachen zu empfehlen.

Der Drachendoktor

4

Unabhängig davon, welches Gewicht Ihr Drachen hat und wie sein konstruktiver Aufbau aussieht, müssen Sie ständig seine Flugbahn im Auge behalten, so daß sich der Drachen immer in stabiler Lage im Wind befindet und dabei im Gleichgewicht gehalten werden kann. Wie bereits im Kapitel »Aerodynamik« erläutert, ist dieser Punkt für das Gleichgewicht der Haltepunkt oder Waagpunkt des Drachens. Bei richtiger Dimensionierung des Drachenkörpers und bei ausreichender Windstärke sind die meisten Schwächen bzw. Fehler im Flugverhalten des Drachens auf einen falschen Waagpunkt zurückzuführen. Das seitliche Gleichgewicht wird durch eine entsprechende Auslegung bzw. Justierung der Stabilisierungselemente (Verkleinern oder Vergrößern des Flächenwinkels) bei Drachentypen wie dem »Eddy« oder dem »Rokkaku« erreicht. Außer bei den kleinen, flachen und sehr wendigen Kampfdrachen ist bei normalen Drachen mit Bespannung ein Drachenschwanz mit passender Länge zur Stabilisierung notwendig.

So wie die Windstärke in großem Maße das Anstiegsverhalten des Drachens beeinflußt, kann durch Verlagerung des Waagpunktes nach oben oder nach unten für unterschiedliche Winde eine optimale Anpassung an die vorherrschenden Windbedingungen erreicht werden. Wenn Sie die Grenzen der Stabilität Ihres Drachens testen wollen, müssen Sie ihn bei vergleichsweise heftigem Wind kurz an der Schnur halten. Der stärkere Luftstrom wird entweder die Qualität des symmetrisch ausgelegten Drachenkörpers zeigen oder sein Ungleichgewicht noch verstärken. Ein gut dimensionierter Drachen, der für extreme Windbedingungen ausgelegt ist, wird auch bei schwächeren Windverhältnissen ein optimales Flugverhalten zeigen.

Eine kurze Betrachtung des Winkels zwischen Ihnen und dem Drachen in der Luft ist eine zuverlässige Kenngröße für sein Auftrieb-Zug-Verhältnis (siehe Seite 22). Alle Drachen werden unabhängig davon, ob sie ein großes oder ein kleines Auftrieb-Zug-Verhältnis besitzen, mit einem sich ändernden Anstellwinkel fliegen. In der Regel beschreibt die Schnur eines Drachens, der sich stabil im Waagpunkt befindet, einen Winkel von ± 45°.

Der Waagpunkt befindet sich immer auf ungefähr einem Drittel der Länge des Längsstabes (unterhalb der Längsstabspitze) und reicht etwa ein halbes Mal die Länge des Längsstabes in einem Winkel von ± 90° nach vorn.

Bei Drachen mit nur einer Leine ist diese an einem bestimmten Punkt am Längsstab befestigt. Bei Deltadrachen hingegen ist sie an der Spitze des an der Drachenunterseite befestigten Kiels angebracht. Da bei diesem Drachentyp keine

Korrekturen möglich sind, muß die Einstellung des Waagpunktes von Anfang an richtig sein.

Ist der Drachen mit einer Waage von mehreren Schnüren ausgerüstet, die an zwei oder mehreren Punkten befestigt sind, so besteht die Möglichkeit, den Waagpunkt nach vorn und nach hinten zu verschieben.

Bevor Sie mit Ihrem Drachen einen ersten Flugversuch unternehmen, sollten Sie das Gleichgewicht oder Ungleichgewicht im Waagpunkt testen. Halten Sie den Drachen mit dem Rücken zum Wind fest und probieren Sie vorsichtig aus, wie er fliegt. Wenn er langsam und gleichmäßig steigt, haben Sie den Waagpunkt gefunden. Steigt der Drachen nicht oder zu schnell und beschreibt dabei enge Kreise, so sollten Sie die nachfolgend aufgeführte Checkliste durchgehen.

Regeln für den Drachenflug auf einen Blick

Fehler	**Analyse/Maßnahmen**
Der Drachen steigt nicht.	Wenn der Waagpunkt zu niedrig ist, müssen Sie ihn zentimeterweise nach oben verlagern, bis der Drachen zu steigen beginnt. Bei zu großem Zug sollten Sie die Länge des Schwanzes verkürzen, da der Drachen für die vorherrschenden Windverhältnisse zu schwer sein könnte.
Der Drachen steigt schnell nach oben, fliegt dann enge Kreise und stürzt ab.	Ist der Waagpunkt zu weit oben, sollten Sie ihn zentimeterweise nach unten verlagern, bis sich der Drachen stabilisiert. Bei Drachen mit Spannschnur sollten Sie die Spannung der Schnur verringern.
Der Drachen schaukelt von Seite zu Seite.	Hier kann ein Problem mit dem seitlichen Gleichgewicht vorliegen. Besonders kommt dies bei Drachen mit hohem Streckungsverhältnis vor (diese Drachen messen horizontal mehr als vertikal). Bei mehrschenkeligen Waagen sollte jede Schnur gleich lang und gleich stark gespannt sein. Versuchen Sie es zudem mit einem Schwanz oder einem Schleppschwanz. Bei Deltadrachen sollten Sie den Flügelspreizstab zentimeterweise zur Nase hin verstellen. Dadurch wird der Schwerpunkt verlagert und die Flügel können sich selbst justieren.
Der Drachen neigt sich auf eine Seite.	Überprüfen Sie bei mehrschenkeligen Waagen, ob alle Schnüre gleich lang und gleich gespannt sind. Gleichen Sie die Längen und Spannungen aneinander an. Manchmal lassen sich solche unerwünschten Effekte auch durch Austauschen der Flügelstäbe beseitigen. Kontrollieren Sie bei neigungsempfindlichen Drachen auch die Faserrichtung des Stoffes (siehe Kapitel »Erstellen einer Drachenvorlage«).
Instabiles Flugverhalten	Verlängern Sie die Waage. Bei Schlittendrachen muß die Waage ungefähr dreimal so lang sein wie der Drachen selbst.

5 Sicherheit beim Drachensteigen

Wie bei jeder Sportart sollten auch beim Drachensteigen mögliche Gefahren nicht auf die leichte Schulter genommen werden. Sie sollten immer daran denken, daß durch Leichtsinn und Übermut Verletzungen entstehen können und daß jeder Drachenfreund dabei auch für die Sicherheit der anderen verantwortlich ist.
Hier einige wichtige Verhaltensregeln:

Man läßt einen Drachen niemals steigen:

Abb. 18

- bei regnerischem oder stürmischem Wetter (Abb. 18) oder mit einer nassen Drachenschur.
- in der Nähe von Stromleitungen, Transformatorstationen oder Antennen (Abb. 19). Sollte sich Ihr Drachen in einer Stromleitung verfangen, müssen Sie ihn aufgeben und dürfen auf keinen Fall versuchen, ihn herunterzuziehen. Informieren Sie auch den zuständigen Energieversorger über den hängengebliebenen Drachen.

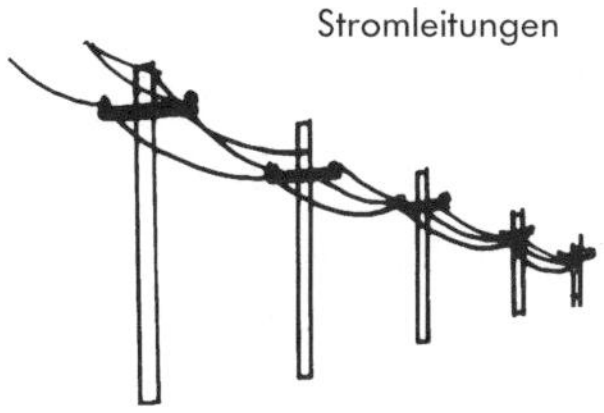

Abb. 19

- mit einer Drachenschnur aus Draht oder mit Metallelementen. Eine Ausnahme bilden einige wenige Aluminium- oder Messingringe oder -verbindungsteile, wie sie bei einigen Drachenentwürfen in diesem Buch verwendet werden.
- über öffentlichen Straßen, auf Plätzen, auf denen sich Menschen aufhalten, oder im Bereich von Autobahnen.
- auf Feldern oder in anderem offenen Gelände, das mit Steinen oder anderen Hindernissen übersät ist, über die man stolpern kann.

- im Bereich von »drachenfressenden Bäumen« (Abb. 20). Wenn Ihr Drachen sich in einem Baum verfangen hat, genügt es manchmal, die Drachenschnur etwas locker zu lassen, und der Drachen kommt durch den Wind wieder frei.

»Drachenfressender Baum«

Abb. 20

- ohne beim Rückwärtsgehen nach hinten zu sehen (Abb. 21).

Rückwärtsgehen (ohne nach hinten zu sehen!)

Abb. 21

- mit nicht vertrauter Ausrüstung. Haspeln, die außer Kontrolle geraten, sind gefährlich, und Kevlar-Flugleinen, wie sie bei Lenkdrachen verwendet werden, können wie scharfe Schneiden wirken und schwere Verletzungen verursachen, falls sich ein Mensch im Bereich der Flugbahn darin verfängt.
- in Deutschland dürfen Drachen nicht höher als 100 m steigen, in einigen Städten sind sogar nur 60 m erlaubt! Bei Flughäfen besteht im Umkreis von 6 km ein allgemeines Drachensteigeverbot! (Abb. 22)

Flughäfen

Abb. 22

Beim Drachensteigen sollten Sie:

- Schutzhandschuhe tragen (damit die Schnur die Handflächen nicht aufreibt),
- eine geeignete Flugleine für den Drachen verwenden,
- die Augen gegen die ultraviolette Strahlung der Sonne schützen,
- die Haut mit einer Sonnenschutzcreme und dem entsprechenden Lichtschutzfaktor für Ihren Hauttyp einreiben, da ein zu langer Aufenthalt in praller Sonne Hautkrebs verursachen kann,
- die Leistungsgrenzen Ihres Drachens und Ihrer Ausrüstung beachten,
- Ihre eigenen Leistungsgrenzen, insbesondere bei Drachen, die mit hoher Geschwindigkeit fliegen, richtig einschätzen und
- große Drachen nur mit einer gründlichen Vorbereitung und unter ordnungsgemäßer Aufsicht fliegen.

6

Werkzeuge und Materialien

Alle in diesem Kapitel vorgestellten Werkzeuge, Materialien und Techniken wurden auch für den Bau der Drachen verwendet, deren Entwürfe in diesem Buch vorgestellt werden. Viele Werkzeuge und Materialien wie Schere, Papier, Klebstoff, Klebeband, Schnüre und Fäden entstammen dem täglichen Gebrauch. In manchen Fällen benötigt man aber auch spezielle Materialien, die man für den Bau bestimmter Drachen extra besorgen muß.

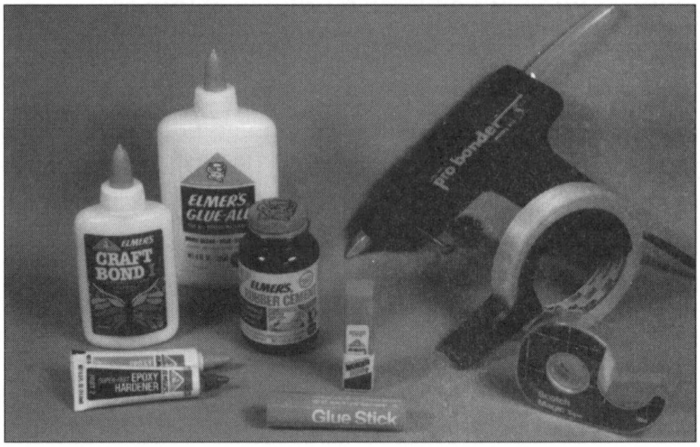

Abb. 23 Die Klebstoffe müssen den Erfordernissen angepaßt sein. Klebepistolen leisten oft gute Dienste. Sekundenkleber beschleunigen die Arbeit.

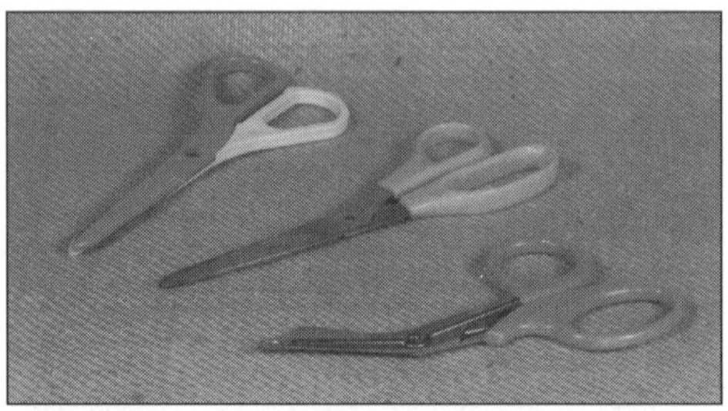

Abb. 24 Von links nach rechts: Schere für Papier oder Stoff, Haushaltsschere und gewinkelte Schere zum Schneiden von Karton für Schablonen usw.

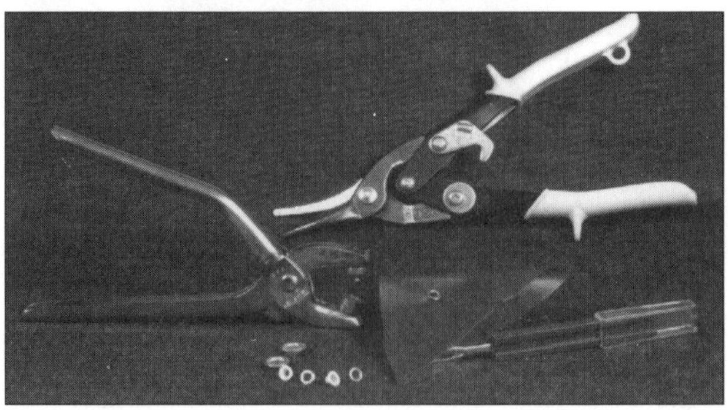

Abb. 25 Eine Nietzange (vorn) und Metallscheren zum Schneiden von Aluminium-Schablonen. Ein Nahttrenner (rechts) zum Auftrennen von Säumen

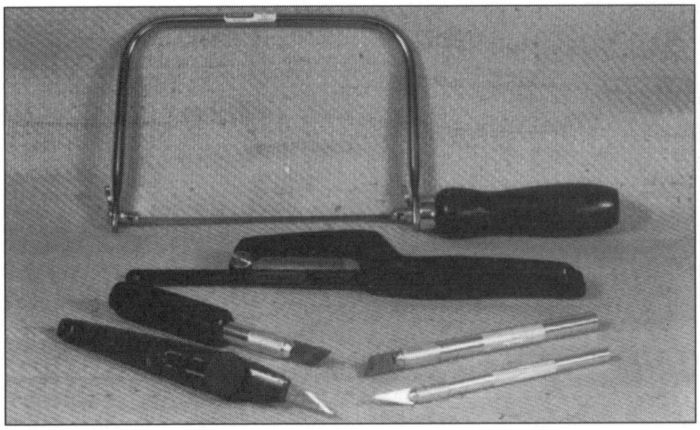

Abb. 26 Sägen und Messer gehören in den Werkzeugkasten jedes Drachenbauers.

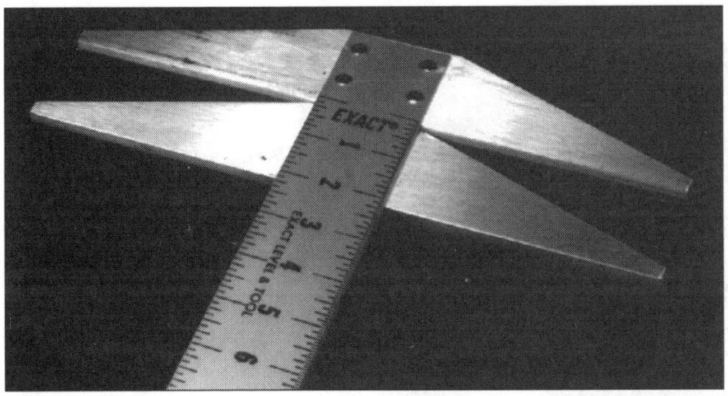

Abb. 27 Eine Anreißschiene (T-Schiene) hilft Ihnen, gerade Linien zu ziehen.

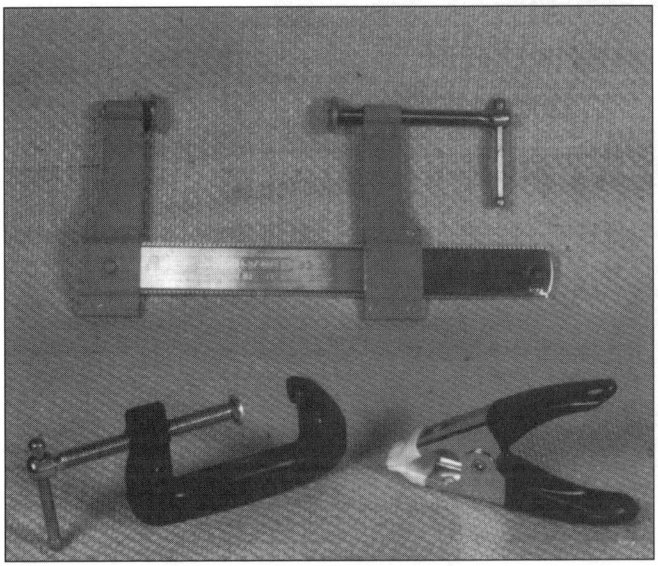

Abb. 28 Klemmen und Zwingen gibt es in allen Größen. Sie eignen sich vor allem zum Verbinden von Holz. Klemmen benötigt man zum Beispiel zum Laminieren von Hölzern – z. B. bei Liddells gekieltem Eddy-Rautendrachen (siehe Kapitel 28).

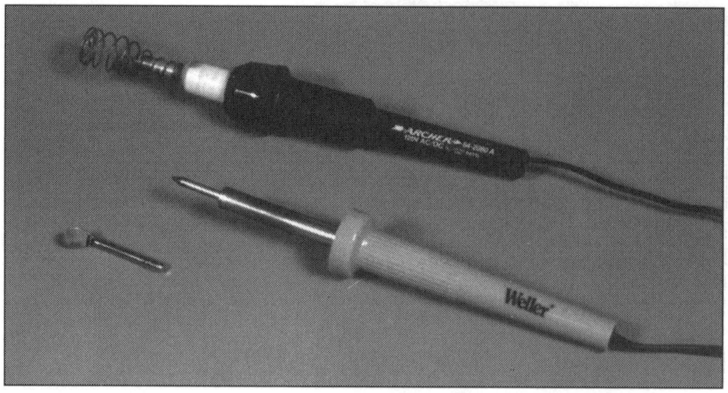

Abb. 29 Ein unentbehrliches Werkzeug zum Bearbeiten synthetischer Segelstoffe wie Spinnakernylon ist der Lötkolben – wie hier mit einer Feder zum Heißheften des Materials. Das Heißheften erleichtert das spätere Vernähen. Es gibt auch Lötkolben mit einer kegelförmigen Spitze zum Schneiden von Spinnakernylon. Die kleine Spitze in der Abbildung links dient zum Heftschweißen von Plastik.

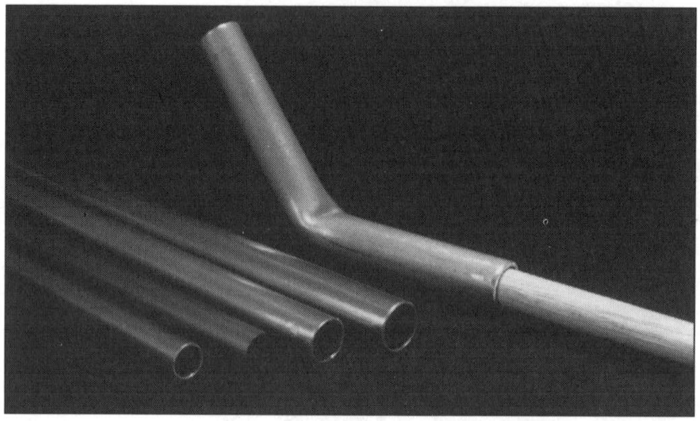

Abb. 30 Verwenden Sie als Verbindungsteile nur hochwertiges Aluminium oder noch besseres Material. Das Aluminium muß so fest sein, daß es sich während des Fluges nicht verbiegt.

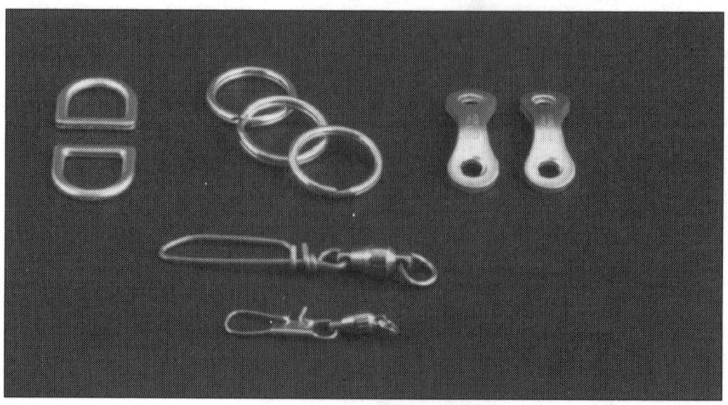

Abb. 31 Von links nach rechts: D-Ringe, Schlüsselringe, Schnurspanner (als Spannschnurregler) sowie Karabinerhaken-Wirbel und Karabinerhaken

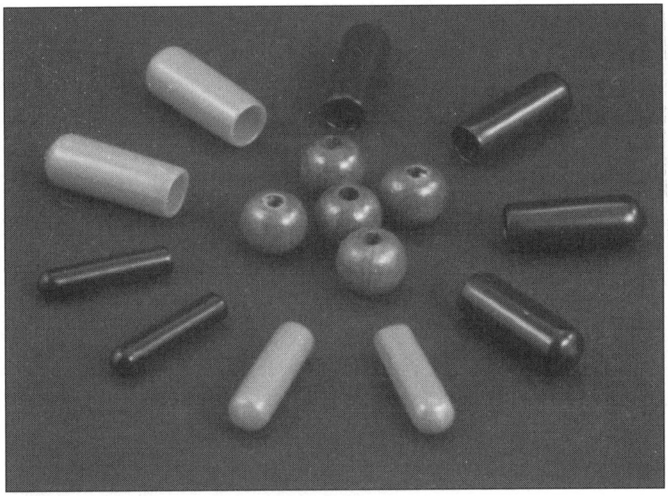

Abb. 32 Holzkugeln mit einem Loch in der Mitte sind für Systeme zur Spannungsregulierung von Schnüren gut geeignet. Die Schutzkappen werden auf die Stabenden gesteckt, um die Saumtaschen vor dem Durchscheuern zu schützen.

Abb. 33 Kohlefaserrohre sind starr, kaum zu zerstören und, gemessen an ihrer Stärke, relativ leicht.

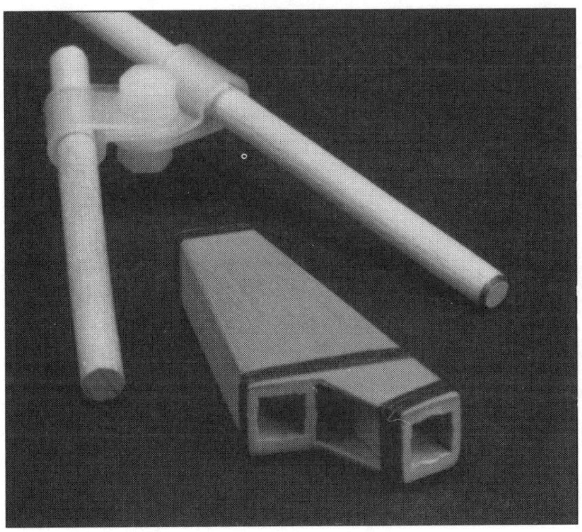

Abb. 34 Mitte: ein einzeln angefertigtes V-förmiges Verbindungsstück für den Stone-Mountain-Drachen (siehe Kapitel 37). Zwei Kabelbinder erfüllen denselben Zweck.

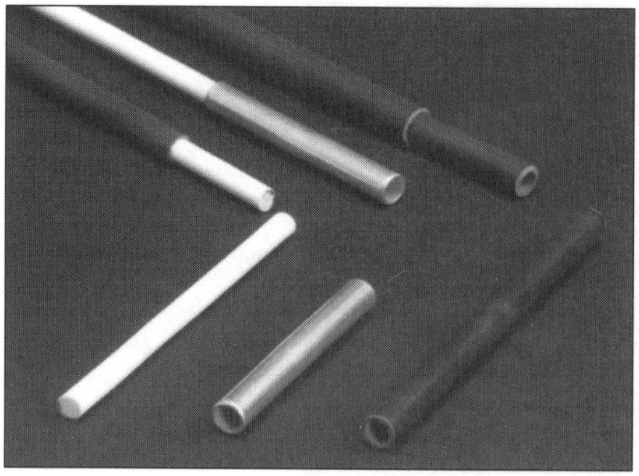

Abb. 35 Verbindungen für die Stäbe. Man muß die Innen- und Außendurchmesser der Rohre beachten. Zu den wichtigsten Verbindungsmaterialien gehören: Glasfaserstäbe und -rohre, Aluminiumstäbe und -rohre sowie Kohlefaserstäbe und -rohre. Die Stäbe werden mit der einen Hälfte in das Rohr eingeklebt, und über die andere Hälfte wird das nächste Rohr geschoben. Auf diese Weise lassen sich Längsstäbe oder lange Querstäbe zusammenstecken und zum Aufbewahren wieder auseinandernehmen.

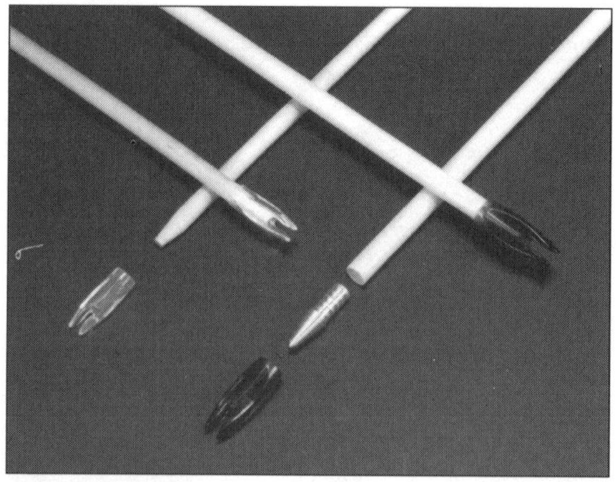

Abb. 36 Mit Hilfe von Splitkappen oder Pfeilnocken kann man die Stäbe am Segel befestigen. Damit sie gut sitzen, rundet man die Enden der Rundhölzer ab. Bei Rohren klebt man den metallenen Einsatz in das Rohr und klebt dann die Pfeilnocke auf den Einsatz.

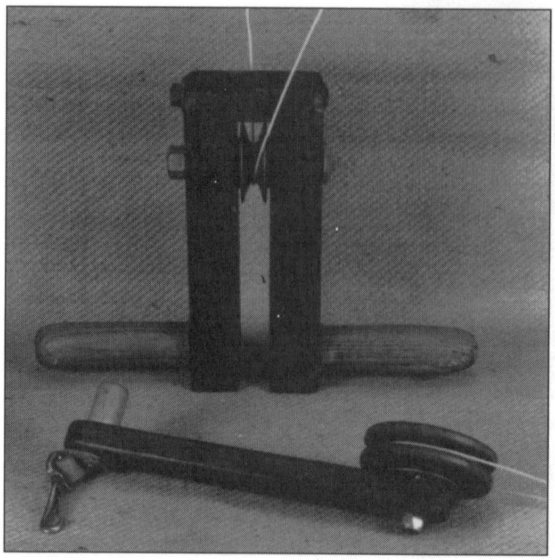

Abb. 37 Zwei Einholhilfen nach einem Entwurf von »Wild Bill« Isenhart aus Ohio, USA. Den Wert dieses Zubehörs lernt man erst richtig schätzen, wenn ein stark ziehender Drachen wieder zu Boden geholt werden soll. Man führt die Rolle über die Flugleine und zieht den Drachen im Gehen runter, so daß sich die Flugleine leichter aufspulen läßt.

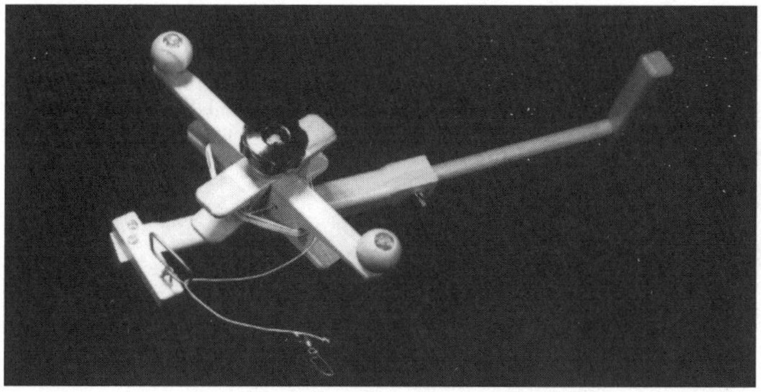

Abb. 38 Eine Chesapeake-II-Spule für mäßigen bis starken Wind, nach einem Entwurf von Vincent Gerardi. Mit dem schwarzen Knopf läßt sich das integrierte Bremssystem einstellen.

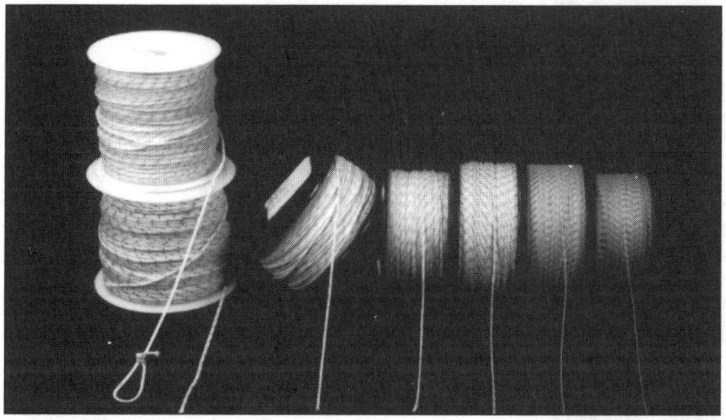

Abb. 39 Geflochtene Dacronschnüre sind als Flugleinen besonders gut geeignet. Sie sind sehr stark und abnutzungsfest. Es gibt sie in verschiedenen Längen und Stärken.

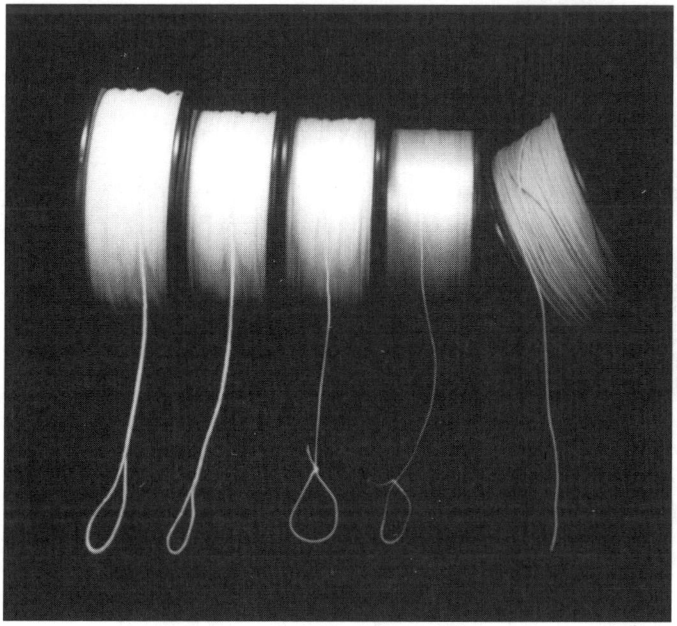

Abb. 40 Die Flugleine von Kunstflugdrachen muß leicht und möglichst nicht dehnbar sein, damit man den Drachen gut lenken kann. Die hier gezeigte Spectra-Schnur ist zehnmal fester als ein Stahlseil und 75 % fester als Kevlar. Knoten in Spectra sind zwar möglich, doch sollten sie aus Sicherheitsgründen mit einer Hüllschnur aus Dacron ummantelt werden. Kevlar ist fünfmal fester als ein Stahlseil gleichen Gewichts, hat aber nur einen begrenzten Widerstand. Verknotetes Kevlar zerschneidet sich selbst. Dazu neigt aber auch jeder Knoten in einer Drachenschnur, wenn die Schnur nicht ummantelt ist.

Abb. 41 Praktische Hilfsmittel für den Drachensport sind ein Windgeschwindigkeitsmesser (links) und ein Entfernungsmesser zur Bestimmung der Flughöhe.

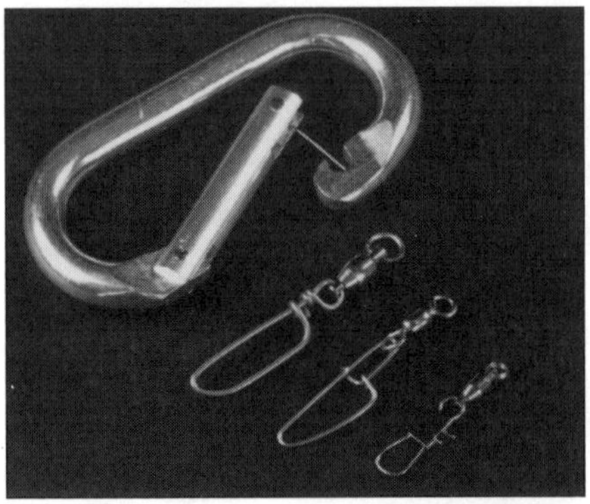

Abb. 42 Ein Karabinerhaken (links) eignet sich gut für die Zugpunkte von Waagen kräftig ziehender Drachen oder auch zum Befestigen der Flugleine an einer Verankerung im Boden. Bei weniger stark ziehenden Drachen verbindet man die Flugleine mit dem Zugpunkt am besten mit einem Karabinerhaken-Wirbel (rechts). Achten Sie aber darauf, daß die Wirbel stabil sind.

Abb. 43 Pfeilnocken oder Splitkappen mit Einsätzen für Kohlefaserstäbe

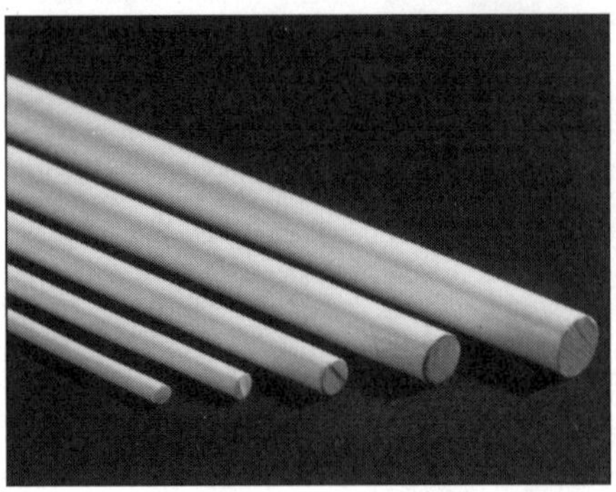

Abb. 44 Für einige Drachen benötigt man besonders starke Stäbe, die sich leicht biegen lassen ohne dabei zu zerbrechen. Sehr gut geeignet sind hier Glasfaserstäbe, die in verschiedenen Stärken und Längen im Handel erhältlich sind.

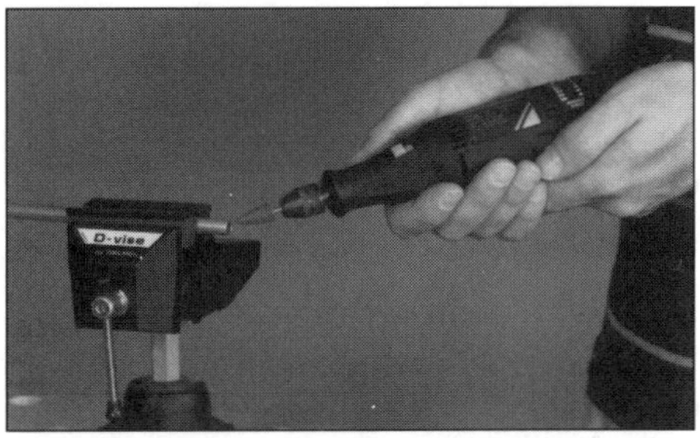

Abb. 45 Eine Bohrmaschine mit einem Schleifeinsatz glättet die Kanten zugeschnittener Metallrohre, wie sie z. B. als Verbindungsteile verwendet werden.

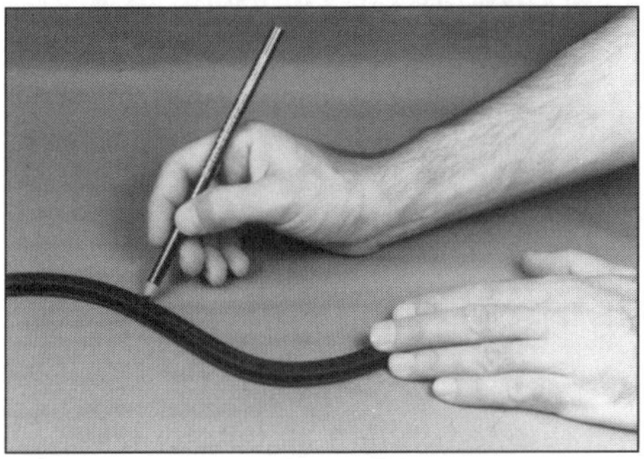

Abb. 46 Ein Kurvenlineal zum Auftragen gleichmäßiger Kurven auf Schablonen oder direkt auf das Segelmaterial

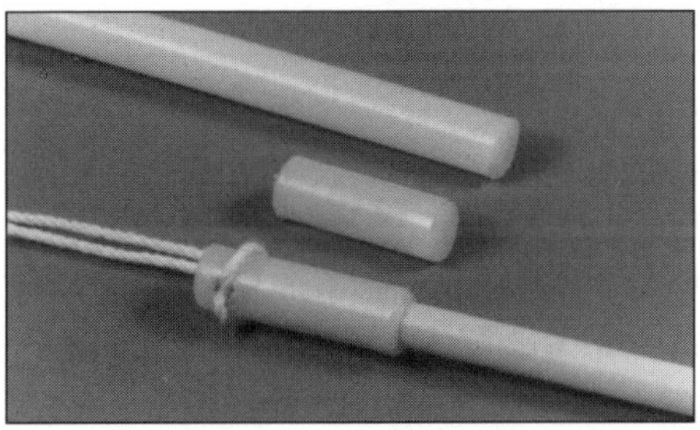

Abb. 47 Zugeschnittene und aufgebohrte Nylonstäbe können als Schutzkappen für Drachenstäbe verwendet werden.

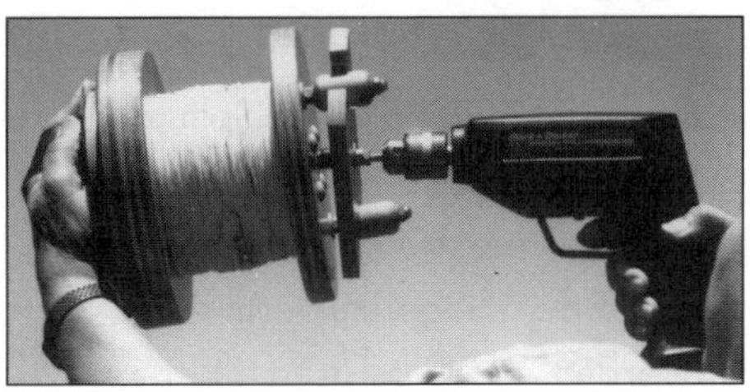

Abb. 48 Eine batteriebetriebene Bohrmaschine mit passendem Spulenaufsatz zum Einholen der Flugleine. Diese Art des Dracheneinholens birgt allerdings nicht geringe Gefahren.

Abb. 49 Mit einem Taschenrechner können problemlos alle Winkel, Längen, Flächenangaben usw. ausgerechnet werden. Zirkel, Geodreieck, Winkelmesser, Lineal sowie Kurven- und Kreisschablonen sind weitere unerläßliche Hilfsmittel für den Drachenbauer.

7

Hinweise für den Drachenbau

Gut vorbereitet ist halb gebaut

Dieser Abschnitt behandelt die wichtigsten Rahmenmaterialien und ihre Verwendung. Er stellt ferner spezielle Techniken zur Bespannung des fertigen Rahmens vor.

Die meisten Drachen benötigen einen tragenden Rahmen, der das Segel in Form hält. (Eine Ausnahme ist der Parafoil-Drachen, der seine Form ausschließlich durch die Kraft des Windes erhält.) Um ein zuverlässiges Gerüst für eine bestimmte Form zu erhalten, benötigt man einige Kenntnisse über die dazu geeigneten Materialien und über einfache Regeln für den Zusammenbau.

Das Stabmaterial –

Holz, Glasfaserstäbe und Kohlefaserrohre

TIP: Bevor man Glasfaserstäbe, Kohlefaserrohre oder andere Stabmaterialien zurechtschneidet, sollte man von diesen Stäben zunächst Prototypen aus Rundhölzern herstellen, um die Paßgenauigkeit zu überprüfen. Wenn der Drachen mit den Prototyp-Stäben richtig fliegt, kann man nach den Maßen der Rundholzvorlagen auch die Stäbe aus dem endgültigen Material zuschneiden.

Der Kauf einer guten, feinzahnigen Säge zum Zuschneiden von Holz, Glasfaser und Kohlefaser lohnt sich auf jeden Fall. Das Sägen von Kunststoffen erfordert allerdings einige Vorsichtsmaßnahmen: Tragen Sie immer eine Schutzbrille sowie eine Atemschutzmaske mit geeignetem Filter, so daß Sie keine Kunststoff- oder Glaspartikel einatmen (siehe Abb. 50)!

Die Enden von Glasfaser- und Kohlefaserstäben sollten immer gut abgeschliffen werden, damit die Kanten nicht mehr scharf sind und keine Splitter abbrechen können. Damit der Glasfaser- oder Kohlefaserstaub nicht in die Luft und somit möglicherweise in die Lunge gerät, empfiehlt sich extrafeines Schleifpapier.

Um eine Überbeanspruchung der Taschen auf dem Segel zu vermeiden, sollten die Enden der Holzstäbe abgerundet werden. Bei Glasfaserstäben und Kohlefaserrohren sollte man auf die Enden Schutzkappen aufsetzen (die Enden von Glasfaserstäben können ebenfalls abgerundet werden, doch geht das Aufsetzen von Schutzkappen bei weitem schneller).

Abb. 51 zeigt eine typische Verbindung von Kunststoffstäben, Abb. 52 eine typische Verbindung von Holzstäben.

Aluminiumrohre

Obwohl Metallstäbe wegen der Gefahr elektrischer Schläge nicht gerne im Drachenbau verwendet werden, hat Aluminium dort immer noch seinen festen Platz (siehe »Stabmaterialien auf einen Blick«, Seite 58).
Die typischen Einsatzbereiche sind:
- Verbindungsteile (von Quer- oder Längsstäben). Die Aluminiumstäbe bzw. -rohre müssen stabil genug sein, um sich während des Fluges unter der Belastung nicht zu verbiegen. In der Abb. 53 sind drei Beispiele für solche Verbindungen dargestellt.
- Umhüllung von Stabverbindungen. Sie werden dort eingesetzt, wo zwei Stäbe zu einem langen Stab verbunden werden (siehe Abb. 54) sollen.
- Abnutzungsschutz. Aluminiumrohre bzw. -hülsen werden dort eingesetzt, wo Stäbe mit anderen Materialien in Kontakt kommen (siehe Abb. 54).

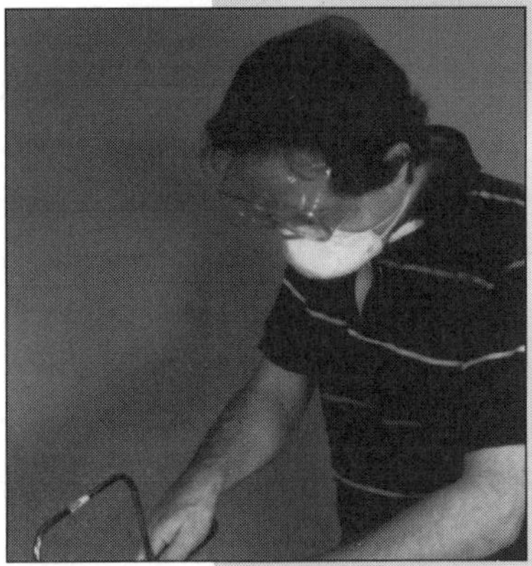

Abb. 50 Beim Schneiden von Kunststoffen sollte man aus Sicherheitsgründen immer eine Schutzbrille sowie eine Atemschutzmaske mit geeignetem Filter tragen.

Schneiden von Aluminium- und Messingrohren

Aluminium- oder Messingrohr kann sich beim Sägen verformen. Diese Verformung könnte Probleme bereiten, wenn das Rohr für eine Steckverbindung verwendet werden soll.

Auch Materialtoleranzen sollte man beachten. Metallrohre mit dem gleichen angegebenen Innendurchmesser können durchaus variieren. Deshalb ist es ratsam, die Rohre mit einer Schiebelehre nachzumessen. Rohre und Stäbe sollten so fest wie möglich ineinander passen, damit eine stabile Verbindung entsteht. Manchmal kann man den passenden Innendurchmesser von Metallrohren nur durch das Aufbohren der Rohre erhalten.
Es gibt drei Möglichkeiten, um Verformungen zu verhindern:
- Verwenden Sie eine feinzahnige Säge und schneiden Sie das Rohr etwas länger als benötigt. Schleifen Sie danach die Enden so weit ab, bis die Verformung beseitigt ist.
- Man kann ein Metallrohr auch in eine Drehbank einspannen, die Säge an das sich drehende Metall heranführen und das Rohr dann absägen. Aufgrund der Drehbewegung wird der Innendurchmesser des Rohres kaum verändert.
- Man kann auch einen Rohrschneider verwenden, der speziell für das Sägen von Rohren entwickelt wurde und der Verformungen auf ein Minimum reduziert.

Zuletzt glättet man Innenseite, Außenseite und Schnittkanten der Rohrenden. Eine elektrische Bohrmaschine mit einem Schleifeinsatz bringt hier die besten Ergebnisse.

Polypropylen- oder Vinyl-Schläuche

Polypropylen- oder Vinyl-Schläuche gibt es in verschiedenen Durchmessern und Qualitäten: durchsichtig, weich, halbstarr und nylonverstärkt. Man kann sie gerade oder schräg schneiden oder auch bohren – und damit eine Vielzahl von Verbindungsteilen herstellen. Hinweis: Etwas Talkumpuder erleichtert das Schieben enger Schläuche auf die Stäbe. Die Abb. 55 zeigt die Verwendung von Polypropylen-Schläuchen bei der Rahmenkonstruktion.

Nylon-Kabelbinder

Kabelbinder aus Nylon, die üblicherweise zum Sichern von Kabeln verwendet werden, kann man leicht mit Schrauben und Muttern verbinden. Sie sind in vielen Größen erhältlich und können leicht miteinander kombiniert werden, um so alle möglichen Stabverbindungen zu erhalten (siehe den Stone-Mountain-Drachen). Die Abb. 56 zeigt einige Beispiele für die Verwendung von Nylon-Kabelbindern bei der Rahmenkonstruktion.

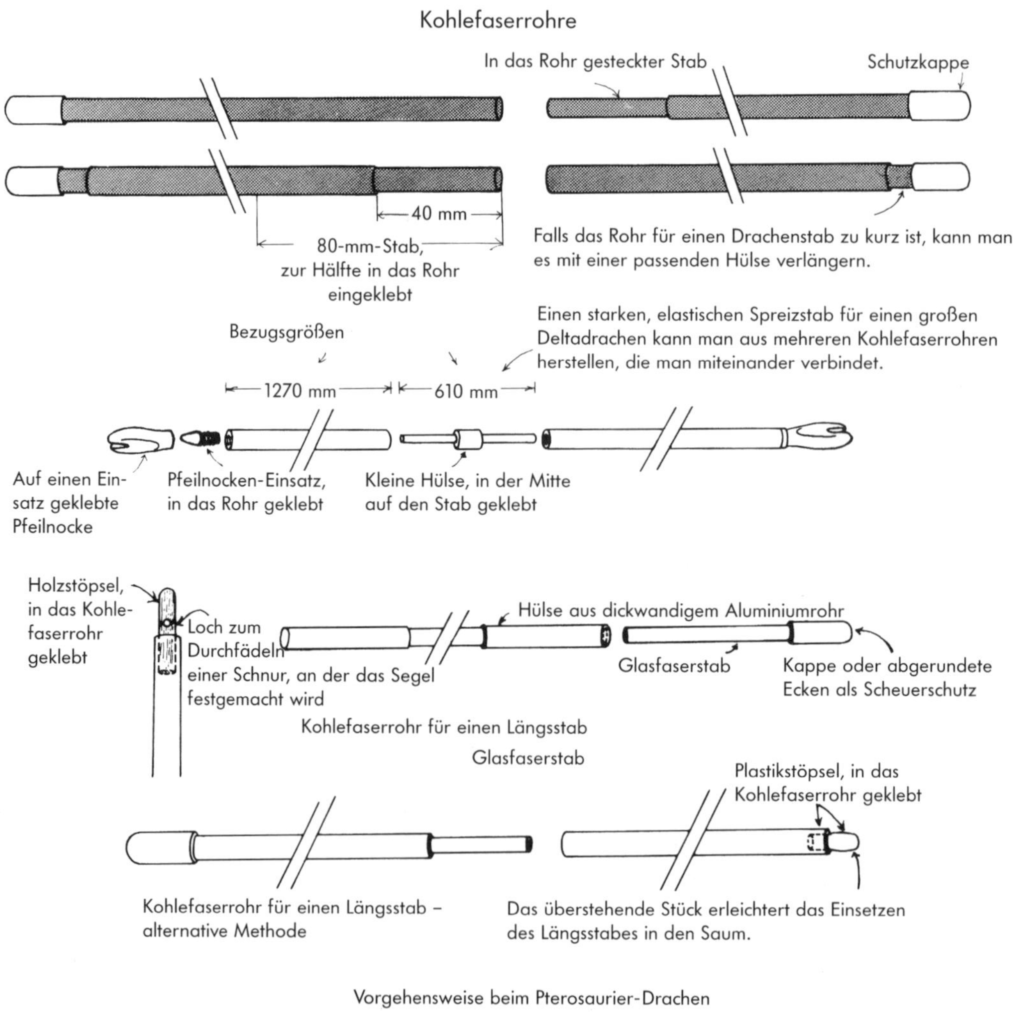

Abb. 51 Zusammengesetzte Stäbe

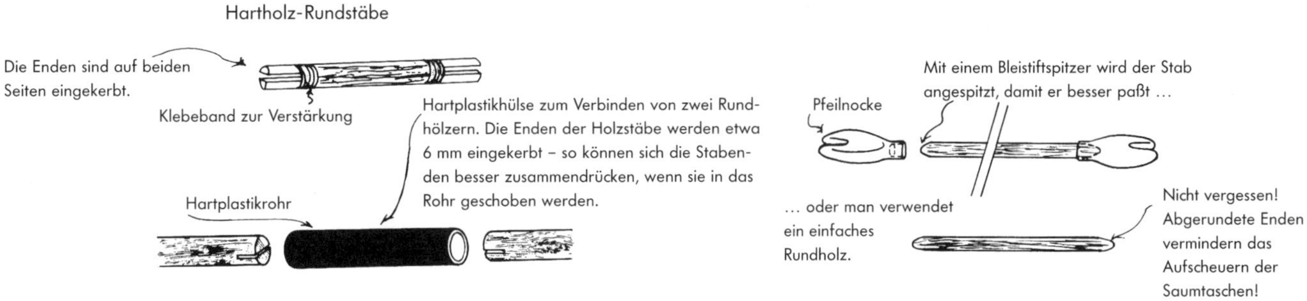

Abb. 52 Hartholz-Rundstäbe

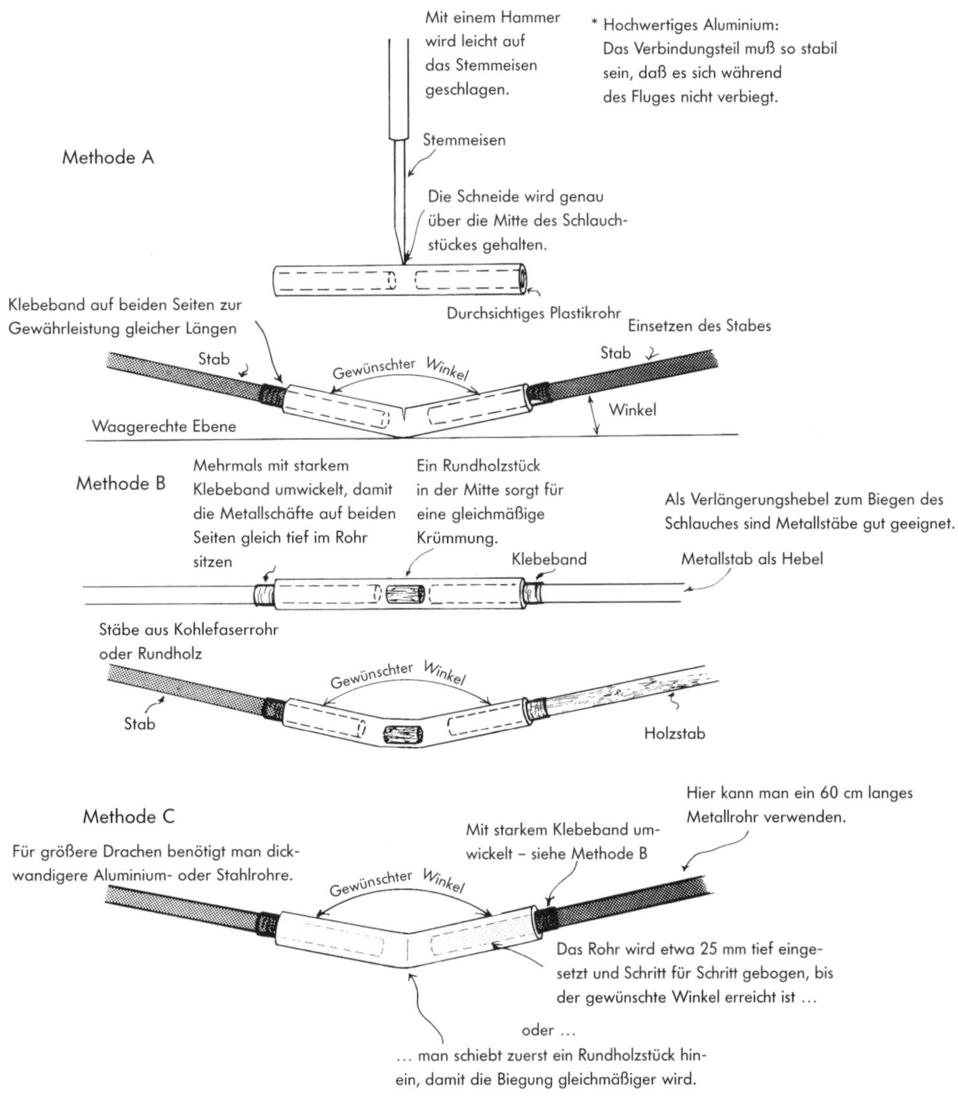

Abb. 53 Aluminiumrohr – Herstellung eines V-förmigen Verbindungsteils (siehe Roloplan-Drachen und Pterosaurier-Drachen)

Abb. 54 Verbindungen mit Aluminiumhülsen

Eine Querstab-
Anordnung

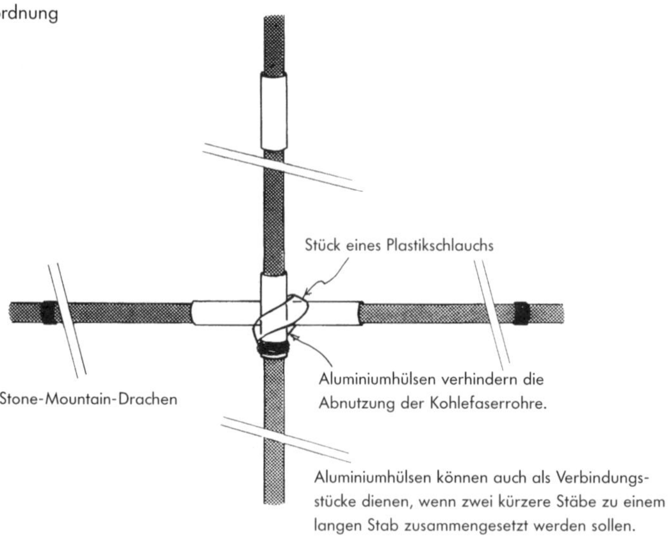

Alle Hülsen
sind geklebt.

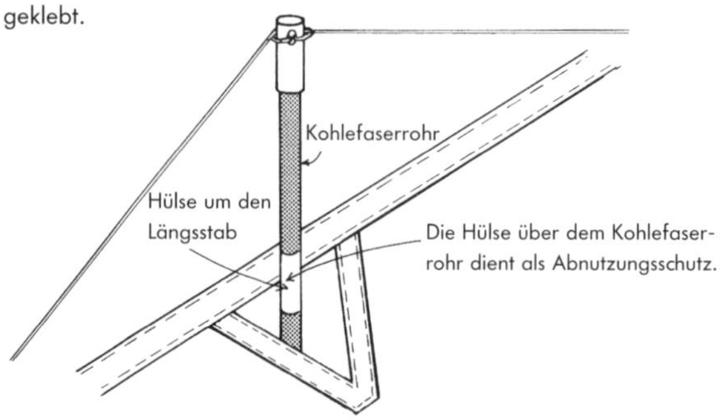

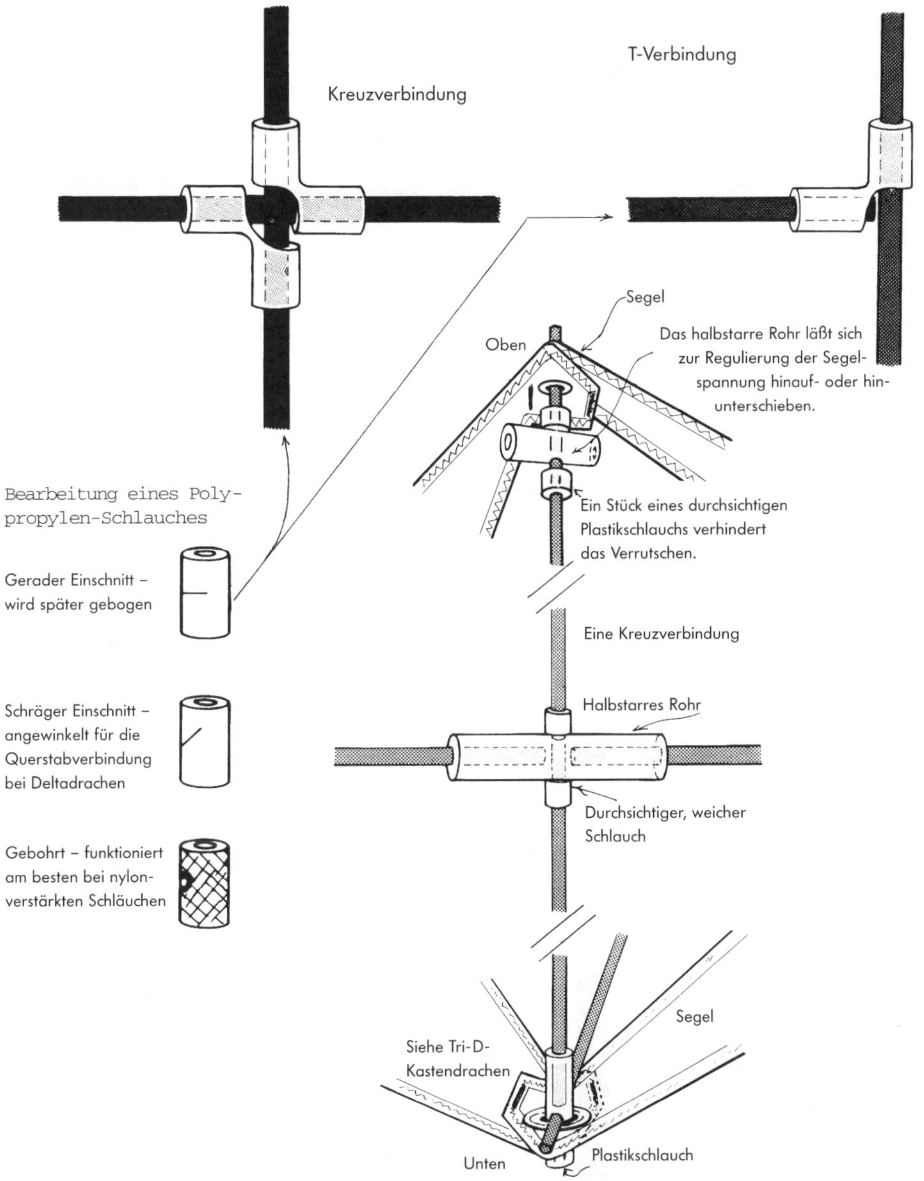

Abb. 55 Polypropylen-Schläuche

Abb. 56 Nylon-Kabelbinder

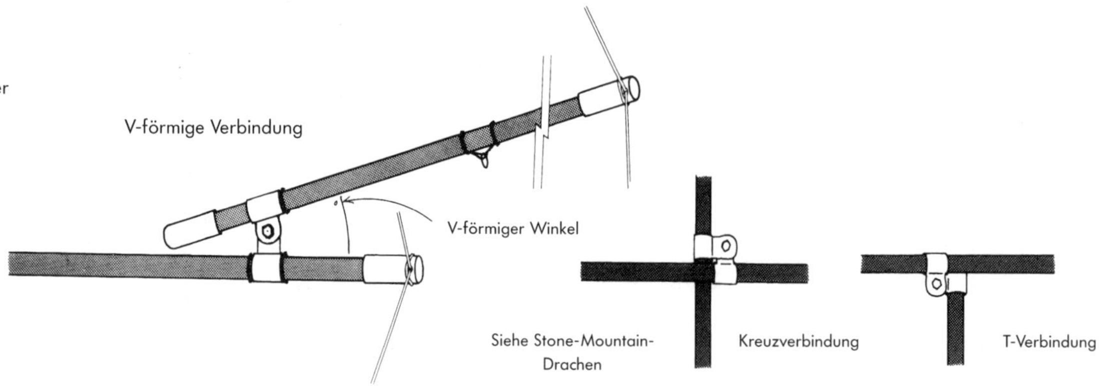

Varianten der Segelspannung

Das Segel sollte am Drachenrahmen so befestigt sein, daß die Stäbe möglichst wenig gespannt sind, um während des Fluges die Saumtaschen nicht allzu sehr zu strapazieren. Am einfachsten gelingt dies, wenn man die Spannung gleichmäßig auf den ganzen Drachen verteilt.

Vorteilhaft ist auch ein Verfahren, bei dem man die Segelspannung schnell regulieren kann. Bei Facetten-Drachen (wie z. B. dem Kaleidoskopdrachen) und anderen Modellen wird bereits beim Zusammenbau ein System zur Spannungsregulierung des Segels berücksichtigt. Andere Drachen verfügen über ein System zur Feinanpassung an unterschiedliche Windverhältnisse (Liddells gekielter Eddy-Rautendrachen hat ein System zur Spannungsregulierung für unterschiedliche Windverhältnisse; beim Rokkaku können der Quer- und der Längsstab für die richtige Segelspannung eingestellt werden. Siehe Abb. 57 für die Varianten der Segelspannung).

Siehe Abb. 58 für die Anordnung von Taschen und Schlaufen zur Spannungsregulierung von Stäben. Varianten der Stabspannung: Kugeln und eine Pfeilnocke oder eingekerbte Stabenden mit einer mehrfach verknoteten Schnur sowie ein Dübel-Kugel-System.

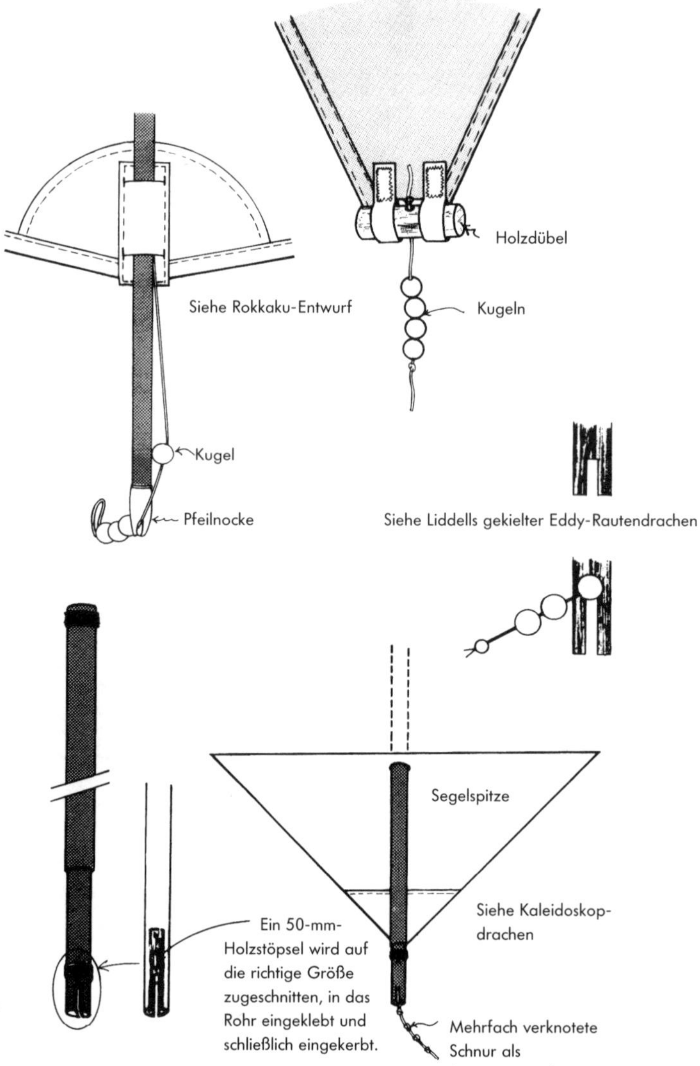

Abb. 57 Varianten der Segelspannung

Varianten des Spreizstabes bei Deltadrachen

Für die Wahl des Spreizstab-Verbindungssystems sind Größe und Art des Deltadrachens ausschlaggebend. Während sich verstärkte Taschen für kleinere Deltadrachen eignen, ist für die bei größeren Drachen auftretende Spannung ein D-Ring zweckmäßiger. Dank seiner höheren Elastizität ist ein durchsichtiger Plastikschlauch als Halterung der vorderen und hinteren Spreizstäbe bei Kunstflugdrachen zu empfehlen. Nach einiger Erfahrung werden Sie jedoch wissen, welches Verbindungssystem sich für Ihren Drachen am besten eignet (siehe Abb. 59 für die Varianten des Spreizstabes bei Deltadrachen).

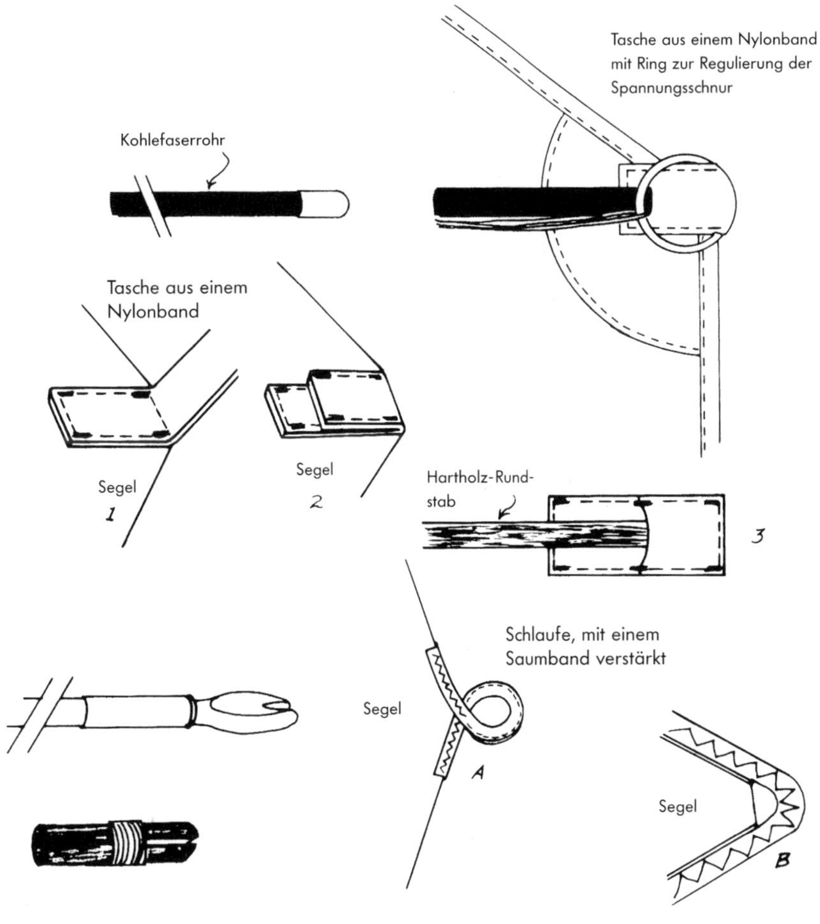

Abb. 58 Taschen und Schlaufen

Das Gummizug-System

Bei Zeltstangen findet dieses System bereits seit vielen Jahren Anwendung, denn es verhindert, daß Einzelstäbe verlorengehen, und es erleichtert den Auf- und Abbau des Zeltes. Dieses System erweist sich auch beim Drachenbau als sehr praktisch. Eine etwa 2,5 mm starke, durch die Rohre verlaufende Gummischnur erfüllt zwei Zwecke: Sie hält die einzelnen Stabteile zusammen und ermöglicht ein leichtes Zusammenlegen in kurze, leicht zu transportierende Teile. Das Gummizug-System ist in Abb. 60 dargestellt.

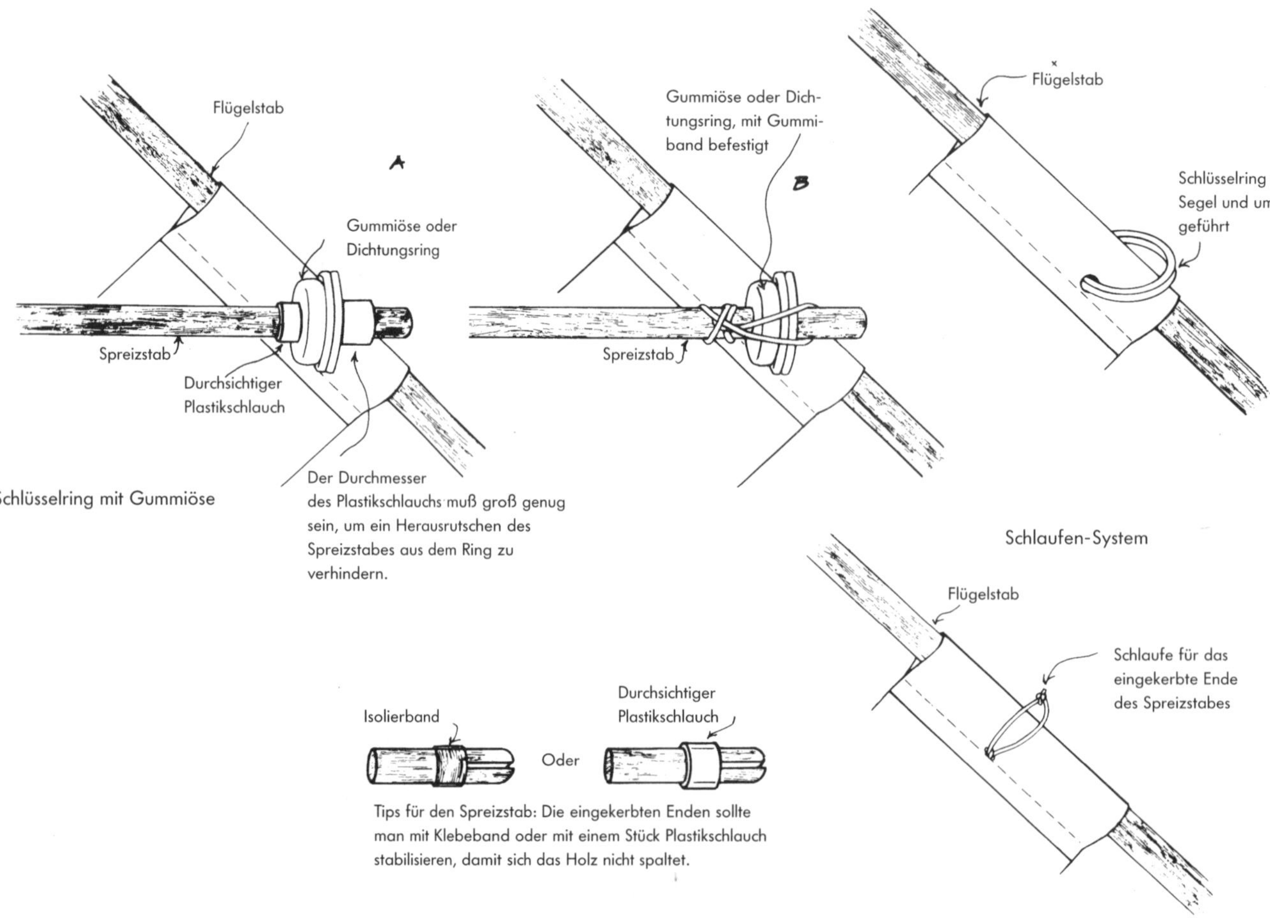

Abb. 59 Spreizstab-Varianten für einen Deltadrachen (Fortsetzung auf der nächsten Seite)

Für größere Deltadrachen – 2,20 m und größer

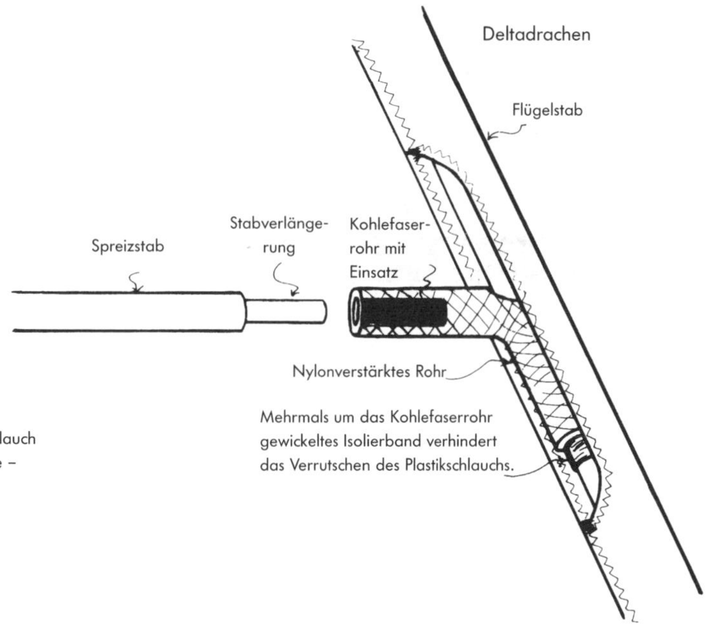

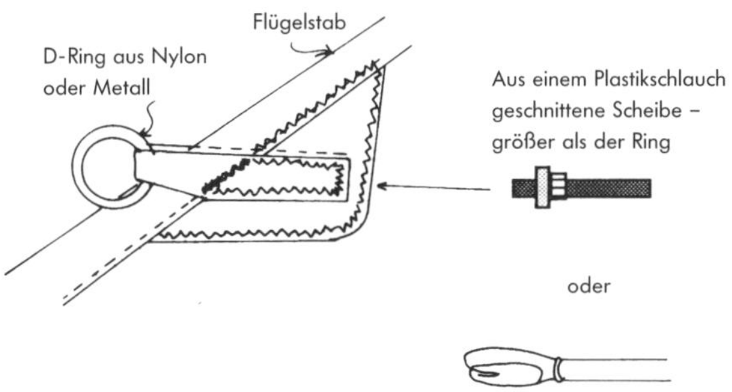

Plastikschlauch-Verbinder

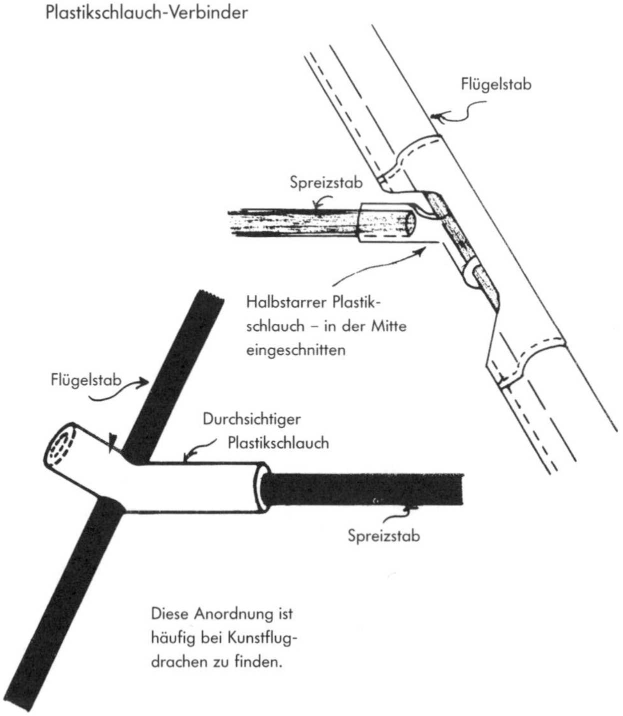

Saumtasche aus einem Nylonband

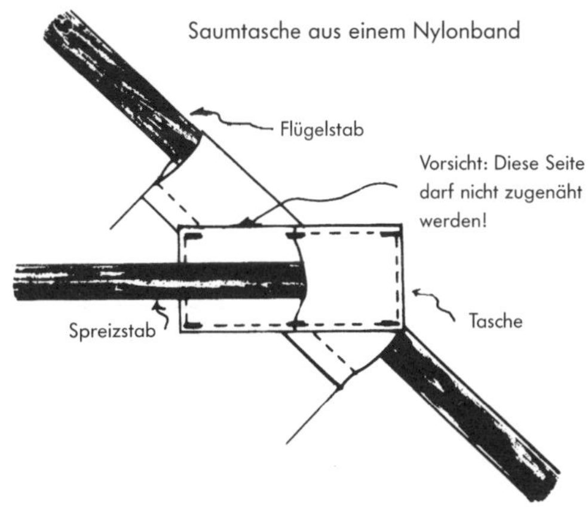

Abb. 59 Spreizstab-Varianten für einen Deltadrachen (Fortsetzung)

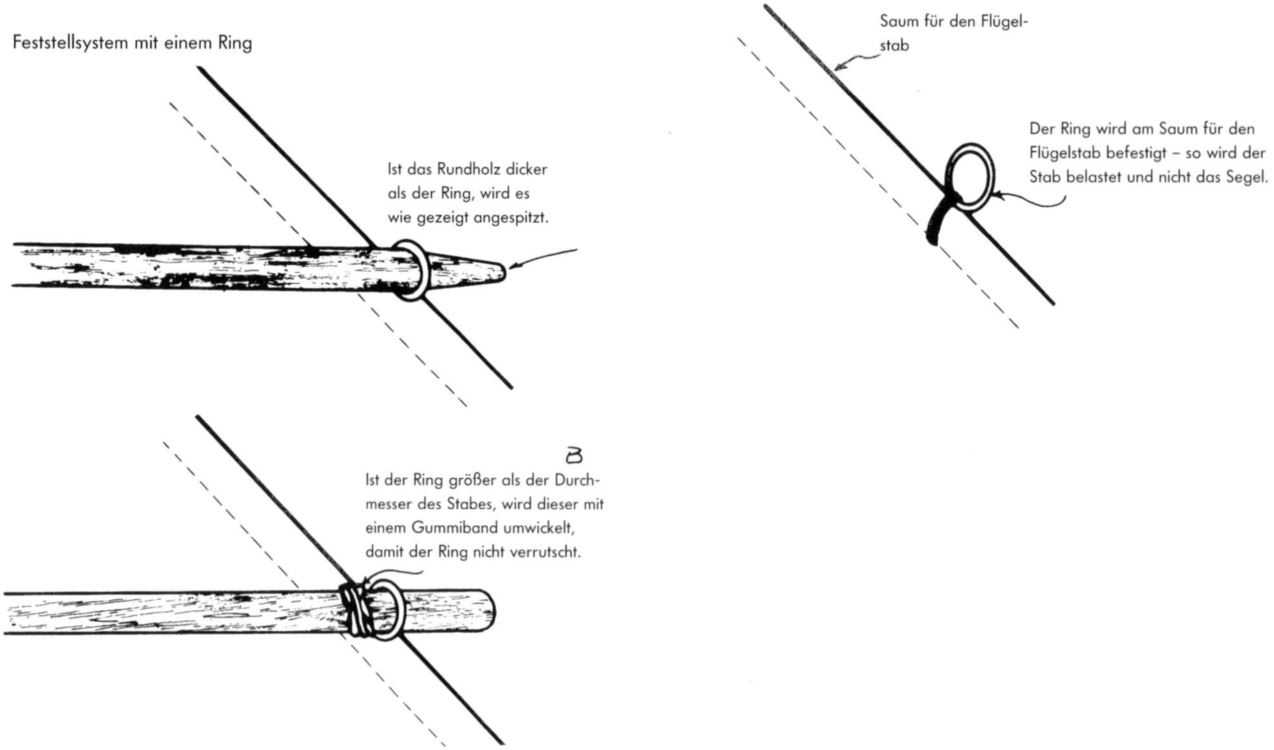

Abb. 59 Spreizstab-Varianten für einen Deltadrachen (Fortsetzung)

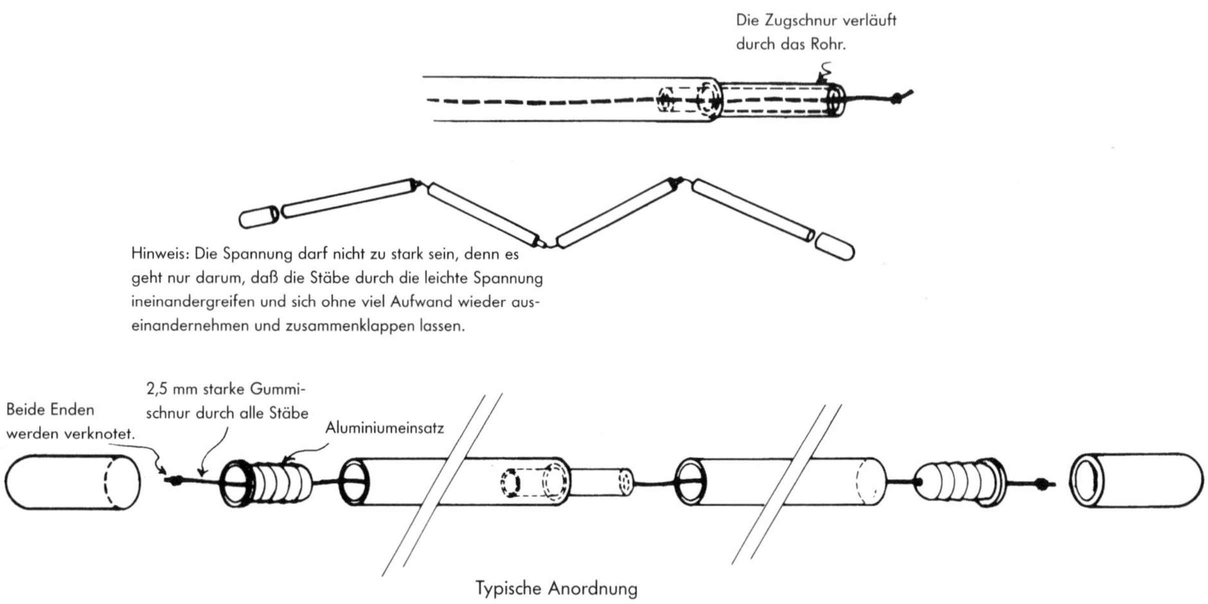

Abb. 60 Gummizug-System

Klebstoffe

Sekundenkleber eignet sich gut zur raschen Befestigung von Rohreinsätzen, Pfeilnocken, Plastikschläuchen und Schutzkappen. Hölzer verleimt man am besten mit einem speziellen Holzleim. Zur festen Verbindung unterschiedlicher Materialien dienen die verschiedenen im Handel erhältlichen Komponentenkleber, die mehr oder weniger schnell aushärten. Beachten Sie, daß Styropor von den meisten Klebstoffen angegriffen wird. Fragen Sie im Fachhandel nach den Klebstoffen, die für Ihre Zwecke am besten geeignet sind. Lesen Sie aber auf jeden Fall vor dem Gebrauch des Klebstoffs die Herstellerhinweise auf den Verpackungen durch!

8 Segel- und Stabmaterialien

Die riesige Auswahl an leichten und strapazierfähigen Materialien gibt jedem Drachenkonstrukteur die Möglichkeit, die unterschiedlichsten Drachenmodelle zu bauen. Es gibt zwar kein »ideales« Segel- oder Stabmaterial, doch sind Materialien erhältlich, die für bestimmte Drachenarten geeignet sind.

Technologische Entwicklungen bedeuten nicht unbedingt auch eine Verbesserung der Drachenbaumaterialien. So verwendet man beispielsweise für die traditionsreichen indischen Kampfdrachen oder den japanischen Nagasaki-hata-Drachen besser Papier und Bambus als moderne synthetische Materialien. Drachen, die aus diesen »altmodischen« Materialien gebaut werden, sind einfach reizvoller und fliegen vor allem besser! Für andere Drachen, z. B. Kasten- oder Deltadrachen, sind synthetische Materialien wie Spinnakernylon oder Kohlefaserrohre dagegen hervorragend geeignet.

Bei der Auswahl der Materialien sollte man darauf achten, daß sie sich zu einem stabilen, möglichst leichten Drachen zusammenbauen lassen. Bei der Zusammenstellung der Materialien müssen Sie auch die Windverhältnisse berücksichtigen, bei denen Sie den Drachen steigen lassen wollen. Möchten Sie beispielsweise einen Kastendrachen für starke Winde bauen, so ist für das Segel Spinnakernylon zu empfehlen. Wollen Sie das Segel jedoch dekorativ gestalten, so sollten Sie Tyvek oder Baumwolle benutzen, auch wenn dadurch etwas an Segelstärke verlorengeht (wenn Sie jedoch nur Stoffteile applizieren möchten, können Sie durchaus Spinnakernylon verwenden).

Bei der Auswahl des Segelmaterials sollte man auch die Verbindungstechniken berücksichtigen. Wie kombinieren Sie also Tyvek- oder Baumwollmaterialien miteinander, wenn Sie keine Nähmaschine besitzen und keine Übung im Nähen haben? Tyvek selbst läßt sich ganz einfach mit einem Kunststoffkleber verbinden.

Auch bei der Auswahl der Stäbe sollte man berücksichtigen, daß es sich hier nicht nur um einfache Stöcke handelt, die ein Segel tragen, sondern für den Drachen ebenso wichtig sind wie das Segel. Sie sollten daher genauso gewissenhaft ausgesucht werden wie das Segelmaterial.

Glasfaserstäbe und Kohlefaserrohre sind zwar stärker und steifer als Holz, sie sind aber normalerweise auch schwerer und können nicht die Elastizität und Biegsamkeit von Holz oder Bambus erreichen, wie sie für manche Drachenmodelle gebraucht wird.

Die folgenden Tabellen geben einen Überblick über die wichtigsten Segel- und Stabmaterialien sowie über deren Eigenschaften.

Segelmaterialien auf einen Blick

Segel[1]	Material	RFF[2]	Bemerkungen	Verbindung	Dekorierung	Typische Anwen-
Spinnakernylon	urethanbeschichtetes Nylon	10	bestes Allzweck-Drachenmaterial; leicht, kräftig, reißfest	Nähen; beim Schneiden und Aneinanderlegen sollte die Faserrichtung berücksichtigt werden	in vielen Farben erhältlich; stückeln, applizieren, bedrucken	für die meisten Drachen

Segel[1]	Material	RFF[2]	Bemerkungen	Verbindung	Dekorierung	Typische Anwendung
Gewebe-Folien	2–3 Lagen; Dacron, Spectra, Kevlar, Mylar[3]	10	das bezogen auf sein Gewicht leichteste und stabilste Segelmaterial	Nähen; beim Schneiden und Aneinanderlegen sollte die Faserrichtung berücksichtigt werden; die Naht sollte verstärkt werden	in Rot, Weiß und Blau erhältlich; stückeln	Kunstflugdrachen; Drachen für starke Winde
Taffeta	Nylon	7–8	qualitativ hochwertig, kräftig, waschbar; günstiger als Spinnakernylon	Nähen; beim Schneiden und Aneinanderlegen sollte die Faserrichtung berücksichtigt werden	in vielen Farben erhältlich; stückeln und applizieren	Schlangendrachen, Windhosen, kleine Deltadrachen, Schwänze
Tyvek	Polyethylen	6–7	reißfest – wie Papier, aber viel stärker, relativ günstig	Nähen; verkleben mit Kunststoffkleber	nur in Weiß erhältlich; kann mit den meisten Materialien bemalt werden, die auch bei Papier verwendet werden; man kann auch Stücke eines farbigen Plastik-Müllsacks aufschweißen	für die meisten Drachen; ideales Material für Probeflüge vor dem endgültigen Zusammenbau mit teureren Materialien
Plastik-Müllsack	Polyethylen	5–7	leicht erhältlich, günstig, geringes Gewicht	Schweißen, Klebestift, Klebe- oder Isolierband	Folienstifte; verschiedene Plastikstücke können aufgeschweißt werden	kleine bis mittelgroße Drachen
Mylar	Polyesterfolie	3–7	geringes Gewicht, hohe Zugfestigkeit bis zum Reißen; baut statische Energie auf	Klebe- oder Isolierband	durchsichtig und in vielen Farben erhältlich; Folienstifte	Miniaturdrachen, kleine Kampfdrachen, Schlangen- und Kastendrachen, Rogallo-Flex-Drachen
Popeline (Anorakstoff)	Baumwolle	6–8	geringes Gewicht, feines Gewebe; die Porosität ermöglicht den Einsatz bei unterschiedlichen Windstärken	Nähen; beim Schneiden und Aneinanderlegen sollte die Faserrichtung berücksichtigt werden	Färben, Batiken; Siebdruck, Stoffarben	für die meisten Drachen
Papier	Holz-, Pflanzenfasern	2–5	leicht erhältlich; meist sehr günstig; geringes Gewicht	Klebestifte oder Alleskleber, Klebebänder, Isolierbänder	kann mit den meisten Techniken dekoriert werden	kleine Drachen, die bei leichtem bis mittlerem Wind fliegen
Seidenpapier	wasserunlösliches Papier	2–5	günstig; geringes Gewicht; porös	Alleskleber	Marker-Stifte	kleine Kastendrachen

[1] UV-Strahlen greifen die meisten Materialien, also auch Segelstoffe an. Setzen Sie Ihren Drachen daher nicht der Sonne aus, wenn Sie ihn nicht steigen lassen.
[2] Reißfestigkeitsfaktor: Der Faktor 10 ist am kräftigsten.
[3] Zweifach geschichtete Folien: dicht gewebtes Dacron, Kevlar oder Spectra mit Mylar; dreifach geschichtete Folien: Dacron, Kevlar oder Spectra in Mylar eingebettet.

Stabmaterialien auf einen Blick

Berücksichtigen Sie bei der Auswahl des Stabmaterials den Zweck, die Größe, das Gesamtgewicht des Drachens sowie den Preis, den Sie für das Drachenmaterial bezahlen möchten. Allgemein eignet sich Holz für Drachen, die bei schwachem bis mittelstarkem Wind geflogen werden, am besten. Kunststoffe sind dagegen eher für Drachen, die bei starken Winden fliegen sollen, zu empfehlen.

Material	Vorteil	Nachteil	Typische Anwendung
Glasfaserstab	fast unzerbrechlich; die gleichmäßige Struktur sorgt für sein Gleichgewicht	pro Längeneinheit schwerer als andere Materialien	Kunstflugdrachen, kleine Kampfdrachen; allgemein für Drachen, die bei starkem Wind geflogen werden
Hartholz-Rundstab	geringes Gewicht, günstig, leicht zu bearbeiten	verzieht sich bei großer Beanspruchung, vor allem bei Feuchtigkeit; kann leicht brechen	für die meisten Drachen; gut zur Bestimmung von Stablängen und für Probeflüge
Holzleiste (rechteckig)	geringes Gewicht, beliebtes Modellbaumaterial; stabil; kann sich nicht wie ein Rundholz verdrehen	weniger elastisch als Kunststoffe	klassischer Eddy-Drachen; für alle Entwürfe, bei denen sich die Stäbe nicht verdrehen dürfen; für alle Drachen mit stabilem Gerüst
Kohlefaserrohr	geringes Gewicht, steif; ebenso gleichmäßig wie Glasfaserstäbe, aber geringeres Gewicht	höhere Anschaffungskosten	geeignet für die meisten Drachen, besonders aber für Kunstflug- oder andere Drachen, die bei starkem Wind geflogen werden sollen und deren Gewicht möglichst gering sein muß
Aluminium-Kohlenstoff-Rohr (Compositrohr)	steif, gleichmäßig; bezogen auf sein Gewicht das stärkste erhältliche Material	höhere Anschaffungskosten	für Drachen, die bei hohen Anforderungen möglichst leicht sein sollen
Kohlefaserrohr	geringes Gewicht; äußerst steif	höhere Anschaffungskosten	für Drachen mit minimalem Gewicht und maximaler Stärke; Kunstflugdrachen
Bambus	geringes Gewicht, steif, elastisch; ein klassisches Drachenbaumaterial	zum Bearbeiten von Bambus benötigt man einige Erfahrung	von Miniatur- bis zu Riesendrachen; große orientalische Drachen, kleine Kampfdrachen
Bordraht	das bezogen auf sein Gewicht festeste bekannte Material; gleichmäßig, steif	spröde, leicht zerbrechlich, kann leicht splittern (daher nur mit größter Vorsicht zu bearbeiten – siehe Kapitel »Miniaturdrachen«)	Miniaturdrachen
Bürstenhaare (aus Nylon)	kräftig, biegsam, günstiger Ersatz für Bambus	nicht bekannt	Miniaturdrachen

Stabmaterialien im Vergleich

Die folgende Tabelle zeigt Ihnen, für welche Drachenprojekte die einzelnen Stabmaterialien verwendet werden. Der Steifheitsfaktor gibt an, wie elastisch das jeweilige Stabmaterial ist (am elastischsten ist der Faktor 0,1).

Art des Stabes	Außendurchmesser	Steifheitsfaktor	Typische Anwendung
Glasfaserstab	2,5 mm	0,1	kleine Kampfdrachen
Glasfaserstab	3 mm	0,2	kleine Schlangendrachen
Ramin-Rundholz	5 mm	0,4	kleine Delta- und Schlittendrachen
Glasfaserstab	5 mm	0,7	mittelgroße Schlangendrachen
Ramin-Rundholz	6 mm	1,0	mittelgroße Delta- und Schlittendrachen
Kohlefaserrohr	6,5 mm	1,5	mittelgroße Delta- und Schlittendrachen
Aluminium-Kohlenstoff-Rohr (Compositrohr)	6 mm	6,0	mittelgroße Delta- und Kastendrachen
Kohlefaserrohr	5,5 mm	5,0	mittelgroße Delta- und Kunstflugdrachen
Glasfaserstab	6 mm	2,0	ca. 2,50 m große Delta- und Kastendrachen
Ramin-Rundholz	8 mm	2,3	ca. 1,80 m große Deltadrachen, Spreizstab
Kohlefaserrohr	7,5 mm	2,6	mittelgroße Delta- und Kastendrachen
Kohlefaserrohr	8 mm	3,0	ca. 3 m große Deltadrachen
Kohlefaserrohr	9 mm	4,0	ca. 2,50 bis 3 m große Deltadrachen, Spreizstab
Ramin-Rundholz	10 mm	5,0	ca. 3 m große Deltadrachen, Spreizstab
Kohlefaserrohr	9,5 mm	6,0	ca. 1,80 m große Kasten- und Kombidrachen
Kohlefaserrohr	10,5 mm	13,0	große Drachen
Kohlefaserrohr	12,8 mm	20,0	große Drachen
Kohlefaserrohr	15,5 mm	25,0	große Drachen

9

Flugleinen

... und weg war er!

Der Drachenliebhaber, Autor und Werbefachmann Will Yolen beauftragte mich, für einen Olympia-Werbefeldzug einen großen Drachen in Rot, Weiß und Blau zu entwerfen. Einen Monat später war der Olympia-Deltadrachen fertig und wartete auf seinen Jungfernflug.

Wir gingen mit dem ungetesteten Drachen auf ein großes, freies Feld. Als wir den Drachen zusammenbauten, blähte sich das Segel aus Spinnakernylon und Dacron schon bei schwachem Wind ziemlich auf. Bereit für den Start, überreichte ich Yolen eine Spule mit einer 230-kp-Schnur. Er zuckte aber nur mit den Achseln und meinte, daß seine 80-kp-Schnur völlig ausreichen würde. Ich sagte nur: »Will, dieser Drachen zieht wie ein Elefant und nicht wie ein Thunfisch!« Er blieb jedoch stur bei seiner Meinung, und wir begaben uns in Startposition.

Der Drachen erhob sich wie ein gigantischer Falter in die Lüfte. Yolen mußte sich mit aller Kraft dagegenstemmen, um den gewaltigen Zug auszugleichen. Er war völlig überrascht, wie stark der Drachen bei diesem schwachen Wind ziehen konnte! Einige Sekunden später riß die Leine, als wäre sie ein dünner Faden. Yolen landete auf seinem Hinterteil und blickte ungläubig in den Himmel, wo der Drachen einen Moment innehielt, um dann herunterzukommen. Der Drachen ging sanft in den Landeflug über und schien den Mann mit der Angelschnur im Visier zu haben.

Yolen ließ die Spule fallen und rannte los. Der Drachen war wie ein Adler, und sein Schatten verfolgte den armen Yolen, der davonrannte. Es schien, als würde der Drachen immer weiterfliegen. Nach einigen hundert Metern landete er schließlich doch noch, und das nur knapp neben Yolen. Ich lief zu dem nach Luft schnappenden Yolen und sagte ihm, er könnte wohl doch an der Olympiade teilnehmen – als Läufer!

Nachdem nun einige Zeit vergangen ist und niemand wirklich zu Schaden kam, kann man über diese Geschichte lachen. Doch die Gefahr, die damals »in der Luft lag«, sollte uns alle daran erinnern, die richtige Flugleine immer mit Bedacht auszusuchen.

Die Wahl der richtigen Flugleine

Die ersten Flugleinen für Drachen waren aus natürlichen Materialien. Im Alten China verwendeten die Drachenbauer nur reine Seidenschnüre. Viele Jahrhunderte lang dienten auch Baumwolle und Hanf als Rohstoffe für Flugleinen. In Japan schwören noch heute viele Drachenfreunde auf die traditionelle und arbeitsintensive Herstellung von Flugleinen aus verschiedenen Pflanzenfasern. In den letzten 50 Jahren wurden jedoch synthetische Stoffe entwickelt, durch die sich auch die Eigenschaften der Flugleinen stark verbesserten (siehe Seite 62).

Der Gebrauch von Flugleinen

Nicht selten ist die Flugleine das reinste Ärgernis – ein sich verknotendes, verdrehendes, schnell verschleißendes, reißendes, aber doch sehr wichtiges Element beim Drachensteigen. Ist ein Drachenfreund jedoch gut vorbereitet, kommen solche Probleme nur noch selten vor.

Folgende Regeln sollte man bei aller Vorbereitung immer beachten:

- Um Handverletzungen vorzubeugen, sollten Sie beim Steigenlassen von mittel- bis stark ziehenden Drachen immer Lederhandschuhe tragen. Ausnahmen sind Leichtwinddrachen, zum Beispiel indische Kampfdrachen, obwohl auch eine schnell durch die Hand rutschende Baumwollschnur Verletzungen verursachen kann.
- Die Zugfestigkeit (oder durchschnittliche Bruchlast) der Flugleine sollte, in kp ausgedrückt, mindestens dem 15fachen der Segelfläche in Quadratmetern entsprechen. So benötigt man z. B. für einen Drachen mit 2 m^2 Segelfläche mindestens eine 30-kp-Schnur. Es ist jedoch sicherer, wenn die Zugfestigkeit noch etwas höher liegt.
  Hinweis: Zweileiner-Kunstflugdrachen sind eine Ausnahme, da sie unter sehr starker Spannung geflogen werden. Hier sollte die Zugfestigkeit in kp in etwa dem 50fachen der Segelfläche in m^2 entsprechen!
- Die Stabilität und Sicherheit der Flugleine hängt auch von ihrem Zustand und von der Windgeschwindigkeit ab. Eine plötzlich auftretende heftige Windbö kann eine verschlissene oder eine gerade noch der empfohlenen Zugfestigkeit entsprechende Leine schnell zum Reißen bringen.
- Achten Sie darauf, daß die Flugleine völlig in Ordnung ist und das Material noch keine Ermüdungserscheinungen zeigt.
- Synthetische Materialien wie Nylon, Dacron (Polyester), Spectra (Polyethylen) und Kevlar werden von den UV-Strahlen der Sonne angegriffen; lassen Sie daher die Flugleine nicht unnötig lange in der Sonne liegen.
- Bewahren Sie die Flugleine an einem sauberen und trockenen Ort auf.

Flugleinen auf einen Blick

UV-Strahlung beeinträchtigt die Qualität des Materials. Setzen Sie daher die Flugleine nicht unnötig der Sonne aus.

Leine	Faser	Vorteil	Bemerkungen	Reißfestigkeit	Typische Anwendung
Geflochtenes Dacron	Polyester	stark, abriebsfest	dehnbar	10 bis 230 kp	für die meisten Drachen
Gedrehtes Dacron	Polyester	günstig	dehnbar	10 bis 25 kp	Leichtwinddrachen
Geflochtenes Nylon	Nylon	haltbar, günstig	dehnbar	10 bis 115 kp	für die meisten Drachen
Geflochtenes, gewachstes Kevlar	Kevlar	fünfmal fester als Stahl; wenig dehnbar	begrenzte Abriebsfestigkeit; Knoten im Kevlar zerschneiden sich selbst; ein knotenloses oder ein von Dacron umsäumtes System ist unabdingbar	25 bis 400 kp	Kunstflugdrachen
Spectra (Dyneema)	Polyethylen	zehnmal fester als Stahl; um 75 % fester als Kevlar; wenig dehnbar; UV-fest	niedriger Schmelzpunkt; wird von anderen Leinen leicht zerschnitten; Knoten sind problemlos, dennoch ist ein knotenloses oder ein von Dacron umsäumtes System zu empfehlen	35 kp, 60 kp, 90 kp, 140 kp, 200 kp	Kunstflugdrachen
Gewachste Leinenschnur	Flachs	schneidet nicht ein; leicht zu handhaben; verdreht sich nicht	nicht so zuverlässig wie Baumwollschnur	5 kp	kleine Kampfdrachen
Wenig dehnbare Baumwollschnur	Baumwolle	günstig	kann sich verdrehen und kräuseln	3,5 kp	kleine Kampfdrachen

10 Systeme zum Einholen der Flugleine

Haspeln, Spulen, Wickler und Rollen

Es ist nicht nur wichtig, die richtige Flugleine zu wählen, man muß auch für ein geeignetes System zum Einholen der Flugleine sorgen. Die meist als »Haspeln« bezeichneten Geräte lassen sich in vier Kategorien einteilen: Haspeln, Spulen, Wickler und Rollen.

Mit zunehmender Erfahrung fällt es immer leichter, sich für das richtige System zu entscheiden. Dennoch gibt es einige praktische Dinge, die man beachten sollte. So muß man beispielsweise beim Steuern eines indischen Kampfdrachens schnelle Handbewegungen machen – also benötigt man ein seitlich zu bedienendes System z. B. eine Spule oder einen Wickler, der die Leine so frei und schnell wie möglich laufen läßt. Umgekehrt eignet sich eine Haspel, die die Flugleine direkt über ihr rotierendes Mittelteil freigibt und einholt, sehr gut für hochfliegende Drachen wie den Deltadrachen oder den Roloplan-Drachen. Für indische Kampfdrachen ist sie jedoch ungeeignet (siehe Abb. 61). Der koreanische Kampfdrachen bildet eine Ausnahme. Dieser Drachen wird traditionell mit einer speichenartigen rotierenden Haspel (siehe Abb. 62) manövriert.

Zweileiner-Kunstflugdrachen sind eine Kategorie für sich, da sie sowohl Griffe als auch eine Winde benötigen, die auf beide Leinen ausgerichtet sind (siehe Abb. 63).

Abb. 61 Eine Haspel für Deltadrachen, Roloplan-Drachen und andere Leichtwinddrachen (links);
zwei Wickler, mit und ohne Griffe, für schwache bis mittelstarke Winde (rechts)

Umspulen einer Flugleine

Leinen und Schnüre erhält man meist aufgewickelt auf eine Karton- oder Plastikspule. Meist ist das Ende der Leine aber nicht an der Rolle festgemacht. Auch wenn Sie eine Winde mit aufgespulter Leine gekauft haben, muß es nicht unbedingt sein, daß die Leine daran befestigt ist – bedenken Sie dies, nicht daß sich Ihr Drachen plötzlich von Ihnen verabschiedet!

Das Umspulen einer Flugleine auf eine Haspel ist recht einfach, vorausgesetzt, man plant die einzelnen Schritte gut. Hier ist meine Empfehlung: Wählen Sie einen Tag aus, an dem die Windverhältnisse für Ihren Drachen passend sind. Der Wind darf aber nicht zu kräftig sein, denn er sollte die Leine nicht zu stark spannen. Lassen Sie den Drachen von der Originalspule aus steigen. Wenn die Flugleine bis auf etwa 2,50 m abgespult ist, wickeln Sie

Abb. 62 Koreanische »El-lai«-Haspel

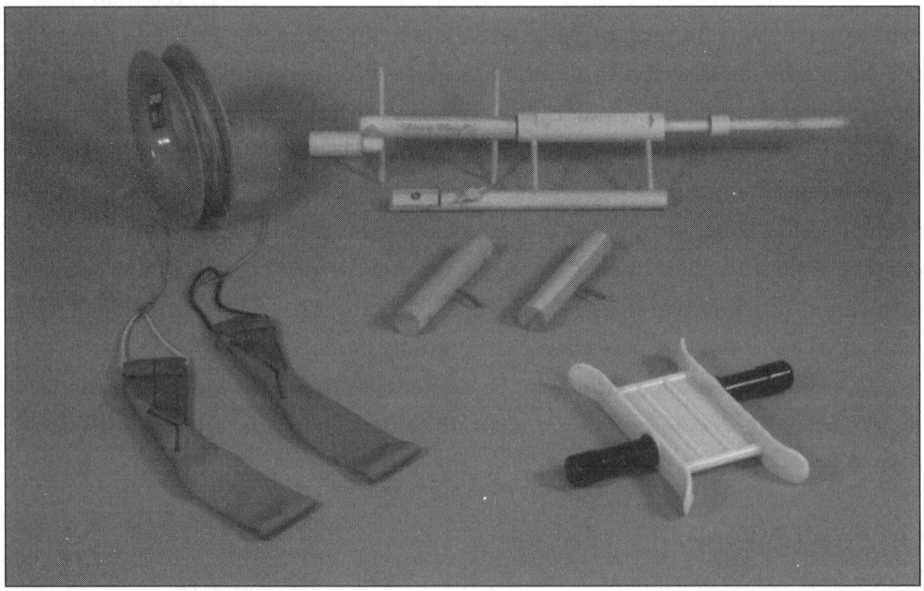

Abb. 63 Varianten von Zweileiner-Haspeln für Kunstflugdrachen

sie um einen festen Gegenstand, z. B. eine Zaunlatte oder um Ihren Fuß (sofern Sie festes Schuhwerk tragen). Solange der Drachen so befestigt ist, haben Sie die Hände frei, um das Ende der Flugleine an der Haspel festzumachen. Wenn Sie in Begleitung sind, lassen Sie sich von Ihrem Begleiter helfen.

Sobald Sie die Leine an der Haspel befestigt haben:

- Lösen Sie die festgebundene Leine wieder und holen Sie die Leine mit ausreichend Spannung ein, so daß sie gleichmäßig auf der Haspel aufgerollt ist.
- Wenn Sie eine breite Haspel verwenden, spulen Sie die Leine abwechselnd von rechts nach links auf, so daß die ganze Breite der Haspel genutzt wird.

Abb. 64 Eine wicklerartige »Itomaki«-Haspel aus Japan. Sie wird zum Drachensteigen und zum Angeln verwendet.

- Bei Wicklern mit Griffen wie der japanische »Itomaki«-Wickler (siehe Abb. 64) holen Sie die Leine am besten mit einer Achter-Bewegung ein. Mit dieser Methode, die Seeleute schon seit Jahrhunderten zum Zusammenlegen von Tauen verwenden, verhindern Sie, daß sich die Leine verheddert.

Wenn man darauf achtet, daß die Leine immer gleichmäßig ab- und aufgerollt wird, kommt es erst gar nicht zu den gefürchteten Unannehmlichkeiten mit einer verhedderten Flugleine. Bei Kunstflugdrachen wird häufig eine einfache Rolle oder eine spezielle Winde für Zweileiner eingesetzt. Dabei ist aber besondere Vorsicht geboten, denn wenn sich schon eine einzelne Leine verheddert, wie leicht geschieht es dann erst mit zwei Leinen!

Zusätzliche Vorsichtsmaßnahmen

Wenn sich eine Haspel zu schnell abrollt, an der sich möglicherweise noch Griffe befinden, kann man sich leicht die Finger verletzen! Meist assoziiert man mit dem Drachensteigen eine erholsame Freizeitbeschäftigung – was es auch durchaus ist – dennoch muß man sehr vorsichtig sein.

Es ist besser, mindestens 60 m Reserveleine auf der Haspel zu lassen (vergessen Sie aber nicht, daß die Flughöhe von Drachen in Deutschland auf 100 m begrenzt ist!), denn sollte der Drachen in den Sturzflug übergehen, so kann man die Leine laufenlassen und der Drachen kann sich leichter wieder fangen. Markieren Sie den Anfang der Reserveleine (etwa 3 m vorher) mit einem roten Strich. Empfehlenswert ist es auch, die Flugleine an bestimmten Stellen mit unterschiedlichen Farben zu markieren. So weiß man immer, wie hoch der Drachen ungefähr fliegt.

Zu starker Druck kann die Haspel zerstören. Wickeln Sie deshalb die Haspel bei stark ziehenden Drachen nicht ganz so eng, sondern spulen Sie die Leine anfangs ganz locker auf. Wenn Sie den Drachen einholen, sollten Sie ihm entgegenlaufen und die Leine runterdrücken, bevor Sie sie aufwickeln. Hierbei ist es gut, wenn Sie einen Helfer haben, der Sie beim Einholen unterstützt.

Tip: Beschriften Sie Ihre Haspel. Vermerken Sie dabei die Stärke und die Länge der Leine. Dazu eignet sich Kreppband, da man es leicht austauschen kann, wenn man die Leine wechselt. Schreiben Sie auch Ihren Namen und die Adresse auf die Haspel – für den Fall, daß sie verlorengeht.

Achten Sie immer auf Ihre Haspel, denn sie ist ein wertvoller Ausrüstungsgegenstand. UV-Strahlen greifen Plastik und Holz an. Wenn Sie die Haspel nicht verwenden, lassen Sie sie nicht in der Sonne oder in einer feuchten Umgebung liegen.

In der Abb. 65 finden Sie Anleitungen zum Bau von zwei unterschiedlichen stabilen Haspeln.

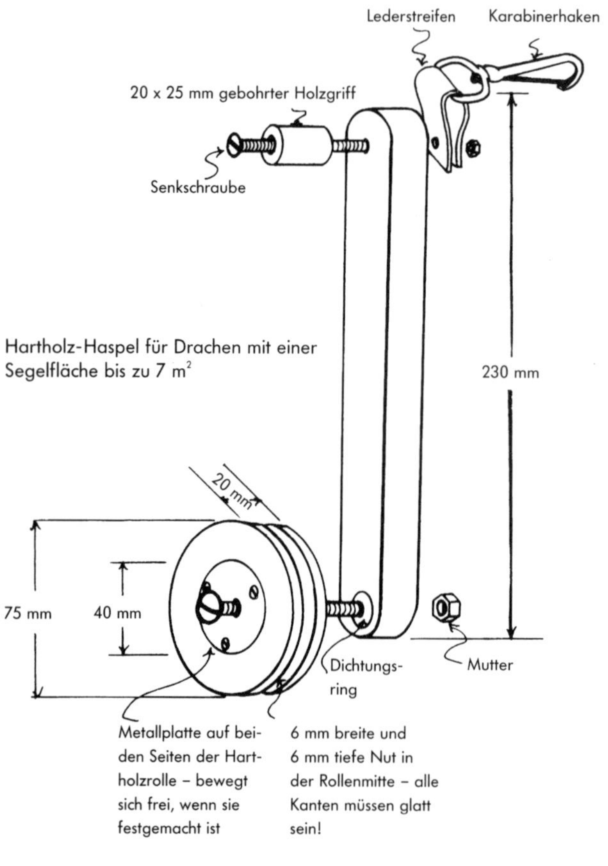

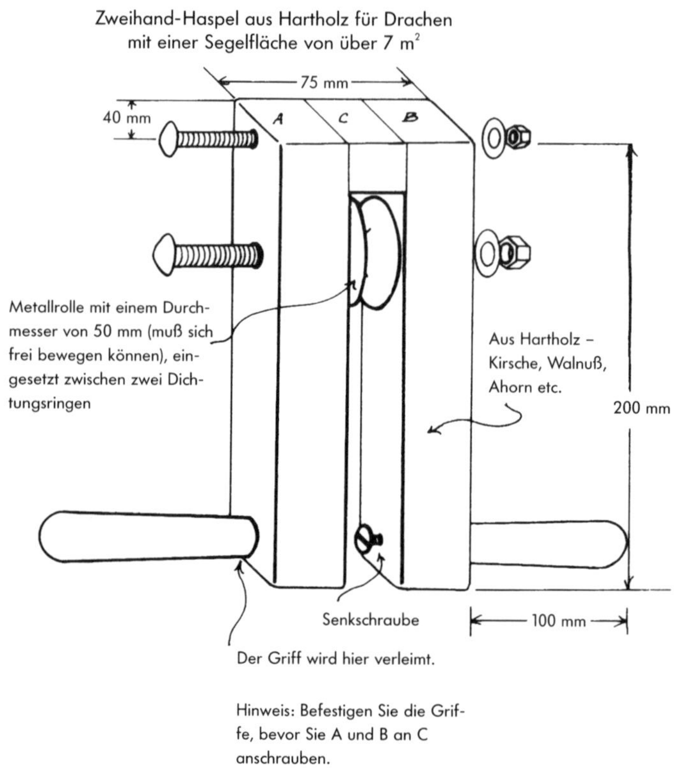

Abb. 65 Anleitungen zum Bau von zwei unterschiedlichen stabilen Haspeln

11 Der Umgang mit Schnüren

Knoten und Schlaufen

In der Fachliteratur findet man über 4000 verschiedene Knoten. Was wäre, wenn Ihr Leben vom Binden des richtigen Knotens abhinge? Von einem geeigneten Knoten hängt tatsächlich vieles ab – auch das Schicksal oder das Leben Ihres Drachens. Wenn Sie für Ihren Drachen die richtige Flugleine gefunden haben, kann ein verläßlich geknüpfter Knoten dazu beitragen, daß Ihre Freude am Drachensteigen erhalten bleibt. Ein schlecht gebundener Knoten kann dagegen zur Folge haben, daß Sie ganze Wochen oder sogar Monate intensiver Arbeit einfach davonfliegen sehen.

Es gibt vier Grundarten von Knoten: zunächst Knoten, bei denen ein Ende der Schnur durch eine Schlaufe in sich selbst gezogen wird; Knoten, die zwei Schnüre miteinander verbinden; Knoten, die eine Schnur mit etwas anderem verbinden, zum Beispiel einen Schlüsselring mit einem Stab; und schließlich Knoten, bei denen eine Schnur an sich selbst befestigt wird. Sie werden auch als Schlaufen bezeichnet.

Knoten erweisen sich bei Flugleinen oft als die Schwachpunkte, da sie sich bei zu starker Belastung selbst durchschneiden.

Die folgenden Knoten sind besonders nützlich und wichtig für den Drachenbau. Denken Sie daran, daß zuverlässige Knoten gleichmäßig und fest zugezogen werden müssen. Probieren Sie die Knoten erst aus, bevor Sie sie an Ihrem Drachen verwenden.

Abb. 66
Palstek

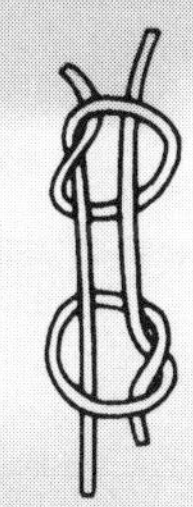

Abb. 67
Fischerstek

Abb. 68
»Hexenleiter«

Mit einem einfachen Zug an der untersten Schlaufe wird die Kette entwirrt.

- Palstek (siehe Abb. 66): ein sicherer und zuverlässiger Knoten. Je größer der Zug ist, desto fester hält dieser Knoten. Der Palstek ist jedoch bei synthetischen Schnüren nicht immer zuverlässig, daher sollten die Enden noch zusätzlich verknotet werden.
- Fischerstek (siehe Abb. 67): zwei aufeinandergezogene Überhandknoten. Mit diesem Knoten werden Schnüre gleicher Stärke aneinander befestigt.
- »Hexenleiter« (siehe Abb. 68): Der Knoten ist zum Aufbewahren langer Waagschnüre gut geeignet. Mit einem einfachen Zug an der untersten Schlaufe wird die Kette wieder entwirrt.
- Überhandschlaufe (siehe Abb. 69): dient der Befestigung von Karabiner-

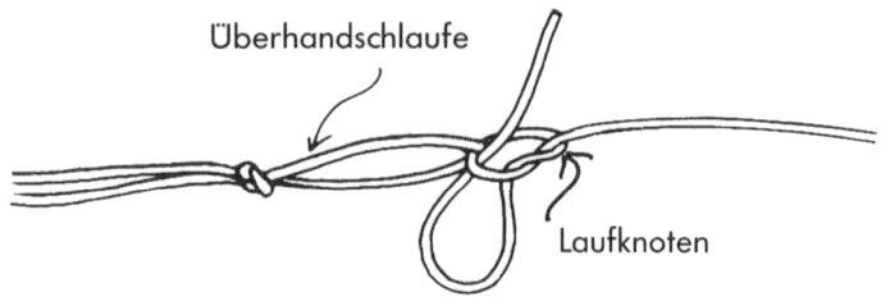

Abb. 69 Laufknoten (mit Überhandschlaufe)

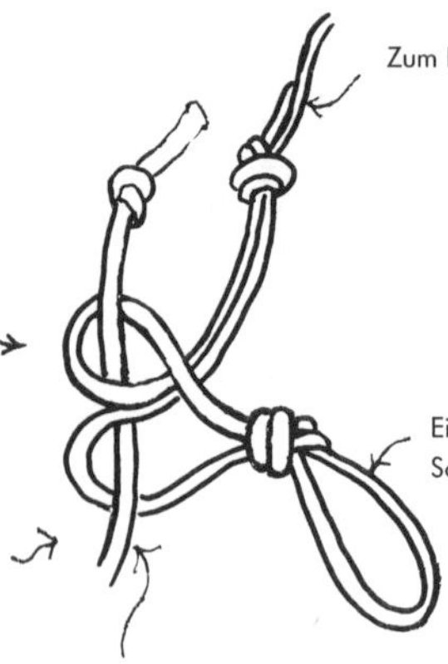

Abb. 70 »Reds Verbindungsschlaufe«

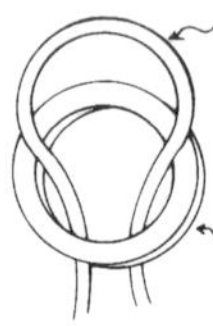

Abb. 71 Lerchenkopf

haken-Wirbeln und Karabinerhaken, meist in Verbindung mit einem Lerchenkopf. Man verwendet sie auch für die Waagpunktschlaufe an der Waage von Kampfdrachen. Am Ende einer Flugleine wird sie mit einem Laufknoten kombiniert.

- »Reds Verbindungsschlaufe« (siehe Abb. 70): benannt nach Red Braswell, dem Urheber des Roloplan-Entwurfs. Sie eignet sich besonders zur Verbindung von Drachenketten und zur Befestigung einer justierbaren Flugleine an die Waagen von Kunstflugdrachen (siehe Turbo-Kunstflugdrachen).
- Stopperstek: vielseitig einsetzbar. Beim Drachenbau verhindert ein Stopperstek, daß das Ende einer Flugleine aus dem Knoten herausgleitet, oder er kontrolliert die Bewegung einer Schlaufe entlang einer Leine. Die einfachste Art eines Stoppersteks ist der Überhandknoten.
- Lerchenkopf (siehe Abb. 71): dient zum Befestigen einer Schnur an einen Ring. Er ist einfach zu machen, kann aber leicht verrutschen, wenn er nicht festgezogen ist.
- Rundtörn mit zwei halben Schlägen (siehe Abb. 72): Ein vielseitig verwendbarer Knoten, der sich besonders gut für schwere Lasten sowie zum Befestigen der Flugleine an Stäben oder Ringen eignet.
- Knebelknoten (siehe Abb. 73): am besten nur unter Spannung anzuwenden, da er sich sonst leicht löst. Eignet sich gut zur Befestigung von Zweitschnüren bei Drachenketten.

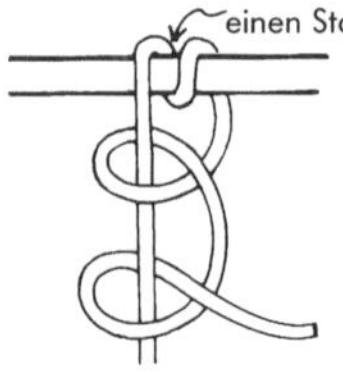

Abb. 72 Rundtörn mit zwei halben Schlägen

Abb. 73 Knebelknoten

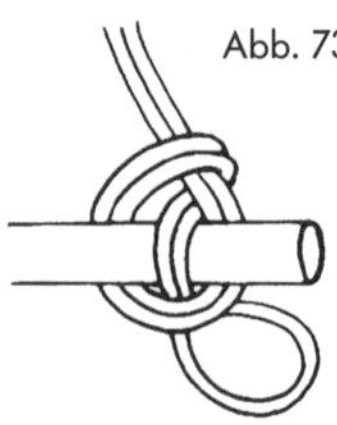

Ein knotenloses System für Kunstflugdrachen[1]

Kunstflugdrachen benötigen starke Flugleinen mit minimaler Dehnbarkeit, bei-

[1] Knotenloses System mit freundlicher Genehmigung von Fran Gramkowski, High Fly Kite Company

Abb. 74 Oben: kleiner Knüpfhaken, unten: Nähnadel, aus Draht gefertigt

spielsweise Kevlar oder Spectra. Doch leider zerschneidet sich ein Knoten in Kevlar leicht selbst. Bei einem knotenlosen System erhält man jedoch eine sichere Schlaufe, ohne die Flugleine zu schwächen. Wenn Knoten in Spectra gemacht werden, sollte man sie vorher umsäumen, oder man verwendet eine knotenlose Schlaufe.

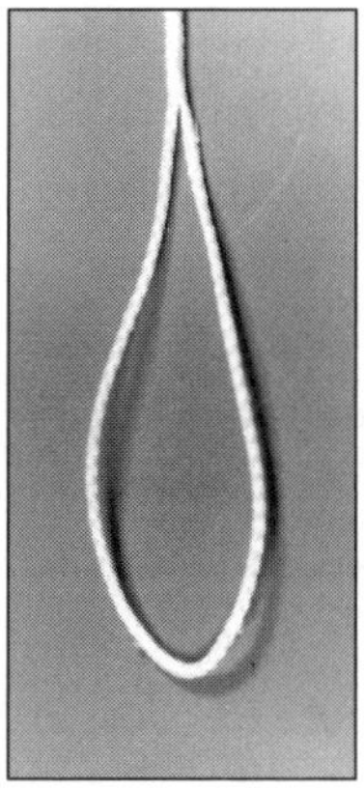

Abb. 75 Eine knotenlose Schlaufe

Eine knotenlose Schlaufe

Sie benötigen dazu eine Nähnadel oder einen Knüpfhaken, die Sie in Handarbeitsgeschäften erhalten (siehe Abb. 74). Verwenden Sie eine schwere (90 kp) geflochtene Dacronschnur. Für eine knotenlose Schlaufe (siehe Abb. 75) müssen Sie die Schnur durch leichtes Zusammenschieben und Auseinanderziehen bearbeiten. Diese Technik wird auch Spleißen genannt. Gehen Sie dabei wie folgt vor:

1. Siehe Abb. 76: Beginnen Sie etwa 80 mm vor dem Schnurende, die Schnur zusammenzudrücken, um das Gewebe zu lockern.
2. Siehe Abb. 77: Setzen Sie den Knüpfhaken mit dem geöffneten Haken in die Mitte der Schnur ein. Schieben Sie vorsichtig die Schnur auf den Knüpfhaken. Die Hakenspitze muß dabei in der Mitte des Gewebes bleiben und darf erst nach etwa 50 mm wieder austreten.
3. Schließen Sie den Haken um eine Schnurschlaufe.
4. Ziehen Sie den Knüpfhaken durch die Schnurmitte zurück. Ziehen Sie dabei auch die Schlaufe mit.

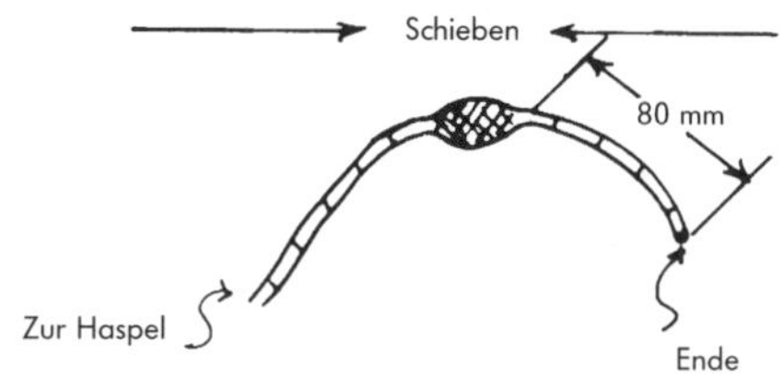

Abb. 76

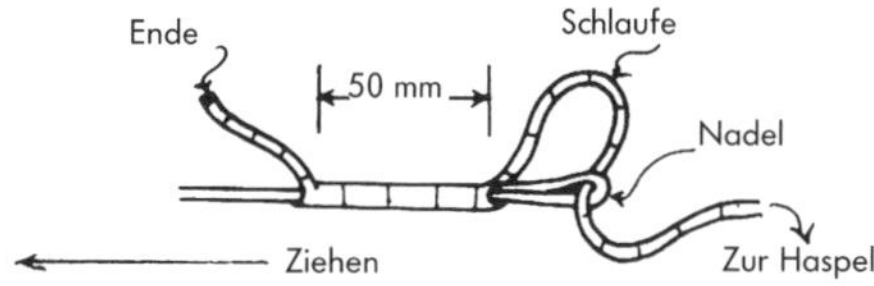

Abb. 77

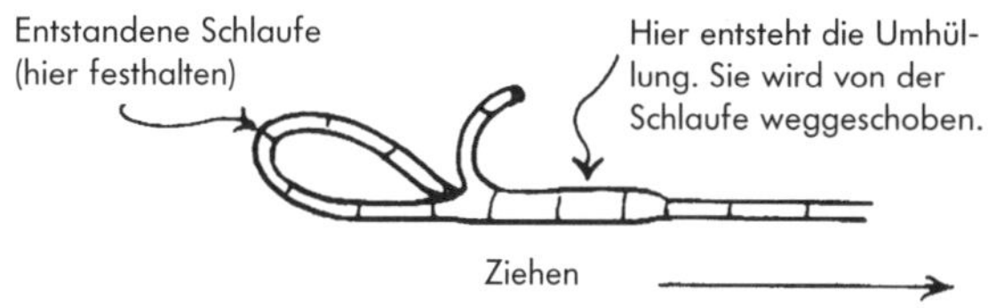

Abb. 78

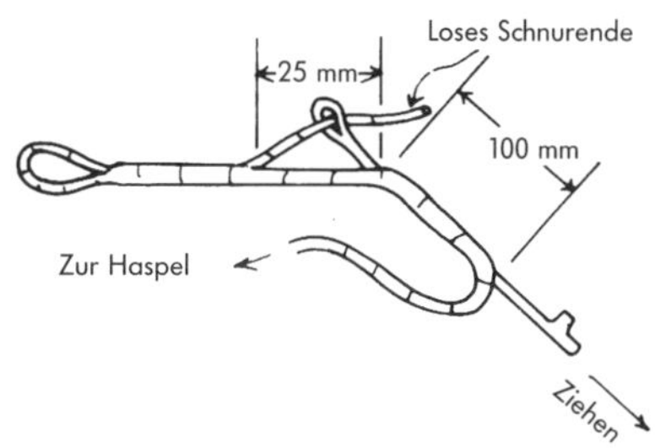

Abb. 79

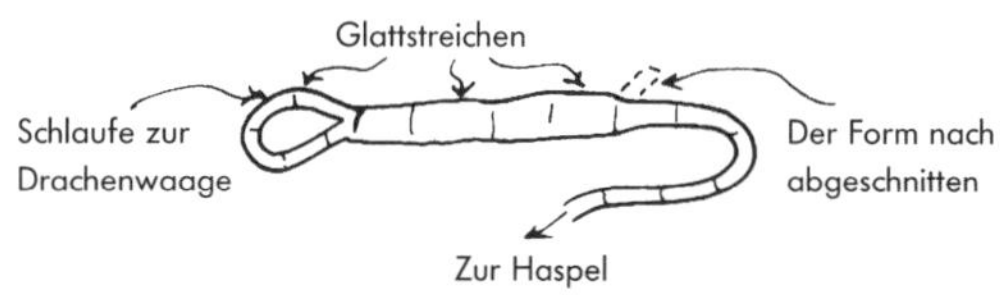

Abb. 80

5. Siehe Abb. 78: Halten Sie die entstandene Schlaufe mit einer Hand fest. Mit der anderen Hand schieben Sie die Hülle in die zur Schlaufe entgegengesetzte Richtung. Durch das Schieben wird die Hülle umgestülpt. Das lose Schnurende befindet sich nun auf der anderen Seite von der Schlaufe.
6. Siehe Abb. 79: Setzen Sie die Hakenspitze (mit geöffnetem Haken) etwa 100 mm vom umhüllten Abschnitt ein und schieben Sie die Schnur auf die

7. Schließen Sie den Haken um das lose Schnurende. Ziehen Sie nun den Haken zurück und dabei das lose Ende durch die Schnurmitte. Es geht leichter, wenn Sie die Schnur ein wenig zusammendrücken.
8. Siehe Abb. 80: Schneiden Sie das überschüssige Ende ab. Drücken und ziehen Sie so lange an der Schnur, bis sie ganz gleichmäßig ist.
9. An beiden Enden wird eine knotenlose Schlaufe benötigt. Bei Zweileinern müssen beide Leinen exakt gleich lang sein, damit der Kunstflugdrachen richtig gesteuert werden kann.
10. So werden Ihre Flugleinen gleich lang:
    a. Machen Sie an einem Ende jeder Flugleine eine knotenlose Schlaufe.
    b. Befestigen Sie beide Schlaufen an einem festen Gegenstand und wickeln Sie beide Flugleinen unter derselben Spannung auf.
    c. Schneiden Sie die anderen Enden mit der gleichen Länge ab.
    d. Markieren Sie jede Leine rund 200 mm vom abgeschnittenen Ende.
    e. Machen Sie an jeder Leine bei der Markierung eine knotenlose Schlaufe.

Wenn die knotenlosen Schlaufen fertig sind, müssen Sie den Teil der Schlaufe, der an die Wirbel, Karabinerhaken oder an die Waage selbst angebracht wird, schützen (siehe Waagenanordnung ohne Metallteile beim Turbo-Kunstflugdrachen).

Anbringen von Karabinerhaken-Wirbeln

1. Schneiden Sie ein 25 mm langes Stück Umhüllungsmaterial aus. Verschweißen Sie die Enden, damit sie nicht ausfransen. Die Öffnungen dürfen dabei jedoch nicht zuschmelzen.
2. Führen Sie den Knüpfhaken in die Mitte der Hülle ein.
3. Mit den Haken ziehen Sie die Schlaufe durch die Umhüllung.

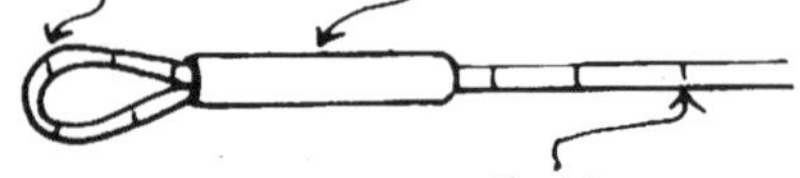

Abb. 81

Abb. 82

4. Klappen Sie die Schlaufe um sich selbst zurück, bis sich die Nadelspitze über der Hülle befindet.
5. Drücken Sie die Schlaufe und das Umhüllungsmaterial zusammen und ziehen Sie nun die knotenlose Schlaufe über sich selbst, bis sich die Hakenspitze an der Mitte des Umhüllungsmaterials befindet. Drücken Sie das Schlaufenende und das Umhüllungsmaterial zusammen und ziehen Sie am hinteren Ende der Schnur, um eine »gepolsterte« Schlaufe zu erhalten. Achten Sie darauf, daß sich die Schlaufe um das Umhüllungsmaterial zieht und nicht um sich selbst (siehe Abb. 81).

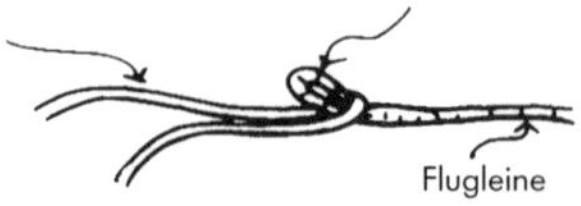

Abb. 83

Abb. 84

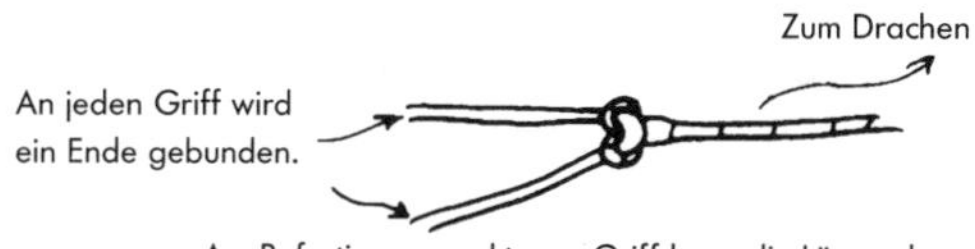

Abb. 85

6. Bringen Sie nun die Karabinerhaken-Wirbel so an, daß sich die Schlaufen nur im »gepolsterten« Bereich schließen (siehe Abb. 82).

Befestigen von Griffen

1. Schneiden Sie ein etwa 600 mm langes Stück Umhüllungsmaterial aus, verschweißen die Enden und falten Sie es in der Mitte.
2. Siehe Abb. 83: Führen Sie die Schlaufe der Flugleine durch die Schlaufe des Umhüllungsmaterials.
3. Siehe Abb. 84: Führen Sie nun die Enden des Umhüllungsmaterials durch die Schlaufe der Flugleine und ziehen Sie sie fest.
4. Achten Sie darauf, daß die Schlaufe der Flugleine nicht an sich selbst zieht.

Abb. 86

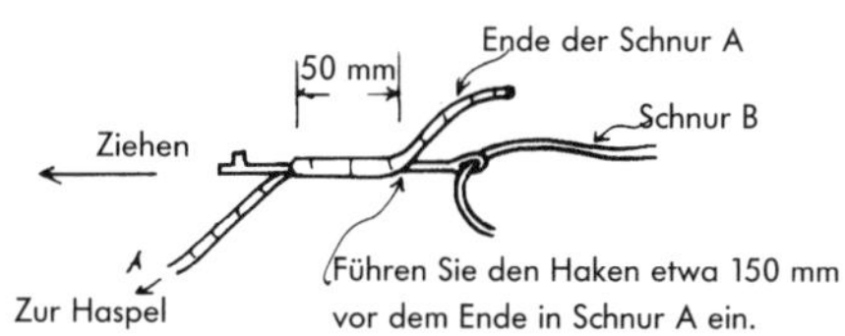

Abb. 87

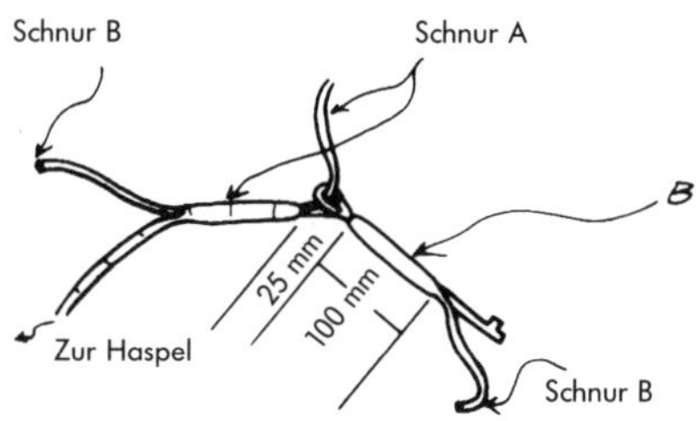

Abb. 88

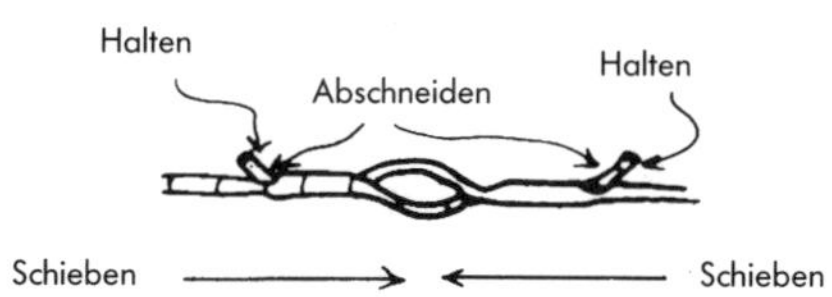

Halten, schieben und dann abschneiden

Abb. 89 Fertige Verbindung

5. Siehe Abb. 85: Bringen Sie jetzt die Enden des Umhüllungsmaterials an die Griffe an.

Das Verbinden von Schnüren

1. Schieben Sie die Schnur zusammen und lockern Sie so das Gewebe, wie bei der knotenlosen Schlaufe gezeigt.
2. Siehe Abb. 86: Führen Sie die Knüpfhakenspitze (mit geöffnetem Haken) etwa 150 mm vor dem Ende in Schnur A ein. Schieben Sie die Schnur etwa 50 mm über die Nadel und lassen Sie sie dann wieder aus der Schnur austreten.
3. Nehmen Sie mit dem Haken Schnur B auf und ziehen Sie diese durch Schnur A zurück.
4. Siehe Abb. 87: Jetzt führen Sie den Haken in Schnur B ein – ungefähr 100 mm von der Stelle entfernt, wo diese in Schnur A eintritt.

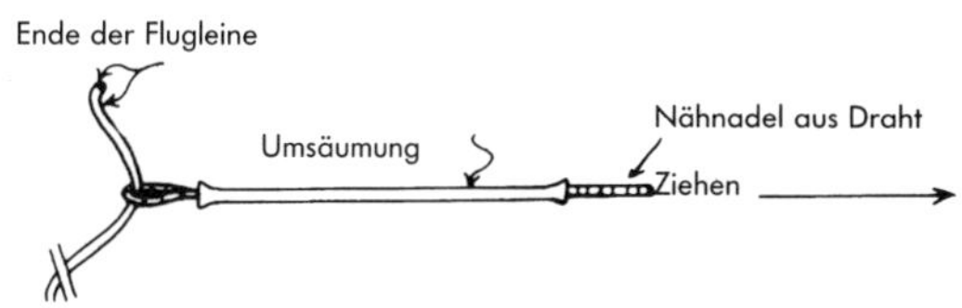

Abb. 90

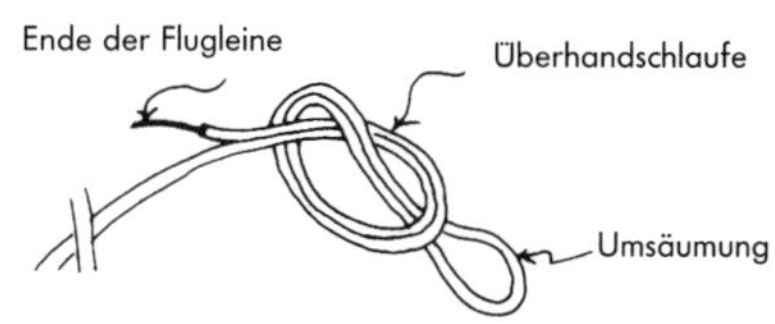

Abb. 91

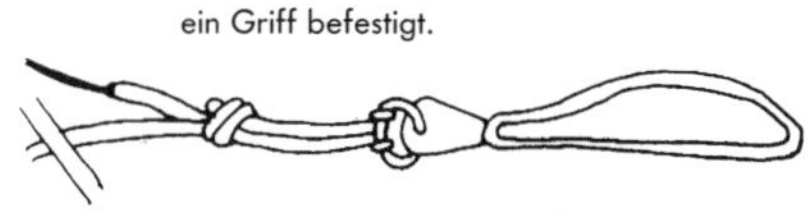

Abb. 92

5. Siehe Abb. 88: Nehmen Sie Schnur A auf und ziehen Sie diese durch Schnur B zurück.
6. Siehe Abb. 89: Schneiden Sie beide Enden ab und glätten Sie die fertige Verbindung.

Umsäumen der Schnur – eine Alternative zum knotenlosen System

Alternativ zum knotenlosen System können Sie die Flugleine einfach umsäumen und an beiden Enden mit einer Überhandschlaufe sichern. Das geht viel schneller. Sie benötigen dazu eine lange Nadel, die Sie selbst aus einem Draht fertigen können (siehe Abb. 74).

1. Schneiden Sie ein etwa 300 mm langes Stück Dacronumsäumung zu, dessen Enden Sie verschweißen, damit sie nicht ausfransen.
2. Siehe Abb. 90: Führen Sie die Nadel durch die Umsäumung und nehmen Sie die Flugleine auf.
3. Ziehen Sie die Leine durch die Dacronumsäumung.
4. Siehe Abb. 91: Machen Sie in die umsäumte Leine einen Überhandknoten.
5. Siehe Abb. 92: Befestigen Sie nun an der umsäumten Schlaufe einen Karabinerhaken-Wirbel oder einen Griff.

12 Arbeiten mit Spinnakernylon

Es ist bestimmt kein Zufall, daß das beste Material für den Drachenbau während des Zweiten Weltkriegs als preiswerter synthetischer Seidenersatz bei der Herstellung von Fallschirmen entwickelt wurde. Spinnakernylon wird heute hauptsächlich für Segelboote und für Windjacken verwendet. Der in vielen Farben erhältliche Stoff vereint alle Eigenschaften in sich, die ein fast perfektes Segelmaterial ausmachen: niedriges Gewicht, hohe Reißfestigkeit und geringe Porosität.

Die englische Bezeichnung für Spinnakernylon ist »ripstop nylon« und bedeutet soviel wie »reißfestes Nylon«. Dies sagt schon einiges über den Hauptvorteil dieses Stoffes aus: Innerhalb des festen Nylongewebes verlaufen längs und quer Verstärkungsfäden, die ein Gitter aus kleinen Quadraten bilden. Dieses Gitter verleiht dem Spinnakernylon seine Reißfestigkeit. Wird der Stoff beispielsweise durchstochen, wird das Loch nicht größer, sondern bleibt nur in dem Bereich, der von dem Gitter aus kleinen Quadraten umgeben ist. Diese Eigenschaft ist vor allem für Fallschirme von großer Bedeutung.

Mit einer Urethanbeschichtung ist Spinnakernylon praktisch wind- und wasserundurchlässig. Die Beschichtung verleiht dem Stoff sein glattes und glänzendes Aussehen. Sehen Sie sich den Stoff genau an, manchmal ist eine Seite stärker beschichtet als die andere.

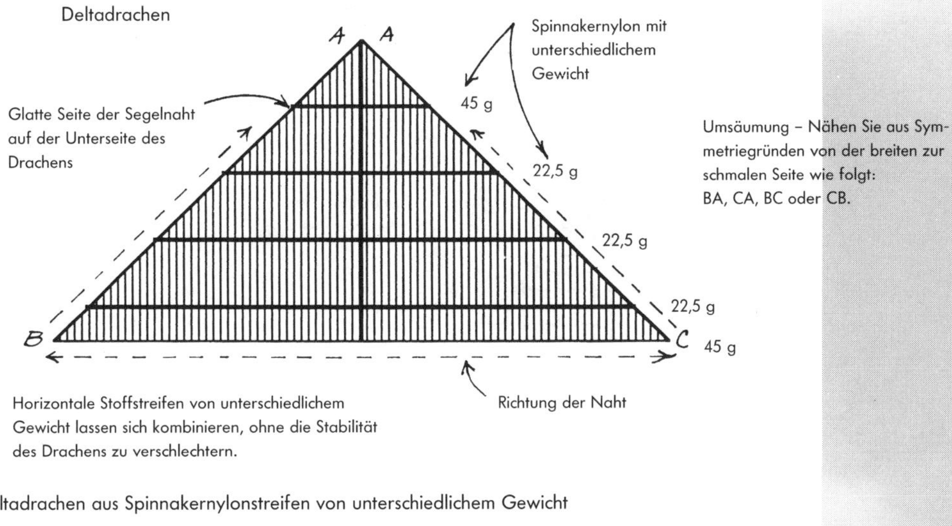

Abb. 93 Ein Deltadrachen aus Spinnakernylonstreifen von unterschiedlichem Gewicht

Wenn Sie den Drachen bauen, sollte die glänzendere Seite des Materials nach unten zeigen.

Spinnakernylon ist in verschiedenen Stärken erhältlich. Die angegebene Grammzahl bezieht sich immer auf einen Quadratmeter des Stoffes (z. B. 22,5 g oder 45 g pro m^2 – siehe auch Segelmaterial auf einen Blick, Seiten 56–57). Es können auch Nylonstreifen unterschiedlicher Stärke zu einem Drachensegel verbunden werden, ohne daß der Drachen dadurch an Stabilität verliert (siehe Abb. 93).

Das Auftragen von Markierungen

Bevor Sie auf dem Spinnakernylon Markierungen aufbringen[1], legen Sie es straff auf Ihre Arbeitsunterlage und befestigen Sie es mit Klebebändern, Gewichten aus Blei oder starken Magneten. Magnete eignen sich zum Spannen am besten. Wenn Sie Magnete verwenden möchten, benötigen Sie eine Arbeitsfläche aus Metall, auf der auch eine dünne Glasplatte liegen kann. Legen Sie die Schablonen immer erst probeweise auf, damit Sie Ihr Material optimal ausnutzen. Sie

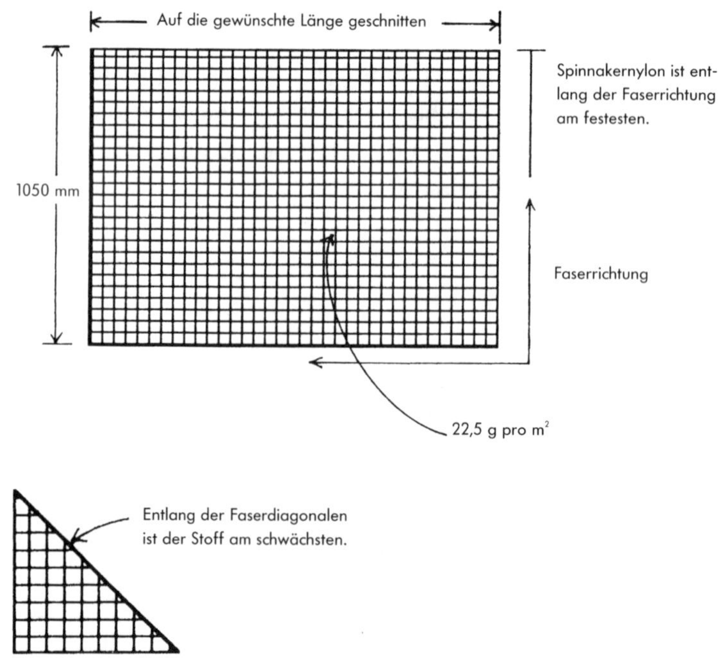

Abb. 94 Schneiden Sie Spinnakernylon immer entlang der Faserrichtung, wo es am festesten ist. Papier, Plastik und Tyvek kann man in alle Richtungen schneiden, da diese Materialien keine Faserung haben.

[1] Tips für das Arbeiten mit Spinnakernylon mit freundlicher Genehmigung von Bill Tyrrell, The Fabric Lady

Abb. 95 Empfohlene Anordnung des Faserverlaufs für Leichtwind-Deltadrachen

Spinnakernylon

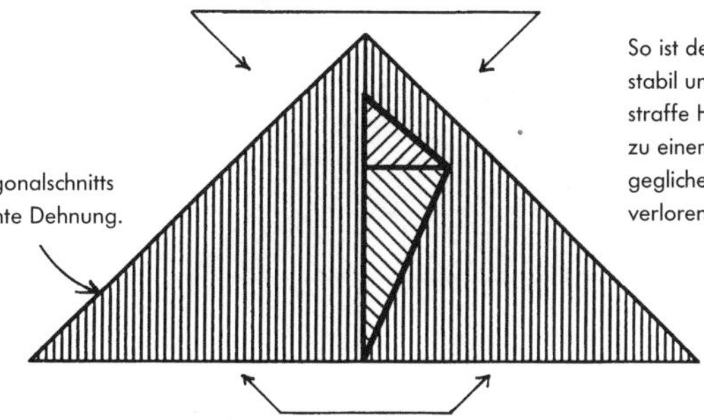

So ist der Drachen bei schwächeren Winden stabil und reaktionsschnell, denn die auf die straffe Hinterkante wirkende Kraft wird bis zu einem gewissen Maß von der Kraft ausgeglichen, die an den Vorderkanten verlorengeht.

Trefoil-Deltadrachen

Halbseitiges Muster

Hinweis: Diese Anordnung des Faserverlaufs erlaubt das Zuschneiden der Flügelhälften aus einer Stoffbahn, sofern Sie einen Trefoil-Deltadrachen bauen.

sollten stets die Diagonale der Faserrichtung des Stoffes berücksichtigen. Da sich auch Spinnakernylon entlang dieser Diagonale leicht dehnen läßt, sollten Sie beim Ausschneiden der einzelnen Drachenteile darauf achten, daß die Faserrichtung auf beiden Seiten des Drachens gleich verläuft. Ein ungleicher Faserverlauf könnte bei einigen Drachen dazu führen, daß sie zu einer Seite neigen (dazu würden beispielsweise Deltadrachen tendieren). Bei Kastendrachen und Parafoil-Drachen spielt der Verlauf der Faser keine so große Rolle, dennoch könnte sie auch bei diesen Drachen zu Beeinträchtigungen im Flugverhalten führen.

Spinnakernylon ist, wie alle anderen Gewebe auch, entlang der Faserrichtung am stärksten. Um eine Ermüdung und Ausdehnung des Stoffes zu vermeiden, folgt man am besten den Erfahrungen der Segelmacher: Die Faserrichtung sollte den nicht unterstützten Kanten des Segels folgen. Spinnakernylon wird schon beim Hersteller nicht immer völlig gerade geschnitten und aufgerollt. Richten Sie daher für den richtigen Zuschnitt die Kanten der Schablonen immer an der Faserrichtung aus (siehe Abb. 94–97 sowie Abb. 104 auf S. 85).

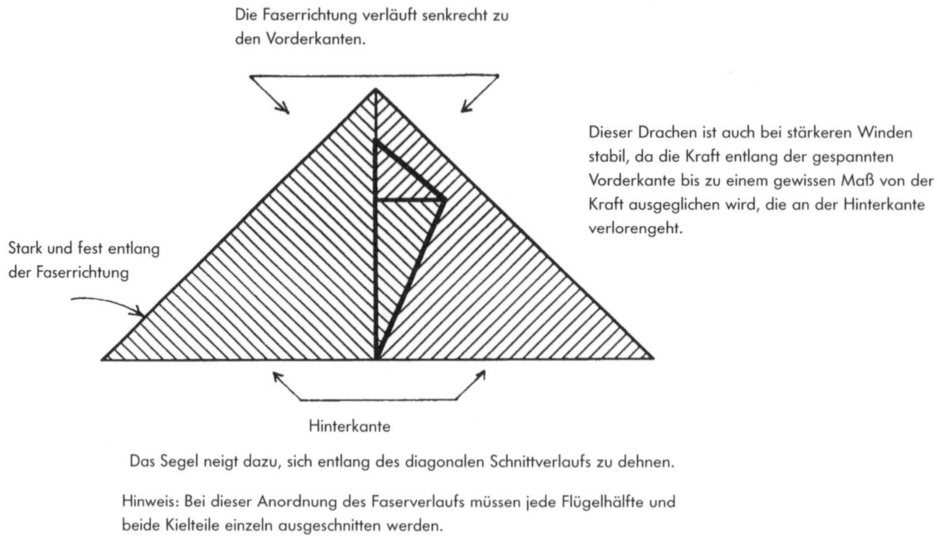

Abb. 96 Empfohlene Anordnung des Faserverlaufs für Deltadrachen, die bei stärkerem Wind geflogen werden

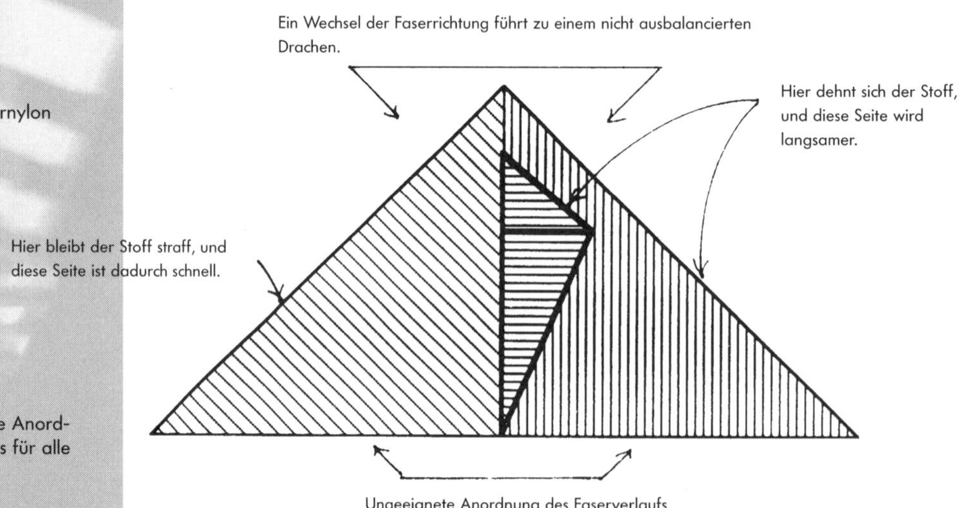

Abb. 97 Ungeeignete Anordnung des Faserverlaufs für alle Deltadrachen

Übertragen Sie die Form der Schablone auf den Stoff (siehe Kapitel 14). Vergessen Sie dabei nicht die Saumzugaben. Ich verwende zum Markieren am liebsten einen schwarzen Bleistift.

Zuschnitt

Sie können Spinnakernylon mit einer Schere, einem Messer oder einem Lötkolben zuschneiden. Eine Schere ist am geeignetsten, wenn Sie keine passende Arbeitsfläche zum Zuschneiden haben. Halten Sie beim Schneiden mit der Schere den Stoff immer ganz straff. Üben Sie das zuerst mit Reststücken, damit Sie die

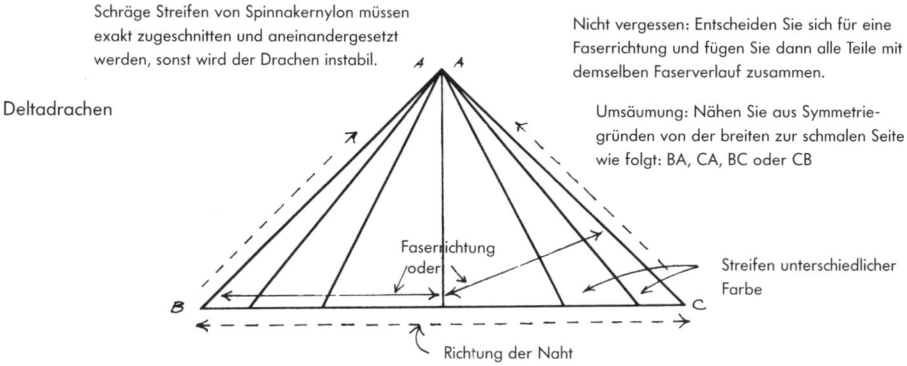

1. Schneiden Sie die Abschnitte zunächst etwas größer zu als eigentlich benötigt und nähen Sie diese in der richtigen Reihenfolge zusammen.
2. Die Säume sollten von der Spitze aus gerade nach außen verlaufen. Glätten Sie die Seiten an der Unterseite.
3. Lassen Sie ausreichend Zugaben für Säume, Taschen usw.
4. Schneiden Sie das Segel nun in der richtigen Größe zu.

Hinweis: Die Abfolge der Nähte variiert bei den verschiedenen Drachen – so sollte man z. B. beim Trefoil-Deltadrachen zuerst die vorderen und hinteren Abschnitte (AA, BC) umsäumen, bevor man die Säume für die Flügelstäbe (BA–CA) macht.

Abb. 98 Die Reihenfolge beim Zuschneiden der einzelnen Segelteile und beim Nähen sollte vorher genau überlegt werden.

Schnitteigenschaften von Spinnakernylon kennenlernen. (Eine Schere eignet sich auch sehr gut zum Schneiden von Plastikfolie.)

Die beste Arbeitsfläche für den Zuschnitt ist gehärtetes Glas. Es ist unverwüstlich, und es ermöglicht ein schnelles Arbeiten. Eine Alternative zu Glas sind Holzfaserplatten (MDF-Platten). Beschichtete Holzfaserplatten lassen aber die Schneiden von Messern rasch stumpf werden, und mit dem Lötkolben ausgeschnittenes Material bleibt leicht darauf kleben. Glas ist daher als Arbeitsfläche am besten geeignet. Glasplatten erhalten Sie bei Glasbaufirmen, bei Glasern, in Baumärkten oder bei Spezialhändlern (Adressen und Telefonnummern finden Sie z. B. in den Gelben Seiten). Vielleicht können Sie auch irgendwo günstig eine zerbrochene Schaufensterscheibe kaufen, die Sie dann für Ihre Bedürfnisse zuschneiden lassen können. Dabei sollten Sie aber nicht vergessen, die Kanten glatt zu verschleifen oder, besser noch, sie mit starkem Klebeband einzufassen, um sich vor Verletzungen zu schützen.

Als Richtscheit kann man Hartholzleisten verwenden. Während Richtscheite aus Metall zum Schneiden mit dem Messer gut geeignet sind, bieten sie sich zum Zuschneiden mit dem Lötkolben weniger an, da das Metall einen Teil der Wärme des Lötkolbens absorbiert und so die Schneidekraft mindert. Ein Richtscheit aus einer Holzfaserleiste ist in diesem Fall besser. Eine preiswerte und praktische Möglichkeit ist es, sich auf einem Holzplatz Leisten zu suchen und sich diese auf die gewünschten Längen zuzuschneiden. Man muß nur darauf achten, daß die Kanten gerade und glatt sind, damit der Lötkolben nicht hängenbleibt und damit

er gleichmäßig schneidet. Wenn beim Heißschnitt Reste vom Spinnakernylon am Holz klebenbleiben, lassen sich diese problemlos wieder abziehen.

Ich schneide Spinnakernylon am liebsten mit dem Lötkolben, da der Schnitt sauber wird und gleichzeitig die Kanten verschweißt werden, so daß sie nicht mehr ausfransen. Doch auch dann, wenn ich die Kanten umsäume oder mit Saumband umnähe, schneide ich Spinnakernylon lieber mit dem Lötkolben zu. Je schneller Sie den Stoff zuschneiden möchten, desto heißer sollte der Lötkolben sein. Üben Sie zuerst mit Stoffresten, damit Sie die richtige Schnittgeschwindigkeit herausfinden.

Ein Lötkolben mit kegelförmiger Spitze und ein Teflon-Schneiderad sind ideal zum Schneiden und zum gleichzeitigen Zugeben von Saummaterial. Achten Sie darauf, daß sich keine Stoffreste an der Lötkolbenspitze festsetzen. Reinigen Sie die Spitze ab und zu mit einer feinen Drahtbürste. Hinweis: Wenn Sie Spinnakernylon heiß zuschneiden, sollten Sie auf jeden Fall für eine gute Durchlüftung sorgen, damit Sie keine schädlichen Dämpfe einatmen.

Nähen:

Wenn Sie Säume oder Einzelteile aus Spinnakernylon zusammennähen, müssen Sie die Stoffteile gerade zusammenhalten. Mit einiger Übung und viel Geduld können Sie Stoffteile während des Nähens mit der Hand zusammenhalten, ohne daß sie verrutschen – doch das ist schon sehr schwierig. Einfacher ist es, die Stoffteile aufeinander zu legen und heiß auszuschneiden. Dabei entsteht zwischen beiden Teilen eine Schmelzverbindung, die so fest hält, daß Sie die Teile dann problemlos zusammennähen können.

Abb. 99

Legen Sie die endgültigen Maße des Drachens fest und rechnen Sie dann noch die Saumzugaben hinzu. Für einen einfachen Schlittendrachen schneiden Sie Spinnakernylon mit einem Lötkolben aus und verzichten auf eine Umsäumung. Umfassen Sie statt dessen die Ränder mit Saumband.

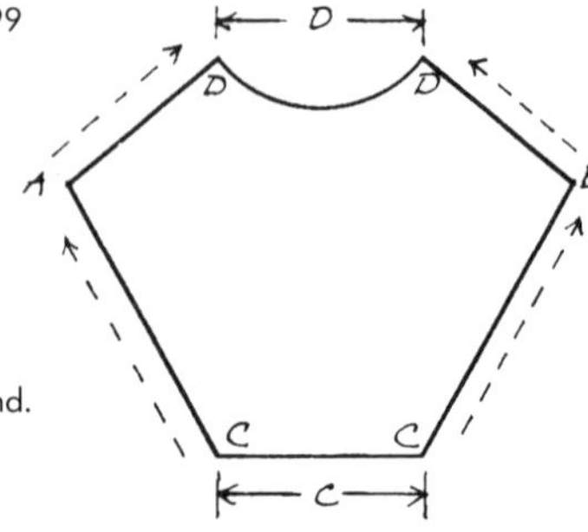

Umsäumung – zur Gewährleistung der Symmetrie nähen Sie von der breiten zur engen Stelle. Wechseln Sie von Seite A auf Seite B. Nähen Sie folgendermaßen: CA, CB, AD, BD, CC, DD.

Schlittendrachen

Obwohl Saumbänder im Handel erhältlich sind, muß man Randeinfassungen oft selbst herstellen – sei es wegen der Größe, der Farbe, dem Gewicht oder dem Verwendungszweck.

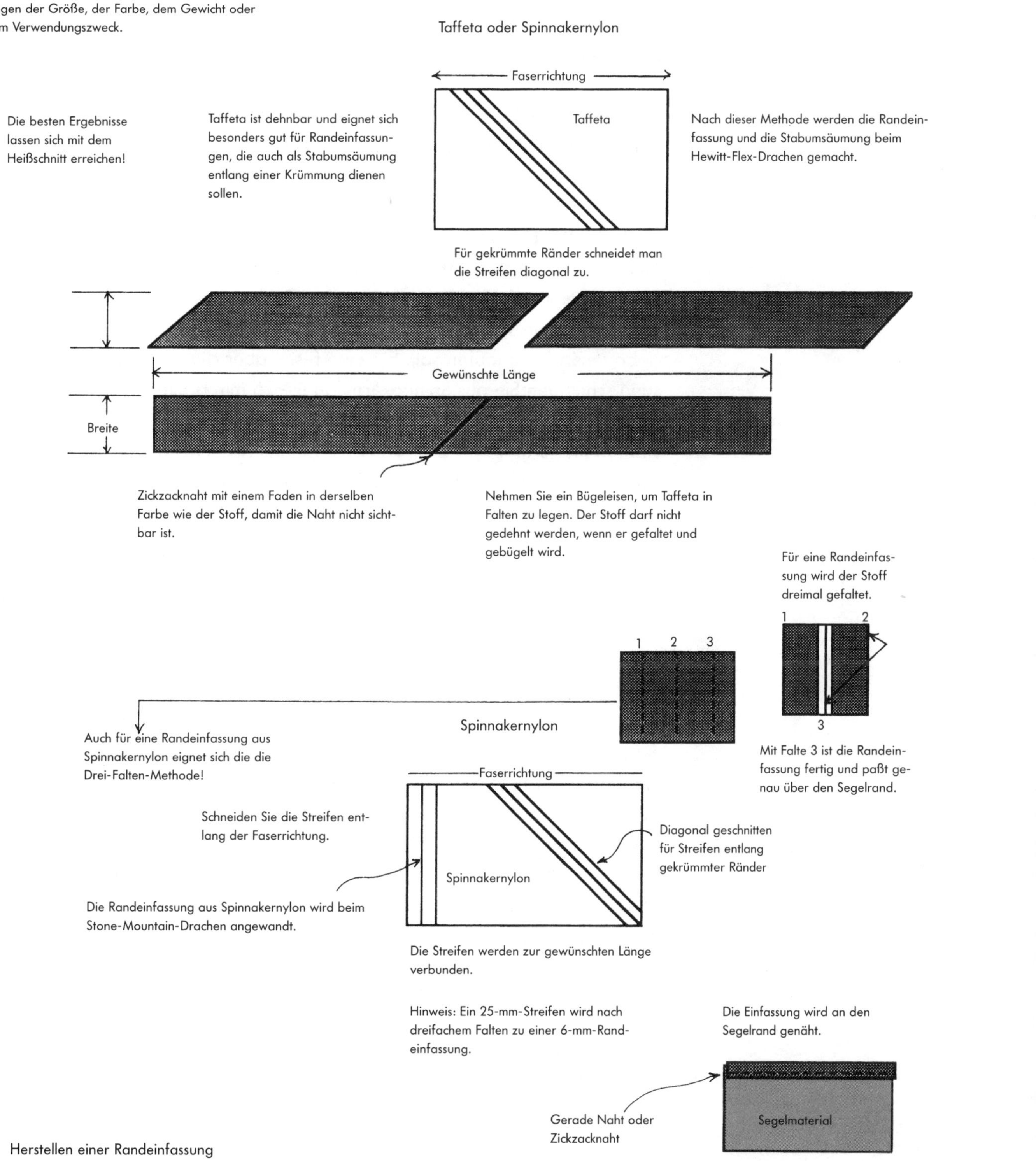

Abb. 100 Herstellen einer Randeinfassung

Sie können die Segelteile aber auch mit Kreppband oder mit Kleber aneinanderheften. Klebestifte sind hierzu zwar auch praktisch, doch bleiben Rückstände des Klebers leicht an der Nähnadel hängen. Deshalb sollte man den Kleber neben der Nahtlinie auftragen. Ich hefte die Materialien, die man nicht so gut mit einem Lötkolben ausschneiden und verschmelzen kann, mit einem Lötkolben punktweise zusammen. So werden die Teile zusammengehalten und lassen sich leichter vernähen.

Randeinfassung

Neben Säumen (siehe Abb. 99) gibt es noch andere Randeinfassungen. Einfach oder doppelt gefaltete Saumbänder aus Polyester oder Baumwolle sind vor allem dann von Vorteil, wenn die Einfassung um eine Krümmung bzw. einen gebogenen Rand laufen soll. Für eine feste, aber dennoch leichte Randeinfassung schneiden Sie aus Spinnakernylon ein 25 mm breites Band zu und falten es an beiden Seiten etwa 6 mm zur Mitte hin. Schneiden Sie diese Spinnakernylonstreifen diagonal zum Faserverlauf, wenn Sie Krümmungen einfassen wollen. Schneiden Sie die Streifen parallel zur Faserrichtung, wenn Sie gerade Einfassungen benötigen. Wenn jedes Gramm zählt, z. B. beim Stone-Mountain-Drachen, kann man mit Randeinfassungen aus Spinnakernylon, die gleichzeitig als Stabumsäumungen dienen, eine Menge Gewicht sparen.

Wenn die Randeinfassung auch als Stabumsäumung dienen soll, eignet sich doppelt gefaltetes Saumband aus Polyester-/Baumwollmischgewebe sehr gut. Leider ist hier die Farbauswahl begrenzt, und größere Größen sind in vielen Geschäften nicht erhältlich. Taffeta ist, wenn auch schwerer zu beschaffen, in vielen Farben erhältlich und kann zu Streifen jeglicher Größe geschnitten werden. Taffetastreifen werden entlang diagonaler Schnittstellen miteinander verbunden. Für die Zickzacknaht sollte man einen Faden in derselben Farbe wie das Taffeta verwenden, damit man die Naht nicht sieht. Die Taffeta-Technik eignet sich gut für den elliptisch zulaufenden Flügel des Hewitt-Flex-Drachens (siehe auch Abb. 100).

Nadel und Faden

Für die meisten Drachen reichen eine gewöhnliche Nähnadel und ein Baumwollfaden aus. Für höher beanspruchte Drachen, wie z. B. Parafoil-Drachen, benötigt man stärkere Polyester- oder Nylonfäden. Kaufen Sie keinen billigen Faden im Sonderangebot, denn Sie wollen doch schließlich nicht, daß Ihr Drachen schon bei etwas höherer Belastung aus allen Nähten platzt? Stellen Sie Ihre Nähmaschine auf etwa 3–4 Stiche pro Zentimeter ein. Dichter aufeinanderfolgende Stiche würden das Spinnakernylon schwächen, und es könnte an den Säumen leichter einreißen. Bei einer Zickzacknaht können es auch 6 bis 8 Stiche pro Zentimeter sein.

Reparaturen

Spinnackernylon-Reparaturband gibt es in 50 mm breiten Rollen und in einer Vielzahl von Farben. Schneiden Sie von der Rolle ein Stück ab, das etwas länger ist als der Riß im Stoff, entfernen Sie die Folie auf der Klebeseite und legen Sie das Band vorsichtig über den Riß. Streichen Sie nun das Band mit einem Löffel oder einem anderen Gegenstand ganz glatt, damit der Kleber gleichmäßig über die ganze Klebefläche verteilt wird. Um die Verbindung noch fester zu machen, können Sie mit einem Bügeleisen bei niedriger Temperatur über das Reparaturband fahren.

13

Erstellen einer Drachenvorlage

Auch wenn Sie schon einen fertigen Entwurf für Ihren Drachen haben, brauchen Sie eine spezielle Technik, mit deren Hilfe Sie Ihren kleinen Entwurf maßstabgetreu vergrößern können, um eine Schablone zu schneiden.

Drachenvorlagen sind aus verschiedenen Elementen zusammengesetzt und in der Regel durch gerade Linien begrenzt. Sie bestehen meist aus Quadraten, Dreiecken und Rechtecken. Durch die Länge der Linien ergibt sich die Größe und die Form des jeweiligen Drachens. Zu dieser Gruppe zählen Deltadrachen, Eddy-Drachen und Kastendrachen.

Wird bei einer Entwurfszeichnung mit gekrümmten Linien bzw. mit kreisförmigen oder bogenförmigen Rändern gearbeitet, so kann auch diese Zeichnung vergrößert werden, jedoch ist die Umsetzung sehr schwierig und zeitraubend. Statt dessen sollten Sie eine der folgenden vier Methoden zur Herstellung einer geeigneten Schablone nutzen.

- **Overhead-Projektor** (**siehe Abb. 101**)
  Overhead-Projektoren findet man in vielen Bibliotheken und Schulen. Mit einem solchen Projektor können Sie Ihre Zeichnung auf ein beliebiges Maß vergrößern, indem Sie Ihre auf Folie gebrachte Zeichnung auf eine Leinwand projizieren. Stellen Sie den Abstand zwischen der Projektionsoptik und der Folie bzw. der Leinwand so ein, daß Sie Ihre Arbeitsschablone in der richtigen Größe an der Wand sehen können.
- **Pantograph** (**siehe Abb. 102**)
  Ein Pantograph oder Storchenschnabel ist ein relativ kostengünstiges Zeichenwerkzeug, mit dem Sie Ihre Entwurfszeichnung vergrößern können. Während mit dem einen Ende die Linien Ihrer Vorlage nachgezogen werden,

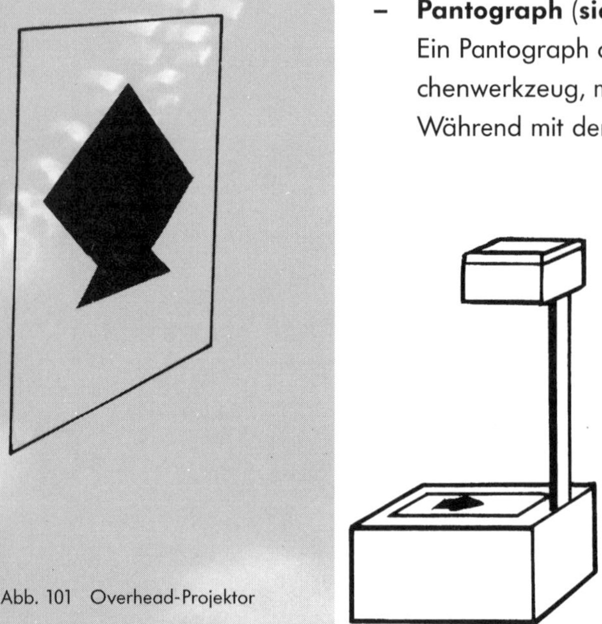

Abb. 101 Overhead-Projektor

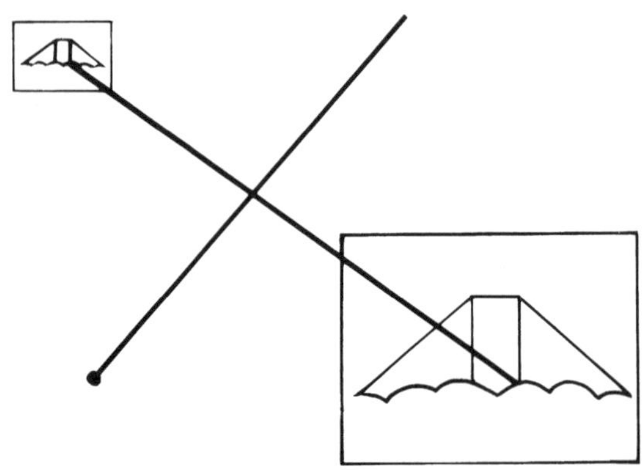

Abb. 102 Pantograph (Storchenschnabel)

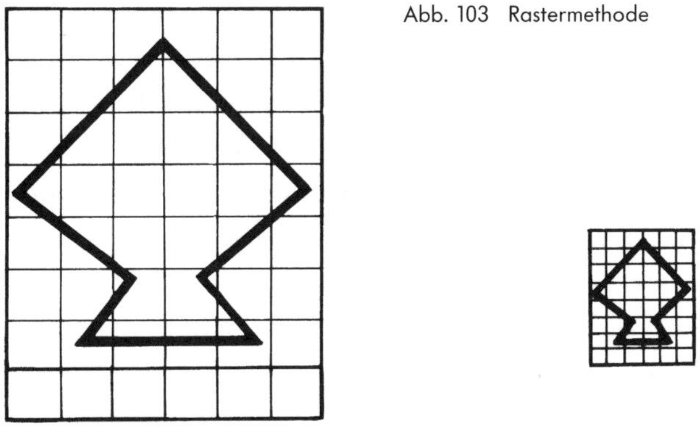

Abb. 103 Rastermethode

vergrößert das zweite Ende des Storchenschnabels Ihre Entwurfszeichnung in dem von Ihnen eingestellten Maßstab auf einem Zeichenkarton o. ä.

- **Rastermethode (siehe Abb. 103)**
  Zuerst legen Sie ein Raster aus Quadraten über eine Kopie Ihrer Entwurfszeichnung. Danach entwerfen Sie ein größeres Raster, das aus der gleichen Anzahl von Quadraten besteht und in seiner Gesamtgröße den Abmessungen der vorgesehenen Arbeitsschablone entspricht. Mit dem kleineren Raster als Bezugsgröße zeichnen Sie auf dem größeren Raster in den entsprechenden Quadraten an der jeweiligen Position die Punkte der Begrenzungslinien ein. Dabei sollten Sie sich auf die Punkte konzentrieren, die die Begrenzungslinien eines Quadrates schneiden (⅓, ½ oder ¾ der Seitenlänge). Die eingezeichneten Punkte können Sie dann miteinander verbinden. Übertragen Sie die Vorlage Quadrat für Quadrat, bis eine Vergrößerung der Vorlage auf dem Raster entsteht. Wenn Sie nun alle nicht mehr benötigten Hilfslinien entfernen, erhalten Sie die fertige Schablone.
  Hinweis: Es ist besser beim Maßstab zur Rastervergrößerung nur mit ganzen Zahlen zu arbeiten. Dadurch wird die Übertragung der Entwurfszeichnung auf die Schablone vereinfacht. Geht man davon aus, daß der Drachen 1,5 m groß werden soll und daß jedes Quadrat auf dem kleineren Raster 100 cm^2 auf dem größeren Raster entsprechen soll, ist es von Vorteil, wenn jedes Quadrat des größeren Rasters auch wirklich 10 x 10 cm groß ist.
- **Vorlage aus dem Computer**
  Ein Computer ist ein sehr praktisches Hilfsmittel bei der Erstellung von Entwürfen und der Produktion fertiger Schablonen. Siehe dazu die Abb. 128–130 auf den Seiten 110–111 im Kapitel »Drachenentwurf mit dem Computer«.

14

Schablonen

Schablonen sind Vorlagen in der endgültigen Größe, mit deren Hilfe das Segelmaterial von Drachen angezeichnet und ausgeschnitten werden kann. Es gibt zwei Möglichkeiten zum Zuschneiden eines Segels: Man kann die Abmessungen der Vorlage entweder direkt auf das Material auftragen, oder man erstellt für jeden Teil des Drachens eine Schablone mit den gewünschten Abmessungen. Die zweite Methode ist besser, da man so einen gleichmäßigeren Zuschnitt der Teile erhält und die Drachen besser fliegen.

Das direkte Aufzeichnen auf das Material eignet sich am besten für Drachen, die aus zusammenhängenden, geraden Linien bestehen, etwa Delta-, Eddy- und Kastendrachen. Hier werden die einzelnen Punkte miteinander verbunden und entlang eines Richtscheits ausgeschnitten. Krümmungen sind ohne Schablone schwieriger zu schneiden.

Die Drachenbuchautorin Margaret Greger arbeitet beim Zuschnitt der Segelteile wie eine Schneiderin. Sie empfiehlt, mit einem Kopierrädchen, wie es Schneider verwenden, und großen Bögen Pauspapier die Vorlage auf den Stoff zu übertragen.

Schablonenmaterial

Die Auswahl des Schablonenmaterials hängt von den jeweiligen Anforderungen ab. Einfaches Papier eignet sich zum einmaligen Gebrauch. Festere Schablonen aus Karton oder Pappe sind dann besser, wenn man die Schablonen häufiger benutzen will.

Schwereres Packpapier ist steif genug, um es mehrmals zu verwenden; es läßt sich außerdem leicht schneiden und ist daher für kompliziertere Formen, z. B. für Stoff-Applikationen, gut geeignet.

Neben Papier und Pappe gibt es auch noch andere Schablonenmaterialien, die mehrmals verwendet werden können. Dazu gehören:

- dünne Aluminiumplatten – sie lassen sich mit einer Metallschere leicht zuschneiden; die Kanten müssen mit Schleifpapier geglättet werden (siehe Anleitung für den Rochendrachen).

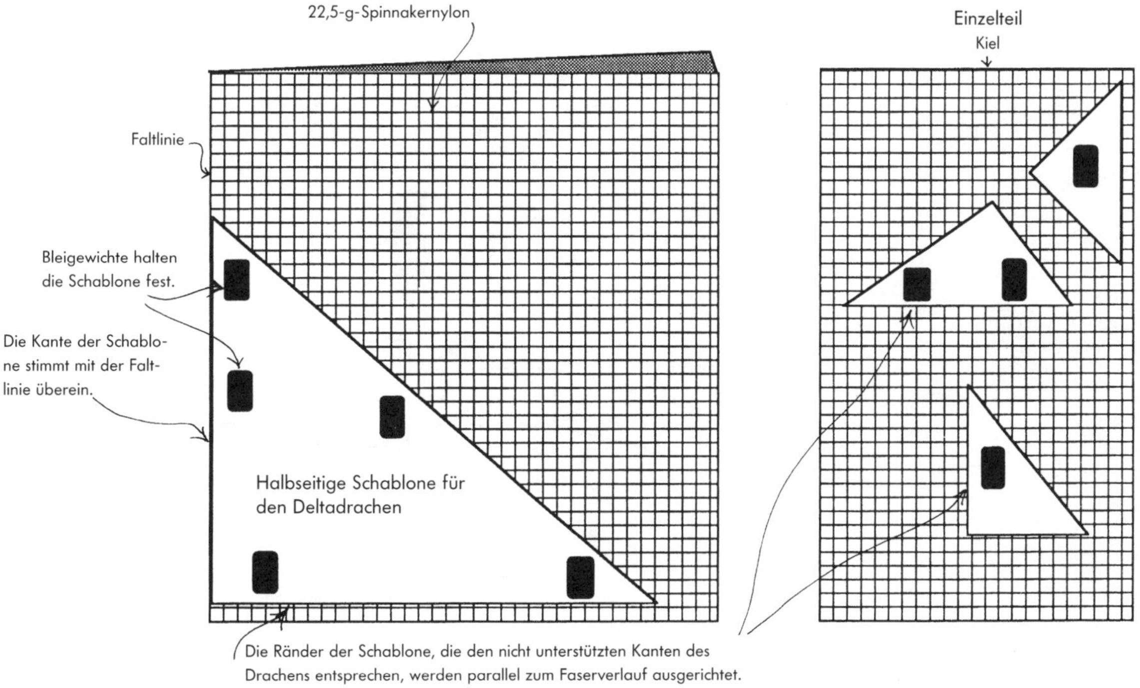

In der Mitte gefaltet

Variante 1:
Für einen verlängerten Kiel schneidet man zwei Teile zu, die so zusammengesetzt werden, daß die Faserrichtung beider Teile diagonal zueinander verläuft.

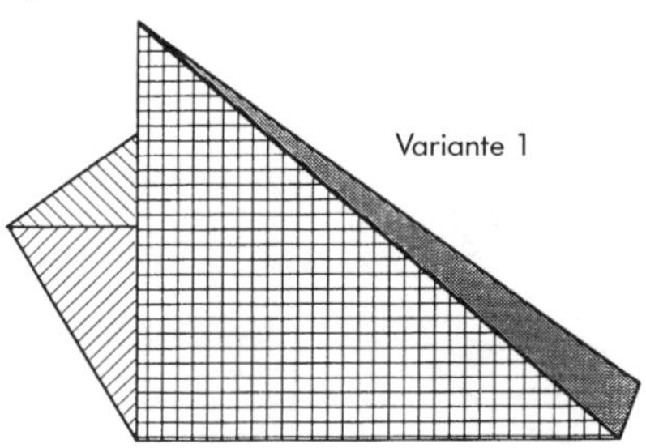

Variante 2:
Einteiliger Kiel (90–60–30°); die nicht unterstützten Kanten werden parallel zum Faserverlauf geschnitten.

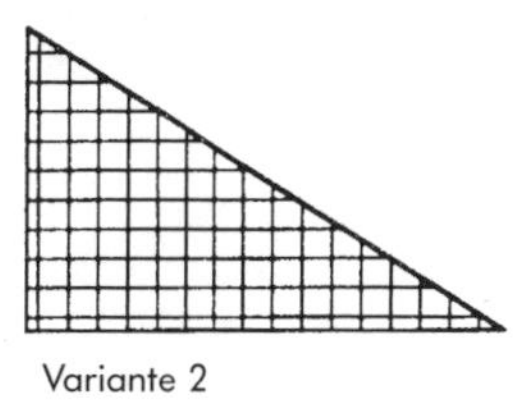

Abb. 104 Positionierung der Schablonen auf dem Segelmaterial

Abb. 105 Teflon-Schneiderad

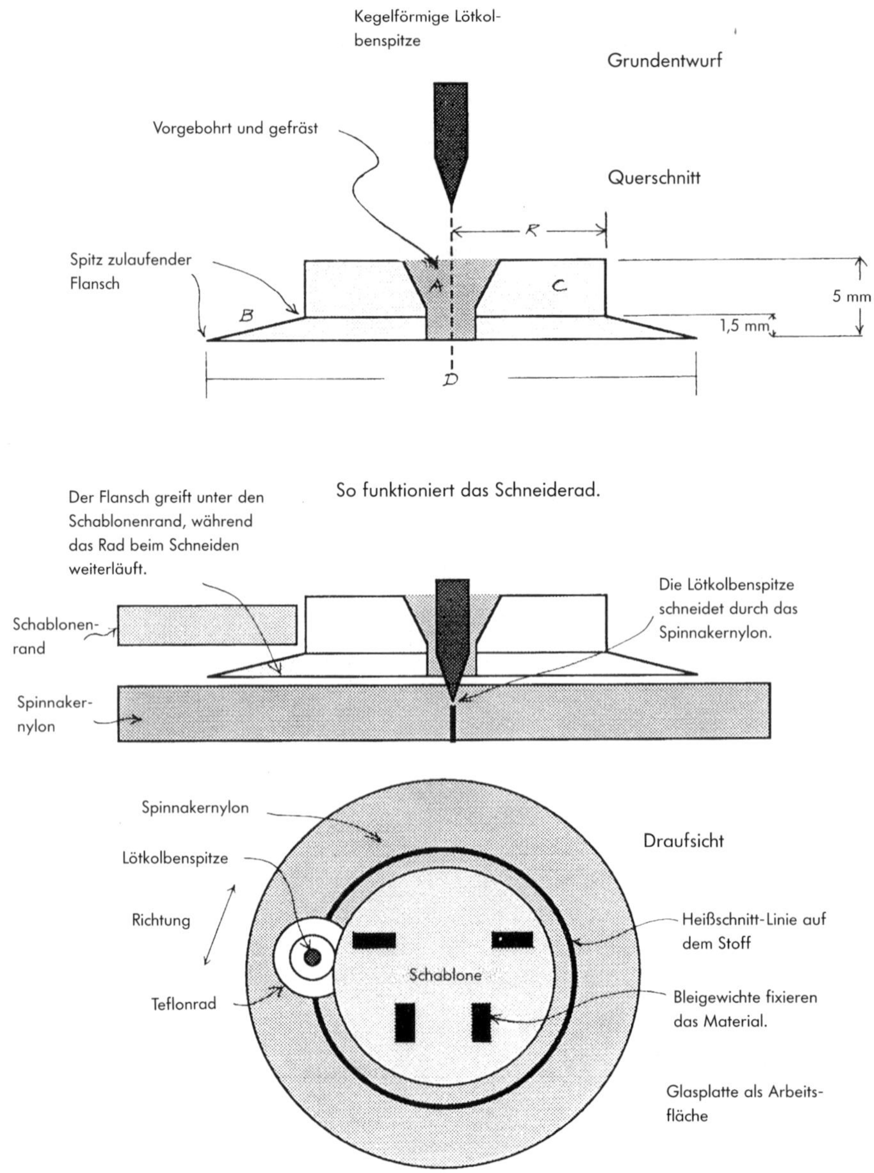

– Sperrholz- oder Holzfaserplatten. Sie eignen sich besonders zur häufigen Wiederverwendung, etwa in Schulklassen, wenn der beliebte Schlittendrachen gebaut werden soll.

Tips

1. Exakte Nahtlinien erhält man, wenn die Schablone dieselbe Größe hat wie der fertige Drachen. Sobald die Form auf dem Material aufgetragen ist, zeigt der Umriß die genaue Nahtlinie. Vor dem Zuschnitt muß man jedoch die Zugaben für Säume und ähnliches dazurechnen!
2. Wenn möglich, sollte man halbseitige Schablonen verwenden, so daß die Symmetrie gewährleistet ist. Für einen exakten Zuschnitt plaziert man die Schablone auf das zusammengelegte Material, das ganz glatt auf der Arbeitsfläche liegen muß. Schablonen helfen auch dabei, Kanten am Faserverlauf auszurichten, und sie erleichtern einen sparsamen Zuschnitt des Materials bei Drachen, die aus mehreren Teilen zusammengesetzt werden (siehe Abb. 104).
3. Beim Zuschnitt mit einem Lötkolben bleiben Schablonen aus Papier manchmal am Stoff haften. In diesem Fall lösen Sie die Schablone mit einem Taschenmesser oder einem Brieföffner vom Stoff.

Das Teflon-Schneiderad[1] – eine Arbeitserleichterung

Wenn man Stoff mit einem Lötkolben ausschneidet und dazu Schablonen aus Karton oder Papier verwendet, sengt die heiße Lötkolbenspitze oft das Schablonenmaterial an, und die Schablonen werden unbrauchbar.

Ein Teflon-Schneiderad ermöglicht einen sauberen Heißschnitt auch mit den preisgünstigen Kartonschablonen, ohne daß ihre Kanten angegriffen werden. Teflon ist sehr hitzebeständig und wird von der Lötkolbenspitze kaum erwärmt.

[1] Idee mit freundlicher Genehmigung von Curtis Marshall. Sein Artikel über das Thema: »A New Nylon Cutting Technique« erschien erstmals in »Kite Lines«, Sommer 1979, S. 19

Wenn Sie eine Schablone mit den Maßen des fertigen Drachens, wie in Tip 1 empfohlen, zugeschnitten haben, ist es schwierig, parallel zum Schablonenrand eine oder mehrere Linien für die Saumzugaben zu ziehen – besonders entlang von Krümmungen.

Ein Teflonrad ist ein praktisches Hilfsmittel, um diese Saumzugaben zu markieren. Wenn Sie Teflonräder in den Größen 6 mm, 10 mm, 13 mm usw. haben, können Sie die Saumzugaben ganz einfach kennzeichnen.

Herstellung eines Teflon-Schneiderades

Der Grundgedanke bei der Entwicklung dieses Hilfsgeräts war der, ein Rad mit einem röhrenartigen Loch in der Mitte und einem spitz zulaufenden Rand herzustellen, der unter den Schablonenrand greift. Das Rad aus einer 6-mm-Teflonplatte wird mit einer durch das Loch geführten, kegelförmigen Lötkolbenspitze bewegt.

Abb. 105 (siehe S. 86) zeigt ein Teflon-Schneiderad im Querschnitt:

- A ist das gefräste Loch für die kegelförmige Lötkolbenspitze.
- B ist der spitz zulaufende Flansch, der unter den Schablonenrand greift.
- C ist der senkrechte Rand, der an der Schablone entlangrollt.
- D ist der Durchmesser, oder die doppelte Saumbreite.
- R ist der Radius, der die Saumbreite bestimmt und den Abstand zwischen der Heißschnittlinie und dem Schablonenrand zeigt.

Ein Teflon-Schneiderad kann man so herstellen:

1. Legen Sie die Größe des Rades fest und schneiden Sie dann aus der Teflonplatte eine übergroße Scheibe aus.
2. Bestimmen Sie die genaue Mitte der grob ausgeschnittenen kreisförmigen Scheibe und spannen Sie dann die Scheibe in eine Drehbank ein.
3. Bringen Sie die Scheibe mit einem Meißel auf die gewünschte Größe (doppelte Saumbreite, siehe Abb. 105). Arbeiten Sie langsam und vorsichtig und messen Sie die Scheibe immer wieder nach. Verwenden Sie einen schrägen Meißel, um einen ± 10° spitz zulaufenden Flansch abzudrehen. Schleifen Sie alle Grate am Flanschrand ab, damit der Flansch über das Segelmaterial gleiten kann.

4. Bohren Sie die Mitte des Rades vor und fräsen Sie es dann so breit aus, daß die Lötkolbenspitze problemlos hindurchpaßt.
5. Setzen Sie einen spitzen Bleistift in das Loch und führen Sie das Rad um die Schablone. So können Sie erkennen, ob der Radius – oder die Saumbreite – richtig angepaßt ist.

15 Nähtips

Das Nähen ist nicht schwer. Nähen Sie aber niemals, wenn Sie müde sind und unkonzentriert! Schnelligkeit ist hier nicht so wichtig – die Hauptsache ist, die Nähte sind gleichmäßig. Machen Sie sich mit Ihrer Nähmaschine vertraut und probieren Sie alle Einstellungen aus. Sie lernen das Nähen erst richtig durch das Nähen selbst!

Verschiedene Stoffe besitzen unterschiedliche Näheigenschaften. Spinnakernylon zum Beispiel ist sehr glatt und muß daher sehr vorsichtig genäht werden. Man kann es am besten durch die Nähmaschine führen, wenn man es mit Gummihandschuhen weiterschiebt oder die Finger immer wieder mit einem nassen Schwamm anfeuchtet. Tyvek und Baumwolle sind weniger glatt und verrutschen daher beim Nähen auch nicht so leicht.

Bevor Sie mit der Arbeit am Drachenstoff beginnen, sollten Sie zunächst wieder mit Reststücken des von Ihnen ausgewählten Segelmaterials üben. Wichtig ist es, daß Sie den Stoff führen, während die Nähmaschine den Stoff weitertransportiert. Probieren Sie unterschiedliche Nähte und Nähgeschwindigkeiten aus. Schon bald werden Sie herausfinden, wie sich die Nähmaschine am besten bedienen läßt. Sorgfältige Arbeit und viel Geduld sind die Voraussetzungen für einen wirklich gut gebauten Drachen.

Die Abb. 106–113 zeigen Säume und Nahtkombinationen, die für den Drachenbau sehr nützlich sind.

Längsstab-Umsäumung (bei Deltadrachen)

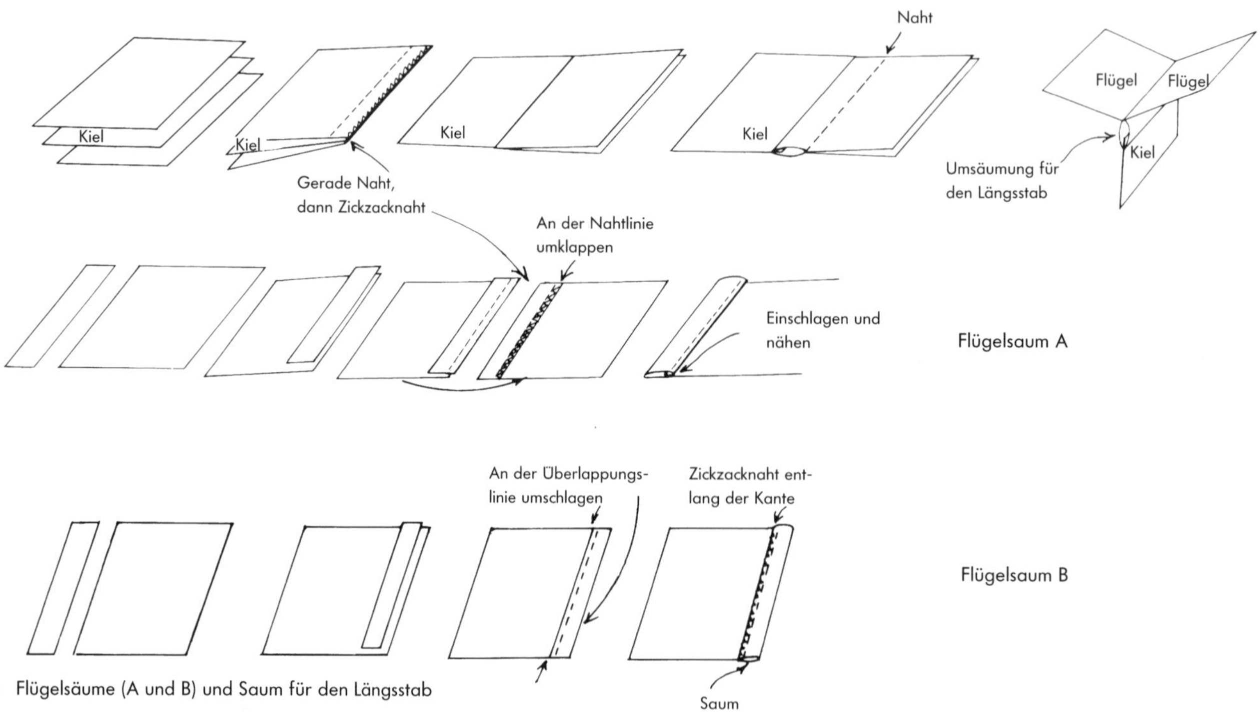

Abb. 106 Flügelsäume (A und B) und Saum für den Längsstab

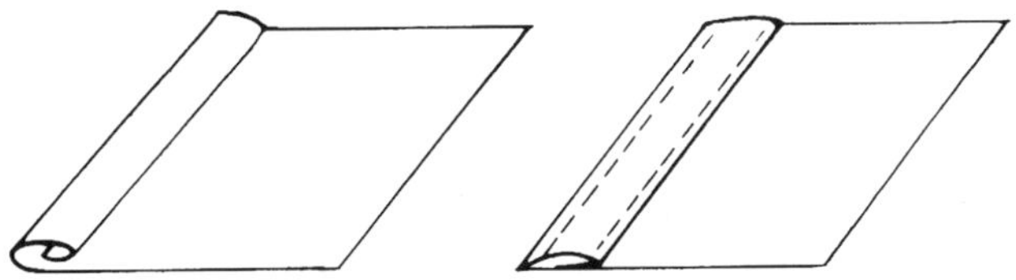

Abb. 107 Saum mit doppelt umgeschlagener Kante

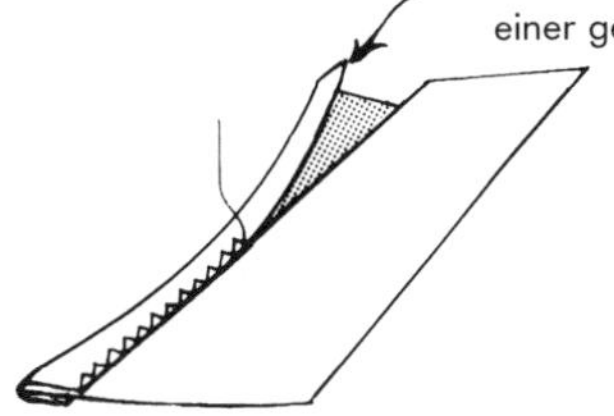

Abb. 108 Umsäumung mit Saumband

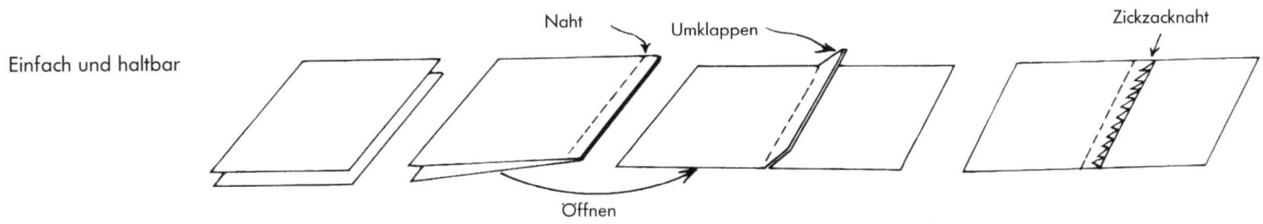

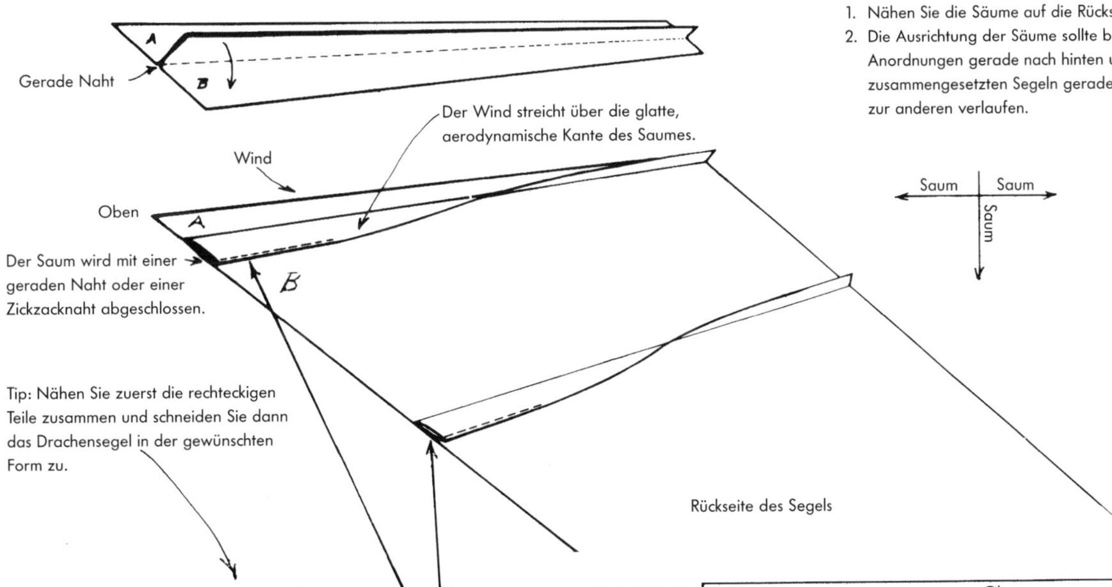

1. Nähen Sie die Säume auf die Rückseite des Drachens.
2. Die Ausrichtung der Säume sollte bei horizontalen Anordnungen gerade nach hinten und bei vertikal zusammengesetzten Segeln gerade von einer Seite zur anderen verlaufen.

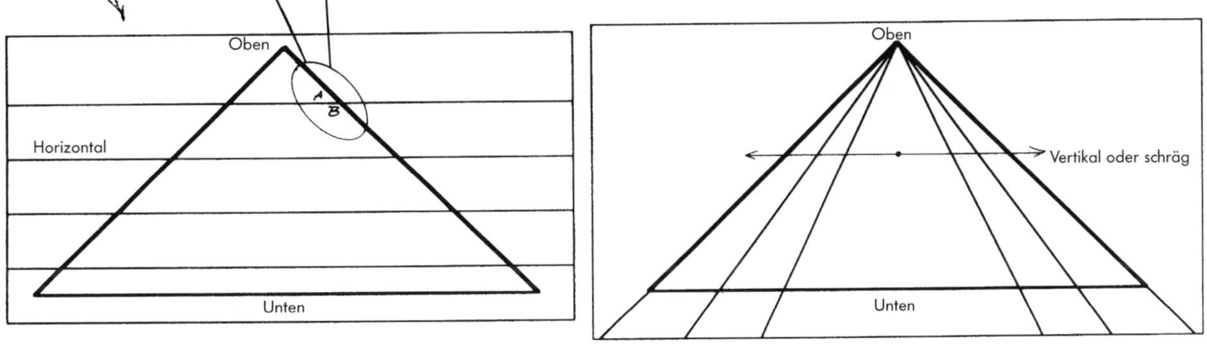

Abb. 109 Segelsaum

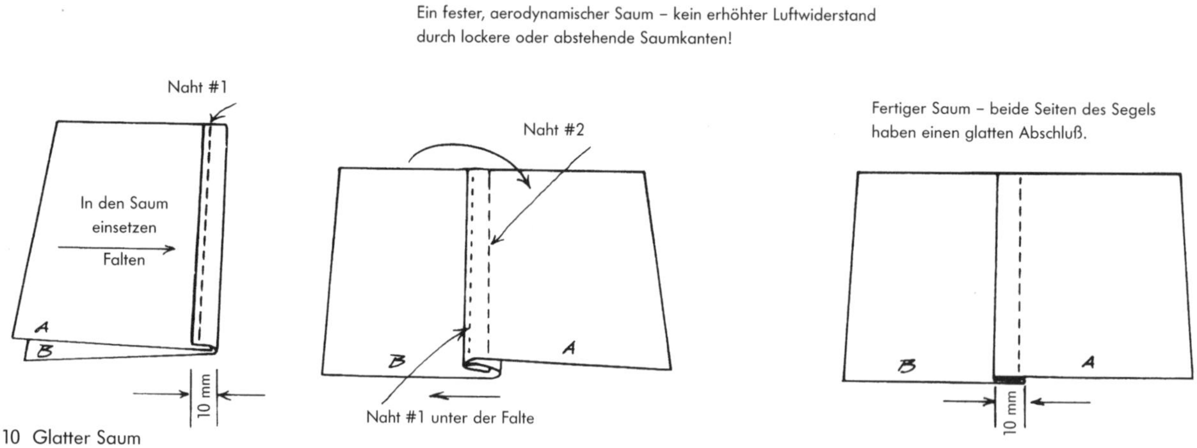

Abb. 110 Glatter Saum

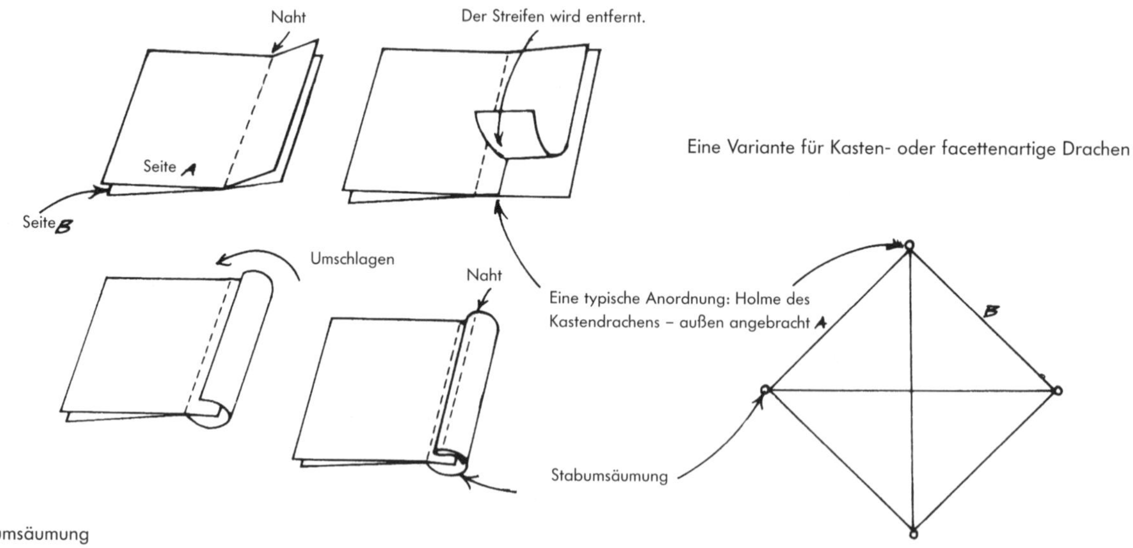

Abb. 111 Stabumsäumung

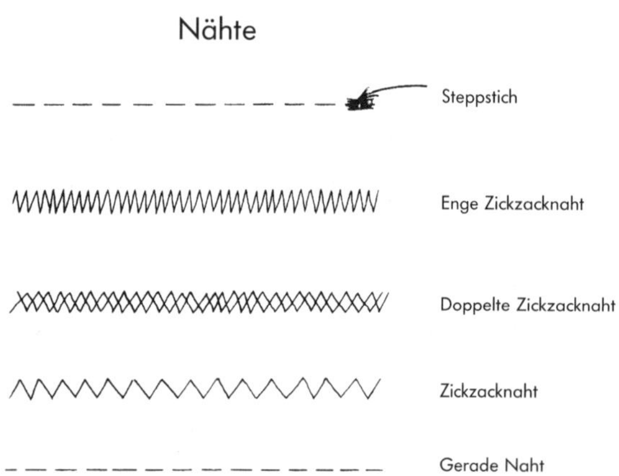

Abb. 112 Praktische Nähte

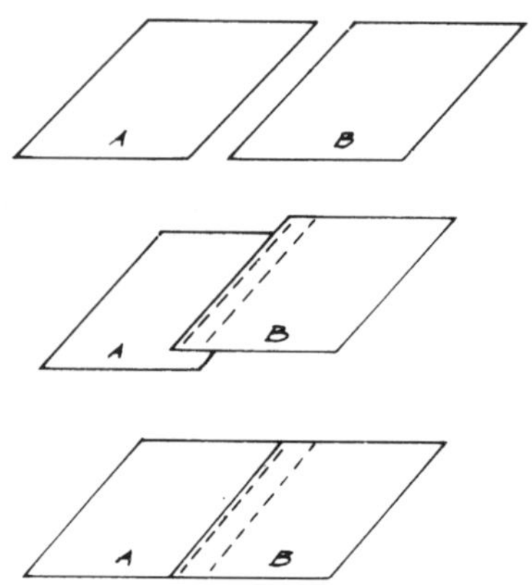

Abb. 113 Überlappungssaum

16 Schmelzkleben

Bei Drachen aus Plastik oder Tyvek kann das Material mit Klebeband oder Alleskleber verbunden werden. Diese Verbindungen können sich mit der Zeit jedoch leicht lösen. Eine beständigere Verbindungstechnik ist das Schmelzkleben. Hersteller von Kunststoffdrachen arbeiten schon seit Jahren mit diesem Verfahren.

Für das Schmelzkleben von Kunststoffen kann man Bügeleisen und Lötkolben verwenden, doch ist der Erfolg nicht immer gewährleistet, denn selbst Geräte mit niedrigster Temperatureinstellung erzeugen noch zuviel Wärme. Ohne die richtige Temperatur ist das Schmelzkleben reine Glückssache.

Dieses Problem läßt sich lösen, wenn man die Temperatur regeln kann. Es gibt zwar spezielle, regelbare Geräte zum Schmelzkleben im Handel, doch existiert auch eine viel preisgünstigere Lösung. Dazu wird ein Lötkolben an einen Dimmer angeschlossen, der wiederum mit einer Steckdose verbunden ist (siehe Abb. 114). So kann die Temperatur über den Dimmer geregelt werden.

Die Grundidee

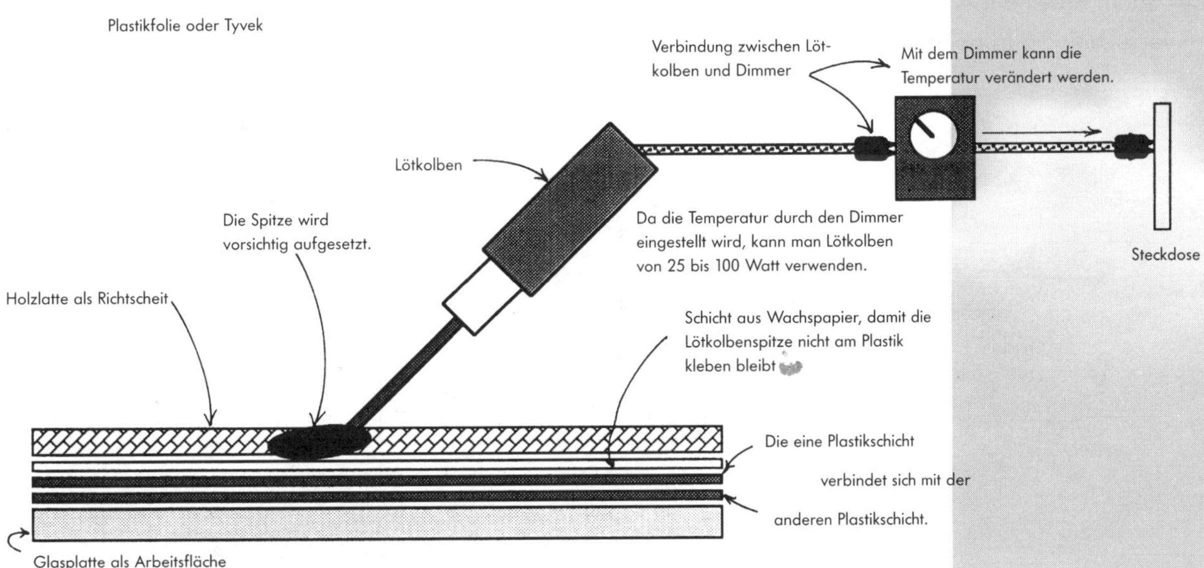

Der kritische Punkt beim Schmelzkleben von Plastik ist die richtige Temperatur. Es gibt Lötkolben mit eingebauter Temperatureinstellung, man kann aber auch einen Dimmer verwenden (siehe oben).

Der Dimmer wird so eingestellt, daß man die richtige Temperatur zum Schmelzkleben erhält. Die nötige Einstellung muß man zuvor durch Probieren herausfinden. Es geht darum, das Plastik so anzuschmelzen, daß es eine gleichmäßige Verbindung eingeht.

Abb. 114 Schmelzkleben

Beachten Sie beim Schmelzkleben die Abb. 114. Verwenden Sie eine Holzfaserleiste als Richtscheit. Sie ist ein schlechter Hitzeleiter und beeinträchtigt daher die Arbeitstemperatur des Lötkolbens nicht.

Beginnen Sie mit einfachen Verbindungen. Probieren Sie die verschiedenen Einstellungen des Dimmers aus und finden Sie heraus, wie schnell Sie den Lötkolben über den Saum führen müssen. Die richtige Kombination aus Temperatur und Geschwindigkeit sorgt für einen festen und gleichmäßig verschmolzenen Saum. Das Wachspapier verhindert, daß die Lötkolbenspitze am Plastik festklebt. Verschieben Sie das Wachspapier immer wieder, da es durch den heißen Lötkolben schnell angegriffen wird.

Wenn der Saum verschmolzen ist, lassen Sie ihn einige Minuten liegen, damit er abkühlt. Prüfen Sie dann, ob die Verbindung gleichmäßig und fest ist, indem Sie ruckweise daran ziehen. Eine feste Verbindung hält dies aus. Sollte der Saum auseinanderreißen, benötigen Sie mehr Hitze – versuchen Sie es noch einmal.

Hinweis: Man kann zwar Plastik mit Plastik und Tyvek mit Plastik, aber nicht Tyvek mit Tyvek verschmelzen. Tyvek läßt sich zwar heiß aneinanderheften, doch feste Verbindungen sind so nicht möglich, da ein Schmelzen des Materials seine Struktur zerstören würde.

Einige Anwendungstips:

- Verschmelzen Sie kleine Stücke von verschiedenfarbigem Plastik für ein individuelles Design.
- Dekorieren Sie Drachen aus Tyvek mit bunten Plastikfolien, die Sie auf die Segelfläche schmelzen.
- Schmelzen Sie Tyvek auf stark beanspruchte Stellen von Plastikdrachen. Verwenden Sie Tyvek für Saumtaschen und Stabumsäumungen.
- Schmelzen Sie einen Kiel aus Tyvek an einen Plastik-Deltadrachen (siehe Abb. 115). Ein Kiel aus Tyvek hat gegenüber einem Kiel aus Plastik den Vorteil, daß er sich auch bei stärkerer Belastung nicht ausdehnt.

Abb. 115 Ein Heißsiegel-Entwurf

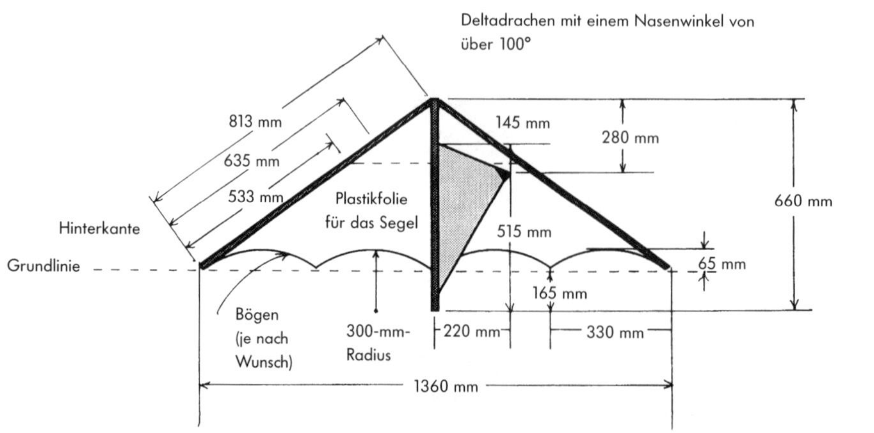

Stäbe: Hartholz-Rundstäbe
Flügelstäbe und Längsstab: 5 mm Durchmesser
Spreizstab: 6 mm Durchmesser

Variante: Tyvek für den Kiel und alle stark beanspruchten Bereiche. Anders als Plastik verformt sich Tyvek auch unter großer Beanspruchung nicht.

Schmelzkleben

Man kann Plastik mit Plastik und Plastik mit Tyvek verschmelzen, aber nicht Tyvek mit Tyvek. Die Hitze, die für eine solche Verbindung nötig wäre, würde die Struktur des Materials zerstören.

Das Schmelzkleben macht Klebebänder oder Alleskleber überflüssig. Als Ergebnis erhält man einen stabilen Drachen mit sauberen Verbindungslinien.

Denken Sie an die Zugaben für die Stabumsäumungen!

Dekoration von Drachen – Zusammensetzen und Applizieren

17

Lebhafte Farben und phantastische Formen am Himmel – was für ein Erlebnis! Durch einfache Kombination von Stoffstreifen oder durch Applizieren farbiger Muster läßt sich ein einfacher Drachen in ein richtiges Kunstwerk verwandeln.

Spinnakernylon ist ein festes, leichtes, haltbares und lichtdurchlässiges Material, das sich jedoch nicht mit herkömmlichen Mitteln, z. B. mit Filzstiften, dekorieren läßt. Dieser scheinbare Nachteil eröffnet jedoch neue Möglichkeiten: Wenn man verschiedenfarbige Streifen von Spinnakernylon verbindet oder Applikationstechniken anwendet, kann man alle möglichen interessanten Muster schaffen. Da sich die anderen Segelmaterialien – Papier, Tyvek oder Plastik – einfach bemalen lassen, legen wir hier das Hauptaugenmerk auf das Spinnakernylon. Doch kann man die Applikationstechnik auch bei anderen Materialien wie Taffeta oder Baumwolle anwenden (zu Informationen über die Dekoration unterschiedlicher Materialien siehe auch die Tabelle »Segelmaterialien auf einen Blick«, S. 56–57).

Wenn Sie ein Muster für Ihren Drachen planen, vergessen Sie nicht, daß man den Drachen aus einigen hundert Metern Entfernung sieht. Einfache Muster aus kräftigen, kontrastierenden Farben erkennt man am besten. Lassen Sie sich von den farbigen Abbildungen in der Mitte dieses Buches inspirieren. Wenn Sie sich mit dem Lötkolben an die Arbeit machen, müssen Sie sich über die Farbkombinationen schon vorher im klaren sein. Eine Möglichkeit ist, das Muster auf dem Papier zu entwerfen. Verwenden Sie dazu Filzstifte und halten Sie das fertige Muster gegen das Licht, um die Wirkung zu testen. Sie können aber auch verschiedene farbige Muster mit dem Computer entwerfen. Da mit einem entsprechenden Computerprogramm die Formen und Farben schnell und ohne Aufwand verändert werden können, wird der Computerentwurf zu einem spielerischen Spaß (siehe »Drachenentwurf mit dem Computer«, S. 108).

Abb. 116 Ein Rokkaku-Drachen mit appliziertem Kriegerkopf

Abb. 117 Applikations-Detail

Haben Sie sich für ein Muster entschieden, halten Sie es gegen das Fenster, um einen Farbeindruck zu bekommen. Dabei wird deutlich, wie sich Farben überlagern lassen. Normalerweise verstärken zwei Schichten der gleichen Farbe den Farbton, während drei Schichten einen dunklen, fast undurchsichtigen Effekt hervorrufen. Wenn Sie verschiedene Farben übereinander legen, können Sie interessannte Farbmischungen und feine Farbabstufungen erzeugen.

Wenn eine dunkle Farbe eine helle Farbfläche umschließt, werden sowohl die Gesamterscheinung als auch die Größe des Drachens besser zur Geltung gebracht. Haben Sie sich jedoch für einen einfarbigen Drachen entschieden, hat eine schwarze oder farblich kontrastierende Randeinfassung einen ähnlichen Effekt.

Applikationen

Unter Applizieren versteht man das Kombinieren von Stoffteilen zur Dekoration. Zwar kann man Details auf einem Drachen aus einer gewissen Entfernung nicht mehr erkennen, doch schon der Gesamteindruck einer Applikation macht sie sehenswert, sei es am Boden oder in der Luft (siehe Abb. 116 und 117 als Beispiele einer Applikation auf Kevin Shannons Krieger-Rokkaku-Drachen). Applikationen sind eher für größere, stabile Drachen (ab 1,80 m) geeignet.

Dunkle und helle Hintergründe haben unterschiedliche Wirkungen. Ein dunkler Hintergrund sorgt für den sogenannten Buntglaseffekt, da der Stoff ausgeschnitten wird und die Sonne durchscheinen kann. Ein heller Hintergrund – vor allem ein weißer – eignet sich am besten für Applikationen aus vielen Formen und Farben. Ein weißer Hintergrund intensiviert meist die applizierten Farben. Da Spinnakernylon sehr leicht ist, hat dieses zusätzliche Material keinen merklichen Einfluß auf die Flugeigenschaften des Drachens.

Wenn Sie alle Einzelteile ausgeschnitten haben, sollten Sie sie zuerst auf dem Hintergrundmaterial auslegen, damit Sie sehen, wie Ihr Muster aus der Nähe und von weitem wirkt. Zu diesem Zweck ist doppelseitiges Klebeband sehr hilfreich. Vergessen Sie aber in der Begeisterung über Ihr Muster nicht die Zugaben für Säume und Taschen oder die Kiele, die später die Wirkung des Musters beeinträchtigen könnten.

Das Muster

Weißes Spinnakernylon läßt sich für das Muster oder als Hintergrundmaterial verwenden, wenn man sich nicht an den Linien stört, die dann auf der Rückseite des Drachens zu sehen sind: Bei weißem Spinnakernylon kann man das gewünschte Muster direkt auf die Rückseite zeichnen. Dazu verwendet man einen Bleistift oder Filzstifte in den gleichen Farben wie die zu applizierenden Teile. Man kann auch verschiedene andere Hilfsmittel wie Lineale oder Schablonen verwenden.

Wenn Sie die Umrisse des Musters fertig aufgetragen haben, legen Sie die bunten Stoffteile auf die vorgesehenen Stellen des Spinnakernylons. Die auf dem weißen Spinnakernylon gezeichneten Umrisse scheinen durch die bunten Stoffteile. So können Sie die einzelnen Umrisse auf das jeweilige Stoffteil pausen.

Hinweis: Wenn Sie die Muster auf einen dunklen Hintergrund zeichnen, legen Sie den Stoff auf einen Leuchttisch oder einen Glastisch, den Sie von unten beleuchten können. Schneiden Sie nun die einzelnen Stoffteile entlang der Umrißlinien vorsichtig aus. Wenn Sie mit dem Lötkolben arbeiten, können die Ränder nicht ausfransen.

Sollen auf Ihrem Segelmaterial keine Umrißlinien zu sehen sein, können Sie das Muster auch auf Packpapier, Pappe oder ein anderes passendes Material zeichnen und die einzelnen Bestandteile des Musters als Schablonen ausschneiden (mehr über Schablonen finden Sie im Kapitel 14).

Fixieren der Stoffteile

Die zu applizierenden Stoffteile dürfen während des Aufnähens nicht verrutschen. Man kann den Stoff zwar mit Stecknadeln, Heftfäden, Klebebändern und Alleskleber fixieren, doch bevorzuge ich einen Heißhefter (ein extra für diesen Zweck entwickeltes Segelmacher-Werkzeug) oder Sprühkleber. Jede dieser Methoden hat ihre Vor- und Nachteile. Bringen Sie die applizierten Teile immer an der Unterseite des Drachens an. Dabei müssen dunkle Stoffe immer die hellen überlappen. Sollten Sie Spinnakernylon mit unterschiedlichen Gewichten verwenden, muß der schwerere Stoff immer unten sein.

Heißhefter sind Werkzeuge professioneller Segelmacher.

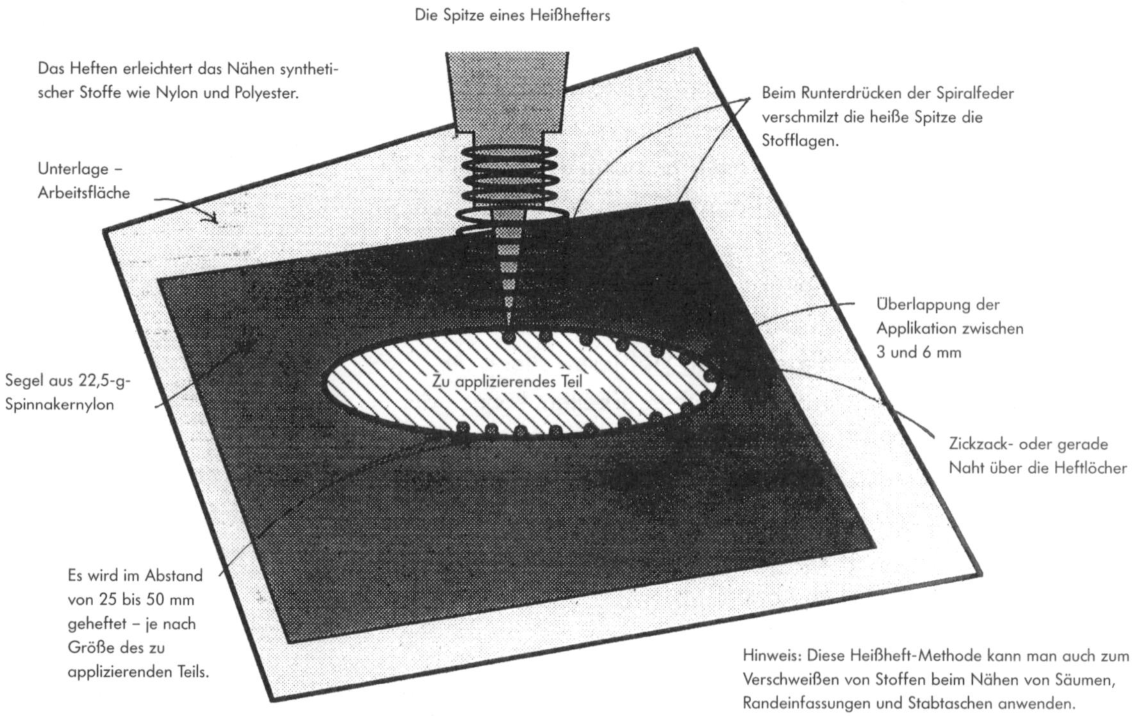

Mögliche Arbeitsflächen:
1. Beim Heißheften auf einer Unterlage aus Holz werden die Heftlöcher kleiner und weniger auffallend.
2. Beim Heißheften auf einer Unterlage aus Pappe werden die Heftlöcher größer.
3. Beim Heißheften auf einer Unterlage aus Glas werden die Heftlöcher kleiner, aber die Spitze des Hefters wird ziemlich schnell stumpf.

Hinweise mit freundlicher Genehmigung von Bill Tyrrell

Abb. 118 Heißheften

Heißheften

Selbst wenn Sie jedes farbige Stoffteil auf der Unterseite des Drachens heiß anheften können, sollten Sie wie folgt vorgehen. Da die Farben durch ein weißes Segel leuchten, versuchen Sie, den Heißhefter von der Rückseite aus nach vorn durch das Material zu drücken. So macht die Spitze des Heißhefters, während sie beide Stoffteile punktuell miteinander verschweißt, kleinere und weniger auffällige Löcher in das Segel (siehe Abb. 118). Heften Sie jedes Teil im Abstand von 30 bis 50 mm und vernähen Sie dann die Stoffteile.

Sprühkleber

Beachten Sie bei dieser Methode folgende Hinweise:

- Sorgen Sie für eine gute Durchlüftung Ihres Arbeitsraums, damit Sie eventuelle schädliche Stoffe nicht einatmen.
- Üben Sie zuerst mit Stoffresten.
- Sprühen Sie den Klebstoff auf die Rückseite des kleineren Stückes, das auf den Segelstoff appliziert werden soll.
- Decken Sie in der Nähe des Arbeitsplatzes alles mit Zeitungspapier oder anderen schützenden Materialien zu.
- Verwenden Sie so wenig Sprühkleber wie möglich. Warten Sie eine Weile, bis der Klebstoff etwas angezogen hat, und befestigen Sie dann das Stoffstück auf dem Hintergrund.
  Hinweis: Mit einem Lösungsmittel läßt sich der Sprühkleber wieder vom Stoff entfernen.
- Zuviel Sprühkleber verklebt die Nähnadel und macht das Drachensegel für immer klebrig – und wer möchte schon einen klebrigen Drachen, der Sand, Staub und Schmutz anzieht?

Hinweis: Wenn Sie einzelne Stoffteile auf einem Hintergrund frei anordnen, legen Sie zuerst einen Bezugspunkt fest, von dem aus Sie das Muster entwickeln. Am besten beginnen Sie in der Mitte und arbeiten sich nach außen vor. Das erleichtert eine symmetrische Anordnung. Wenn Ihr Muster eine größere Lücke hat, bei der das Hintergrundsegel zu sehen ist, schneiden Sie einen Stoffrest in exakt dieser Form zu und befestigen Sie ihn vorübergehend auf dem Segel. Benutzen Sie dieses Stoffteil als Bezugspunkt, wenn Sie die angrenzenden Segmente anordnen. Danach nehmen Sie es wieder ab. Entfernen Sie alle Klebstoffreste mit einem Lösungsmittel.

Nähen

Nähen Sie immer nur an einem Stück gleichzeitig. In den meisten Fällen ist eine gerade Naht am besten. Zum Nähen von Kurven sind jedoch Zickzacknähte besser geeignet. Halten Sie das Segel während des Nähens so straff wie nur möglich. Eine Randumsäumung um das Segel verleiht dem fertigen Drachen mehr Stabilität.

Hinweis: Verwenden Sie für kleine gerundete Stoffteile, die schwierig anzunähen sind, selbstklebendes Spinnakernylon. Dieses in vielen Farben erhältliche Material verwenden Segelmacher z. B. für kleinere Muster auf den Segeln.

Soll der Hintergrund ausgeschnitten werden?

Es gibt zwei Varianten, den Hintergrund zu gestalten:

- Sie können den Hintergrund so belassen, wie er ist. Das ist zu empfehlen, wenn der Hintergrund die Farben verstärkt.
- Sie können den Hintergrund ausschneiden, um einen gewünschten Effekt zu erzielen oder einen ungewünschten Effekt auszuschließen.

Wenn Sie den Hintergrund ausschneiden möchten, heben Sie die einzelnen Stofflagen mit einer Nadel von der Drachenrückseite etwas ab und schneiden Sie die hintere Schicht vorsichtig mit einer scharfen Schere aus. Sie können bis zu 3 mm an die Naht heranschneiden, ohne daß die Naht instabil wird. Das überschüssige Material kann auch mit dem Lötkolben abgetrennt werden. Dazu schneiden Sie mit der Schere das Material nur grob aus und lassen einen 30 mm breiten Rand stehen. Unter diesen Rand legen Sie ein dünnes Blech, damit Sie wirklich nur das überschüssige Material abtrennen und kein Loch in das Segel brennen.

Betrachten Sie das fertig applizierte Segel gegen das Sonnenlicht, um zu sehen, ob alles Ihren Wünschen entspricht. Wenn Sie zufrieden sind, können Sie das Segel mit allen Säumen und Taschen fertigstellen.

18 Schwänze und Schleppsäcke

Die Entwicklung von sich selbst stabilisierenden Drachen hat zahllose schwanzlose Wunderdrachen hervorgebracht. Trotzdem haben Drachenschwänze ihren Sinn nicht verloren. Sie sind zwar nicht mehr unbedingt nötig, doch haben auch sie sich mit den Drachenformen weiterentwickelt. In manchen Fällen verbessert ein zusätzlich angebrachter Schwanz die Flugeigenschaften von Drachen bei höheren Windgeschwindigkeiten. Ein solcher Schwanz kann aber auch den Schwerpunkt des Drachens verändern. In diesem Fall muß der Zugpunkt nachgestellt werden.

Drachenschwänze hatten seit Jahrtausenden keine größeren Veränderungen erfahren, bis der Engländer Sir George Nares im 19. Jahrhundert den Windsack erfand. Nares' Wind- oder Schleppsack war eine wesentliche Verbesserung der herkömmlichen Schwänze zur Stabilisierung von flachen und bogenförmigen Drachen. Sowohl Schwänze als auch Schleppsäcke sorgen für Zugkraft und erhöhen damit die Stabilität des Drachens, funktionieren aber alle nach einem anderen Prinzip.

Wimpel – ein spitz zulaufender Schwanz

Ein rechteckiger Streifen wird zunächst diagonal durchgeschnitten. Dann werden beide Hälften entlang der schrägen Seiten vernäht. Die Faserrichtung verläuft parallel zur Vorderkante des Wimpels, damit sich dieser unter Spannung nicht mehr so sehr dehnt.

Die breite Fläche eines Schwanzes wird selbst zu einer Art Segel, sobald der Drachen in der Luft ist. Die wellenförmige Bewegung des Schwanzes wird zur Spitze hin immer stärker.

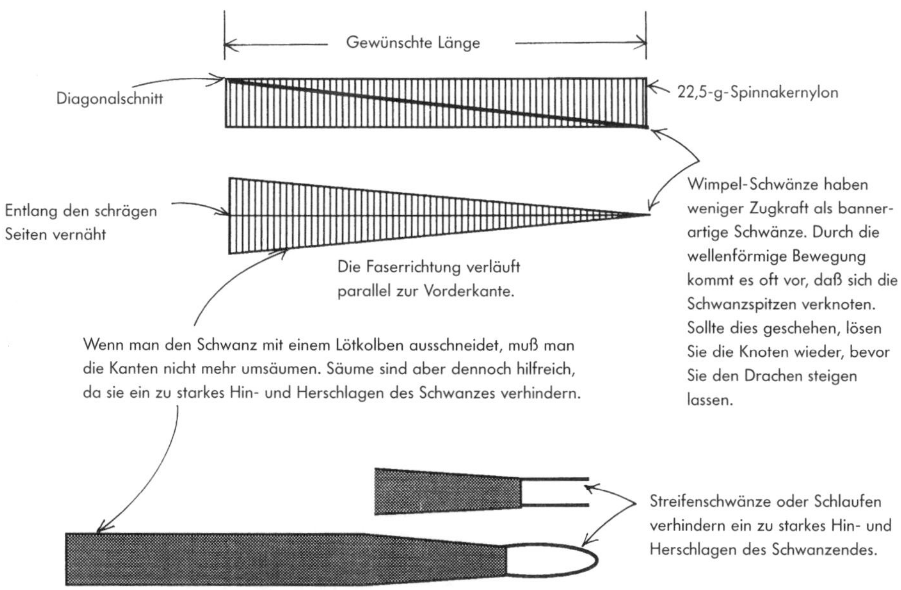

Banner – Ein Schwanz mit parallelen Seiten und eventuell leicht zulaufender Spitze

Abb. 119 Wimpel und Banner

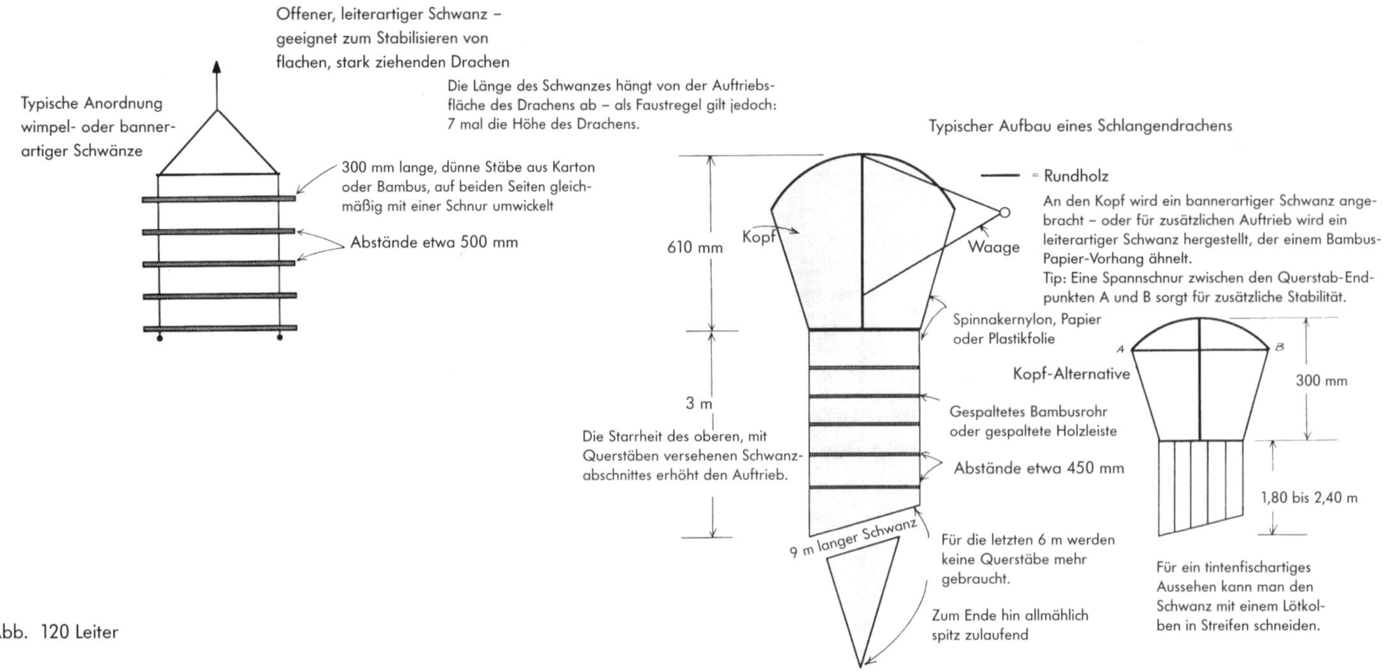

Abb. 120 Leiter

Abb. 121 Schleppsack – vierseitige Grundform

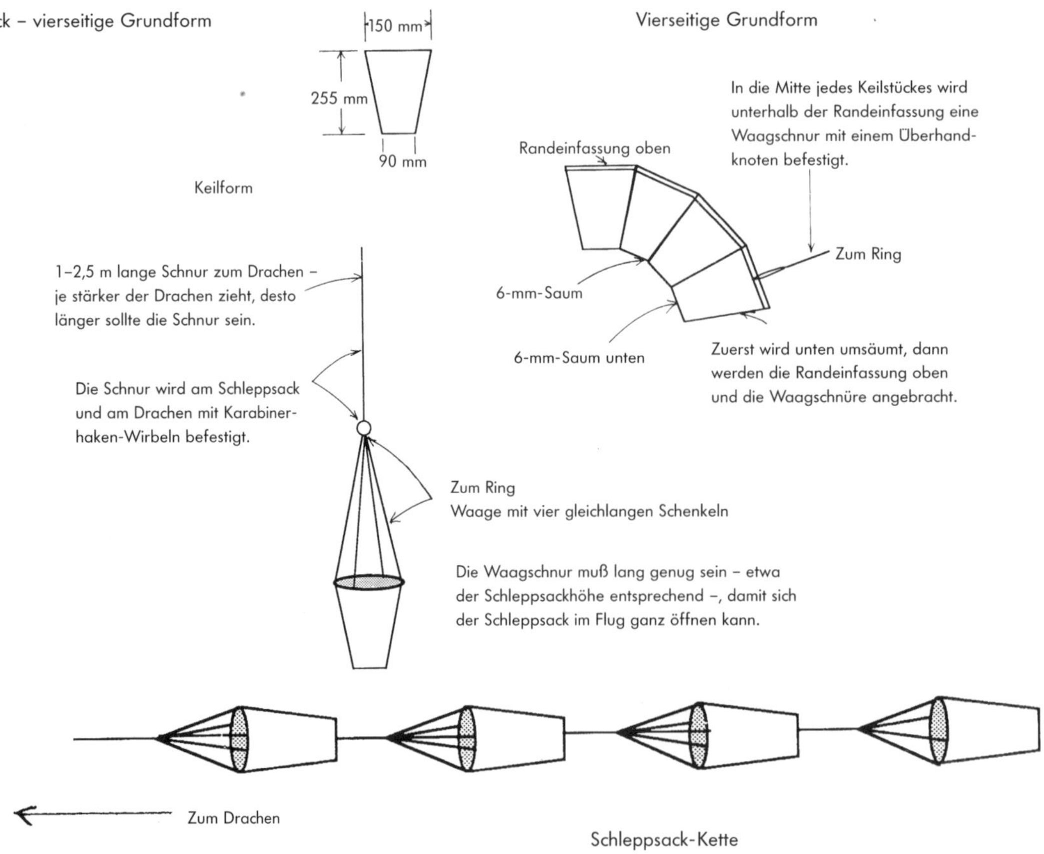

Abb. 122 Schleppsack – vierseitige Grundform mit Innenflossen

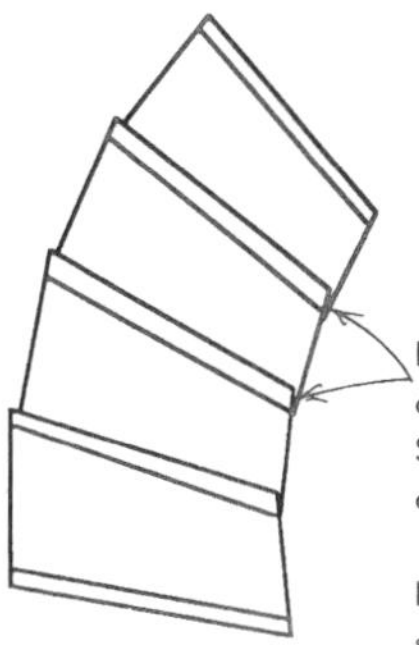

Die vier Keilstücke werden zusammengenäht, wobei die 25-mm-Säume Innenflossen bilden, die den Schleppsack im Flug rotieren lassen. Wichtig ist, daß die Flossen alle in dieselbe Richtung weisen.

Hinweis: Wenn man die Keilstücke heiß ausschneidet, so daß sie vorübergehend verschweißt sind, lassen sie sich leichter zusammennähen.

Mit freundlicher Genehmigung von Ray Brandes

Vierseitige Grundform mit Innenflossen

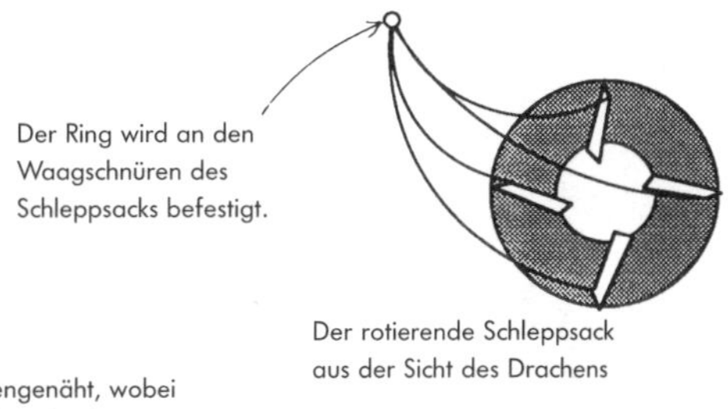

Vierschenklige Waage: Jeder Schenkel sollte so lang sein wie der Schleppsack selbst. Die Waage muß lang genug sein, damit sich der Schleppsack im Flug ganz öffnen kann.

Die Waagschnüre werden durch die Flossenspitzen gezogen.

Wenn jedes Keilstück aus einer anderen Farbe besteht, wird die Rotation des Schleppsacks deutlich sichtbar.

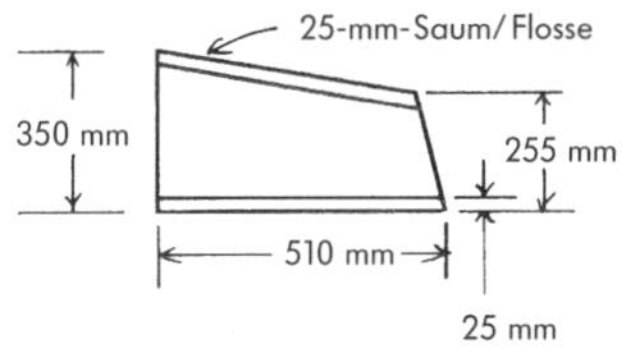

Abb. 123 Libellenschwanz

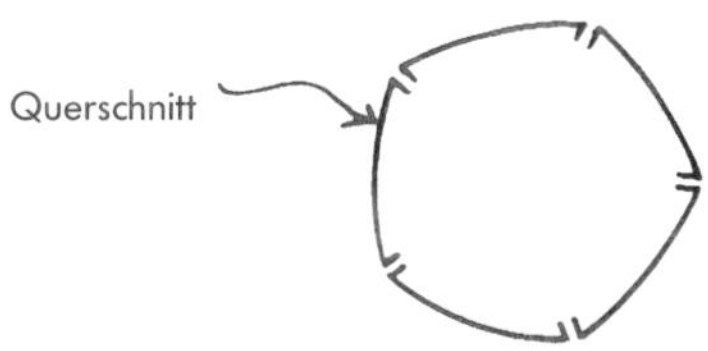

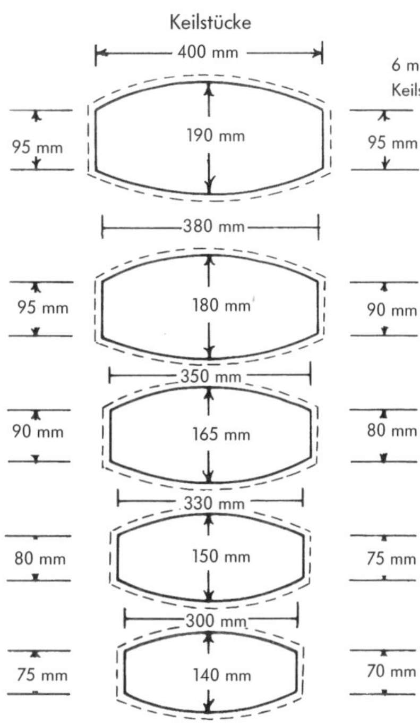

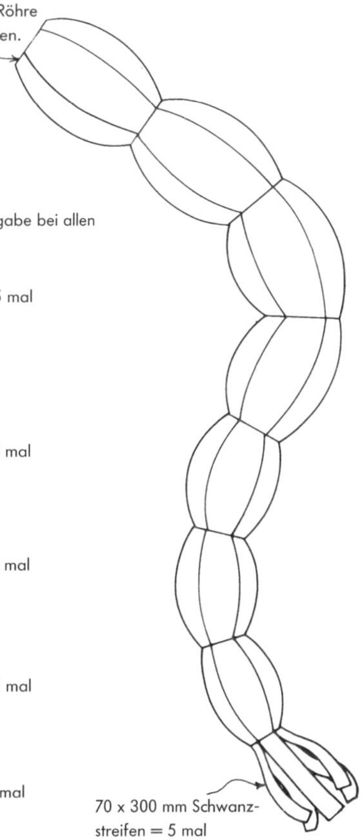

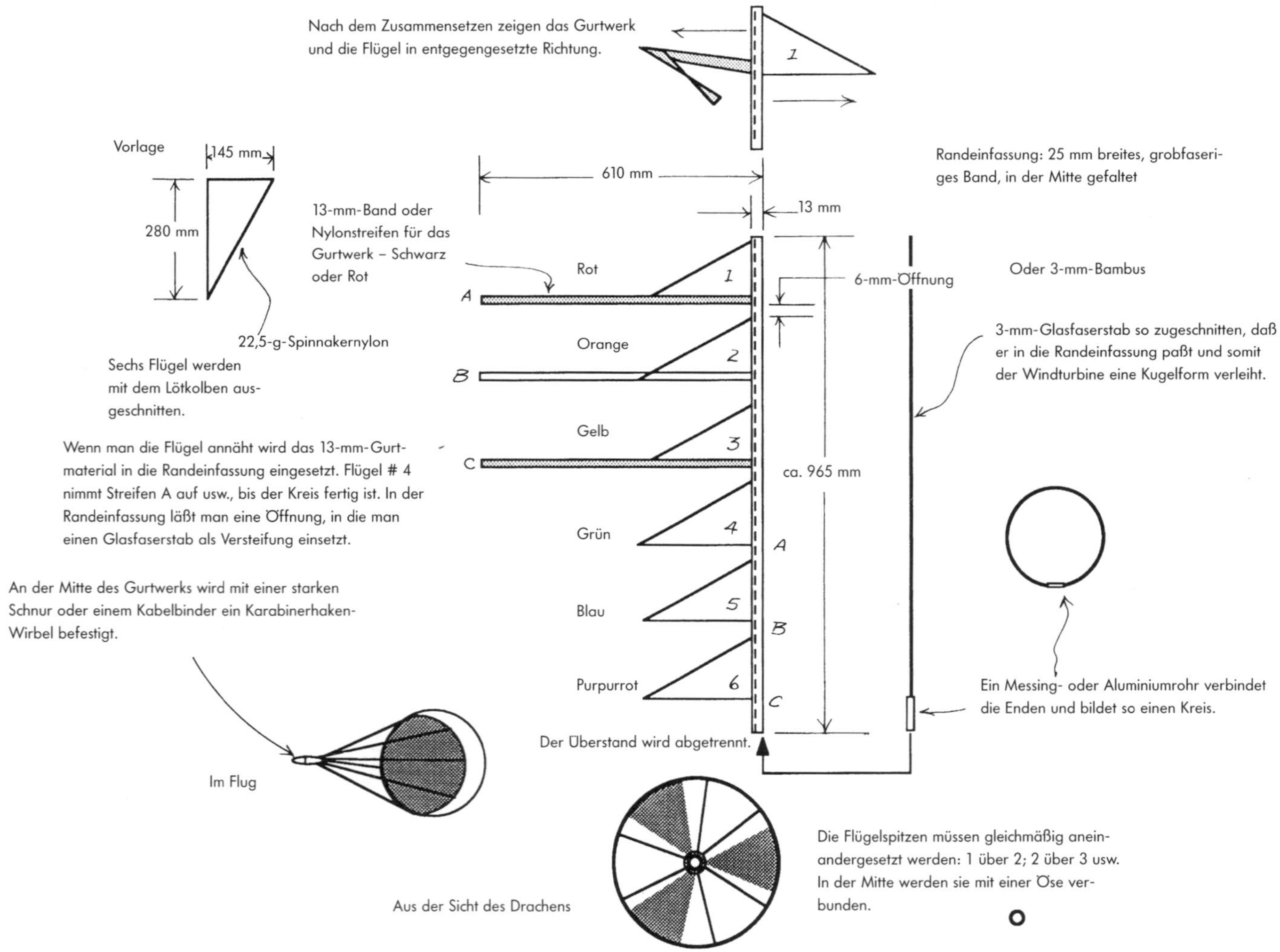

Abb. 124 Regenbogen-Windturbine

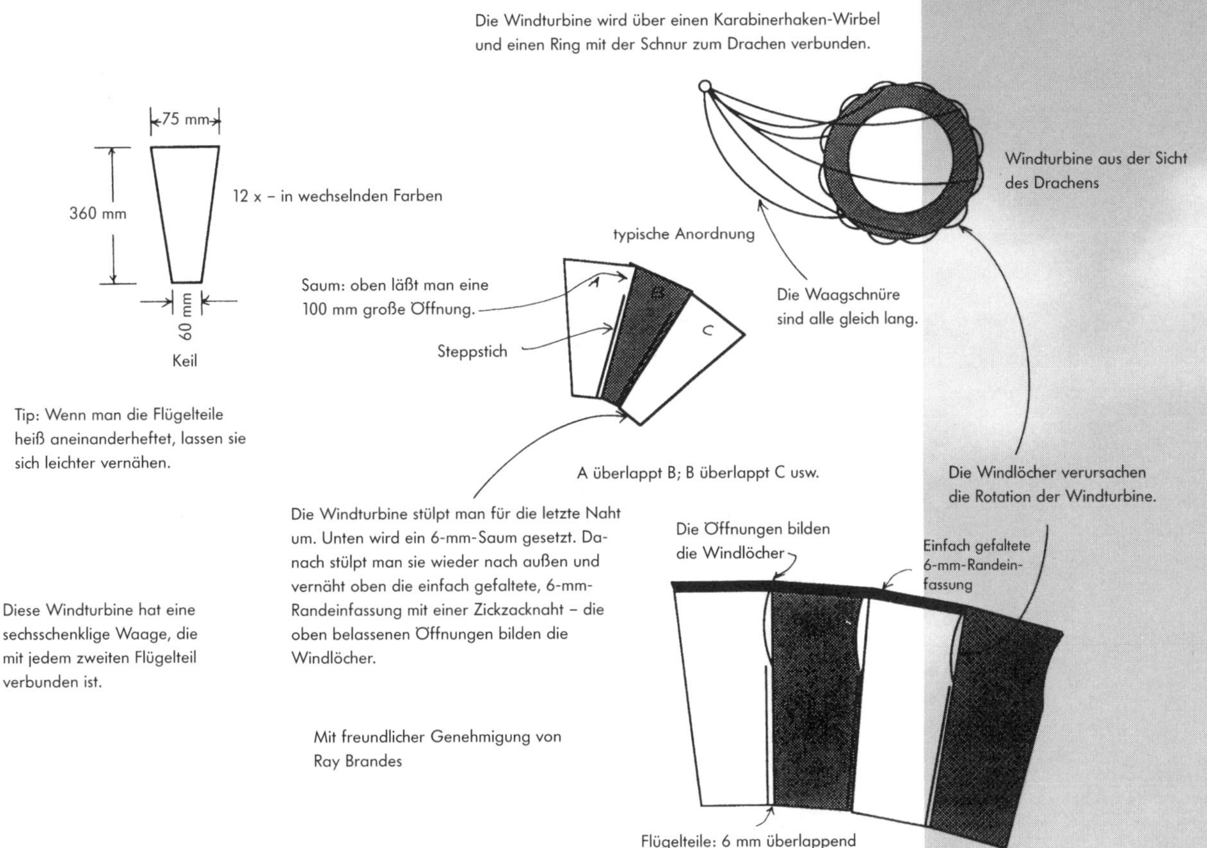

Abb. 125 Schleppsack – 12teilige Windturbine

Schwänze sorgen für mehr Zugkraft an der Hinterkante des Drachensegels. Wimpel, Banner, Leitern, Streifenschwänze, Fransen, Quasten und Pferdeschwänze (Streifenschwänze, die direkt von der Leine ausgehen) gehören dazu. Lange, schlangenartige Drachen sind dagegen eigentlich »verlängerte Flachdrachen«.

Schleppsäcke sind kurze, kegelförmige Gebilde, die durch eine Schnur mit dem Drachen verbunden sind. Die an beiden Enden geöffneten Schleppsäcke sind selbstregulierend, da sie wie angehängte Luftbehälter reagieren – je stärker der Wind ist, desto größer ist auch der Widerstand, den sie erzeugen. Bei mittleren Windgeschwindigkeiten strömt die Luft ruhig durch die spitz zulaufende Röhre, und der Drachen fliegt trotz des Anhängsels ganz gleichmäßig. Wenn jedoch bei stärkeren Winden der Luftdruck im Innern des Schleppsacks steigt, drängt die überschüssige Luft nach außen und sorgt für zusätzliche Zugkraft am Drachen, so daß der Drachen nur noch dank des Schleppsacks im Gleichgewicht bleibt. Da der Schleppsack auf dem Prinzip der Hebelwirkung beruht, benötigt man für stärker ziehende Drachen längere Verbindungsschnüre zum Schleppsack. Man kann auch mehrere Schleppsäcke an einer Leitschnur miteinander verbinden.

Es gibt zwar die Vorgabe, daß ein Schwanz sieben- bis achtmal länger sein sollte als der Längsstab des Drachens, doch die richtige Länge kann man nur herausfinden, wenn man den Drachen steigen läßt. Ein wirklich guter Schwanz erreicht, daß ein Drachen bei unterschiedlichsten Windgeschwindigkeiten stabil fliegt. Hier sind einige Schwanz- und Schleppsackvarianten:

- Wimpel und Banner (siehe Abb. 119): Ein Wimpel ist im Grunde ein langer, spitz zulaufender Schwanz. Ein Banner ist ein langer Schwanz mit parallelen Seiten, die zum Ende hin spitz zulaufen können.
- Leitern (siehe Abb. 120): Diese nach dem Leiterprinzip aufgebauten Schwänze erinnern an Bambus-Papier-Vorhänge. Sie werden von Querstäben gespannt, so daß sie relativ steif sind und bei stark ziehenden Drachen eine beträchtliche Zugkraft entwickeln. Sie sorgen für eine ausgezeichnete Stabilität bei Flachdrachen und hier vor allem bei Schlangendrachen.
- Schleppsäcke (siehe Abb. 121 und 122): Sie können auch rotieren und sorgen für einen reizvollen Effekt.
- Röhren (siehe Abb. 123): Die laternenartigen Röhren vereinen in sich Elemente von Bannern und Schleppsäcken. Das Ende solcher sich mit Luft füllender Röhren kann offen oder auch geschlossen sein (offen ist sie z. B. beim Pterosaurier-Drachen, geschlossen beim Rochendrachen).
- Windturbinen (siehe Abb. 124 und 125): Diese fallschirmartigen Gebilde sind rotierenden Schleppsäcken sehr ähnlich und können wie diese auch mehrfach in einer Reihe angebracht werden – ebenfalls in Kombination mit Schleppsäcken.

Banner und Wimpel eignen sich am besten für Flachdrachen. Bei bogenförmigen Drachen sind Streifenschwänze zu bevorzugen. Drachen mit einem hohen Streckenverhältnis und starkem Auftrieb sollten mit Schleppsäcken versehen werden. Pferdeschwänze sind für Parafoil-Drachen zu empfehlen.

Herstellung eines spitz zulaufenden Libellenschwanzes

Entwurf nach Adrian Conns »Libelle«

Bauanleitung

Verwenden Sie 22,5-g-Spinnakernylon und gehen Sie Schritt für Schritt vor:

1. Fertigen Sie Schablonen für die keilförmigen Einzelteile und schneiden Sie danach die Stoffteile aus (siehe Abb. 123). Geben Sie 6 mm Material für Säume zu.
2. Nähen Sie die fünf Abschnitte jeder einzelnen Laterne mit den Außenseiten nach innen zusammen. Die Laterne wird später umgestülpt. Lassen Sie einen Saum offen.
3. Nähen Sie die Enden aller Laternenabschnitte zusammen. Umsäumen Sie das offene Ende der ersten Laterne. An das Ende der letzten Laterne bringen Sie Schwanzstreifen an.
4. Vernähen Sie den offenen Saum der Länge nach, um so die Röhre zu schließen. Stülpen Sie nun die Röhre um.
5. Befestigen Sie die Röhre am Drachen – entweder mit Dacronband oder mit anderem Material.

19 Drachenentwurf mit dem Computer

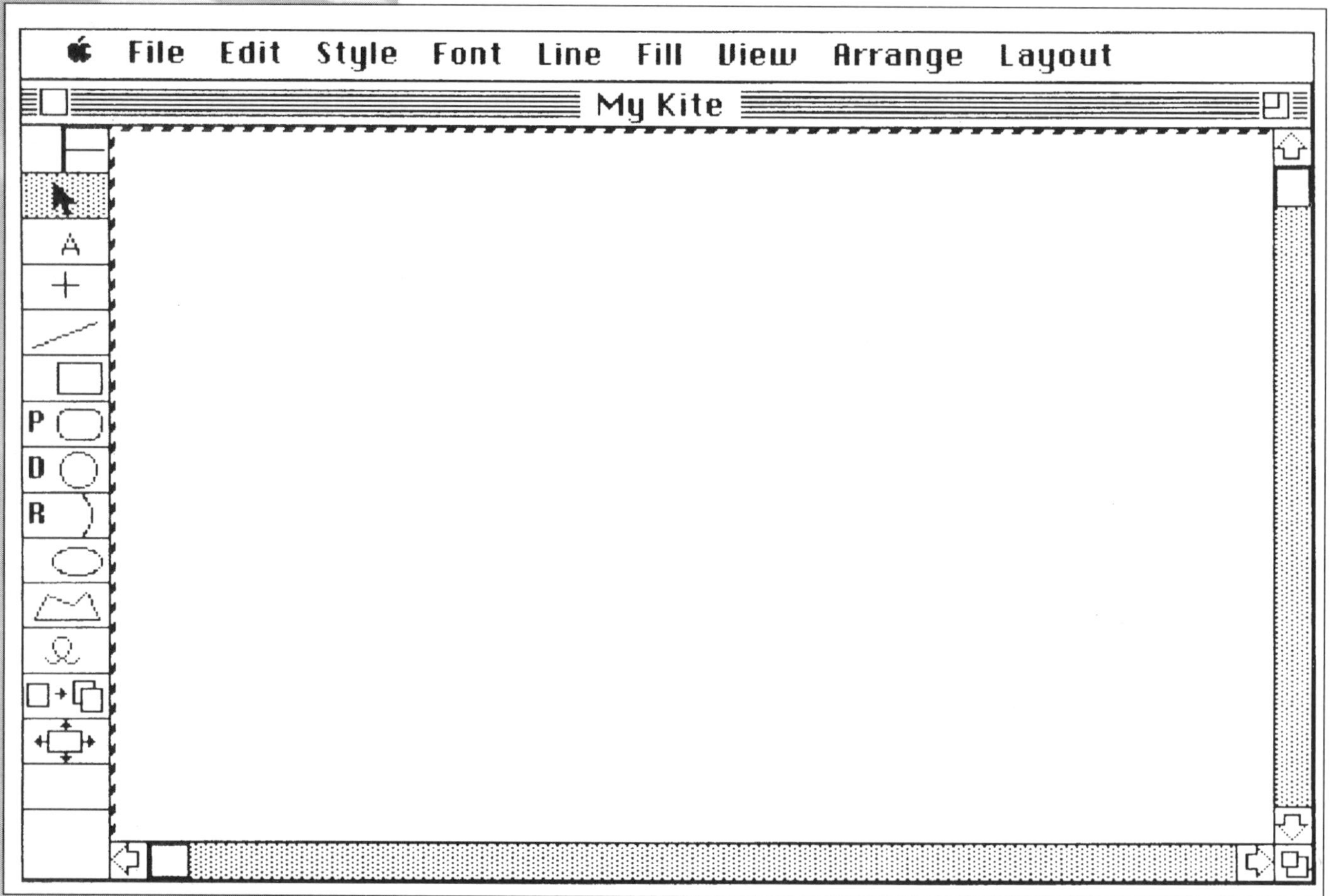

Abb. 126 Bild eines Macintosh-Monitors mit MacDrafts Funktionspalette (mit freundlicher Genehmigung der Firma Innovative Data Design, Inc.).

Computerbegeisterte Leser werden sicher die Vorteile eines Computer-Zeichenprogramms (CAD) zum Entwerfen von Drachen nutzen wollen. Für diejenigen, die am Computer noch unerfahren sind, kann der Entwurf eines Drachens mit Hilfe eines solchen Programms viel dazu beitragen, den Umgang mit Computern spielerisch zu erlernen.

So wie die Textverarbeitungsprogramme die herkömmlichen Schreibmaschinen allmählich abgelöst haben, verdrängen CAD-Programme immer mehr die traditionellen Zeichen- und Entwurfsmethoden auf Papier.[1] Man muß zwar die Programmbefehle immer noch selbst eingeben, doch ist es fast schon so, als

[1] CAD ist die Abkürzung für »computer-aided design« (»computerunterstütztes Entwerfen«). Die meisten Entwürfe in diesem Buch sind mit Hilfe solcher Programme entstanden.

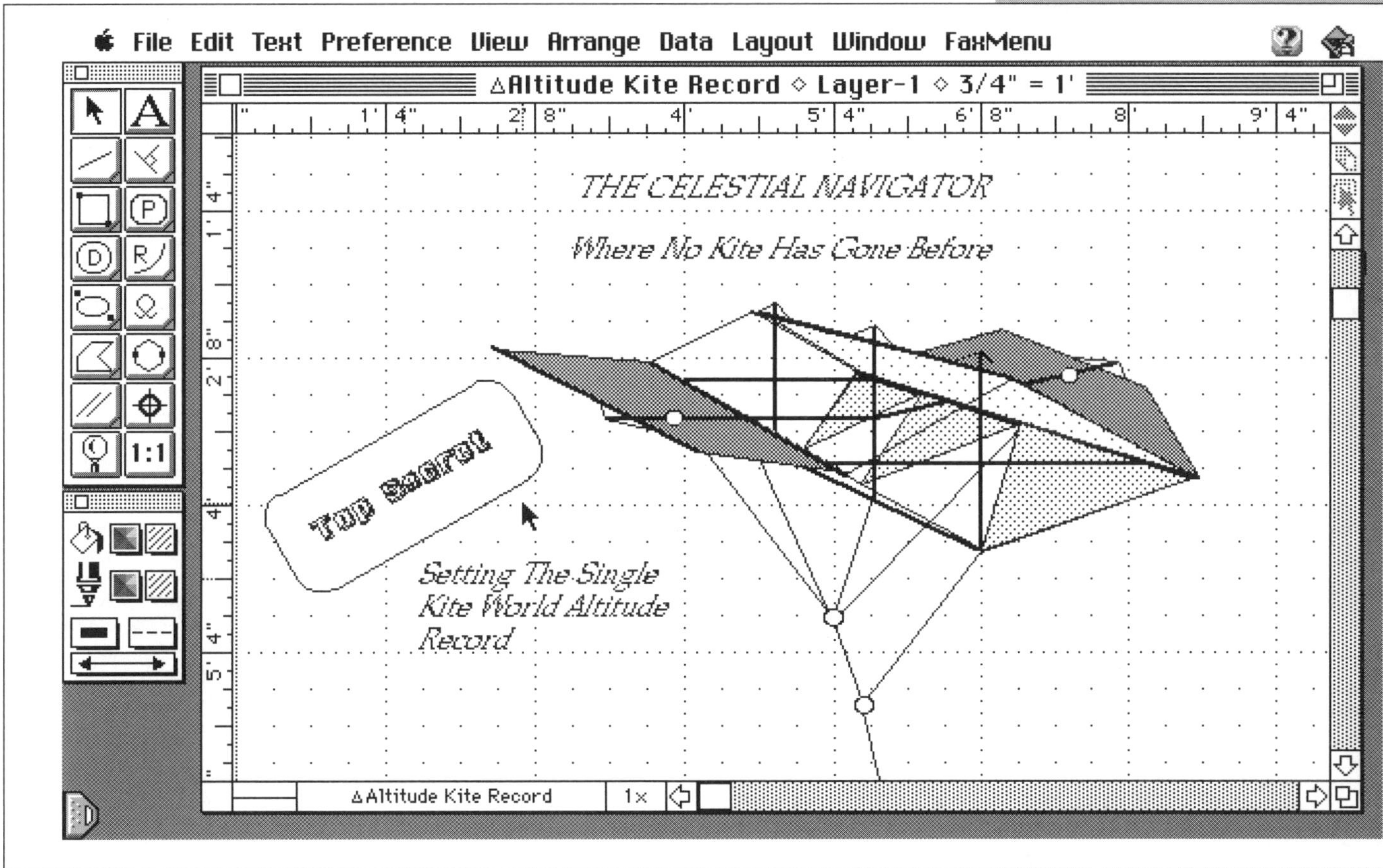

Abb. 127 Der »Celestial Navigator« nach einem Entwurf von Bobby Stanfield (siehe dazu den Stone-Mountain-Drachen auf S. 152) – ein Beispiel für die perspektivische Darstellung eines Drachens mit Hilfe des MacDraft-Programms. Dieser Drachen wurde mit dem Ziel entworfen, den Höhenrekord zu brechen.

hätte man ein ganzes Team erfahrener Architekten oder Designer zur Verfügung.

Es bleibt zwar jedem selbst überlassen, ob er seinen Drachen mit Bleistift und Papier entwirft oder ob er ein CAD-Programm anwendet, doch hat man einmal mit einem solchen Programm gearbeitet, erweist sich das alte Sprichwort als richtig, das besagt: »Ich war arm und ich war reich – und glaub mir, reich ist besser.« In diesem Fall steht »reich sein« dafür, mit einem Computer zu arbeiten.

Bei einem gut ausgefeilten CAD-Programm wie MacDraft von Macintosh oder PC Draft von Microsoft hat man die Möglichkeit, seine Ideen sofort umzusetzen, ohne viele Veränderungen vornehmen zu müssen. Ein bedeutender Vorteil von CAD-Programmen liegt auch darin, daß man seinen Entwurf auf dem Monitor maßstabsgetreu oder sogar in Originalgröße darstellen kann. Ein weiterer großer Vorteil dieser Programme ist, daß alle Entwürfe und Varianten in Dateien gespeichert werden können, die man weiterbearbeiten kann, ohne wie bisher auf Papier alle überflüssigen Linien ausradieren oder gar den ganzen Entwurf neu zeichnen zu müssen.

Hinweis: Die Maße werden am Monitor automatisch angezeigt.

1. Legen Sie den Maßstab fest (in diesem Fall 19 mm = 30 cm), und Sie können mit dem Entwerfen beginnen.
2. Setzen Sie den Halbierungspunkt einer Flügelhäfte fest und markieren Sie diese Position.
3. Aktivieren Sie die Radiusfunktion, mit der Sie den Bogen bilden können. Verbinden Sie die drei bekannten Punkte 1–2–3 und verändern Sie den Bogen so lange, bis er die gewünschte Höhe von 51 mm hat und auf der Grundlinie genau zwischen Längsstab und Halbierungspunkt eingepaßt ist. Mit der Kopierfunktion setzen Sie nun den exakt gleichen Bogen zwischen dem Halbierungspunkt und der Flügelspitze ein.

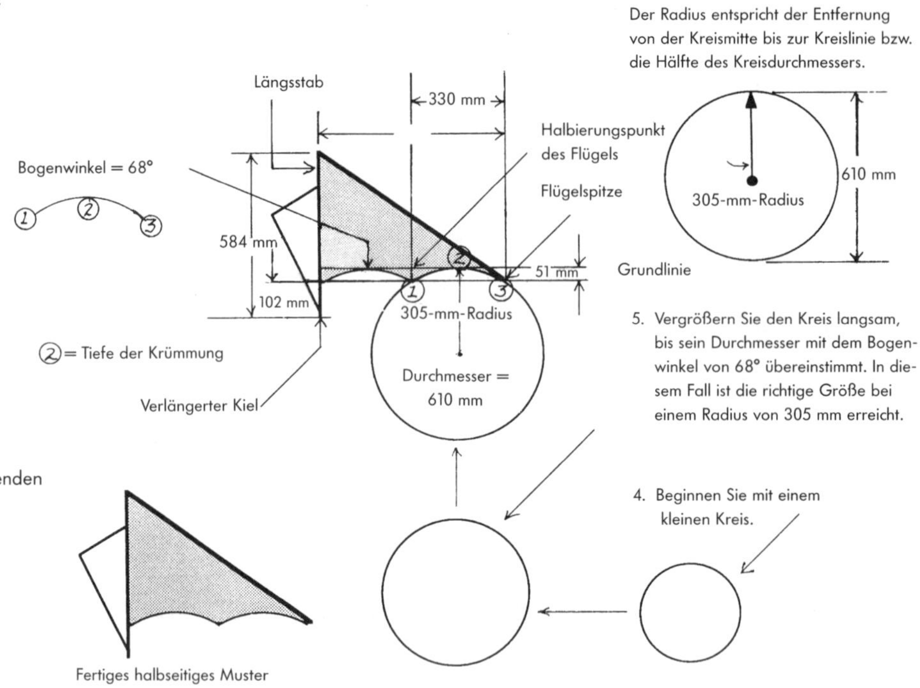

Abb. 128 Vorgehensweise beim Entwurf eines passenden Bogens mit unbekanntem Radius

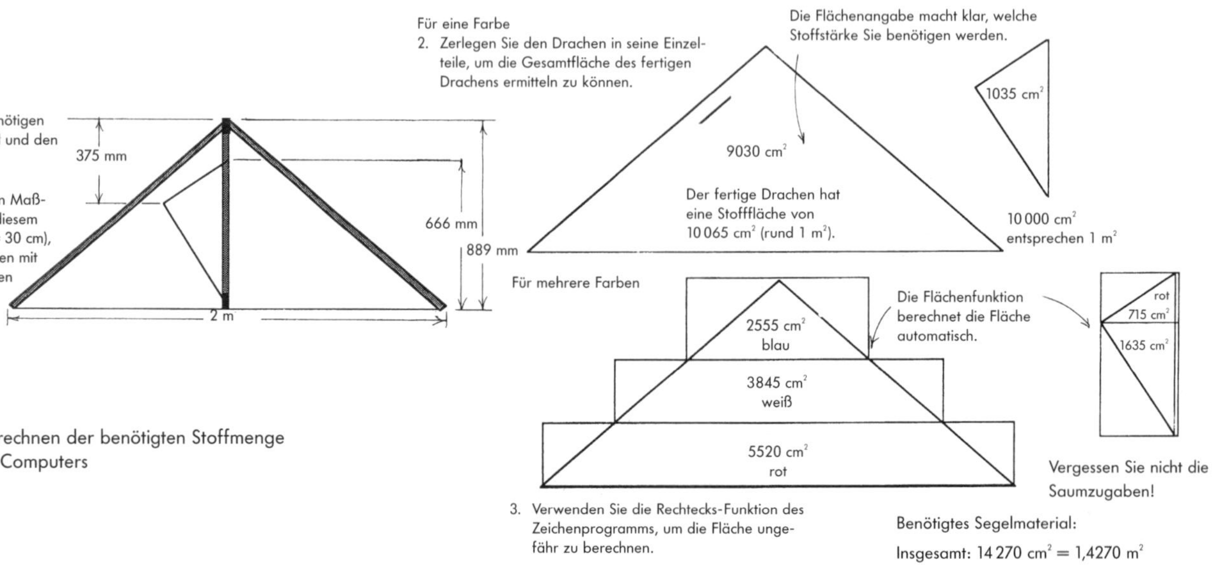

Abb. 129 Errechnen der benötigten Stoffmenge mit Hilfe des Computers

Deltadrachen mit vergrößertem Kiel:
nach einem Entwurf von Dan Leigh
1. Maßstab auf dem Monitor (in diesem Fall 19 mm = 30 cm)
2. Entwurf des halbseitigen Musters
3. Angleichung des Zeichenmaßstabes an die wirkliche Größe des Drachens
4. Ausdrucken des Entwurfs
5. Zusammenfügen der ausgedruckten Seiten für eine Drachenvorlage in tatsächlicher Größe
6. Hinzufügen der Saumzugaben

siehe »Schablonen«

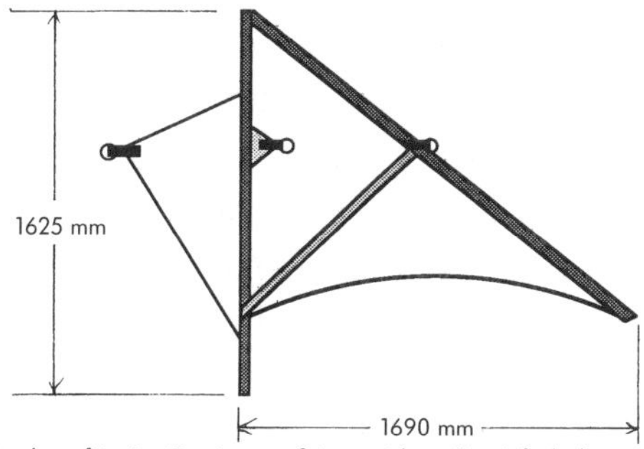

Abb. 130 Erstellen einer Drachenvorlage in tatsächlicher Größe am Computer

Wenn die Datenmenge des Drachens für eine Datei zu groß ist, speichern Sie einfach die verschiedenen Teile in mehreren Dateien ab und drucken Sie sie dann einzeln aus. So könnten z. B. die Segelhälfte und der Kiel in unterschiedlichen Dateien entworfen werden. Beachten Sie auch die Druckoptionen ihres CAD-Programms.

Fügen Sie die einzelnen Ausdrucke mit Klebeband zusammen.

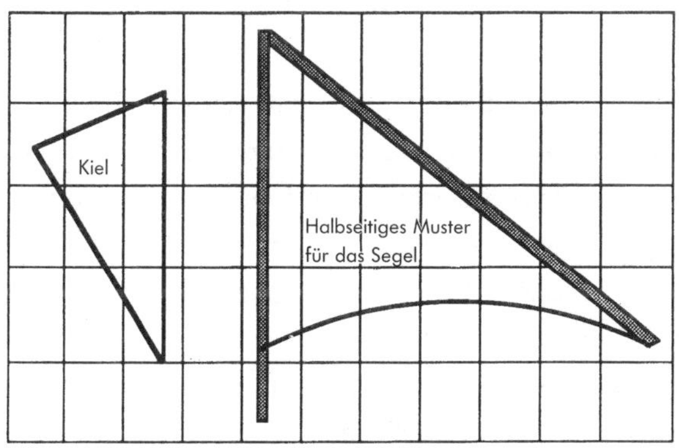

Vorgehensweise

Trainieren Sie an Ihrem CAD-Programm zuerst mit einem bereits bestehenden Drachenentwurf. Wenn Sie mit dem Programm vertraut sind, können Sie eigene Entwürfe machen, deren Vielfalt keine Grenzen gesetzt sind.

1. Wie wird der Drachen aussehen, wenn man mehrere Farben miteinander kombiniert? Sie könnten jetzt Papier und Farbstifte zur Hand nehmen und mühsam verschiedene Farbkombinationen ausprobieren, oder Sie arbeiten mit der Farbpalette des CAD-Programms – mit wenigen Mausklicks können Sie die Farben aller Flächen verändern, bis Sie schließlich die Kombination herausgefunden haben, die Ihnen am besten gefällt.

Entwurf

2. Maßstabsgerechtes Zeichnen per Hand ist ziemlich schwierig, da die Abmessungen und Radien der Entwürfe so exakt wie möglich sein sollten. Dies kann ein CAD-Programm stark vereinfachen, da Sie hier nur den gewünschten Maßstab eingeben müssen und der Computer alle von Ihnen gemachten Angaben sofort umrechnet und in der richtigen Größe zeichnet. Selbst Anfänger können bald hochqualitative Entwürfe mit komplizierten Linienführungen und geometrischen Formen erstellen.

Abb. 126 zeigt einen Monitor mit der Datei namens »My Kite« (»Mein Drachen«), erstellt mit dem Macintosh-Programm MacDraft. In der Funktionsleiste links sind alle Funktionen übersichtlich angeordnet. Sie werden mit der Maus durch Anklicken aktiviert. Mit der Maus werden auch die Objekte auf dem Bildschirm bewegt. Wenn man eine Funktion aus der linken Funktionsleiste aktiviert oder eine Option aus dem oberen Optionsmenü auswählt, kann man leicht Maßstäbe verändern, gerade Linien ziehen, Krümmungen entwerfen und geometrische Formen aller Art erstellen. Der in Abb. 127 gezeigte Drachen ist ein gutes Beispiel für ein dreidimensionales, mit Hilfe eines Computerprogramms entworfenes Objekt.

Hier sind einige Beispiele für die Funktionsweise des MacDraft-Programms: Durch Aktivierung des Ovals werden ovale Formen gezeichnet. Mit der D-Funktion kann man Kreise zeichnen, und mit der R-Funktion lassen sich verschiedene Radien entwerfen, wie es bei dem Entwurfsbeispiel in Abb. 128 zu sehen ist. Wenn man im Optionsmenü »View« auswählt, lassen sich einzelne Ausschnitte vergrößern, oder man kann den Gesamtentwurf verkleinert darstellen. Mit »Arrange« können die Objekte schrittweise verdreht werden. Mit »Fill« lassen sich die Flächen mit unterschiedlichen Farben füllen. Mit einem gitterartigen Hintergrund kann man den Faserverlauf von Spinnakernylon nachahmen, was besonders hilfreich ist, wenn man für die Schablonen die Faserrichtung bestimmen will. Aktiviert man die zweite Funktion von unten, wird die Zeichnung sofort dupliziert.

3. Wenn die Abmessungen und die Farbkombinationen feststehen, kann MacDraft automatisch berechnen, wieviel Stoff von jeder Farbe benötigt wird.
4. Wenn Sie beim Zuschneiden des Stoffes die Faserrichtung berücksichtigen, ist es von Vorteil zu wissen, wie Sie Ihren Stoff maximal ausnutzen. Durch die virtuelle Anordnung von Schablonen auf dem Monitor können Sie ganz einfach herausfinden, wie Sie Ihren Stoff am sparsamsten zuschneiden (siehe Abb. 129 sowie Abb. 104 auf S. 85).

Vorlagen

5. Wie immer Sie auch vorgehen, die Herstellung von Vorlagen in Originalgröße ist zeitaufwendig. Doch wenn Ihr Drachengrundriß im Computer gespeichert ist, können Sie dank der Maßstabsfunktion die wirkliche Größe ermitteln und ausdrucken lassen (siehe Abb. 130). Wenn Sie nun die größentreue Vorlage haben, können Sie daraus eine stabile Schablone herstellen, indem Sie die Vorlage auf eine dünne Holzfaserplatte kleben und diese entsprechend zuschneiden.

In den letzten Jahren hat die Entwicklung der Kommunikationstechnologie, insbesondere das Internet, unsere Welt in eine virtuelles Dorf verwandelt. Das Internet ist ein Netz aus zahllosen Rechnern, die über Datenleitungen miteinander verbunden sind. Die Zahl der Computer mit Internetzugang beläuft sich auf fast 200 Millionen, und sie wird täglich größer.

Der Internetanschluß ermöglicht seinen Nutzern den Austausch von E-Mails, die Teilnahme an öffentlichen Diskussionen, das Herunterladen von Dateien aus aller Welt oder das einfache Surfen im Netz – also von einer Seite auf eine andere Seite zu springen, um neue Informationen zu erhalten oder sich einfach unterhalten zu lassen. Das Internet bietet aber auch Möglichkeiten zur Kommunikation, d. h. Menschen, die dieselben Interessen und Hobbys teilen, können sich dort finden und innerhalb von Sekunden miteinander in Verbindung treten. So hat man Gelegenheit, seine Gedanken mit Gleichgesinnten in aller Welt auszutauschen – Drachenfreunde sind hier keine Ausnahme!

Der Besuch einer Homepage

Einfach gesagt, sind Homepages die Heimatseiten von Einzelpersonen oder von Firmen im Internet. Die meisten Homepages haben eine Begrüßungsseite, die eine kurze Beschreibung aller zur Homepage gehörenden Seiten sowie Verbindungen zu ähnlichen Homepages, sogenannten Links, anbietet.

Mit der technischen Entwicklung des Internets haben sich auch die Homepages weiterentwickelt, und sie vereinen heute meist Texte und Bilder oder sogar Video- und Musiksequenzen bzw. gesprochene Texte.

Kommerziell betriebene Internetseiten von Firmen enthalten Informationen über ihre Produkte sowie über die Firma selbst und dienen als Werbeplattform. Private Internetseiten beinhalten meist persönliche Informationen über den Betreiber, über dessen Familie und meist auch über dessen spezielle Interessen und Hobbys – sowie Links zu dessen Lieblingsseiten auf anderen Homepages.

Wenn Sie einen Internetzugang haben, können Sie sofort mit Drachenfreunden oder Drachenclubs in aller Welt Kontakt aufnehmen. Da auch im Internet Englisch die Weltsprache ist und daher viele Seiten – auch deutsche – in englischer Sprache verfaßt sind, finden Sie zur Erleichterung im Anhang dieses Buches eine Wörterliste, in der Sie die wichtigsten für den Drachenbau relevanten Bezeichnungen nachschlagen können.

Wenn Sie im Internet surfen und durch die zahllosen Links die Welt der Drachen bereisen, treffen Sie auf Drachenclubs, Drachenentwürfe, Patente, Fotos, Bauanleitungen, Drachenliteratur, Drachenfestivals, spezielle Interessen (z. B. Drachen-Kunstflug, Luftbildaufnahmen, drachengezogene Wagen usw.),

Drachenwettbewerbe, Drachenläden und natürlich auf die vielen Seiten enthusiastischer Drachenfreunde, die meist sehr informativ und unterhaltend sind.

Dank des Internets können Sie also ohne großen Aufwand und ohne Ihre Wohnung zu verlassen Kontakt mit Drachenfreunden in den USA, in Frankreich, Italien, Australien, China oder allen anderen Ländern der Welt aufnehmen.

So kommen Sie ins Internet

Zunächst steht wohl jeder Nutzer des Internets vor einem Berg ungeklärter Fragen und unklarer Begriffe. Abhilfe leisten hier verschiedene Publikationen, die im Buchhandel erhältlich sind. Die größeren Internetanbieter wie T-Online oder AOL liefern zudem mit dem Zugangsprogramm Informationsmaterialien.

Drachenseiten

Jede Seite im Internet hat eine eigene, weltweit nur einmal vorkommende Adresse oder URL (Uniform Resource Locator = einheitlicher Quellenlokalisierer). Um den Anfang und das Ende einer solchen Adresse anzuzeigen, werden diese in eckige Klammern gesetzt (<Adresse>). Diese Klammern gehören jedoch nicht zur Adresse!

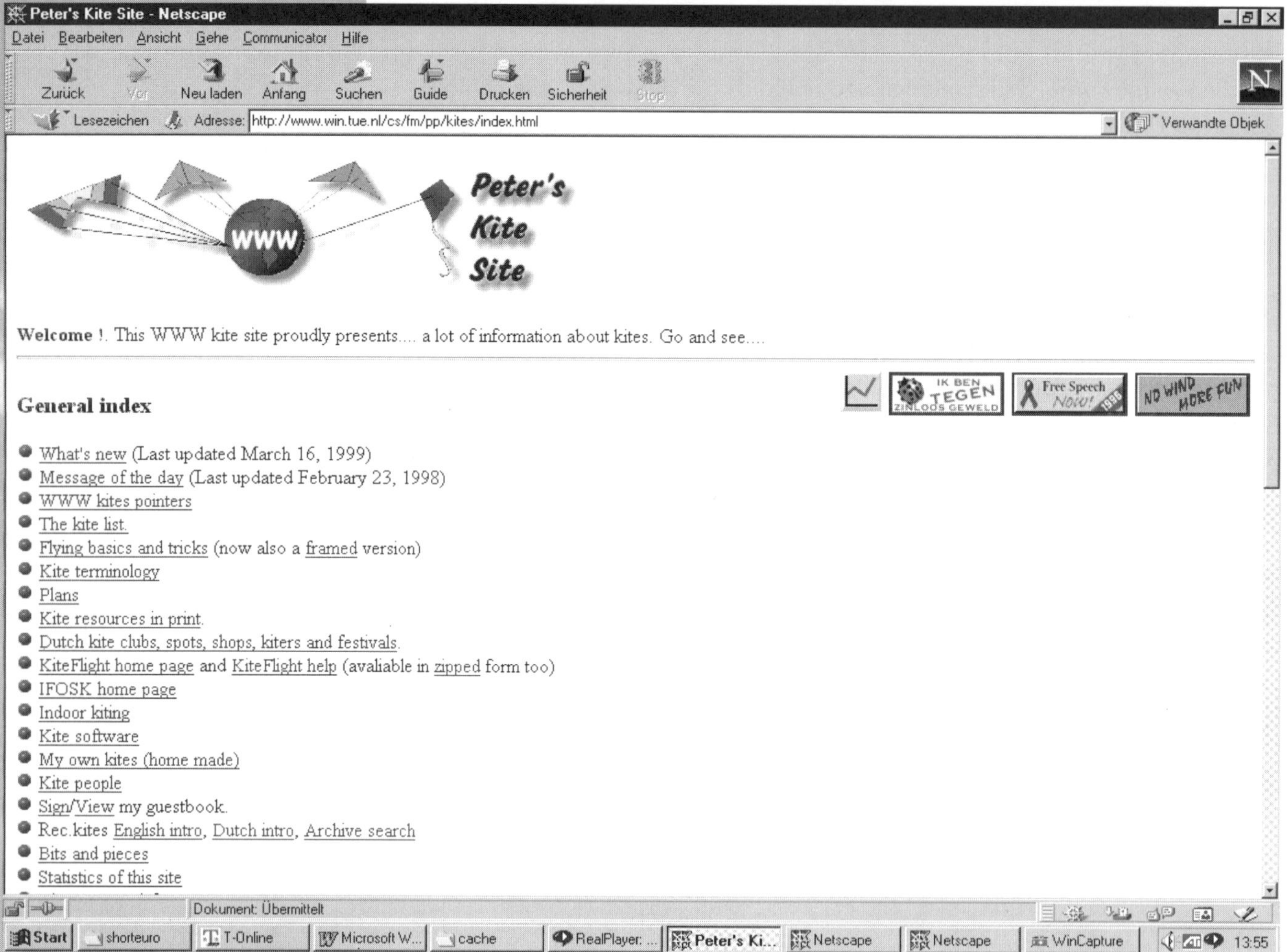

Peter's Kite Site: Ein Beispiel für die Homepage eines niederländischen Drachenfreundes

Gibt man bei einer Suchmaschine, z. B. bei Yahoo oder Lycos, den Suchbegriff »kite« (englisch für Drachen) ein, so erhält man die Adressen von mehreren hundert Seiten, in denen dieser Begriff vorkommt und deren Inhalt sich vermutlich um Drachen dreht. Wenn man den deutschen Begriff »Drachen« eingibt, erhält man ebenfalls mehrere hundert Seiten, doch sind hier zahlreiche Seiten dabei, die von feuerspeienden Fabelwesen handeln und überhaupt nicht auf die von uns gewünschten Drachen eingehen! Deshalb sollten Sie bei der Suche nach deutschen Seiten immer noch einen zweiten Begriff, z. B. »Flug« oder »Wind«, eingeben.

Für deutschsprachige Drachenfreunde eignet sich als Eintritt in die virtuelle Drachenwelt besonders die Master of Disaster Startseite:
<www.wolfsburg.de/ ~mhildebr/ startmod.htm>

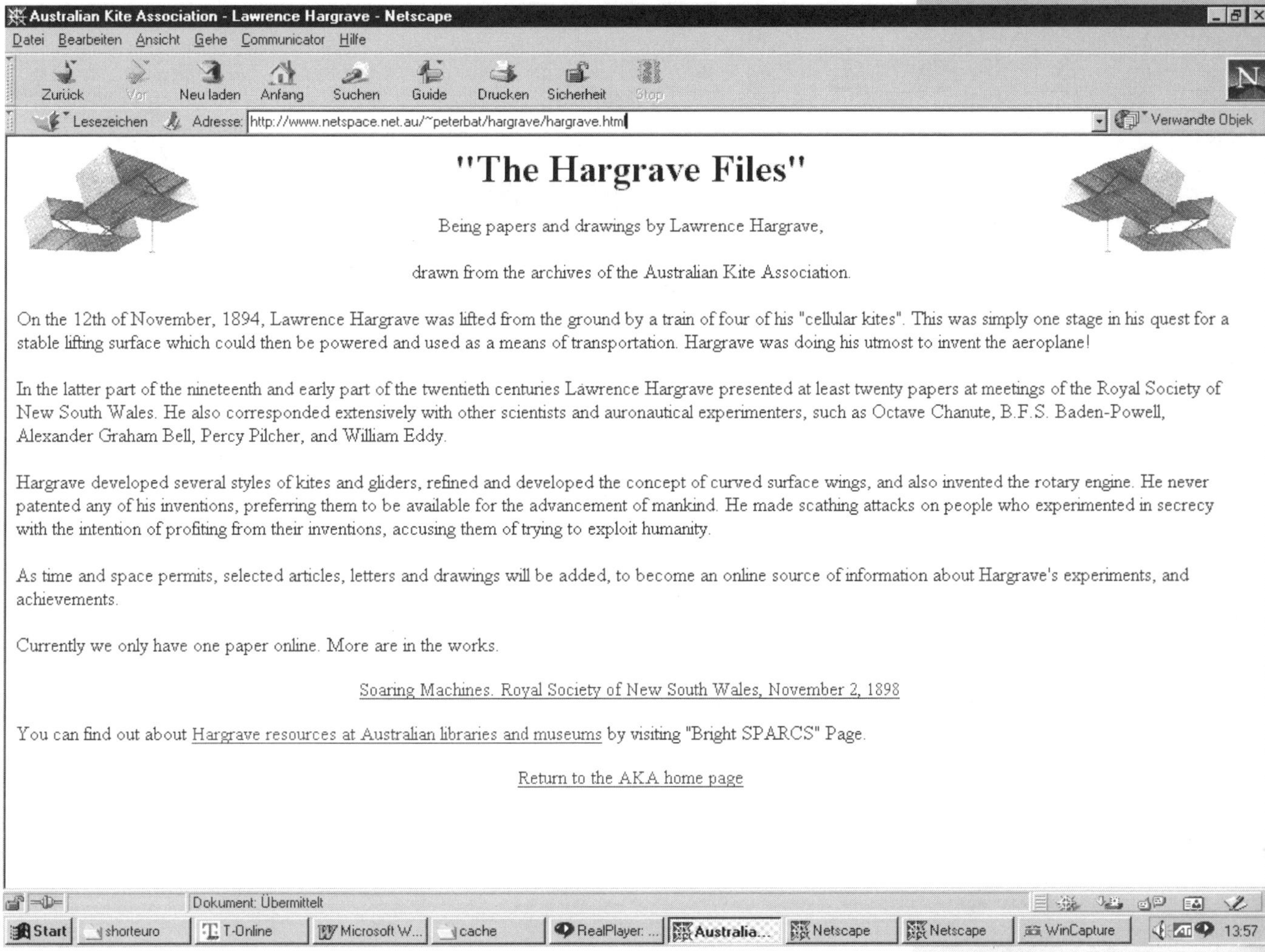

Eine Seite der Australian Kite Association, die den berühmten Drachen des australischen Drachenbauers Lawrence Hargrave vorstellt (siehe die Seiten 134–136)

Von dieser Seite aus gelangt man zu Seiten mit verschiedenen Drachenthemen, außerdem beinhaltet sie Links zu Drachenseiten aus aller Welt.

Eine internationale Seite, die eine rasche Kontaktaufnahme zu Drachenfreunden in aller Welt ermöglicht, ist die in Dänemark beheimatete, jedoch in englischer Sprache verfaßte Seite »Kite Ring connects People«:
<www.dragenet.dk/ kitering/welcome.html>

Eine weitere empfehlenswerte Seite mit aktuellen Hinweisen auf Drachenfeste, mit Reportagen, Workshops, Literaturhinweisen und Tests von Drachen finden Sie auf der Seite
<www.kiter-online.de/sportdesign/>

Die Seite des American Kiteflyers Association im Internet

Interessante Internetadressen und eigene Notizen:

20

Lenkdrachen

Kampfdrachen aus dem Osten und Kunstflugdrachen aus dem Westen

Es gibt zwei Arten von Lenkdrachen: Kampfdrachen mit einer Flugleine, die ihren Ursprung im Fernen Osten haben, und lenkbare Kunstflugdrachen mit zwei Flugleinen aus dem Westen. Eine raffinierte Abwendung vom Deltaflügelkonzept und der klassischen Drachenbaukunst ist im Gegensatz dazu der Revolution-Kunstflugdrachen – ein Kunstflugdrachen mit großer Leistungsfähigkeit, der von Joe Hadzicki entwickelt wurde. Das Funktionsprinzip dieses Drachens beruht auf einem System von vier Flugleinen, die eine erstaunlich genaue Steuerung des Drachens ermöglichen (siehe Abb. 412, Seite 420 mit einem Beispiel für einen Vierleiner). Obwohl sich die verschiedenen Drachentypen auch durch die Anzahl der Leinen voneinander unterscheiden, liegen Welten zwischen der Art und Weise der Konstruktion und den Flugeigenschaften.

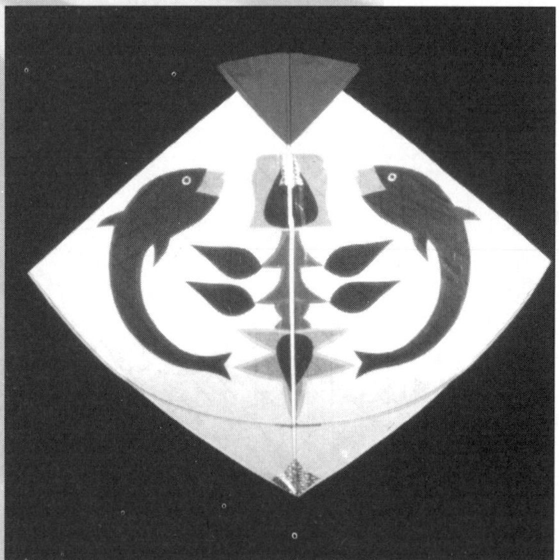

Abb. 131 Ein indischer Kampfdrachen

Das Flugverhalten dieser beiden Lenkdrachentypen läßt ihre unterschiedlichen Charaktere deutlich werden. Die Ausstrahlung eines Kampfdrachens aus leichtem Papier und Bambusrohr liegt in seiner unglaublichen Reaktionsschnelligkeit schon bei der leisesten Windbewegung. Im Gegensatz dazu geben Winde mit einer Geschwindigkeit von 25–30 km/h der explosiven Kraft eines High-Tech-Kunstflugdrachens aus speziellen Werkstoffen den notwendigen Raum zur Entfaltung (siehe Abb. 131 und 132).

So unterschiedlich diese beiden Drachen auch sein mögen, die Drachenphilosophien des Ostens und des Westens treffen sich an einem Punkt: Lenkdrachen gehören zu einer Gruppe von Drachen, die immer an der Grenze der jeweiligen Leistungsfähigkeit geflogen werden und gleichzeitig außergewöhnliche Entspannung bieten. Auf den ersten Blick ist dies ein Widerspruch in sich. Doch es ist so, daß die Steuerung und Kontrolle eines Lenkdrachens hohe Anforderungen an das Zusammenspiel von Körper und Geist sowie an Konzentration und Selbstdisziplin stellen, was wiederum zu einer Ausgeglichenheit aller menschlichen Sinne führt, da sie beim Steuern des Lenkdrachens alle auf ein gemeinsames Ziel gerichtet sind. Schon erste Erfahrungen mit einem solchen Drachen bestätigen sehr schnell diese Theorie, auch wenn sie im ersten Moment paradox erscheinen mag. Während man immer sicherer darin wird, den Drachen über dem Kopf durch die Lüfte zu lenken, lösen sich die Gedanken und die rhythmischen abgestimmten Bewegungsabläufe schaffen eine enge Verbindung zwischen dem Drachen und seinem Lenker, die mitunter wie eine Art Hypnose erscheint. Bald wird der Drachen zu einem Teil von Ihnen, und alles andere erscheint unwichtig. Ihre Gedanken werden frei, und die Zeit scheint stillzustehen, wenn Sie für Momente nur mit sich und dem Drachen am anderen Ende der Schnur alleine sind.

Kampfdrachen

Kampfdrachen haben sich im Lauf der Jahrhunderte vom Alten China aus in alle Welt verbreitet. Schon um 1200 ließen die Menschen in Indien, Korea und Siam die kleinen und flinken Kampfdrachen zu einem Bestandteil ihrer Kunst, ihres Sports und ihrer Religion werden. Buddhistische Mönche im Fernen Osten fanden über die Kampfdrachen zu einer besonderen Art der Erleuchtung und trugen sie daher auf ihren Pilgerzügen mit sich. Dies überrascht nicht, wenn man bedenkt, daß zum Buddhismus auch die Meditation gehört. Im Laufe der Zeit entstanden in den Ländern des Fernen Ostens eine Fülle an Kampfdrachen. Ihre Konstruktionen und die unterschiedlichen Flugtechniken wurden Teil der kulturellen Identität. Einige dieser Techniken blieben ein Familiengeheimnis, das über viele Generationen nur von Mund zu Mund weitergegeben wurde. Das Kampfdrachenfliegen war für jedermann erschwinglich und diente den Menschen auch zur Entspannung. Das Steigen der Kampfdrachen war zwar von Land zu Land unterschiedlich ausgeprägt, hatte aber im ganzen Fernen Osten den gleichen Charakter, den eines Kampfsports.

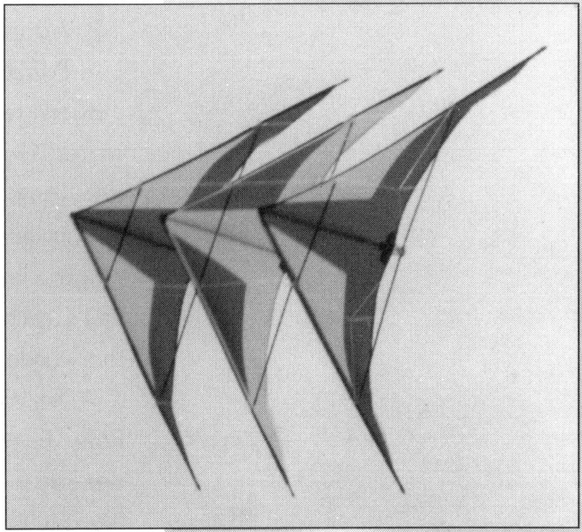

Abb. 132 Gespann aus Kunstflugdrachen

Die Europäer wußten wenig über den Fernen Osten, bis ein Reisender und Forscher aus Venedig, Marco Polo, im 13. Jahrhundert begann, diese Region zu erkunden. Als Marco Polo durch China, Indien und Südostasien reiste, notierte er in seinem Tagebuch auch einiges über den Gebrauch von Drachen.

Der Drachenbauer Tal Streeter gibt in seinem Buch über die japanische Drachenkunst[1] einen Überblick über die unterschiedlichen Typen der Kampfdrachen: »Gewöhnlich waren diese kleinen und sehr wendigen Drachen an Schnüren befestigt und dabei mit Glassplittern (wenn sie verfügbar waren), spitzen Sandkörnern oder Keramikstücken und manchmal mit sensenähnlichen Messerklingen überzogen. Ein Kampfdrachen sollte den gegnerischen Drachen durch ein geschicktes Flugmanöver vom Himmel holen. Indem er die Flugbahn und damit die Drachenschnur seines Gegners in unterschiedlichen Richtungen kreuzte, konnte

[1] *»The Art of the Japanese Kite«. New York und Tokio: Weatherhill, 1974*

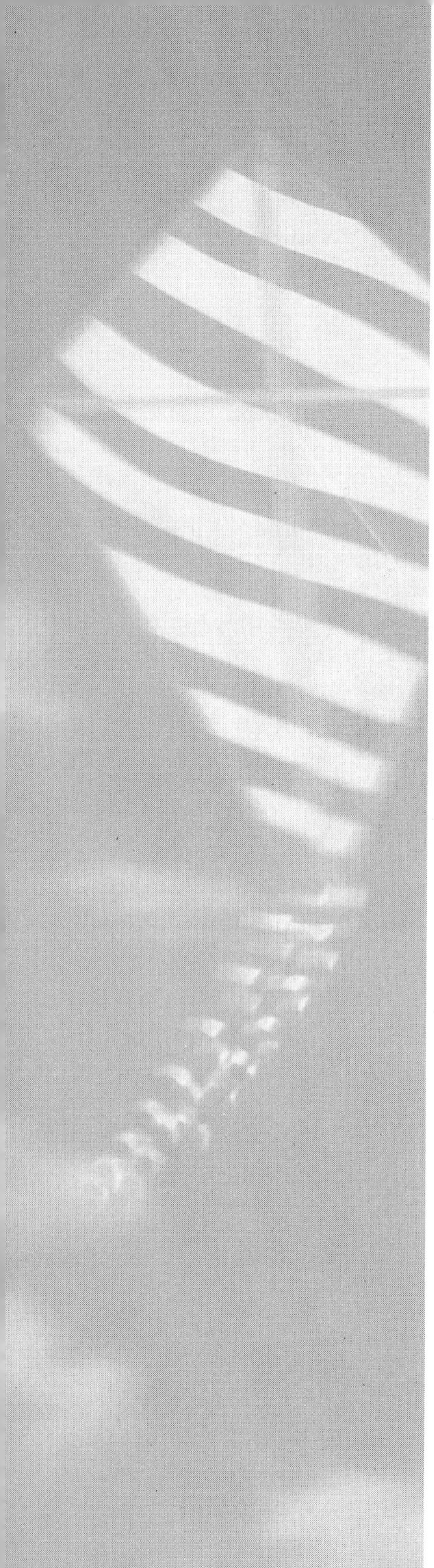

dessen Drachenschnur durchtrennt werden. Wenn das geschafft war, flog der Drachen des Verlierers davon, während der Sieger seine Unbesiegbarkeit verkündete und alle Umstehenden aufs neue zum Kampf herausforderte.«

Der leichte Kampfdrachen aus Indien, der für viele der Inbegriff des »Kämpfers« ist, steht im direkten Zusammenhang mit der indischen Kultur. Man kann viel über Götter und Göttinnen, die sich dem Kampf der Drachen hingeben, in den alten religiösen Aufzeichnungen der Veden und in dem klassischen Sanskrit-Epos Indiens, dem »Ramayana«, finden und nachlesen.

Während der muslimischen Herrschaft im 14. Jahrhundert wurden Königinnen und Prinzessinnen in völliger Abgeschiedenheit von der Außenwelt hinter Palastmauern festgehalten. Sie führten ein Leben wie ein Vogel im goldenen Käfig und waren Gefangene in einem Paradies. Eine ihrer Lieblingsbeschäftigungen war der Kampf der Drachen. Drachen wurden auch als Vermittler in schwierigen Situationen eingesetzt. So gab es in indischen Dramen eine Szene, in der ein junger Liebhaber seinen Drachen, der natürlich einen Liebesbrief beförderte, mit viel Geschick in die Hände eines Mädchens, das in einem Turm gefangengehalten wurde, gelangen ließ.

Die Volkssagen spielten auch bei den Drachenfestspielen in Indien eine große Rolle. Es gibt eine Legende über den indischen Herrscher Gupta, einen Mann, der sagenhaft reich, aber geistig verarmt war. Er strebte nach immer mehr und war nie mit etwas zufrieden. Als ein weiser Arzt davon erfuhr, erschien er mit einem Drachen unter dem Arm im Palast und forderte den König zu einem Drachenwettkampf auf. Obwohl der König den Wettstreit verlor, ging er dennoch als eigentlicher Sieger hervor, denn er fand darin das, wonach er gesucht hatte: Vitalität und Lebensfreude. Nach einem langen und glücklichen Leben hinterließ der König seinem Volk folgende Botschaft, die er an das Tor seines Palastes schreiben ließ:

»Mein Drachen ist wie der Morgenstern
ein frühes Licht in der Sonne,
mein Drachen ist eine Schönheit,
die auf dem Rücken des Windes reitet.«

Diese Legende von König Gupta und das Gedicht wurden von Dinesh Bahadur[2], dem besten Drachenflieger Indiens, veröffentlicht.

Das größte Drachenfestival in Indien ist das »Utran«, das zu Beginn der Wintersonnwende stattfindet. Das Fest wird in jedem Jahr am 14. Januar in Ahmedabad begangen. An diesem Tag drehen die Winde vom Land hin zum

2 »Come Fly a Kite«. New York, Harvey House, 1978

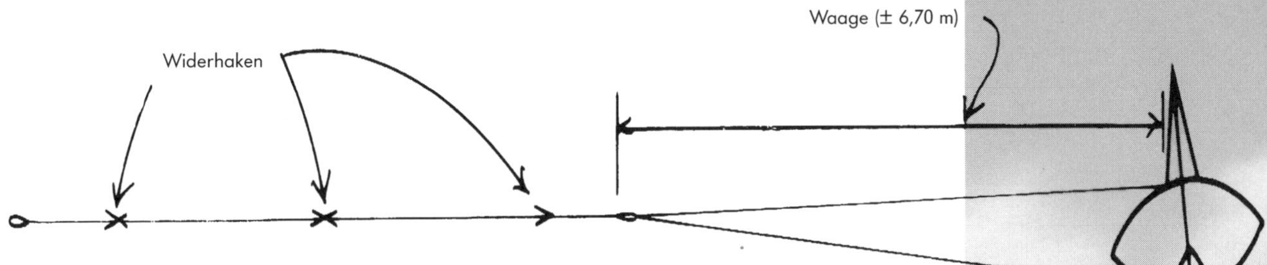

Abb. 133 Der »Chula-Drachen« mit Widerhaken und Waage

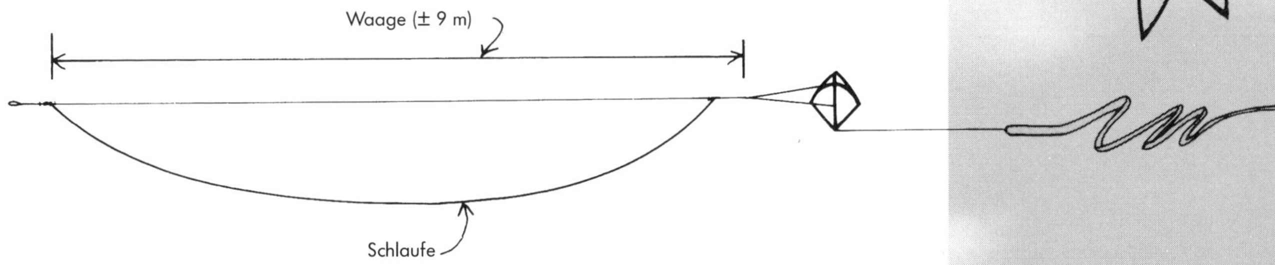

Abb. 134 Der »Pakpao-Drachen« mit Schlaufe, Waage und Schwanz

Arabischen Meer. Für Millionen von Menschen ist dieses Fest der Höhepunkt des Jahres. Von Sonnenaufgang an wird die Sonne von Heerscharen von Drachen fast völlig verdunkelt, denn von überfüllten Hausdächern aus werden regelrechte Drachenschlachten am Himmel inszeniert. Bei der riesigen Zahl von Teilnehmern ist es in der Regel unmöglich, seine Gegner zu erkennen.

Im Laufe eines Jahres werden von indischen Drachenfliegern Millionen von Drachen getestet. Diese Drachen werden von Handwerksfamilien hergestellt, die schon seit Jahrhunderten Drachen bauen. Bevor sie in den Handel gelangen, werden die Drachen in luftdichten Behältern aufbewahrt, wo sie sich wieder und wieder zusammenziehen und ausdehnen, bis sie nach einem jahrelangen Prozeß den notwendigen »Reifegrad« erreicht haben. Die Drachenleidenschaft der Inder spiegelt sich auch in ihrer Sprache, dem Hindi, in dem es mehr als 100 Wörter für »Drachen« gibt.

Drachenfliegen gehörte in Thailand (dem früheren Siam) schon immer zum Alltag. Die Drachenkämpfe im Alten Siam waren Bestandteil der Tradition des Landes, und die Wettkämpfe wurden von ganzen Mannschaften bestritten. Diese Kämpfe gibt es noch heute. In der Regel finden sie im März auf einem Gelände in der Nähe des Großen Palastes in Bangkok statt.

Es gibt das männliche Wesen »Chula« (siehe Abb. 133) und das weibliche Gegenstück »Pakpao« (siehe Abb. 134). Beide bestehen aus einem Material, das

auch von der Tradition mitbestimmt wird. So muß zum Beispiel das Bambusrohr aus dem thailändischen Dschungel kommen. Die Schnur wird aus einer Faser hergestellt, die aus der Rinde des »Ban«-Baumes gewonnen wird. Die Konstruktion ist sehr arbeitsaufwendig und muß dem Geist der Zeit entsprechen. Der Bau eines solchen Drachens dauert lange und wird mit großer Sorgfalt ausgeführt.

Ron Spaulding, der Gründer der »Thai Kite Heritage Group« in Bangkok, gibt uns einen faszinierenden Einblick in diese Kultur. Er vertritt die These, daß der »Chula-Drachen« in der Vorstellung der Thailänder eine präzise Kampfmaschine ist. Viele Monate werden darauf verwendet, die Drachen in all ihren Details für den jährlichen Wettkampf, der etwa 30 Tage dauert, vorzubereiten. Eine große Erfahrung von 20 bis 30 Jahren im Drachenbau ist nötig, um die Kunst der Herstellung eines wendigen »Chula-Drachens« zu beherrschen. Es gibt vielleicht weniger als zehn Meister unter den 60 Millionen Thailändern, die in der Lage sind, einen »Chula-Drachen« zu bauen.

Der »Chula-Drachen« ist ein mächtiger, über 2 m großer Drachen in der Gestalt eines fünfzackigen Sterns mit vielen Widerhaken an der Flugleine. Sie dienen dazu, den weiblichen Drachen einzufangen. Eine Mannschaft von mindestens 20 Teilnehmern ist erforderlich, um den »Chula-Drachen« zu starten, ihn durch die Luft zu steuern und sicher wieder zu landen.

Der »Pakpao-Drachen« ist ein kleiner, etwa 1 m großer Drachen. Er ist sehr wendig und wirkt wegen seiner Rautenform sehr attraktiv. Er kann sein Opfer mit einem oder zwei »weiblichen Tricks« in die Falle locken. Sein langer Schwanz kann den männlichen Drachen einwickeln oder ihn mit der großen Schlaufe an seiner Drachenschnur einfangen.

Die Raffinesse dieses Drachenkampfes liegt darin, daß keiner von beiden Wettkampfpartnern versucht, den Drachen des anderen zu zerstören. Das Ziel ist nicht Trennung, sondern Bindung. Der männliche Drachen versucht, den weiblichen Drachen zu entführen. Der weibliche Drachen bemüht sich, ihn einzufangen. Das macht den besonderen Charakter dieses Wettkampfs aus, der von Schiedsrichtern beaufsichtigt wird. Im Verlauf des Wettkampfs können sich die Gemüter der Zuschauer genauso erhitzen wie die der Akteure. Der Wettkampf wird traditionell von Musikern begleitet. Wenn ein »Chula-Drachen« einen »Pakpao-Drachen« entführt, beklagt die Musik traurig ihr Schicksal. Gelingt es ihr, ihn einzufangen, läßt das Orchester dem männlichen Drachen die Schadenfreude spüren. Die Zuschauer könnten dem Schauspiel eigentlich mit geschlossenen Augen folgen.

Obwohl der Buddhismus an den Küsten Japans schon etwa im 6. Jahrhundert Fuß faßte, war der kleine und bewegliche Kampfdrachen dort noch bis zum frühen 17. Jahrhundert unbekannt. Auch aus der Befürchtung heraus, daß das Christentum die Traditionen des Landes und die politische Macht des Shogun untergraben könnte, blieb Japan für lange Zeit ein Land, das sich von der Außenwelt stark isolierte. In der Hafenstadt Nagasaki tauchte der gewaltige Kampfdrachen mit dem Namen »Hata« wahrscheinlich erstmals in der Öffentlichkeit auf. Das Wort »Hata« bedeutet »Fahne« und beschreibt die Route, die der Drachen auf seinem Weg nach Nagasaki nahm. Nahezu identisch mit der Struktur des indischen Kamfdrachens, hat der »Hata« die gleichen roten, weißen und tiefblauen Farben wie die niederländische Fahne. Da sich eine Tradition von »Hata-Kampfdrachen« bisher nur in Nagasaki ausmachen ließ, geht man davon aus, daß Ursprung und Inspiration für den »Hata« in Indien liegen und die Drachen von niederländischen Händlern nach Nagasaki gebracht wurden.

In seinem Werk »The Art of the Japanese Kite« zitiert Streeter den Autor des Buches »High Fliers: Colorful Kites from Japan«, Tadao Saito, wie folgt: »Das Gesetz für den Kampf der ›Hata-Drachen‹ legt fest, daß der Verlierer keinen Groll hegen darf. Seine schlechten Gefühle dürfen nicht bis zum nächsten Tag dauern, sondern der Wettstreit sollte statt dessen unter den Kämpfern eine Beziehung entstehen lassen, die sich zu einer Freundschaft entwickelt. Diese Verbindung zwischen dem heftig geführten Kampf und dem Gefühl von Ruhe und Gelassenheit ist typisch für den südlichen Teil Japans.«

In den frühen 60er Jahren stellte Surendra Bahadur indische Kampfdrachen in New York City vor. Der freundliche und charismatische Bahadur hatte die Angewohnheit, seine Drachen jeden Sonntag im Central Park fliegen zu lassen, wo er unzählige Menschen anzog, die begierig darauf waren, diese neue Art des Drachenfliegens auszuprobieren. Später eröffnete er ein Geschäft mit dem Namen »Go Fly A Kite« in der Upper East Side von Manhattan. Sein Neffe und Meister des Drachenflugs, Dinesh Bahadur (der Autor des Buches »Come Fly a Kite«) machte diesen Sport publikumswirksam in den Vereinigten Staaten bekannt.

Kunstflugdrachen

Ursprung der Kunstflugdrachen mit zwei Flugleinen war der militärische Bereich. 1942 entwarf ein Offizier namens Paul Edward Garber für die U. S. Navy einen Drachen, der als bewegliches Ziel bei Schießübungen eingesetzt wurde.

Ich sah Kunstflugdrachen zum erstenmal 1980, als ich in Venice, einer Strandregion Kaliforniens im Süden von Santa Monica, lebte. An dem ausgedehnten Strand konnte ich oft kleine, dreieckige Kunstflugdrachen beobachten, die in großer Zahl durch die Luft rasten. Zu dieser Zeit galten Kunstflugdrachen selbst unter Drachenfreunden noch als etwas Seltsames.

Eines Tages lief ich durch den Sand und hörte plötzlich ein außergewöhnliches, lautes Geräusch. Ich blickte nach oben und sah eine Winkelformation von etwa 2 m Breite knapp über meinem Kopf herabstürzen. Der ungewöhnliche Drachen sah aus wie ein Hanggleiter, der abwärts zum Wasser gelenkt wird.

Ein bärtiger Mann mit einer Baseballmütze steuerte den Drachen. Er schien gerade guter Laune zu sein, und so ging ich zu ihm, um mehr über diesen Drachen zu erfahren. Der Drachen zog in horizontaler Richtung über den Strand, schwebte ein und landete schließlich mit einer sanften Bewegung. Der Mann erzählte mir, daß er den Drachen entworfen und ihn in San Diego zusammengebaut hatte. Als wir uns unterhielten, kamen mehrere Leute zu ihm, um einen Drachen zu kaufen. Der bärtige Mann war Don Tabor, zu dieser Zeit einer der einflußreichsten Männer in der amerikanischen Drachenfliegerei.

Seit dieser Begegnung am Strand von Venice hatte Tabor weiterhin viel dafür getan, die Kunstflugdrachen in aller Welt bekanntzumachen. Heute haben sich Kunstflugdrachen mit ihren dynamischen Flugmanövern, ihrer äußerst genauen Flugsteuerung und ihrer Geschwindigkeit in der internationalen Drachenszene etabliert. Das Fliegen von Kunstflugdrachen ist zu einer neuen Sportart geworden, die an die Grenzen der physischen Leistungsfähigkeit der Drachensportlers gehen kann und für ihn eine echte Herausforderung im Kampf mit den Kräften der Natur ist.

Die Grundlagen des Drachenkunstflugs[3]

Da Kunstflugdrachen dafür ausgelegt sind, unter hoher Belastung zu fliegen, ist für sie eine spezielle Handhabung und Ausrüstung ebenso erforderlich wie die genaue Beachtung der Sicherheitsbestimmungen. Die Kunstflugdrachen fliegen nach einem einfachen Prinzip: Nach rechts ziehen, um nach rechts zu fliegen, und nach links ziehen, um nach links zu fliegen. Beginnen Sie damit, die Kontrolle über den Drachen zu erlangen. Ein eleganter Flugstil wird sich später ergeben.

Kunstflugdrachen sind leicht (etwa 500 g) und können sogar Fluggeschwindigkeiten von 110 km/h überschreiten. Bei einem »Flexifoil-Drachen« wurde eine Geschwindigkeit von über 160 km/h gemessen! In diesem Geschwindigkeitsbereich kann verantwortungsloses Fliegen zu Verletzungen und Beschädigungen führen; dennoch sind Kunstflugdrachen an sich nicht gefährlich, wenn der Drachenlenker verantwortungsbewußt handelt!

Im Gegensatz zu herkömmlichen Drachen können Kunstflugdrachen mit zwei Flugleinen nicht immer von allein in die Luft steigen und sich dort halten. Sie müssen dann richtig gestartet und stets gesteuert werden, um in der Luft zu bleiben.

[3] Die Grundlagen des Drachenkunstflugs: mit freundlicher Genehmigung entnommen aus dem Buch von Al Hargus III.: »The Easy ›No Secrets‹. Handbook for Dual Line Stunt Kites«.

Abb. 136 Flugmanöver von Kunstflugdrachen

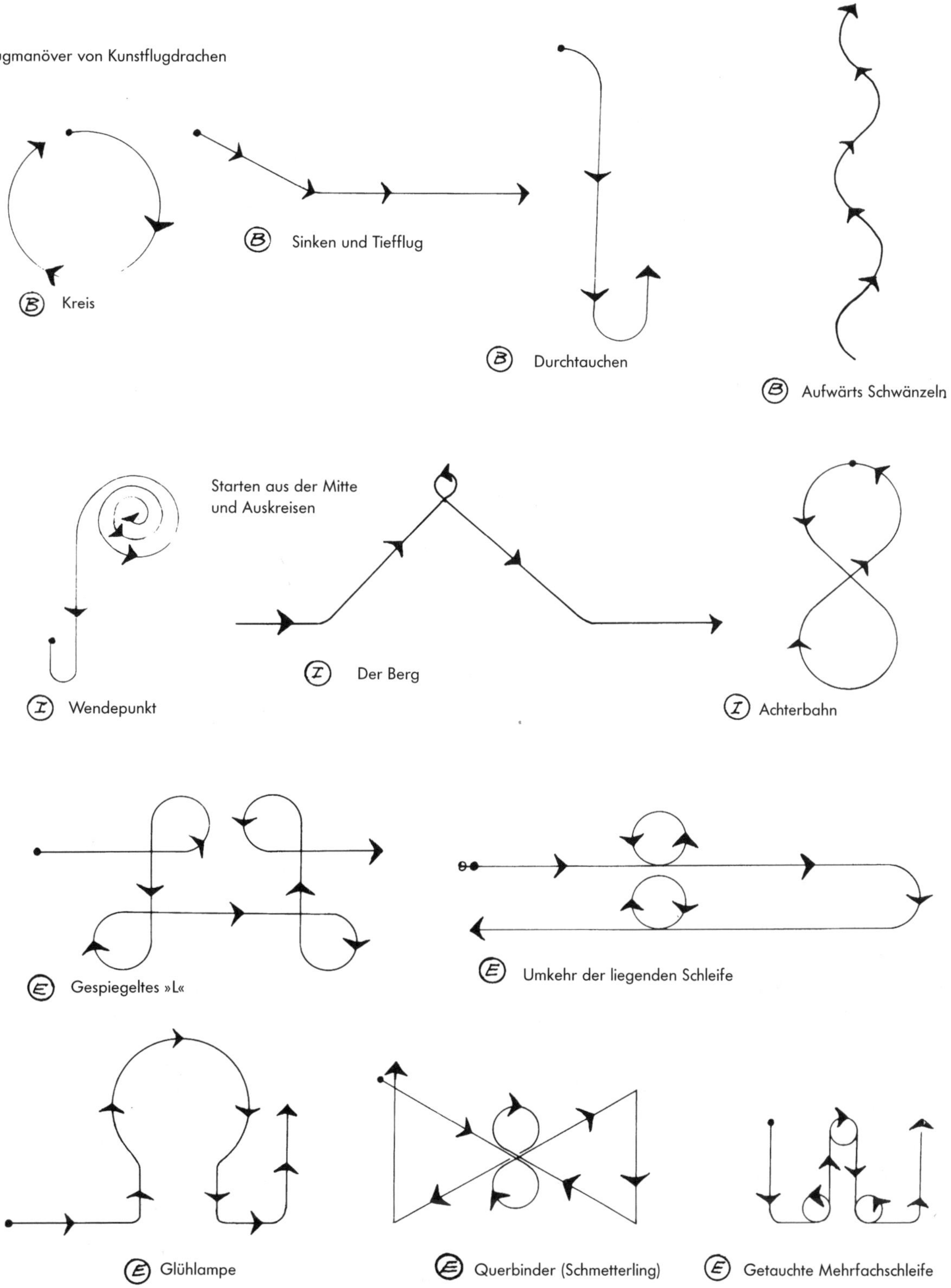

Das sollte man tun:

Seien Sie beim Drachenfliegen immer konzentriert bei der Sache und auf der Hut vor unliebsamen Überraschungen.

- **Halten Sie die Ausrüstung durch regelmäßige Wartung und Pflege in gutem Zustand.**
- **Schätzen Sie die Grenzen Ihrer Leistungsfähigkeit richtig ein. Lassen Sie den Drachen nicht bei Windverhältnissen steigen, bei denen Sie nicht mehr in der Lage sind, ihn zu kontrollieren.**
- **Berücksichtigen Sie auch die Leistungsgrenze Ihres Drachens.**
- **Sollte eine gefährliche Situation entstehen, lassen Sie die Rolle fallen.**
- **Wenn Sie Schlaufen oder Gurte verwenden, sollte gewährleistet sein, daß Sie sich problemlos daraus lösen können.**
- **Seien Sie rücksichtsvoll gegenüber anderen Drachenfliegern. Ihr Verhalten trägt wesentlich dazu bei, daß der Drachensport in der Öffentlichkeit positiv bewertet wird.**
- **Ihr Flugbereich sollte frei von Hindernissen wie Bäumen und Stromleitungen sein. Ebenso sollten sich in Ihrem Flugbereich keine Fußgänger oder Fahrzeuge befinden. Meiden Sie auch überfüllte Plätze.**

Checkliste vor dem Start

- Suchen Sie sich für Ihren Drachen einen Platz aus, wo Sie nach vorn und zur Seite genügend Spielraum haben. Kunstflugdrachen können in einem Winkel von ± 90° zu jeder Windrichtung fliegen.
- Kontrollieren Sie Windgeschwindigkeit und Windrichtung.
- Verbinden Sie die jeweiligen Enden der Flugleinen mit der Waage des Drachens an der linken und an der rechten Seite.
- Spulen Sie die Flugleinen vollständig ab, indem Sie am Wind entlanggehen, bis Sie das Ende der Rolle ereicht haben. Der Winkel des Drachens sollte nicht mehr als 30° zur Windrichtung betragen, damit der Drachen nicht unkontrolliert abhebt.
- Stellen Sie sicher, daß beide Flugleinen die gleiche Länge haben und sich nicht kreuzen.
- Obwohl man einen Kunstflugdrachen auch selbst starten kann, sollten sich Anfänger von einem Helfer unterstützen lassen, der den Drachen startbereit gegen den Wind hält.
- Vergewissern Sie sich, daß der für den Flug benötigte Luftraum frei ist.

Die Flugschule

- Halten Sie Ihre Hände beim Start nebeneinander in Brusthöhe.
- Bei schwachen Winden verstärkt ein schrittweises Zurückgehen die Windgeschwindigkeit. Es erleichtert auch den Start bei starken Winden. Der Drachen kann auf Ihr Kommando hin von Ihrem Helfer gestartet werden.
- Vergessen Sie nicht, daß Sie in jeder Situation die Kontrolle über den Drachen behalten müssen. Sie müssen den Drachen nach oben steuern, wenn der Start erfolgt ist. Dabei ist das Herstellen der Flugstabilität des Drachens in den ersten Sekunden eine kritische Phase.
- Wenn Sie an beiden Flugleinen immer die gleiche Spannung beibehalten, wird sich der Drachen geradeaus bewegen – unabhängig davon, in welche Richtung er dirigiert wurde.
- Ziehen Sie eine Hand zu ihrem Körper. Dadurch wird auf dieser Seite der Flügel des Drachens nach unten gezogen und verliert an Geschwindigkeit. Der andere Flügel wird sich um den langsameren drehen.
- Wenn Sie kräftiger an der linken Seite der Leine ziehen, wird sich der Drachen nach links drehen. Er wird diese Linksdrehung fortsetzen, solange Sie mit der linken Hand stärker an der Leine ziehen als mit der rechten Hand.

Ein stärkeres Ziehen mit der rechten Hand bewirkt eine Drehung in die andere Richtung.

- Die Flugkurve in der Drehung bleibt gleich, solange Sie Ihre Hände in versetzter Position halten.
- Wenn Sie mit einer Hand noch stärker ziehen als mit der anderen Hand, wird die Kurve enger. Bei einem leichten Ziehen fliegt der Drachen in einem größeren Bogen. Der Drachen fliegt eine enge Kurve, wenn kräftiger an der Flugleine gezogen wird.
- Bei einer 360°-Drehung oder Schleife verwickeln sich die Flugleinen. Sie können dabei den Drachen aber immer noch kontrollieren, solange die verdrehten Flugleinen während der Flugmanöver aneinander entlanggleiten. Abhängig von der Art Ihrer Flugleine sind etwa 15–20 Verwicklungen möglich, ehe die Kontrolle über den Drachen tatsächlich verlorengeht. Sie können die Leinen entwirren, indem Sie mit Ihrem Drachen Schleifen in entgegengesetzter Richtung fliegen.

Landung

- Fliegen Sie Ihren Drachen aus dem Wind, bis er an einer Stelle schwebt. Ein Schwebeflug ist in jeder Höhe möglich.
- Wenn sich Ihr Drachen etwa 30 cm über dem Boden befindet, sollten Sie schnell auf ihn zulaufen. Er wird dann sanft auf dem Boden aufsetzen.

Flugmanöver von Kunstflugdrachen

Einige Flugmanöver von Kunstflugdrachen sind in Abb. 136 dargestellt. B bezeichnet Manöver für Anfänger, I bezeichnet Manöver für Fortgeschrittene und E bezeichnet Manöver für Profis.

Vergleichen Sie auch das Kapitel 49, in dem die Kampfdrachen Sanjo Rokkaku, Szilagi und Nagasaki Hata vorgestellt werden. In Kapitel 55 finden Sie Informationen über den Turbo-Kunstflugdrachen.

Der »Flexifoil-Drachen«

Der »Flexifoil« ist ein lenkbarer Drachen und in der Lage, mit einer Geschwindigkeit von mehr als 160 km/h durch die Luft zu rasen.

Bei flüchtigem Hinsehen sieht der »Flexifoil« wie ein leicht veränderter »Jalbert-Parafoildrachen« aus (siehe Kapitel 38). Beide Drachen sind elastisch und bestehen aus Elementen, die sich in der Luft aufblähen. Bei genauerer Betrachtung sind jedoch die Unterschiede in der Auslegung der Drachen deutlich sicht-

• Vergewissern Sie sich, daß der Raum hinter Ihnen für Flugmanöver frei ist.

• Prüfen Sie, ob sich Menschen in der voraussichtlichen Flugbahn Ihres Drachens befinden. Sie könnten sich durch Kontakt mit der Flugleine verletzen.

Das sollte man lassen:

Unterschätzen Sie nicht die Beweglichkeit und Zugkraft des Drachens bei starken Winden, besonders bei Tauchmanövern.

• Verlassen Sie mit Ihrem Drachen nicht die Flugbahn und dringen Sie nicht in den Luftraum anderer Drachenflieger ein.

• Lassen Sie Ihren Drachen nie unbeaufsichtigt. Jemand anderes könnte über Ihre Flugleine stolpern oder noch schlimmer, jemand könnte Ihren Drachen starten und so zu einer Gefahr für alle anderen werden. Ein unbeaufsichtigt gelassener Drachen ist auch eine leichte Beute für Diebe.

• Lassen Sie Ihren Drachen nicht innerhalb der Flugverbotszone von 6 km um einen Flugplatz steigen.

• Lassen Sie Ihren Drachen nie in der Nähe von Stromleitungen oder bei stürmischem Wetter steigen.

Ein sogenannter Windvorhang im Grand Canyon wird von einem »Flexifoil« in der Luft gehalten – Installation nach einer Idee von Ray Merry.

bar. Der Parafoildrachen ist im wesentlichen ein gewölbtes Flügelgebilde mit einem flachen Boden, gekrümmter Kappe, sowie unten angebrachten Flossen und Flugleinen. Er fliegt immer mit dem gleichen Anstellwinkel. Seine Flugsteuerung erfolgt über zwei Flugleinen. Der tränenförmige »Flexifoil« justiert sich im Flug selbst und bewegt sich dabei in einem Geschwindigkeitsbereich von 13–80 km/h. Der variable Anstellwinkel wird durch einen flexiblen Glasfaserstab ermöglicht, der entlang der Kante des Airfoils angebracht ist, daher der Name »Flexifoil«.

Die beiden Erfinder des »Flexifoil-Drachens«, Ray Merry und Andrew (Wilf) Jones, begegneten sich 1971 als Studenten an der Polytechnischen Hochschule in Newcastle upon Tyne. Dieser Ort befindet sich etwa 300 km von London entfernt im Norden Englands. Während ihrer Ausbildung arbeiteten sie an Formenstudien von dehnungsfähigem Polyethylen. Obwohl sie dabei relativ schnell bei einem mit Luft gefüllten Airfoil angelangt waren, dauerte es noch einige Jahre bis zur Entwicklung des »Flexifoil«-Baumusters für die Produktion.

Ironischerweise hatten Merry und Jones überhaupt nicht die Absicht, einen lenkbaren Drachen zu entwickeln, der so schnell fliegen konnte. Ursprüngliches Ziel war die Entwicklung eines Lufttransportsystems, das in der Lage war, Skulpturen zu transportieren. Bis 1975 hatten Merry und Jones nichts von den Parafoildrachen Dom Jalberts übernommen. Im Gegenteil, sie waren anfangs sogar enttäuscht, als sie den Parafoildrachen sahen, und waren entschlossen, mit ihrer Entwicklung etwas grundlegend anderes zu erarbeiten, auch wenn gewisse Parallelen zu Jalberts Entwicklung nicht von der Hand zu weisen waren. Es entstand nach einigen Versuchen schließlich der »Flexifoil«.

Hätten Merry und Jones früher vom Parafoildrachen erfahren, hätten sie wahrscheinlich ihr ganzes Projekt fallenlassen.

Merry faßte die Entwicklung des »Flexifoils« später zusammen und meinte, daß die Verwendung von weichen, organisch geformten und mit Luft gefüllten Körpern völlig intuitiv geschah. Sie begannen ihre Versuche mit Röhren aus Polyethylen. Einige davon waren über 30 m lang. Nachdem sie verschiedene Formen getestet hatten, setzten sie auf taschenförmige Oberflächen und entwickelten bald Flügelkonfigurationen mit besseren aerodynamischen Eigenschaften. Ihr Ziel war es, diese Formen mit Luft zu füllen und damit zu fliegen. Die zusätzliche Verwendung eines biegsamen Querstabes entlang des Kantenbereichs ihrer Drachen wurde schon in einer relativ frühen Phase ihrer Experimente realisiert. Die Flugversuche verliefen unterschiedlich, doch eines Tages wurde alles anders. Nachdem ein Flügelelement auf seine Rückseite gekippt war, begann es mit einem steilen und besseren Anstellwinkel zu steigen. Es war eine rein zufällige Entdeckung.

21

Benjamin Franklin
Wie ein Drachen die amerikanische Revolution gewann

Der neue Prometheus

Im Juni 1752 ließ Benjamin Franklin einen Drachen durch ein Gewitter fliegen, um zu beweisen, daß Blitze nicht einer übernatürlichen Kraft entspringen, sondern Naturerscheinungen sind. Bis zu Franklins erhellendem Experiment hatten Blitze eine mystische Bedeutung und waren bei vielen Menschen mit Angst verbunden, denn Blitze am Himmel waren für viele ein Zeichen für den Zorn der Götter.

Franklin zog aus seinem Experiment den Schluß, daß es möglich sein müßte, analog der vom Drachen abgeleiteten elektrischen Spannung, Blitze über eine Metallspitze auf dem Dach eines Hauses aufzufangen und über Metalleiter in die Erde abzuleiten.

Anfangs stand man dieser Idee noch sehr skeptisch gegenüber, doch nach und nach breiteten sich Blitzableiter über Philadelphia, Boston und New York City immer weiter aus. Bald begann man auch in Europa, Blitzableiter zu montieren, und der Erfolg von Franklins Erfindung gab ihm recht.

Franklin hatte nicht nur das Feuer vom Himmel geholt, sondern auch gezeigt, wie es unter Kontrolle zu bringen war. Damit wurde er zu einer hochangesehenen Persönlichkeit in den Kolonien und vor allem in Europa.

Die Zeit zwischen 1683 und 1789 wird in Europa als die Epoche der Aufklärung bezeichnet. Zentrale Bedeutung hatte zu dieser Zeit das Studium des Universums und der Naturgesetze sowie der Erwerb eines möglichst umfassenden Wissens. Vor diesem Hintergrund erhielt Franklin mit seinem Drachenexperiment weltweite Anerkennung als Wissenschaftler.

Abb. 137 Das Nationaldenkmal für Benjamin Franklin

Er wurde zum Mitglied der Royal Society of London gewählt (für Fortschritte in der Naturwissenschaft), und seine Leistungen wurden überall gewürdigt. Der deutsche Philosoph Immanuel Kant bezeichnete ihn als »neuen Prometheus«, eine passende Bezeichnung für jemanden, der in den Himmel hinaufstieg und mit einem Feuer in bisher unbekannter Weise zurückkehrte.

Aufbruch in die Unabhängigkeit

Im Jahre 1776 mußten die amerikanischen Patrioten in ihrem Freiheitskampf viel Elend ertragen und viele Entbehrungen auf sich nehmen. Die Versorgung mit Kriegsmaterial und Schießpulver wurde immer schlechter, und Lebensmittel gab es oft gar nicht mehr. Der Nachschub an Munition, den man von Frankreich in die Kolonien schmuggelte, wurde immer weniger.

Durch die Kontinentalarmee von General George Washington lernte Benjamin Franklin die ganze Härte des Unabhängigkeitskrieges kennen. Er wurde ausgewählt, die französische Aristokratie davon zu überzeugen, die amerikanische Sache zu unterstützen. Franklin war aufgrund seines guten Rufes dafür der richtige Mann. Dies auch deshalb, weil er schon einige Jahre zuvor in die französische Akademie der Wissenschaften gewählt worden war. In der schlichten Kleidung eines Quäkers traf der Drachenflieger aus den Kolonien am 21. Dezember 1776 in Frankreich ein, wo er wie ein Held empfangen wurde.

Doch warum sollte Frankreich einem Haufen Kolonisten bei ihrem Kampf um Freiheit und Unabhängigkeit helfen? Die Rebellion gegen einen souveränen Staat hätte einen ungünstigen Präzedenzfall für Frankreich schaffen können, wo die Menschen kaum politische Freiheit besaßen. Hinzu kam, daß sich die französischen Staatsfinanzen aufgrund von Kriegen und des aufwendigen Lebensstils des Adels in einem äußerst schlechten Zustand befanden. Aber Frankreich und England waren alte Feinde, und das Bedürfnis nach Rache wog oft stärker als die Vorsicht. Ironischerweise ließ sich die französische Elite von einem Wissenschaftler für seine Ziele einspannen. Man war bereit, Franklin zu helfen.

Als George Washingtons Armee im Februar 1778 kurz vor der Niederlage stand, schlossen die Franzosen ein Bündnis mit den Vereinigten Staaten. Für Frankreich, das nun erneut seinem alten Feind Großbritannien gegenüberstand, zog sich der Unabhängigkeitskrieg über mehrere Jahre hin und hatte eine ungeheure Belastung von Frankreichs Staatsfinanzen zur Folge. Es war jedoch Franklins ständigem Bemühen nach der Lieferung von Waffen und Versorgungsgütern zu verdanken, daß die Unabhängigkeitsarmee während des Krieges die notwendige Unterstützung erhielt.

Als der englische General Charles Cornwallis am 17. Oktober 1781 vor der Armee aus französischen und amerikanischen Soldaten bei Yorktown in Virginia kapitulierte, hatte Amerika gesiegt. Der Friedensvertrag mit England wurde am 8. September 1783 in Versailles unterzeichnet, und Benjamin Franklin, der einen Drachen in den Himmel hatte steigen lassen, um die Gewalt der Blitze zu bezwingen, hatte auch alle Kräfte für den Sieg einer Revolution in Bewegung gesetzt.

22

Hargraves Drachen

Lawrence Hargrave – Erfinder und Humanist

Jeder, der sich mit dem Fliegen und mit Drachen beschäftigt, wird wahrscheinlich irgendwann auf Lawrence Hargrave stoßen, der den Kastendrachen entwickelte (siehe Abb. 140). Dieser zählt zu den acht Drachen-Grundtypen. Als ich das erstemal durch ein Buch mit Hargrave in Berührung kam, fühlte ich, daß dies ein Mann von besonderem Wesen war – ein Mann, den man kennen sollte.

Lawrence Hargrave wurde am 29. Januar 1850 in der englischen Stadt Middlesex geboren. Als er 15 war, wanderte er mit seiner Mutter nach Neusüdwales in Australien aus, wohin sein Vater und sein Bruder schon neun Jahre zuvor emigriert waren. Zu dieser Zeit wurde sein Vater Richter am Obersten Gerichtshof von Australien und zweiter Kronanwalt von Neusüdwales.

Obwohl es der Wunsch von Richter Hargrave war, daß sein Sohn einmal in seine Fußstapfen treten sollte, wurde ihm bald klar, daß Lawrence kein Interesse am Studium der Gesetze hatte. Statt dessen begann er im Alter von 17 Jahren für die Australian Steam and Navigation Company zu arbeiten. Dort blieb er fünf Jahre und sammelte seine ersten praktischen Erfahrungen als Ingenieur. Kurz danach nahm der junge Hargrave die Gelegenheit wahr, sich dem italienischen Naturforscher Luigi d'Albertis anzuschließen und den Fly River in der Wildnis von Neuguinea zu erkunden. Obwohl er wußte, daß alles, was ihn dort erwarten würde, äußerst harte Arbeit war, wünschte er sich nichts mehr, als einer der ersten zu sein, denen es gelingen würde, die mysteriösen Geheimnisse dieses unerforschten Landes zu enträtseln. Dieser Wunsch war stärker als die Furcht, die er in manchen Augenblicken empfand. Doch er überstand die Gefahren des Dschungels ebenso wie Fieberkrankheiten und die Bedrohungen durch feindlich gesinnte Ureinwohner.

Nachdem er aus Neuguinea zurückgekehrt war, ließ er sich in Sydney nieder. 1878 heiratete er Margaret Johnston und übernahm eine leitende Stelle am Observatorium von Sydney. Zu jener Zeit hatte er für sich die Entscheidung getroffen, seine Zukunft der Wissenschaft zu widmen. Er begann sich bald für die Fliegerei zu interessieren. Hargrave muß von seinen Drachenexperimenten in der Nähe seines Anwesens am Stanwell Park Beach ganz begeistert gewesen sein.

Es gibt eine Anekdote aus dem Jahr 1894, nach der er von vier seiner Kastendrachen über den Strand gezogen wurde. Andere Leute hatten beobachtet, wie er von seinen Drachen über das Meer getragen wurde und in der Nähe eines Schiffswracks ins Wasser fiel. Diese Experimente am Stanwell Park führten schließlich zur Eroberung der Lüfte, obwohl Hargrave wenig Anerkennung für seine Arbeit erhielt.

Viele seiner Mitmenschen hielten ihn für einen exzentrischen Spinner, wenn er von so unglaublichen Dingen wie einer fliegenden Maschine sprach. Obwohl die Wertschätzung seiner Arbeit durch seine Umgebung für ihn wichtig war, besaß er auf der anderen Seite die innere Kraft, sich gegenüber Häme und Kritik zu behaupten und eigene Zweifel zu zerstreuen, um seine Arbeit unbeeinträchtigt fortsetzen zu können.

Hargrave fühlte sich in hohem Maß der Aufgabe verpflichtet, ein Fluggerät zu entwickeln, das stabile Flugeigenschaften besaß. Dies führte möglicherweise zur Erfindung des Kastendrachens, obwohl Hargrave eigentlich ein Flugzeug und keinen Drachen bauen wollte. Der Kastendrachen setzte völlig neue Maßstäbe im Drachenbau, war aber eigentlich ein Nebenprodukt seiner Forschungstätigkeit.

Hargrave war privat ein eher zurückhaltender Mensch. Wenn er aber für seine eigene Sache warb, konnte er sehr großmütig und warmherzig gegenüber seinen Weggefährten sein. Anstatt sich um Patente für seine Erfindungen zu bemühen, teilte er seine Ideen und sein Wissen mit den Menschen seiner Zeit, denn beides sollte dem Wohle aller dienen.

1897 wurde der Kastendrachen auch in den Vereinigten Staaten populär. E. T. Horsman, der auch den Drachen von William Eddy vermarktete, verkaufte einen patentierten und modifizierten Kastendrachen namens »Blue-Hill-Kastendrachen«. Als Erfinder wurde ein H. H. Clayton genannt, der eine Führungsposition am Observatorium in Massachusetts innehatte. Hargraves Name erschien nirgendwo, da er kein Patent angemeldet hatte.

Hargrave verbrachte über 30 Jahre mit der Erforschung der Luftfahrt und erfand in dieser Zeit eine Rotationsmaschine, die die heutigen Turbinen und Flugzeugtriebwerke vorwegnahm. Er unterhielt eine rege Korrespondenz mit vielen bedeutenden Männern aus dem Bereich der Luftfahrt. Seine Briefe und Zeitungsausschnitte aus dieser Zeit machen deutlich, welch große Konkurrenz unter diesen Männern herrschte. Viele von ihnen sonnten sich im Licht der Öffentlichkeit oder waren mit ihrer Selbstdarstellung beschäftigt. Hargrave jedoch hielt sich während seiner ganzen Laufbahn als »guter Geist« der Luftfahrtpioniere aus dem Streit um Patente heraus und bemühte sich, andere nicht in Mißkredit zu bringen.

Obwohl er in erster Linie durch seine wissenschaftlichen Leistungen bekannt wurde, war Hargrave auch ein Humanist, der der Vision einer besseren Zukunft anhing, die die Luftfahrt den Menschen bringen würde. Die Probleme, mit denen er sich neben der Luftfahrt noch intensiv beschäftigte, sind auch heute noch von großer Bedeutung: die Eindämmung der Überbevölkerung, der menschenwürdige Umgang mit den Ureinwohnern, der uneingeschränkte Informationsaustausch zur Beschleunigung der technologischen Entwicklung sowie der Erhalt des Friedens.

Ab 1906 begann Hargrave einen sicheren Ort zur Aufbewahrung seiner fast 200 unbezahlbaren Drachenmodelle und anderen Fluggeräte zu suchen, die die Erfolge seiner Forschungen und auch die Fehlschläge auf seinem Weg chronologisch dokumentierten. Als seine Sammlung in Neusüdwales auf Ablehnung stieß, bot er sie mit wenig Erfolg auch in England, Frankreich und Amerika an. Schließlich wurde seine Sammlung 1910 vom Deutschen Museum in München angenommen.

Während des Zweiten Weltkriegs wurden jedoch die meisten seiner Modelle durch Bomben der Alliierten zerstört. Obwohl einige wenige Modelle gerettet werden konnten, war dies ein tragisches Ende einer Sammlung von Drachen und Fluggeräten, die dokumentierten, wie die Luftfahrt Realität werden konnte.

Die Entwicklung des Kastendrachens

Die Abb. 139 zeigt die wichtigsten Schritte, die zur Entwicklung von Hargraves Kastendrachen führten. Er setzte die Drachen aus einer Vielzahl von Materialien wie dünnem Aluminium, Blechverkleidungen, Holzstäben und Seidenpapier zusammen. Seine Experimente umfaßten auch Versuche mit V-förmigen Konstruktionen (siehe 1 in Abb. 139), Versuche mit zylindrischen Oberflächenstrukturen und schließlich Experimente mit rechteckigen, offenen Flugmodellen, die dann zum ausgereiften Kastendrachen führten (Abb. 140).

Hargraves Kastendrachen konnte zum Transport leicht zusammengelegt werden. Seine Stäbe waren stromlinienförmig ausgebildet, um Zugkraft und Luftwiderstand zu minimieren. Darüber hinaus konnten seine vertikalen Verbindungen in der Mitte zur Regelung der maximalen vertikalen und horizontalen Spannung auf den Oberflächen justiert werden.

Hargraves Segelflieger

Für seine Segelflieger hatte Hargrave auf Naturbeobachtungen und -studien zurückgegriffen, angefangen von der Messung der Flügelbeschaffenheit bei Flughörnchen bis hin zur Untersuchung der Flügelspitzen von Albatrossen. (Eines von Hargraves Segelflugmodellen ist in der Abb. 141 zu sehen.) Die Bedeutung von Hargraves Pionierarbeit im Bereich der Segelfliegerei wurde erst später deutlich, als die Gebrüder Wright seine Ideen aufgriffen, um ab 1899 die Flugeigenschaften ihrer Gleiter zu verbessern.

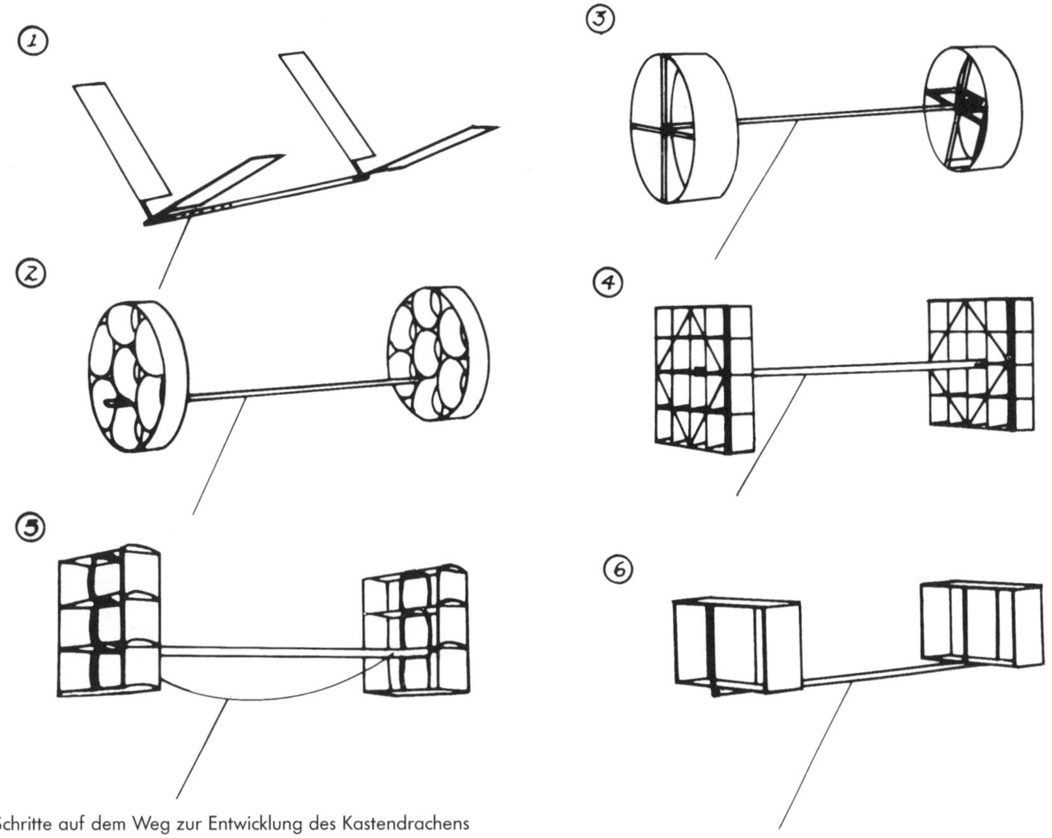

Abb. 139 Die Schritte auf dem Weg zur Entwicklung des Kastendrachens

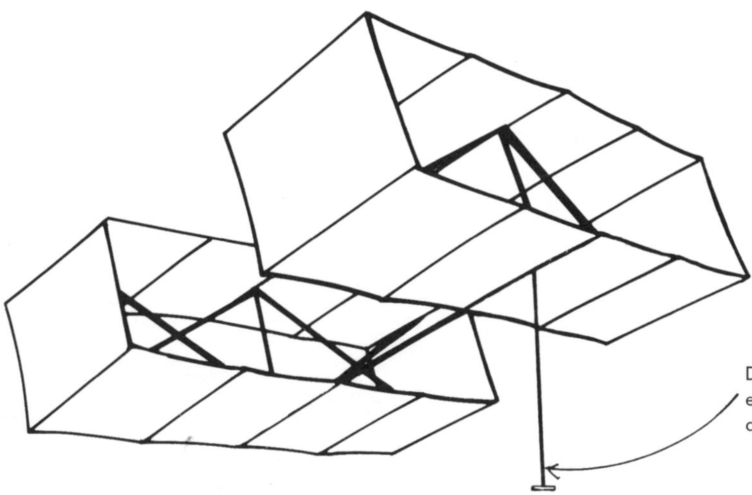

Abb. 140 Der ausgereifte Kastendrachen

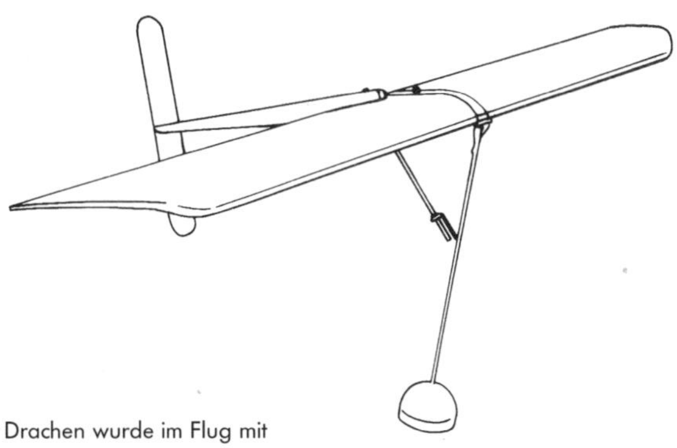

Abb. 141 Ein Segelfliegermodell

23 Drachen und Mythen

Mythen seien bildend für den Geist, meinte der Mythologielehrer Joseph Campbell. Meist sind Mythen in einer nicht genau bestimmbaren, fernen Zeit angesiedelt, in der Götter und Helden mystische Erfahrungen in Verbindung mit Geburt, Tod, Schöpfung, Wiederauferstehung, Offenbarung, Fruchtbarkeit und Zeit machen. So haben Mythen entweder einen sehr allgemeinen oder auch einen höchst spezifischen Charakter. Allgemeine Mythen stellen eine Verbindung zwischen Mensch und Natur her und sprechen speziell die Angehörigen einer bestimmten kulturellen Welt an. Manche großen Mythen, zu denen die meisten Religionen gehören, vereinigen die Menschen in einer festen Gemeinschaft.

Mythen entstehen nicht plötzlich. Vielmehr haben sie ihren Ursprung in Träumen, Wünschen oder Phantasien. Normalerweise bildet sich ein Mythos über eine Allegorie heraus, die allgemein gesellschaftliche Akzeptanz gefunden hat. In der Folge erhält die Allegorie immer irrationalere ideelle Elemente und erreicht, vereinfacht ausgedrückt, schließlich den Rang eines Mythos.

Der österreichische Psychiater und Begründer der Psychoanalyse, Sigmund Freud, vertrat die Auffassung, daß Mythen unbewußt in Träumen freigesetzt werden. C. G. Jung, ein Zeitgenosse Freuds, entwickelte diese Überlegung weiter und stellte die These auf, daß alle Menschen über die gleichen Symbole als Teil des kollektiven Unbewußten verfügen.

Auch wenn in den Überlieferungen und Legenden des Fernen Ostens – besonders in China und Japan – eine Vielzahl von Drachen vorkommen, weisen die Drachen in den Kulturen der pazifischen Inseln wie Indonesien, Mikronesien, Melanesien und Polynesien noch eine viel eindeutigere mythologische Bedeutung auf. In den Tropen läßt sich die Rolle der Drachen nur aus der Verbindung der Naturgesetze mit den spirituellen Bedürfnissen der Menschen verstehen.

Überlieferungen erzählen von Drachen als göttlichen Instrumenten zur Wahrung von Gesetz und Ordnung – ihre Aufgabe liegt in erster Linie im Schutz vor dem Bösen. Insbesondere die Einwohner von Polynesien verbanden Drachen in ihrer Vorstellung mit diversen Gottheiten sowie mit der menschlichen Seele und sahen in ihnen das Medium, durch das der Mensch in Kontakt mit den Göttern im Himmel tritt. Die meisten ihrer Drachen sahen aus wie Vögel; so konnte man oft beobachten, wie sie in den Himmel aufstiegen. Die Stammesoberhäupter anderer Völker verwendeten sogar spezielle Drachenformen bei Ritualen als Schutzsymbol für ihr Stammeswappen.

In der Region der Hawaii-Inseln überwiegen Erzählungen von Drachengöttern. Drachen galten als Offenbarung der Götter und als himmlische Flugobjekte, mit denen sich die Götter im Kampf gegeneinander und beim Streit mit den Elementen durch die Welt bewegten. Da das Drachenfliegen die Möglichkeit bot, mit dem Himmel in Berührung zu kommen, wurde das Aufsteigen mit einem Drachen in die Lüfte zum gängigen Ritual. Man setzt auch Drachen ein, um das Eigentum an Grund und Boden festzulegen: Man ließ einen Drachen aufsteigen, und dort, wo er wieder zu Boden ging, so wollte es die göttliche Entscheidung, erhielt der Drachenbesitzer sein Stück Land. Der Besitz von Land beruhte wesentlich auf der Entscheidung einer unparteiischen Gottheit, also eines Gottes in der Gestalt eines Drachens.

Auch persönliche Erfahrungen im Leben können mystische Dimensionen annehmen. So kann zum Beispiel ein Drachen, der in den Himmel steigt, für den Drachenbesitzer zu einer Art Symbol der Erinnerung an die Dualität der Welt werden. Gerade dann, wenn wir die reale Welt mit all unseren Sinnen wahrnehmen, kann das bewußte Aufnehmen von Symbolen dazu dienen, uns unseres Daseins bewußt zu werden.

24 Das Geheimnis des Eddy-Drachens

In den westlichen Ländern wird die rautenförmige Form des schwanzlosen Eddy-Drachens (siehe Kapitel 27) gleichgesetzt mit der Drachenform an sich. Dies ist keine neue Erkenntnis, doch drängt sich dabei die durchaus interessante Frage auf, warum es gerade eine Raute war, die die Vorstellung vom Drachen allgemein prägte und keine andere Form. Was ist das Besondere an rautenförmigen Drachen, daß sie so nachhaltig ins allgemeine Bewußtsein eingegangen sind? Diesen Gedanken im Kopf, suchte ich nach Hinweisen für die mögliche symbolische Bedeutung, die die Rautenform für die westliche Kultur haben könnte. Allerdings blieb ich bei meinen Nachforschungen erfolglos, und ich konnte keinerlei Anhaltspunkte für eine besondere Bedeutung finden. Da eine nachvollziehbare Theorie zu dieser Frage einfach nicht existierte, kam ich bei meiner Drachenkunde an diesem Punkt keinen Schritt weiter.

Plötzlich und unerwartet fand ich dann doch eine Erklärung, die allerdings überhaupt keinen Zusammenhang zur Drachenkunde zu haben schien. Die Idee war ungewöhnlich und erleuchtend zugleich. Doch bevor ich darüber berichte, möchte ich zum besseren Verständnis einen kurzen Rückblick auf das geben, was ich bis zu diesem Zeitpunkt herausgefunden hatte.

Obwohl schwanzlose Drachen im Osten über viele Jahrhunderte gebräuchlich waren, konnte sich dieser schwanzlose Drachen in der westlichen Welt erst um 1893 durchsetzen. Damals entwickelte William Eddy in Amerika seinen schwanzlosen, rautenförmigen Drachen. Im selben Jahr baute jedoch Lawrence Hargrave in Australien auch seinen schwanzlosen Kastendrachen. Hargraves Kastendrachen war eigentlich ein Nebenprodukt seiner Bemühungen, ein Fluggerät zu entwickeln, mit dem ein Mensch wirklich fliegen konnte.

Nun entstand bei meinen Nachforschungen die Frage warum es möglich war, daß nicht der Kastendrachen als typische Drachenform anstelle des rautenförmigen Eddy-Drachens ins allgemeine Bewußstsein gelangte.

Obwohl auch viele Eddy-Drachen dazu benutzt wurden, meteorologische Instrumente in Rekordhöhen zu transportieren, ließen die hervorragende Flugstabilität und die enorme Steigfähigkeit von Hargraves Kastendrachen-Konstruktion diesen bald zum Drachen erster Wahl für den amerikanischen Wetterdienst und das Blue Hill Observatorium beim Harvard College in Massachusetts werden. Zudem hatte der Kastendrachen maßgeblichen Einfluß auf die Flugexperimente der Gebrüder Wright, die schließlich 1903 zum ersten erfolgreichen Motorflug in der Menschheitsgeschichte führten.

Während sich Eddy sehr um die Aufmerksamkeit der Öffentlichkeit für seine Drachen und seine Experimente bemühte, mied Hargrave das Rampenlicht. War es also einfach nur die Tatsache, daß Eddy mehr Publizität erlangte und damit eine breitere Öffentlichkeit erreichte, die seine Drachenform so populär werden ließ? Wahrscheinlich nicht, wenn man zum Vergleich das Beispiel von Samuel Franklin Cody heranzieht, der als wirkungsvoller Selbstdarsteller und Drachenenthusiast internationale Aufmerksamkeit für seine ehrfurchtgebietenden und immer größer werdenden Kastendrachen erreichte.

Ich fragte mich nun immer wieder, warum Codys spektakuläre Drachen nicht die bleibende Akzeptanz erlangten wie die Eddy-Drachen. Ich arbeitete gerade sehr intensiv an diesem Problem und befand mich tief in einer Sackgasse, als ich eine Einladung zu einer Feier erhielt. An einem Sonntagmorgen saß ich in der ersten Reihe einer Kleinstadtkirche, wo ich dem jungen Pfarrer auf der Kanzel zuhörte. Einzelne Sonnenstrahlen schienen durch das schmutzige Fenster und tauchten die kleine Kirche in ein dämmriges Licht.

Als der Pfarrer während seiner Predigt seinen Platz verließ, wurde das große, schlichte Kreuz, das an der Wand direkt hinter der Kanzel hing, vom Sonnenlicht erleuchtet. In diesem Augenblick hatte ich eine Erklärung, die mein Innerstes fast erstarren ließ.

Es war ganz einfach und ergab Sinn! Ich schloß meine Augen, um mir den Eddy-Drachen in Erinnerung zu rufen. In der Tat war das Rahmengestell des Drachens nahezu identisch mit der Grundform des bekanntesten religiösen Symbols: dem Kreuz. Ich atmete tief durch und lehnte mich zurück.

Um diese Theorie zu bestätigen, muß man einen Eddy-Drachen nur fliegen lassen und nach oben blicken. Durch das Sonnenlicht zeichnet sich die Struktur des Kreuzes als Silhouette auf der Bespannung ab.

25 Drachen-Weltrekorde

Abb. 142 Eines von Arthur Batuts Luftbildern aus dem Jahr 1888

Die folgenden Beispiele sind wirklich erreichte Rekorde mit Drachen[1]. Sie lassen sich durch Fotos, Zeugen, Urkunden und Dokumente belegen. Daneben gibt es allerdings auch zahlreiche Ansprüche auf erreichte Rekorde, die sich jedoch nicht belegen lassen.

Größte Höhe (mit einem Einzeldrachen): 3801 m

Dieser Rekord wurde am 28. Februar 1898 in Milton, Massachusetts, USA, nahe beim Blue Hill Observatorium mit einem modifizierten Hargrave-Kastendrachen aufgestellt. Der Drachen hatte eine Segelfläche von rund 8 m^2 und erhob sich

[1] *Einige dieser Rekorde sind der »The Bearly-Made-It List of Little-Known World Kiteflying Records« entnommen. Mit freundlicher Genehmigung der Dirt Cheap Press, 1988*

mehr als 3200 m über den Boden. Die Flugleine bestand aus Stahldraht mit einer Reißfestigkeit von 150 kp. Den Flug führten die Meteorologen Henry Helm Clayton und A. E. Sweetland unter Leitung von Abbot Lawrence Rotch, dem Direktor des privat betriebenen Observatoriums, durch.

Größte Höhe (mit einer Drachenkette): 9740 m

Dieser bislang ungebrochene Rekord wurde am 1. August 1919 mit acht Drachen über Lindenberg in Deutschland aufgestellt.

An Land zurückgelegte Entfernung: 182 km

In den 1820er Jahren fuhr George Pocock in seinem »Charvolant«, einem vierrädrigen, von Lenkdrachen gezogenen Wagen mit rund 40 km/h durch England. Obwohl die genaue Strecke unbekannt ist, wird die Entfernung, die er 1827 zurücklegte, auf 182 km geschätzt. Daneben gibt es eine dokumentierte Fahrt Pococks über 96 km von Southampton nach London.

Flugdauer: 180 Stunden und 17 Minuten

Unter der Leitung von Harry Osborne hielt das Drachenteam des Edmonds Community College in Long Beach, Washington, USA, einen J-25-Parafoildrachen vom 21. bis 29. August 1982 in der Luft.

Schnellster Drachen: 174 km/h

Am 16. Mai 1987 ließ Troy Vickstrom einen Flexifoil-Drachen über dem Strand in Lincoln City, Oregon, USA, steigen. Die Bescheinigung über die erreichte Geschwindigkeit lieferte die örtliche Polizei. Sie informierte Vickstrom darüber, daß er in einem Gebiet, in dem nur 30 km/h zugelassen waren, die Geschwindigkeit weit überschritten hatte.

Der Geschwindigkeitsrekord für Drachen wurde inzwischen von Pete DiGiacomo in den USA verbessert. Er erreichte am 22. September 1989 in Ocean City, Maryland, eine Geschwindigkeit von 193 km/h.

Erstes mit Hilfe eines Drachens aufgenommenes Luftbild: 20. Juni 1888

Arthur Batut nahm am 20. Juni 1888 in Labruguière, Frankreich, das erste Luftbild mit einer an einem Drachen befestigten Kamera auf (siehe Abb. 142). Die ersten Drachen-Luftbilder in den USA machte William A. Eddy (siehe »Eddy-Drachen«) in Bayonne, New Jersey, am 30. Mai 1895.

Erstes Drachenpatent in den USA: 2. Januar 1866

Das Patent Nr. 51 860 wurde an William Perrins für einen sechseckigen Flachdrachen mit zwei einwärts gebogenen Längsstäben vergeben. Seit 1866 hat das US-amerikanische Patentamt insgesamt über 580 Drachenpatente vergeben. Dazu kommen noch über 100 Patente, die zwar nicht direkt für Drachen erteilt wurden, aber indirekt den Drachen zugeordnet werden können. Interessanterweise sind manche dieser Patente für den Drachensport von größerer Bedeutung als viele der eigentlichen Drachenpatente. So wurde zum Beispiel der Parafoil-Drachen als Fallschirm patentiert. Außerdem gibt es über 20 patentierte Drachenentwürfe und etwa fünf neuvergebene Drachenpatente – insgesamt also weit über 700 drachenbezogene Patente[1].

Größter Drachen: 553 m^2

Diesen Rekord hat ein niederländisches Drachenteam am 8. August 1981 am Strand von Scheveningen, Niederlande, mit einem 230 kg schweren, aufblasbaren parafoilartigen Drachen aufgestellt. Inoffiziell ist der größte jemals gebaute Drachen der Budweiser-Parafoildrachen, der 35 x 37 m oder 1295 m^2 groß war – etwa zweieinhalb mal so groß wie der niederländische Drachen. Der unter Leitung von Harry Osborne gebaute Drachen benötigte allein zehn Personen, um ihn zu tragen. Beim Washington State International Kite Festival 1983 in Long Beach ließen ihn 22 Personen steigen. Der Drachen war dabei an zwei mit Sand beladenen Lkw verankert. Als der Drachen aufstieg, wurden beide Lkw über einen Meter seitwärts gezogen. Bald darauf hörten die Zuschauer ein zischendes Geräusch: Die 50 mm dicke Nylonleine war unter der enormen Belastung zerrissen!

[1] Informationen über die Drachenpatente mit freundlicher Genehmigung von Ed Grauel. Alle Informationen über Drachenpatente in den USA sind mit einer kurzen Beschreibung direkt bei Ed Grauel erhältlich. Wenden Sie sich an Ed Grauel, 500 Elmwood Terrace, Rochester, New York 14620, USA.

Größter Deltadrachen: 115 m²

Die beiden Kalifornier Tony Cyphert und Gene Carey bauten einen riesigen, etwa 11,5 m langen Deltadrachen mit einer Flügelspannweite von fast 20 m. Der Jungfernflug dieses Drachens fand am 4. September 1982 in San Diego statt und dauerte 25 Minuten.

Größter Tri-D-Kastendrachen nach Peter Lynn: 105 m²

Bill Tyrell und Bob Sessions bauten 1982 einen gewaltigen, 12 x 10,5 m großen Tri-D-Kastendrachen. Als Stäbe verwendeten sie Aluminiumrohre und als Bespannung Spinnakernylon. Den Drachen ließen sie mehrere Male steigen.

Längste Thai-Schlangenkette: 705 m

Am 15. November 1987 ließen Michel Trouillet, Pierre Agniel und Philippe Bertron vom Drachenclub Montpelier, Frankreich, zusammen mit einer 16-köpfigen Mannschaft einen 70 kg schweren Schlangendrachen steigen. Der sieben Minuten dauernde Flug fand an einem Flugplatz in Nîmes-Courbessac, Frankreich, vor 3000 Zuschauern statt. Das gefeierte Trio schätzte die vom Entwurf bis zum Start benötigte Zeit auf rund 2000 Arbeitsstunden und die Gesamtkosten auf 45 000 Francs (ca. 15 000 DM).

Dieses französische Team hatte damit den Rekord von 650 kg gebrochen, den die Niederländer Herman van den Broek und Jan Pieter Kuil am 11. August 1984 aufgestellt hatten.

Der längste Drachen war 1034,45 m lang und wurde von einem Team unter Leitung von Michel Trouillet gebaut und am 18. November 1990 in Nîmes, Frankreich, auch geflogen.

Größte Anzahl aufeinanderfolgender Tage, an denen eine einzige Person einen Drachen steigen ließ: 366

C. W. (Bill) Mosely aus Converse, Texas, ließ 366 Tage lang (vom 25. Oktober 1983 bis 24. Oktober 1984, also ein Schaltjahr) jeden Tag einen oder mehrere Drachen steigen. Das nenne ich Ausdauer!

Größte Anzahl von Drachen an einer Flugleine: 2233

Diesen Rekord hat der japanische Drachenclub Hiroshima unter Leitung von Kinji Tsuda aufgestellt. Die 33 x 33 cm großen Eddy-Rautendrachen bestanden aus Bambusstäben, die Segel waren aus Plastik.

Größte Anzahl von aneinandergereihten Zweileinern: 179

Ken Frederick aus San Diego ließ am 23. August 1986 die lindwurmartige Kette aus modifizierten Hyperdrachen in Long Beach, Washington, steigen.

Größte Anzahl von Drachenbüchern, die ein einziger Autor je geschrieben hat: 20

In Japan wurden mehr Bücher zum Thema Drachenbau geschrieben als in irgendeinem anderen Land. Der weitaus produktivste Autor ist Kazuo Niisak, der zwischen 1969 und 1987 ganze 20 Drachenbücher verfaßte.

Größtes von einem einzelnen Drachen transportiertes Gewicht: 330 kg

G. William Tyrrell jun. flog seinen Drachen am 23. September 1984 mit einer Last von 300 kg über Ocean City, Maryland, USA.

26 Einige allgemeine Hinweise

Die Reihenfolge der Modelle in diesem Buch richtet sich nach deren Schwierigkeitsgrad. Die meisten Entwürfe beginnen mit einer Einleitung, gefolgt von Abbildungen und Bauanleitungen. Denken Sie daran: Es gibt nicht immer nur eine einzige Vorgehensweise, nach der man einen Drachen bauen kann.

Bestimmte Techniken kommen bei vielen Entwürfen immer wieder vor und werden deshalb in allgemeiner Form im ersten Teil des Buches erläutert. Sollten also Fragen auftauchen, die bei der Beschreibung eines bestimmten Entwurfs nicht beantwortet werden, schlagen Sie im allgemeinen Teil in dem entsprechenden Kapitel nach. Auch die Abbildungsseiten ermöglichen einen schnellen, umfassenden Überblick über viele Techniken und Materialien.

Die Symmetrie ist von entscheidender Bedeutung für einen gut konstruierten Drachen. Sie ist in den meisten Fällen gewährleistet, wenn das Drachensegel von der Mittellinie aus gemessen und zugeschnitten wird. Das Anfertigen des Segels besteht in der Regel aus folgenden Arbeitsschritten: Säumen, Verstärken besonders beanspruchter Stellen, Nähen der Stabumsäumungen und Anbringen von Taschen.

Wie präzise Sie auch arbeiten mögen – geringe Abweichungen gegenüber den Anleitungen und Vorgaben im Buch können immer auftreten. Besonders beim Zuschneiden, beim Anpassen der Einzelteile und beim Nähen können Fehler entstehen, die Abweichungen mit sich bringen. Das Flugverhalten des Drachens wird jedoch nicht beeinträchtigt, solange sich kleinere Veränderungen gleichmäßig über die Gesamtkonstruktion verteilen. Größte Sorgfalt ist jedoch bei den angegebenen Winkeln der Flügel, der Nase oder der Segelfläche geboten.

Wenn z. B. die Bauanleitung für einen Deltadrachen eine Flügelspannweite von 1500 mm vorgibt (750 mm je Flügelhälfte) und Ihr Drachen am Ende eine Flügelspannweite von 1550 mm (775 mm je Flügelhälfte) hat, dann ist Ihr Deltadrachen immer noch symmetrisch und wird problemlos fliegen. Sollte ein Stab einmal in der Länge nicht in den fertigen Drachen passen, so ist dies nicht so dramatisch, da beim Einsetzen der Stäbe immer die Abmessungen des Drachens maßgeblich sind, den Sie gerade bauen. Machen Sie es sich daher zur Regel, die Stäbe immer auf Grundlage der Abmessungen Ihres eigenen Drachens zuzuschneiden.

Folgende Dinge sollten Sie beachten, ehe Sie beginnen, einen bestimmten Entwurf nachzubauen:

1. Rufen Sie sich die Grundlagen von Drachenbau und Drachenflug noch einmal in Erinnerung. Verschaffen Sie sich einen Überblick über die verschiedenen Modelle und entscheiden Sie sich dann für einen Drachen Ihrer Wahl. Auch einfache Drachen können ganz großartig sein. Ein komplizierter Drachen ist nicht notwendigerweise besser oder interessanter.

2. Verschaffen Sie sich einen Überblick über die benötigten Materialien und besorgen Sie sich das nötige Material. Ihre Liste sollte auch die nötigen Werkzeuge, die Flugleine sowie ein Gerät zum Aufspulen der Flugleine – etwa eine Spule oder eine Rolle – enthalten. Vergessen Sie nicht ein Paar Handschuhe zum Schutz Ihrer Hände – falls Sie einen Drachen bauen, der einen starken Zug hat.

3. Suchen Sie sich einen geeigneten Platz für Ihren Drachenbau und schaffen Sie sich eine Umgebung, in der Sie gut arbeiten können.

4. Gehen Sie vorsichtig mit Kleber sowie mit allen Werkzeugen, besonders aber mit elektrischen Geräten, um.

5. Achten Sie stets auf Kinder, die sich in der Nähe Ihres Arbeitsplatzes aufhalten. Haustiere sollten zu deren eigener Sicherheit von Ihrem Arbeitsplatz ferngehalten werden.

6. Überlegen Sie sich vorher, wie Ihr Drachen zusammengebaut wird; berücksichtigen Sie dabei etwaige Varianten. Sie sollten den Drachen zuerst in Gedanken zusammenbauen, ehe Sie mit der tatsächlichen Arbeit beginnen.

Obwohl Sie sicher darauf hinarbeiten, den Drachen am Himmel zu sehen, sollten Sie nichts übereilen. Arbeiten Sie in Ruhe und vor allem genau – dann werden Sie sehr stolz auf Ihr Werk sein können!

27 Der Eddy-Drachen

Ein anderer Name für den Eddy-Drachen – Wie wär's mit Woglom?

Am 1. August 1898 meldete William Abner Eddy aus Bayonne, New Jersey, USA, ein Patent auf seinen heute berühmten Eddy-Drachen an. 20 Monate später, am 27. März 1900, erhielt er die Bestätigung seines Patents mit der US-Patentnummer 646375. Einige Monate früher jedoch meldete ein gewisser William Totten Woglom, der in New York City wohnte, seinen »Parakite«-Drachen zum Patent an. Am 1. Mai 1900 (ungefähr fünf Wochen, nachdem Eddy sein Patent erhalten hatte) erhielt Woglom sein Patent, mit der US-Patentnummer 648554. Da sich der Eddy und der »Parakite« in ihrer Bauweise sehr ähnelten, war es offensichtlich, daß sich beide Drachenbauer vom zweistäbigen malaiischen Bogendrachen (siehe Abb. 144) hatten inspirieren lassen. Diese Drachen existierten im Fernen Osten schon seit Jahrhunderten.

Abb.144 Der Javadrachen, im Westen als malaiischer Bogendrachen bekannt

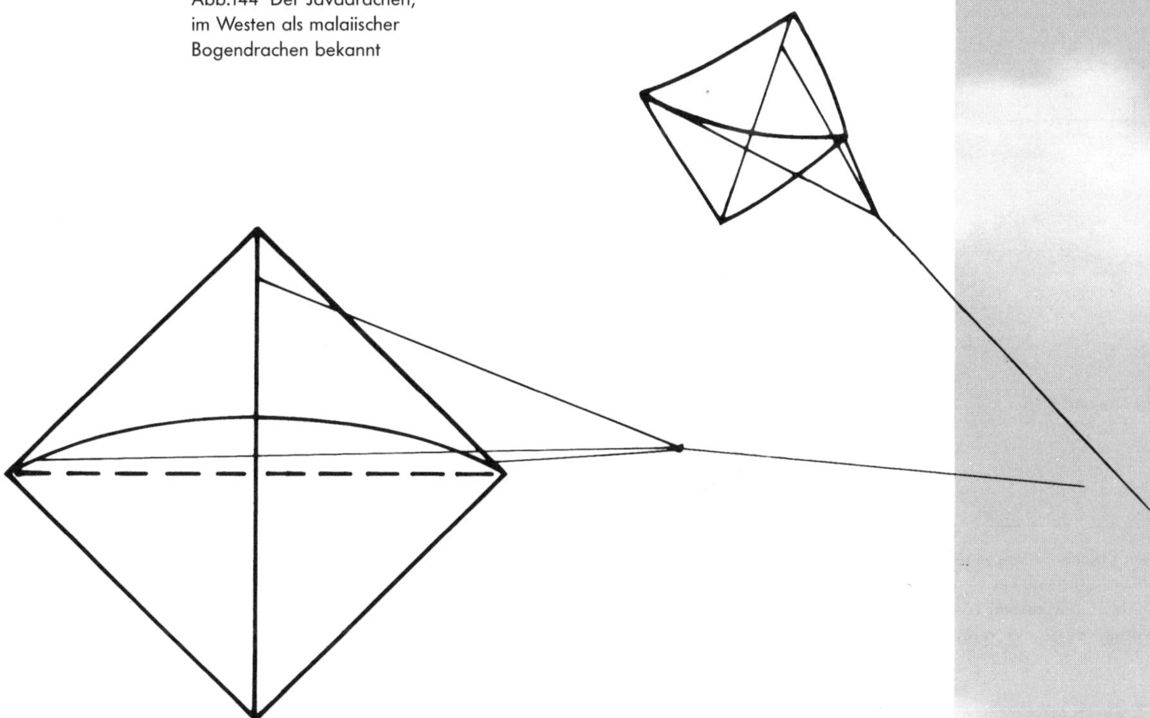

Abb. 146 Ein originaler Eddy-Drachen – Herstellung des Rahmens

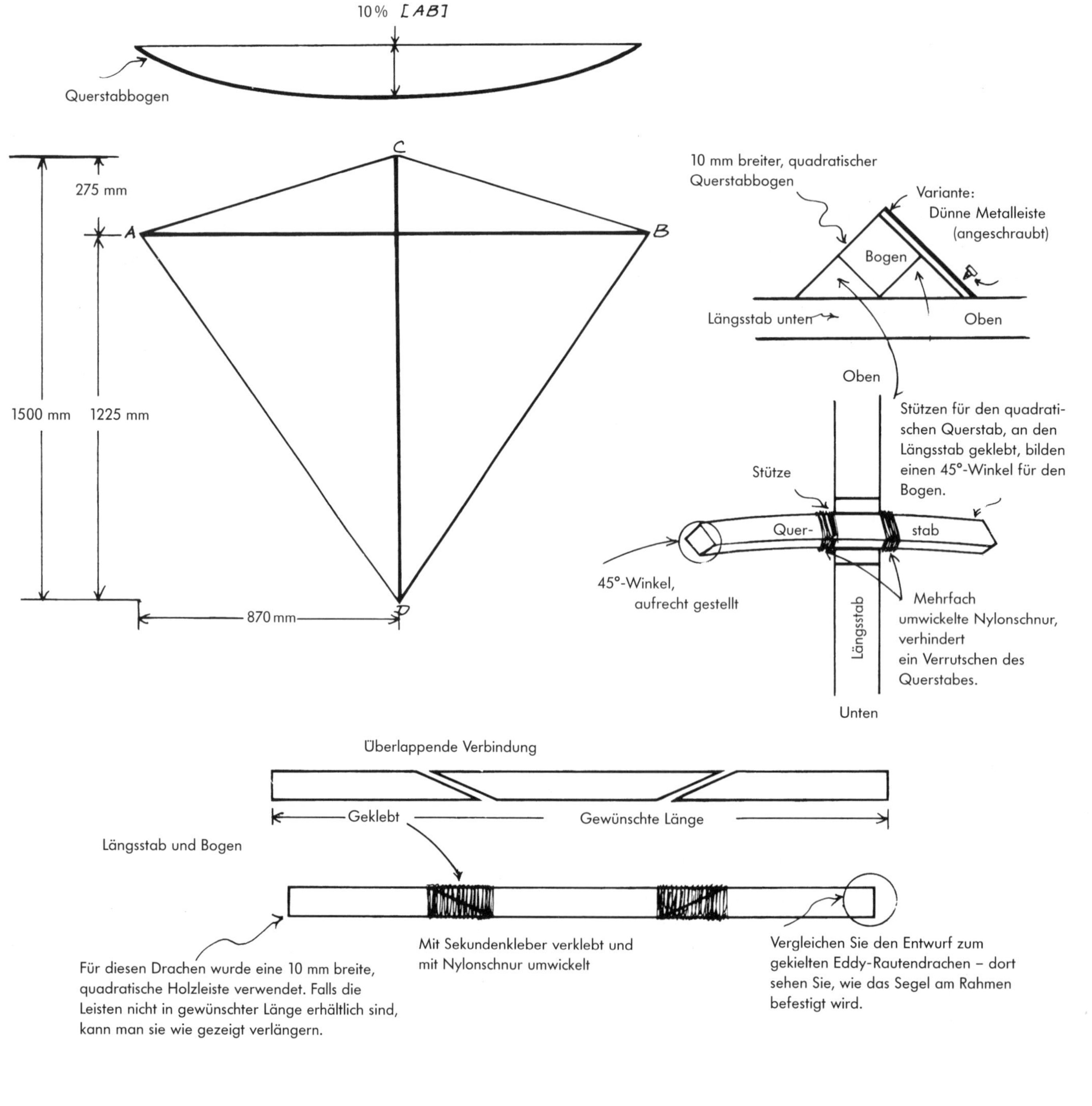

War der Eddy-Drachen nun ein abgewandelter »Parakite«, oder war es umgekehrt? Beide Drachen waren rautenförmig und hatten keinen Schwanz. Beide brauchten ein locker sitzendes Segel, das breiter war als der Rahmen, aber Wogloms »Parakite« hatte noch eine besondere Eigenart – einen gefältelten Bereich in der Mitte des Segels.

Ob Eddy und Woglom ihre verbesserte Version des malaiischen Bogendrachens unabhängig voneinander entwickelten, ist nicht bekannt. Durchaus erhellend könnte jedoch sein, was David Lockley, eine in London ansässige Amateurspürnase auf dem Gebiet der Drachenkunde, herausfand.

In einer Abhandlung, die sich mit dem Eddy-Drachen in seiner ursprünglichen Form befaßt, schreibt Lockley[1], daß es nicht so wichtig sei zu klären, warum Woglom das Patent so spät anmeldete und es ihm erst erteilt wurde, nachdem Eddy sein Patent bekommen hatte. Wichtiger sei es, die Frage zu beantworten, warum Eddy, der seine Entwicklung des schwanzlosen Bogendrachens schon 1893 im wesentlichen abgeschlossen hatte, fünf Jahre wartete, bis er den Drachen zum Patent anmeldete. Laut Lockley könnte es sich folgendermaßen zugetragen haben: Obwohl Eddy seinen Entwurf bereits im Jahr 1893 abgeschlossen hatte, wollte er den Drachen in Zusammenarbeit mit den Meteorologen des Blue Hill Observatoriums in Massachusetts sowie mit Charles Flanders in New York, der kurz davor in Kapstadt einen malaiischen Drachen gebaut hatte, noch verbessern. Flanders schlug vor, den Querstab zweifach zu biegen, und zwar in einem Winkel vergleichbar mit den Flügeln eines Vogels. Also war Eddys ursprünglicher Drachen mit einem Querstab ausgestattet, der nach unten und nach hinten gebogen war, wodurch er einem Indischen Kampfdrachen oder einem Nagasaki hata ähnelte. Ein anderer Grund für Eddys Zögern könnte die Tatsache gewesen sein, daß Eddys Erfindung schon allgemein bekannt war, da er sie in diversen wissenschaftlichen Zeitschriften publiziert hatte.

Es ist durchaus auch vorstellbar, daß Eddy aus Gewissensgründen sein Patent erst so spät anmeldete. Da der Drachen seine Entstehung einer ganzen Reihe äußerer Anregungen verdankte – was auch allgemein bekannt war – und Teile des Entwurfs bereits an die Öffentlichkeit gelangt waren, stand er vermutlich vor dem Dilemma zu entscheiden, was er sich davon überhaupt patentieren lassen sollte. Im Fall von Eddys Patentanmeldung mahlten die Mühlen der Bürokratie wahrscheinlich deshalb so schnell, weil das Patentamt bereits über Eddys Pionierarbeit auf dem Gebiet des Drachenbaus informiert war.

[1] Lockley, David: »Will the Real Eddy Stand Up Please: The Geometry of the Eddy Kite«, London 1987

Obwohl Vermutungen natürlich immer anregend sind, bleiben die wahren Gründe, warum Eddy sein Patent so spät angemeldet hatte und warum das Patentamt die Anmeldung Wogloms nur mit Verzögerung bearbeitete, letztlich Spekulation.

Nachbau eines originalen Eddy-Drachens

Seit Jahren berichten Drachenbauer über unterschiedliche Erfolge mit Eddy-Drachen. Einige enttäuschte Drachenfreunde haben sogar darauf bestanden, den Drachen mit einem Schwanz zu versehen. Aber die mit dem Nachbau des originalen Eddy-Drachens verbundenen Probleme resultieren in Wirklichkeit daraus, daß die Ungenauigkeiten des Entwurfs seit Jahren fortgeschrieben werden.

In den meisten Fällen haben die seit 1896 verfaßten Drachenbücher die ursprünglich auf Eddy zurückgehende Bauweise mehrfach verändert. Der simple Grund, warum diese Drachen – wie so oft beklagt – nicht fliegen, ist der, daß grundlegende Details, die den Eddy-Drachen zu einem stabilen Flieger machen, weggelassen wurden.

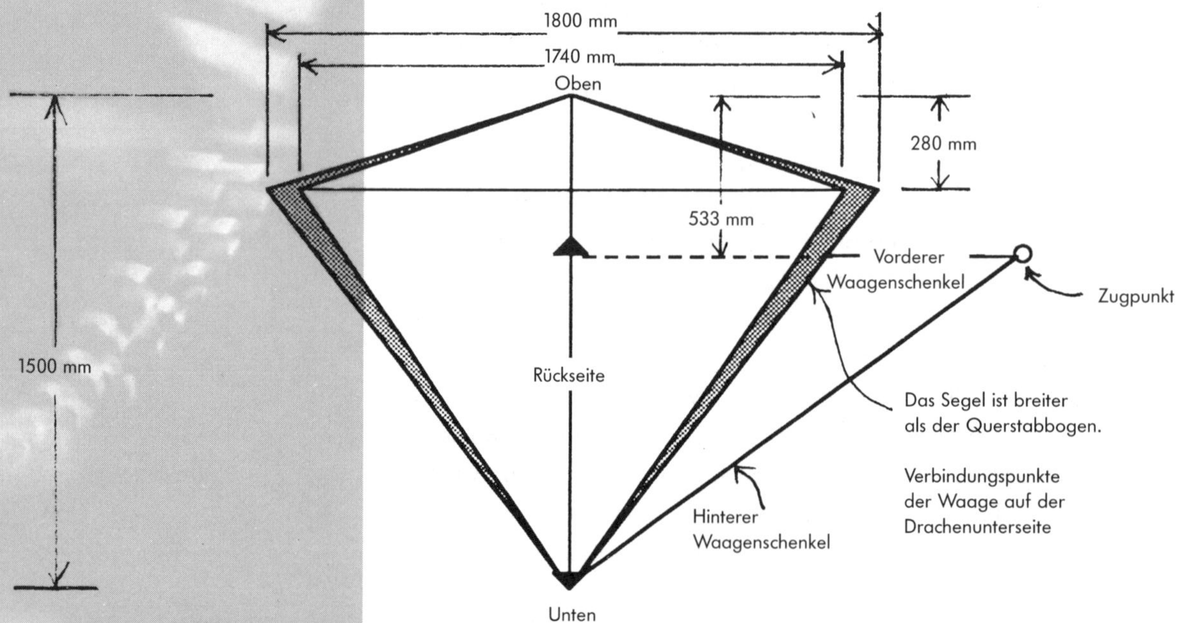

Abb. 145 Ein originaler Eddy-Drachen – Segel und Waagpunkte

Bauanleitung

Lockley führte viele geometrische Berechnungen durch, um die genauen Abmessungen des originalen Eddy-Drachens zu rekonstruieren.

Die folgenden Angaben beruhen auf seinen Berechnungen. Sie können die Zahlen durchaus etwas auf- oder abrunden – so kann beispielsweise der 1740 mm lange Querstab auch ohne weiteres um einige Millimeter variieren. Beachten Sie zusätzlich zu den folgenden Punkten auch die Abb. 145 und 146.

- Der 1740 mm lange Querstab ist um 10 % (von $\overline{AB}$) gebogen und in einem 45°-Winkel aufrecht gestellt.
- Der Querstab sollte quadratisch (10 mm breit) und nicht rechteckig sein.
- Der Längsstab ist 1500 mm lang. Der Querstab kreuzt ihn bei 275 mm (oder 18 % von C–D) vom oberen Ende aus gemessen.
- Der Schwerpunkt oder Waagpunkt liegt bei 35 % von C–D vom oberen Ende aus gemessen. Hier liegt der Verbindungspunkt des vorderen Waagenschenkels. Der hintere Waagenschenkel wird am unteren Längsstabende angebracht.
- Das Segel (mit Saumzugaben) sollte etwa 4 % breiter sein als die Länge des Querstabes – in diesem Fall also 1870 mm breit und 1560 mm hoch. Die Stabilität des Eddy-Drachens ist dank des vom Querstab verursachten Winkeleffektes gewährleistet und wird noch durch das leicht aufgeblähte Segel verbessert.

  Für das Originalsegel wurde dünnes Packpapier für schwache, lacküberzogener Stoff dagegen für starke Winde empfohlen.

  Verwenden Sie für Ihren Drachen Spinnakernylon für schwache und Anorakstoff (unlackiert) für starke Winde.
- Die Hinterkanten des Segels sollten nicht unter Spannung stehen, da dies das richtige Aufblähen des Segels verhindern würde.
- Ein Schwanz ist hier nicht nötig.

Flugdaten:
Windgeschwindigkeit: 8–40 km/h
Flugleine: 45-kp-Schnur
AE: ± 65
Handschuhe empfohlen

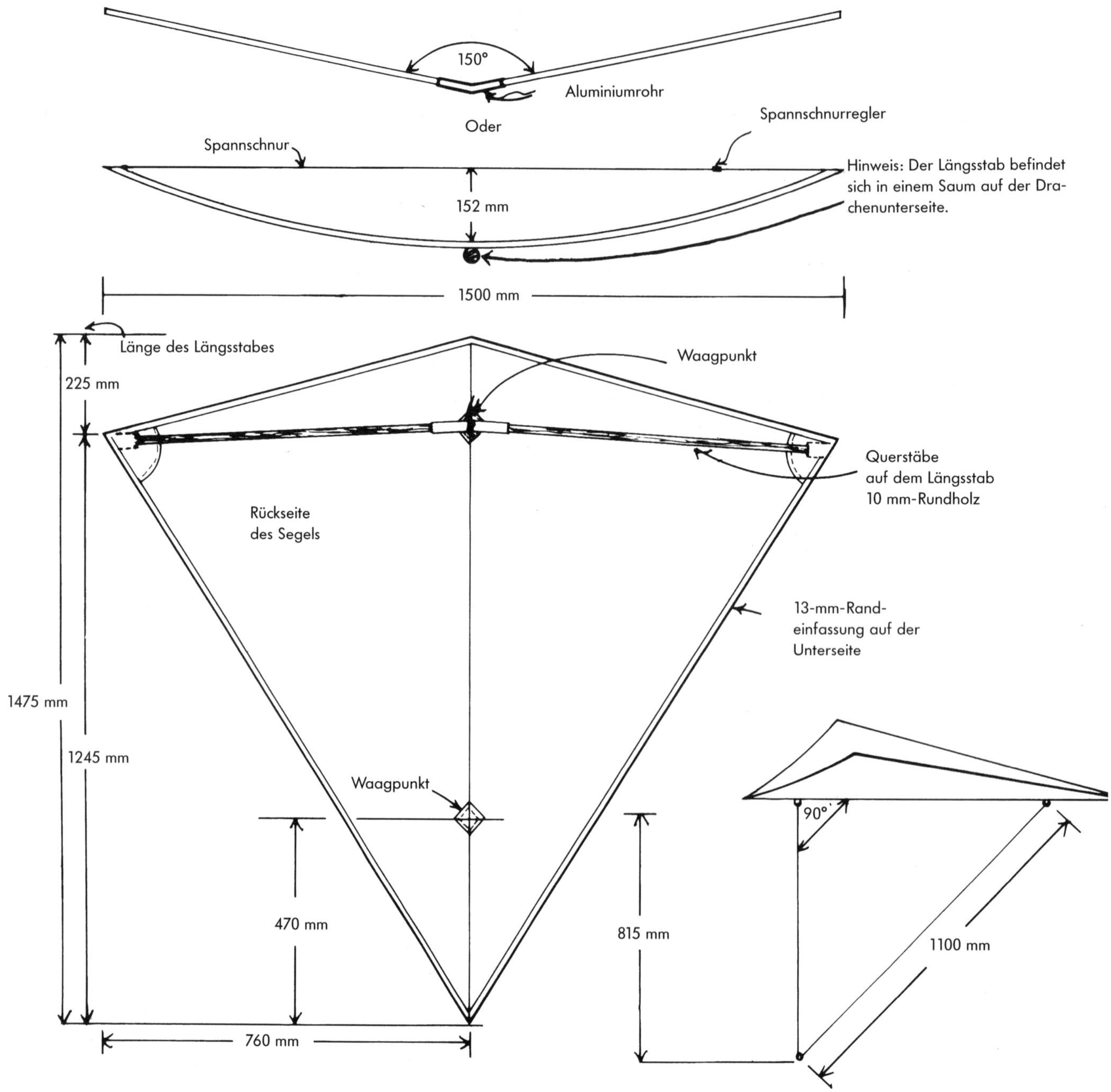

Abb. 147 Malay-Variation

Die flache Malay-Variation

Dieser Drachen ist dem Eddy-Drachen sehr ähnlich, hat aber keine extrabreite Segelbespannung (siehe Abb. 147). Die Abb. 148 zeigt die Variante mit einem stabilisierenden Kiel.

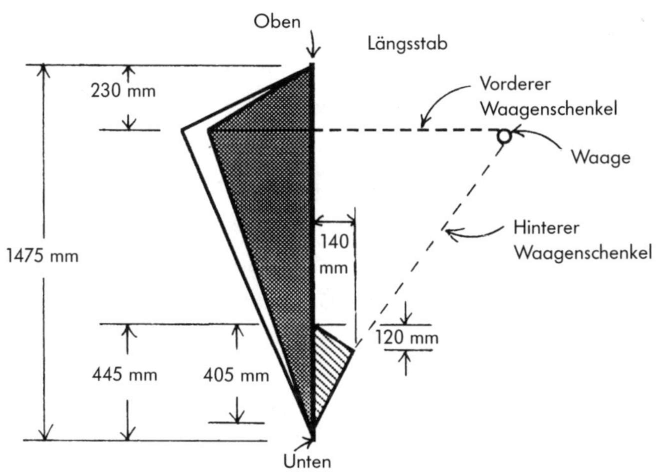

Ein Kiel verhindert bei der Spinnakernylon-Version das Flattern des flachen Malay-Drachens.

Entwurf: Mit freundlicher Genehmigung von Dan Leigh

Abb. 148 Malay-Variation mit stabilisierendem Kiel

Der gekielte Eddy-Rautendrachen

Entwurf: Mit freundlicher Genehmigung von Jack Liddell

Material

Für den Bau dieses Drachens benötigen Sie:

- **Spinnakernylon 22,5 g: 2,3 m**
- **Sperrholz:**
  vier Stück 3 x 6 x 76 mm
  zwei Stück 3 x 26 x 130 mm
  zwei Stück 3 x 26 x 155 mm
  zwei Stück 3 x 24 x 76 mm
  zwei Stück 3 x 10 x 76 mm
- **Holzleisten:**
  ein Stück 10 x 16 x 1131 mm
  ein Stück 10 x 16 x 768 mm
  ein Stück 6 x 19 x 635 mm
  ein Stück 3 x 19 x 508 mm
  ein Stück 3 x 19 x 457 mm
  ein Stück 3 x 19 x 406 mm
  zwei Stück 6 x 19 x 565 mm
- **Hartholzblöcke:**
  zwei Stück 6 x 19 x 25 mm

Der Drachen mit dem Bogen

Der gekielte Eddy-Rautendrachen ist Jack Liddels neueste Version des klassischen Eddy-Drachens (siehe Liddells Eddy-Rautendrachen in Abb. 149).

Liddell wählte rechtwinklige Holzleisten, um leichte, belastungsfähige Stäbe zu erhalten. Der Drachen sieht zwar einfach aus, doch sind für den Bau des flugtauglichen Gerüsts mehrere Arbeitsschritte wie Schneiden, wiederholtes Schleifen, Kleben, Klammern und Laminieren der Hölzer notwendig.

Präzise verarbeitete Verbindungsteile (Abb. 150) erlauben das einfache Auseinandernehmen des Drachens für den Transport. Um die Spannung des Segels an die herrschenden Windverhältnisse anzupassen, ersann Liddell ein einfaches, jedoch effektives Kugel-System zur Spannungsregulierung. Der stabilisierende Kiel verhindert jedes Flattern, und der Drachen zeichnet sich insgesamt durch einen geraden und sicheren Flug aus.

Bauanleitung

Gehen Sie Schritt für Schritt vor. Beachten Sie dabei Abb. 154.

1. Messen Sie die Stoffteile aus und schneiden Sie jeweils zwei Stoffteile A und B sowie die Einzelkiel-Stoffteile C und D aus 22,5-g-Spinnakernylon zu. Geben sie jeweils 13 mm für einen Saum an allen äußeren Rändern sowie 19 mm für alle inneren Umsäumungen zu, da 6 mm des Materials durch den Heißschnitt wegfallen. Der Kiel ist etwas kürzer als das Hauptsegel, um den zur Spannungsregulierung dienenden Kugelsystemen am vorderen und hinteren Ende des Längsstabes Platz zu bieten. Beachten Sie die Maße der Umsäumungen.
   Hinweis: Die Faserrichtung sollte sich an der Richtung der Hauptränder orientieren (siehe auch Abb. 155).
2. Man legt die Stoffteile A und B mit den glänzenderen Seiten aufeinander, schneidet mit dem Lötkolben 6 mm Material vom Rand weg und schweißt die Stoffteile zusammen. Ganz ähnlich verschweißen Sie die Stoffteile C und D entlang der Saumlinie, wie dargestellt.
3. Mit dem Lötkolben schneidet man ein Stück aus Dacron zur Verstärkung der Kielspitze.

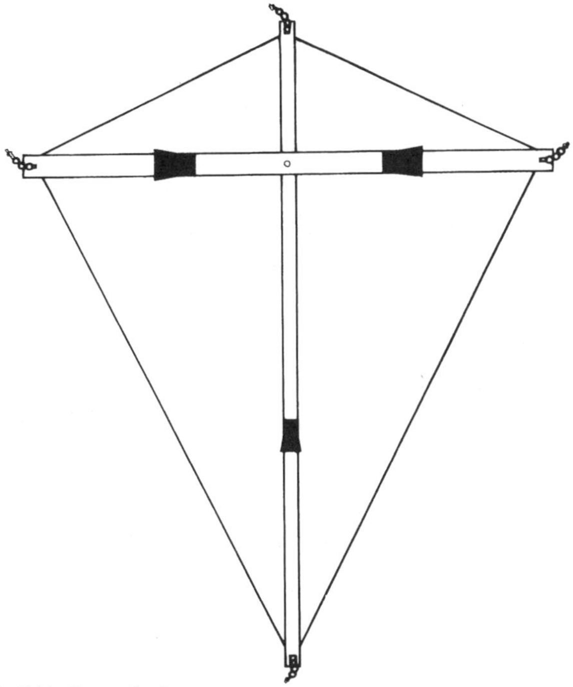

Abb. 149 Der gekielte Eddy-Rautendrachen

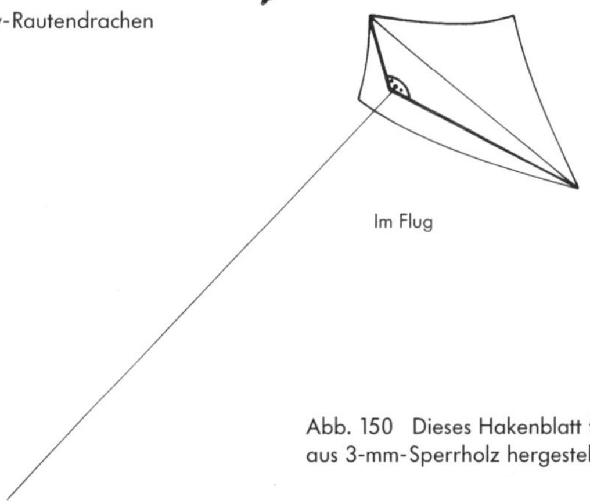

Im Flug

Abb. 150 Dieses Hakenblatt für den Bogen wurde aus 3-mm-Sperrholz hergestellt.

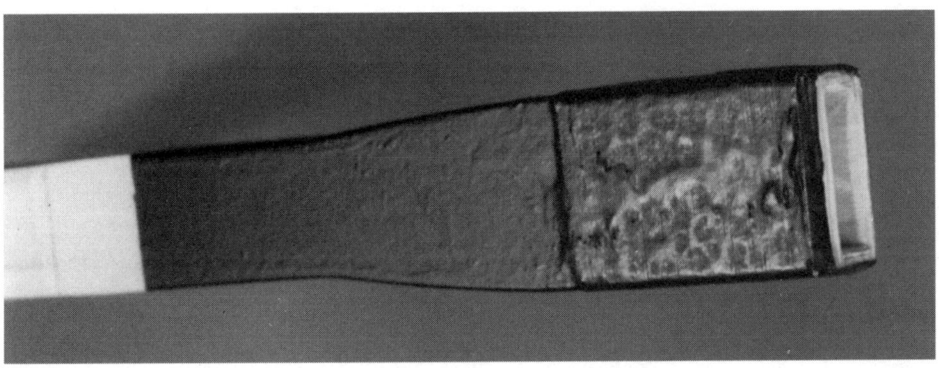

Material
(Fortsetzung)

- **Sonstige:**
  – Eine M 3 x 40-mm-Schraube plus Schraubenmutter
  – Vier 13 x 51-mm-Birkendübel
  – 16 Holzkugeln mit kleinem Loch
  – 178 mm geflochtene Dacronschnur, 35 kp
  – Drei 6 mm (Innendurchmesser) Messingösen
  – Acht Streifen 19 x 102-mm-Nylontuch
  – 610 mm geflochtene Dacronschnur, 70 kp
  – Ein Verstärkungsstück aus Dacron, 76 x 178 mm
  – Ein Spannschnurregler

Details

Wenn nicht anders angegeben, finden Sie Details in Abb. 151.

• (Detail 1) Äußere Querstrebe: Befestigungspunkt der Spannschnur. Merkmal des Querstrebenendes: Holzkugeln können in der Kerbe variabel gesetzt werden. Sie sind in jede Richtung versetzbar, um die Spannung des Segels auszugleichen.

• (Detail 2, Abb. 152) Ende der äußeren Querstrebe, Seitenansicht: 13 x 51 mm Rundholz, Holzkugeln, geflochtene Dacronschnur, 70 kp; 19 x 102 mm Nylontuch, Spannschnur aus geflochtener Dacronschnur, 35 kp, und ein Hartholzblock für die Spannschnur.

• (Detail 3, Abb. 153) Spitze und hinteres Ende des Segels. Der Dübel wird für die Regulierungskugeln und die Dacronschnur mittig durchbohrt; das Nylontuch wird auf die Segel genäht und bildet Schlaufen für den Dübel; Segel aus 22,5-g-Spinnakernylon; 13 mm Umsäumung.

• (Detail 4) Gerüst – Holzleiste, 5 mm x 13 mm, eingekerbt.

• Oberer Längsstab (10 x 16 x 1131 mm), unterer Längsstab (10 x 16 x 768 mm), laminierte Querstrebe (19 x 16 x 717 mm), äußere Querstreben (6 x 19 x 565 mm), M 3 Schraubenmutter.

Nähen:

4. Während die Stoffteile A und B wie beschrieben aufeinandergelegt bleiben, näht man sie etwa 13 mm vom heißgeschnittenen Rand entfernt zusammen. Jetzt müssen die Stoffteile wieder auseinandergeklappt werden. Mit dem 13-mm-Saum (Rand) – A gegen B – wird nochmals entlang des Randes genäht, um einen Segelsaum zu erhalten. Der Vorgang wird für den zweiten Satz wiederholt. Doppelstich 13 mm Randumsäumung.
5. Die beiden Stoffteile für den Kiel, C und D, mit einem Segelsaum verbinden. Der Saum sollte von D zu C nach unten geklappt werden. Als Verstärkung schneidet man ein Dacronstück und vernäht es mit der Kielspitze. Die Außenränder werden mit einem doppeltgefalteten 6-mm-Saum abgeschlossen.

Heißschnitt:

6. Der Kiel wird zwischen die Drachenhälften geklemmt. Die glänzenden Seiten sollten dabei nach innen zeigen. Die Kielspitze muß auf einer Linie mit dem Querstab des Drachenkreuzes liegen. Dann schweißt man alle drei Teile zusammen, wobei durch den Heißschnitt etwa 6 mm Material abgetrennt werden.

Nähen:

7. Während man den Kiel zwischen den Drachenhälften beläßt, näht man die Teile etwa 13 mm vom Rand entfernt zusammen. Dann klappt man den Saum zur Seite und näht am Rand entlang, um den Segelsaum zu vervollständigen.

Heißschnitt:

8. Schneiden Sie aus einem Nylontuch acht Streifen mit den Maßen 19 x 102 mm.
9. Schneiden Sie aus 70-kp-Dacronschnur vier Schnüre von je 152 mm Länge zu.
10. Schneiden Sie die Ecken des Drachensegels rechtwinklig zu oder falten sie so zurück, daß sie 51 mm messen und so zu dem 51-mm-System zur Spannungsregulierung des Segels passen (siehe Schritt 10 in Abb. 155 sowie Detail 3 in Abb. 153).

Sägen:

11. Sägen Sie vier Dübel mit den Maßen 13 x 51 mm und bohren Sie in deren Mitte jeweils ein Loch von 3 mm.

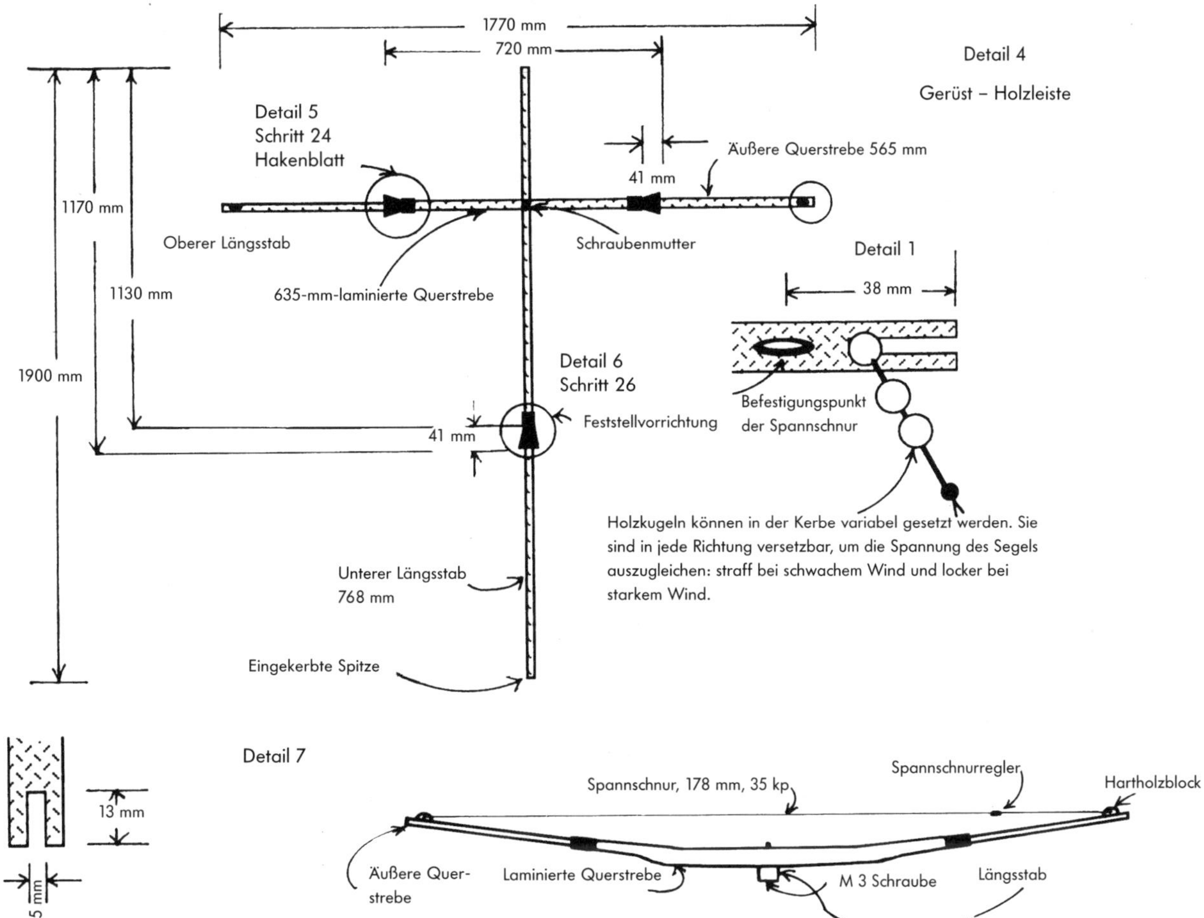

Abb. 151 Der gekielte Eddy-Rautendrachen – Grundentwurf

Abb. 152 Detail 2 – Äußere Querstrebe, Seitenansicht

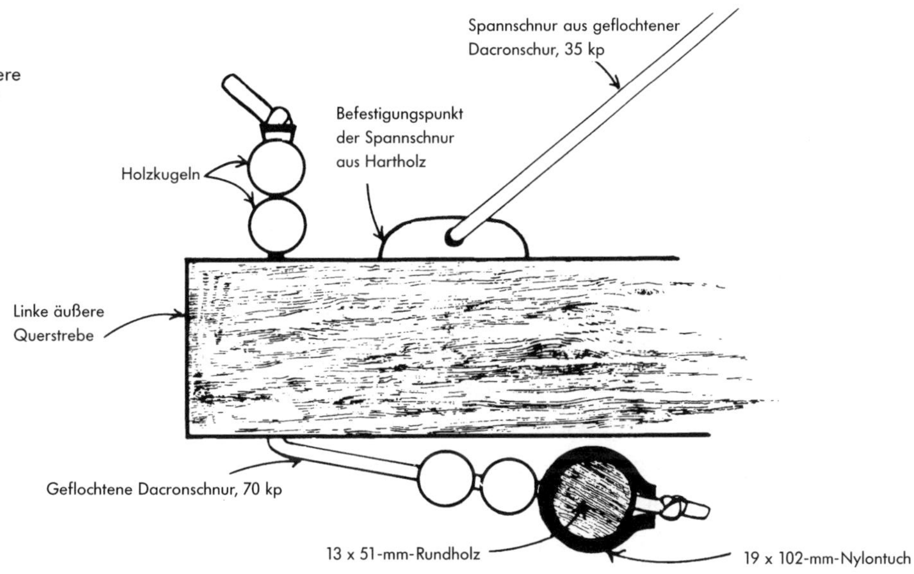

Details
(Fortsetzung)

• (Detail 5) Hakenblätter 3-mm-Sperrholz – abgeschrägt, mit Nylon umwickelt und geklebt. Schritt 24
• (Detail 6) Feststellvorrichtung. Schritt 26 (siehe auch Abb. 159)
• (Detail 7) Spannschnur – 178 mm geflochtene Dacronschnur (35 kp), Spannschnurregler, Hartholzblock (6 x 3 x 25 mm), M 3 x 40-mm-Schraube, laminierter Querstab und Längsstab

Flugdaten:
Windgeschwindigkeit: 8–40 km/h
Flugleine: 45-kp-Schnur
AE: ± 65
Handschuhe empfohlen

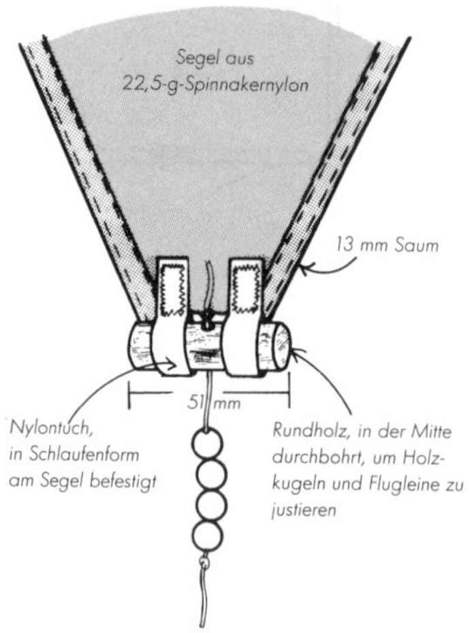

Abb. 153 Detail 3 – Segelspitze, hinteres Ende

Montage:

14. Die Dübel werden in die Nylonschlaufen gesteckt, und die Schnur mit den Holzkugeln wird durch das Loch gefädelt. Daraufhin werden die Schnurenden verschmolzen.
15. Anschließend werden die drei Messing-Ösen in die Kielspitze eingearbeitet.

Herstellung des Rahmens

Sägen:

Der Längsstab und die Querstrebe werden aus Holzleisten hergestellt. In diesem Fall wird zunächst jedes Teil mit einer Bandsäge zugeschnitten, die rauhen Enden werden verschliffen, und zum Schluß werden die Teile in der richtigen Größe zugeschnitten. Die Maße sind in Abb. 153, Detail 3, zu finden.

16. Der Längsstab: Man schneidet die Holzleiste auf die richtige Länge zu. Die Feststellvorrichtung, hergestellt aus 3-mm-Sperrholz, wird am unteren Ende des oberen Längsstabes angebracht (siehe Abb. 151).
17. Die Querstrebe: Zuerst werden die Außenseiten der Querstrebe wie in Abb. 156 dargestellt zugeschnitten.
18. Das vordere und hintere Ende des Längsstabes und die äußeren Enden der Querstrebe werden eingekerbt. Zuerst wird hierfür ein 5 mm breites Loch in etwa 13 mm Entfernung vom Rand gebohrt, wie es in Abb. 156 zu sehen ist. (Das Bohren von Löchern verhindert ein Zersplittern des Holzes.) Dann sägt man mit der Bandsäge eine Kerbe bis zum vorgebohrten Loch. Die Hartholzblöcke werden unterhalb der Kerben an den Enden der Querstrebe mit Epoxidkleber befestigt.

Abb. 154 Zuschnitt, Maße und Nähanleitung

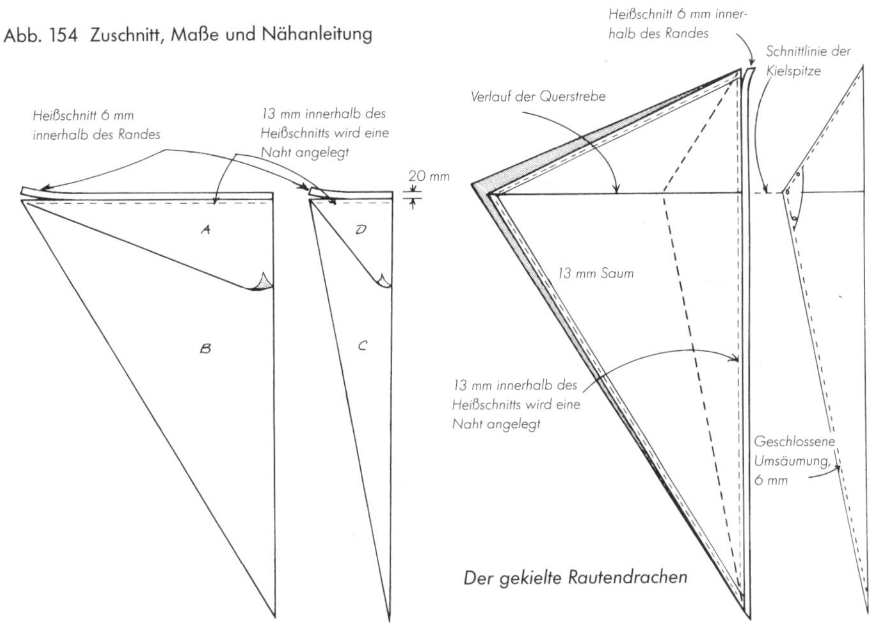

Herstellung der laminierten Querstrebe

19. Nach dem Sägen und Glätten werden die Hölzer zusammengelegt (siehe Abb. 156).
    Dann bohrt man durch alle vier Teile in der Mitte ein Loch. Dieses Loch hat zweierlei Funktionen: Während der Phase, in der der Bogen eingespannt ist, wird dort ein Rundholz eingeführt; später wird durch dieses Loch eine Schraube gedreht, die Bogen und Längsstab miteinander verbindet.
20. Dann stellt man aus einem Holzblock eine Spannvorrichtung mit den Maßen 52 x 25 x 1220 mm her, wobei die Klammern, wie in Abb. 156 dargestellt, angebracht werden.
21. Die Krümmung der Spannvorrichtung wird aufgezeichnet; dazu verwendet man eine Holzleiste mit den Maßen 6 x 8 x 1830 mm. Während die Holzleiste 76 mm vor den Enden fixiert ist, biegt man sie 152 mm nach unten. Darunter legt man einen Bogen Packpapier, auf das man die Krümmung mit einem Stift nachzeichnet. Die Bogenlinie überträgt man auf einen Holzblock, um die Spannvorrichtung für die laminierte Querstrebe herzustellen (siehe Abb. 156).
22. Danach werden die Innenseiten mit Epoxidkleber zusammengefügt (die Verarbeitungszeit beträgt etwa 45 Minuten), und in das Loch wird ein 3-mm-Rundholz gesteckt.

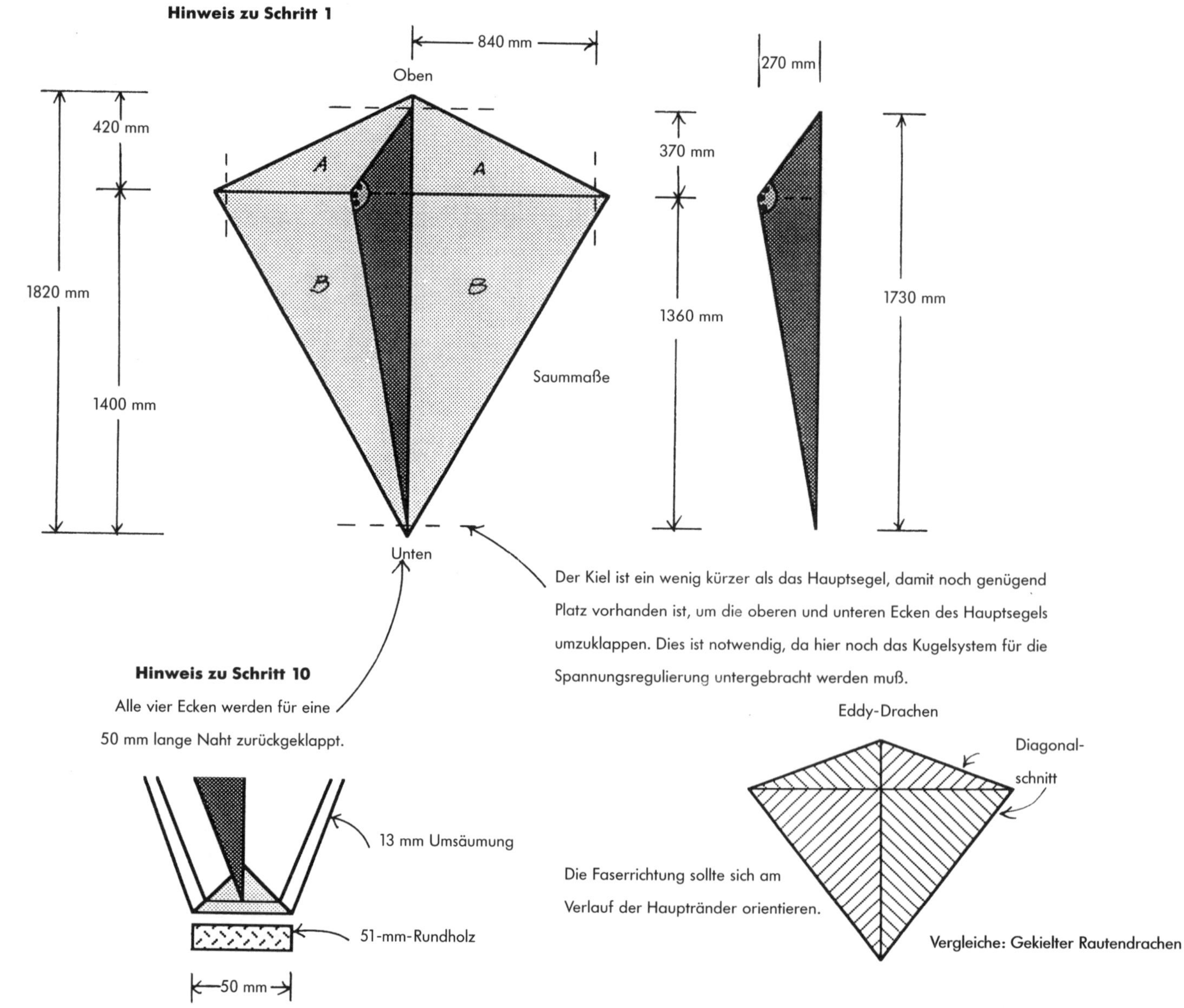

Abb. 155 Schritte 1 und 10

23. Schließlich wird die komplette Querstrebe aus der Spannvorrichtung entfernt. Um die beiden Enden für die Hakenblätter vorzubereiten, schrägt man die beiden geklebten 3-mm-Leisten auf einer Länge von 25 mm ab (siehe Abb. 157).

Herstellung der Hakenblätter

24. 3-mm-Sperrholz wird so abgeschrägt, daß es zu der Schräge des Bogens paßt. Beide Teile werden mit Holzleim verbunden.
25. Das Ganze wird mit Nylonschnur sehr eng umwickelt, die Schnur sollte dabei unter hoher Spannung stehen. Die Schnur wird anschließend mit viel Holzleim bestrichen (siehe Abb. 158).
26. Die Feststellvorrichtung für den Längsstab wird wie in Abb. 159 gezeigt angefertigt. Hinweis: An allen Rundstäben sollte das Holz mit farblosem Lack versiegelt werden, um eine möglichst glatte Oberfläche zu erhalten.
27. Auf die Hakenblätter wird eine dünne schwarze Farbschicht aufgetragen.
28. Zuletzt wird das Segel optimal auf dem Gerüst zentriert.

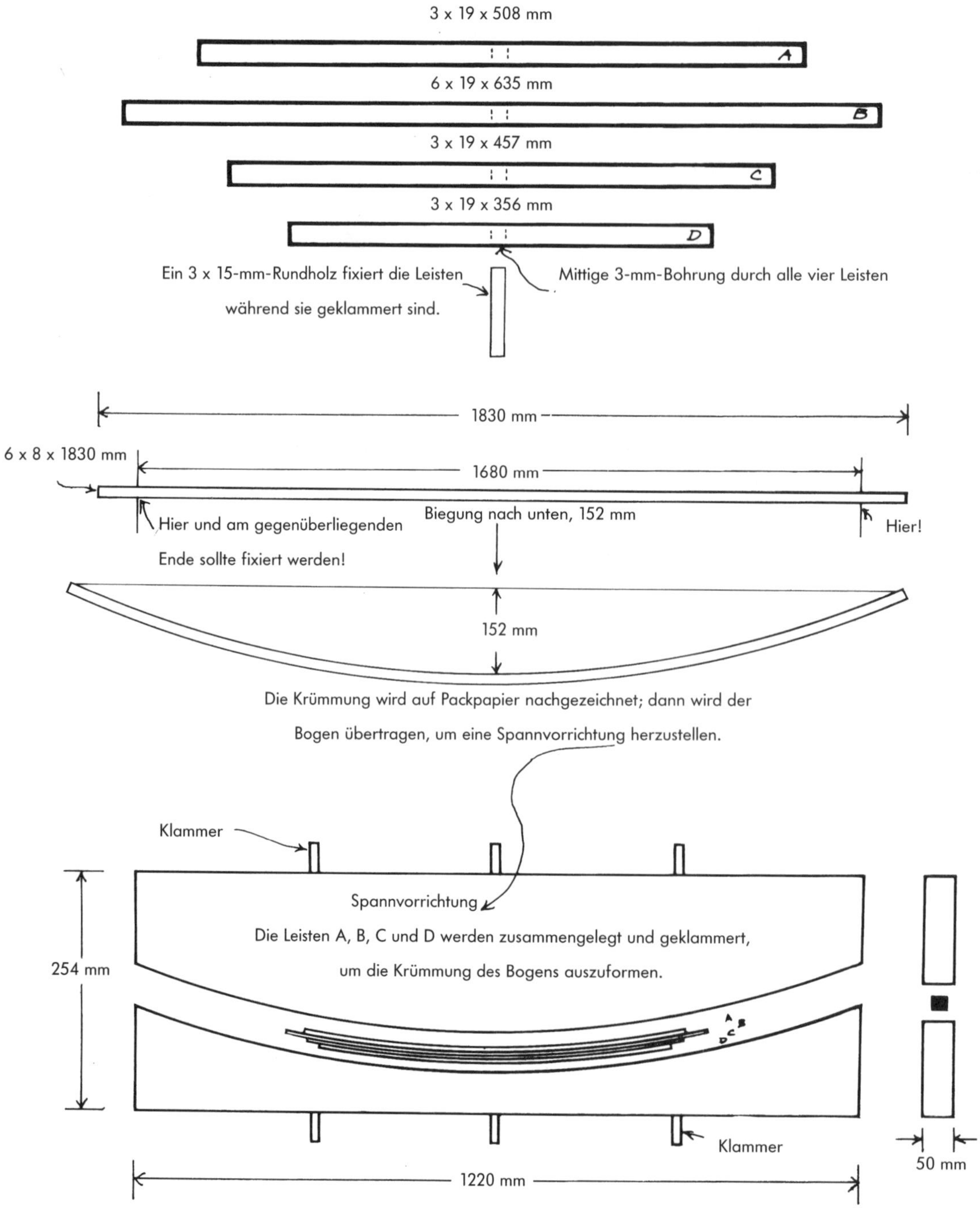

Abb. 156 Der laminierte Bogen

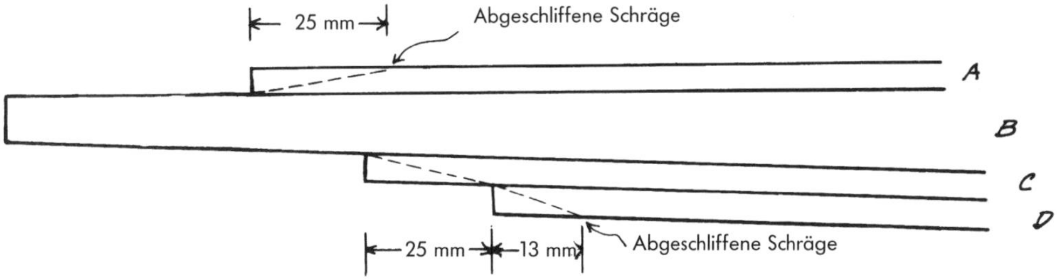

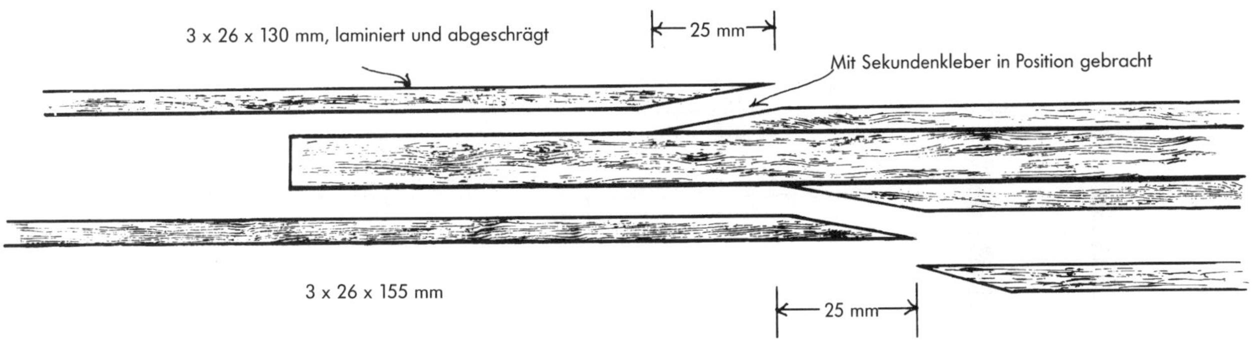

Schritte:

1. Der Bogen wird aus der Spannvorrichtung genommen.
2. Die 3-mm-Laminathölzer werden abgeschrägt und zusammengefügt.
3. Das Hakenblatt wird der Schräge der laminierten Hölzer angepaßt und mit Nylonschnur umwickelt.

Abb. 157 Oben: Linkes Ende der Querstrebe (aus der Spannvorrichtung genommen). Unten: Hakenblatt

Abb. 158 Schritt 3 – Hakenblatt

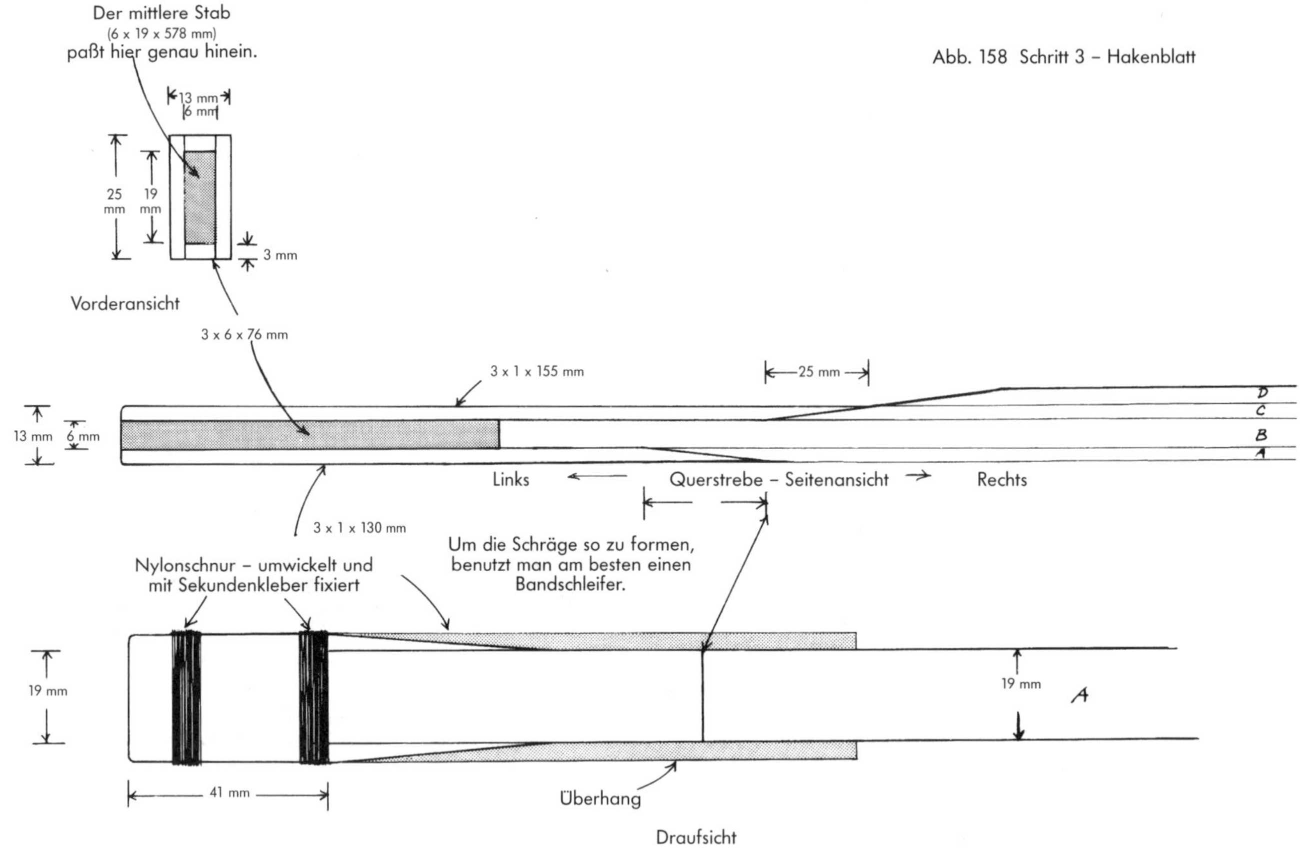

Abb. 159 Schritt 26 – Feststellvorrichtung für den Längsstab

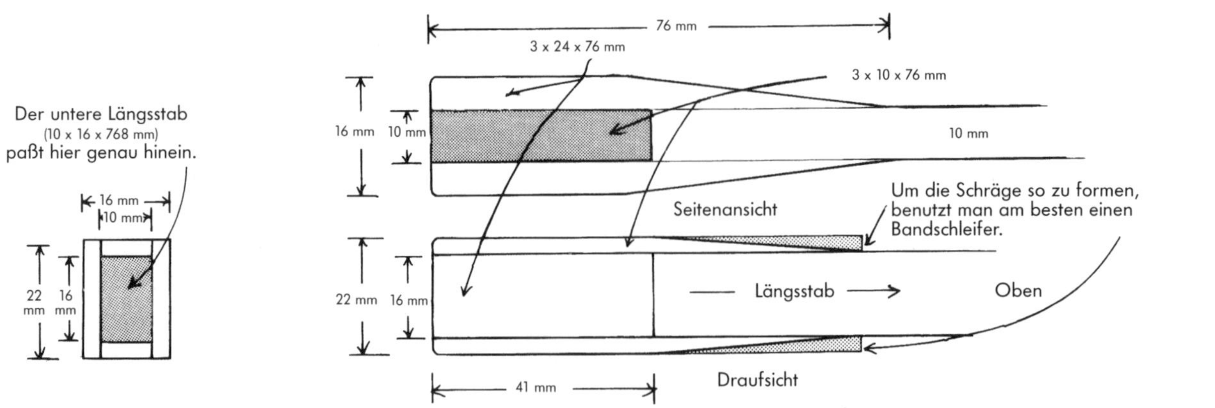

29

Material

Für den Bau dieses Drachens benötigen Sie:

- **Spinnakernylon 22,5 g: 2,3 m**
- **Sperrholz:**
  vier Stück 3 x 6 x 76 mm
  zwei Stück 3 x 26 x 130 mm
  zwei Stück 3 x 26 x 155 mm
  zwei Stück 3 x 24 x 76 mm
  zwei Stück 3 x 10 x 76 mm
- **Holzleisten:**
  ein Stück 10 x 16 x 1131 mm
  ein Stück 10 x 16 x 768 mm
  ein Stück 6 x 19 x 635 mm
  ein Stück 3 x 19 x 508 mm
  ein Stück 3 x 19 x 457 mm
  ein Stück 3 x 19 x 406 mm
  zwei Stück 6 x 19 x 565 mm
- **Hartholzblöcke:**
  zwei Stück 6 x 19 x 25 mm

Schlittendrachen-Variationen

Scott-Schlitten, Hornbeam Mark I, American Sportsman und Doppeltrapez-Schlittendrachen

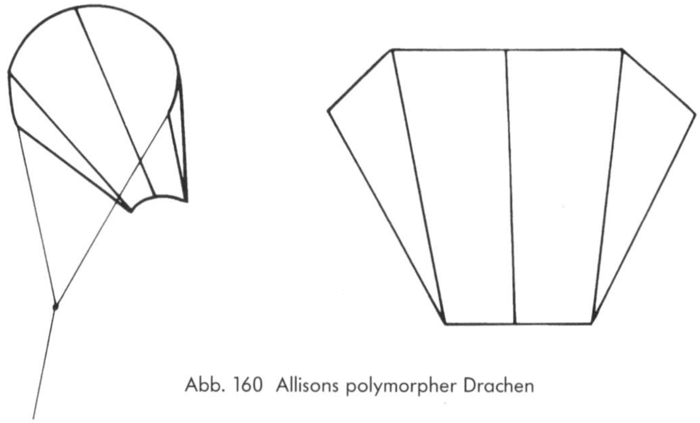

Abb. 160 Allisons polymorpher Drachen

Allisons polymorpher Drachen oder Scotts Schlittendrachen-Variation

Der Schlittendrachen ist einer von acht Grundtypen. Seine Bezeichnung hängt wahrscheinlich damit zusammen, daß der Drachen im Flug Ähnlichkeit mit einem Schlitten hat. Beschäftigt man sich jedoch eingehender mit der Geschichte dieses Drachens, so kommt man auch noch auf eine andere Erklärung.

Im Gegensatz zu frühesten Drachenformen oder zum aktuelleren Deltadrachen, dessen erstmalige Verwendung nicht genau nachgewiesen ist, läßt sich die Spur des Schlittendrachens bis zu seinem Erfinder, William M. Allison, zurückverfolgen.

Der in Kanada geborene Allison zog während der späten 20er bzw. Anfang der 30er Jahre nach Dayton, Ohio (hier waren um die Jahrhundertwende auch die Gebrüder Wright zu Hause). Allison war immer bereit, Kindern beim Drachenfliegen zu helfen. Hier begann er wahrscheinlich auch mit Experimenten für neue eigene Entwürfe. Um 1950 entwickelte er einen flexiblen Drachen, den er selbst als polymorph bezeichnete (siehe Abb. 160). Damals war Allison noch nicht bewußt, daß dieser halbstarre Drachen eine beispiellose Popularität erreichen würde. Obwohl er kurz nach seiner Erfindung ein Patent anmeldete, mußte er noch bis 1956 auf die Erteilung warten.

Allisons flexibler Drachen blieb zunächst ziemlich unbekannt, bis 1961 oder 1962 Frank H. Scott, der ebenfalls in Ohio lebte, durch eine Kleinanzeige in einer Publikation über Modellflugzeuge auf dieses Modell aufmerksam wurde. Die Anzeige enthielt, so Scott, lediglich eine einfache Skizze des Drachens, die ihn jedoch zur Entwicklung eines eigenen Modells inspirierte. Die frühen Scott-Schlitten, wie sie auch genannt werden, wiesen in der unteren Hälfte ein umgekehrtes dreieckiges Windloch mit parallelen Seiten auf und unterschieden sich so von dem in der Anzeige abgebildeten Drachen, der ein sich zur Hinterkante des Drachensegels hin verjüngendes Windloch hatte.

Scotts veränderte Version flog leidlich gut – und so hätte die Geschichte hier enden können. Frank Scotts Vater, Walter Scott, der »schon haufenweise Schlittendrachen gebaut hat«, versandte die Drachen jedoch als Geschenke an Freunde in aller Welt, so auch an Bob Ingraham, dem Gründer von »Kite Tales: The Kiteflier's Magazine«, dem Vorläufer von »Kite Lines Magazine«. Nach einem kurzen Bericht in Ingrahams Magazin[1] im Jahre 1964 war der Siegeszug von Scotts Schlittendrachen mit all seinen Variationen nicht mehr aufzuhalten.

Der Schlittendrachen

Allgemeine Hinweise und Informationen

Unter den vielen Ausführungen der Schlittendrachen zählen die hier vorgestellten Variationen zu den erfolgreichsten Modellen: der Hornbeam-Schlittendrachen Mark I, der Scott-Schlitten, der Doppeltrapez-Schlittendrachen nach Ed Grauel und der gekielte American Sportsman nach Harry Sauls. Auf den folgenden Seiten finden Sie die Bauanleitung zu all diesen Drachen.

Da der Schlittendrachen thermische Winde ausnutzt, fliegt er bei leicht stetigen Winden am besten. Das Fehlen einer seitlichen Versteifung ist für die Aerodynamik nur teilweise von Vorteil. Während seine flexible Kappe eine umgekehrte U-Form annimmt und so ein Steigen bei leichtem Wind ermöglicht, bricht der Drachen bei drehenden Winden leicht in sich zusammen und flattert zur Erde.

Der Schlittendrachen fliegt am besten am Ende einer langen Waage. In der Regel mißt jeder Waagschenkel etwa das Dreifache der Drachenlänge. Die langen, schleierartigen Schnüre erlauben es der Kappe, sich ganz zu öffnen und dadurch den vorherrschenden Wind vollständig zu nutzen.

Um die besten Ergebnisse zu erzielen, sollte man sich beim Bau eines Drachens unbedingt an die vorgegebenen Maße halten. Die Maße stehen für den fertig gebauten Drachen. Die Bauanleitung wurde so knapp wie möglich gehal-

[1] Frank Scott: »Correcting Kite History«, Kite Lines, Winter-Spring 1981, S. 8

Material
(Fortsetzung)

- **Sonstige:**
  – Eine M 3 x 40-mm-Schraube plus Schraubenmutter
  – Vier 13 x 51-mm-Rundhölzer
  – 16 Holzkugeln mit kleinem Loch
  – 178 mm geflochtene Dacronschnur, 34 kp
  – Drei 6 mm (Innendurchmesser) Metallösen
  – Acht Streifen 19 x 102-mm-Nylontuch
  – 610 mm geflochtene Dacronschnur, 70 kp
  – Ein Verstärkungsstück aus 113-g-Dacron, 76 x 178 mm
  – Ein Spannschnurregler

Details

Wenn nicht anders angegeben, finden Sie die Details in Abb. 151.

- **(Detail 1) Äußere Querstrebe: Befestigungspunkt der Spannschnur. Merkmal des Querstrebenendes: Holzkugeln können variabel in der Kerbe gesetzt werden. Sie sind in jede Richtung versetzbar, um die Spannung des Segels auszugleichen.**
- **(Detail 2 in Abb. 152) Ende der äußeren Querstrebe, Seitenansicht: 13 x 51-mm-Rundholz, Holzkugeln, geflochtene Dacronschnur, 70 kp, 19 x 102-mm-Nylontuch, Spannschnur aus geflochtener Dacronschnur, 34 kp, und ein Hartholzblock für die Spannschnur.**
- **(Detail 3 in Abb. 153) Spitze und hinteres Ende des Segels. Das Rundholz wird für die Regulierungskugeln und die Dacronschnur mittig durchbohrt; das Nylontuch wird auf die Segel genäht und bildet Schlaufen für den Dübel; Segel aus 22,5-g-Spinnakernylon; 13 mm Umsäumung**
- **(Detail 4) Gerüst – Holzleiste, 5 x 13 mm, eingekerbte Enden**

ten, trotzdem sind Hinweise, die einen bestimmten Entwurf betreffen, beigefügt. Die Modelle aus Plastik zu bauen, ist nicht sehr schwierig. Nach einer gewissen Erfahrung im Umgang mit Klebeband und Plastik sollte man das Material verschweißen, um das Plastik sauber und stabil miteinander zu verbinden (siehe Kapitel 16). Ein Hinweis zum Schneiden von Plastik: Wenn man die auf der Arbeitsfläche aufliegende Seite leicht anfeuchtet, bleibt das Plastik gleichmäßig eben.

Arbeitet man mit Spinnakernylon, Baumwolle oder Tyvek, muß man extra Stoffzugaben für Säume, Taschen und Verstärkungen an besonders beanspruchten Bereichen einrechnen. Beachten Sie auch den Brandes Flare, wo auf Baupläne hingewiesen wird, die man auch mit Stoff umsetzen kann.

Ein Hinweis zum Anbringen der Waage: Bevor man die Schnüre am Drachen befestigt, mißt man die nötige Länge für die Waagschenkel ab, legt sie einmal zusammen und formt so von oben eine 50-mm-Schlaufe in der Mitte. Dann mißt man beide Hälften auf genau dieselbe Länge ab und markiert den Meßpunkt. Schließlich bindet man die Schnurenden an die Kielspitzen und nutzt die markierten Meßpunkte als Anhaltspunkt.

Der Scott-Schlitten

Nach einem Entwurf von Frank Scott

Bauanleitung

Gehen Sie Schritt für Schritt vor. Die Maße entnehmen Sie der Abbildung 161.

1. Zuerst stellt man eine halbseitige Schablone des Drachens her.
2. Dann schneidet man den Drachen aus.
3. Mit transparentem Klebeband fixiert man die 5-mm-Rundhölzer, bevor man die Windlöcher ausschneidet. Damit die Rundhölzer im vorderen oder hinteren Bereich des Drachens nichts einreißen können, verwendet man hier ebenfalls Klebeband.
4. Dann schneidet man die Windlöcher aus. Damit die Ränder nicht ausreißen, umklebt man die Schnittlinien mit Klebeband oder schneidet die Spitzen des Dreiecks rund aus.
5. Um den Kiel für den Ansatz der Waagschnur zu stärken, verwendet man Lochverstärkungsringe (einen auf jeder Seite der Spitze) oder man verstärkt ihn nur mit Klebeband und stanzt ein 3 mm breites Loch für die Waagschnur aus.
6. Als Waagschnur benötigt man eine Schnur von 15 kp.

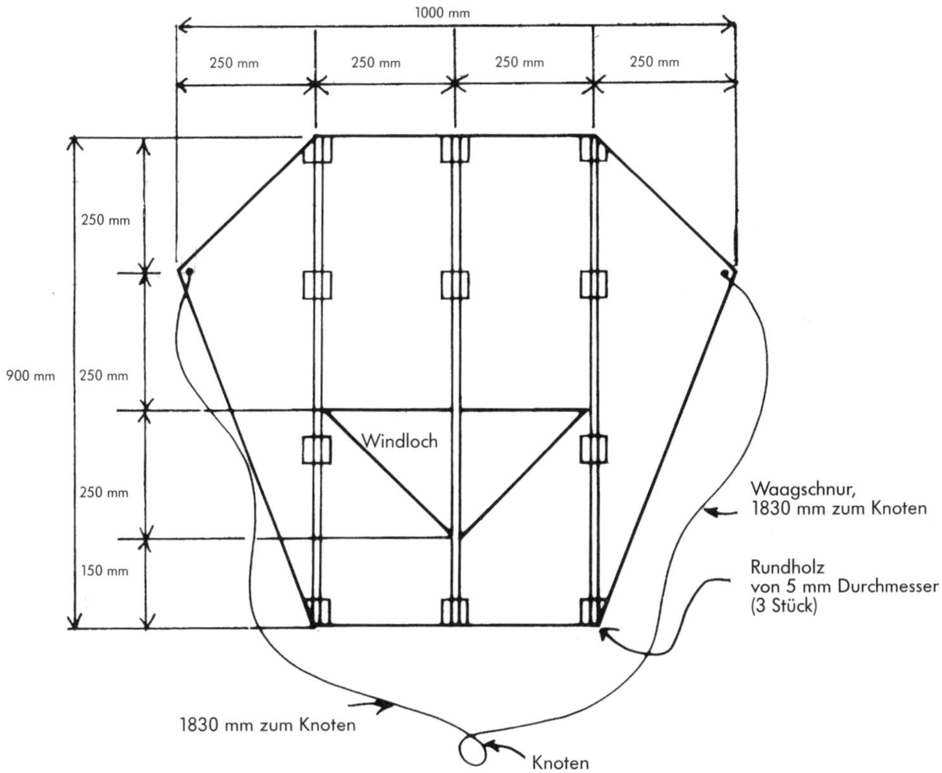

Abb. 161 Der Scott-Schlitten

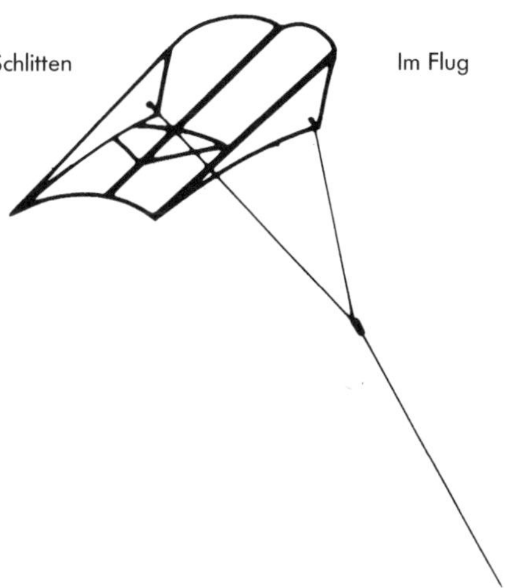

Details
(Fortsetzung)

- **Oberer Längsstab (10 x 16 x 1131 mm), unterer Längsstab (10 x 16 x 768 mm), laminierte Querstrebe (19 x 16 x 717 mm), äußere Querstreben (6 x 19 x 565 mm), und M 3-Schraubenmutter**
- **(Detail 5) Hakenblätter – 3-mm-Sperrholz, abgeschrägt, mit Nylon umwickelt und geklebt. Schritt 24**
- **(Detail 6) Feststellvorrichtung. Schritt 26 (siehe Abb. 159)**
- **(Detail 7) Spannschnur – 178 mm der geflochtenen Dacronschnur, 35 kp, Spannschnurregler, Hartholzblock (6 x 10 x 25 mm), M 3 x 40-mm-Schraube, laminierter Bogen und Längsstab**

Flugdaten:
Windgeschwindigkeit :
8–40 km/h
Flugleine: 45-kp-Schnur
AE: ± 65
Handschuhe empfohlen

Flugdaten:
Windgeschwindigkeit:
6–29 km/h
Flugleine: 13,6-kp-Schnur
AE: ± 55, nach oben offen

Der Hornbeam-Schlittendrachen Mark I –

ein Schlitten aus einem Plastikmüllsack

Nach einem Entwurf von Guy D. Aydlett

Hornbeams sind zuverlässige Fluggeräte. Bei diesem Drachen sorgt ein Bogen entlang des Mittelteils statt der üblichen Löcher bzw. Perforationen für eine Verbesserung der Flugstabilität. Durch diesen Bogen wird der Luftstrom gleichmäßig über die Leitkante geführt (siehe Abb. 162). Man sollte jedoch nicht von den Größenverhältnissen im Entwurf abweichen.

Bauanleitung

1. Zuerst errechnet man die Maße des Drachens nach dem Entwurf, wie er in Abb. 163 dargestellt ist.
   Man beginnt mit der Berechnung der Modellgrößen, indem man die Höhe des Drachens durch 4 teilt. Bei einem 100-cm-Drachen sind das 25 cm; für eine 100-cm-Version dieses Drachens multipliziert man nun jedes Maß des Modells mit 25, für eine 40-cm-Version des Drachens mit 10. Für einen

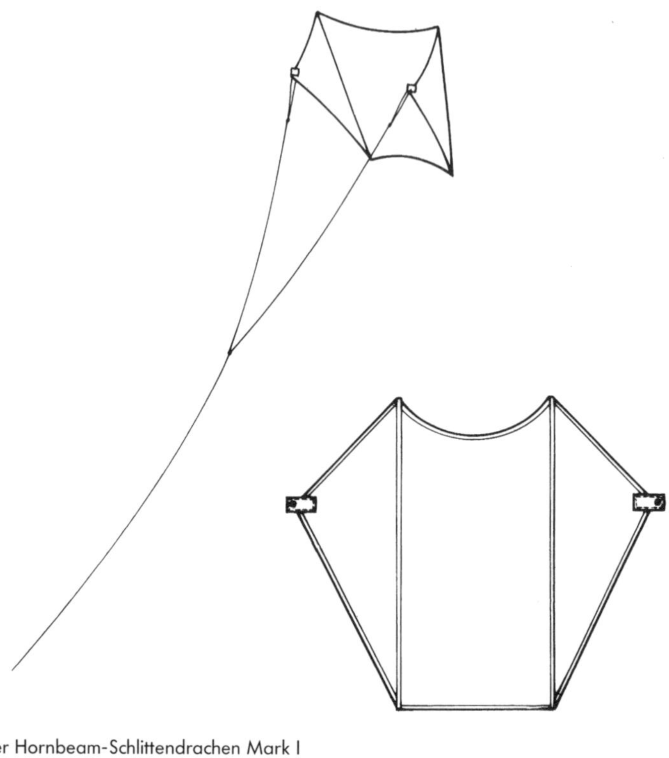

Abb. 162 Der Hornbeam-Schlittendrachen Mark I

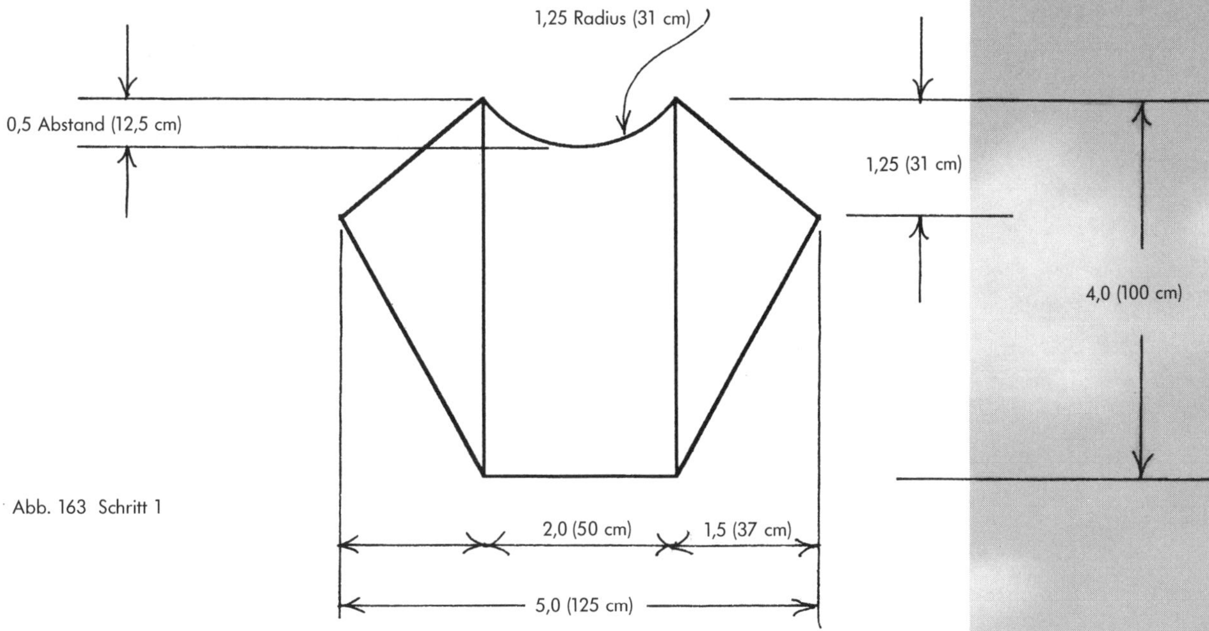

Abb. 163 Schritt 1

Drachen mit 400-mm- oder 600-mm-Holmen kann man hervorragend sowohl die Standard-Rundhölzer von 2 m Länge (ein 3-mm-Rundholz für 610 mm und kleiner) als auch einen großen Müllsack verwenden.

2. Jetzt stellt man eine halbseitige Schablone des Drachens her (Abb. 164).
3. Aus einem ungeöffneten Müllsack können etwa zwei 610-mm-Drachen herausgeschnitten werden. Das verschweißte Ende und die obere Öffnung des Müllsackes richtet man so her, daß der Müllsack völlig eben ausgelegt werden kann. Dann richtet man die gerade Seite der Schablonen entlang der Falten des Müllsackes aus (Abb. 165).
4. Nun schneidet man eine halbseitige Schablone für einen kompletten Drachen aus (Abb. 166).
5. Um den Holm in der Position, wie sie unter A in Abb. 167 dargestellt ist, zu fixieren, verwendet man 76-mm-Streifen eines transparenten Klebebandes. Für 40-cm-Drachen, die man mit festem Baumwollfaden fliegen lassen kann, reichen zwei Klebestreifen aus – einer vorn und einer hinten. Für größere Drachen benötigt man zusätzliches Klebeband, um den Holm in Position zu halten. Der hier dargestellte Drachen zeigt, wie ein 1-m-Drachen (25 cm im einzelnen), für den 6-mm-Rundhölzer als Holme verwendet werden, mit Klebestreifen fixiert wird. Dann verstärkt man die Haltepunkte für die Waagschnüre mit einem Textilklebeband.

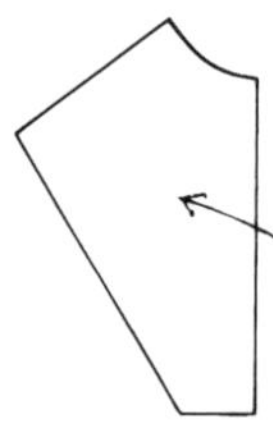

Abb. 164 Schritt 2

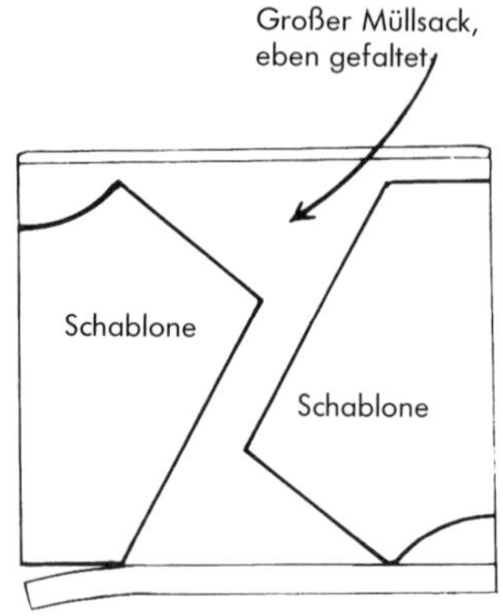

Abb. 165 Schritt 3

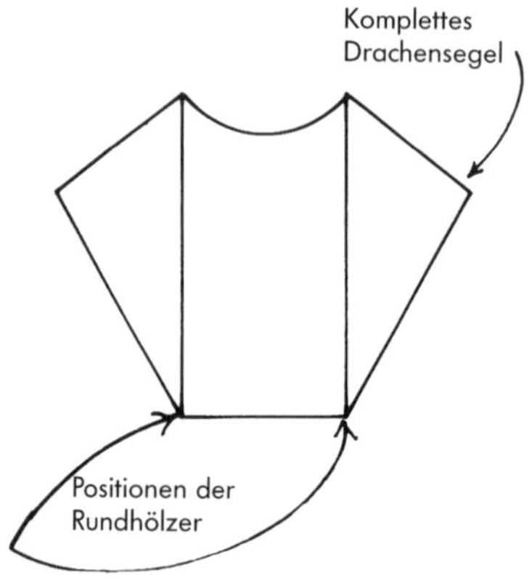

Abb. 166 Schritt 4

Alternative (siehe B in Abb. 176): Das Klebeband kann die Spitzen des Holms besser fixieren, wenn die Rundholzenden wie dargestellt flach abgeschliffen werden. Um zu verhindern, daß die Rundhölzer durch das transparente Klebeband stoßen, verwendet man zusätzlich Textilklebeband.

6. Die Waagschnur sollte etwa dreimal so lang sein, wie der Drachen hoch ist. Für die 100-cm-Variante benötigt man 3 m der 15-kp-Schnur. Ihre Enden werden an die Kielspitzen geknotet. Dann formt man eine Schlaufe in der Mitte der Waagschnur und befestigt die Flugleine (siehe Abb. 168). Hinweis: Wenn man an Drachen der Größe 60 cm und kleiner am Ende einige Krepppapierschwänze anbringt, fliegt der Drachen bei stärkeren Winden stabiler.
7. Alternative Kielspitze (siehe die Schritte in Abb. 169): Man verwendet Textilklebeband, um die 19 x 3-mm-Rundhölzer zu sichern und so den Zug der Waagschnüre abzufangen. Für die Waagschnur wird ein 3 mm breites Loch gestanzt.

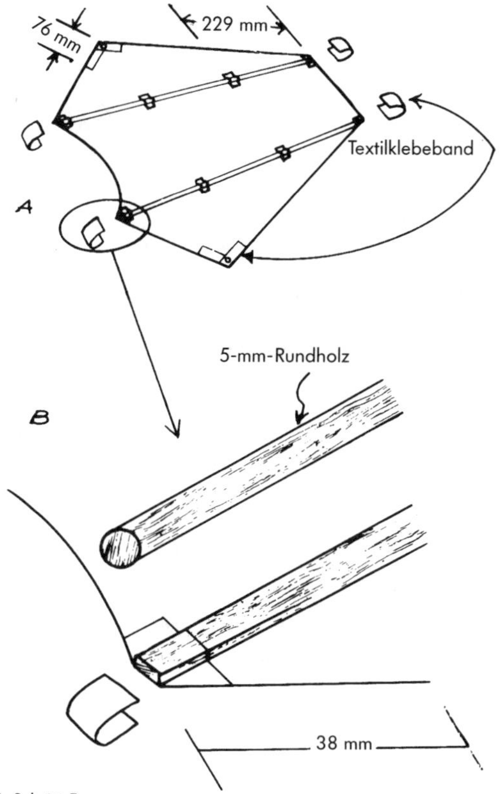

Abb. 167 Schritt 5

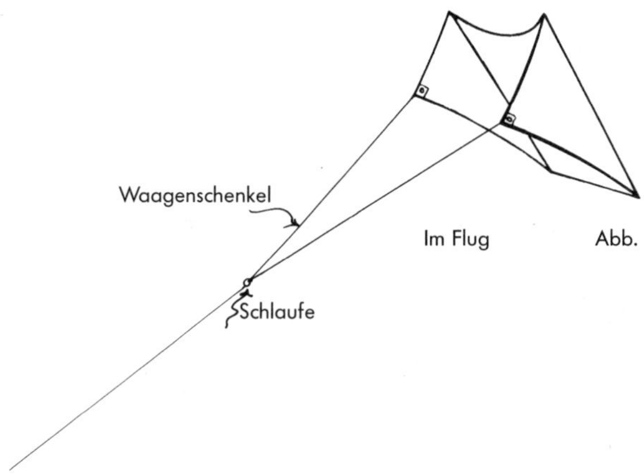

Abb. 168 Schritt 6

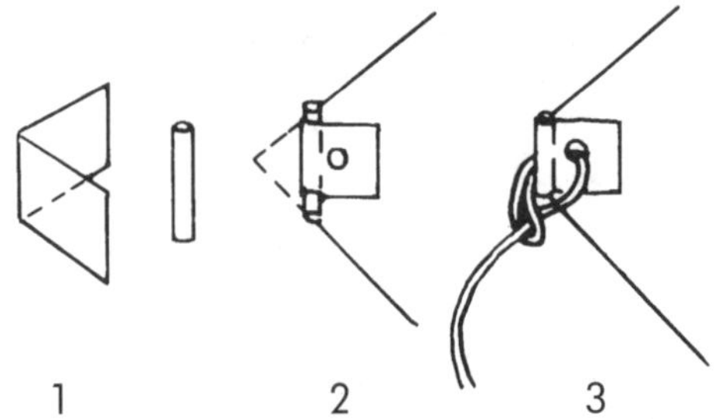

Abb. 169 Schritt 7

Ein Schlittendrachen aus Seidenpapier und Stroh

Um einen Seidenpapier-Schlittendrachen in kleineren Dimensionen zu bauen, folgt man zunächst der Bauanleitung des Hornbeam-Schlittendrachens (siehe Abb. 170) und benutzt dazu für den Drachenbau geeignetes Seidenpapier. Für einen 20-cm-Drachen multipliziert man die Maße mit 2, für einen 40-cm-Drachen mit 4. Um die Strohhalme auf die richtige Größe zu spleißen, bedienen Sie sich der Methode, die in Abb. 273 (Seite 284) für den Kaffeebecherdrachen beschrieben wird.

Um die Holme aus Strohhalmen in ihrer Position zu fixieren, nimmt man transparentes Klebeband. Auch das Zentrum des Drachens verstärkt man mit einem Klebestreifen. Mit einem schmalen Streifen durchsichtigen Klebebandes wird die Waagschnur aus Baumwollfaden an jeder Kielspitze angebracht. Eine andere Methode ist es, an jede Kielspitze eine Verstärkung aus selbstklebenden Lochverstärkungen zu kleben und dann die Waagschnüre an den Löchern zu verknoten. Um dem Drachen mehr Stabilität, aber auch mehr Farbe zu geben, kann man einen 25 mm breiten und 1800 mm langen Schwanz aus Kreppapier in der Mitte oder jeweils an den beiden hinteren Enden ankleben.

Der gekielte American Sportsman

Entwurf: Mit freundlicher Genehmigung von Harry Sauls

Harry Sauls gekielter American-Sportsman-Schlittendrachen trägt seinen Namen zu Recht, da er besonders beim Aufsteigen im steilen Winkel recht »sportlich« anzieht. Dieser Schlitten ist stabiler als das Original und besitzt die Fähigkeit, auch bei drehenden Winden seitliche Stabilität zu halten.

Abb. 170 Der Schlittendrachen aus Seidenpapier und Stroh

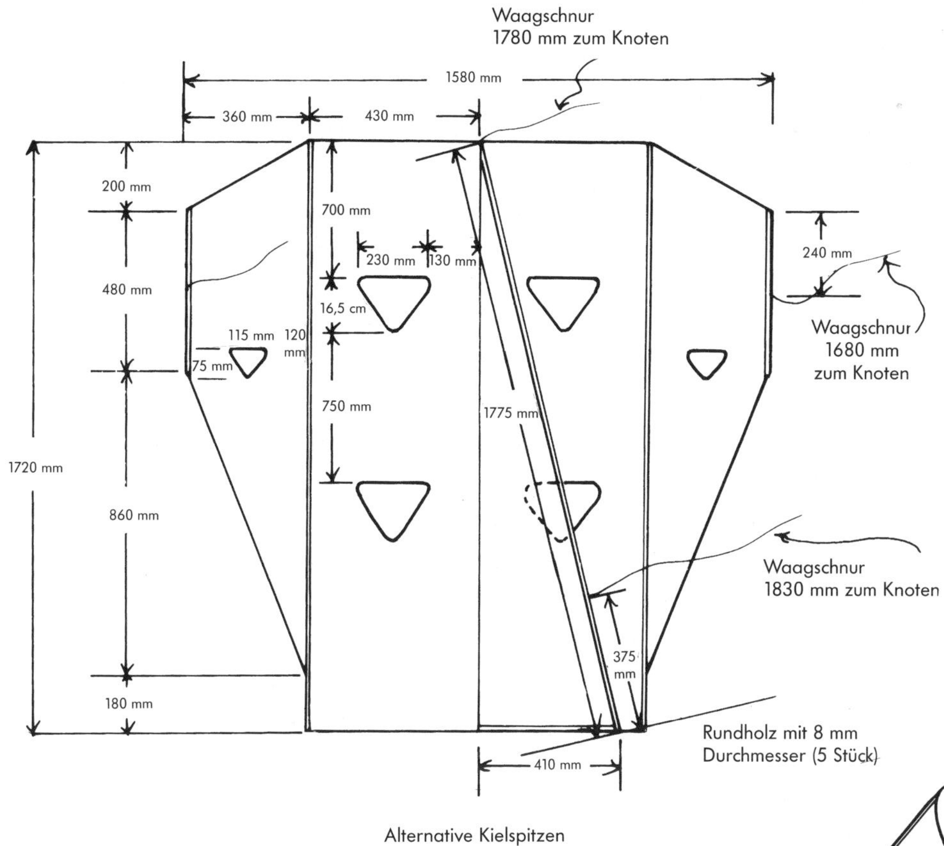

Abb. 171 Der gekielte American-Sportsman-Schlittendrachen

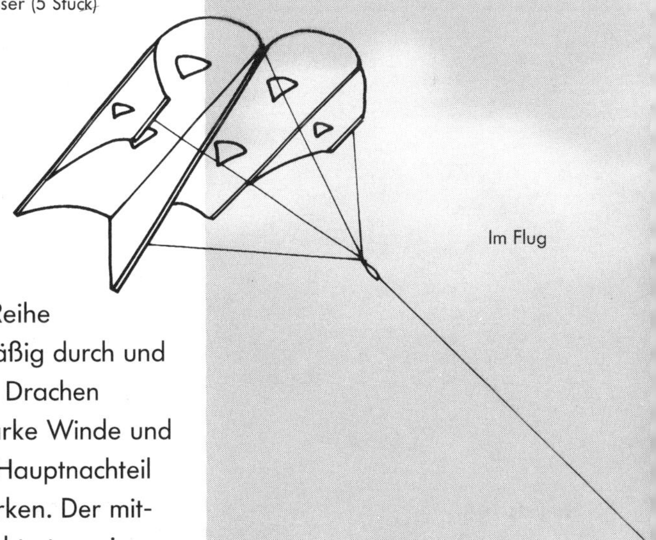

Verschiedene Elemente des American Sportsman haben zu einer Verbesserung des Designs beigetragen. Zunächst seien hier eine Reihe von dreieckigen Windlöchern genannt, die den Luftstrom gleichmäßig durch und über das Drachensegel führen. Dank dieser Windlöcher kann der Drachen außerdem die möglichen Probleme durch plötzlich auftretende starke Winde und Böen besser meistern. Eine vierschenklige Waagschnur hilft, dem Hauptnachteil des Originalentwurfes – der seitlichen Instabilität – entgegenzuwirken. Der mittige Kiel sorgt für zusätzliche Stabilität. Diese Konstruktion entspricht etwa einem Deltadrachen. Hier ist der Kiel jedoch andersherum angebracht. Anstatt eine konkave, U-förmige Fläche zu bilden (wie bei einem Deltadrachen), weist das Gesamtsegel des American Sportsman eine gerundete, verlängerte M-förmige Silhouette, also eine konvexe Kappenform, auf.

Flugdaten:
Windgeschwindigkeit:
10–32 km/h
Flugleine: 70-kp-Leine
AE: ± 60, nach oben offen
Handschuhe empfohlen

Bauanleitung

Gehen Sie Schritt für Schritt vor. Beachten Sie dabei die Hinweise in Abb. 171.

1. Zuerst stellt man für alle Drachenteile Musterschablonen her: für die Kappe, die Seitenkiele und den Zentralkiel.
2. Für das Segel kann man sowohl 22,5-g-Spinnakernylon oder auch Tyvek verwenden. Für eine Müllsackversion benutzt man ein schwereres Plastikmaterial und unterstützt die Druckpunkte zur Sicherheit mit Klebeband. Um den Drachen zu verstärken, ist es noch besser, wenn man die Plastiksäume und die Taschen für den Holm verschweißt.
3. Holmalternativen: Für eine Version aus Tyvek oder Plastik verwendet man 8-mm-Rundhölzer mit Verbindungselementen aus Aluminiumrohr, für eine Spinnakernylon-Version dagegen Epoxidrohr mit einem Durchmesser von 7,5 mm mit Verbindungselementen aus Metall.
4. Es ist zwar nicht unbedingt notwendig, aber von Vorteil, wenn man an den Fixierpunkten für die Waagschnur am Kiel Gummibänder anbringt. Das erlaubt dem Drachen, bei Böen seinen Flugwinkel auszugleichen. Auf diese Weise kann er auf zusätzliche Winde reagieren, ohne daß die Flugleine reißt oder der Drachen völlig außer Kontrolle gerät (beachten Sie den Roloplan-Drachenentwurf für die Anordnung der Waagschnüre).
5. Man befestigt die Waagschnur, wie in der Abbildung dargestellt, und verwendet eine 70-kp-Leine.

Maße für eine kleinere Version

Für eine kleinere Ausführung des American Sportsman übernimmt man die komplette Bauanleitung, ändert aber folgende Maße:

- Länge: 102 mm
- Breite: 1155 mm
- Breite der Stoffbahnen: 250 mm und 350 mm
- Breite der Windlöcher: 90 mm und 165 mm
- Länge der Rundhölzer: 350 mm, 1220 mm, 1225 mm
- Länge der Waagschnüre: 1220 mm, 1220 mm, 1270 mm, 1320 mm
- Tiefe des Kiels hinten: 280 mm
- Waagschnur und Flugleine: 35-kp-Leine

Der Doppeltrapez-Schlittendrachen

Entwurf: Mit freundlicher Genehmigung von Ed Grauel

Bauanleitung

Gehen Sie Schritt für Schritt vor. Beachten Sie die Hinweise in Abb. 172.

1. Zuerst fertigt man eine halbseitige Drachenschablone an.
2. Dann schneidet man den Drachen und die beiden trapezförmigen Windlöcher aus.
3. Für das Kleben der Holme und die Verstärkung der Kielspitzen beachten Sie bitte die Hinweise in der Bauanleitung für den Scott-Schlittendrachen.
4. Holme: 3 mm für das mittlere Rundholz und 5 mm für die seitlichen Rundhölzer. Alternative: 3 x 5 mm rechteckige Holzleisten für alle drei Holme.
5. Für die 1830 mm lange Waagschnur verwendet man eine 15-kp-Leine.

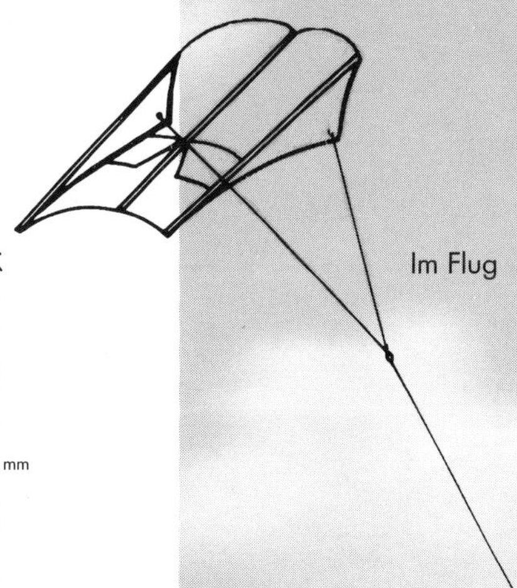

Flugdaten:
Windgeschwindigkeit: 6–32 km/h
Flugleine: 15-kp-Leine
AE: ± 60, nach oben offen

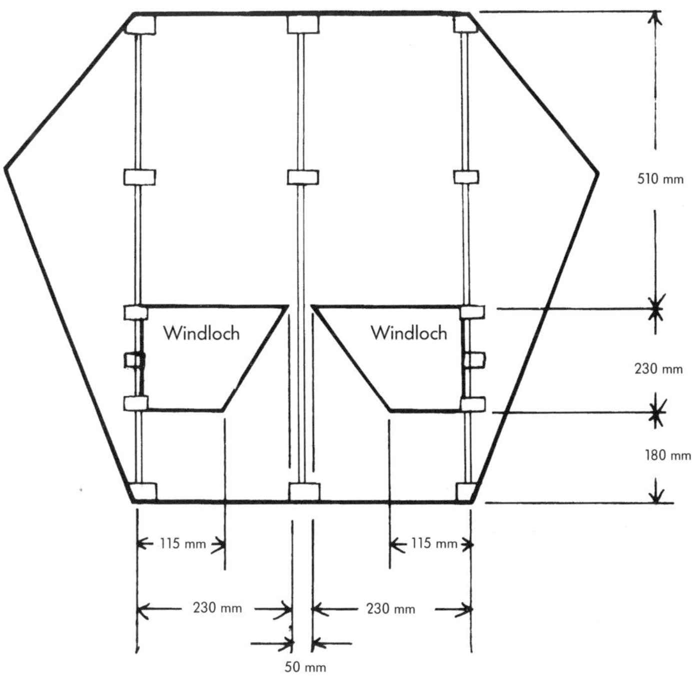

Abb. 172 Der Doppeltrapez-Schlittendrachen

30

Komplexere Schlittendrachen

Bullet, Brandes Flare und Flötenschlitten

Der Bullet

Entwurf: Mit freundlicher Genehmigung von Ed Grauel

Ein Drachen mit zwei Luftkanälen

Ed Grauels patentierter Bullet-Entwurf ist das Resultat seiner Versuche, die Tendenz zum Flattern und Abschmieren beim Schlittendrachen zu beseitigen. Nachdem er verschiedene Arten von Windlöchern und Kielen erfolglos getestet hatte, kam Grauel um 1973 auf die Idee, direkt hinter dem Zentralteil des Schlittens ein Zusatzsegel oder eine Kappe anzubringen. Die Kappe wird oben und unten offen gelassen, so daß der Luftstrom ungehindert hindurchfließen kann (eine andere Variation mit einer Kappe finden Sie im Kapitel Flötenschlitten).

Die Kappe verbesserte die Leistung des Drachens jedoch nicht. Als Grauel gerade dabei war, den Drachen auseinanderzunehmen, erinnerte er sich: »Ein Blitz kam direkt aus dem Himmel und nähte die vordere und hintere Abdeckung in der Mitte zusammen; auf diese Weise wurden zwei Kanäle anstelle von einem gebildet.« Nach einigem Nähen und mehreren Testflügen stellte Grauel fest: »Aus mir unerklärlichen Gründen bewirkt die Tatsache, daß aus einem Luftkanal zwei werden, nicht nur ein Ende des Flatterns, sondern auch einen sichereren und stabileren Flug des Drachens mit einem hohen Steigvermögen.« Dieses hohe Steigvermögen des Drachens veranlaßte Grauel dazu, ihm den Namen Bullet (»Gewehrkugel«) zu geben.

Das halbseitige Muster für die Unterseite des Bullet-Drachens (Schritt 1 in Abb. 173) hat eine gewisse Ähnlichkeit mit dem Muster des Hornbeam Mark I-Schlittendrachens (Abb. 164 des vorherigen Kapitels). Beiden Drachen ist die halbmondförmige Kontur der Hauptränder zur Verbesserung der Leistung gemeinsam. Die doppelte Rundung entlang der Unterseite des Bullet-Drachens erlaubt der Kappe, den Luftstrom effektiv zu nutzen und zu den Hinterkanten des Drachens zu leiten. Die einfache Rundung an der Unterseite des Hornbeam wirkt hingegen der Instabilität entlang der Hauptränder entgegen.

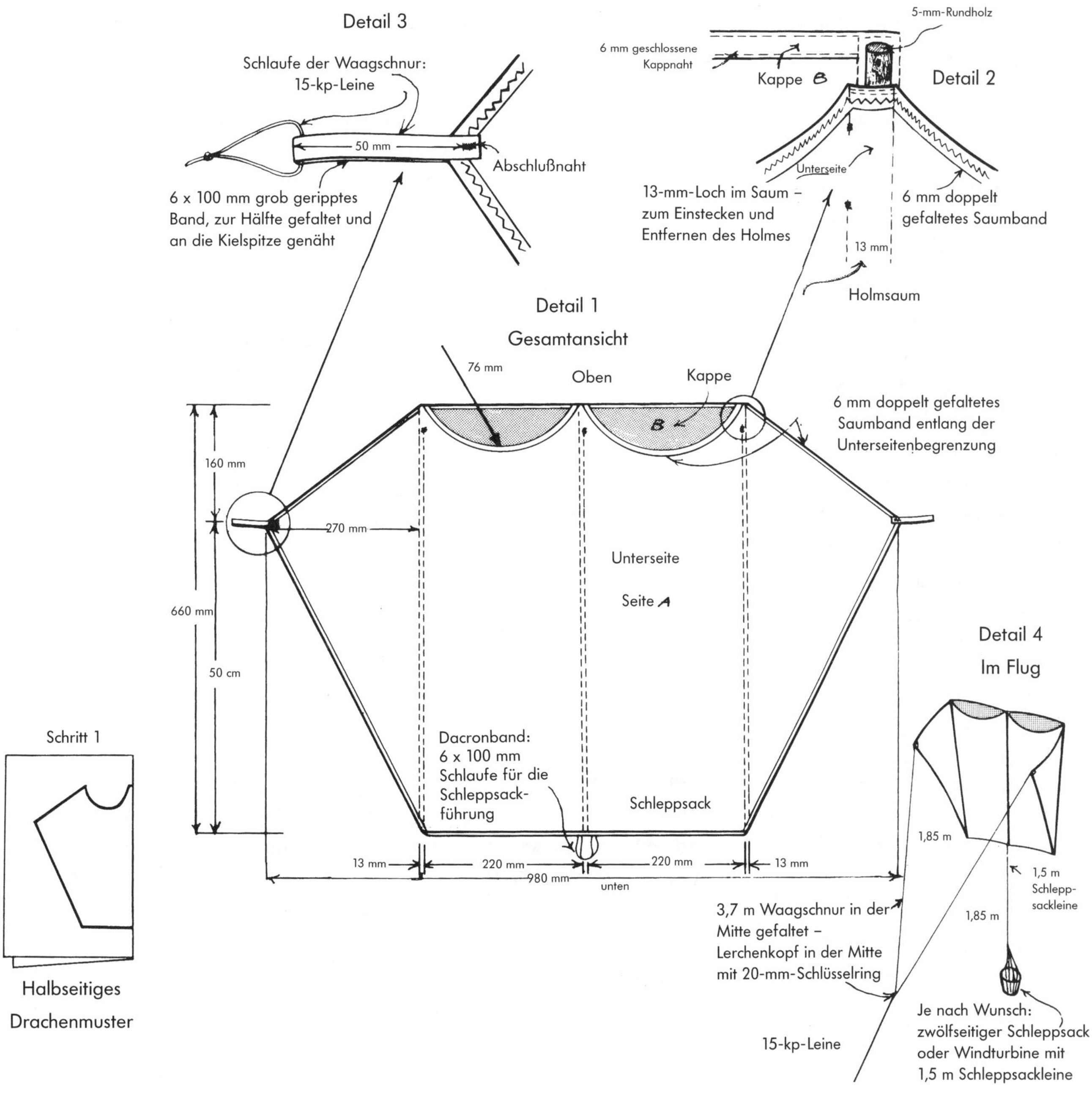

Abb. 174 Der Bullet – Details 1–4

Material

Für den Bau dieses Drachens benötigen Sie:

- **1,4 m² von 22,5-g-Spinnakernylon oder Tyvek für die Unterseite, die Kappe und nach Wunsch für den Schleppsack**
- **drei 5 x 660-mm-Rundhölzer – für die Mittelholme**
- **6-mm-Nylontuch für Schleppsack- und Waagschnurschlaufen**
- **6 mm doppelt gefaltetes Band aus Spinnakernylon**
- **15-kp-Leine für eine 3,7 m lange Waagschnur und 1,5 m Schleppsackleine**
- **20-mm-Schlüsselring für die Flugleinenverbindung**

Bauanleitung

Heißschnitt:

1. Zuerst stellt man eine halbseitige Musterschablone her. Als Grundlage dienen die Maße des kompletten Drachens (Detail 1). Dann setzt man die Schablone auf das gefaltete Segelmaterial und schneidet es mit dem Lötkolben aus. Die so geschnittenen Ränder öffnet man jetzt vorsichtig.
2. Dann faltet man ein weiteres Stück des Segelmaterials in der Mitte und schneidet eine Kappe nach den Maßangaben in Abb. 174 aus.

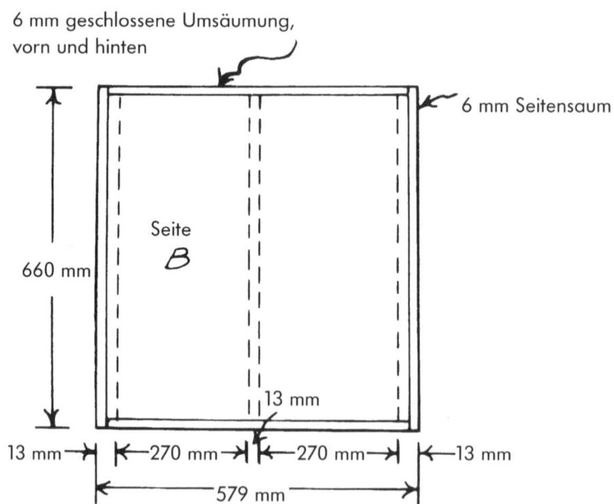

Abb. 174 Der Bullet – Schritt 2

Nähen:

3. Kappe: Die Ränder schließt man oben und unten mit einer 6 mm geschlossenen Umsäumung ab. Dann fügt man an beiden Seiten einen einfachen 6-mm-Saum hinzu. Die komplette Kappe sollte 660 x 570 mm messen (vgl. Detail 2).
4. Die Unterseite schließt man mit einem 6 mm doppelt gefalteten Band aus Spinnakernylon entlang des gesamten Randes ab (Detail 2).

Heißheften:

5. Man markiert die Saumnaht auf Seite A der Unterseite so, daß sie mit der Markierung der Saumnaht auf Seite B der Unterseite zusammenpaßt.
6. Dann legt man die Markierungen der Saumnähte übereinander und heftet die Kappe an die Unterseite des Drachens, und zwar von den mittleren Säumen nach außen hin (siehe Abb. 175).

Nähen:

7. Man beginnt am mittleren Saum und näht entlang der Heftmarkierung, um so Holmsäume zu erhalten. An den Vorderenden läßt man in der Saumnaht ein 13-mm-Loch, um hier die Rundhölzer einzufügen bzw. zu entfernen, wie in Detail 2 gezeigt. Hinweis: Die Vorder- und Hinterkanten der Kappe bleiben offen, so daß sie zwei Luftkanäle bilden.
8. Jetzt näht man, wie in Detail 3 gezeigt, am hinteren Ende der Drachenunterseite noch die Schlaufe für den Schleppsack sowie die Schlaufen für die Waagschnüre an.

Sägen:

9. Man schneidet drei Rundhölzer mit den Maßen 5 x 660 mm. Eventuell müssen die Rundhölzer angepaßt werden, damit sie in die Umsäumung passen.

Montage:

10. Man nimmt die 3,7 m lange Waagschnur, legt die Mitte fest und macht an dem 20-mm-Schlüsselring einen Lerchenkopf. Wenn man will, kann man einen Schleppsack anfügen, der den Drachen bei Windstärken von mehr als 25 km/h stabilisiert (die Herstellung eines Schleppsackes wird in Kapitel 18 beschrieben). Dann macht man die Leine am Ring fest – und kann den Drachen steigen lassen!

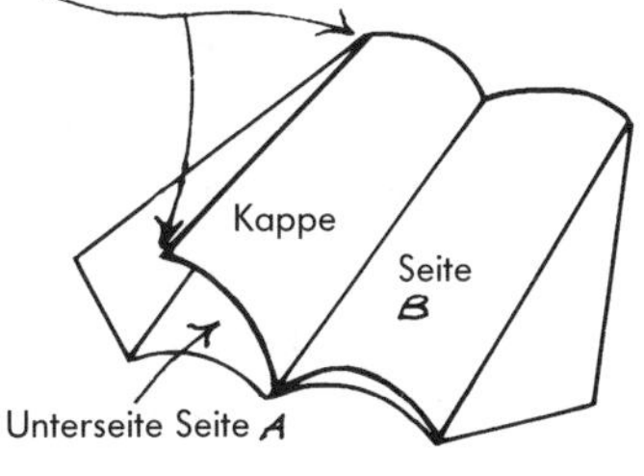

Abb. 175 Der Bullet – Schritt 6

Details

Siehe Abb. 173 für die folgenden Details:

- **(Detail 1) Gesamtansicht – kompletter Drachen**
- **(Detail 2) Mittelholmsaum**
- **(Detail 3) Kielspitze und 6 x 10-mm-Waagschnurschlaufe aus Nylonband; 15-kp-Leine**
- **(Detail 4) Drachen im Flug. 3,7 m lange Waagschnur, in der Mitte gefaltet, mit einem Lerchenkopf an einem 20-mm-Schlüsselring befestigt; wahlweise zwölfseitiger Schleppsack oder Windturbine mit 1,5 m Schleppsackleine; Flugleine: 15-kp-Leine**

Flugdaten:
Windgeschwindigkeit: 8–40 km/h (über 25 km/h mit Schleppsack)
Flugleine: 15-kp-Leine
AE: ± 55, nach oben offen

Der Brandes Flare

Entwurf: Mit freundlicher Genehmigung von Raymond V. Brandes

Ruhmreiche Tage – made in USA

Auf der Fahrt von New Jersey zum 1986er Smithsonian Drachenfestival nach Washington D. C. hörte sich Ray Brandes in seinem Autoradio die Platte »Born in the U. S. A.« von dem aus New Jersey stammenden Musiker Bruce Springsteen an. Unter den Liedern war auch »Glory Days«. Zu dieser Zeit konnte Brandes noch nicht wissen, daß dieser Tag sein »Ruhmestag« sein würde, denn auf dem Festival, zu dem er gerade unterwegs war, sollte er mit seiner Version des Schlittendrachens ein blaues Band für den »besten patriotischen Drachen« gewinnen (siehe den Brandes Flare in Abb. 176).

Allgemeine Hinweise und Informationen

Während in die Segel vieler Schlittendrachen-Variationen zur Verbesserung der Flugeigenschaften Luftlöcher geschnitten werden müssen, besitzt der Brandes Flare kein einziges Loch. Dieser Drachen basiert auf 250-mm-Einheiten, obwohl jede andere Einheit ebenso möglich ist. Man multipliziert jede Einheit mit 10, um so die Maße für den Drachens zu erhalten. Um zum Beispiel das Maß für die Höhe zu errechnen, multipliziert man das Modul 4 mit 10 Einheiten und erhält so 1000 mm.

Gestaltet man den zentralen Teil des Drachens und die Flossen aus einer Farbe, so ist es möglich, alle Teile aus einem Materialstück herauszuschneiden. Dabei sollte man immer 25 mm Material für Rundholzsäume sowie eine 13 mm Saumzugabe jeweils dort dazugeben, wo Flügelteile angebracht werden sollen. Ehrgeizigere Drachenbauer nutzen parallele Farbensysteme, wie auch am Beispiel des Brandes Flare auf Seite 225 zu sehen ist. Die Segel sind jeweils mit flachen horizontalen Säumen versehen, die auf die Rückseite des Segels genäht werden, so daß die Ränder nach unten abschließen. Ein flacher Segelsaum ermöglicht dem Luftstrom, frei über den Drachen zu fließen. Säume, die in die falsche Richtung genäht sind, behindern die Flugleistung, da sie Luftwiderstand, Turbulenzen und Zerrbewegungen verursachen.

Wenn man verschiedenfarbige Drachen zuschneidet, sollte man immer mit dem Material beginnen, das man zuerst zusammennäht. Es muß größer zugeschnitten werden als die Schablone. Für diesen Drachen verwendete Brandes 9 m aus Streifen zusammengenähtes Spinnakernylon in Rot, Weiß und wiederum Rot (im wesentlichen erhielt er hierdurch einen Bogen in dieser Farbkombination) und setzte dann die Schablonen darüber. Dieses Verfahren ist einfacher als jedes farbige Stück einzeln zusammenzunähen.

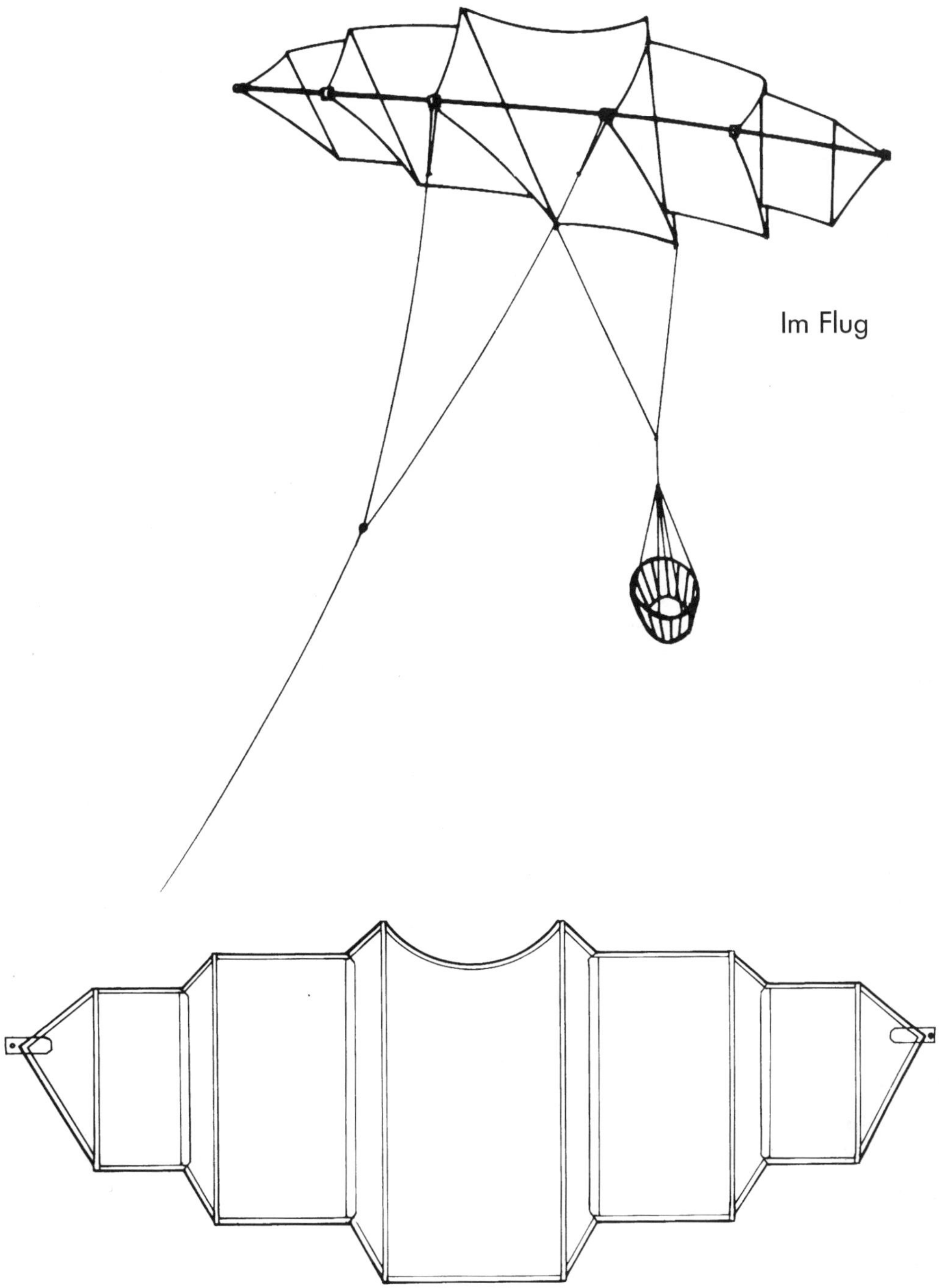

Abb. 176 Der Brandes Flare – im Flug und in Rückansicht

Material

Für den Bau dieses Drachens benötigen Sie:

- **4,60 x 1 m von 22,5-g-Spinnakernylon oder Tyvek**
- **13 mm einfach gefaltetes Klebeband zur Befestigung des Saums**
- **Dacron oder Spinnakernylon zur Verstärkung**
- **45-kp-geflochtene Dacronschnur für die Flugleine**
- **15-kp-geflochtene Dacronschnur für die Schleppsackleine und die Flugleine**
- **Acht Hartholzrundhölzer mit den Maßen 6 x 1200 mm oder Glasfaserstäbe mit den Maßen 5 x 1200 mm für die Holme**
- **6-mm-Ösen oder Dacronband als Anhänger für die Schleppsackleine**
- **Fünf Gummihülsen mit 13 mm Außendurchmesser und 6 mm Stärke**
- **GFK-Rohr (Ø 12 mm) und GFK-Stab (Ø 8 mm)**
- **Karabinerhaken mit Wirbel**
- **zwei 20-mm-Schlüsselringe für die Waagschnur und die Schleppsack-Haltepunkte**

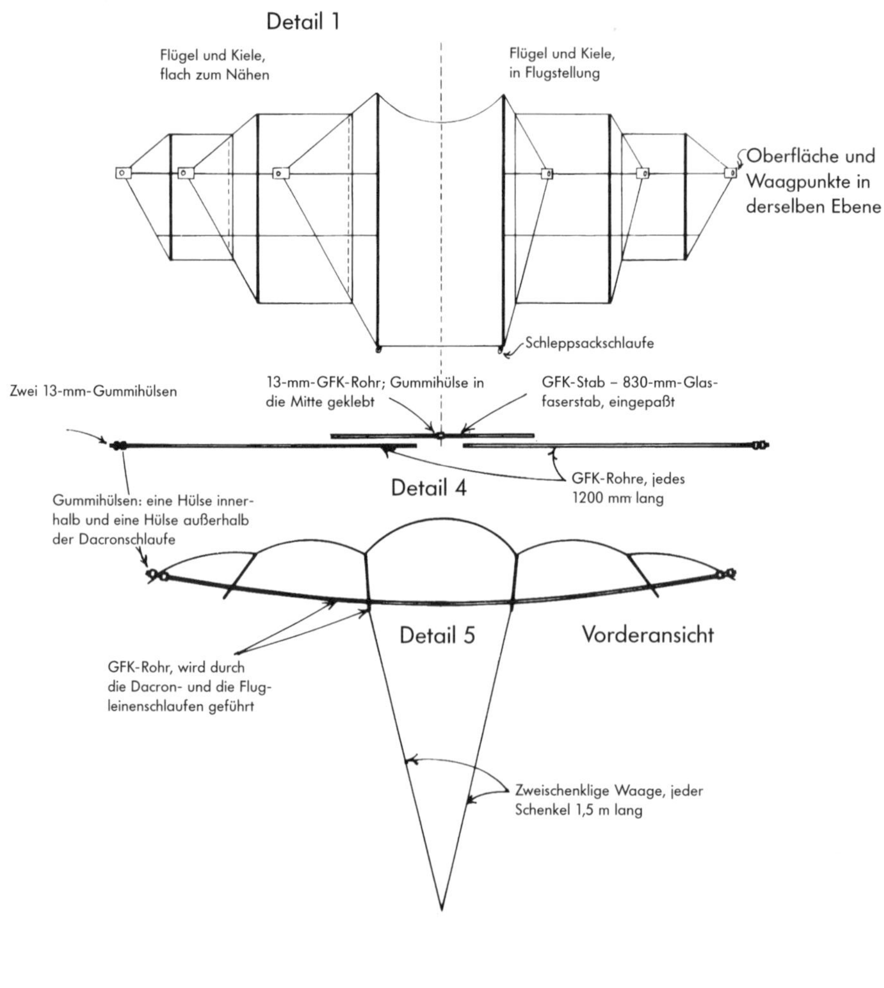

Abb. 177 Der Brandes Flare – Details und Montageschritte (Fortsetzung auf der nächsten Seite)

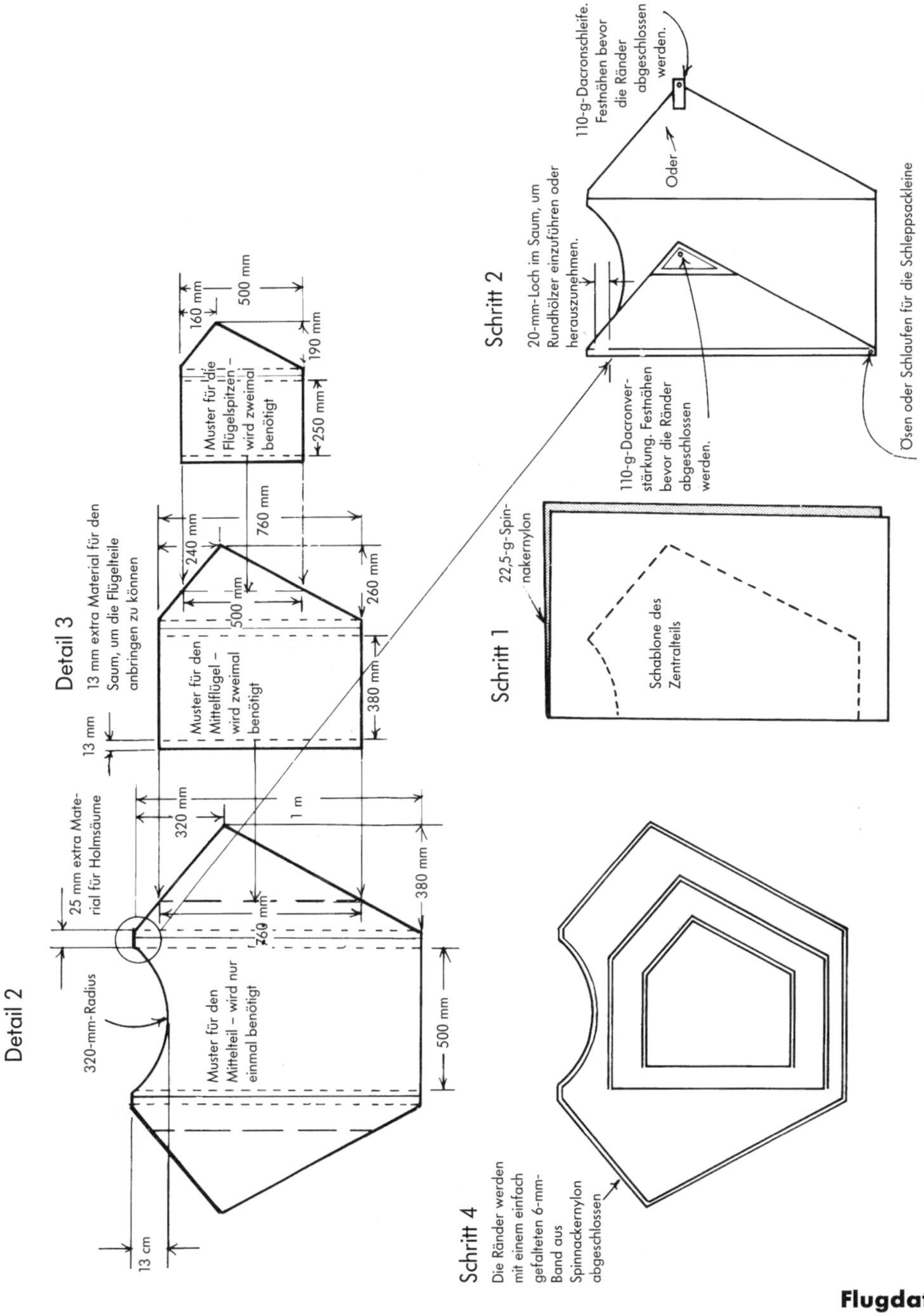

Abb. 177 Der Brandes Flare – Details und Schritte

Flugdaten:
Windgeschwindigkeit: 6–30 km/h
Flugleine: 45-kp-Schnur
AE: ± 70, nach oben offen

Details

Siehe Abb. 177 für die folgenden Details

- **(Detail 1) Links: Flügelteile und Kiele, flache Position zum Nähen. Rechts: Flügelteile und Kiele in Flugstellung**
- **(Detail 2) 25 mm extra Material, in der Mitte gefaltet, um horizontale Säume zu falten; ein 20-mm-Loch wird freigelassen, um die Rundhölzer einzuführen oder zu entfernen.**
- **(Detail 3) 13 mm überlappender Saum. Die Segelsäume werden an den entsprechenden Kielen ausgerichtet und angenäht.**
- **(Detail 4) Zwei 1,2 m lange GFK-Rohre (Ø 12 mm) für den Spreizstab; 830 mm GFK-Stab (Ø 8 mm) als Verbindung für den Spreizstab; 13-mm-Gummihülse in die Mitte geklebt**
- **(Detail 5) Der Spreizstab wird durch alle Kielspitzen und Flugleinenschlaufen geführt. 13 mm gut passende Gummihülsen an jeder Flügelspitze; für die zweischenkelige Waage – jeder Schenkel 1,5 m bis zum Schlüsselring. Lerchenkopf; zweischenklige Schleppsackleine – jeder Schenkel 1,5 m mit sechs 1,5 m langen Leinen zum Schleppsack**

Bauanleitung

Die folgenden Anweisungen beziehen sich auf ein einfarbiges Segel. Gehen Sie Schritt für Schritt vor. Beachten Sie dabei Abb. 177 sowie die weiteren Hinweise.

Heißschnitt:

1. Man mißt den zentralen Teil und die zugehörigen Flügelteile nach den angegebenen Maßen aus und schneidet alle Teile mit einem Lötkolben zu (siehe Schritt 1 sowie Details 2 und 3).
2. Anschließend schneidet man sechs Verstärkungen für die Kielspitzen aus dem 110 g starken Dacron aus (siehe Schritt 2).
3. Hinweis: Die Größenverhältnisse dieses Drachens (die Spannweite ist beträchtlich größer als seine Länge) verhelfen ihm einerseits zu besseren aerodynamischen Eigenschaften, andererseits verliert der Drachen an Stabilität. Deshalb ist ein Schwanz oder ein Schleppsack auch bei leichtem Wind nötig. Für den Schleppsack schneidet man mit Hilfe eines Lötkolbens 12 Teile aus dem Spinnakernylon nach den angegebenen Maßen zu (für genauere Details beachten Sie bitte die Angaben unter »Schwänze und Schleppsäcke«). Dann fügt man eine sechsschenkelige Waage an, wobei jeder Schenkel so lang sein sollte wie der Schleppsack.

   Alternative: Anstelle eines Schleppsackes schneidet man sechs Schwanzstreifen mit den Maßen 3000 x 50 mm aus Spinnakernylon zurecht und befestigt diese am unteren Ende jeder Holmumsäumung – dies ergibt beim Fliegen ein fließendes Bild.

Nähen:

4. Die Ränder schließt man mit doppelt gefaltetem Saumband wie in Schritt 4 dargestellt ab. Hinweis: Bevor man die Ränder abschließt, sollte man dreieckige Dacronverstärkungen annähen. Danach werden die Dacronschlaufen befestigt.
5. Das zusätzliche Material von 25 mm faltet man nun in der Mitte, um 13 mm breite vertikale Taschen auf dem Rücken des Mittelteils zu erhalten; dabei läßt man eine Lücke von 20 mm, in die man die Rundhölzer einführen und wieder herausnehmen kann. Nach derselben Methode stellt man die Holmumsäumung bei den verbleibenden Flügeln her. Schließlich verbindet man die angrenzenden Stücke mit einem Segelsaumstich.
   Während man die Säume bildet, näht man 6-mm-Dacronband für die Schleppsackleine an der unteren Seite der beiden mittleren Holme fest.

Heißschnitt:

6. Mit Hilfe einer kegelförmigen Lötkolbenspitze schmilzt man Löcher in das Dacronverstärkungsmaterial. Diese müssen groß genug sein, um den Spreizstab hindurchzuführen.

Sägen:

7. Spreizstab, Glasfaserstab und Gummikappen werden auf die richtige Größe zugeschnitten.

Montage:

8. Man schneidet drei Sätze von 6-mm-Rundstäben zu und führt diese in die Holmtaschen ein. Verfahren Sie dabei wie in der Abbildung gezeigt.
9. Für die Waage verwendet man geflochtene 45-kp-Dacronschnur. Die Waagschnurschlaufen fädelt man durch die Dacronverstärkungen und sichert sie mit einem Knoten. Dann führt man den Spreizstab, wie dargestellt, durch die Verstärkungen und die Waagschnurschlaufen. Der Schleppsack wird schließlich mit einem Wirbel an der Schlaufe befestigt.

Der Flötenschlitten

Entwurf: Mit freundlicher Genehmigung von Helen Bushell

Die Töne im Wind

Die Flöte ist die »Musik des Windes« und der Hintergrund dieser Schlittendrachen-Variation. Wenn der Drachen in der Luft die richtige Neigung hat, strömt die Luft durch die Luftlöcher und es entstehen Pfeiftöne. Der Flötenschlitten ist in Detail 1 von Abb. 178 im Flug abgebildet. In Farbe ist der Drachen auf Seite 227 zu sehen.

Allgemeine Hinweise und Informationen

Von der technischen Seite aus betrachtet, hängt der Erfolg beim Bau des Flötenschlittens von einem kritischen Maß ab: 153° + 1° mit einem Winkelmesser von der horizontalen Mittellinie aus gemessen. Führt man die Linien nach außen zu den Seitenkielteilen weiter, so findet man die Waagpunkte.

Da die Maße dieses Drachens die Standardbreite von 1000 mm des 22,5-g-Spinnakernylons überschreiten, müssen die einzelnen Teile zusammengenäht werden. So hat man aber die Gelegenheit, bei diesem Drachen jede beliebige Farbe zu kombinieren.

Material

Für den Bau dieses Drachens benötigen Sie:

- **5,5 m von 22,5-g-Spinnakernylon, oder 4,1 m von 1500 mm breitem Tyvek**
- **zwei 10 x 1200-mm-Rundhölzer oder K75 Epoxidrohr (Ø 7,5 mm) – für Holme und Rohre (Herstellung der Holme: erst messen, dann schneiden)**
- **10 x 500-mm-Rundhölzer Epoxidrohr (Ø 7,5 mm) für den Waagstab**
- **110-g-Dacronverstärkungsmaterial für die Waagpunkte**
- **6 mm einfach gefaltetes Saumband**
- **sechs Stabendkappen für die Enden der Rundhölzer und des Waagstabes**
- **20-mm-Schlüsselring**
- **3,7 m der geflochtenen 45-kp-Dacronschnur für die Waage**

Ein Tip: Tyvek ist in der Breite von ca. 150 cm erhältlich. Das bedeutet, daß man den Flötenschlitten aus zwei ganzen Bahnen dieses Stoffes herstellen kann. Man hat dann allerdings einen völlig weißen Drachen (Tyvek kann man allerdings auch mit guten Stoffarben einfärben).

Details:

- **(Detail 1) in Abb. 178: im Flug. Der Waagstab verhindert das Verdrehen der Waagschnur; 1,4 m vom Kiel bis zum Waagstab; 450 mm vom Waagstab bis zum Zweipunkt; 3,7 m Waagschnur.**
- **(Detail 2) in Abb. 178: Ende des Waagstabes. Die Schnur ist zwischen die Stabendkappen und den Abschnitten des Kunststoffschlauches geklebt.**
- **(Detail 3) in Abb. 178: 3,7 m Waagschnur: 1,4 cm vom Waagpunkt bis zum Waagstab, 450 mm bis zur Mitte des Lerchenkopfes am Schlüsselring.**
- **(Detail 4) in Abb. 179: Der Haltepunkt für die Waagschnur. Zuerst kommt die Dacronverstärkung, dann fügt man die Ösen an. Man verwendet 6 mm einfach gefaltetes Saumband.**
- **(Detail 5a) in Abb. 180: Hauptansicht. 25-mm-Saum; 65-mm-Lücke in der Umsäumung, um die Rundhölzer einzuführen bzw. sie wieder zu entfernen; 6 mm einfach gefaltetes Saumband entlang der Unterseite und des Kielrandes. Drachenmaße: 1,2 m Höhe, 1,8 m Breite, 1,8 m hintere Flötenkappe flach an die Unterseite genäht mit 180 mm Luftkammern.**

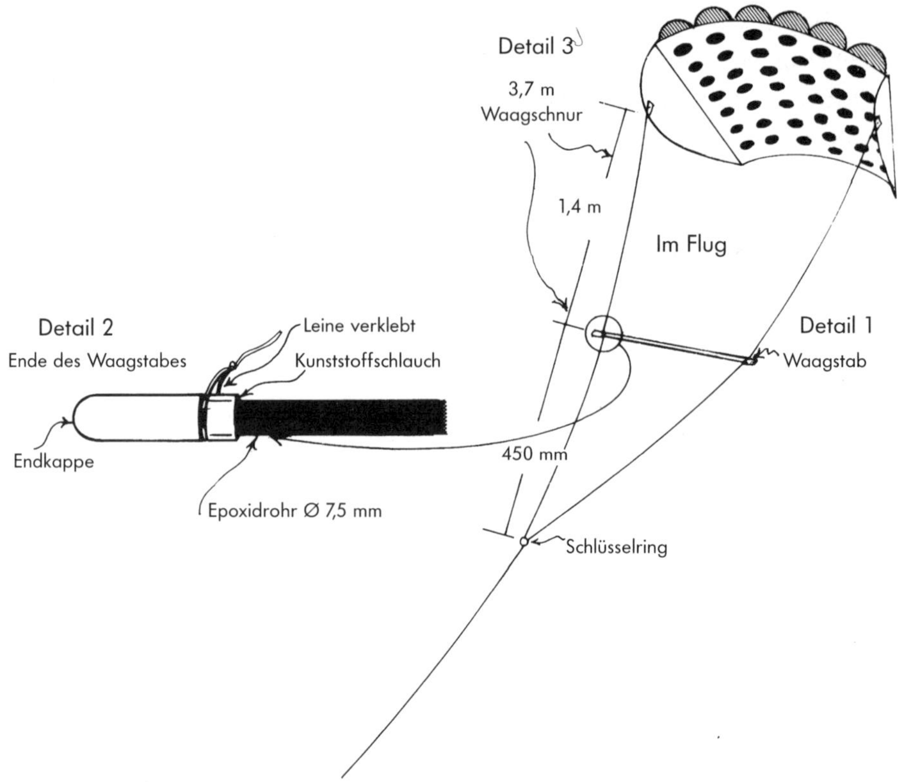

Abb. 178 Der Flötenschlitten – Detail 1–3

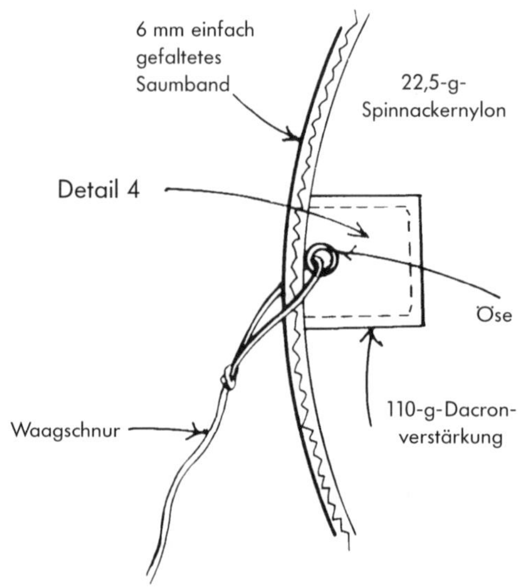

Abb. 179 Der Flötenschlitten – Detail 4

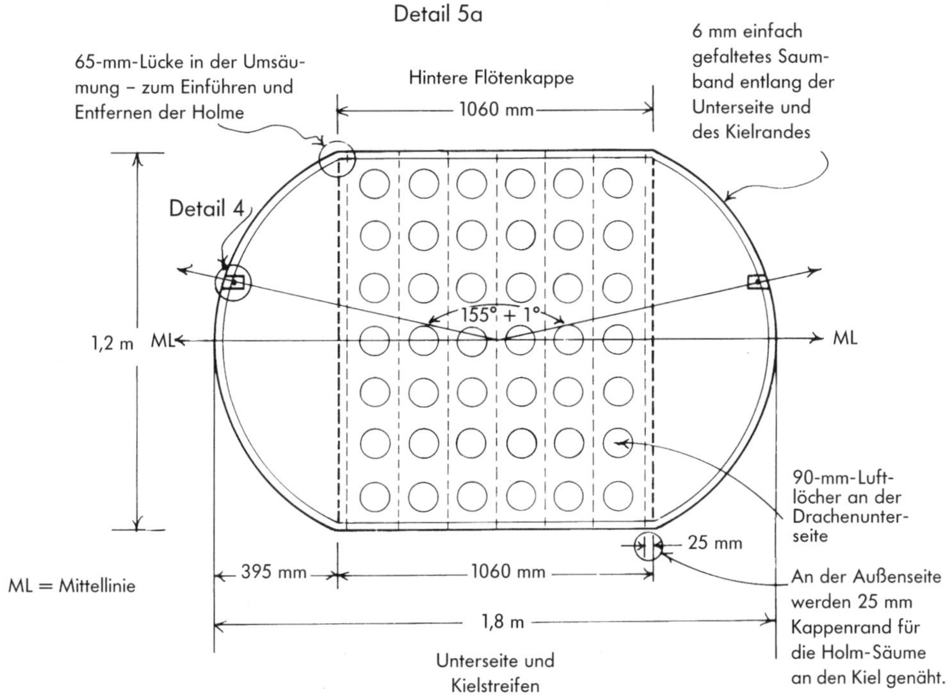

Abb. 180 Der Flötenschlitten – Detail 5a

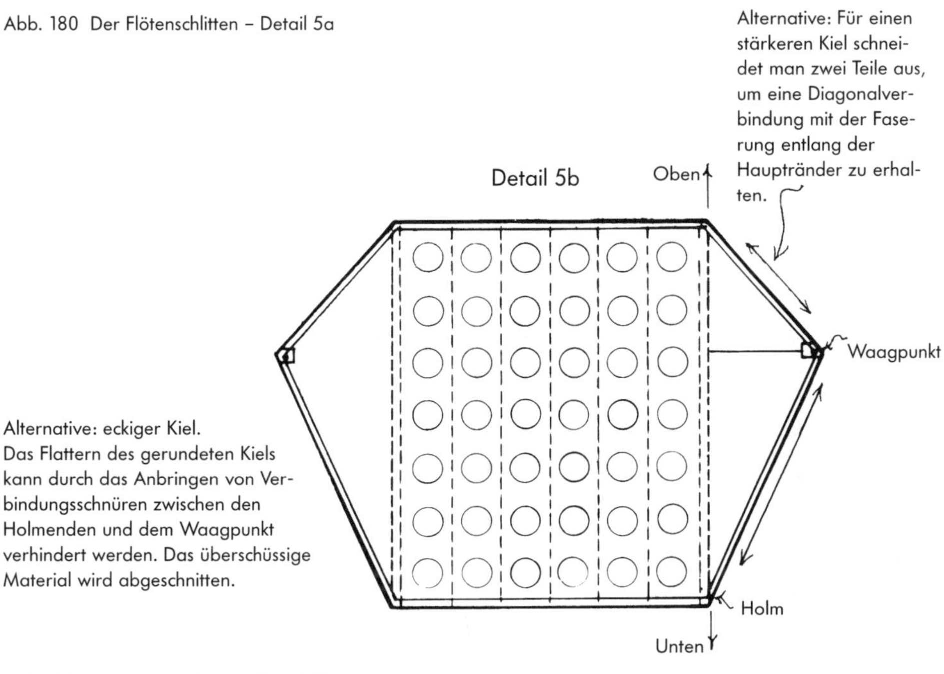

Abb. 181 Der Flötenschlitten – Detail 5b

Details
(Fortsetzung)

90-mm-Luftlöcher an der Drachenunterseite; an der Außenseite werden 25 mm der Kappe für die Holmsäume an den Kiel genäht.

- **(Detail 5b) in Abb. 181: Alternative eines eckigen Kiels. Das Flattern des gerundeten Kiels kann durch das Anbringen von Verbindungsleinen an den Enden des Mittelholmes bis zum Haltepunkt für die Waagschnur verhindert werden. Das überschüssige Material wird abgeschnitten. Beachten Sie die Anweisungen in Schritt 3.**
- **(Detail 6) in Abb. 182: Zur Gewährleistung der Symmetrie heftet man die Mitte der Kappe heiß an das untere Ende der Drachenunterseite, dabei beginnt man oben und geht langsam nach unten. Man kann links oder rechts beginnen.**

Flugdaten:
Windgeschwindigkeit: 8–25 km/h
Flugleine: 45-kp-Leine
AE: ± 65, nach oben offen
Handschuhe empfohlen

Abb. 182 Der Flötenschlitten – Detail 6

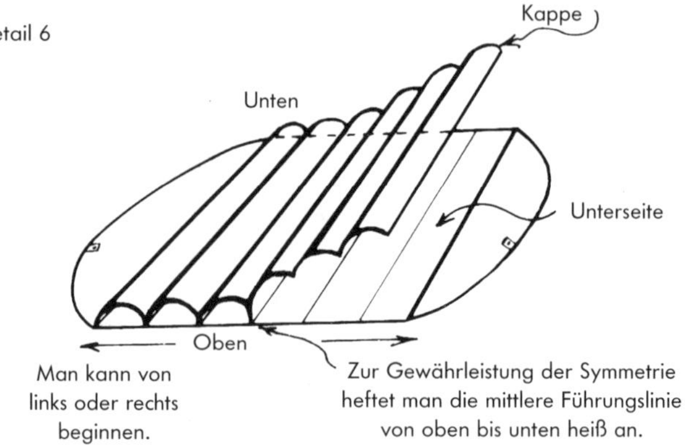

Abb. 183 Der Flötenschlitten – Muster

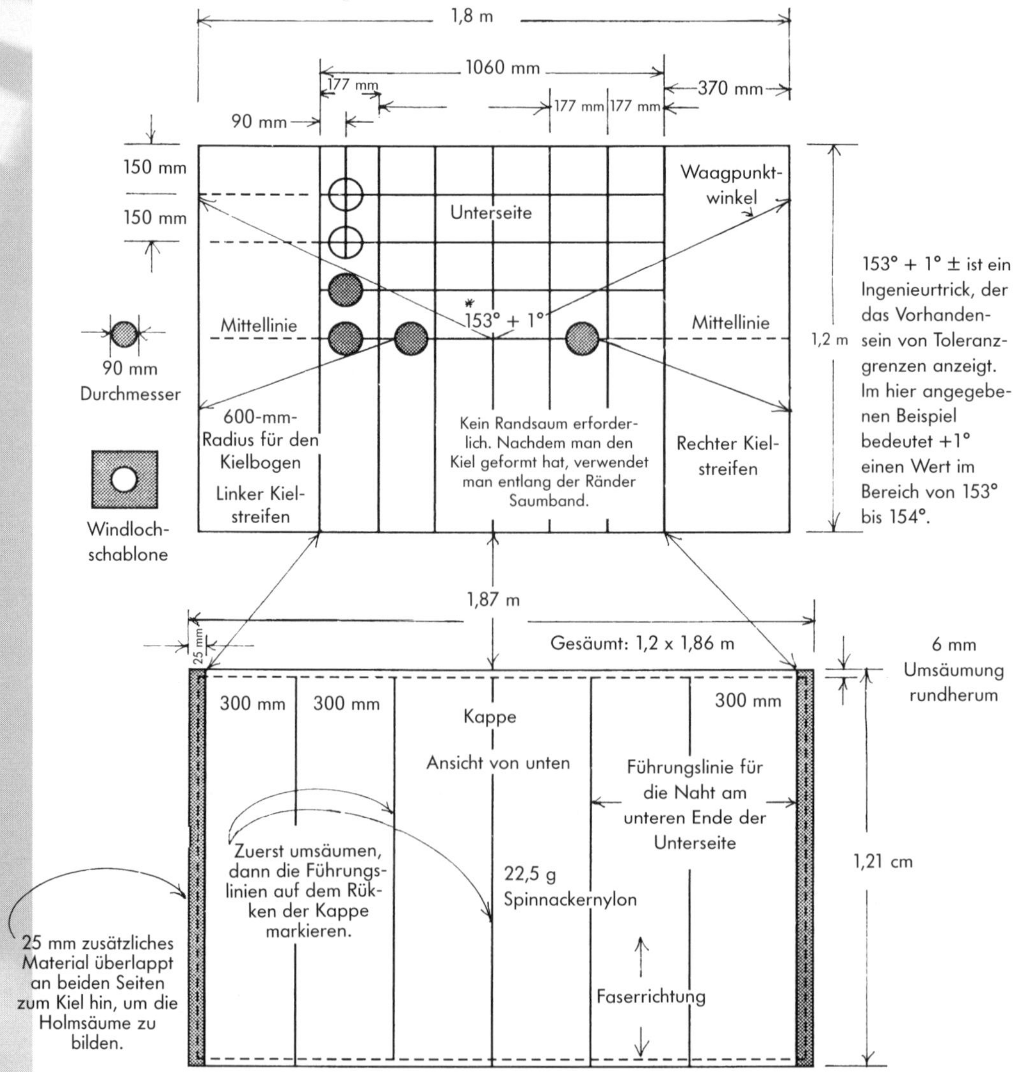

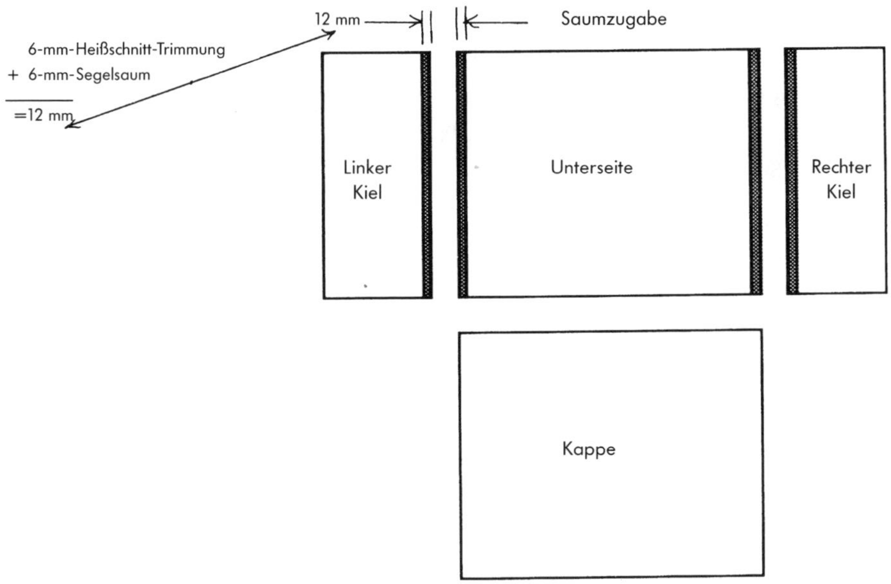

Abb. 184 Der Flötenschlitten – allgemeine Anordnung der Einzelteile

Bauanleitung

Gehen Sie Schritt für Schritt vor. Beachten Sie dabei die Details.

Heißschnitt:

1. Man mißt die Segelunterseite sowie die hintere Kappe nach den angegebenen Maßen aus und schneidet alles mit dem Lötkolben zu. Bitte beachten Sie die Muster in Abb. 183 und die allgemeine Anordnung der Einzelteile in Abb. 184. Um die genaue Lage jedes Luftloches zu bestimmen, legt man über die Unterseite ein Gitter und markiert mit Lineal und Bleistift die Mittelpunkte jedes Luftloches. Die nun folgenden Angaben beziehen sich auf die linke Ecke des Hauptrandes: Die Mitte des Luftloches befindet sich von der Drachenunterseite aus gesehen 150 mm unterhalb und 90 mm innerhalb des vertikalen Randes. Die einzelnen Segmente liegen 177 mm auseinander.
2. Die Rundung der Seitenkiele wird von einem Punkt entlang der horizontalen Mittellinie aus gemessen (siehe Abb. 180) und der Radius beträgt 600 mm. Man bindet einen Bleistift an einen 600 mm langen Faden, dessen anderes Ende man im Radiusmittelpunkt fixiert. Dann strafft man den Faden und markiert so die Rundung der Seitenkiele. Als nächstes markiert man die Waagpunkte mit Hilfe eines Winkelmessers. Dazu mißt man den 153°-Winkel vom Mittelpunkt der Mittellinie aus.

3. Um die Symmetrie der beiden Seitenkiele zu gewährleisten, faltet man die Unterseite des Drachens in der Mitte und schneidet mit einem Lötkolben die Kielrundungen aus. Dann öffnet man die Unterseite wieder und schneidet die Luftlöcher ebenfalls mit einem Lötkolben aus. Dazu verwendet man eine 90-mm-Schablone.

Nähen:

4. Die Waagpunkte werden wie gezeigt verstärkt. Danach schließt man den Rand der Segelunterseite und der Kiele mit einem 6 mm einfach gefaltetem Saumband ab. An den Waagpunkten befestigt man 13 mm innerhalb des Randes Ösen.
5. Die gesamte Kappe sollte mit einem 6-mm-Saum abgeschlossen werden. Dann teilt man die Rückseite (die der Sonne zugewandte Seite) entlang der Vertikalen in sechs 300 mm große Segmente ein, die den sechs 177 mm großen Teilen an der Unterseite entsprechen.
6. Zur Gewährleistung der Symmetrie sollte man immer von der Mitte nach außen hin arbeiten. Man sollte damit beginnen, die mittlere Nahtführungslinie der Kappe und der Drachenunterseite, wie in der Abb. gezeigt, zu ziehen. Dann heftet man die Kappe heiß auf den Rücken der Drachenunterseite, und zwar von oben nach unten.
7. Die verbleibenden Nahtführungslinien auf der Kappe nutzt man nun und heftet in jede Richtung heiß, bis die Kappe vollständig am unteren Ende der Segelunterseite angebracht ist. Dann vernäht man die Spuren der Heißheftung, bis alle Teile miteinander verbunden sind. Schließlich näht man die Außenseite der Kappe so an die Kiele, daß sich 25 mm breite Säume für die Holme ergeben.

Montage:

8. Man schneidet die Holme und den Waagstab auf die richtige Größe zurecht. Dann bringt man die Waagschnur wie abgebildet an. Die empfohlene Länge der Waagschnur für Schlittendrachen entspricht normalerweise der dreifachen Höhe (1,2 m), also ca. 3,6 m.

31 Der Rhomboid-Kastendrachen

Die Gans und der Kastendrachen – eine Fabel

Es war vor längerer Zeit an einem strahlenden Sommertag. Die Sonne stand heiß und grell über dem Land. Über einer riesengroßen Wiese, die sich bis zum Horizont erstreckte, regte sich kaum ein Lüftchen. Weit und breit gab es keinen einzigen Baum. Der grüne Teppich war übersät mit roten und gelben Blumen. Im Gras lag eine endlos scheinende, weiße Flugleine, so, als hätte sie jemand dort vergessen. Am Ende der Flugleine sah man einen einsamen Kastendrachen.

Der Drachen stand senkrecht mitten auf der Wiese. Er war sehr niedergeschlagen und fühlte sich nutzlos, da er nicht fliegen konnte. »Wo bleibt nur der Wind?« rief er. In der Ferne sah er einige Indische Kampfdrachen, die an jenem fast windstillen Nachmittag mühelos zwischen den Wolken hin- und herflogen. Der Kastendrachen war traurig, denn wenn er nicht fliegen konnte, verlor sein Leben jeden Sinn.

Er blickte nach oben und betete. Wenn der Wind doch nur auffrischen würde! Das wäre das höchste! Aber die Luft säuselte weiter nur ganz matt. Seufzend blickte der Drachen wieder zu Boden und dachte, daß seine Gebete wohl nie erhört würden.

Plötzlich verdunkelte ein Schatten die Sonne und ein Windstoß fuhr ihm in die Seite, so daß er fast umkippte. Hoffnungsvoll schaute er nach oben, doch verließ ihn seine Freude schnell wieder als er merkte, daß der Luftzug nur vom Flügelschlag eines Vogels über ihm herkam.

»Was ist das, eine Gans? Eine dumme Gans?« sagte er. Die riesigen Flügel des Vogels waren weit ausgebreitet, als er ihn umkreiste. Schließlich landete der Vogel auf beiden Beinen neben dem Drachen.

»Ich sah dich da unten stehen und habe gedacht, du könntest vielleicht Hilfe brauchen«, sagte der weißgefiederte Vogel.

Der Kastendrachen konnte seine Gefühle nicht verbergen.

»So schlimm kann es doch nicht sein«, sprach der Vogel. »Was ist los?«

Leise fing der Drachen an: »Mein Schöpfer hat mich verlassen. Er ist enttäuscht, weil ich bei sowenig Wind nicht fliegen kann. Deswegen hat er mich hier einfach zurückgelassen.«

Der große weiße Vogel pickte mit seinem Schnabel am Boden und sagte: »Sprich ruhig weiter. Ich höre dir zu.«

»Das war es schon. Ich wurde gestern erst gebaut, in der Hoffnung, daß ich hoch in den Himmel steige, doch ich habe meinen Schöpfer im Stich gelassen und werde wohl hierbleiben müssen, bis die Sonne mein Segel vollends versengt hat, oder bis mich der Regen zerstört.«

»Gibt es für dich nur schwarz oder weiß? Nichts dazwischen? Was ist, wenn der Wind auffrischt? Dann machst du doch sicher von deinem Geburtsrecht Gebrauch?«

Der Kastendrachen zuckte die Schultern. In seinem Herzen gab es keine Hoffnung, und der Vogel spürte seine Leere.

»Dem Geduldigen und Tapferen gehört die Welt«, sagte der Vogel.

»Verstehst du denn nicht? Wie sollst du auch, du bist eine Gans. Ich bin nicht einmal festgebunden. Sollte je ein Wind aufkommen, würde ich nur umfallen, da meine Flugleine nicht am Boden befestigt ist.«

Der Vogel erwiderte: »Du bist einfach gedanklich blockiert, glaube mir. Es ist wirklich ganz leicht.«

»Meinst du?«

»Ich weiß es. Aber das ist noch nicht alles. Du hast ein Problem mit deiner Einstellung. Einem Experten wie mir kannst du vertrauen.«

Der Drachen wurde langsam unwirsch und sagte: »Einstellung? Was soll denn das heißen? Ich will fliegen. Ich habe zu Gott gebetet, daß er mich fliegen läßt. Ich habe dem Himmel versprochen zu sterben, wenn ich nur einmal fliegen darf. Ich wünsche es mir wirklich mehr als alles andere auf der Welt.« Erschöpft von all den Erklärungen schmorte der Drachen nun in der Sonnenglut still vor sich hin.

»Ich nehme dich schon sehr ernst«, sagte die Gans. »Du hast mich nur falsch verstanden.«

»Du sagtest doch ... Einstellung?«

Der Vogel unterbrach ihn. »Ja, Einstellung. Fliegen erfordert die richtige Einstellung.«

»Das ist es gerade, was ich ...«

Der Vogel wurde lauter. »Versteh doch. Einstellung bedeutet, wie du dich dem Wind gegenüber verhältst. Deine Wünsche sind gar nicht so wichtig, vielmehr deine Haltung, würde ich sagen. Man kann nicht fliegen, wenn man den Wind nicht im richtigen Winkel auf sich wirken läßt.«

»Aber ich kann doch nicht ...«

»Hör jetzt einfach mal zu. Wenn du willst, daß man dich wahrnimmt, mußt du mehr von dir zeigen. Was den Wind betrifft, so mußt du deine Haltung ändern, deine Form, und dem bißchen Wind mehr von dem zeigen, was du hast.«

»Ich bin ein Kastendrachen. Wie soll ich meine Form verändern? Ich bin kein Genie, nur ein Drachen.«

Der Vogel reckte seinen Hals so hoch er konnte. »Ja, das stimmt, du bist ein Viereck, aber nur weil du das denkst.«

»Die Kraft der Gedanken! Ich glaube, ich habe davon schon gehört, ich weiß nur nicht wo«, sagte der Drachen nachdenklich.

»Die Veränderungen kommen aus dir selbst. Ich zeig's dir. Sieh her. Ich schikke einen Gedanken zu meinen Flügeln, und du siehst was passiert.« Der Vogel mußte von einem Bein auf das andere balancieren, um zu verhindern, daß er abhob.

»Wenn man mehr von sich zeigt, bekommt man auch mehr Aufmerksamkeit. Das funktioniert bei mir genauso wie bei dir.«

»Ich bin ein Kastendrachen. Mein Körper wird von festen Stäben gleicher Länge getragen. Ich kann mich nicht verändern.«

»Es kommt nicht darauf an, dich zu verändern, sondern aus dem, was du hast, das Beste zu machen«, sagte der Vogel und wiegte seinen langen Hals. »Also, gib mir die festen Stäbe, die dich dazu zwingen, am Boden zu bleiben. Wo steht geschrieben, daß die Stäbe gleich lang sein müssen?«

Der Vogel zog mit dem Schnabel alle Stäbe heraus, die dem Drachen seine Standfestigkeit verliehen. Jetzt war der Drachen nur noch ein Haufen verstreut herumliegender Stäbe und loser Stoff.

»Du hast mich kaputtgemacht. Ich habe keinen Halt mehr. Und so was nennst du Hilfe?«

Der Vogel beachtete den Drachen nicht weiter und sagte nur, ehe er wegflog: »Ich bin bald wieder zurück, dann wirst du sehen, daß ich auch ein Freund in schlechten Zeiten bin.«

Lange Zeit lag der Drachen unbeweglich in der heißen Sonne.

Schließlich kreiste ein vertrauter Schatten über der Wiese, und der große weiße Vogel landete neben ihm. In seinem Schnabel trug er unterschiedlich lange Stäbe.

Der Vogel legte die Stäbe neben den Drachen und sagte: »Hier ist dein Tikket zum Himmel, mein Freund.« Mit diesen Worten begann er, einen Satz neuer Stäbe in die Zellen einzupassen und dort zu befestigen. Nach kurzer Zeit rief er: »Ja, das sieht ganz gut aus.«

Der Drachen stand jetzt wieder aufrecht. »Irgendwas ist anders. Nicht viel, aber ich fühle mich … größer.« Der Drachen fragte sich, wie das nur möglich sei. Ich bin doch immer noch ein Kastendrachen. Das Segel ist unverändert – nicht größer und nicht kleiner.

Während der Drachen so vor sich hin grübelte, nahm der Vogel das Ende der Flugleine, flog ein Stück und band die Flugleine sicher an einem kräftigen Busch fest. Als der Vogel zurückkam, hatte der Drachen sich wieder gefaßt.

»Ich bin breiter als vorher, genau, das ist es, oder? Ich verstehe wirklich nicht warum, aber ich fühle mich irgendwie auch leichter.«

»Du bist ein neuer Drachen geworden, weil ich die Größe deiner Querstäbe verändert habe.« Der Vogel spreizte seine Flügel und hielt den Drachen damit fest. Er drehte ihn zum Wind und sagte zu ihm: »Du bist jetzt kein quadratischer Kastendrachen mehr, sondern ein Rhombusdrachen, mit allen Vorteilen, die diese Form hat.«

Die sanfte Brise, die noch vor kurzem unseren Kastendrachen kaum bewegte, hob ihn jetzt zum erstenmal in seinem kurzen Leben in die Lüfte. »Ich fliege«, rief der Drachen.

Innerhalb weniger Momente war die Flugleine gerade, spannte und straffte sich, und der Rhombusdrachen flog höher und höher. Der Vogel flog neben ihm her. In einer Höhe von fast 300 Metern kam der Drachen zur Ruhe und blickte nach unten. Er fühlte jetzt, daß er dazu geschaffen war, sich in solchen Höhen zu bewegen. Der Sinn seines Lebens war erfüllt.

Der Vogel umkreiste den Drachen. »Mir war klar, daß du es schaffen würdest. Jetzt bist du auf dich selbst gestellt.« Da durchzuckte den Drachen ein schrecklicher Gedanke. »Was passiert, wenn der Wind sich legt? Ich falle doch wie ein Stein vom Himmel«, rief der Drachen dem Vogel zu. »Laß mich nicht allein!«

Der Vogel zog weiter seine Kreise und achtete aber darauf, daß seine Flügel den übernervösen Drachen nicht streiften. »Sieh nur! Da unten!« Als der Drachen vorsichtig nach unten schielte, erfüllte sich sein Herz mit Freude. »Ja, es ist mein Schöpfer«, sagte der Drachen.

»Jetzt ist alles gut, mein Freund. Ich mache mich auf den Weg zur nächsten Geschichte.«

»Wie kann ich dir deine Hilfe vergelten? Was kann ich für dich tun?« fragte der Drachen.

Mit einem Rauschen tauchte der Vogel ab und schraubte sich wieder in die Höhe.

»Gib einfach weiter, was du gelernt hast, denn eines Tages triffst du bestimmt einen Drachen, der auch Probleme hat. Dies wäre der schönste Lohn für mich.«

»Einverstanden«, sagte der Rhombusdrachen.

»Noch etwas …«

Der Rhombusdrachen schaute ängstlich.

»Ich bin ein Schwan und keine Gans.«

Damit flog der Schwan schnell davon. Im Flug senkte er einen Flügel und flog für einen letzten Blick zurück einen Bogen nach links. Ein glücklicher kleiner Junge hatte die Flugleine vom Busch losgemacht und war dabei, seinen Drachen fliegen zu lassen.

Der Rhomboid-Kastendrachen und das Streckenverhältnis

Vereinfacht gesagt, bezeichnet das Streckenverhältnis einer Oberfläche die Spannweite eines Drachens im Vergleich zur durchschnittlichen Breite. Dieses Verhältnis mag für einen Laien ziemlich bedeutungslos sein, doch hängt vom Streckenverhältnis das Auftriebsvermögen eines Drachens ab.

Ein rhombus- oder rautenförmiger Drachen besitzt ein höheres Streckenverhältnis als ein quadratischer Drachen (siehe Abb. 185), d.h. ein Rhombus-Drachen bietet dem Wind mehr Segelfläche, weshalb er sich besser für den Einsatz bei schwachen Winden eignet. Während bei manchen Oberflächen mit hohem Streckenverhältnis, wie etwa Deltaformen, die bessere Auftriebsfähigkeit oft zu Lasten der Stabilität geht, verbindet ein dreidimensionaler Rhombus scheinbar die Vorteile eines höheren Streckenverhältnisses mit denen hoher Stabilität.

Der Kastendrachen eignet sich ausgezeichnet zur Erläuterung des Streckenverhältnisses, da er sich durch die Veränderung der Länge seiner Querstäbe problemlos in einen Rhombus-Drachen verwandeln läßt. Die Tabelle auf der Seite 201 zeigt, wie sich die Flugeigenschaften verändern können, wenn man das Streckenverhältnis, den Flächenwinkel und die Anordnung der Waage verändert.

Für den Spaß am Drachensteigen müssen Sie nicht viel über das Streckenverhältnis und andere aerodynamische Grundlagen wissen. Wenn Sie jedoch einen eigenen Drachen entwerfen möchten, ist dies durchaus von Vorteil. Von großer Bedeutung für den Entwurf eines Drachens ist das Streckenverhältnis, die tatsächliche Auftriebsfläche, die Segellast (Abb. 187) und der Flächenwinkel des Segels. Eine Erläuterung, wie sich diese Werte auf den Flug auswirken, finden Sie auf Seite 201.

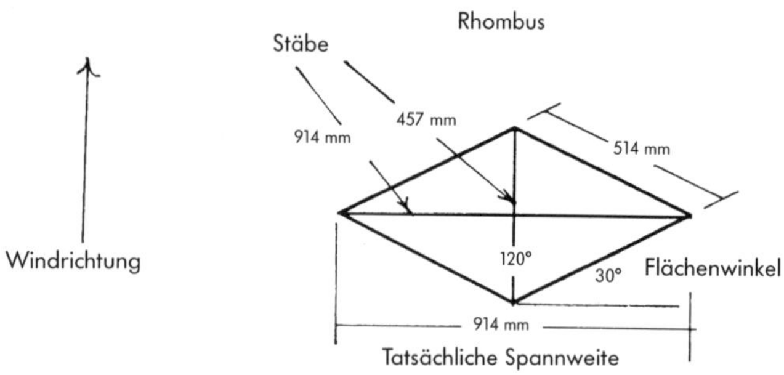

A1 = Tatsächliche Fläche eines Segels

$A1 = \frac{91{,}4 \times 27{,}9\ cm}{929 cm^2} = 2554{,}8\ cm^2$

AK = Tatsächliche Fläche des gesamten Drachens

AK = 4 x A1

$AK = \frac{91{,}4 \times 27{,}9\ cm}{929 cm^2} \times 4 = 10\,219{,}3\ cm^2$

Rhombus, in ein Quadrat geändert

Beim Quadrat sind alle Querstäbe etwa 280 mm lang.

Quadrat, hochkant geflogen

Gewicht des Drachens

158,7 g

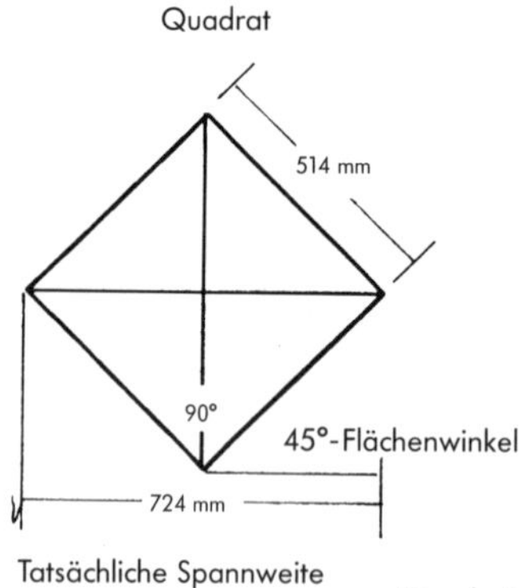

Quadrat, hochkant geflogen

AK = 4 x A1

$AK = \frac{4 \times (51{,}4 \times 27{,}9\ cm)}{929 cm^2}$

$AK = 8091{,}8\ cm^2$

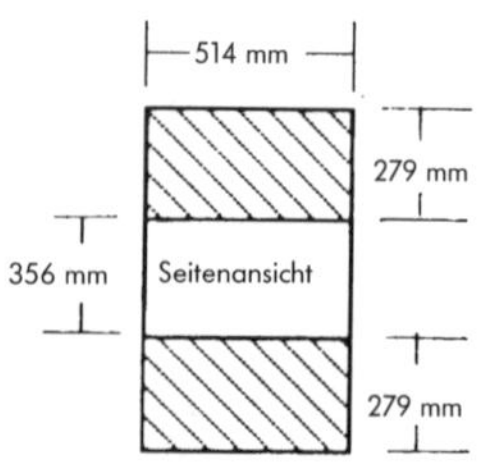

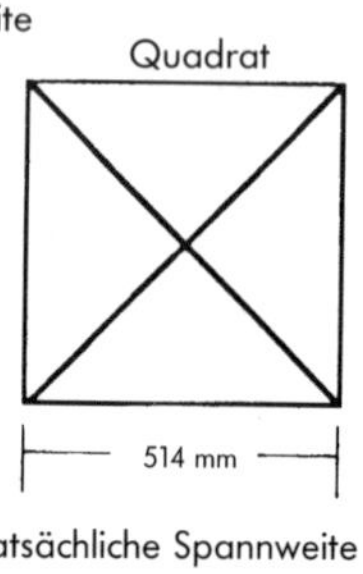

Quadrat, gerade geflogen

AK = 4 x A1

$AK = \frac{4 \times (51{,}4 \times 27{,}9\ cm)}{929 cm^2}$

$AK = 5750{,}7\ cm^2$

Abb. 185 Quadratischer Drachen, geändert in einen rhombischen Drachen

Kastendrachen, Gewicht in g = 158,7	Rhombus	Quadrat, hochkant	Quadrat, gerade
Streckenverhältnis	$\frac{91,4}{27,9} = 3,27$	$\frac{72,4}{27,9} = 2,95$	$\frac{51,4}{27,9} = 1,84$
Tatsächliche Auftriebsfläche in cm^2	10 220	8092	5751
Segellast $\frac{\text{Gewicht in g}}{\text{Tatsächl. Fläche in cm}^2}$	$\frac{159}{10220} = 0,015$	$\frac{159}{8092} = 0,020$	$\frac{159}{5751} = 0,0280$
Mindestwindgeschwindigkeit in km/h $7\sqrt{\text{Gew./Fl. g/cm}^2}$	$7\sqrt{0,015} = 8$	$7\sqrt{0,020} = 9$	$7\sqrt{0,028} = 10,7$

Der Koeffizient 7 gilt für Drachen, die mehr Auftrieb benötigen. Bei Drachen, die weniger Auftrieb benötigen – z.B. Delta-Drachen – rechnet man mit einem Koeffizienten von 5.

Es gibt noch eine zweite Methode zur Bestimmung der tatsächlichen Auftriebsfläche von Drachen, deren Länge der Stäbe man nicht kennt.
Alles, was man wissen muß, ist:
- die Gesamtfläche des Segels in cm^2
- der Flächenwinkel
- den Kosinus des Flächenwinkels

Dann multipliziert man die Fläche mit dem Kosinus des Flächenwinkels und erhält so die tatsächliche Spannweite.

Abb. 186 Tabelle mit Vergleichswerten

Die tatsächliche Auftriebsfläche bezieht sich auf die Fläche, die man messen würde, wenn man den Umriß des Drachens während des Fluges auf einem Bildschirm projizieren würde. Seitlich angebrachte Teile, wie z.B. Kiele, erzeugen keinen vertikalen Auftrieb und sind daher in der Auftriebsfläche nicht berücksichtigt.

Auch wenn diese Berechnungen die Anordnung der Waage oder andere Faktoren nicht berücksichtigen, sind die Werte für Vergleichszwecke geeignet.

Bücher über Trigonometrie enthalten Tabellen mit allen Kosinuswerten von 0 bis 90°. Man kann den Kosinus von Winkeln aber auch mit einem Taschenrechner oder am PC ausrechnen.

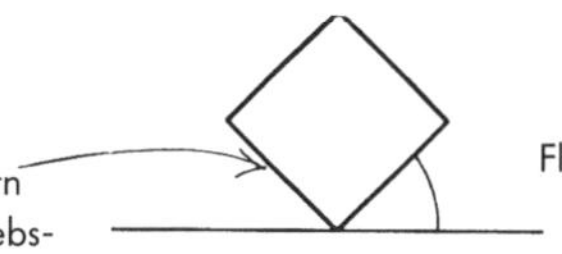

Abb. 187 Es ist leider wahr, daß gerade die hochfliegenden Pläne oft scheitern ... Charlie Brown hat dennoch recht – die Segellast ist von entscheidender Bedeutung für die Flugtauglichkeit eine Drachens (mit freundlicher Genehmigung von United Media).

Material

Für den Bau dieses Drachens benötigen Sie:

- **22,5-g-Spinnakernylon oder Tyvek für die Zellen**
- **Acht 6 x 915-mm-Hartholz-rundhölzer**
- **Vier 6 x 460-mm-Hartholz-rundhölzer**
- **25 x 400 mm Nylontuch**
- **6 mm (Innendurchmesser) halbstarres Plastikrohr**
- **1,8 m einer 25-kp-Schnur für die Waage**
- **20-mm-Schlüsselring**

Details

Die folgenden Details finden Sie in Abb. 188.

- **(Detail 1): Gesamtansicht. Obere und untere Zelle sowie Verbindungspunkte der Waage**
- **(Detail 2): Ansicht von oben. Querstab und Holm**
- **(Detail 3): Im Flug. Oberer Waagenschenkel 760 mm bis zur Schlaufe; unterer Waagen-schenkel 990 mm bis zur Schlaufe**
- **(Detail 4): Lerchenkopf mit einem 20-mm-Schlüsselring. Am Ring wird die Flugleine angebracht.**

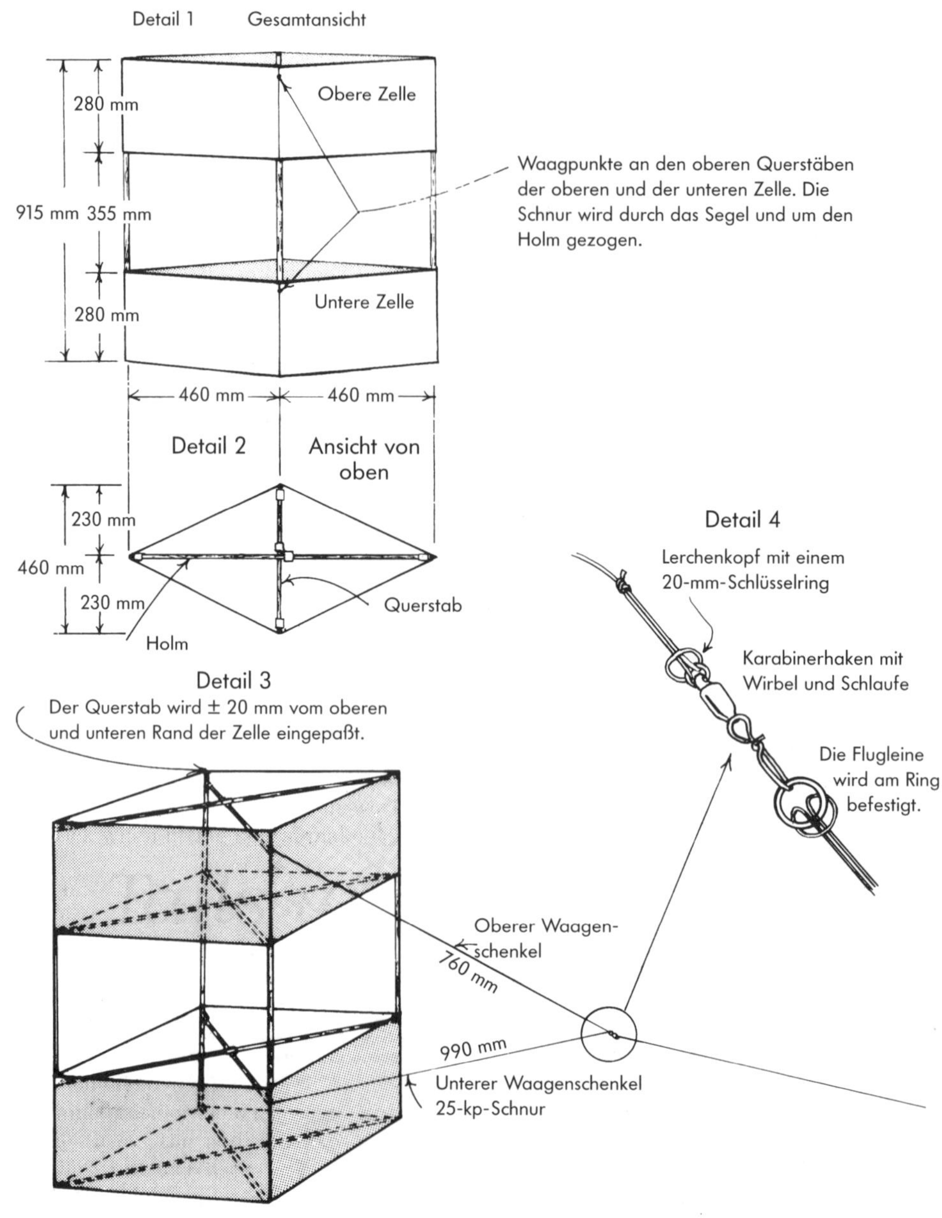

Abb. 188 Der Rhomboid-Kastendrachen – Details

Bauanleitung

Heißschnitt:

1. Eine Bahn Spinnakernylon wird in vier 305-mm-Felder für die obere und untere Zelle geschnitten (siehe Abb. 189).

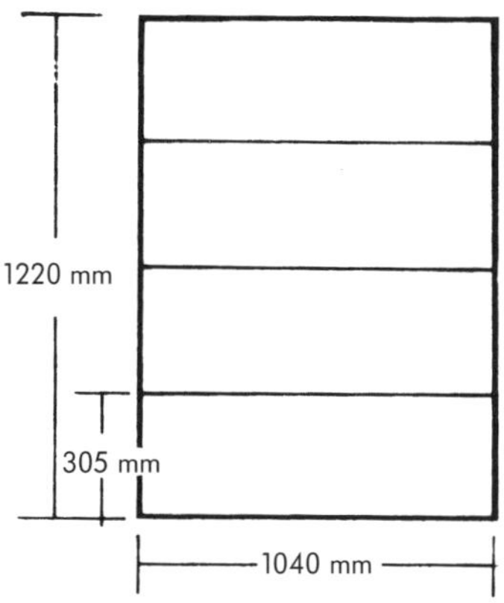

Abb. 189 Schritt 1

Nähen:

2. Legen Sie Feld 1 auf Feld 2 sowie Feld 3 auf Feld 4. Tragen Sie jetzt die Mittellinie ab und nähen die Felder 6 mm vom Rand zusammen (siehe Abb. 190).

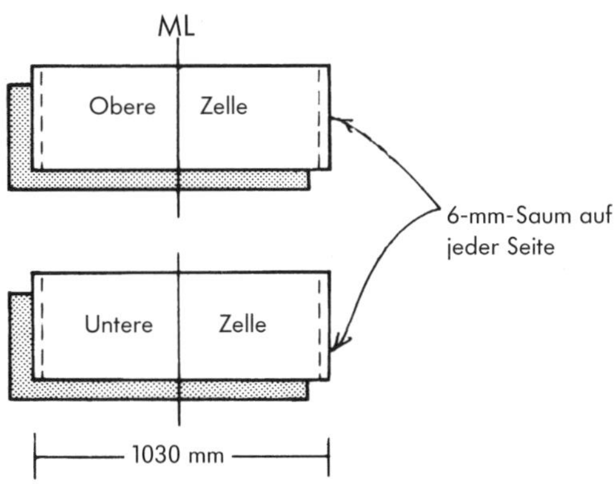

Abb. 190 Schritt 2

3. Beide Ränder der Zelle werden mit einem doppelt gefalteten 6-mm-Saum versehen, so daß jede Zelle 280 mm hoch ist.

Flugdaten:
Windgeschwindigkeit:
13–21 km/h
Flugleine: 25-kp-Schnur
AE: ±60, nach oben offen
Handschuhe empfohlen

Heißschnitt:

4. Schneiden Sie aus 25-mm-Nylontuch Taschen und Schlaufen zu (siehe Abb. 192).

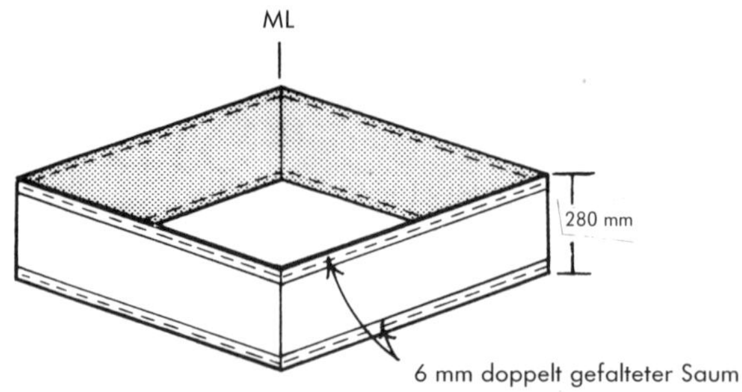

Abb. 191 Schritt 3

Nähen:

5. Die Taschen werden auf jede obere Ecke und die Schlaufen auf jede untere Ecke der beiden Zellen genäht (siehe Abb. 193 und 195).

Streifen aus Nylontuch

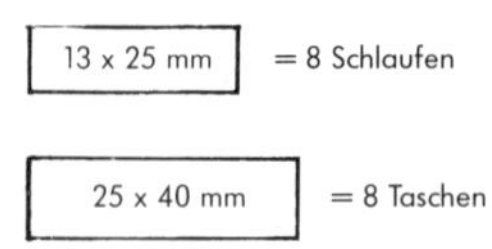

Abb. 192 Schritt 4

Sägen:

6. Für die Verbindungsteile der Holme und Querstäbe schneidet man 18 Teile aus einem Plastikschlauch (evtl. mit Textileinlage) zurecht (38 x 6 mm Innendurchmesser). Danach schneidet man in der Mitte jedes Teils bis zur Hälfte einen Schlitz ein (siehe Abb. 194).
7. Die Stäbe werden wie folgt zugeschnitten: vier Holme mit 6 x 915 mm; vier Querstäbe mit 6 x 915 mm und acht Querstäbe mit 6 x 457 mm.

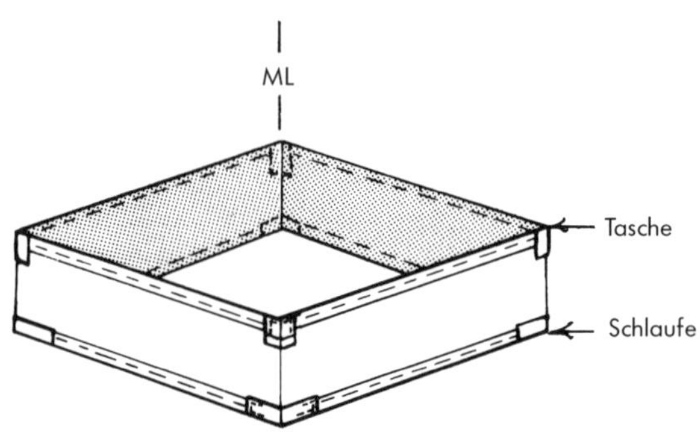

Abb. 193 Schritt 5

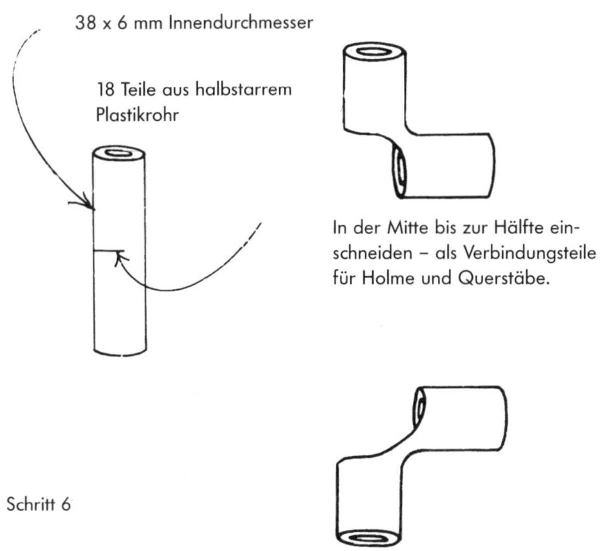

Abb. 194 Schritt 6

Montage:

8. Die Zellen werden so gedreht, daß die Taschen und Schlaufen nach innen zeigen (siehe Abb. 195). Die Verbindungsteile aus Plastikrohr werden, wie in der Detailzeichnung gezeigt, eingefügt. Danach setzt man die Holme durch die Schlaufen hindurch in die Taschen ein.

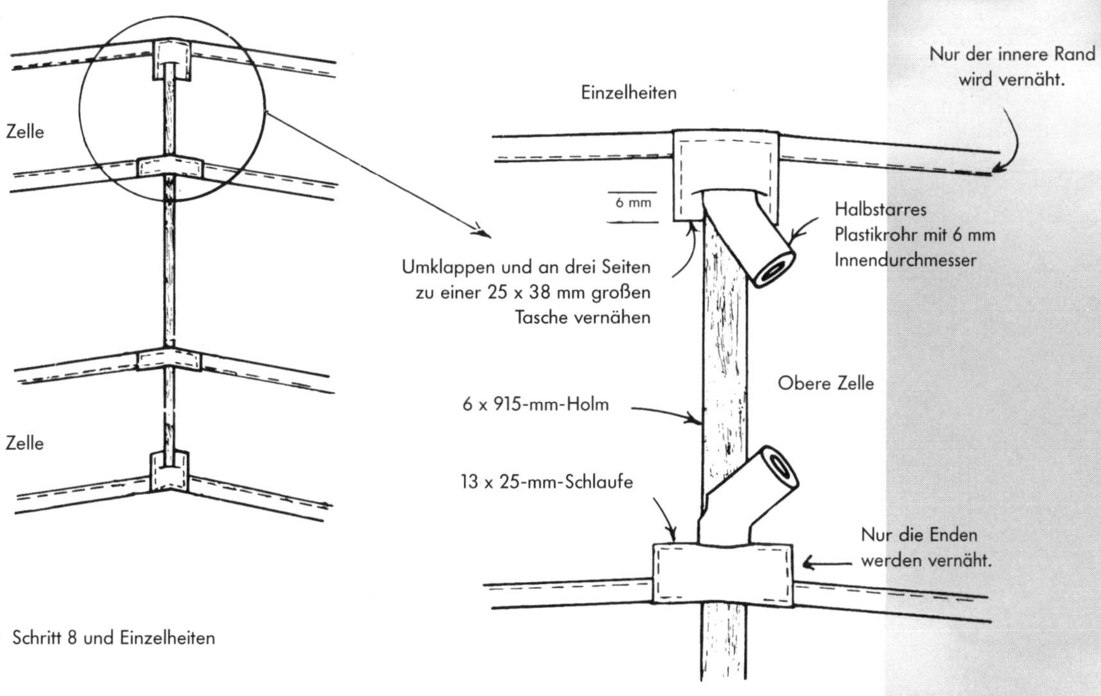

Abb. 195 Schritt 8 und Einzelheiten

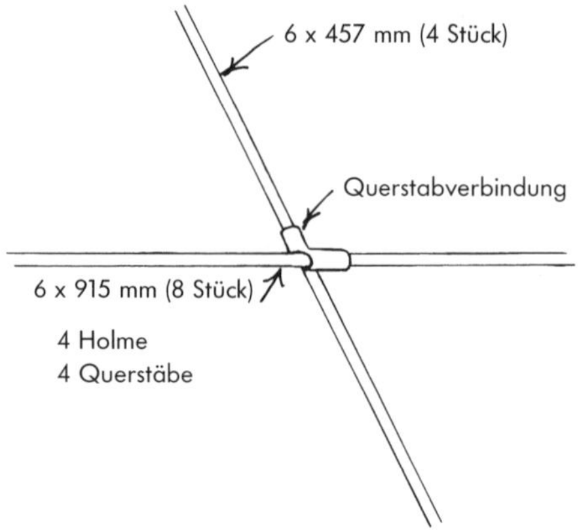

Abb. 196 Schritt 9

9. Jetzt kreuzt man mit Hilfe der Verbindungsteile aus Plastikrohr die 457 mm und die 915 mm langen Querstäbe (siehe Abb. 196). Man benötigt vier Sätze davon.
10. Die Querstäbe werden nun in die obere und die untere Zelle eingesetzt (siehe Detail 3 in Abb. 188). Die Zellen müssen straff gespannt sein, das Segel darf aber nicht verzerrt werden. Eventuell müssen einzelne Querstäbe noch nachgearbeitet werden, damit sie exakt sitzen.
11. An den oberen Querstäben beider Zellen wird nun die 25-kp-Waagschnur durch das Segel und um die Holme gezogen (siehe Details 2 und 3 in Abb. 188). Der obere Waagenschenkel mißt ± 760 mm, der untere Waagenschenkel ± 990 mm bis zum Lerchenkopf.
12. Jetzt wird nur noch der Schlüsselring mit der Flugleine befestigt, und der Drachen ist bereit.

32 Der Flügel-Kastendrachen

Der Drachen, der eine Talk-Show platzen ließ

Man hatte mich gebeten, bei der Organisation eines Drachenfestivals in Florida mitzuwirken. Dies war auch der Anlaß für die Einladung zu einer Talk-Show in Jacksonville einige Wochen später. Bei meinem Auftritt in der Sendung zeigte ich dem Moderator und den Zuschauern eine Auswahl verschiedener Drachen. Zuerst erklärte ich dem Publikum, daß nicht alle Drachen so konstruiert sind wie der Eddy-Rautendrachen, und dann präsentierte ich einen Flügel-Kastendrachen aus silbernem Mylar (siehe Detail 1 in Abb. 197).

Gerade als ich anfing, den Drachen zu beschreiben, schwenkten die über uns angebrachten Studioscheinwerfer auf das Mylarsegel. Die Lichtreflektion setzte Kamera eins außer Gefecht. Ganz nach Murphys Gesetz fielen dann – aus Gründen, die für mich nicht nachzuvollziehen waren – auch noch die Kameras zwei und drei aus. Der aufgeregte Produzent kam zu mir gerannt und nahm mir den Drachen weg, versprach jedoch, ihn mir nach der Show zurückzugeben. Es kam zu einer Sendepause von fast zwei Minuten! Im Vergleich zu dieser mittleren Katastrophe war der Rest meiner Demonstration nicht mehr sonderlich aufregend.

Am nächsten Tag fand also das Drachenfestival statt, und die Beteiligung war überwältigend. Mein Mylardrachen, der die Fernsehshow so unsanft unterbrochen hatte, flog den ganzen Tag über hoch am Himmel und strahlte silbrig im Sonnenschein.

Material

Für den Bau dieses Drachens benötigen Sie:

- **1015 x 1220 mm Segelmaterial: Mylar, Tyvek, Packpapier oder auch bedruckte Einkaufstüten (das Segel des Drachens auf der Seite 239 besteht aus einer Einkaufstüte des amerikanischen Kaufhauses Bloomingdale's)**
- **6 x 1220-mm-Rundhölzer, auf die richtige Größe zugeschnitten, für vier Holme und zwei Spreizstäbe**
- **13-mm-Klebeband und 25-mm-Isolierband**
- **10-kp-Schnur für die Waage und die Flugleine**

Details

Die folgenden Details finden Sie in Abb. 197:

- **(Detail 1) Gesamtansicht**
- **(Detail 2) Flügel mit Waagpunkten**
- **(Detail 3) Verstärkte Flügelspitze und eingekerbter Spreizstab**

Flugdaten:
Windgeschwindigkeit: 8–32 km/h
Flugleine: 10-kp-Schnur
AE: ± 65

Abb. 197 Details 1–3

Detail 1: Gesamtansicht

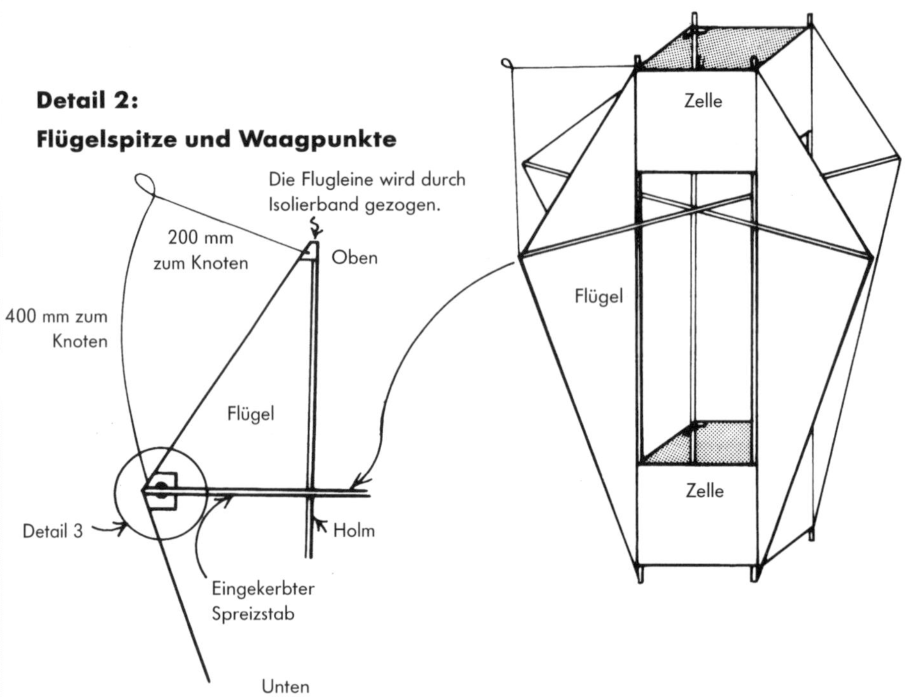

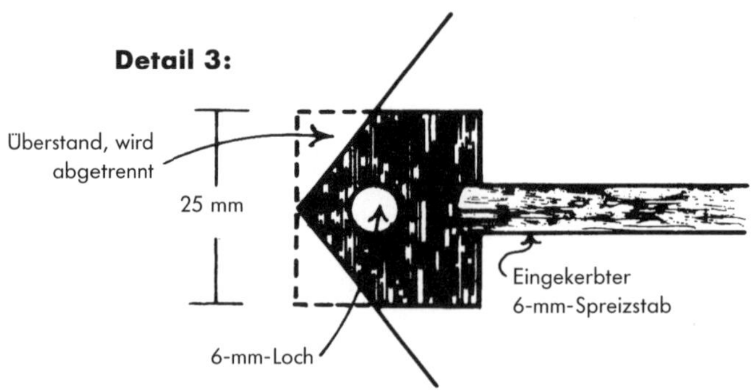

Alle vier Flügelspitzen werden mit Isolierband verstärkt.

Abb. 198 Schritt 1

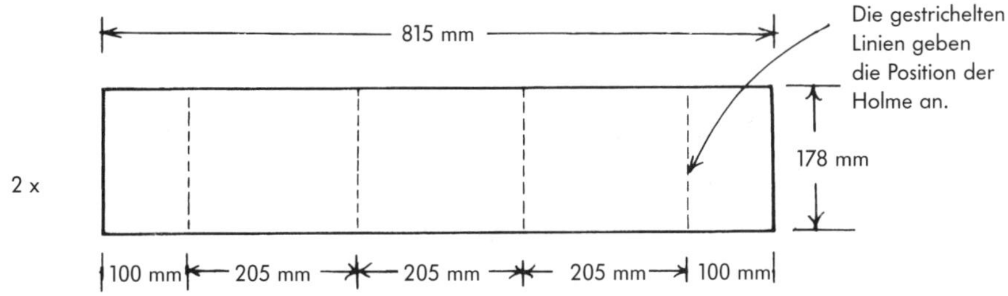

Bauanleitung

Hinweis: Verwenden Sie ein starkes, transparentes Klebeband. Bringen Sie es an den bezeichneten Stellen an.

Schneiden, Verkleben und Montage:

1. Legen Sie die Schablone für die Zelle auf das Segelmaterial und schneiden Sie beide Teile so aus, daß die Symmetrie gewährleistet ist. Markieren Sie die Positionen der Holme (siehe Abb. 198).
2. Legen Sie nun die Schablone für die Flügel über vier Schichten des Segelmaterials, damit Sie symmetrische Flügel ausschneiden können (siehe Abb. 199).
3. Schneiden Sie vier 6 x 915 mm große Rundhölzer zu.

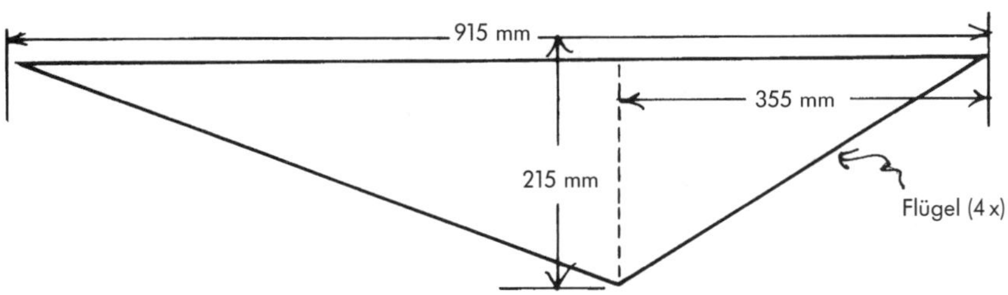

Abb. 199 Schritt 2

Abb. 200 Schritt 4

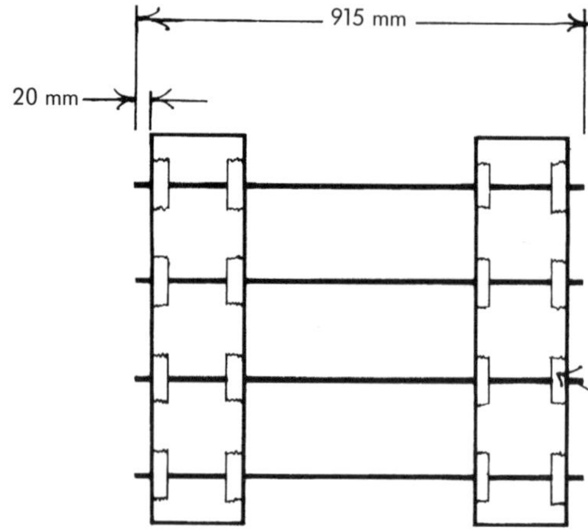

4. Die Holme werden entlang der Markierung gelegt und mit Klebeband befestigt (siehe Abb. 200). Sie sollten bei beiden Zellen um 20 mm über den Rand hinausragen.
5. Verbinden Sie die Zellenränder mit Klebeband. Verstärken Sie auch die Unterseite des Saumes mit Klebeband (siehe Abb. 201).
6. Befestigen Sie nun mit Klebeband einen Flügel an jedem Holm. Alle Flügel müssen so angeordnet sein, daß die oberen und unteren Seiten in dieselbe Richtung weisen. Das Klebeband verläuft von einer Flügelseite über den Rundstab zurück auf die andere Flügelseite. Ein Isolierband sichert die Flügel oben und unten zusätzlich ab (siehe Abb. 202).

Abb. 201 Schritt 5

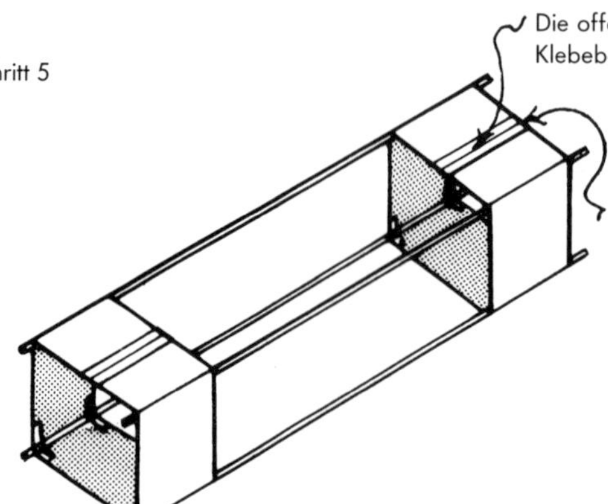

Die Kastendrachen-Grundform fliegt wie in der Abbildung zu sehen.

7. Schneiden Sie zwei Spreizstäbe mit 6 x ±685 mm zu. Kerben Sie alle Enden ±15 mm tief mit gleicher Ausrichtung ein (siehe Detail 3 in Abb. 197). Wenn die Kerben in die Löcher der Flügelspitze greifen, halten die Spreizstäbe die Zellen offen und straff.
8. Ziehen Sie die Waagschnur mit Hilfe einer Nadel durch das Isolierband (siehe Detail 2 in Abb. 197).

Anregungen für eine Miniaturversion

Für eine Miniaturversion dieses Drachens halbiert man alle Größenangaben. Dazu verwendet man 3-mm-Rundhölzer, Mylar als Segelmaterial, Nähfaden für die Waage sowie 7-kp-Flugleine. Die Holme ragen bei den Zellen um 20 mm über den Rand hinaus.

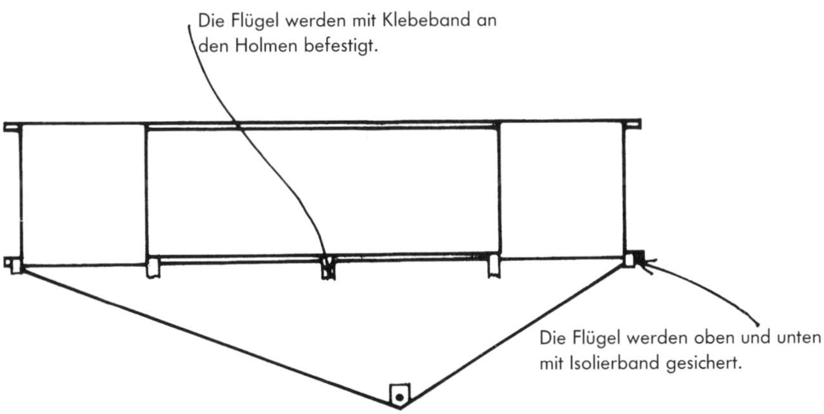

Abb. 202 Schritt 6

33

Material

Für den Bau dieses Drachens benötigen Sie:

- **Segel: Tyvek, 800 x 2150 mm (etwa 1,83 m²)**
- **Rundhölzer für Mittelholme: zwei mit 5 x 787 mm und eines mit 5 x 660 mm**
- **Rundhölzer für Flügelstäbe: zwei mit 5 x 787 mm**
- **Rundholz für den Spreizstab: 6 x 914 mm, danach zurechtgeschnitten**
- **drei kleine Schlüsselringe**

Der Delta-Kastendrachen

Entwurf: mit freundlicher Genehmigung von Alex Dunton

Blitzstarter

Die Steiggeschwindigkeit von Alex Duntons Variation des Delta-Kastendrachens (siehe Abb. 6, Detail 6) ist atemberaubend. Sechs Jahre hintereinander stellte Duntons Drachen beim Höhensprint-Wettbewerb des Wright Kite Festivals in Kill Devil Hill, North Carolina, USA, alle Konkurrenten in den Schatten. Bei diesem Wettbewerb gewinnt jener Drache, der innerhalb von 30 Sekunden die längste Flugleine abwickelt. Wie das Drachen-Schicksal jedoch so spielt, wurde Dunton im siebten Jahr geschlagen, und das von zwei Konkurrenten, die – mit Duntons Hilfe! – eben diese Kreation Duntons nachgebaut hatten.

Duntons Drachen ist eine modifizierte Version von Hod Taylors dreieckigem Delta-Conyne-Kastendrachen (Abb. 203). Taylor begann im Alter von 72 Jahren mit dem Drachenbau, und da seine Augen schon schwach waren, baute er große Delta-Conyne-Drachen mit Flügelspannweiten von über 10 m. Ohne Windlöcher würde ein Drachen in dieser Größe jedoch wie ein Elefant ziehen. Daher macht der mittlere Ausschnitt am Rücken von Taylors Entwurf durchaus Sinn.

Duntons Version des Delta-Kastendrachens ist dagegen viel kleiner und ohne Segelausschnitte. Der undurchschnittene hintere Mittelabschnitt der Kastenzelle verbessert bei schwachem Wind das Steigvermögen und die Flugeigenschaften.

Bauanleitung

Gehen Sie Schritt für Schritt vor. Beachten Sie dabei auch die Detailzeichnungen.

Zuschnitt:

Hinweis: Sie benötigen nur zwei Stücke des Segelmaterials – ein Stück für den Hauptteil des Drachens, zu dem die Flügel und der Rücken der Zelle gehören, sowie ein schmaleres Stück, das die dreieckige Zelle an der Drachenunterseite komplett macht. Dunton verwendet für diesen Drachen vorzugsweise Tyvek.

1. Fertigen Sie sich eine Schablone mit den Umrissen des Drachens an, oder zeichnen Sie die Umrisse direkt auf das Tyvek. Berechnen Sie je 13 mm für die drei Umsäumungen der Mittelholme: zwei am Rücken und einen entlang der unteren Seite des Dreiecks. Berechnen Sie ± 13 mm an den Flügelrändern für die Umsäumungen der Flügelstäbe. Da heiß ausgeschnittenes Tyvek nicht ausfranst, muß die Hinterkante des Drachensegels nicht umsäumt werden.

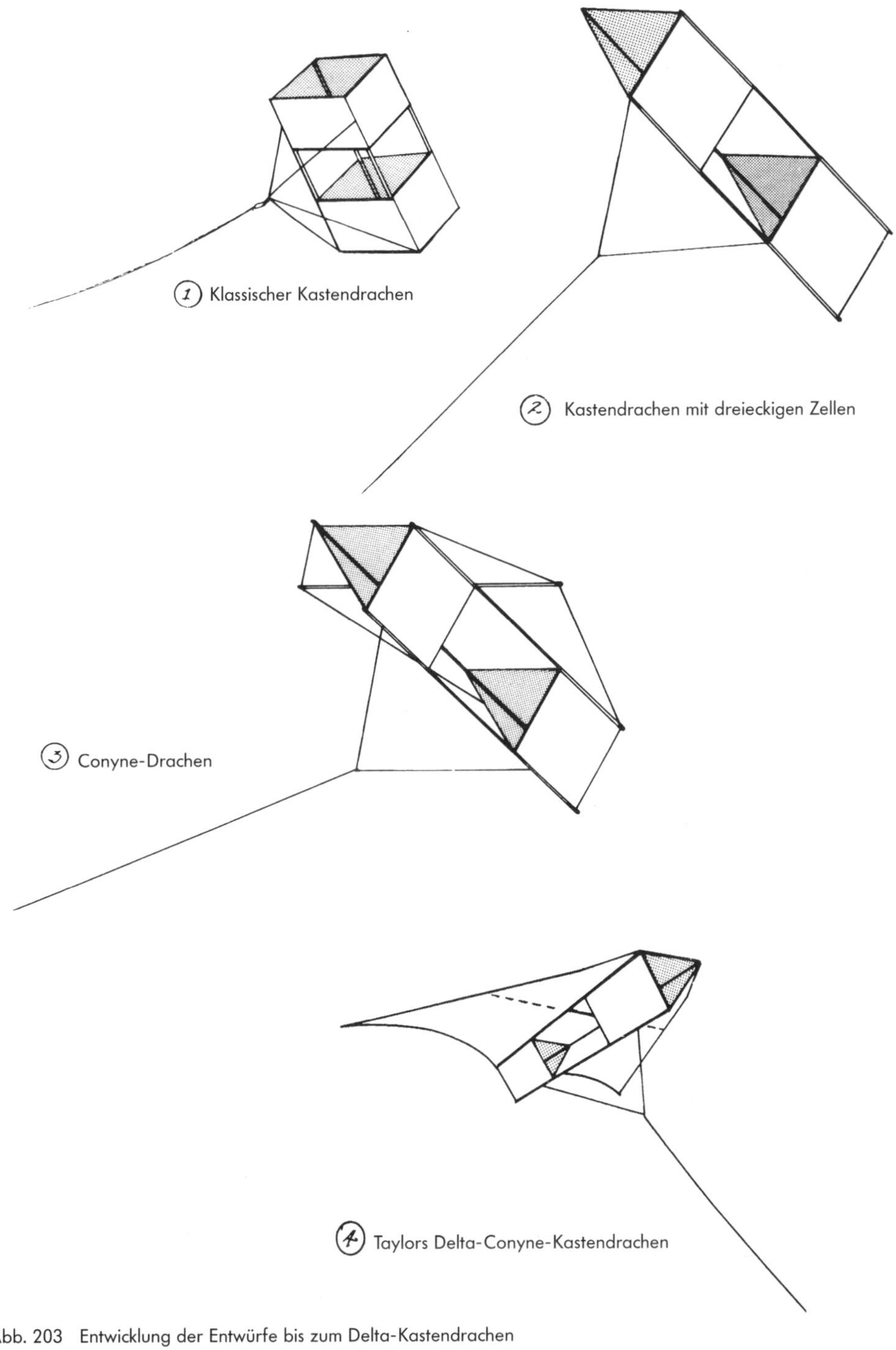

Abb. 203 Entwicklung der Entwürfe bis zum Delta-Kastendrachen

Detail-zeichnungen

Die meisten dieser Zeichnungen finden Sie in Abb. 204; Ausnahmen sind besonders vermerkt.

- **(Detail 1) Gesamtansicht**
- **(Detail 2) Formen der dreieckigen Kastenzelle und Befestigung des unteren Teils der Zelle am Rücken in einem Schritt**
- **(Detail 3) Spreizstab. Befestigung des Stahlringes am Flügelsaum; beachten Sie dazu Varianten A und B in Abb. 205.**
- **(Detail 4) Trimmen eines »Neigers«**
- **(Detail 5) Fluganansicht von hinten**
- **(Detail 6 in Abb. 6) Im Flug. Waage: vorderer Waagenschenkel 250 mm; hinterer Waagenschenkel 410 mm vom Waagring**

Flugdaten:
Windgeschwindigkeit:
8–32 km/h
Flugleine:
25-kp-Schnur
AE: ± 60

Abb. 204 Details 1–5

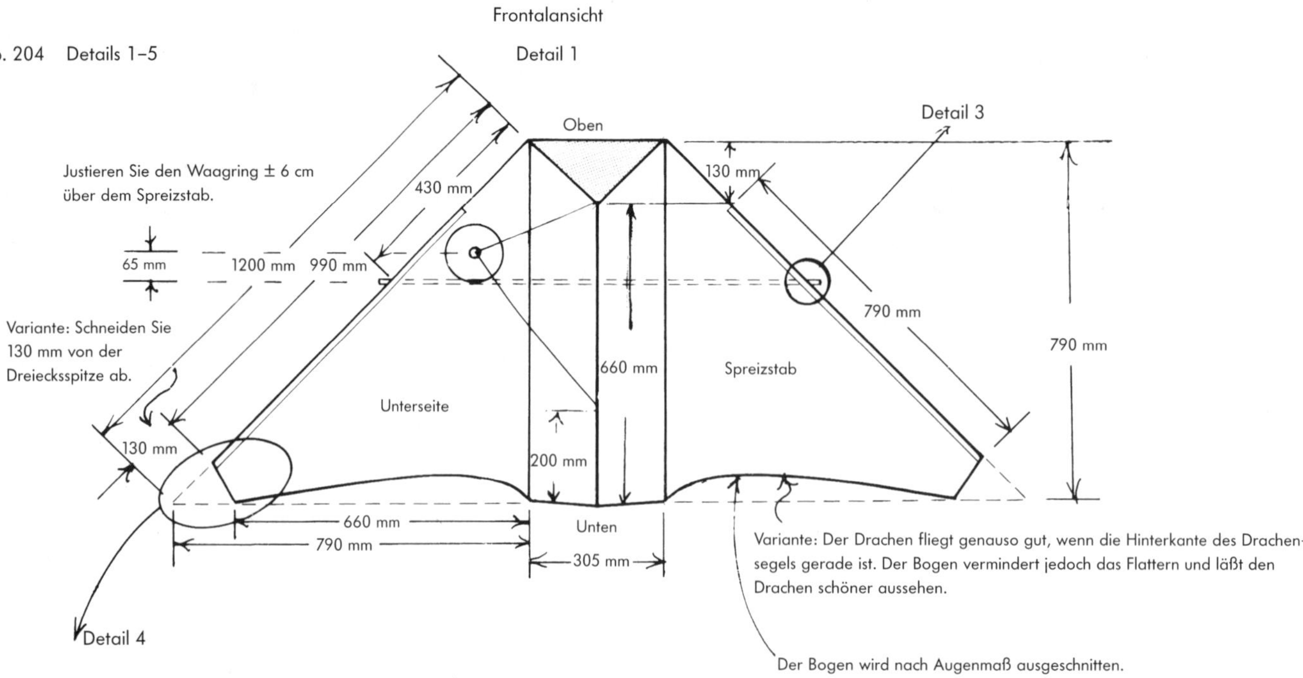

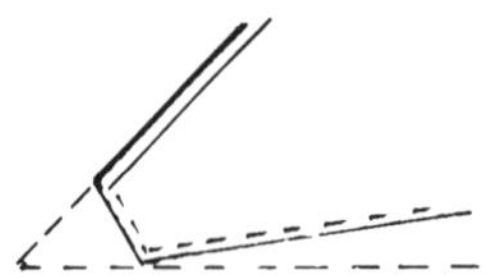

Trimmen eines »Neigers«: Verjüngen Sie den Rand von der Flügelspitze ausgehend bis etwa zur Flügelhälfte hin.

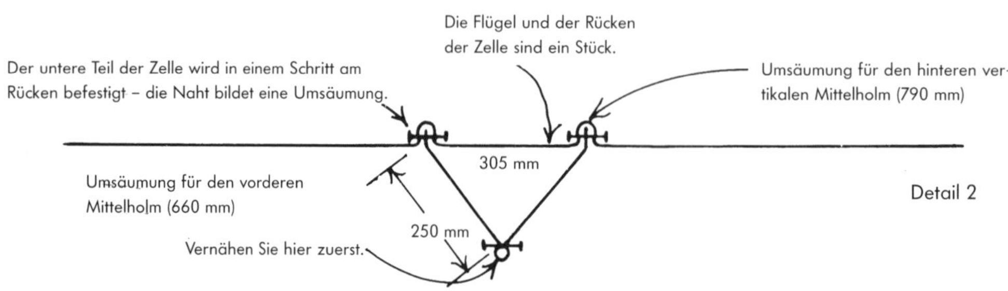

Abb. 205 Detail 3 – Einzelheiten und Varianten

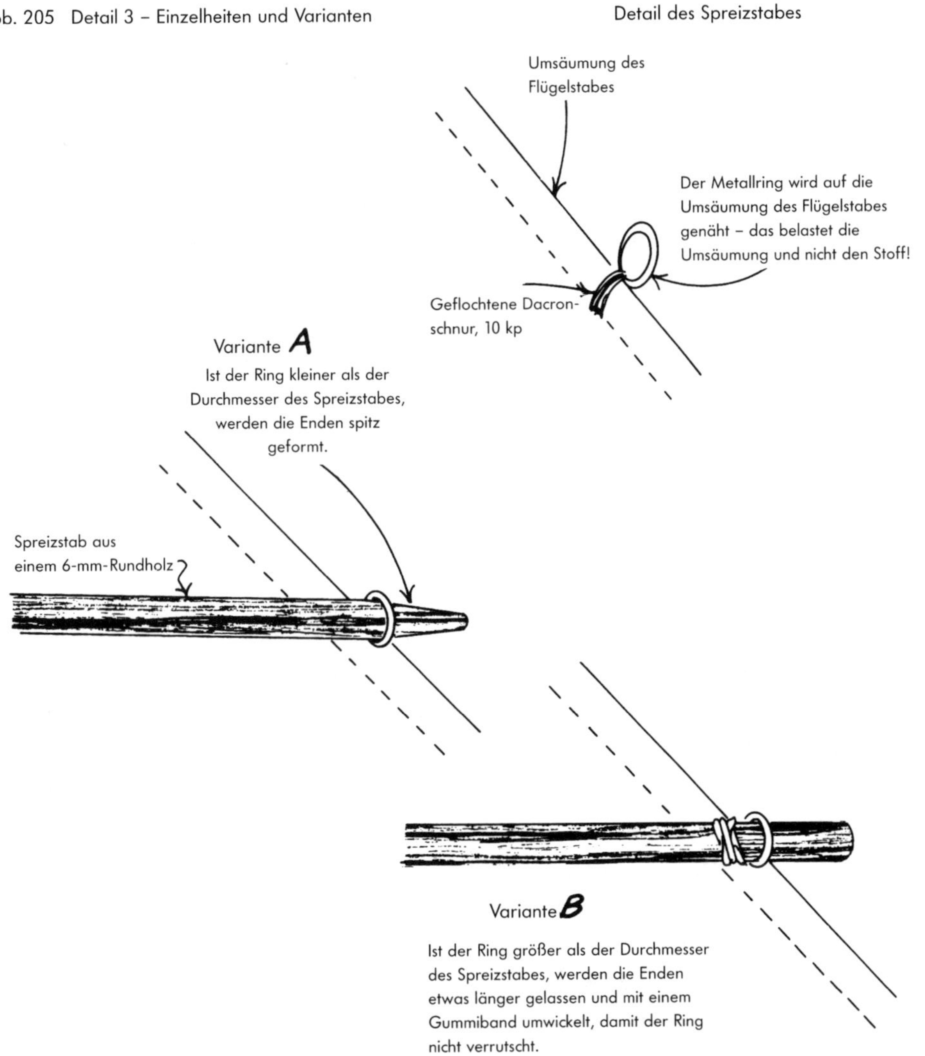

Hinweis: An der Vorderseite der dreieckigen Zelle befindet sich eine 130 mm tiefe V-förmige Öffnung (siehe Detail 1). Durch diese Öffnung kann die Luft problemlos ins Innere der Drachenzelle gelangen.
Wenn Sie an den Flügelspitzen oder an der Hinterkante des Drachensegels etwas abschneiden möchten, klappen Sie das Segel in der Mitte zusammen, damit die Schnitte symmetrisch sind.

Nähen:

2. Durch Vernähen entsteht eine Umsäumung für den vorderen Mittelholm (siehe Detail 2).

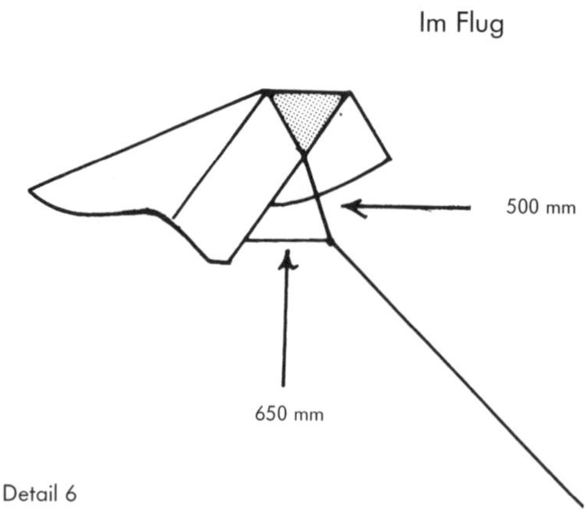

Abb. 206 Detail 6

3. Nähen Sie die vordere Zelle an den Rücken. Die Umsäumungen für die hinteren Mittelholme werden in einem Schritt verarbeitet.
   Variante: Nähen Sie das Vorderteil der Zelle so wie beim Eulendrachen (Abb. 207) an den Rücken.
4. Klappen Sie die Saumzugaben für die Umsäumungen der Flügelstäbe nach hinten und schließen Sie sie, indem Sie sie der Länge nach vernähen.
   Tip: Tyvek läßt sich gut mit Holzleim verleimen. Das Nähen wird einfacher, wenn Sie zunächst den Rand der Umsäumung mit etwas Holzleim fixieren (leimen Sie aber nicht die ganze Umsäumung an das Segel). Danach schließen Sie entweder mit Leim oder durch eine Naht die Unterseite der Umsäumungen für die Mittelholme und die Flügelstäbe ab.

Montage:

5. Setzen Sie die Rundhölzer in die Säume ein. Das 660-mm-Rundholz paßt in den vorderen Saum der dreieckigen Zelle. Schließen Sie die Oberseite der Umsäumungen der Mittelholme mit Leim oder durch eine Naht ab. Die Säume an den Flügeln können oben offenbleiben.
6. Nähen Sie die Ringe, wie in Detail 3 dargestellt, auf die Umsäumungen der Flügelstäbe. Bei dieser von Dr. Phil Modjeski entwickelten Methode wird nicht das Segelmaterial, sondern der Stab belastet. Abhängig vom Ringdurchmesser kommt für eine straffe Spannung des Stabes Variante A oder B in Frage.

7. Schneiden Sie für die zweischenklige Waage eine 25-kp-Leine mit den angegebenen Maßen zu. Die Maße können auch leicht variieren. Wichtig ist nur, daß sich der Zugpunkt an der richtigen Stelle befindet. Führen Sie die Leine zur Sicherheit durch das Tyvek und um den Mittelholm. Befestigen Sie nun mit Hilfe eines Lerchenkopfs noch einen Schlüsselring oder einen kleinen Stahlring an der Waage.
8. Um den Zugpunkt zu finden, legt man den Drachen mit eingesetztem Spreizstab auf den Rücken. Dann zieht man am Ring, bis beide Waagenschenkel straff sind. Dabei mißt man die Entfernung vom Zugpunkt zum Spreizstab. Der Ring ist meist 50–60 mm oberhalb des Spreizstabes am besten positioniert.

»Neiger«

Dunton beendete die Bearbeitung der Hinterkante seiner Deltadrachen und der Deltavariationen erst dann, wenn er mit ihnen einige Testflüge gemacht hatte. Neigt sich ein Drachen nach links oder nach rechts, schneidet man an der Seite, zu der er sich neigt, einen schmalen Streifen ab. Man beginnt an der Spitze und verjüngt den Rand bis etwa zur Flügelhälfte (siehe Detail 4). Vor dem Trimmen sollte man jedoch den Zugpunkt in die optimale Position gebracht haben.

Wenn der Drachen instabil fliegt, setzt man den Ring etwas tiefer zur Hinterkante hin und startet erneut. Hat man den optimalen Zug- oder Waagpunkt gefunden, markiert man die Position mit einem schwarzen Filzstift, damit man ihn später leicht wiederfindet.

Hinweis: Setzen Sie den Zugpunkt bei verschiedenen Windverhältnissen mal höher und mal tiefer. Starker Wind und Feuchtigkeit verformen die Rundhölzer, und der Drachen kann sich dann leicht auf eine Seite neigen. Manchmal läßt sich dieses Problem beheben, indem man den Spreizstab und beide Flügelstäbe umdreht.

Der Eulendrachen – eine Variante

Für diese Variante des Delta-Kastendrachens beachten Sie bitte die Abb. 207. Die folgenden Hinweise sind dabei sehr hilfreich:

- Orientieren Sie sich an den Abmessungen von Duntons Delta-Kastendrachen und vergessen Sie nicht die Saumzugaben.
- Der vordere Abschnitt von Zelle A bildet eine Linie mit der Vorderkante des hinteren Abschnitts (B).
- Planen Sie voraus! Es müssen alle Verstärkungen an den richtigen Stellen angenäht sein, bevor der Drachen zusammengesetzt werden kann.
- Die Hinterkante wird mit einem 6 mm breiten, doppelt gefalteten Saumband oder einem 6 mm doppelt gefalteten Saum abgeschlossen.

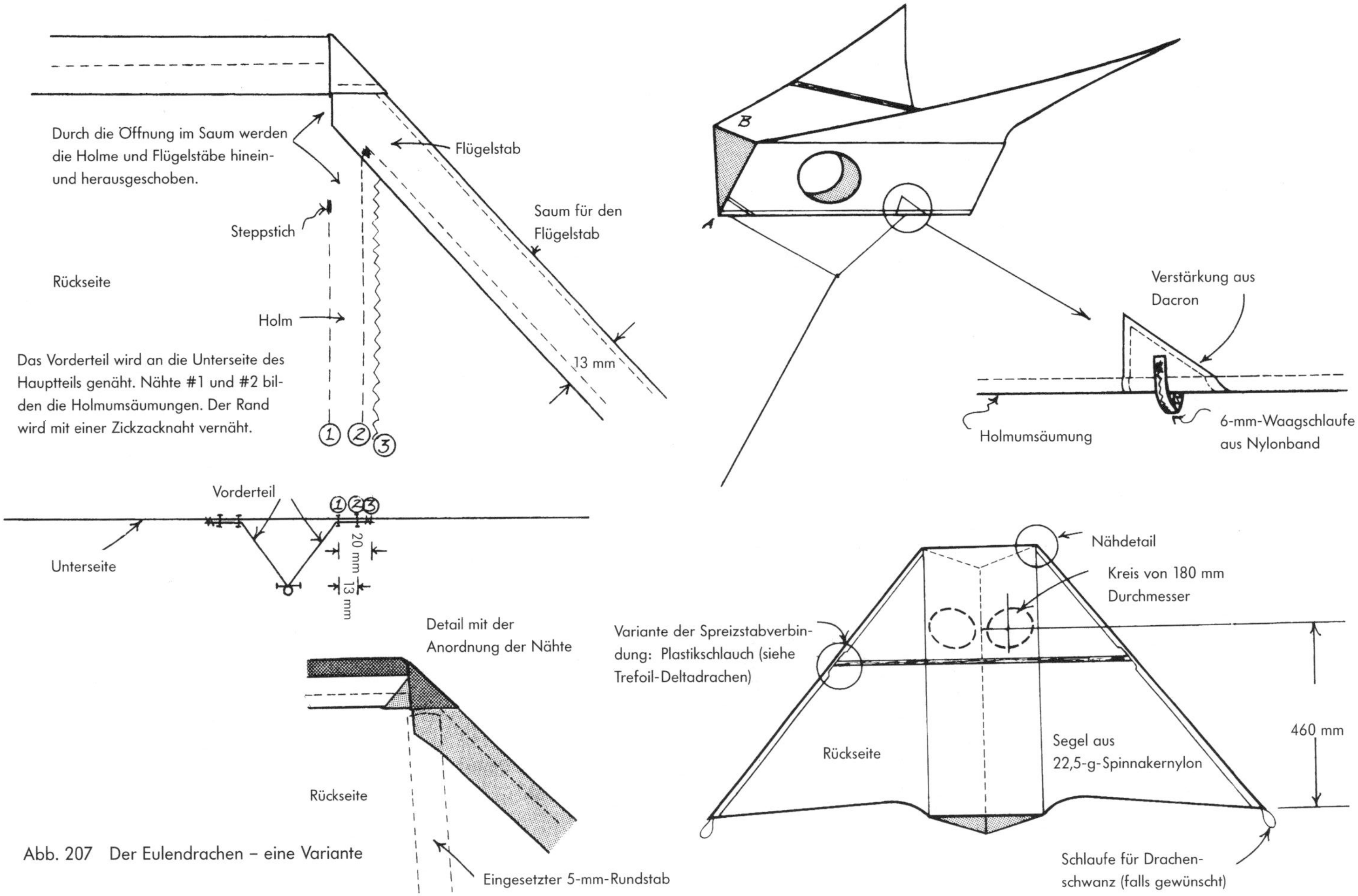

Abb. 207 Der Eulendrachen – eine Variante

34

Material

Für den Bau dieses Drachens benötigen Sie:

- **2,75 x 1 m von 22,5-g-Spinnakernylon**
- **6 mm (Innendurchmesser) halbstarre Rohre**
- **8 mm (Innendurchmesser) halbstarre Rohre**
- **5 mm durchsichtige Plastikrohre**
- **Ösen in den Größen 6 mm und 10 mm**
- **3 m geflochtene Dacronschnur – für die Waage**
- **Glasfaserstäbe:**
  – zwei 6 x 724-mm-Stäbe – für die vorderen Flügelstäbe
  – zwei 5 x 724-mm-Stäbe – für die hinteren Flügelstäbe
  – zwei 5 x 711-mm-Stäbe – für vertikale Stäbe
  – zwei 5 x 1016-mm-Stäbe – für Holme
  – einen 5 x 610 mm-Stab – für den Längsspreizstab
- **Verstärkungsmaterial (45-g-Spinnakernylon, Dacron oder grobfaseriges Band)**
- **25-mm-Nylontuch für Taschen**
- **20-mm-Schlüsselringe für die Waage**

Der Tri-D-Kastendrachen

Entwurf: Mit freundlicher Genehmigung von Peter Lynn

Ein Hauch Minimalismus

»Ich kam zu dem Entwurf des Tri-D-Kastendrachens über eine minimalistische Annäherung an die Struktur«, sagt der Neuseeländer Peter Lynn. »Ich war zu jener Zeit (1977) sehr vom Bauhausstil beeinflußt und betrieb eine intensive Suche nach leistungsfähigen dreidimensionalen Drachen.«

Die 1919 von Walter Gropius in Weimar gegründete Schule für Baukunst, Malerei und Kunstgewerbe, das Bauhaus, konzentrierte sich auf eine funktionale Gestaltung. Ein geometrisches Design und Materialgerechtigkeit waren charakteristisch für die Schule. Den Einfluß des Bauhausstils auf Lynns Arbeit kann man an dem schlichten Entwurf des doppelflügligen Tri-D-Drachens mit seinen gleichseitigen Dreiecken und dem sparsamen Umgang mit den verwendeten Materialien erkennen (siehe Abb. 208).

Es hat mich dann allerdings sehr interessiert, warum Lynn auf seine einfache Bauhaus-Drachenform ein Muster setzte. Da stellte sich heraus, daß das geschwungene Muster auf dem Stoff (siehe die farbige Abb. auf Seite 238) ein Teil des Gesamtkonzepts war. Der sogenannte »Koru« ist ein stilisierter Farnwedel, der für das polynesische Volk neues Leben symbolisiert. Ursprünglich in die Bugplanken der frühen Wanderkanus geschnitzt, ist es heute für alle Neuseeländer zu einem Zeichen des Optimismus geworden. Obwohl der Tri-D-Drachen auch in größeren Dimensionen erfolgreich gebaut werden kann, ist dieser Entwurf ein Leichtgewicht und bietet eine ganze Palette von Vorteilen: Bei leichtem Wind steigt er wie ein Deltadrachen, während er bei stärkeren Winden die Stabilität eines Kastendrachens besitzt.

Bauanleitung

Heißschnitt:

1. Aus Spinnakernylon schneidet man mit dem Lötkolben sechs Rautenformen (gleichseitige Parallelogramme mit spitzen Winkeln) mit den Maßen 521 mm Höhe und 927 mm Breite aus. Die Schablone sollte entlang des Materialrandes angelegt werden, damit der Zuschnitt symmetrisch wird. Beim Zuschnitt des Materials muß man immer die Faserrichtung beachten, besonders dann, wenn man verschiedene Farben kombinieren möchte (siehe »Arbeiten mit Spinnakernylon« sowie Abb. 212).

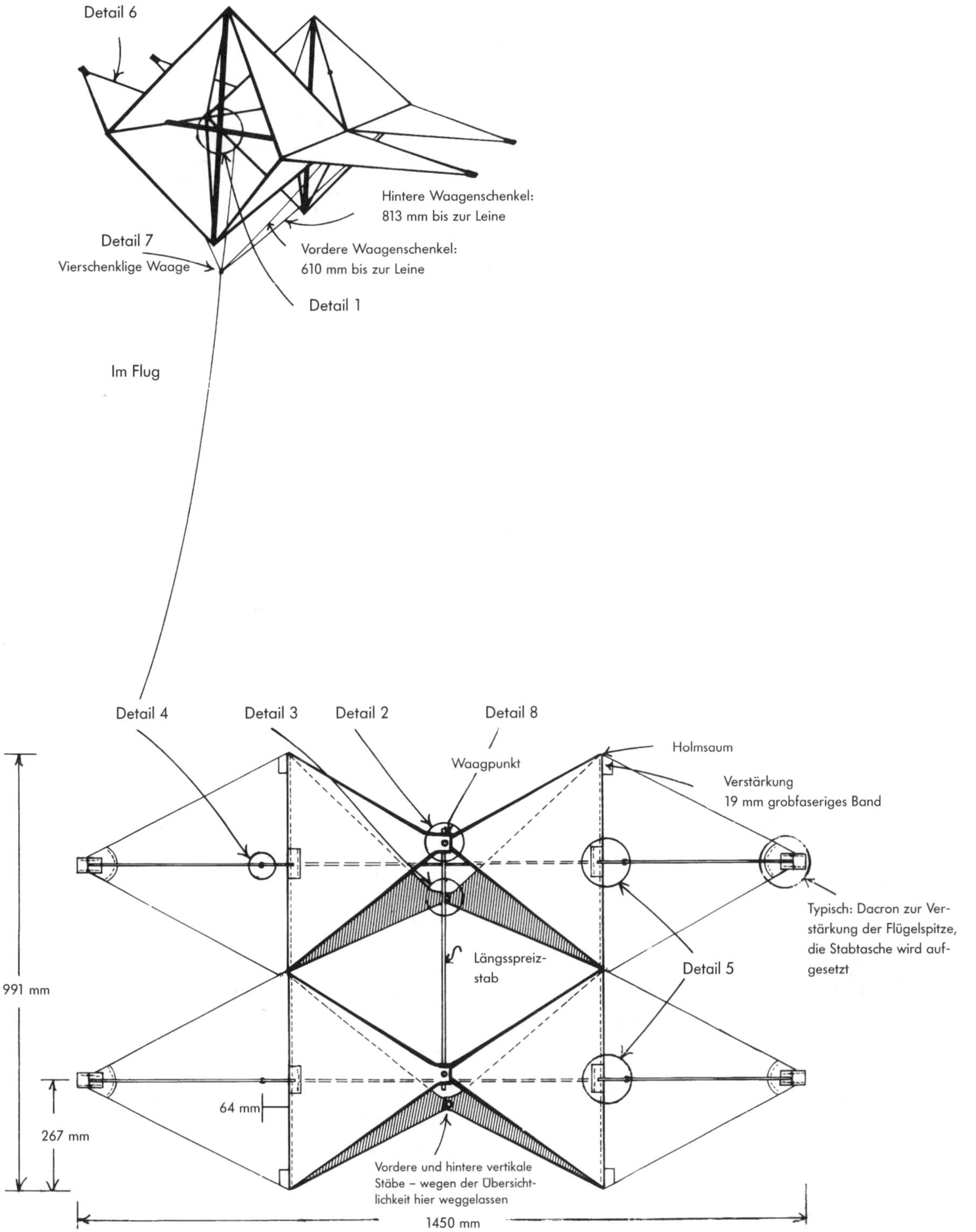

Abb. 208 Details

Details

Die folgenden Details finden Sie in Abb. 208. Die ersten drei Details sind zusätzlich in besonderen Abbildungen dargestellt.

- **(Detail 1) Vorderes und hinteres Verbindungssystem: Horizontaler Stab, vertikaler Stab, T-Stücke und Polypropylen- oder Gummi-Dichtungsringe – diese lassen sich auf- und abbewegen, um die Segelspannung und -form anzupassen (siehe Abb. 209).**
- **(Detail 2) Unterer Verbindungspunkt. Das untere Ende des vertikalen Stabes wird am T-Stück gesichert, das wiederum mit dem horizontalen Längsspreizstab verbunden ist (siehe Abb. 210).**
- **(Detail 3) Oberer Verbindungspunkt. Das obere Ende des vertikalen Stabes wird durch die Öse geführt. Das T-Stück läßt sich auf- und abbewegen, um so die Spannung zu regulieren (siehe Abb. 211).**
- **(Detail 4) Die Waagschnurschlaufen werden an den angegebenen Positionen auf dem Segel mit Hilfe einer großen Nadel befestigt.**
- **(Detail 5) Die vorderen und hinteren horizontalen Flügelstäbe werden durch die Löcher**

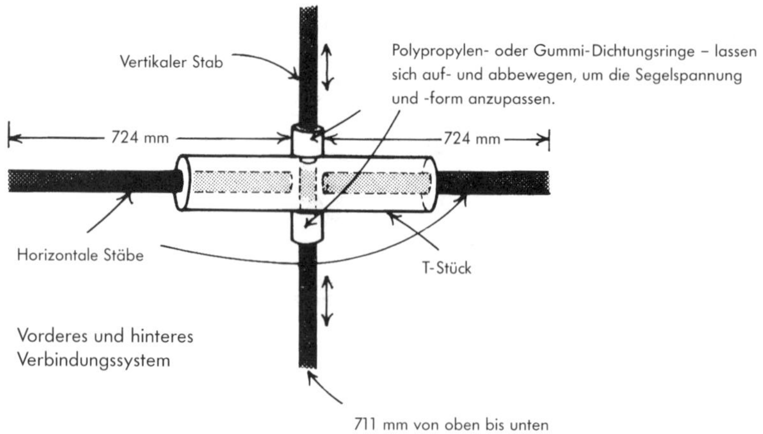

Abb. 209 Detail 1 – Einzelheiten

Abb. 210 Detail 2 – Einzelheiten

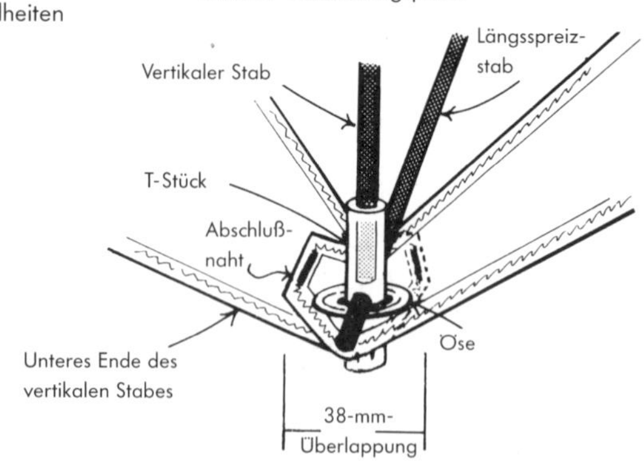

2. Aus dem Nylongewebe schneidet man mit dem Lötkolben vier Flügeltaschen mit den Maßen 25 x 70 mm aus.

Nähen:

3. An jedem Stück näht man entlang des Randes einen 6-mm-Saum (siehe Abb. 213). Hinweis: Die Teile in der zweiten Position sind Flügel und benötigen später eine Verstärkung der Spitzen für die Taschen. Die Verstärkung sollte vor der Umsäumung angenäht werden.
   Alternative 1: Anstelle von Taschen und Ösen als Halterungen für die Flügel und die vertikalen Stäbe kann ein Pfeilnocken-Schleifen-System die gleichen Funktionen übernehmen. Dazu näht man an alle Spitzen der drei Dreiecke eine 6-mm-Schlaufe (siehe Abb. 214).

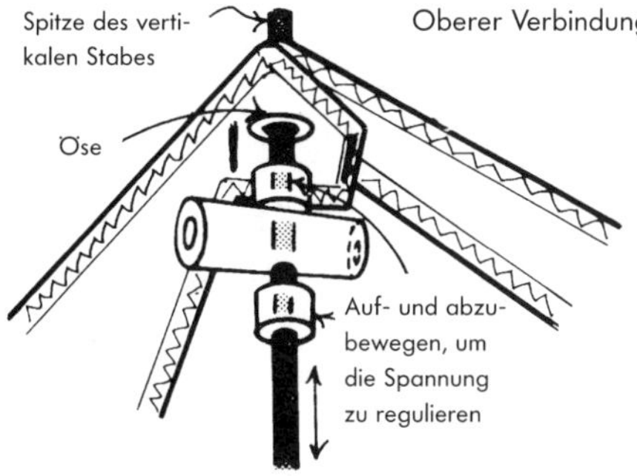

Abb. 211 Detail 3 – Einzelheiten

Abb. 212 Schritt 1

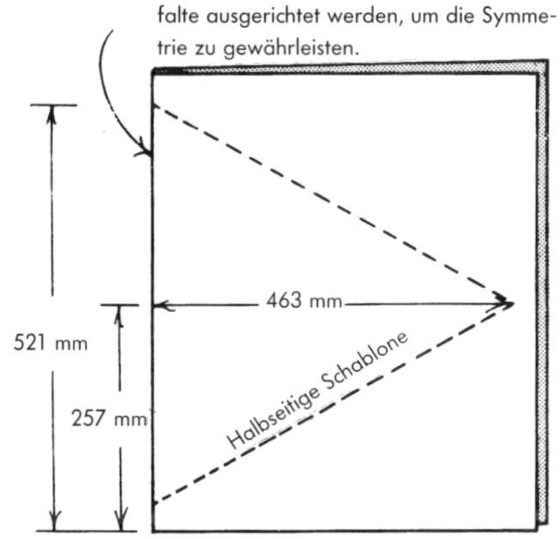

Alternative 2: Eine andere Möglichkeit ist es, alle Dreiecke mit dem Lötkolben zu schneiden. So ist keine Umsäumung mehr nötig. Die Flügelspitzen werden mit Spinnakernylon verstärkt. Mit einem Lötkolben, der eine kegelförmige Spitze hat, schneidet man die Löcher in die Flügelspitzen. Eingekerbte Rundhölzer müssen exakt zugeschnitten werden, um den Drachen aufzuspannen.

Heißschnitt:

4. Man legt nun drei Parallelogramme genau aufeinander. Dann schneidet man mit einem Lötkolben alle drei in der Mitte durch, um so zwei Sätze mit je drei gleichseitigen, 508 mm großen Dreiecken zu erhalten, die an der ungesäumten Basis entlang verschweißt sind. Hinweis: Vor dem Schneiden näht man einen 51 x 102 mm großen Verstärkungsstreifen auf die Mitte der Innenseite des ersten Stückes (siehe Abb. 216). Diese Arbeitsschritte werden an allen drei verbleibenden Parallelogrammen wiederholt.

Details (Fortsetzung)

der Segelverstärkungen und die Waagschnurschlaufen geführt.

- **(Detail 6) Der Stoff sollte an allen Punkten straff sein. Ein Flächenwinkel, bei dem die Flügelspitzen leicht über der Horizontalen liegen, verbessert die Stabilität.**
- **(Detail 7) Die vierschenklige Waage wird mit einem verstellbaren Lerchenkopf am Schlüsselring befestigt. Vordere Schenkel – 610 mm bis zur Leine; hintere Schenkel – 813 mm bis zur Leine.**
- **(Alternative) Man kann die Leine direkt am Waagpunkt anbringen, wenn der Drachen nicht höher als 1,80 m ist.**

Flugdaten:
Windgeschwindigkeit: 6–32 km/h
Flugleine: 45-kp-Leine
AE: ±70, nach oben offen
Handschuhe empfohlen

Material für alternative Konstruktionen

Für Drachen, bei denen Nylonschlaufen oder ein mit Knoten versehenes Spinnakerband verwendet wird, benötigt man:

- **6 mm-Nylonschlaufenmaterial**
- **Stäbe: 10-mm-Hartholz-Rundstab oder 7,5-mm-Epoxidrohr (Hinweis: Beide Materialien können im Hauptentwurf durch Glasfaserstäbe ersetzt werden.)**
- **Pfeilnocken und Einsatzstücke**
- **Spinnakernylon**

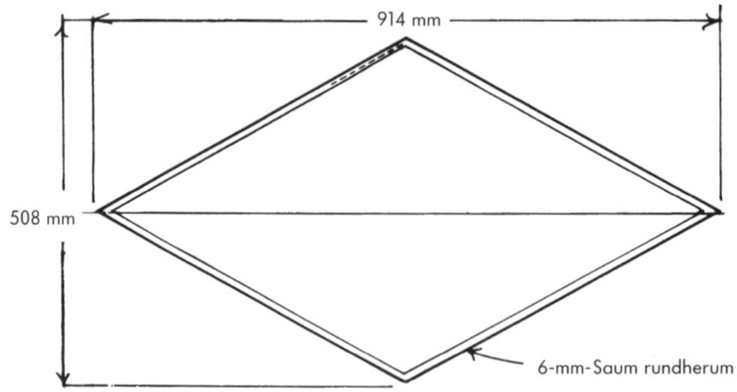

Abb. 213 Schritt 3

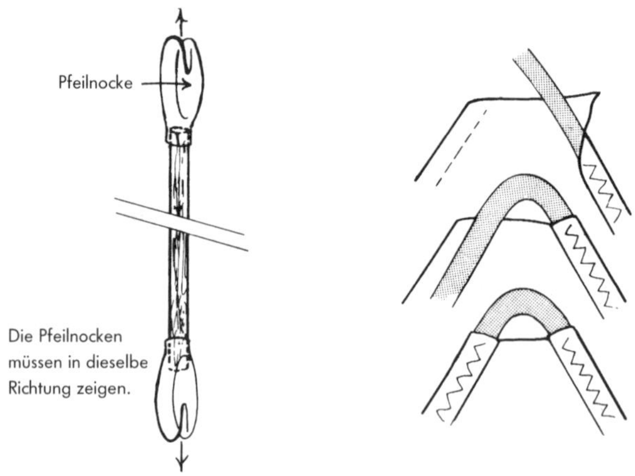

Abb. 214 Schritt 3 – Alternative 1

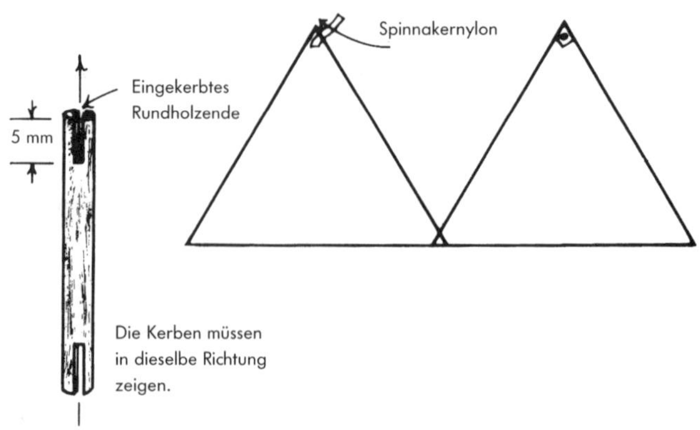

Abb. 215 Schritt 3 – Alternative 2

Brandes Flare

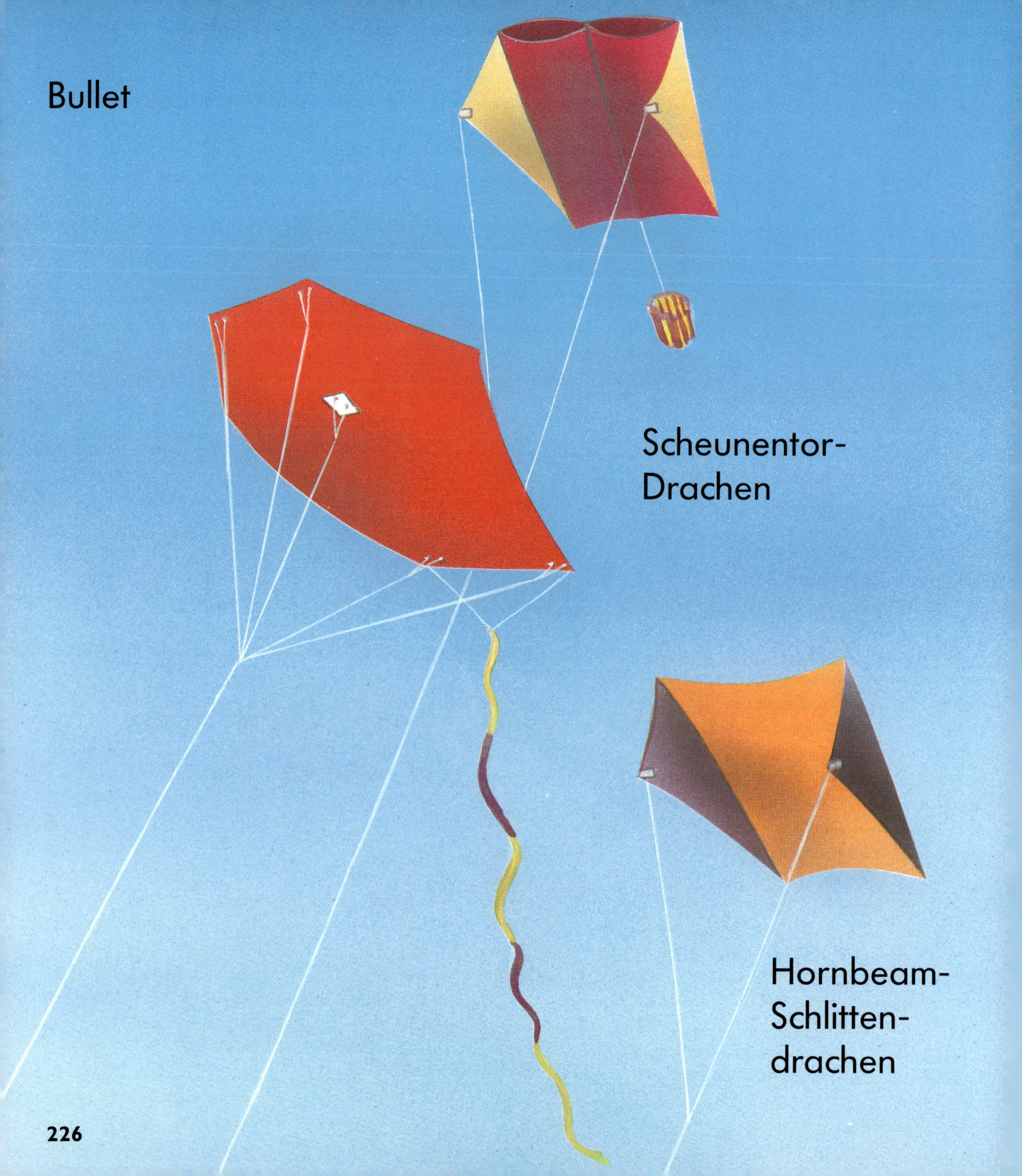
Bullet
Scheunentor-Drachen
Hornbeam-Schlittendrachen

Flötenschlitten

Keil-Deltadrachen

Totemdrachen – eine Variation des Hewitt-Flex-Drachens

Kaleidoskopdrachen

Pterosaurier-Drachen

Roloplan-Drachen

Rochendrachen

Stone-Mountain-Drachen

Turbo-Kunstflugdrachen

Trefoil-Deltadrachen

Trefoil-Schlangendrachen

Tri-D-Kastendrachen

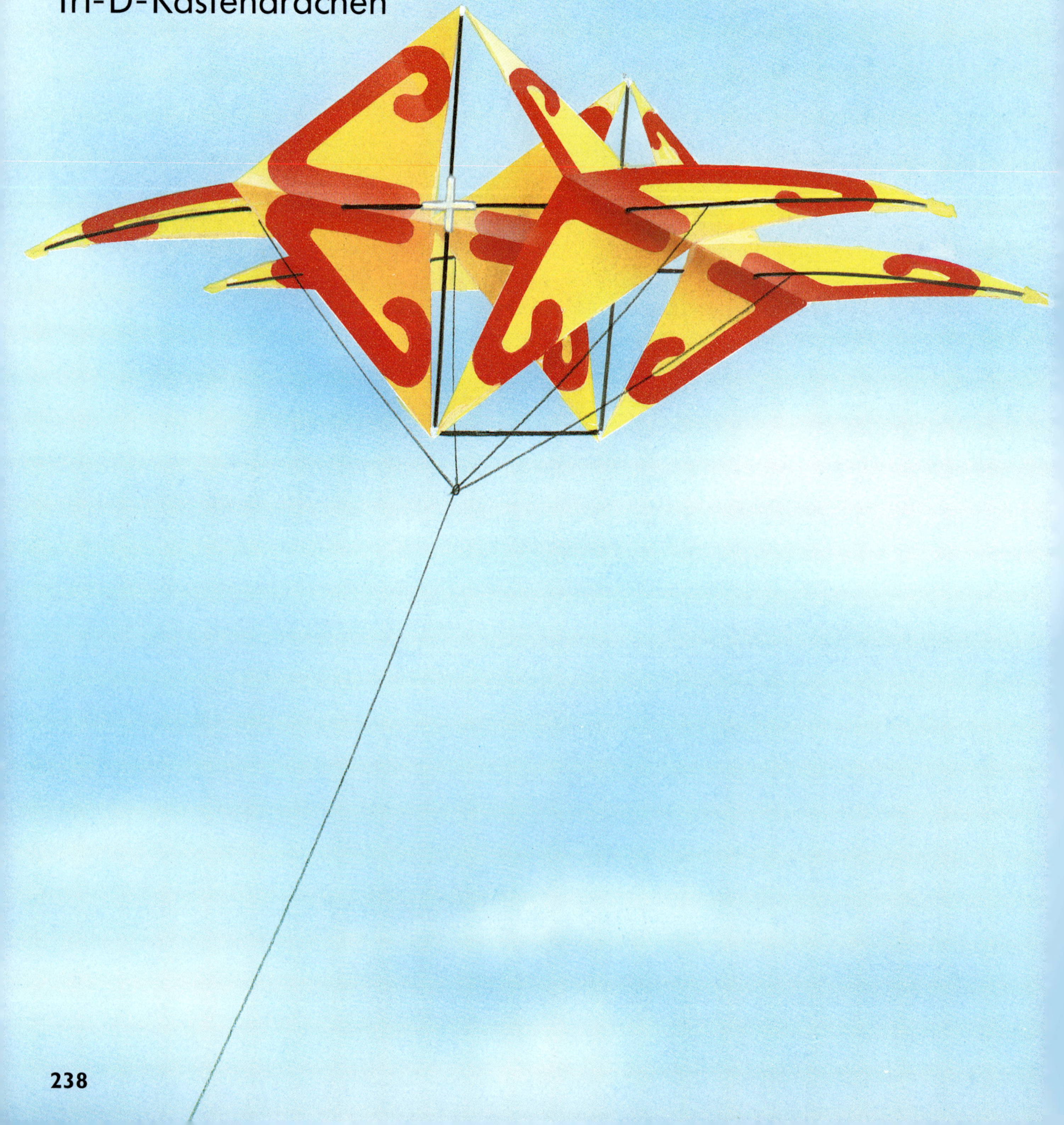

Flügel-Kastendrachen

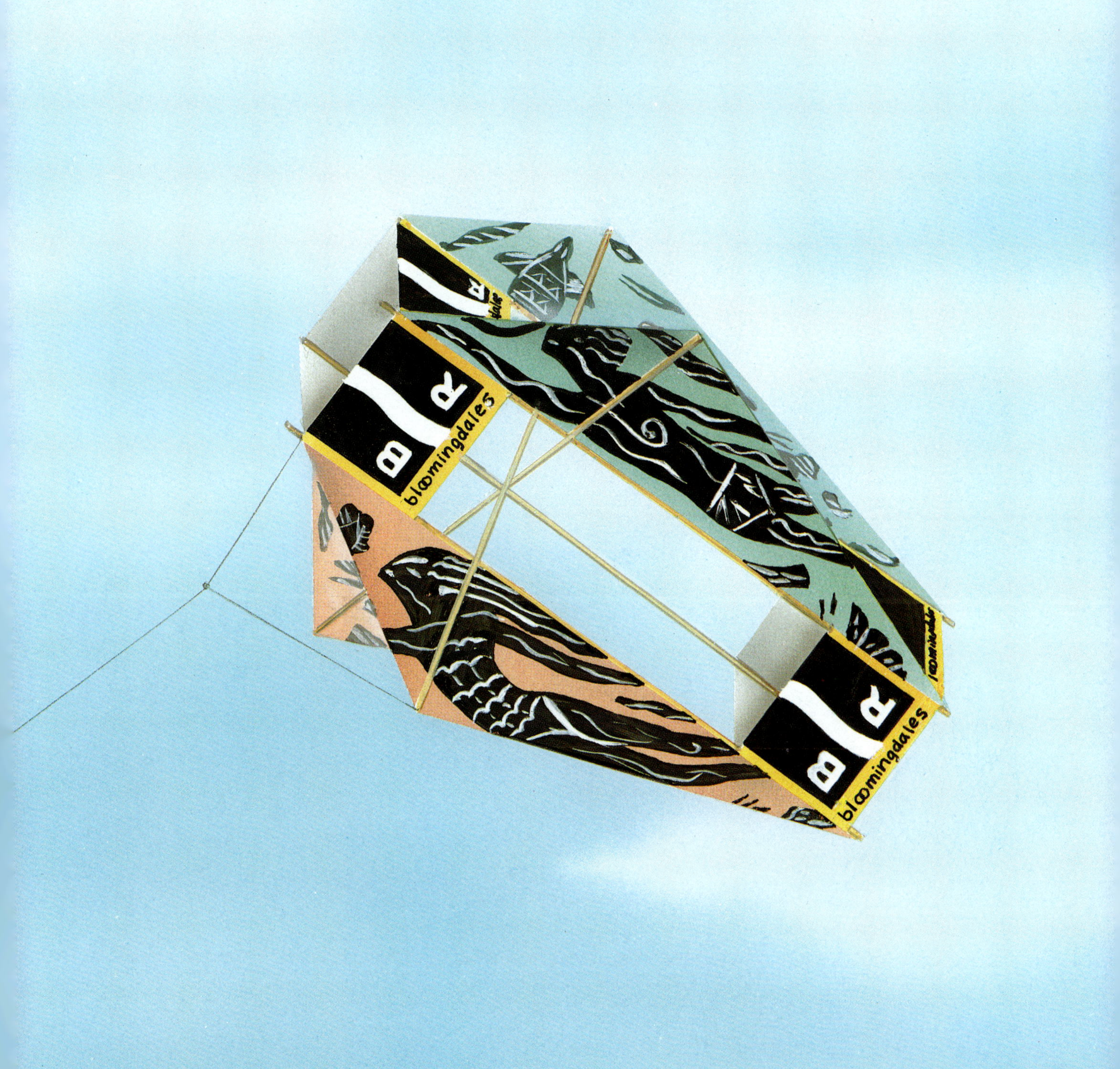

Yakko Stakk

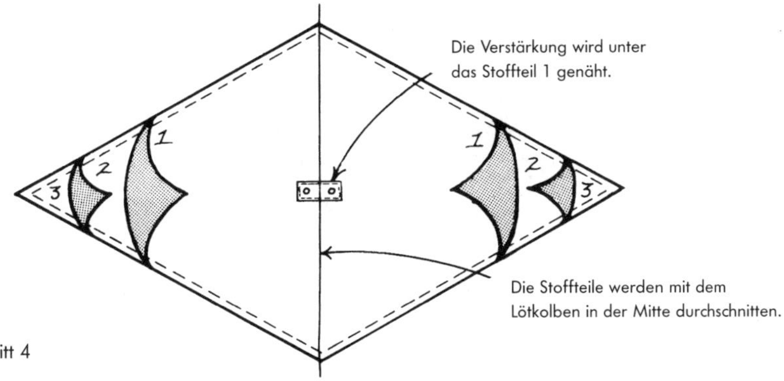

Abb. 216 Schritt 4

5. Siehe Abb. 217. Die vorderen und hinteren Abschnitte des ersten Satzes werden mit einer Überlappung von etwa 25 mm am Verbindungspunkt ausgerichtet.
   Hinweis: Zuerst muß man die verschweißten Ränder öffnen und sie an der Stelle, an der sie sich berühren, etwa 25 mm voneinander trennen (Detail A). Dann richtet man sie aus (Detail B), heftet sie heiß (Detail C) und vernäht die Spitze des ersten Stücks mit derselben Spitze des anderen Satzes. So verfährt man auch mit dem zweiten und dritten Flügelstück.
6. Mit dem Lötkolben schneidet man 6 mm Material vom Rand weg. Danach vernäht man den Rand der ganzen Länge nach (dies ist in Abb. 217 zu sehen). Diese Schritte werden für den zweiten Satz wiederholt. Dabei müssen beide Sätze die gleiche Länge haben.

Nähen:

7. Das Dreieck wird nun in der Mitte aufgefaltet, so daß Teilstück 1 auf Teilstück 3 zu liegen kommt (siehe Abb. 218). Nun wird ein 13-mm-Holmsaum über die gesamte Länge des Drachens genäht. An einem Ende muß eine Öffnung bleiben, in die der horizontale Stab eingeführt wird. Die vorderen und hinteren Enden des Taschensaumes werden mit 19-mm-grobfaserigem Band oder einem anderen passenden Material verstärkt. Schließlich näht man noch Taschen aus Nylontuch an die Flügelspitzen. Die Taschenöffnung befindet sich auf derselben Seite wie das Verstärkungsmaterial für das Loch, durch das der Flügelstab geführt wird.
8. Man verbindet nun die rechte und linke Hälfte des Drachens mit den oberen und unteren Punkten, wobei an den Spitzen eine 38 mm breite Überlappung entsteht. Mit Steppstichen werden dann beide Stellen miteinander vernäht (siehe Detail 2 in Abb. 210 und Detail 3 in Abb. 211).

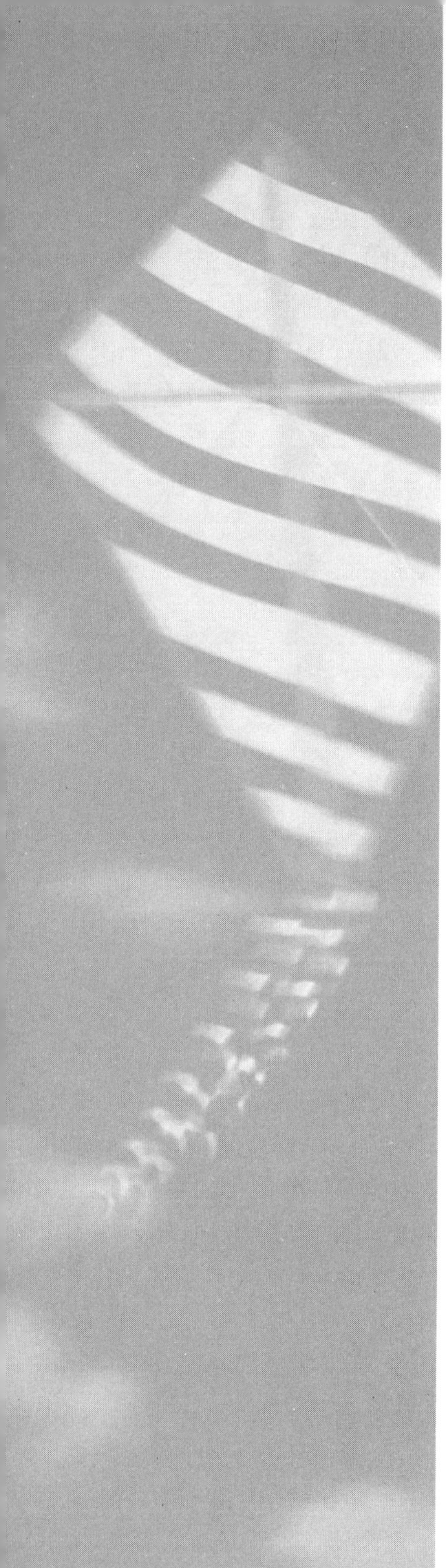

Abb. 217 Schritt 5 und Details A, B und C sowie Schritt 6

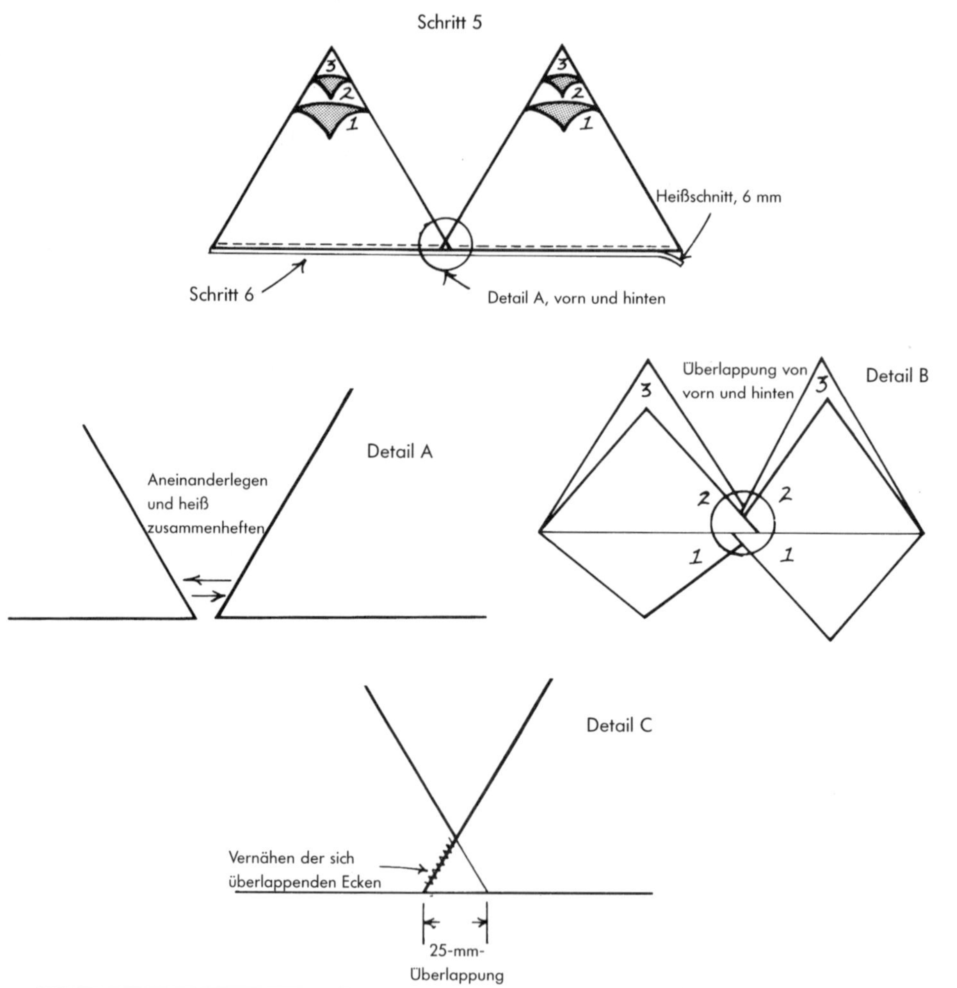

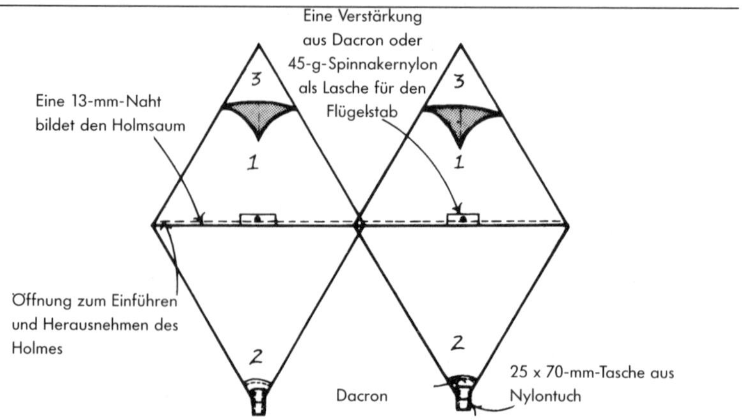

Abb. 218 Schritt 7

Heißschnitt:

9. Mit einer kegelförmigen Lötkolbenspitze werden die Löcher eingeschmolzen. Diese sollten etwas kleiner sein als die 6-mm-Öse an der Oberseite und die 10-mm-Öse an der Unterseite der vorderen und hinteren Querstabunterstützung (siehe Detail 2 und 3).
10. In die verstärkte Lasche für den Flügelstab werden ausreichend große Löcher geschmolzen. Beachten Sie, daß in die anderen Segel keine Löcher kommen.

Montage:

11. Man schneidet die Plastikschläuche wie folgt zurecht: zwei 38 mm lange Stücke der 8 mm starken und vier 38 mm lange Stücke der 6 mm starken Kunststoffschläuche; sechs 6 mm lange Stücke der 5 mm starken durchsichtigen Plastikrohre.
12. Die Segel legt man mit den Löchern für die Flügelstäbe und die Waagschnüre nach oben auf eine glatte Fläche. Dann werden die Holme durch die Saumöffnungen geschoben und so ausgerichtet, daß sie gut sitzen. Die Flügelstäbe werden nun durch die Verstärkungslöcher und die Waagschnurschlaufen des vorderen Teils eingeführt. Danach steckt man einen vertikalen Spreizstab durch das obere Ösenloch und führt die Flügelstäbe ein. Den unteren Querstab sichert man, indem man ihn in das Verbindungsstück des Längsspreizstabes steckt. Mit dem hinteren Teil verfährt man ebenso.

Quadratische Alternative

Dieser Drachen kann anstatt mit gleichseitigen Dreiecken auch mit Quadraten gebaut werden. Um die Maße der gewünschten Größe zu berechnen, nimmt man das Maß einer Seite eines Quadrates als Grundlage. Die erforderliche Höhe und Breite, die benötigte Gesamtsegelfläche sowie die Länge der Rundhölzer können problemlos aus diesem einen Maß errechnet werden.

Wenn B eine Seite des Quadrates darstellt, so lautet die Berechnungsformel[1] wie folgt: Höhe = 2,8284 x B; Breite = 2,4142 x B; Gesamtsegelfläche = 6 x B^2; Gesamtlänge der benötigten Rundhölzer = 12,486 x B. Man rundet auf die nächste ganze Zahl auf und erhält so einen guten Überblick über das insgesamt benötigte Material.

Ein Quadrat mit einer Seitenlänge von 330 mm ergibt folgende Maße: Höhe = 940 mm, Breite = 787 mm, Gesamtsegelfläche = 0,65 m^2 und die Gesamtlänge der benötigten Rundhölzer = 410 cm.

[1] Alex G. Voss: »Peter Lynn Box Formula«, Kite Lines, Frühjahr 1985, S. 8

35

Der Kaleidoskopdrachen

Entwurf: Mit freundlicher Genehmigung von Joel Scholz

Ein mehrfacher Tri-D-Drachen

Joel Scholz, ein in Texas lebender Drachenbauer, experimentierte vor einigen Jahren gerade mit den Tri-D-Kastendrachen von Peter Lynn, als er auf die Kastendrachen des japanischen Drachenbauers Eiji Ohashi aufmerksam wurde, die aus Zypressenholz und »Shoji«-Papier gebaut sind. Scholz ging daran, diese japanische Drachenkonstruktion mit westlichen Bauweisen und Materialien zu kombinieren. Das Ergebnis war der Kaleidoskopdrachen mit 42 m^2 Segelfläche, der eigentlich ein mehrfacher Tri-D-Drachen ist.

Kastendrachen sind schon länger als stabile Fluggeräte bekannt, doch der Kaleidoskopdrachen hat noch eine zusätzliche Eigenschaft: Bei Winden über 25 km/h kann dieser Drachen mit einer Doppelleine wie ein Kunstflugdrachen manövriert werden. Ob mit einfacher oder doppelter Leine – dieser Drachen besitzt einen ganz ungewöhnlichen Anstellwinkel und zeigt in der Luft eine geometrische Gestalt, die die Zuschauer in Staunen versetzt (siehe Abb. 221 und 222 sowie die Farbabbildung auf der Seite 230).

Material

Für den Bau dieses Drachens benötigen Sie:

- **2,75 m von 22,5-g-Spinnakernylon in den jeweiligen Farben**
- **kleine Stücke von 45-g-Spinnakernylon oder von Dacron – für die Verstärkung der Flügelspitzen**
- **90 cm eines 25 mm breiten grobfaserigen Bandes oder Nylontuchs**
- **90 cm eines 13 mm breiten grobfaserigen Bandes oder Nylontuchs**
- **zehn Teile von 6 x 826-mm-CFK-Rohr plus Stäbe**
- **sechs Teile von 8 x 825-mm-CFK-Rohr plus Stäbe**
- **6 x 1219 mm Glasfaserstab**
- **sechs 14-mm-Schlüsselringe – als Verbindungspunkte für die Waage, zwei 20-mm-Schlüsselringe – für den Zugpunkt der Waage**
- **Stabendkappen**
- **geflochtene 45-kp-Dacronschur – für die Waagschnur**
- **sieben 2,5 x 1219-mm-Glasfaserstäbe – in 28 Teile zu je 267 mm Länge geschnitten**

Bauanleitung

Heißschnitt:

1. Aus dem 22,5-g-Spinnakernylon schneidet man sechs Bahnen: Zwei Teile (A) in Rot und Purpur mit den Maßen 2360 x 280 mm. Vier Teile (B) in Blau, Grün, Gelb und Orange mit den Maßen: 2300 x 280 mm. Für die Abmessungen beachten Sie bitte die Abb. 223.
2. Mit dem Lötkolben schneidet man sechs Stoffbahnen für die vorderen und hinteren Flügel aus: jeweils zwei blaue, gelbe und orangefarbene. Schließlich schneidet man noch zehn Bahnen für die Seitenflügel: jeweils fünf rote und fünf purpurfarbene.
3. Alle Bereiche der Stoffteile, durch die Rundhölzer geführt werden, sollten verstärkt werden. Dazu schneidet man 28 Verstärkungsstreifen mit den Maßen 25 x 76 mm für die inneren Glasfaserstäbe und 10 Streifen mit den Maßen 13 x 51 mm für jene inneren Säume, durch die keine der Glasfaserstäbe gesteckt werden. Hinzu kommen 46 Streifen mit den Maßen 13 x 51 mm für die äußeren Verstärkungen (Unterseite und Rückseite) sowie sechs Streifen mit den Maßen 13 x 76 mm für die Waagpunkte. Außerdem benötigt

man 10 Taschen für die seitlichen Flügelstäbe (19 x 51 mm) sowie sechs Taschen für die vorderen und hinteren Flügelstäbe (25 x 51 mm).

Nähen:

4. Jede Flügelbahn wird allseitig mit einem 6-mm-Saum für die 267 mm langen Glasfaserstäbe umsäumt (siehe Abb. 223).
5. Dann richtet man die Stoffteile A und B auf einer ebenen Fläche mit den Saumfalten nach unten aus. Saumlinien: Die verbindenden Nähte markiert man auf allen Stoffbahnen gleich (siehe Abb. 223).
6. Jetzt werden die Verstärkungsstreifen an den Stellen, auf die dann die Stäbe treffen, aufgenäht. Beachten Sie dazu Abb. 219.
7. Flügel: Jede Stoffbahn für die Flügel wird nur an zwei Seiten gesäumt. Der 13-mm-Rand liegt zwischen den Umsäumungen für die Glasfaserstäbe (siehe Abb. 219). Vor dem Nähen darf man nicht vergessen, das Verstärkungsmaterial an den inneren Flügelsaumfalten anzubringen. Die Flügelstabtaschen werden aus 25 x 51-mm-Streifen des grobfaserigen Bandes gefaltet.

Herstellung der Zellen:

Hinweis: Die Zellen werden aus drei unterschiedlichen Einheiten zusammengesetzt: (1) Purpur und Blau, (2) Grün und Gelb, (3) Orange und Rot. Die Einheiten 1 und 3 werden an den Einheiten 2 befestigt.

8. Man beginnt mit den purpurfarbenen Stoffteilen. Wegen der Einheitlichkeit sollten alle gesäumten Ränder nach außen gelegt werden. Dann legt man die Flügelbahnen in die seitlichen Falten für die Glasfaserstäbe und näht entlang der markierten Linien, um so Säume zu erhalten.
9. Man bildet die Einheit 1, indem man den oberen Rand der purpurfarbenen Stoffbahn mit dem oberen Rand der blauen Stoffbahn auf einer Linie ausrichtet. Dann setzt man den blauen oberen Flügel an und näht ihn fest, wobei ein Saum entsteht. Mit Hilfe der Markierung aus Schritt 5 legt man die gemeinsamen Punkte dort zusammen, wo Purpur auf Blau trifft, um auf diese Weise die Taschen für die Glasfaserstäbe zu bekommen.
   Um die untere Zelle der ersten Einheit zu vollenden, stülpt man die Ränder der purpurfarbenen und der blauen Stoffbahnen um, setzt den unteren Flügel ein und näht so, daß sich die Umsäumungen für die Glasfaserstäbe bilden. Auf die gleiche Weise stellt man auch die Einheiten 2 und 3 her.
   Dann verbindet man die Einheit 2 mit der Einheit 1 entlang der gemeinsamen Saumpunkte und vernäht sie. Das ganze wiederholt man für die Einheiten 3 und 2.

Details

Die meisten Details sind in Abb. 219 dargestellt; auf andere Darstellungen wird gesondert verwiesen.

- (Detail 1) Vertikaler Spreizstab: 6-mm-CFK-Rohr
- (Detail 2) 6-mm-Glasfaserstab: hinten nur ein Drachenkreuzspreizer. Er unterstützt die Stabilität.
- (Detail 3) Hinweis: Mit der Drachenunterseite nach oben werden die horizontalen Querstäbe aus 6-mm-CFK-Rohr hinter den vertikalen Stäben aus 8-mm-CFK-Rohr eingesetzt.
- (Detail 4) Die Markierungen zeigen die Ansatzpunkte der 2,5 x 267-mm-Glasfaserstäbe an.
- (Detail 5) Die Kreise markieren die Position der Waagschnurhaltepunkte – 14-mm-Schlüsselringe werden auf die Saumverstärkungen für die Glasfaserstäbe aufgezogen (siehe die Details in Abb. 220).
- (Detail 6) Der mittlere vertikale Stab ist länger, um eine Spannungsregulierung zu ermöglichen (siehe Abb. 226).
- (Detail 7) Flügelstabtasche und Verstärkungsmaterial
- (Detail 8) Alle Löcher für die Stäbe werden verstärkt.
- (Detail 9) In Abb. 221: Seitenansicht und ungefährer Flugwinkel
- (Detail 10) In Abb. 222: Draufsicht. Sechsschenklige Waage: obere Schnur = 2,15 m, mittlere Schnur = 1,40 m, untere Schnur = 1,15 m. Verwenden Sie geflochtene 45-kp-Dacronschnur. Für den Flug mit einer Leine verbindet man die Waage mit den 20-mm-Schlüsselringen. Variante: Man verbindet die Ringe mit einer Doppelleine, um so einen Drachen mit der Manövrierfähigkeit eines Kunstflug-Drachens zu erhalten.

Flugdaten:
Windgeschwindigkeit: 13–30 km/h
Flugleine: 45 kp – bei einfacher Leine
Flugleine: 90 kp – bei doppelter Leine
AE :± 65
Handschuhe empfohlen

Abb. 219 Gesamtentwurf und Details

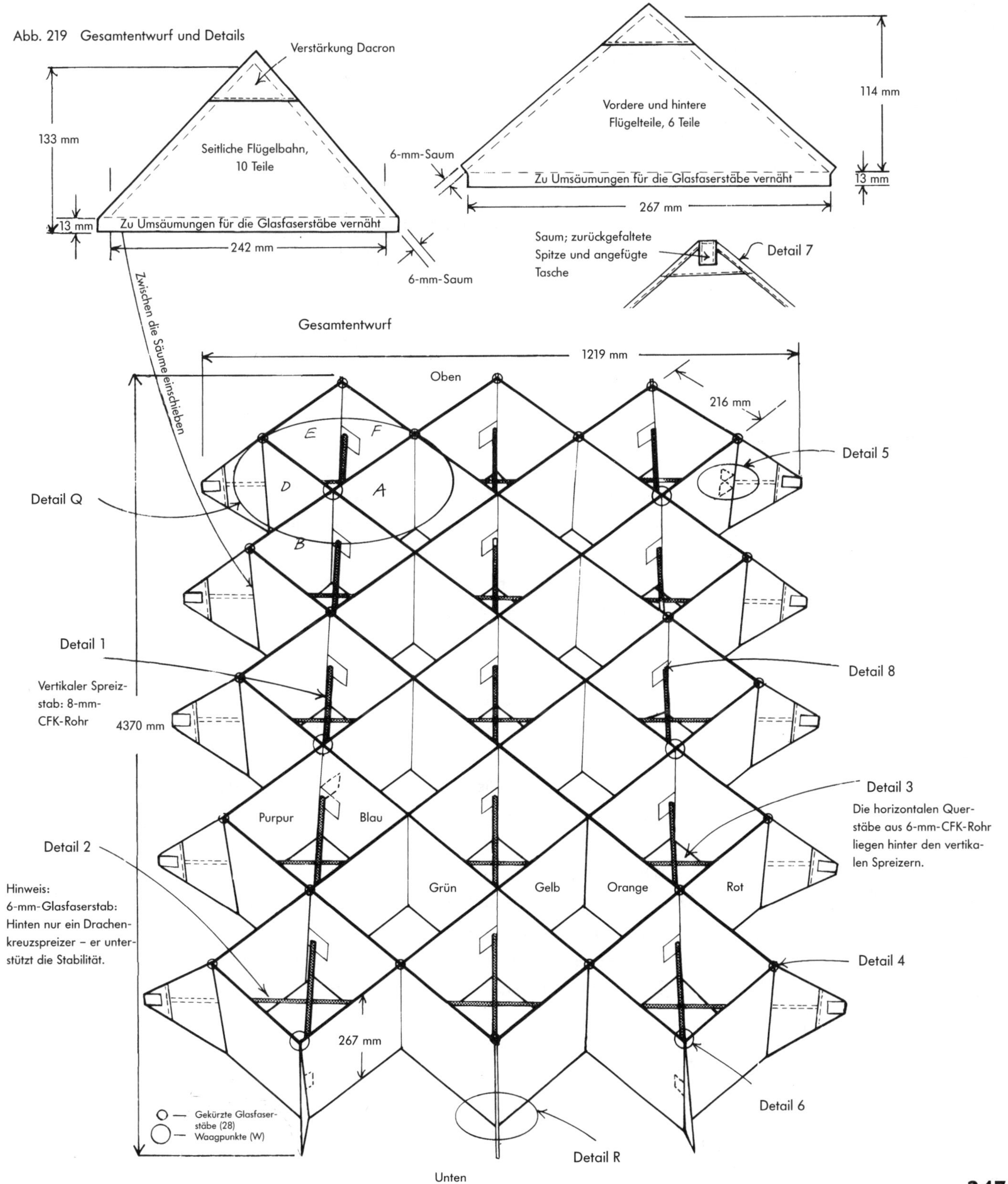

Abb. 220 Detail 5 – Einzelheiten

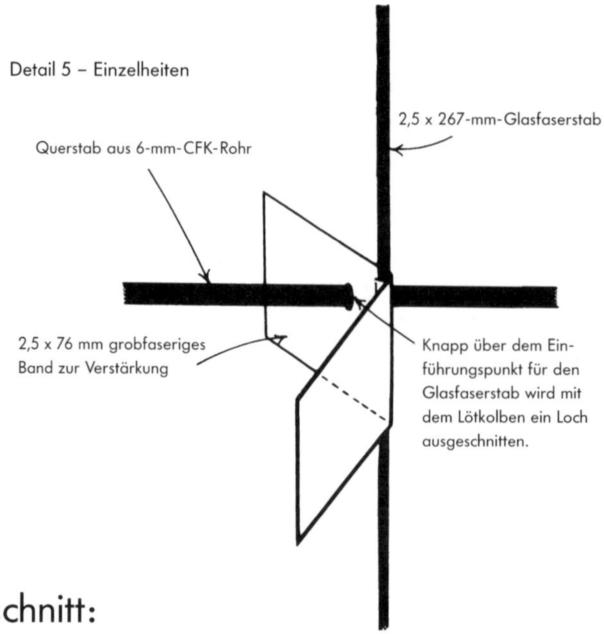

Heißschnitt:

10. Mit Hilfe einer kegelförmigen Lötkolbenspitze schneidet man Löcher in die Verstärkungsstreifen, durch die man die Stäbe einführen kann (siehe Detailzeichnung Q in Abb. 224). In die Stoffbahn für den unteren Mittelflügel wird ein Loch geschnitten, um die geknotete Schnur festzubinden (siehe Detailzeichnung R in Abb. 225).

Sägen:

11. Die Glasfaserstäbe sollten ein einheitliches Maß von 267 mm Länge erhalten. Dies entspricht der Tiefe der Zellen. Damit die Glasfaserstäbe die Zellen richtig straffen, ist es sehr wichtig, alle 28 Glasfaserstäbe (2,5 mm Durchmesser) sehr exakt auf die Tiefe der Zellen zuzuschneiden. Die Gesamtlänge der Glasfaserstäbe sollte auch das Maß der Endkappen einbeziehen.

Nähen:

12. Man führt die Glasfaserstäbe in die Säume ein und sichert sie sowohl vorn als auch hinten mit gefalteten 13 x 51-mm-Verstärkungsstreifen. Dann näht man die sechs gefalteten Streifen (13 x 76 mm) an die Positionen der Waage. Dabei läßt man eine Schlaufe offen, um hier die Schlüsselringe durchziehen zu können.

Sägen:

Vorschlag: Bevor man die CFK-Rohre zuschneidet, sollte man aus billigeren Holzstäben Prototypen herstellen, um die exakte Länge festzulegen. Mit diesen Proto-

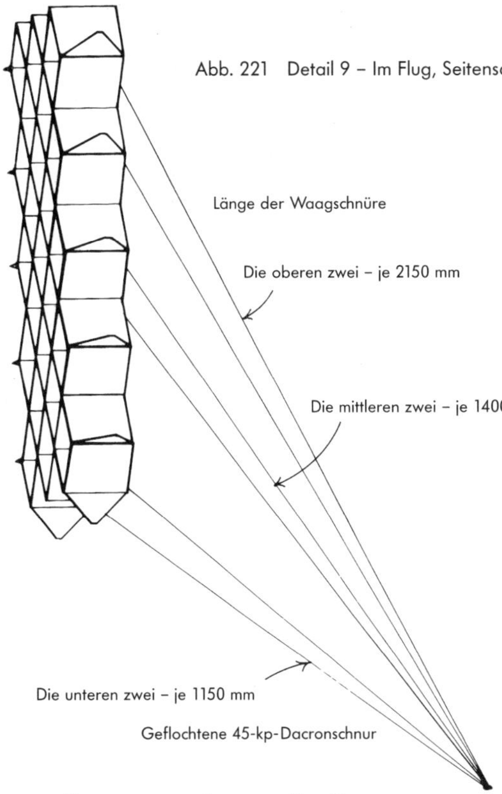

Abb. 221 Detail 9 – Im Flug, Seitensansicht

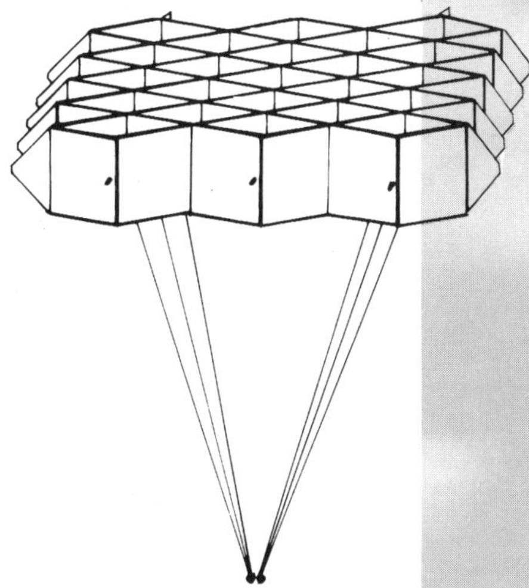

Abb. 222 Detail 10 – Im Flug, Draufsicht

typen sollte man auch erste Testflüge unternehmen. Wenn die Länge aller Teile optimal ist und der Flug zufriedenstellend ausfällt, schneidet man die CFK-Rohre auf die richtige Länge zu. Die Endkappen müssen jeweils in die Gesamtlänge eingerechnet werden.

13. Beachten Sie Abb. 226. Zum Test verwendet man am besten 6-mm-Rundhölzer für die drei vertikalen Stäbe. Zwei dieser Stäbe sollten 1700 mm lang sein, der mittlere Stab sollte 1750 mm lang sein. Hinweis: Der mittlere vertikale Stab ist am unteren Ende eingekerbt und länger als die anderen, um für die Spannungsregulierung mit der geknoteten Schnur Platz zu bieten. Falls Rundstäbe in dieser Länge nicht zu bekommen sind, kann man zwei auf die gewünschte Gesamtlänge zugeschnittene Stäbe mit einer Plastikhülse zusammenstecken.

Für die restlichen horizontalen Stäbe verwendet man 5 x 1220-mm-Rundhölzer. Zur Gewährleistung der Stabilität setzt man als unteren horizontalen Stab ein 6-mm-Rundholz ein. Ein gut getrimmter Drachen hat auch gut gespannte Segel!

Stäbe für den fertigen Drachen:

- vertikale Stäbe – 8-mm-CFK-Rohr
- horizontale Stäbe – 6-mm-CFK-Rohr
- hinterer horizontaler Stab – 6-mm-Glasfaserstab

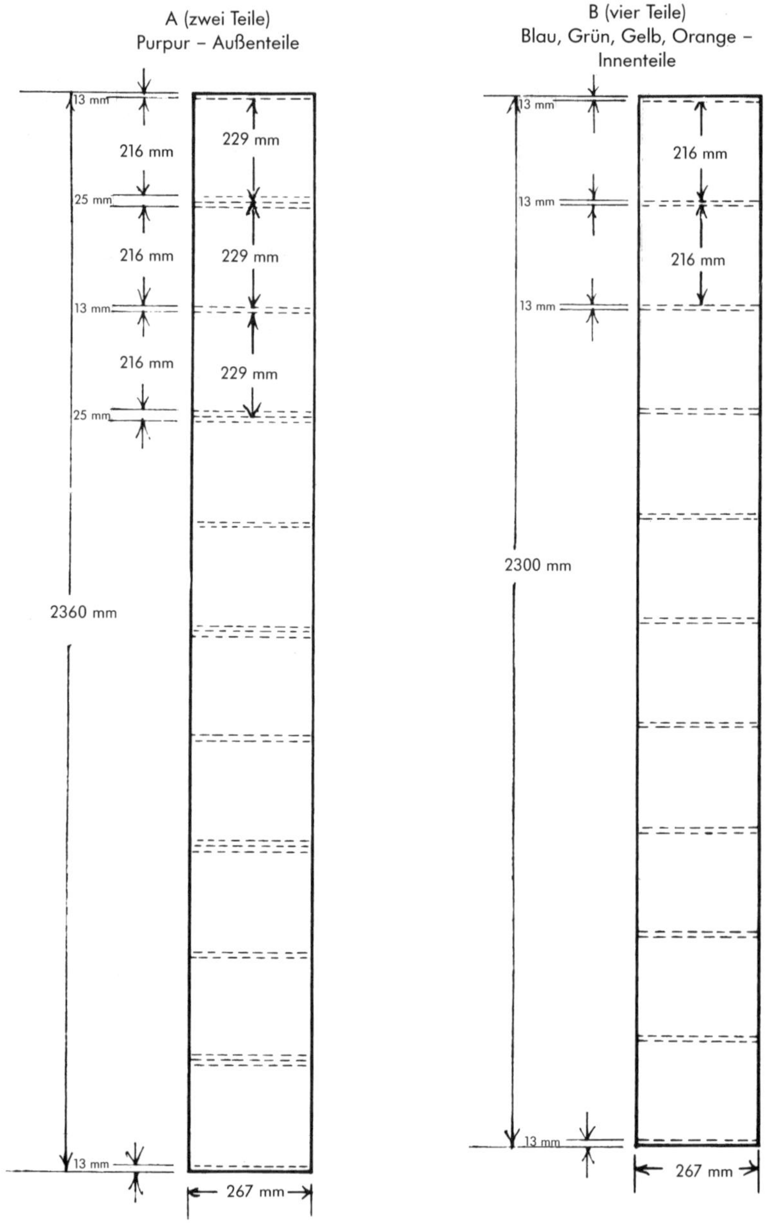

Abb. 223 Maße für die Stoffteile

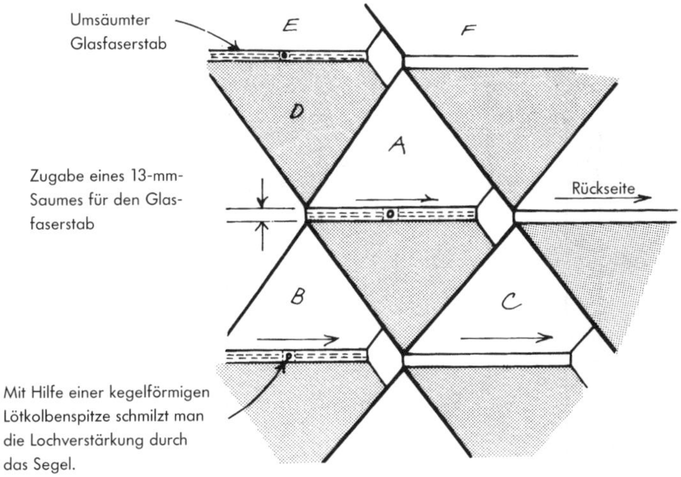

Abb. 224 Detail Q – Einzelheiten

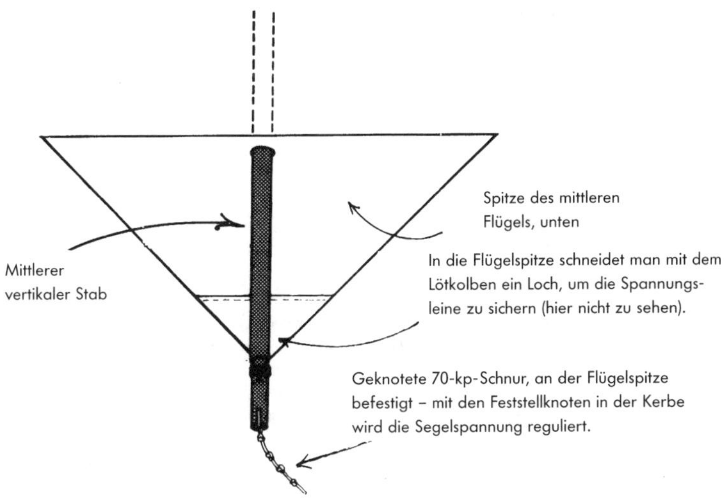

Abb. 225 Detail R – Stark vergrößerter Ausschnitt

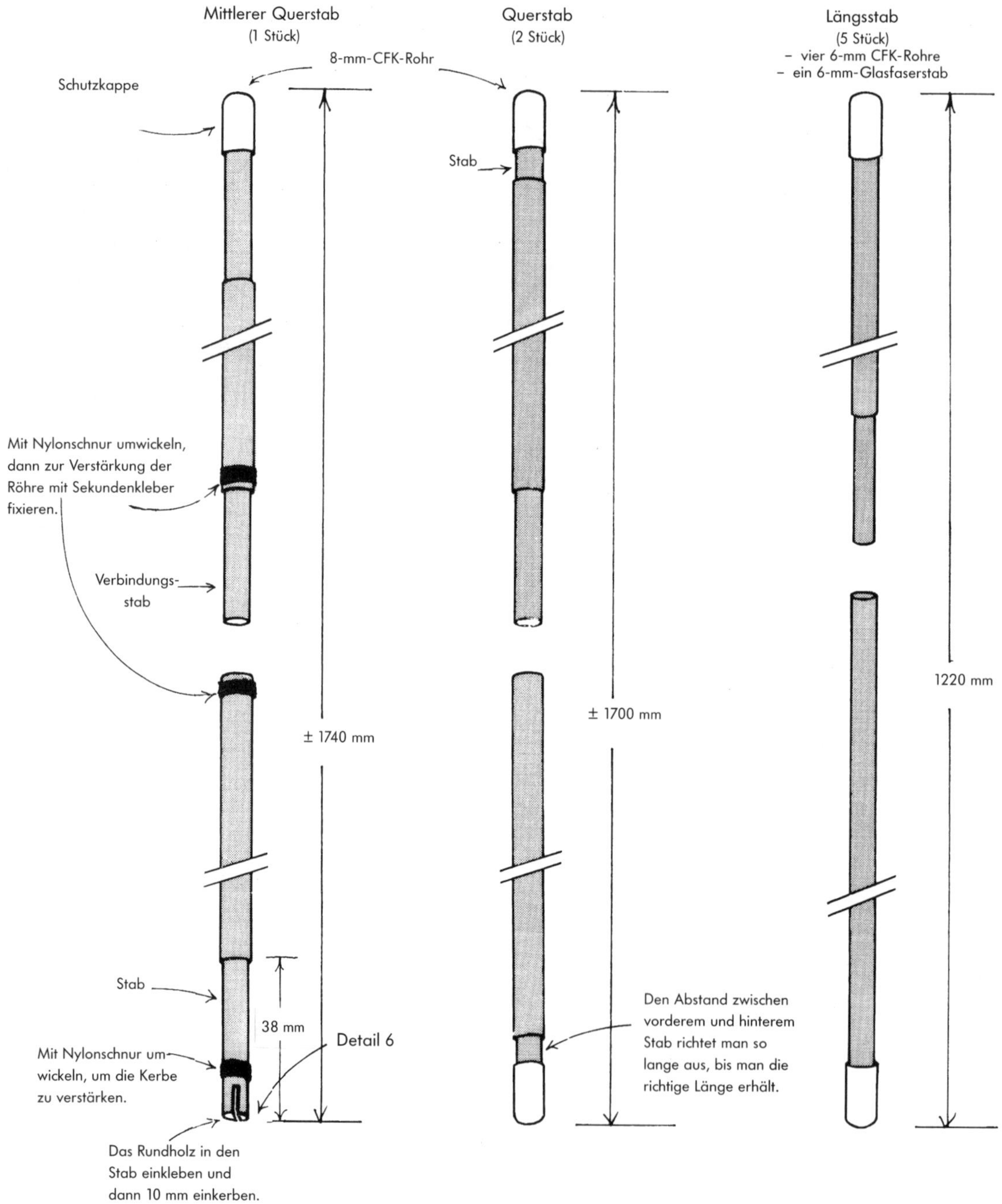

Abb. 226 Stäbe (einschließlich Detail 6)

36 Der Keil-Deltadrachen

Mit einem Tunnel durch den Wind

Es geschieht manchmal schnell, daß man keine Zeit mehr findet, seiner eigentlichen Lieblingsbeschäftigung nachzugehen – in meinem Fall dem Drachensteigen. Ich war mit der Arbeit an dem Manuskript dieses Buches sehr beschäftigt, als mir plötzlich einfiel, daß ich schon lange keinen Drachen mehr hatte steigen lassen. Also ging ich zu einem nahegelegenen Feld, um mir diesen Spaß wieder einmal zu gönnen. Ich hatte einen von Jerry Sinottes Keil-Drachen dabei und ließ ihn in den strahlend blauen Himmel aufsteigen. Der ruhige Aufstieg des Keildrachens übte auf mich wie immer eine einzigartige Faszination aus, und ich hatte das Gefühl, etwas zu versäumen, säße ich den ganzen Tag nur am Schreibtisch und arbeitete an dem Buch. Als das Sonnenlicht durch das strahlenförmige orange-schwarze Muster des Drachens schien, war mir, als hielte ich mit meiner Flugleine die Ewigkeit fest.

Beim Keil-Deltadrachen wird die Luft nicht wie beim Zephir-Deltadrachen kanalisiert, sondern aufgrund seiner Tunnelform der Luftstrom an der Rundung der Hinterkanten entlanggeführt. Der Keil-Deltadrachen besteht aus einer dreieckigen Stoffbahn und hat einen keilförmigen Kiel, der seinen ganzen Aufbau verbessert.

Bauanleitung

Hinweis: Da der Keil-Deltadrachen aus verschiedenen Teilen zusammengesetzt wird, man also nicht von der Mittellinie nach außen hin arbeiten kann, um eine exakte Symmetrie zu erhalten, ist ein sorgfältiges Zuschneiden erforderlich, damit der Drachen gut fliegt. Tip: Die Teilstücke sollten alle faltenfrei und glatt auf der Arbeitsfläche ausgebreitet werden, wenn man die Maße festlegt und die Positionen markiert. Die Teile müssen auch absolut glatt liegen, wenn man sie vernäht! Für die weiteren Schritte beachten Sie bitte die Zeichnungen der Details.

1. Man legt das Farbschema des 22,5-g-Spinnakernylon fest und gibt genügend Saum für alle Heißschnitte und Segelsäume zu, außer an den Seitenflügeln. Die Säume an den Segeln werden mit verschiedenen Stichen genäht: einem geraden Stich für Saum Nr. 1 und einem Zickzackstich für den Randsaum Nr. 2. Weitere praktische Sticharten finden Sie im Kapitel »Nähtips«.
   Hinweis: Teilstück Nr. 4 besteht aus einem Stück, das in der Mitte gefaltet und dann zugeschnitten wurde. Man näht zuerst Teilstück Nr. 1 an Teilstück Nr. 2, dieses wiederum an Teilstück Nr. 3. An den Flügelhälften werden Flügelstabsäume aus Dacron befestigt. Beim Anbringen der Säume sollte man ein Loch für den Spreizstab lassen, wie es auch in Detail 7 zu sehen ist.

Material

Für den Bau dieses Drachens benötigen Sie:

- **Insgesamt 3,35 m² Spinnakernylon für das Segel (die Farbzusammenstellung wird durch die genaue Abmessung jedes Stückes festgelegt)**
- **Dacron für die Verstärkungen und das Material für die Umsäumungen der Flügelstäbe**
- **Zwei Plastikschläuche von 102 x 8 mm (Innendurchmesser)**
- **Schutzkappen und Aluminiumrohr (6,5 mm Außendurchmesser)**
- **3 mm starke elastische Schnur**
- **Für die Stäbe: Rohre mit 8 mm Außendurchmesser und 6,7 mm Innendurchmesser; Stab mit 6 mm (Außendurchmesser)**
- **Flügelstäbe: 1220 mm**
- **Längsstab: ± 1170 mm – sollte exakt eingepaßt werden**
- **Spreizstab: 762 mm von Stab zu Stab**
- **15-mm-Schlüsselring für zwei Zugpunkte**
- **45 kp geflochtene Dacronschnur für die Waage**

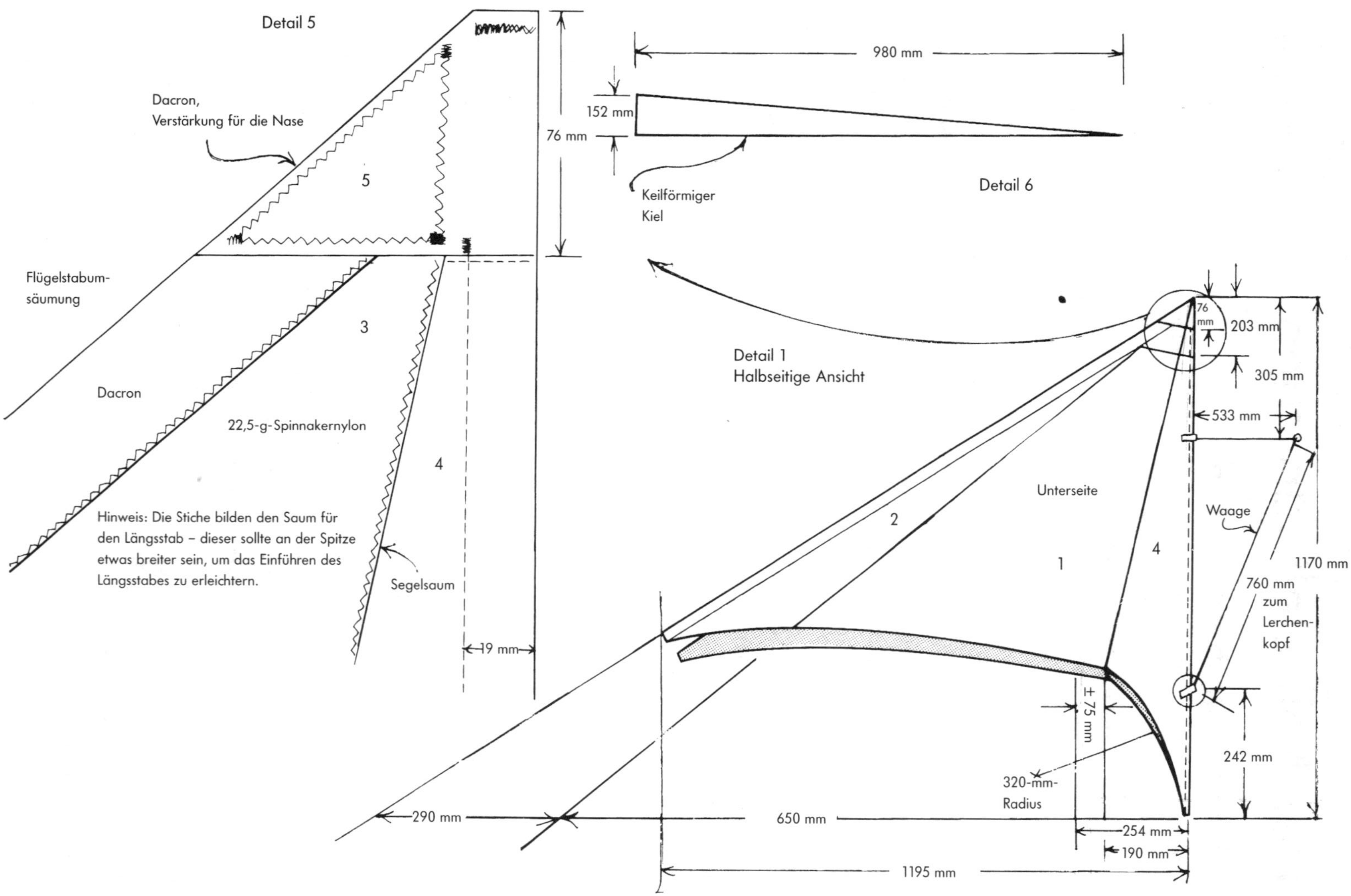

Abb. 227 Details 1, 5 und 6

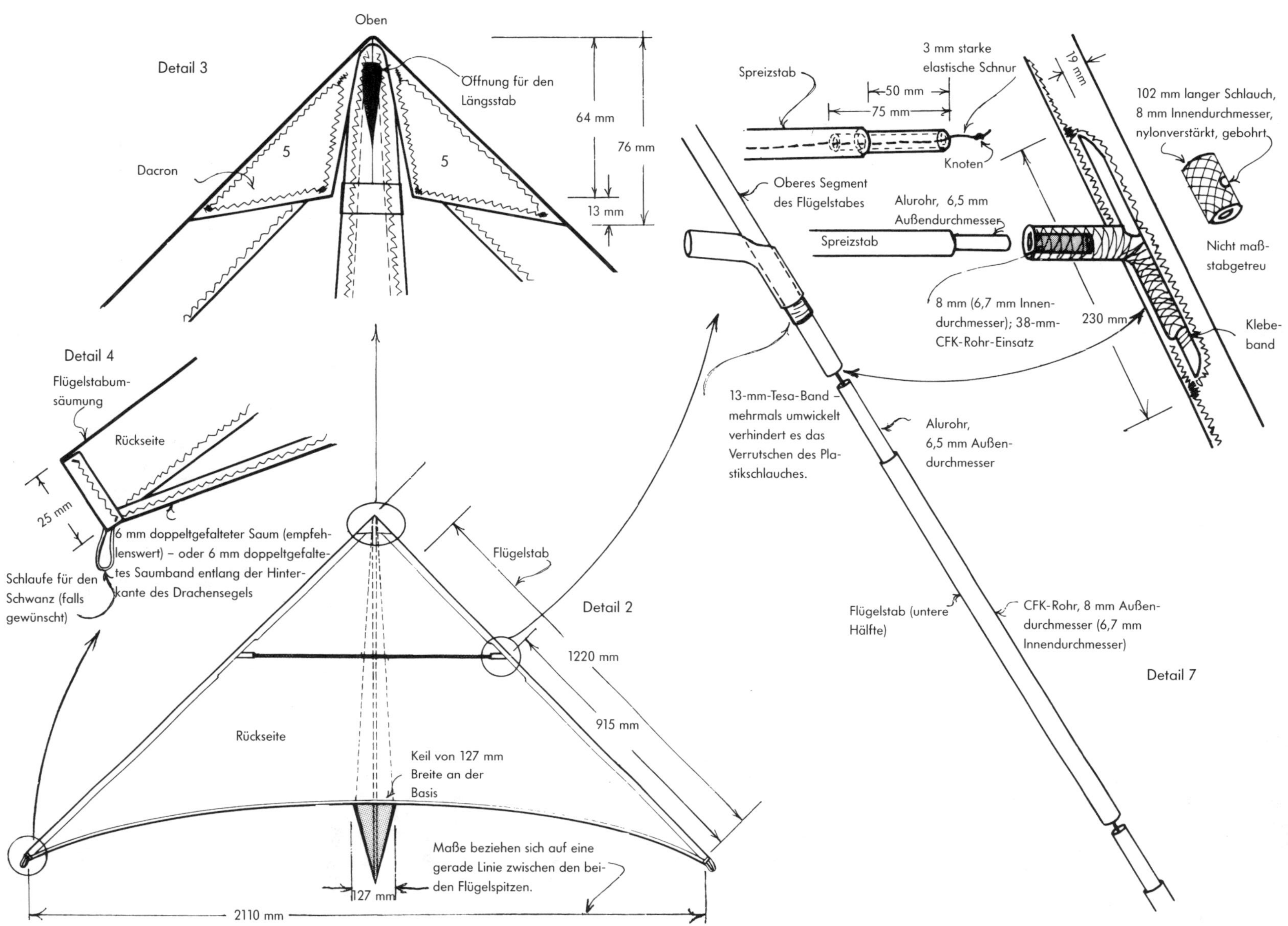

Abb. 228 Details 2, 3, 4 und 7

Details

Die Details 1, 5 und 6 sind in Abb. 227, die Details 2, 3, 4 und 7 in Abb. 228, Detail 8 in Abb. 229, Detail 10 in Abb. 230 und Detail 11 in Abb. 231 zu sehen.

- **(Detail 1) Halbseitige Ansicht des Drachens**
- **(Detail 2) Aufgeklappter Drachen, Rückseitenansicht. Die Grundlinie des Keildrachens mißt 127 mm an der Hinterkante.**
- **(Detail 3) Öffnung für den Längsstab an der Vorderseite (Nase), Rückseitenansicht**
- **(Detail 4) Spitze der Flügelstabumsäumung**
- **(Detail 5) Vorderteil, halbseitige Ansicht, zeigt die Stichanordnung.**
- **(Detail 6) Keilförmiger Kiel**
- **(Detail 7) Spreizstab – Alurohr-Einsatz als Verbindungsstück – und Flügelstab**
- **(Detail 8) Stab Zugschnursystem, typische Anordnung**
- **(Detail 10) Offener Drachen, Unterseitenansicht**
- **(Detail 11) Im Flug, mit Schwanz**

Flugdaten:
Windgeschwindigkeit: 6–27 km/h
Flugleine: 35-kp-Schnur
AE: ± 66

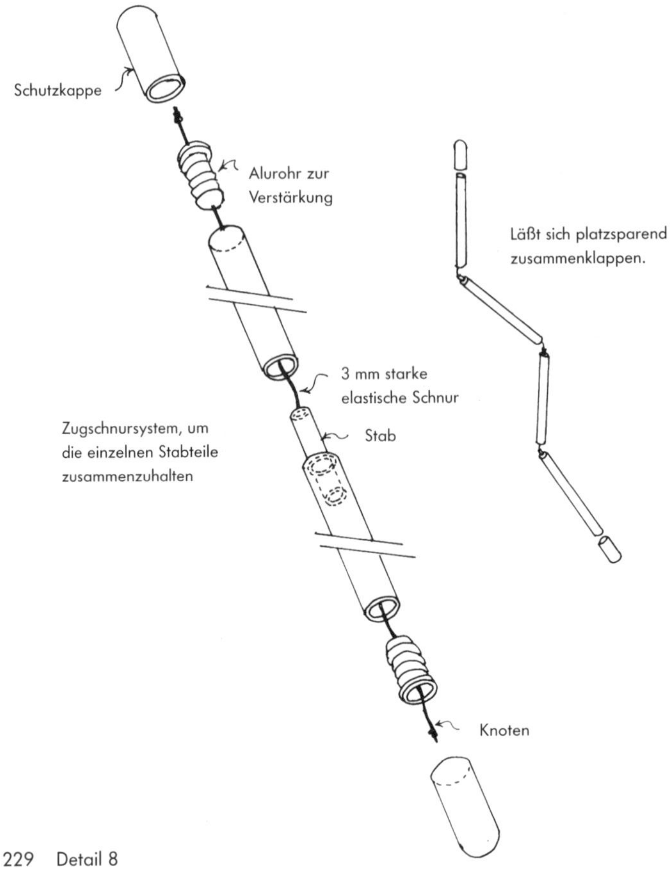

Abb. 229 Detail 8

2. Mit einem Lötkolben heftet man jeweils die rechte und linke Seite der Teilstücke 1 und 3 vorübergehend an den rechten und linken Rand des Teilstückes 4.
3. Dann faltet man den Drachen genau in der Mitte. Der Länge nach näht man die Umsäumungen für die Längsstäbe, wie in Detail 5 gezeigt. Der Bogen mit dem 320-mm-Radius reicht in einer Länge von 75 mm von der hinteren Spitze bis zum Teilstück Nr. 1. Die verbleibende Hinterkante ist gerade. Man kann hier aber auch eine zusätzliche Krümmung anbringen. Vergessen Sie nicht die Saumzugabe an der Hinterkante, es sei denn, Sie verwenden Saumband.
4. Anfügen des keilförmigen Kiels: Zuerst werden die beiden Flügelhälften, die durch Heißschnitt aneinandergeheftet wurden, wieder getrennt. Für diesen Arbeitsschritt wurden vorher Materialzugaben berechnet. Dann werden die Teilstücke 1 und 3 wieder am Teilstück 4 befestigt, aber diesmal fügt man auch die Ränder des keilförmigen Kieles ein, um den Segelsaum anheften zu können.

Hinweis: Vor dem Heißschnitt sollte man den hinteren Teil des Kiels umsäumen. Der schmale vordere Teil des Kiels sollte von der Nase aus um etwa 76 mm zurückgeklappt werden, um hier für ein Loch Platz zu lassen, durch das der Längsstab ein- bzw. ausgeführt werden kann (siehe Detail 3). Wenn man möchte, kann man den Kiel noch vergrößern (Spitze des Teilstückes 4), indem man ein ± 50 mm großes Stück Dacronverstärkung anfügt – dies entspricht der Breite des Längsstabsaumes. Wenn alle Segelsäume angebracht sind, schneidet man die Nase mit einem Lötkolben quadratisch zurecht, näht quer über die Spitze, schneidet die Dacronverstärkung für die Nase (Teilstück Nr. 5) zu und befestigt sie.

5. Man stellt die Hinterkanten des Drachens fertig und schließt die Flügelstabsäume ab (siehe Detail 4). Am hinteren Ende bringt man noch eine Dacronverstärkung an. Man kann am Ende des Längsstabes und der Flügelspitzen auch Schlaufen für Schwänze anbringen.
6. Ein 38 x 76-mm-Dacronstreifen wird doppelt gefaltet, um so einen Streifen mit den Maßen 13 x 76 mm zu erhalten. Von diesen Streifen braucht man zwei Stück. Man faltet sie dann in der Mitte und näht sie am Längsstab an den Verbindungspunkten der Waage fest.
7. Die Waage wird mit Schlaufen befestigt, wie in der Abb. auf Seite 254 gezeigt.
8. Anstatt auf Gehrung zu schneiden, bohrt man in den nylonverstärkten Plastikschlauch (102 mm x 8 mm Innendurchmesser) ein Loch für den Flügelstab. Dann führt man, wie in Detail 7 zu sehen, das Epoxidrohr für die Spreize ein.
9. Man schneidet Flügelstäbe, Längsstäbe, Stäbe und Spreizer nach den angegebenen Maßen zu. Das Zugschnursystem hält alle Stäbe zusammen.

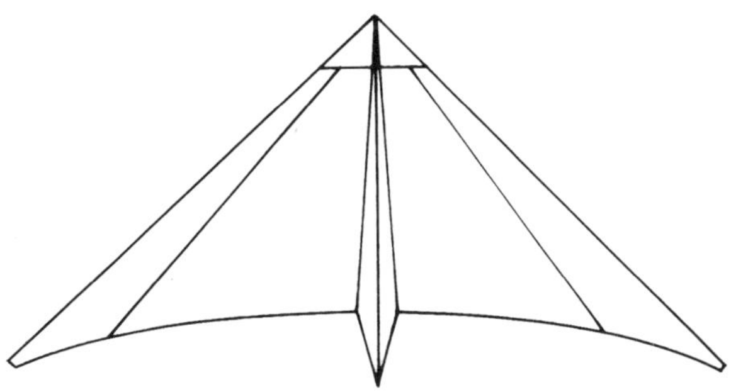

Abb. 230 Detail 10 – Offener Drachen, Ansicht der Unterseite

10. Flügelstäbe: Man führt zuerst die untere Hälfte des Flügelstabes ein. Dann zieht man den oberen Teil über den Stab (Detail 7) und setzt ihn so in den oberen Flügelsaum ein. Die anderen Stäbe werden wie gezeigt montiert. Tip: Um den Längsstab herauszunehmen, drückt man vom unteren Ende nach außen, anstatt von oben zu ziehen. Auf diese Weise verhindert man, daß sich die Stabteile innerhalb des Saumes trennen.

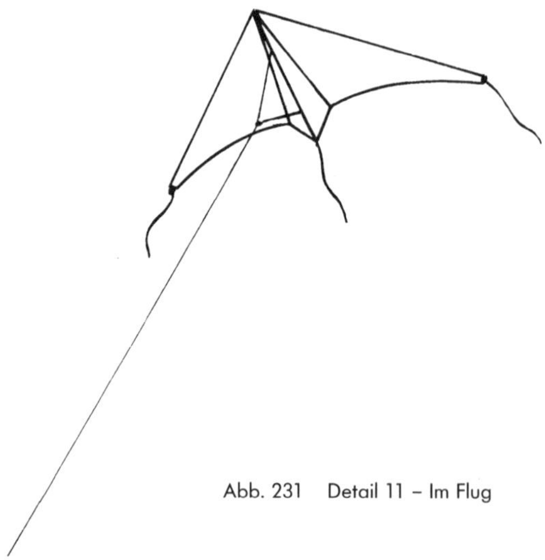

Abb. 231 Detail 11 – Im Flug

37 Der Stone-Mountain-Drachen

Entwurf: Mit freundlicher Genehmigung von Bobby Stanfield

Modell einer »Tensegrity«-Konstruktion

Mit einer Segelfläche von etwa 3,70 m^2 und einem Gewicht von gerade einmal 680 g ist es nicht erstaunlich, daß dieser Delta-Kastendrachen 1986 in Stone Mountain, Georgia, als erster in der Luft war und als letzter wieder nach unten kam. Mit 25 Stunden und 17 Minuten wurde dort ein neuer Dauerrekord aufgestellt.

Einer der wichtigsten Punkte, die man beim Entwurf eines Drachens bedenken muß, ist, daß der Drachen beim Aufstiegen so wenig Wind wie möglich benötigt. Ein Drachen, der trotz seiner Größe gut fliegt, sollte ein Segelgewicht von ungefähr 280 g/1 m^2 Segelfläche möglichst nicht überschreiten. Mit nur etwa der Hälfte des Gewichts steigt der Stone-Mountain-Drachen sogar schon bei Windgeschwindigkeiten von unter 6 km/h (siehe die Segelgewichtsformel im Diagramm auf S. 201 in Kapitel 31). Wenn er nur mit den leichtesten Materialien gebaut wird, bekommt er selbst bei schwächstem Wind einen beeindruckenden Auftrieb.

Peinlich genau entworfen und gebaut von Bobby Stanfield, ist der Stone-Mountain-Drachen ein Muster an Leistungsfähigkeit. Die leichte, offene Bauweise zeigt klar die Zug- und Druckkräfte, die innerhalb des Gesamtsystems in ausgeglichener Weise aufeinander wirken. Der Drachen ist ein Beispiel für das, was R. Buckminster Fuller als »Tensegrity«-Konstruktionen bekannt machte.

Gelingt Ihnen beim Bau die völlige Symmetrie, so werden Sie an diesem rasch emporsteigenden Drachen Ihre Freude haben. Für einen optimalen Flug sollte jede Aluminiummuffe genau gewogen und ausbalanciert werden. Die Flügelteile werden heiß geheftet oder geklebt, um sie stabil zu befestigen. Man kann sie aber auch annähen.

Bauanleitung

Gehen Sie Schritt für Schritt vor und beachten Sie die verschiedenen Details.

Heißschnitt:

1. Man fertigt die Schablonen A bis E mit den Maßen, wie sie in Abb. 239 angegeben sind. An der langen Seite der Flügelteile E sollte jeweils eine 25-mm-Saumzugabe hinzukommen. Jede Schablone wird nun auf zwei Lagen Spinnakernylon gelegt.

Material

Für den Bau dieses Drachens benötigen Sie:

- **4,60 m rotes und 9,20 m gelbes Spinnakernylon als Segelmaterial**
- **25-mm-Streifen Spinnakernylon für Ränder und Saummaterial**
- **acht Angelschnurführungsringe**
- **6 m geflochtene 45-kp-Dacronschnur für Spannungsschnüre und Waage**
- **zwei 20-mm-Schlüsselringe für Waagenverbindung und Zugpunkt**
- **2-mm-Kreuzverbinder aus ABS-Spritzguß und quadratisches ABS-Rohr von 6 mm Innendurchmesser oder Nylonkabelklemmen für die V-förmige Flügelverbindung – Eddy-Drachenkreuze (ABS-Spritzguß)**
- **6 mm Nylonschlaufenmaterial**
- **6 x 1220 mm-Rundhölzer, die miteinander verbunden folgende Längen ergeben:**
  - **1550 mm, verbunden für die vertikalen Seitenstäbe (2)**

Fortsetzung nächste Seite

Material
(Fortsetzung)

- **– 985 mm Flügelstäbe (2)**
- **– 1850 mm, für den Längsstab (1)**
- **500 mm Flügelspreizstäbe (2; die Längen können je nach verwendetem Verbindungstyp leicht variieren)**
- **690-mm-Stäbe für das Drachenkreuz (3)**
- **945-mm-Stäbe für das Drachenkreuz (3)**
- **nicht demontierbare Stäbe: 16 CFK-Rohre**
- **Dacron-Verstärkung zur Verstärkung der Druckzonen (Flügel-, Waagschnur- und Schlaufenlöcher) und zum Schutz der Stellen, an denen die Stäbe am Segel scheuern**
- **Durchsichtige Plastikschläuche mit 8 mm (Innendurchmesser) – in 6-mm-Stücke geschnitten als Halterung für die Drachenkreuzstäbe (3)**
- **ein 6,5-mm-Aluminium-Bogenschaft (826 mm Standardlänge) – als Schutz, Verbindungsstücke, Halterung für untere Drachenkreuzstäbe**
- **Nylon-Endkappen**

Hinweis: Ein Heißschnitt ist nicht unbedingt nötig, wenn die Kanten des Materials an allen Seiten mit Randeinfassungen versehen werden.

Nähen:

2. Nachdem die Stoffteile zugeschnitten wurden, näht man 6 mm breites Saummaterial aus Spinnakernylon oder Saumband an die markierten Stellen. Das Saummaterial sollte aus 25-mm-Streifen des Spinnakernylon gefertigt werden. Für exakte Ränder bügelt man entlang der Falze und der Mittellinie. Wenn Sie besonders geschickt sind, können Sie, anstatt zu bügeln, das Material auch mit Haftkleber einsprühen, die Kanten falten, an den Rändern fixieren und zusammennähen.
3. Man näht 6 mm große Nylonschlaufen an die Waagpunkte der Kielteile A, B und C, wie in Detail 2 zu sehen.
   Hinweis: Um am Längsstab, den Flügelsäumen und den vertikalen Stabtaschen eine Art Befestigungssystem anzubringen, befestigt man jeweils Haltestreifen aus Spinnakernylon mit den Maßen 13 x 90 mm. Siehe Detail 3.
4. Man verbindet die Drachenteile D, indem man sie zwischen zwei übereinandergelegte 13-mm-Streifen aus Spinnakernylon einbettet. Das Ganze näht man dann mit Doppelstichen zusammen, wie in Detail 6 gezeigt.
5. Die Taschen für die Flügelstäbe werden hergestellt, indem man einen 38-mm-Saumstreifen aus Spinnakernylon mittig über den Rand des Flügelteils E faltet und dann der Längsseite entlang festnäht. Als nächstes werden die Taschen für die Mittelholmstäbe gefertigt, indem man die Drachenteile A, B, C und D zwischen den Streifensaum aus Spinnakernylon an Teil E ausrichtet. Wenn man die Materiallagen vor dem Nähen heiß am Saum anheftet, werden die Ränder automatisch in der richtigen Position gehalten, und das Nähen wird auf diese Weise erleichtert.

Montage:

Hinweis: An den Verbindungspunkten aller Stäbe werden Aluminiummuffen (6,5 mm Innendurchmesser) als äußere Muffe über die CFK-Rohrverbindungen angebracht. Da nicht alle 6,5-mm-Muffen identisch sind, sollte man die einzelnen Muffen mit einer Schieblehre prüfen, damit sie so genau wie möglich über die Rohre passen.

6. Querstäbe und Flügelstäbe werden fest verbunden. Man benutzt 64-mm-Muffen, um die Verbindungen zu sichern. Mit einem Tropfen Sekundenkleber an jedem Ende der Muffe werden diese an ihnen befestigt. Für alle anderen Punkte ist jeweils eine 25-mm-Muffe ausreichend.

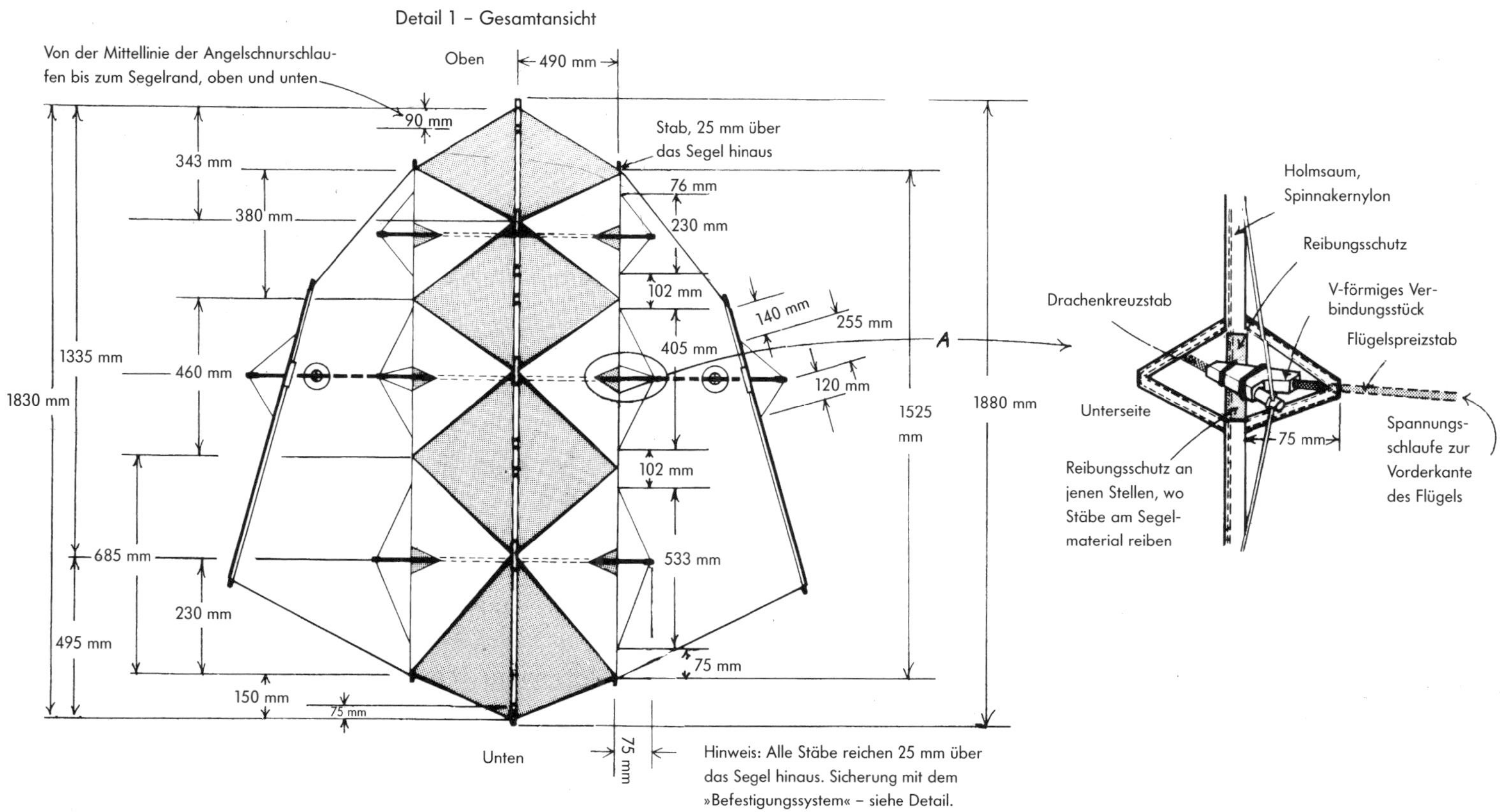

Abb. 232 Gesamtentwurf und (A) V-förmige Lage

Details

- **(Detail 1 in Abb. 232) Hauptansicht und (A) V-förmige Lage**
- **(Detail 2 in Abb. 233) Drachenkreuze, Detailzeichnungen für die Spannungsschnüre und Alternativen für die V-förmigen Flügelverbindungen – vorgefertigte Kabelbinder. Zur Einstellung des Drachens richtet man die Quer- und Längsstäbe aus, bis sie gerade sind.**
- **(Detail 3 in Abb. 234) Linker hinterer Abschnitt von Flügel E; 25-mm-Streifen Spinnakernylon, gefaltet, daß ein fertiger 6-mm-Saum entsteht, der entlang der Vorder- und Hinterkante des Drachens sowie der Kiele angebracht wird; der Flügelsaum wird gebildet, indem man einen 38-mm-Streifen Spinnakernylon in der Mitte faltet und mit Saumstichen entlang der Flügel näht, um die Öffnung in den Stabsäumen zu bilden; Detailzeichnung der hinteren Flügelpufferzone.**
- **(Detail 4 in Abb. 235) Man dreht die Nylonkappen so lange, bis das Drachensegel straff sitzt. Die Nylonkappen werden hergestellt, indem man in einen 16 x 28-mm-Nylonstab ein 19-mm-Loch bohrt. Weiterhin bohrt man ein 3-mm-Loch für die Schnur. Alternative: gedrehte Pfeilnocke**

Hinweis: Die Stäbe für das Drachenkreuz sollte man jetzt noch nicht fertigen.

7. Sobald alle später nicht mehr demontierbaren Stäbe zugeschnitten und zusammengesetzt wurden, fertigt man die Stopper wie folgt: Man wickelt solange Nylonschnur um den Stab, bis sich eine Wölbung bildet, die groß genug ist, um die Bewegung entlang des Schaftes an diesem Punkt zu stoppen. Am Anfang und am Ende dieser Umwicklungen bringt man einen Tropfen Sekundenkleber auf die Schnur. Danach wird reichlich Kleber auf die Wicklung gegeben. Tip: Man kann den Sekundenkleber besser und exakter auftragen, wenn man ihn in eine Spritze füllt. Zuerst sollte man dies aber an einem Teststück üben. Hinweis: Nur für die Stopper – als Alternative zum Umwickeln mit der Schnur kann man durchsichtige Plastikschläuche mit einem Innendurchmesser von 5 mm in 6-mm-Stücke schneiden, diese über den Epoxidschaft stülpen und mit Sekundenkleber befestigen.
8. Die Angelschnurschlaufen werden an die richtige Position gebracht und an den Verbindungsenden fest mit Nylonschnur umwickelt. Man fixiert sie mit einigen Tropfen Sekundenkleber.

Heißschnitt:

9. Mit einem Lötkolben macht man entlang des mittleren 13 mm breiten Längsstabstreifens Löcher, um hier die Angelschnurschlaufen durchzuziehen.

Montage:

10. Man sichert die Holme und Flügelstäbe jeweils oben und unten mit dem »Stanfieldschen Befestigungssystem« (siehe Abb. 240). Das Spinnakernylon sollte sehr fest sitzen und dabei nicht verzerrt sein.

Nähen:

11. Man befestigt alle äußeren Spannungsschnüre an den markierten Punkten. Alle Schnüre müssen auf beiden Seiten des Drachens gleichmäßig angeordnet werden. Die Schnüre werden jetzt mit Nadel und Nylonschnur befestigt (siehe Abb. 240).

Montage:

12. Mit Hilfe von 6-mm-Rundhölzern fertigt man sich Prototypen der drei Drachenkreuzstäbe. Dazu schneidet man die Rundhölzer auf das richtige Maß zu. Vorübergehend sichert man diese mit Metallmuffen. Da dieser Schritt allein für den richtigen Sitz aller Teile und einen Testflug durchgeführt wird, verwendet man aus 5 mm starken durchsichtigen Plastikschläuchen geschnittene Ringe, die mit Sekundenkleber an den Schaften befestigt werden und die sowohl als Stopper als auch als Halterungen der Angelschnurschlaufen am Flügelspreizstab dienen.

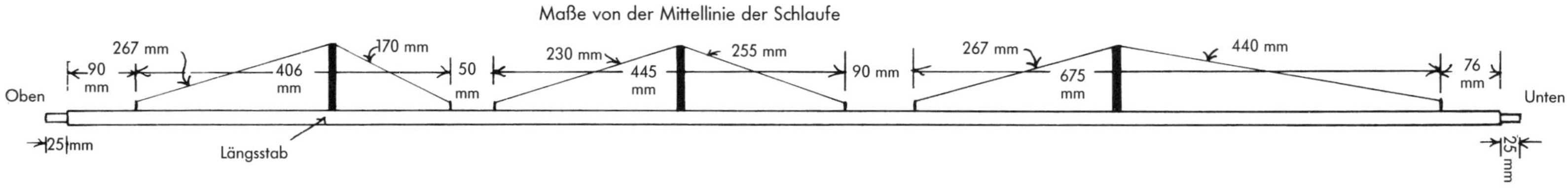

Abb. 233 Detail 2

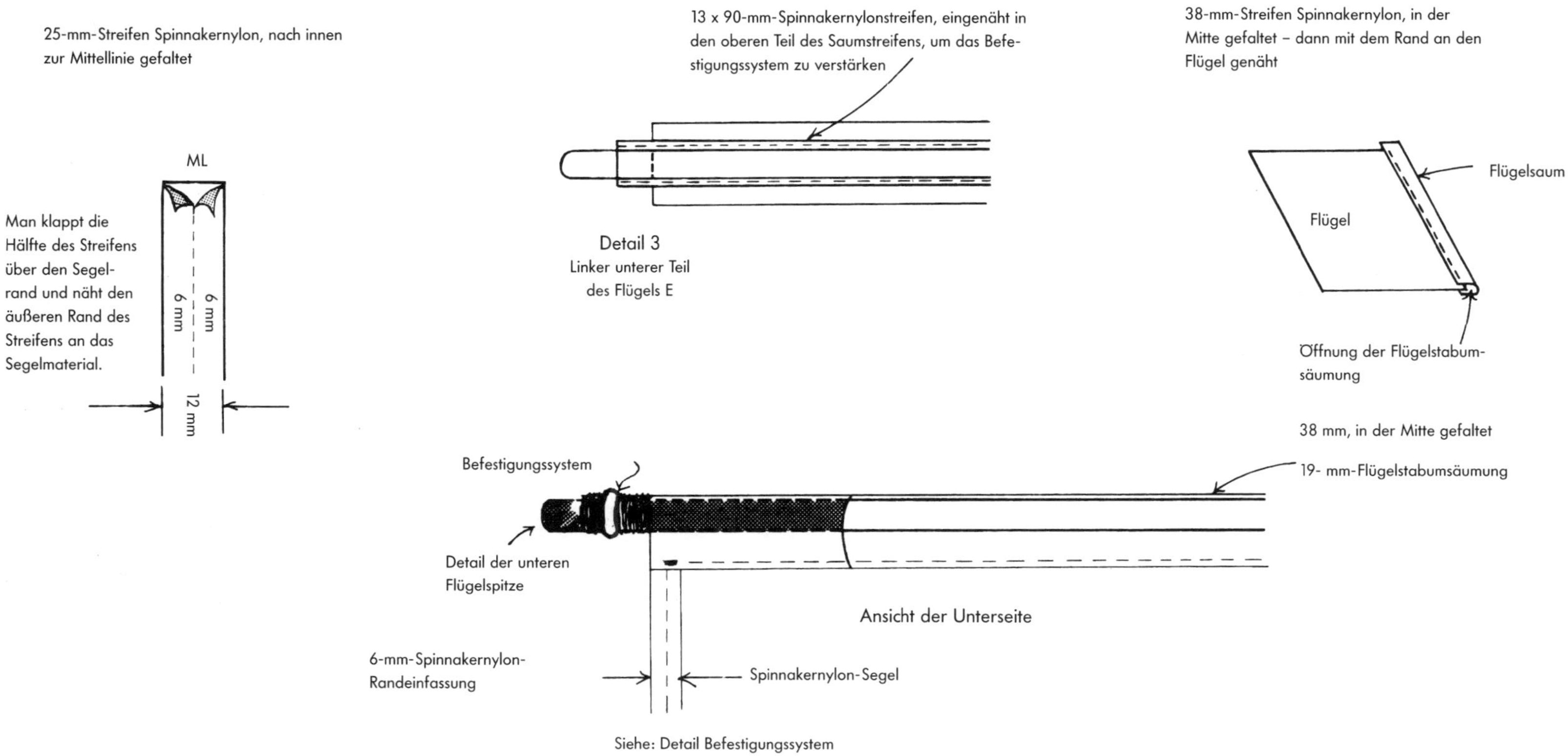

Abb. 234 Detail 3

Details
(Fortsetzung)

• **(Detail 5 in Abb. 236) Der Holmsaum dient nicht allein als Saum für den Holm, sondern verbindet auch die oberen Stücke D mit den Kielen A, B und C.**

• **(Detail 6 in Abb. 236) Längsstab. Die oberen Stücke D sind zwischen zwei 13-mm-Streifen des Spinnakernylonsaumbundes geschoben und doppelt vernäht. Der Längsstab wird durch Spannungsschnüre in Position gehalten. Diese sind an den äußeren Enden des Längsstabes durch Angelschnurschlaufen gesichert.**

• **(Detail 7 in Abb. 237) Typische Enden der Längsstäbe und der Flügel (weitere Detailzeichnungen in Abb. 240)**

• **(Detail 8 in Abb. 238) Im Flug. Waagschnuranordnung mit vorderen und hinteren Längen wie abgebildet. Es werden drei Sätze der geflochtenen 45-kp-Dacronschnur als Waagschnüre in den Längen 2,30 m, 1,30 m und 1,20 m = 760 mm für den vorderen und 460 mm für den hinteren Schenkel zugeschnitten (die Maßangaben beziehen sich auf die Zugpunkte oder die Endknoten).**

Abb. 235 Detail 4

(Fortsetzung auf der nächsten Seite)

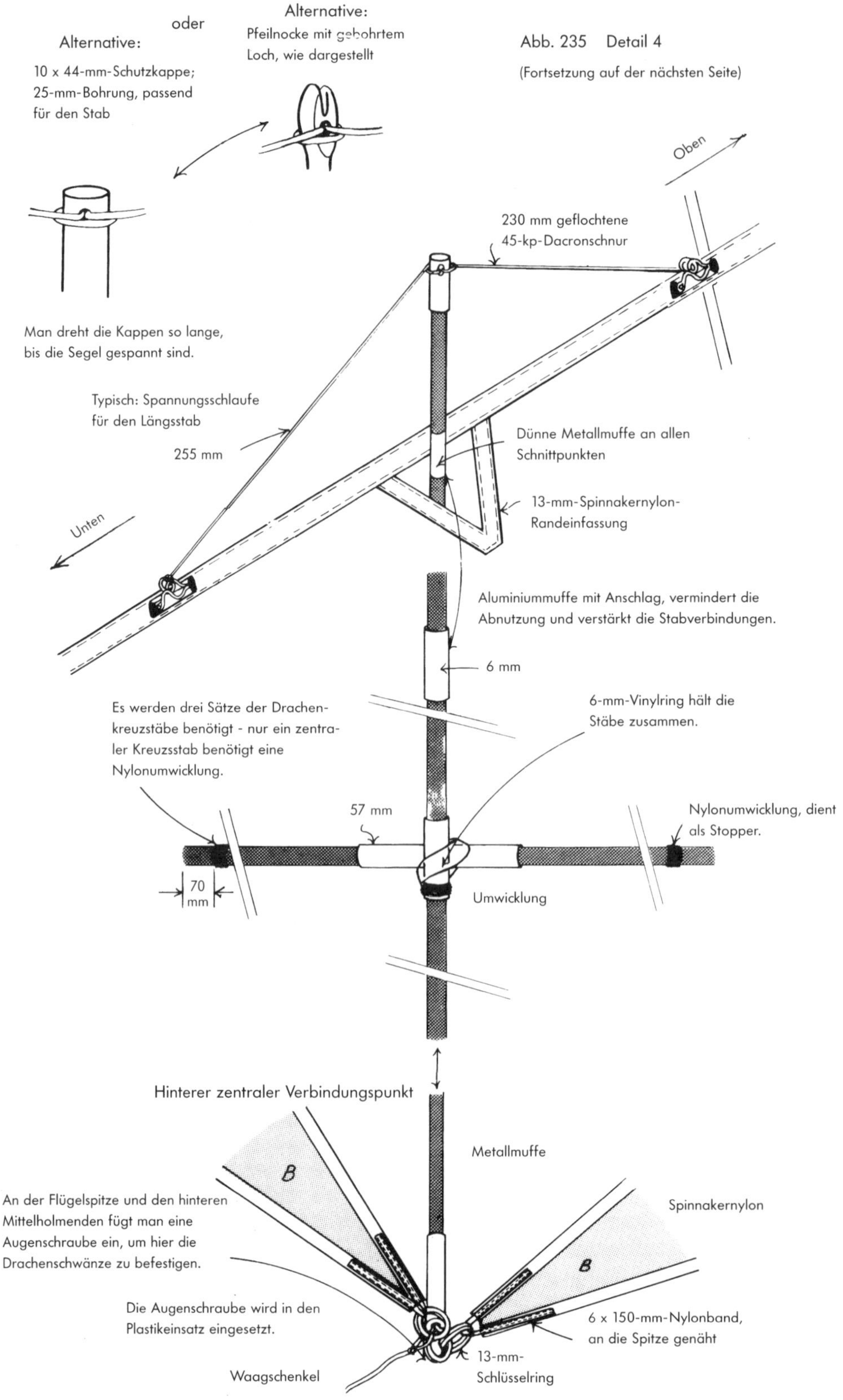

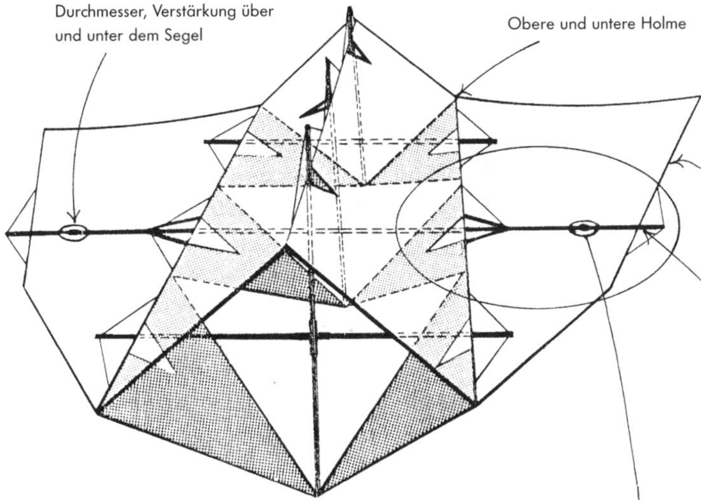

Flugdaten:
Windgeschwindigkeit:
6–40 km/h
Flugleine: 60-kp-Schnur
AE: ± 70
Handschuhe empfohlen

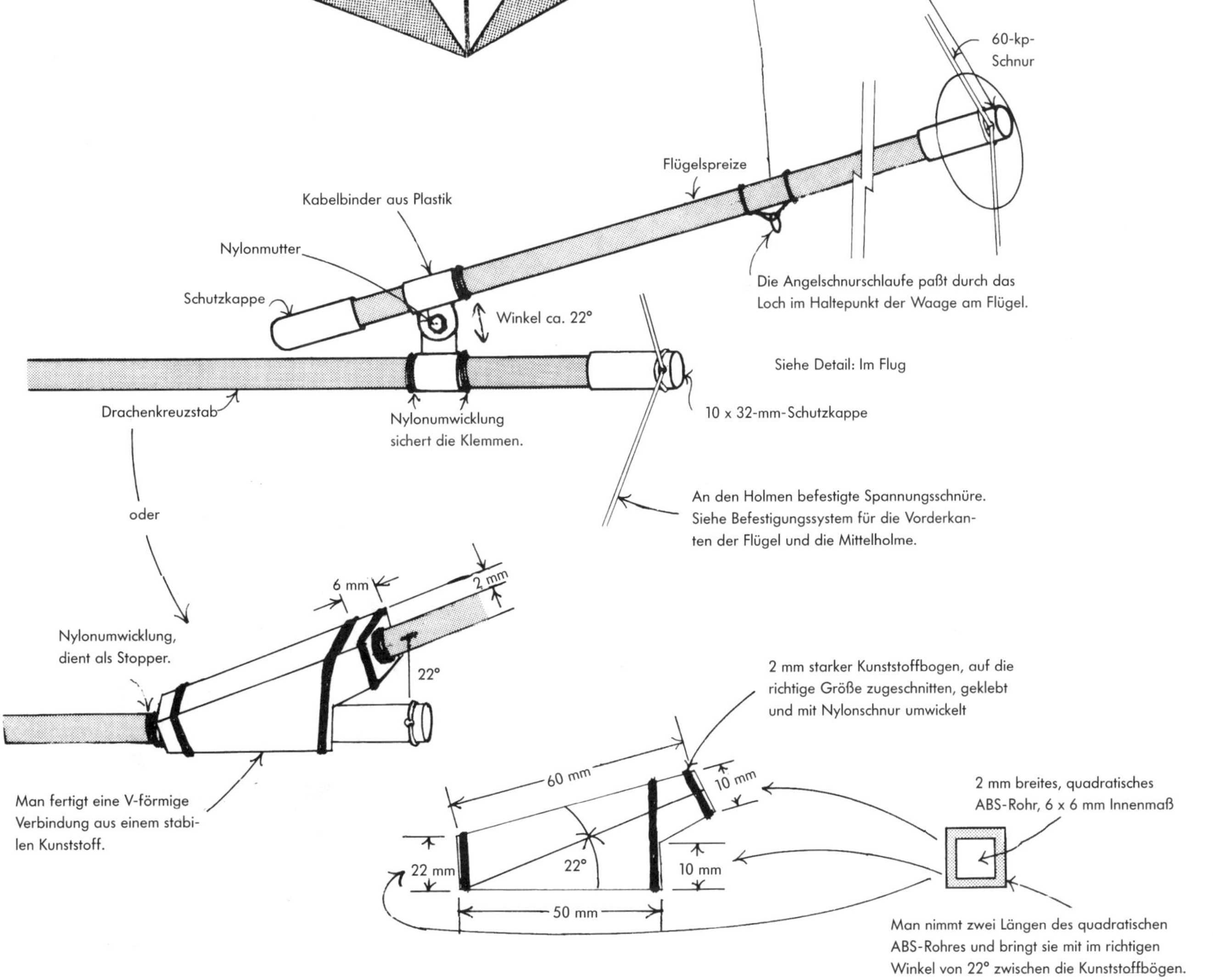

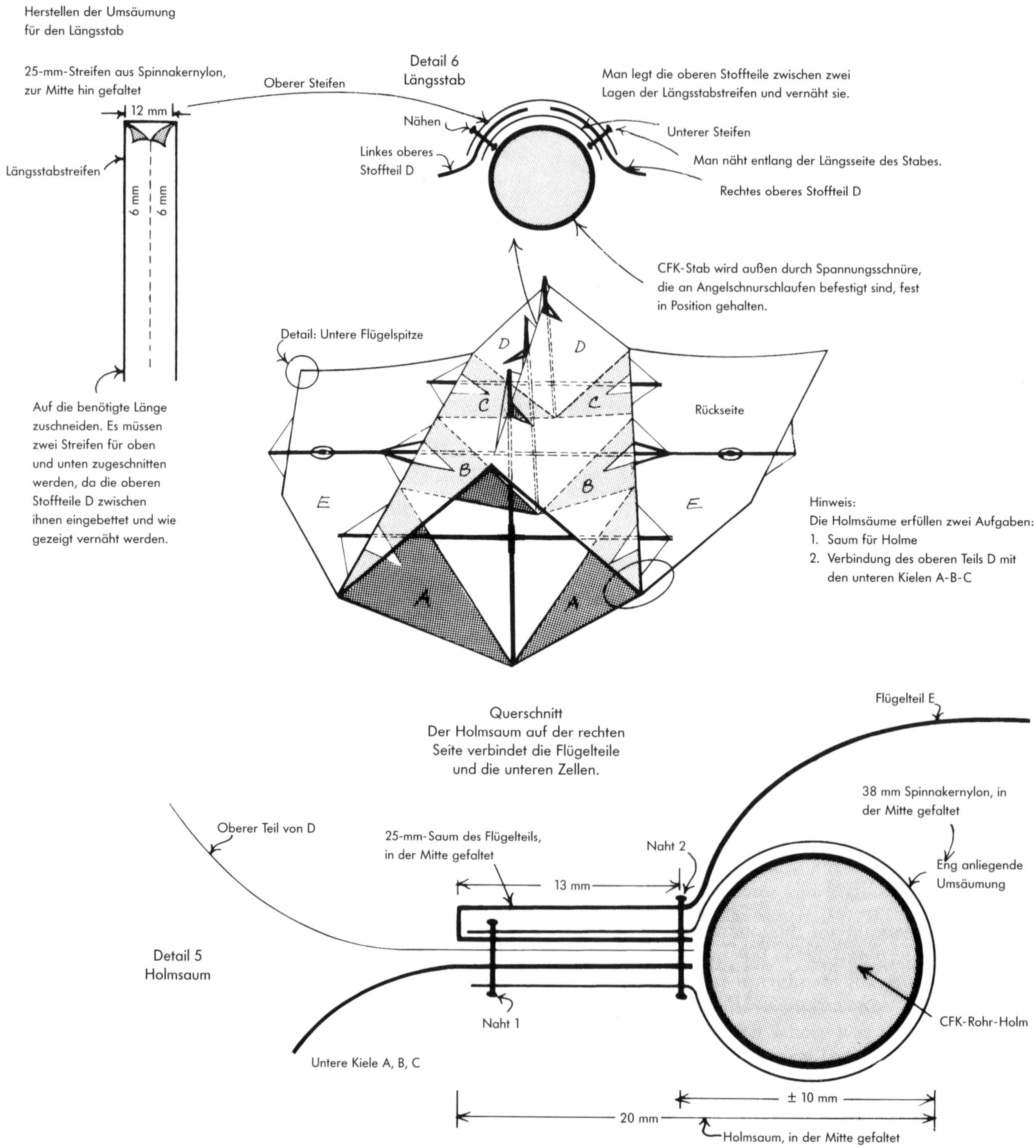

Abb. 236 Details 5 und 6

Draufsicht

Abb. 237 Detail 7

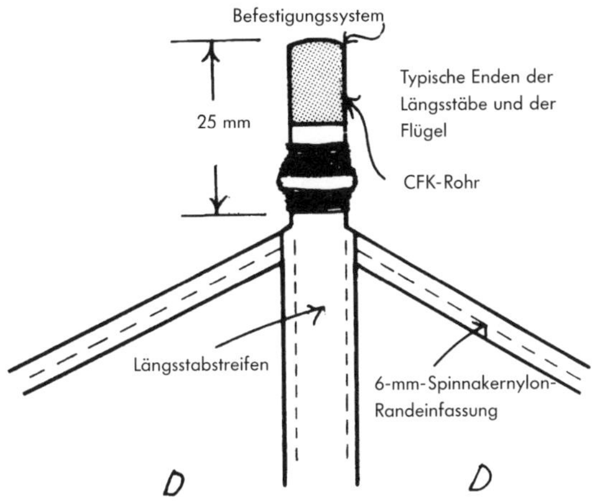

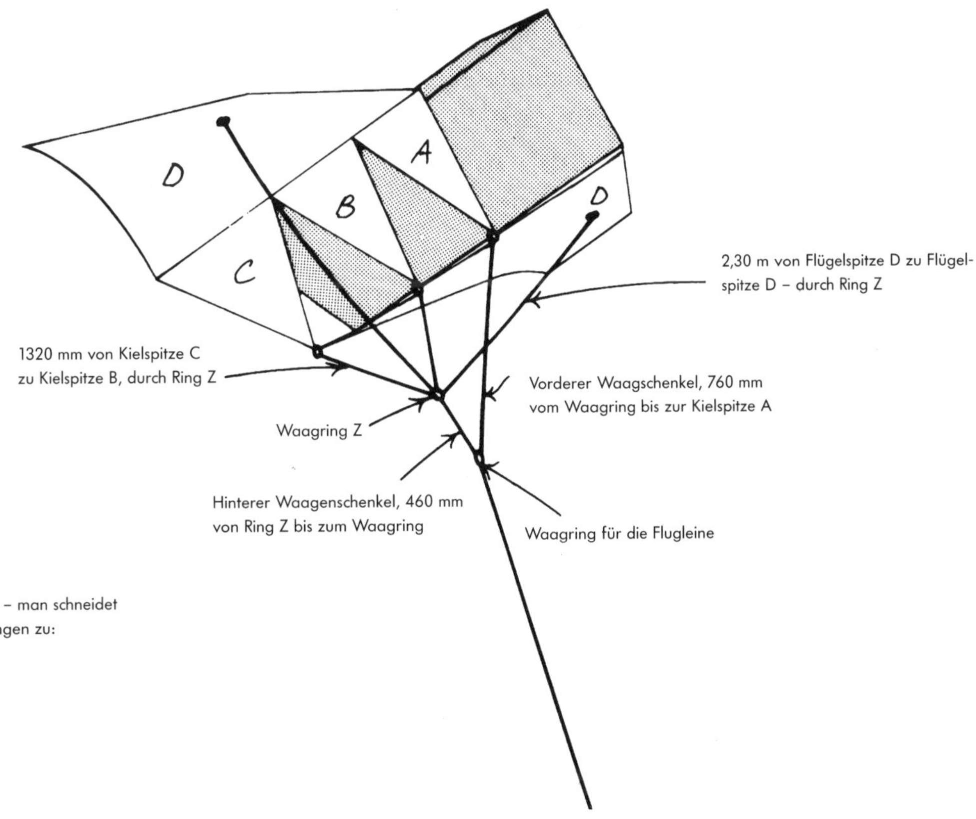

Waage – man schneidet drei Längen zu:
2,30 m
1,32 m
1,20 m

Abb. 238 Detail 8 – Im Flug

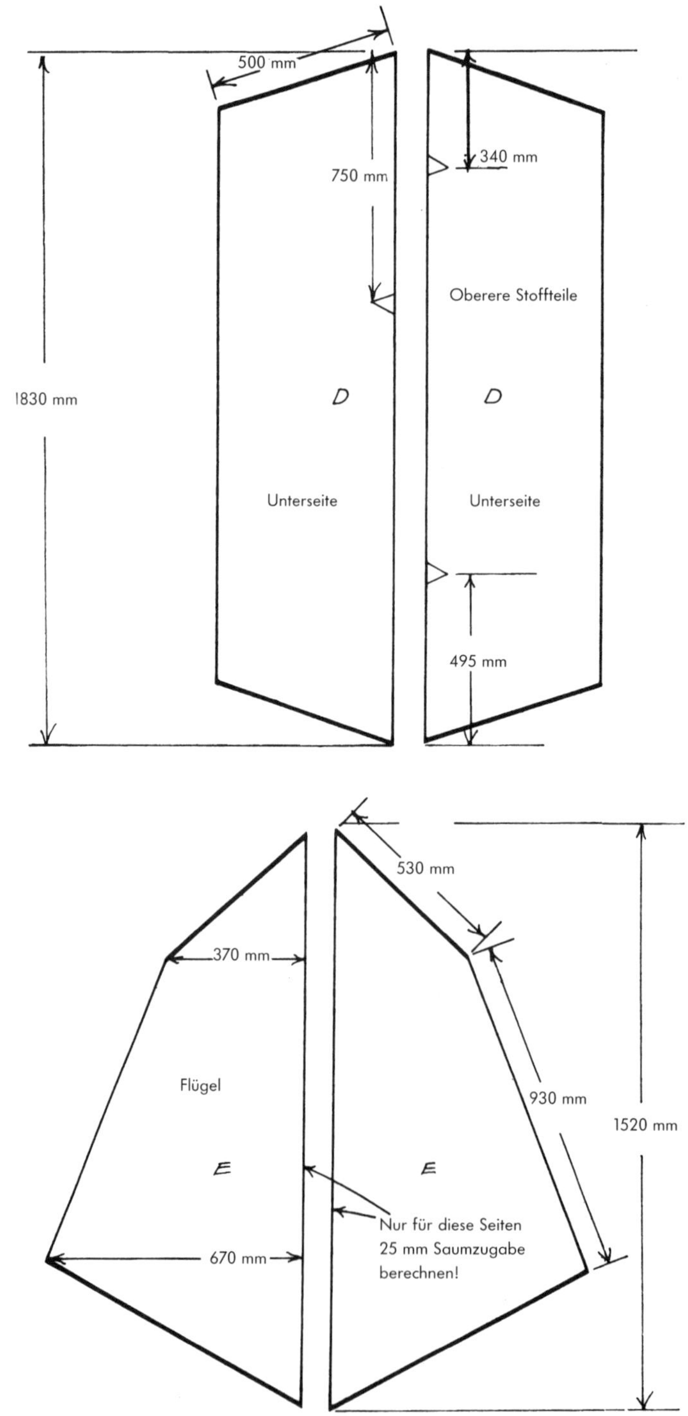

Abb. 239 Schablonen

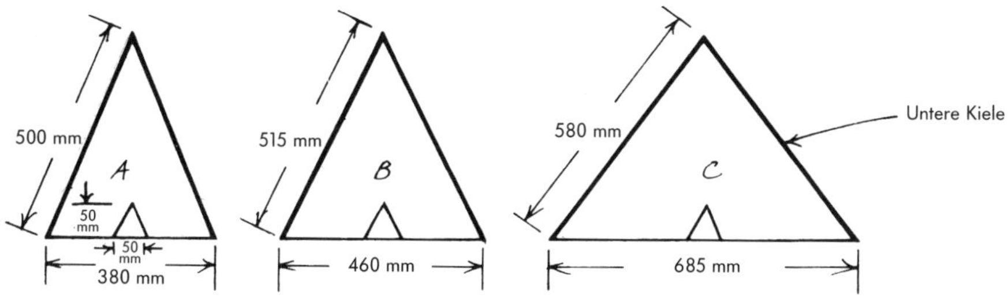

Abb. 239 Schablonen (Fortsetzung)

Trimmen des Drachens:

Der Drachenkörper sollte genügend Spannung haben, und die Flügel sollten gerade so locker sein, daß sich im Flug ein V-förmiger Winkel ergibt. Wenn man zufrieden damit ist und die Drachenkreuze exakt sitzen, nimmt man die Maße der Rundhölzer, schneidet die CFK-Rohre zu und setzt die Aluminiummuffen an. Zur Arbeitserleichterung kann man sich die Drachenkreuze für vorn, für die Mitte und für hinten extra markieren.

Abb. 240 Stanfields »Befestigungssytem«

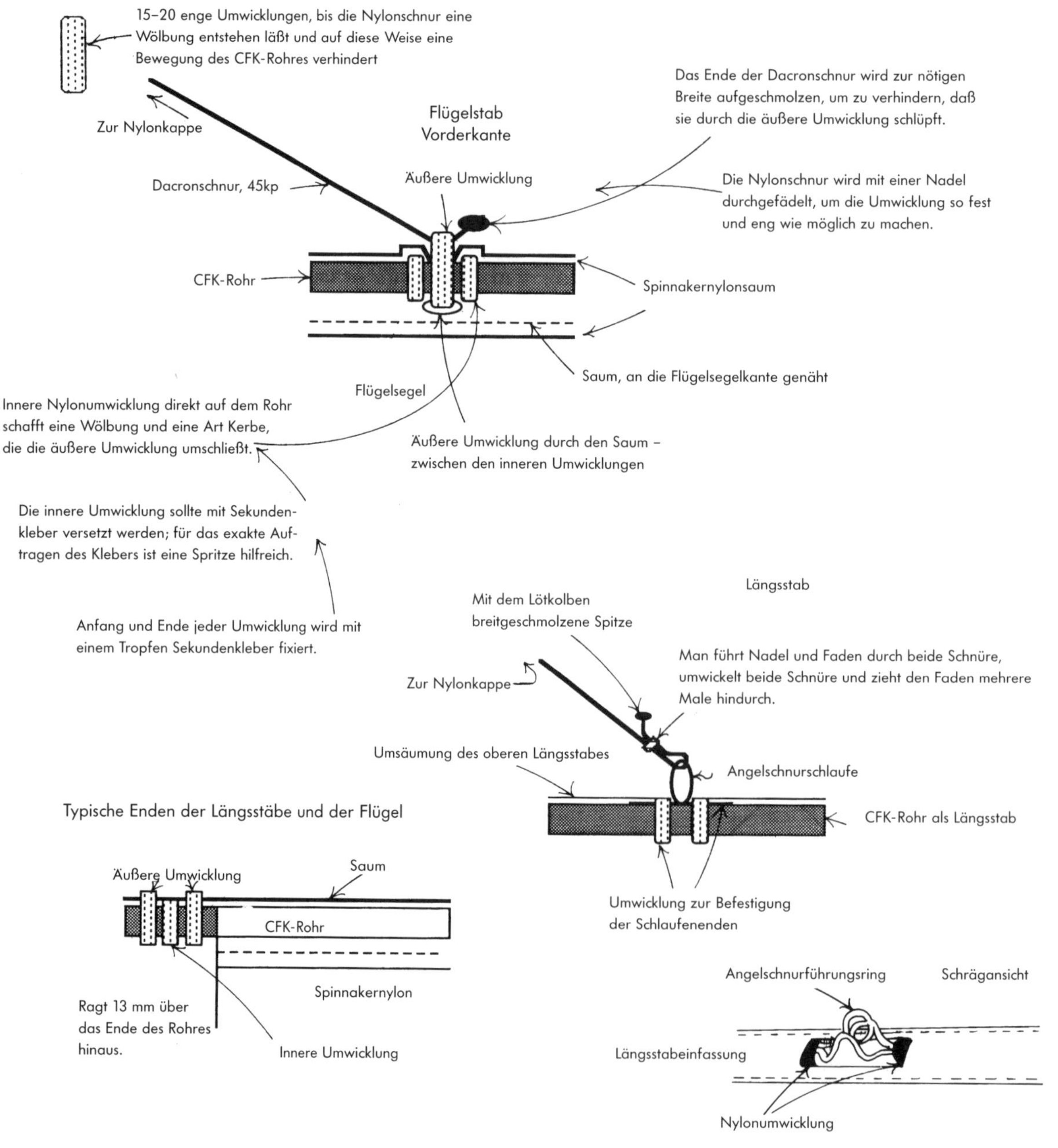

Abb. 240 Stanfields »Befestigungssystem« (Fortsetzung)

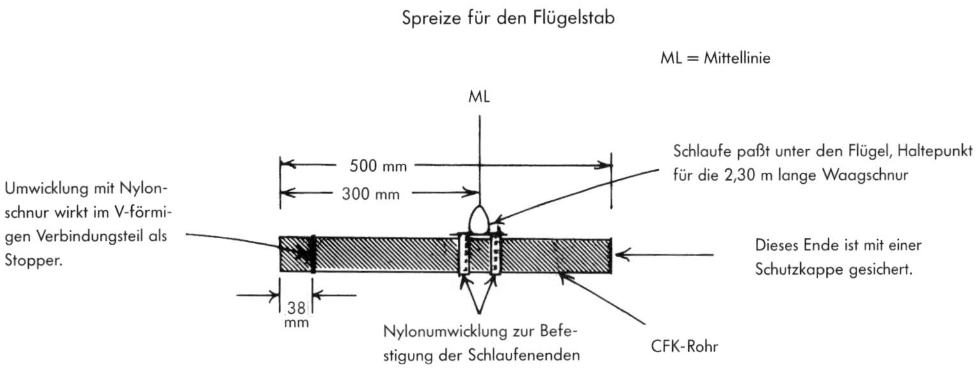

38

Material

Für den Bau dieses Drachens benötigen Sie:

- **6,5 m² Spinnakernylon**
- **6-mm-Nylonband für Waagen- und Schwanzschlaufen**
- **9 m einer 60-kp-Schnur für die Waagschnüre**
- **3,60 m einer 60-kp-Schnur für die Schwanzwaage**

Abb. 241 Dom Jalbert
(Foto: Bill Tyrrell)

- **(falls gewünscht) Spinnakernylon für einen Streifenschwanz oder einen Schleppsack**

Der Parafoil-Drachen

Entwurf: Mit freundlicher Genehmigung von Dom Jalbert

Vom Wind geformt

Der Parafoil-Drachen zählt zu den acht Drachengrundformen und ist so konstruiert, daß er die aerodynamischen Prinzipien ausnutzt, die beim Auftrieb eines starren Flügels wirken. Dieser Drachen ist völlig anders konzipiert als die traditionellen Drachen, denn er hat keine starren Bauteile, und seine Form ist daher nur vom Wind bestimmt. Der hier vorgestellte Parafoil-Drachen ist dem J-10-Modell von Dom Jalbert (siehe Abb. 243) nachempfunden.

Domina (Dom) C. Jalbert (Abb. 241) war schon sehr früh drachen- und flugbegeistert, was ihm zu einer eindrucksvollen Karriere in der Aerodynamik und in der allgemeinen Luftfahrt verhalf. Im Jahr 1964 entwickelte er das »Parafoil« – eine bahnbrechende Flügelform, die beim Drachenfliegen, Fallschirmspringen und in anderen Bereichen breite Anwendung gefunden hat.

Der Parafoil-Drachen ist außer im Freizeitbereich auch noch in vielen anderen professionellen Anwendungen zu finden. So wird er in der Meeresforschung, zur militärischen Aufklärung und Überwachung, in der Fernerkundung, in der Fischereierkundung und im Hochleistungssport eingesetzt.

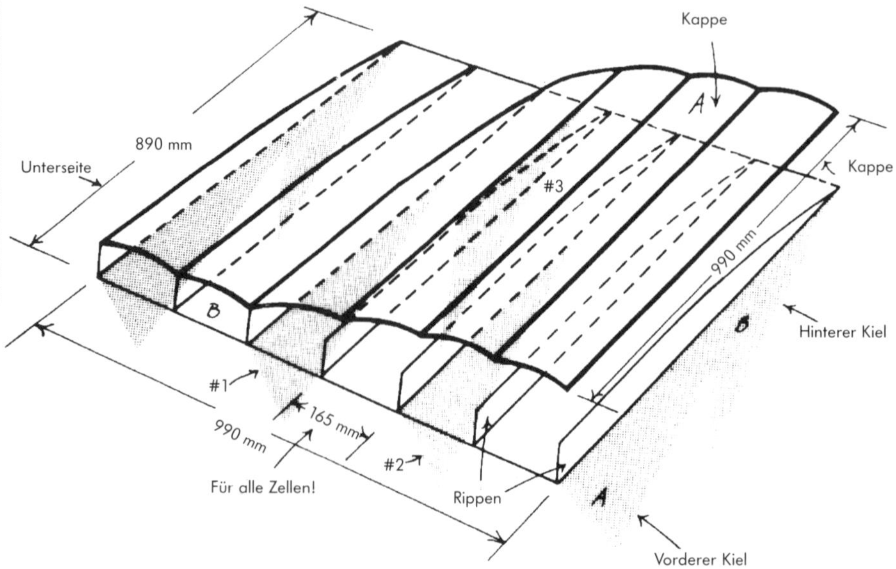

Abb. 242 Detail 1

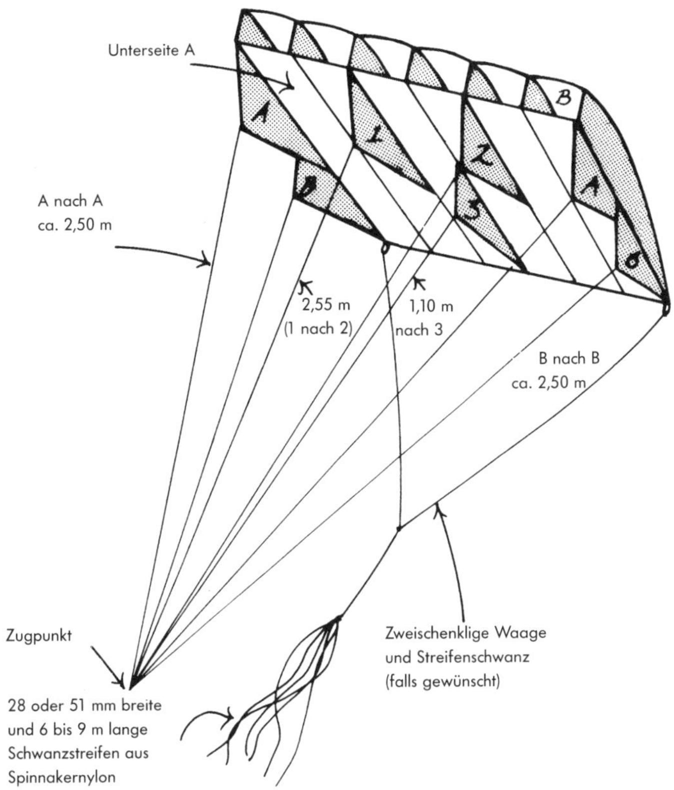

Abb. 243 Detail 2

Der Parafoil-Drachen ist besonders gut für Camper und Bergsteiger geeignet, da er sich zu kleinen und leichten Päckchen zusammenlegen läßt. So startete etwa am 22. Juni 1987 die japanische Karakorum-Expedition im Himalaya vom zweithöchsten Gipfel der Welt aus einen roten Parafoil-Drachen.

Details

- (Detail 1 in Abb. 242) Gesamtansicht
- (Detail 2 in Abb. 243) Im Flug: Anordnung der Waage
- (Detail 3 in Abb. 244) Frontalansicht der Zellen
- (Detail 4 in Abb. 245) Seitenrippe und Zusammensetzung der Kiele

Flugdaten:
Windgeschwindigkeit: 10–35 km/h
Flugleine: 70-kp-Schnur
AE: ±70
Handschuhe empfohlen

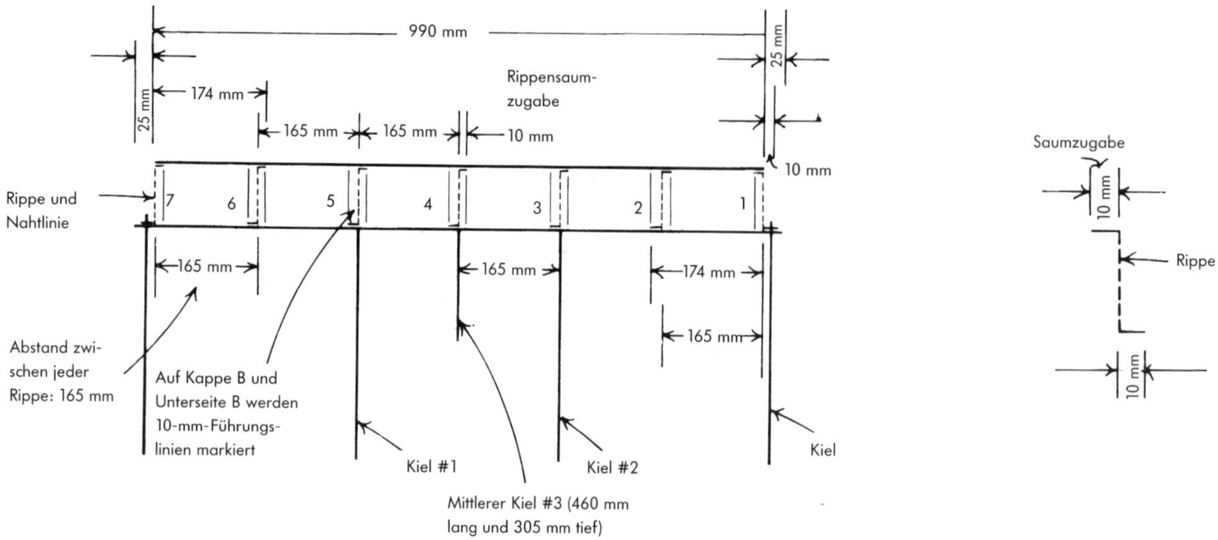

Abb. 244 Detail 3

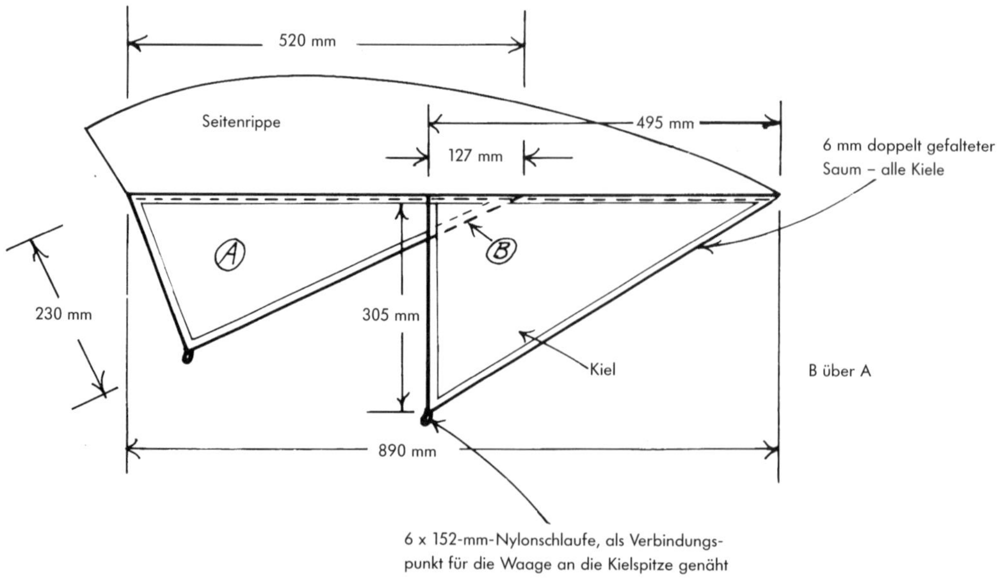

Abb. 245 Detail 4

Bauanleitung

Heißschnitt:

Vergewissern Sie sich zuerst noch einmal, welches die Seiten A und B der Unterseite des Parafoil-Drachens sind, damit Sie sie richtig markieren und nähen.

1. Für alle Bauteile wie Rippen, Kiele, Unterseite und Kappe werden Schablonen mit den Gesamtmaßen, also zuzüglich der Saumzugabe, geschnitten. An den Rippen muß ein 10-mm-Saum, an den Kielen ein 6 mm doppelt gefalteter Saum stehenbleiben. Die Maße der Unterseite betragen 990 x 890 mm, d. h., man schneidet das Material mit den Maßen 1040 x 910 mm zu. Die Kappe hat die Maße 990 x 990 mm, d. h., man schneidet 1010 x 1010 mm zu. (Am besten verwendet man für das Übertragen der Maße ein Raster, besonders zu empfehlen zur einfacheren Ausformung der Rippenkrümmung – siehe Abb. 246 und 247, Detail 3).
2. Die Schablonen richtet man entlang der Faserrichtung des Stoffes aus und positioniert sie so, daß das Spinnakernylon optimal ausgenutzt wird. Alle Teile werden mit dem Lötkolben ausgeschnitten. Eine 50-mm-Lochschablone wird an den Stellen verwendet, wo die Luftlöcher ausgeschnitten werden müssen. Nur bei den inneren Rippen werden die Löcher ausgeschnitten! Die Luftlöcher sollten mit einer kegelförmigen Lötkolbenspitze ausgeschnitten werden. Es ist einfacher, die Löcher entlang des Kreisausschnittes an der Innenseite einer Schablone auszuschneiden, als um die runde Außenform einer kreisförmige Scheibe herum zu schneiden. Die Luftlöcher der inneren Rippen gewährleisten in allen Zellen den gleichen Luftdruck und sorgen so für ein besseres Gleichgewicht des Drachens.
3. Unterseite: Man markiert die Führungslinien für die Rippensäume entlang der Seite B von vorn nach hinten (siehe Abb. 247).
4. Kappe: Man markiert die Führungslinien für die Rippensäume entlang der Seite A von vorn nach hinten (siehe Abb. 248).
   Hinweis: Weitere Informationen über die Anlage von Rippen finden Sie in der Bauanleitung für den Rochendrachen.

Nähen:

5. Die vorderen und hinteren Abschnitte sowohl der Unterseite als auch der Kappe verbindet man mit einer 6-mm-Randumsäumung.
6. Alle Kielränder werden mit einem 6 mm doppelt gefalteten Saum abgeschlossen. Für die Waage näht man an jede Kielspitze schließlich noch eine Schlaufe aus 152 x 13 mm Nylonstoff.

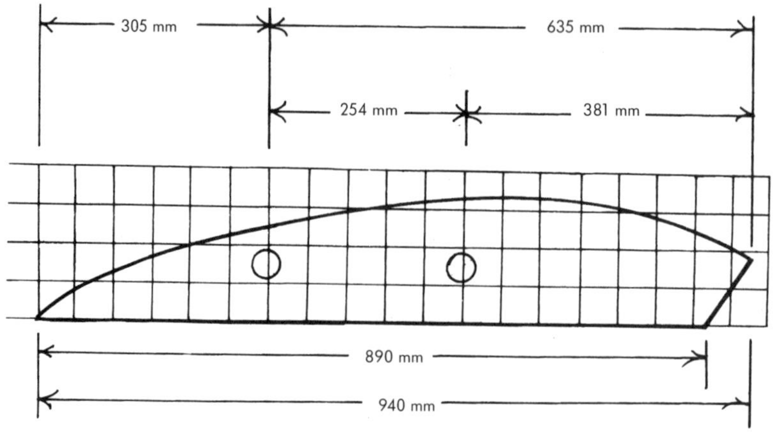

6 mm in der Zeichnung entsprechen 51 mm in der Drachenkonstruktion.

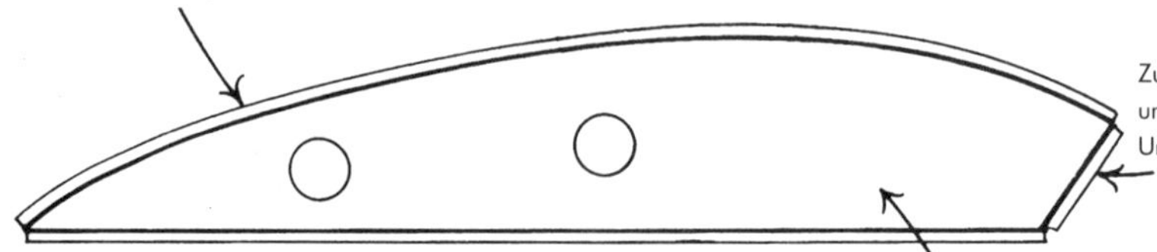

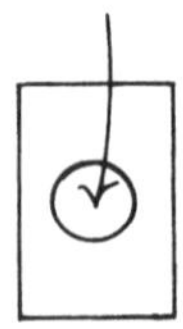

Abb. 246 Schritt 1

7. Beachten Sie bei diesem Schritt Detail 3 in Abb. 244. Die Zellen konstruiert man von links nach rechts, beginnend mit Rippe 1 und endend mit Rippe 7. Die Rippen werden entlang der Saumführungslinien (gestrichelte Linien) auf der Unterseite B angeordnet. Danach werden die Rippen an den entsprechenden Stellen über die Nahtlinie von vorn nach hinten heiß angeheftet. Schließlich näht man die Rippen der Länge nach an die Unterseite.

   Hinweis: Am besten heftet man mit dem Lötkolben die Rippen 3, 4 und 5 mit dem umsäumten, geraden Rand der Kiele 1, 2 und 3 entlang der Nahtlinie an die vorgesehene Position (die umsäumte Längsseite von Kiel #3 beträgt von der Rückseite des Drachens gemessen 460 mm, die Tiefe beträgt 305 mm).

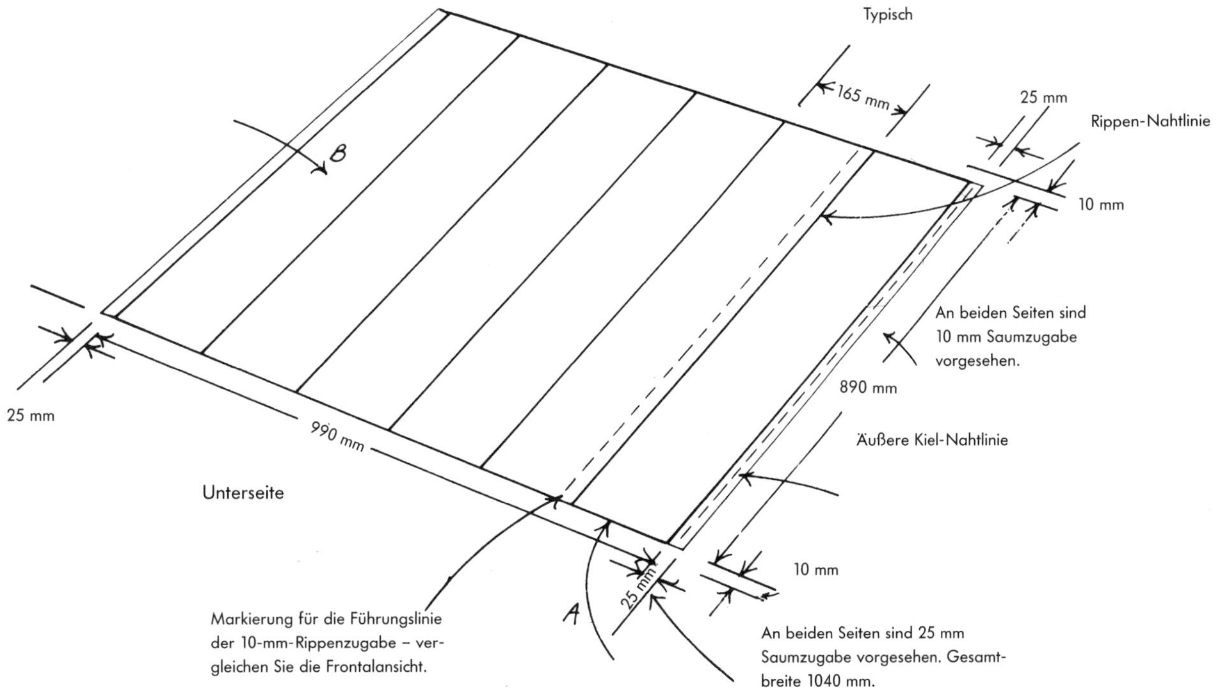

Abb. 247 Schritt 3

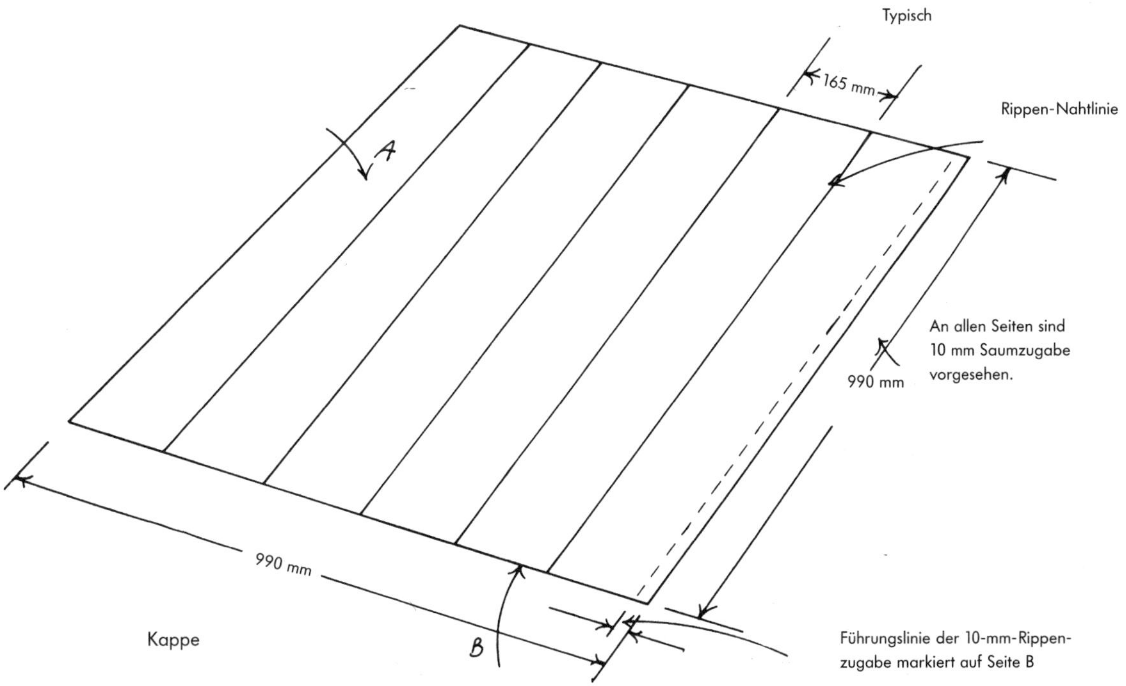

Abb. 248 Schritt 4

8. Anbringen der Kappe: Man näht die Rippen von links nach rechts entlang der markierten Nahtlinien auf die Kappenseite B. Dazu richtet man die 10-mm-Saumfalte von Rippe 7 mit dem 10-mm-Innensaum der linken Kappenseite auf einer Linie aus. Jetzt wird die Krümmung der Rippe langsam an die Gerade der Kappe angenäht. Um einen einen glatten Saum zu erhalten, näht man vorsichtig Millimeter um Millimeter um den Rippenradius, und zwar von vorn nach hinten. Dies wiederholt man für die anderen Rippen.
9. Um Rippe 1 an die innere 10-mm-Saumfaltenlinie der Kappe zu nähen, stülpt man den Drachen um und vernäht den Saum, um so die Zellen abzuschließen. Danach stülpt man den Drachen wieder in die Ausgangsposition.
10. Jetzt näht man die Kappe hinten an die Unterseite. An beiden Enden der Hinterseite bringt man zwei 6 mm breite Nylonschlaufen für die bei stärkerem Wind empfohlene, zweischenklige Schwanzwaage an.
11. Der Seitensaum von Kiel A wird nun über die Rippen-Nahtlinie gelegt und am Rand vernäht. Die 127-mm-Überlappung des hinteren Kiels B reicht über A. An der Überlappung dürfen Sie die Kiele aber nicht zusammennähen! Dies wird nun für die Kiele A und B auf der anderen Seite wiederholt.

Montage:

12. Für die Waagschnüre schneidet man die Schnur in vier Teile: zweimal 2,50 m für die Verbindung von A nach A und von B nach B. 2,55 m für die Verbindung von 1 nach 2 und 1,10 m für die Verbindung nach Punkt 3. Die Maße beziehen sich auf die Strecke von den Kielspitzen zum Zugpunkt (siehe Detail 2 in Abb. 243).
13. Streifenschwanz: Bei stärkerem Wind empfehlen sich Nylonstreifen, die den Drachen stabilisieren. Dazu bindet man eine 3,60 m lange Schnur an jede Seitenschlaufe und erhält so eine zweischenklige Schwanzwaage. In deren Mitte bindet man eine Schlaufe, an der etwa sechs Schwanzstreifen aus Spinnakernylon von 28–51 mm Breite und etwa 6–9 m Länge befestigt werden. Solche Streifenschwänze sind für stärkere Winde sehr gut geeignet. Bei normalen Windverhältnissen kann man auch einen stabilisierenden Schleppsack ausprobieren.

39 Der Hewitt-Flex-Drachen

Nach einem Entwurf von Richard Hewitt

Alles ist möglich

Der Hewitt-Flex-Drachen (siehe Abb. 250) erinnert im Flug mitunter an einen Vogel weit oben in den Lüften. Manchmal erinnert er auch an einen Hängegleiter oder sogar an die britische »Spitfire« aus dem Zweiten Weltkrieg.

Während sich dieser Drachen durch einen hervorragenden Auftrieb auszeichnet, ist seine Flugstabilität wesentlich labiler, und auch mit einem stabilisierenden Schleppsack neigt der Flex-Drachen, wenn er einen Flugwinkel von 90° überschreitet, dazu, sich in der Luft zu drehen und abzustürzen.

Der Flex-Drachen zeichnet sich durch Flügel mit hohem Auftrieb-/Zug-Verhältnis aus (das Auftrieb-/Zug-Verhältnis wird auf S. 22 im Kapitel »Aerodynamik« erläutert). Diese Flügel sind mit einem Drachengrundgerüst verbunden, das dem des Schlittendrachens sehr ähnlich ist, doch läßt sich bei diesem Drachen meist schwer voraussagen, wie er sich in der Luft verhält.

Man kann den Flex-Drachen auch leicht abändern und nach eigenen Vorstellungen gestalten. So sind verschiedene Flügelvarianten oder Accessoires wie Köpfe, Schwänze, Schleppsäcke immer eine willkommene Bereicherung.

Bauanleitung

Hinweis: Es gibt zwei verschiedene Möglichkeiten für die Konstruktion des Segels. Man kann die farbigen Stoffbahnen mit einem Segelsaum verbinden, so daß man ein 1,05 x 4,00 m großes Stück aus Spinnakernylon erhält, aus dem man dann mit Hilfe einer halbseitigen Schablone auf die hier gezeigte Form den Flügel zuschneidet. Möchte man noch genauer arbeiten, kann man auch fünf Schablonen – eine für jeden 380 mm großen Flügelabschnitt – fertigen und so den Flügel zusammensetzen (in diesem Fall beachten Sie bitte die Arbeitsschritte der Bauanleitung für die Flügel des Rochendrachens im nächsten Kapitel und übernehmen Sie diese für den Flex-Drachen).

Material

Für den Bau dieses Drachens benötigen Sie:

- **22,5-g-Spinnakernylon für Segel und Schleppsack**
- **45-g-Spinnakernylon für Kiele und vertikale Streifen, die für das Verbinden der Flügelabschnitte benötigt werden**
- **Flügelstabsaum: 19 mm doppelt gefaltetes Saumband mit schrägem Faserverlauf, diagonal eingeschnitten, um das Vernähen von Kurven zu erleichtern**
- **Dacron als Verstärkungsmaterial**
- **25-mm-Band aus Nylonstoff für die Schlaufe an der Vorderkante**
- **2,10 m eines 13 mm breiten, grobfaserigen Bandes**
- **6 mm doppelt gefaltetes Saumband für die Hinterkante**
- **2,70 m einer 70-kp-Schnur für zwei 1,35 m lange Waagschenkel zur Schlaufe**
- **6 m einer 25-kp-Schnur für Waagschenkel und als Schnur für den Schleppsack**
- **Zwei 20-mm-Schlüsselringe**

Fortsetzung nächste Seite

Material
(Fortsetzung)

Für den Zugpunkt und als Verbindungspunkt für die Schleppsackschnur

- **Zwei 7 x 1020-mm-Glasfaserstäbe für den 2040-mm-Mittelteil**
- **Eine Aluminiummuffe (7 mm Innendurchmesser x 76 mm)**
- **Zwei 6 x 1500 mm konzentrische Fiberglasstäbe für die Flügelspitzen (an den Enden werden Schutzkappen angebracht)**
- **Zwei 1,10 m lange 8-mm-Kohlefaserrohre oder einen 10-mm-Rundstab für die Kielholme**
- **Zwei Pfeilnocken, Anschlußstücke und Schutzkappen für die Holme**
- **305 x 13-mm-Nylonband wird später an den Kielsaum genäht**
- **600 mm einer 130-kp-Schnur als Schlaufe wird an das Nylonband am Kielsaum gebunden und über die Pfeilnocke des Holmes gespannt**

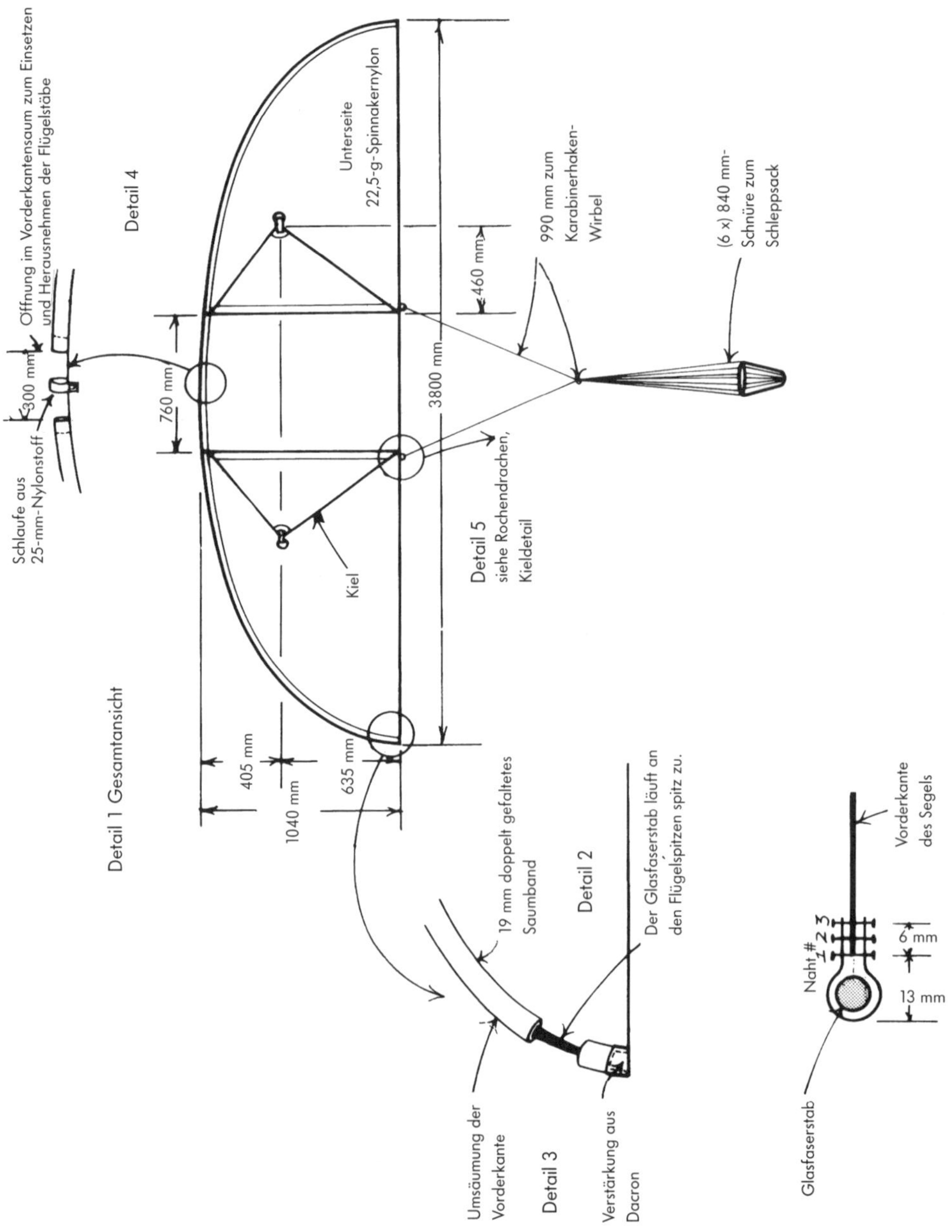

Abb. 249 Details 1–5

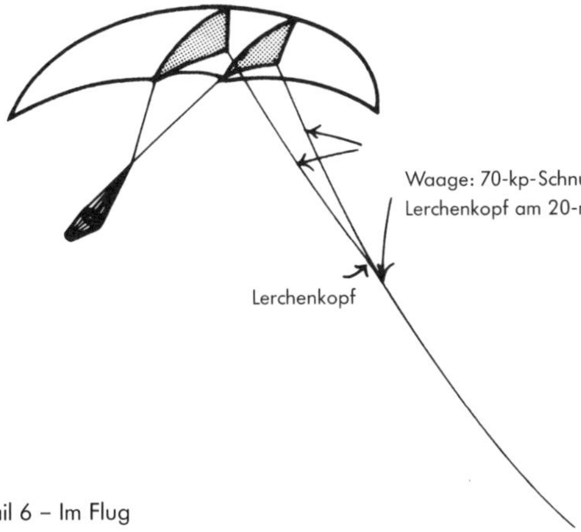

Abb. 250 Detail 6 – Im Flug

Heißschnitt:

1. Für den ersten Schritt beachten Sie bitte Abb. 251. Eine Drachenhälfte: Man stellt die Schablone einer Flügelhälfte her, indem man die Krümmung des Flügels mit den angegebenen Koordinaten abträgt.

Kielschablone: Man berechnet die Maße des Kiels und berücksichtigt dabei alle Säume. Der Kiel wird dann genauso fertiggestellt wie der Kiel des Rochendrachens im folgenden Kapitel.

Abtragen einer elliptischen Kurve: Zur Herstellung einer exakten Schablone oder zum Berechnen einer anderen Drachengröße kann man die Prozentangaben aus dem Diagramm in Abb. 251 zur Hilfe nehmen.

Nähen:

2. Die einzelnen Teile mit den gewünschten Farben des Segels verbindet man mit einem Segelsaum.
3. Aus einem 19 mm breiten und 2,40 m langen, doppelt gefalteten Saumband schneidet man zwei Streifen. An beiden Streifen biegt man das Ende, das den Flügelstab aufnimmt, herunter und näht es der Breite nach fest. Jetzt faltet man das Band in der Mitte. Die Naht setzt man in 13 mm Abstand von der Falte und vernäht das Band der Länge nach, wobei ein Saum für den Flügelstab entsteht. Der verbleibende 19 mm breite Rand reicht zum Annähen der Aufnahmetasche für die Flügelspreize (Glasfaserstab) an die runde Segelvorderkante aus.

   Variante: Man kann den 19-mm-Saum an der Vorderkante auch aus 76 mm diagonal geschnittenen Streifen aus Saumband nähen (siehe Randeinfassung im Kapitel »Arbeiten mit Spinnakernylon« auf S. 80).

Details

Siehe Abb. 249 für die Details 1–5 und Abb. 250 für Detail 6.

- **(Detail 1) Gesamtansicht**
- **(Detail 2) Doppelt gefaltetes 19-mm-Saumband für den Flügelstabsaum an der Vorderkante**
- **(Detail 3) Flügelspitze. Der Glasfaserstab läuft an den Flügelspitzen spitz zu; Verstärkung aus Dacron.**
- **(Detail 4) Die 300 mm breite Öffnung des Saumes in der Mitte der Vorderkante; Schlaufe aus 25-mm Nylonband für den Flügelstab**
- **(Detail 5) Kieldetail (siehe Kieldetail des Rochendrachens im folgenden Kapitel)**
- **(Detail 6) Im Flug. Die Waage: 70-kp-Schnur – 1220 mm zum Lerchenkopf am 20-mm-Schlüsselring.**

Flugdaten:
Windgeschwindigkeit: 12–32 km/h
Flugleine: 70-kp-Schnur (mindestens)
AE: ± 65
Handschuhe empfohlen

Schablone einer Drachenhälfte; »Ordinaten« als Hilfe zum Abtragen der elliptisch gekrümmten Vorderkante

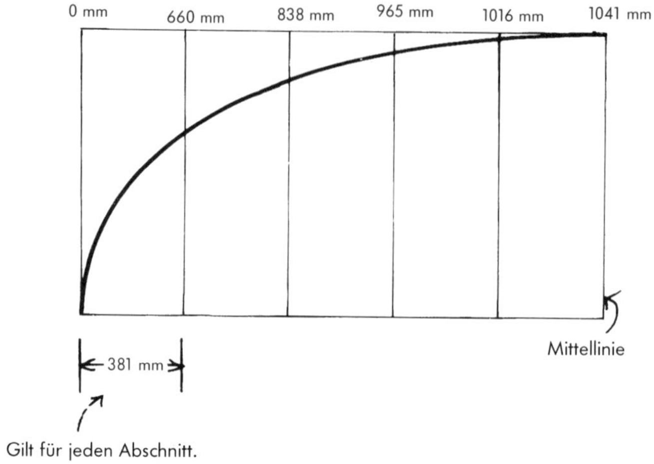

Für eine elliptische Kurve mit anderen Maßen:

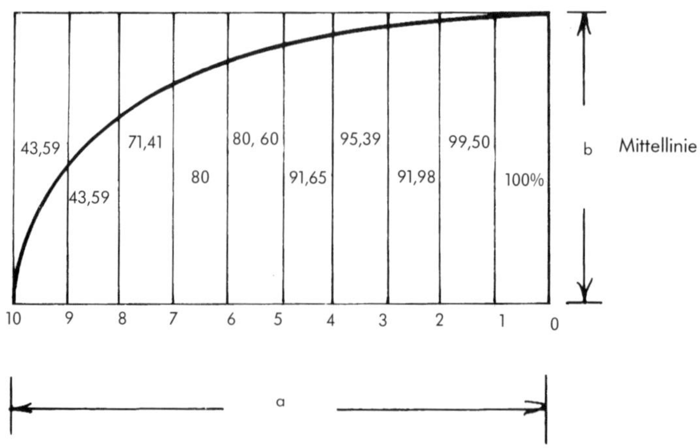

1 Man unterteilt a in zehn gleiche Abschnitte.
2 Die Ordinaten geben % von b an.
3 Man verbindet die Punkte zu einer elliptischen Kurve.

Abb. 251 Schritt 1

Heißschnitt:

4. Man faltet das Segel in der Mitte und legt den Schablonenrand an der Faltlinie an. Jetzt wird das Segel mit den in der Gesamtansicht angegebenen Maßen zugeschnitten (Detail 1). Danach bringt man das 6-mm-doppelt gefaltete Saumband an der Vorderkante an. Wird die Vorderkante umsäumt, darf man beim Abmessen der Segelmaße die Zugabe für einen 6 mm breiten, doppelt gefalteten Saum nicht vergessen!

Nähen:

5. Man vernäht den Saum der Vorderkante entlang des 6-mm-Segelrandes (siehe Abb. 249). Zuerst richtet man die Saumhälften an der Vorderkante des Segels 152 mm von der Mitte entfernt aus (die nach unten geklappten Enden zur Mitte hin), damit eine 254 mm breite Öffnung entsteht. Hier wird der Flügelstab hinein- und hinausgeschoben. Man arbeitet von der Mitte nach außen. Den 6-mm-Rand des Saumbandes legt man über die Vorderkante des Segels und macht eine zweite und dritte Doppelnaht entlang der Flügelkante. Die Flügelspitzen werden schließlich noch mit Dacron verstärkt.
6. Für die Flügelstab-Schlaufe faltet man ein 25 x 51 mm großes Stück Nylonstoff in der Mitte und vernäht es 13 mm von der Falte. Die Verbindungsstelle von Schlaufe und Segelrand wird mit Dacron verstärkt. Das Segel wird zwischen den Rand des Nylonstoffes gelegt und vernäht (siehe Detail 4 in Abb. 249).
7. Als nächstes verstärkt man den Bereich an der Rückseite des Drachens, wo der Kiel an das Segel genäht ist, mit 13 mm breiten und 1050 mm langen Streifen eines grobfaserigen Bandes.

Heißschnitt:

8. Man schneidet, wie in Schritt 1 zu sehen, mit dem Lötkolben zwei Kiele aus.

Nähen:

9. Die Säume, die den Kiel mit dem Segel verbinden, bilden Holmsäume (siehe Rochendrachen). Für eine zweischenklige Schleppsackwaage werden am Hinterende der Holmsäume Schlaufen aus Nylonband angebracht.

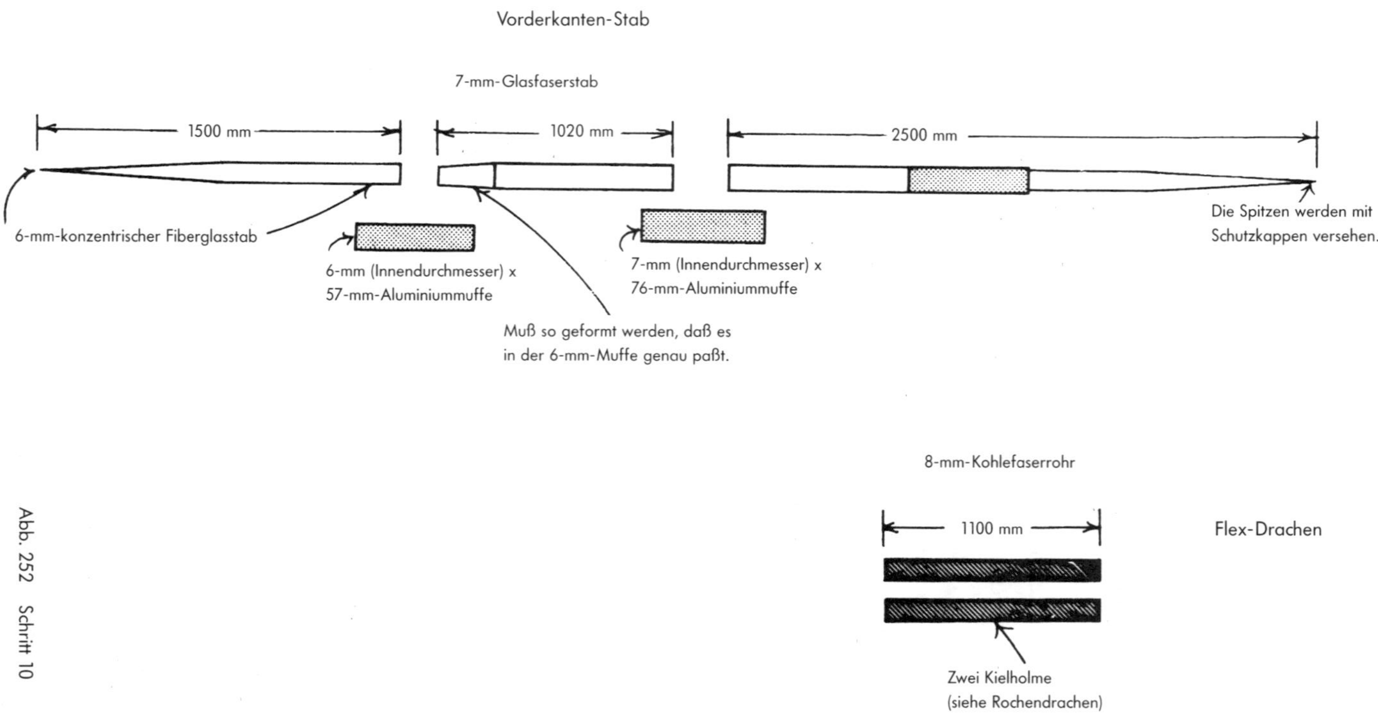

Abb. 252 Schritt 10

Sägen:

10. Die Glasfaserstäbe für die Flügelstäbe und die Kielholme werden auf die richtige Länge zugeschnitten (siehe Abb. 252).

Heißschnitt und Nähen:

11. Mit dem Lötkolben schneidet man die 12 Seitenteile des Schleppsacks aus und verbindet sie dann miteinander (siehe auch »Schwänze und Schleppsäcke«).

Montage:

12. Zuerst steckt man das eine Ende des Flügelstabes in die Aluminiummuffe. Man führt beide Stabhälften in den Saum der Vorderkante und verbindet sie dann in der Mitte durch die Muffe. Die Kielholme werden mit Hilfe der Schlaufen in ihrer Umsäumung gespannt, wie es beim Rochendrachen beschrieben wird. Die Schnur für den Schleppsack wird mit einem Karabinerhaken-Wirbel an der Schlaufe befestigt. Zum Schluß bringt man noch die Waage an.

40

Material

Hinweis: Es hängt von der farblichen Zusammensetzung Ihres Rochendrachens ab, wieviel Spinnakernylon Sie für jeden Abschnitt brauchen. Damit Sie aber ungefähr wissen, wieviel Stoff Sie benötigen, sind die folgenden Maße so angegeben, als würden Sie nur eine Farbe verwenden.

Für den Bau dieses Drachens benötigen Sie:

- **Spinnakernylon: 25 m² für die Flügel; 4,20 m² für die Kiele; 2,10 m² für den Schwanz; zusätzlich Streifen für die Flügelbahnen**
- **1 m 13-mm-Nylonband**
- **Dacron für alle Verstärkungen**
- **115-kp-Schnur für Holmschlaufen, die Zugschnur und die Waage**
- **45-kp-Schnur für die Spannschnur**
- **Zwei 15-mm-Schlüsselringe**
- **Sieben 3-mm-Glasfaserstäbe, zurechtgeschnitten und mit Schutzkappen versehen**
- **25 x 8 mm (Innendurchmesser) Plastikrohr**

Der Rochendrachen

Entwurf: Mit freundlicher Genehmigung von Adrian Conn

Das Universum des Nähens – Drei Tage für den Rochendrachen

Sprecher: Das Garn aus Baumwolle und Polyester liefert den Schlüssel für diese Drachen, und es eröffnet sich eine völlig neue Welt, eine Welt aus Zentimetern und Gradangaben – eine Welt aus Säumen. Man betritt ein Reich aus Spinnakernylon und Rohren, ein Reich aus Flügeln und Leisten und Garnrollen – alles hat sich in ein Universum des Nähens verwandelt.

Erste Szene: In einer Kellerwerkstatt – es ist Mitternacht, der Vollmond scheint. Ein schlanker, ernst dreinblickender Mann arbeitet fieberhaft. Auf einem großen Tisch schneidet er mit höchster Präzision verschiedene Stoffbahnen zu. Um den Tisch liegen andere Materialien – penibel gestapelte Schablonen und Werkzeuge aus der Welt der Drachenbauer.

Kommentar des Sprechers: Stellen Sie sich bitte diesen Mann vor. Er geht völlig in dem auf, womit er sich gerade beschäftigt. Er ging in den Keller, um mit der Arbeit an einem Drachen zu beginnen – das war vor drei Tagen. Jetzt kreisen seine Gedanken in endlosen Bahnen, und der Rochendrachen ruft in ihm Bilder von riesenhaften, urzeitliche Ozeane durchpflügenden Ungeheuern wach.

Um diese aus Schlittendrachen, Parafoil- und Deltadrachen kombinierte Variante genauestens zu untersuchen, hat er alles andere in den Hintergrund gedrängt. Er geht er nicht zur Arbeit, spricht mit niemandem und nimmt keinen Bissen zu sich. Allein das Gefühl, daß sich sein Plan doch noch umsetzen läßt, treibt ihn an – er ist hingerissen von seiner genialen Idee.

Stellen Sie sich vor, jemand ist besessen von der Aufgabe, etwas völlig Neues zu schaffen. Stellen Sie sich die möglichen Konsequenzen vor, wenn jemand mit der Natur experimentiert. Stellen Sie sich vor, was für so jemanden die Motivation bedeutet – jene unaufhaltbare Kraft, die einen Menschen dazu treiben kann, für die Suche nach etwas Ungewissem auf alles andere zu verzichten. Wie fühlt sich unser Drachenbauer? Warum macht er es? Es begann wie ein ganz gewöhnliches Projekt. Jetzt beherrscht es sein Leben!

Ohne daß es unserem Drachenbauer bewußt wird, ist er in einen Bereich vorgestoßen, wo die Grenzen verschwimmen, wo ihn niemand erreicht und wo er keine Alternative hat, bis seine Mission erfüllt ist. Es ist kein Zufall, daß der unter einer Art Zwang stehende Drachenbauer dort angekommen ist. Seit langem war es sein geheimster Wunsch, sich an einen Ort der reinen Hingabe zu begeben. Sei er deshalb – wie andere Eingeweihte – willkommen im Universum des Nähens!

Der Rochendrachen (siehe Abb. 253) ist ein Deltadrachen mit hohem Streckungsverhältnis, der durch einen mittleren Parafoil und einen schlauchförmigen Schwanz stabilisiert ist. Beim Smithsonian Drachen-Festival 1984 in Washington, D. C., gewann er den ersten Preis in der Klasse der Kombidrachen.

Bauanleitung

Gehen Sie in aller Ruhe die drei Grundelemente des Rochendrachens – Flügel, Parafoil und Kiele – noch einmal durch. Bauen Sie diesen Drachen zunächst in Gedanken zusammen und stellen Sie sich jeden Schritt dabei vor. Stellen Sie zuerst jeden Abschnitt einzeln fertig (Flügel, Parafoil und Kiele) und verbinden Sie dann die Flügel und Kiele mit dem Parafoil.

Stellen Sie Schablonen für jeden Abschnitt des Drachens her. Schneiden und heften Sie alle Abschnitte mit dem Lötkolben. (Conn verwendet für die Schablonen dünne Aluminiumbleche).

Hinweise zum Nähen: Setzen Sie die Zickzacknähte so nahe wie möglich an den Rand. Der letzte Arbeitsschritt sowohl bei den Flügeln als auch beim Parafoil ist das Anbringen eines 10-mm-Saumbandes an den Hinterkanten. Das Saumband muß an jedem Abschnitt einzeln angebracht werden!

1. Von jedem Flügelteil (1–4) schneidet man jeweils zwei Stück mit den angegebenen Maßen zu (siehe Abb. 256). Alle Bögen werden mit einem Radius von 623 mm ausgeschnitten.
2. Man legt einen 75 mm breiten Saumstreifen über einen 50 mm breiten Streifen. Der 75 mm breite Streifen wird wie in Abb. 257 gezeigt angeheftet.
3. Beachten Sie den Ausschnitt für den Spreizstab bei Teil 2 (siehe Abb. 258).
4. Siehe Abb. 259: Die Teile 1–4 werden mit einem 20 mm überlappten Saum miteinander verbunden. Wie in Detail 4 werden zwei Lagen (50 x 20 mm) aus Dacron zwischen alle Verbindungen eingefügt. Sie dienen als Verstärkungen für die Glasfaserstäbe. Tip: Schneiden Sie beide Ränder der Dacronstreifen heiß zu und bilden Sie daraus eine Röhre. Der Dacronstreifen wird an beiden Seiten festgenäht und entlang der Hinterkante mit einem Saumband befestigt.
5. Nun verbindet man alle Flügelteile miteinander und formt die Flügelstab-Umsäumungen (für die fertigen Teile 3 und 4 siehe Abb. 260 als Grundlage für alle Teile). Auf die Oberseite des Segels wird aus Dacron ein 50 x 20 mm großer Schutzstreifen für den Spreizstab angenäht (siehe Abb. 258, Schritt 3). Beim Anbringen des Abnutzungsstreifens darf jedoch der Saum für den Stab nicht zugenäht werden!

Material
(Fortsetzung)

- **Kohlefaserrohre (FL 505, 8 mm, FI 350)**
- **Zwei 76 x 7,35-mm-Stäbe**
- **Pfeilnocken und Einsätze**
- **Schutzkappen**
- **Zwei 73 x 7,5-mm-Aluminiumstäbe**
- **Zwei 85 x 8,5-mm-Glasfaserstäbe**
- **Zwei 50-mm-FL-414-Kohlefasserstäbe**
- **Zwei 20 x 9,5 mm (Innendurchmesser) Messingrohrstäbe**
- **Klettband für den Schwanz**

Details

• (Detail 1 in Abb. 253) Gesamtansicht: Parafoil, Flügel, Kiel und Spannschnur
• (Detail 2 in Abb. 254) Die Seiten des Drachens
• (Detail 3 in Abb. 255) Vernähen von Kiel, Flügel und Parafoil

Flugdaten:
Windgeschwindigkeit:
8–25 km/h
Flugleine: 70–100-kp-Schnur
AE: ± 70
Handschuhe empfohlen

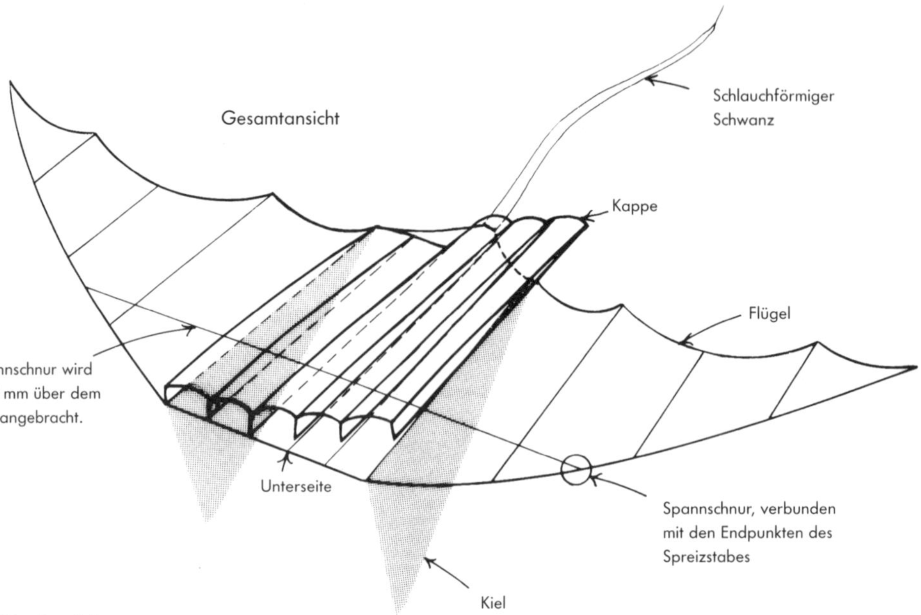

Abb. 253 Detail 1

Hinweis: Jeder Stab sollte durch die ganze Länge des Flügels verlaufen. Die Stäbe werden erst zum Schluß eingesetzt, wenn der ganze Drachen fertig gebaut ist.

Parafoil:

6. Siehe Abb. 261: Das Material für die Unterseite und die Kappe des Parafoils wird ausgemessen und zugeschnitten. Dann markiert man die Bezugslinien für die Rippennaht und den 10-mm-Rippensaum auf der richtigen Seite des Stoffes. An den Vorderkanten, sowohl der Unterseite als auch der Kappe des Parafoils, macht man 13-mm-Säume.
7. Siehe Abb. 262: Die Rippen des Parafoils werden heiß ausgeschnitten. Dabei muß die Position der Schlüsselringe zum Feststellen des Spreizstabes beachtet werden.
   Hinweis: Es wird immer von vorn nach hinten genäht! Beachten Sie dazu die Gesamtansicht der Parafoil-Zellen in Abb. 261.
8. Zuerst näht man die Rippen an die Unterseite des Parafoils, und zwar von rechts nach links (1 bis 6).
   Hinweis: Da man die Rippen am hinteren Endpunkt (wo Kappe und Unterseite zusammenlaufen) nicht gut vernähen kann, klappt man den hinteren

Rand jeder Rippe etwa 25 mm zurück, um das Nähen etwas zu erleichtern.

9. Da man von links nach rechts arbeitet, näht man die Kappe zuerst an Rippe 6. Zum Annähen der Krümmung an die gerade Linie der Kappe benötigt man etwas Geduld; Conn näht immer 25 mm weit, um eine schöne Krümmung zu erhalten. Um Rippe 1 an die innere 10-mm-Saumfaltenlinie der Kappe anzunähen, stülpt man das Parafoil um und vernäht den Saum. Die Zellen sind nun komplett, und man stülpt den Drachen wieder nach außen.
10. Siehe Abb. 263: Die Kappe (der Rücken des Parafoils) wird nun auf die Unterseite genäht. Achten Sie auf die Position des 3-mm-Saumes für den Glasfaserstab. Nähen Sie ihn vor dem Anbringen der Kappe an.

Kiele:

11. Mit dem Lötkolben schneidet man zwei Kiele aus und fügt vorn und hinten entlang des Holmsaumes Verstärkungen aus Dacron an.
    Hinweis: Die Nahtführungslinie wird nur auf dem linken Kiel markiert. Diese Bezugslinie ist wichtig, um Kiel, Flügel und Parafoil von vorn nach hinten vernähen zu können. Die Nahtführungslinie für die rechte Seite (Kiel-Flügel-Parafoil) ist auf der Unterseite des Parafoils markiert.
    In den Saum an den Zugpunkten und an der Vorderseite des Kiels, der 13 mm über die Vorderkante des Drachens herausragt, näht man ein 13 x 125-mm-Nylonband ein (siehe Abb. 264, Schritt 12).

Flügel-Parafoil-Kiel:

Beachten Sie Detail 3 (Abb. 255).

12. Siehe Abb. 264: Die beiden Detailansichten des vorderen rechten Kielabschnittes zeigen die richtige Naht sowie die Bezugspunkte und die Anordnung für die Verbindung von Flügel, Parafoil und Kiel sowie der Kielholmsäume.
13. Siehe Abb. 265: Die beiden Detailansichten des hinteren rechten Kielabschnittes zeigen die richtige Position zum Nähen und den Kielholm im Saum mit einer 115-kp-Schnur-Schlaufe.

Schwanz:

14. Siehe Abb. 266: Der schlauchförmige Schwanz wird wie abgebildet zugeschnitten und vernäht. An den oberen Saum wird als Verstärkung ein 13 mm breites Nylonband angebracht. Man näht Streifen aus Klettband (Ösenband), Schlaufe an die Schwanzoberseite – und Klettband (Hakenband)

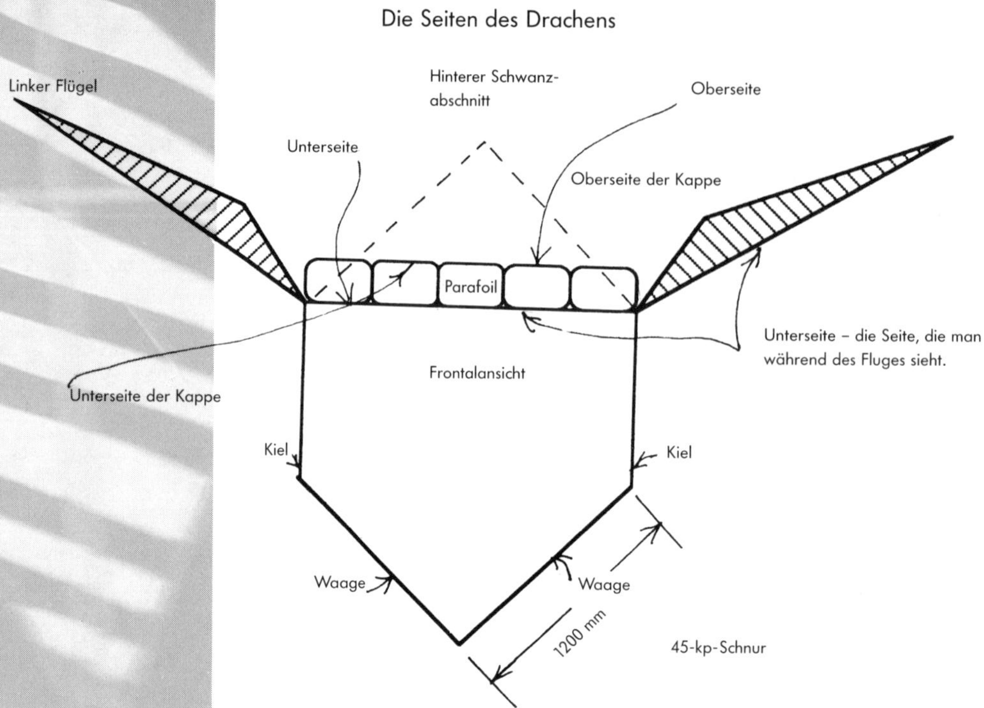

Abb. 254 Detail 2

an die hintere Mitte, wie gezeigt an die Parafoil-Unterseite. Jetzt näht man die 1,20 m lange Zugschnur in den umgestülpten Schlauchschwanz ein (sie vermindert ein Hin- und Herflattern des Schwanzes im Flug) und stülpt mit Hilfe dieser Schnur den Schwanz wieder nach außen.

Spreizstab, Flügelstäbe und Holme:

15. Die unterschiedlichen Stäbe schneidet man wie in Abb. 267 gezeigt zu. Zur Konstruktion der Verbindungsstücke für die Enden des mittleren Querstabes beachten Sie bitte Abb. 268.
    Hinweis: Die exakte Position des 50-mm-Messingrohrstabes (20 x 9,5 mm Innendurchmesser) an den äußeren Querstäben legt man ganz zum Schluß fest! Das Messingrohr dient als Schutz für den 8-mm-Flügelstab aus Kohlefaserrohr. Das Messingrohr klebt man fest und bringt dann eine Pfeilnocke an.

Vernähen von Kiel, Flügel und Parafoil –
Ausbilden der Holmsäume

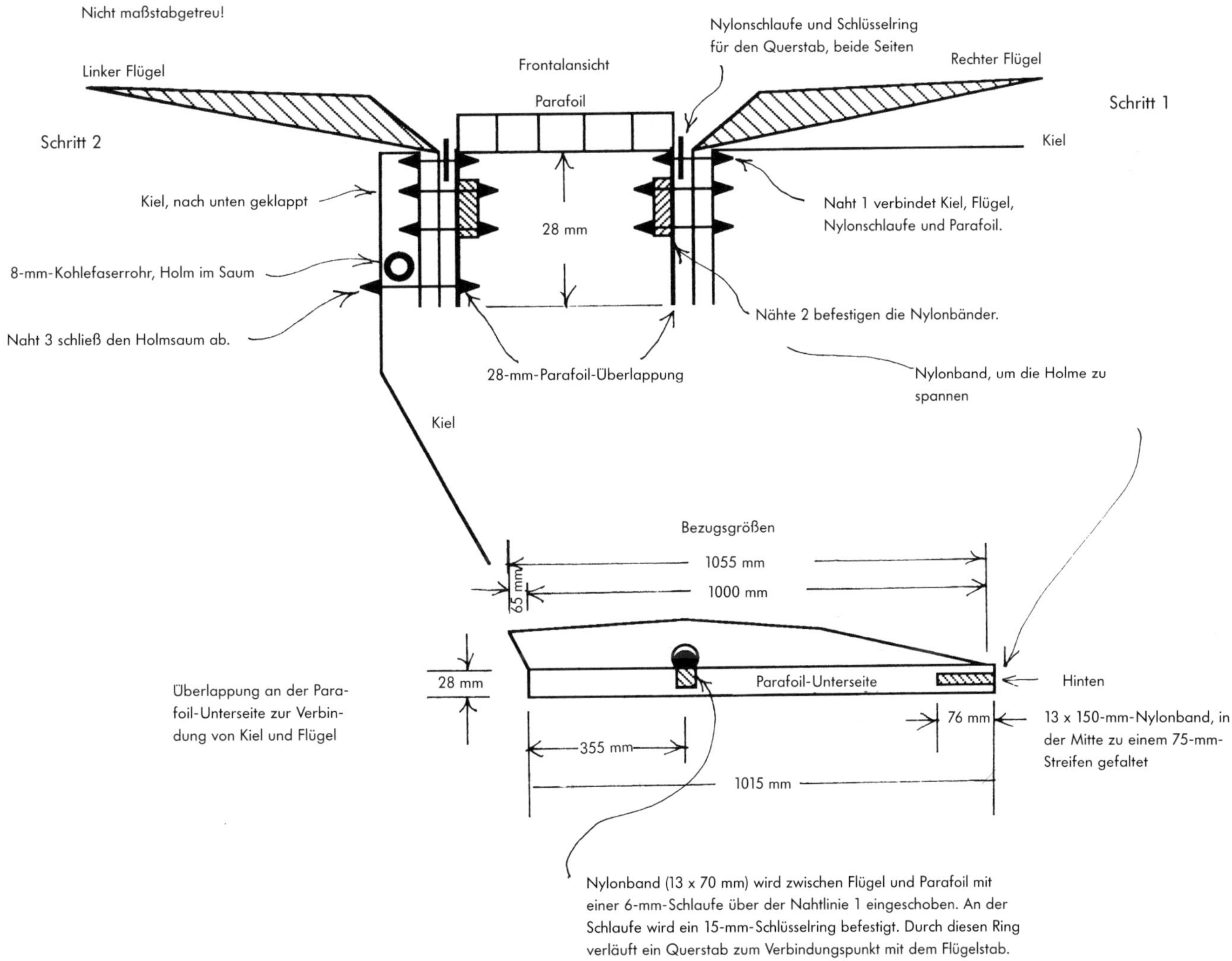

Abb. 255 Detail 3

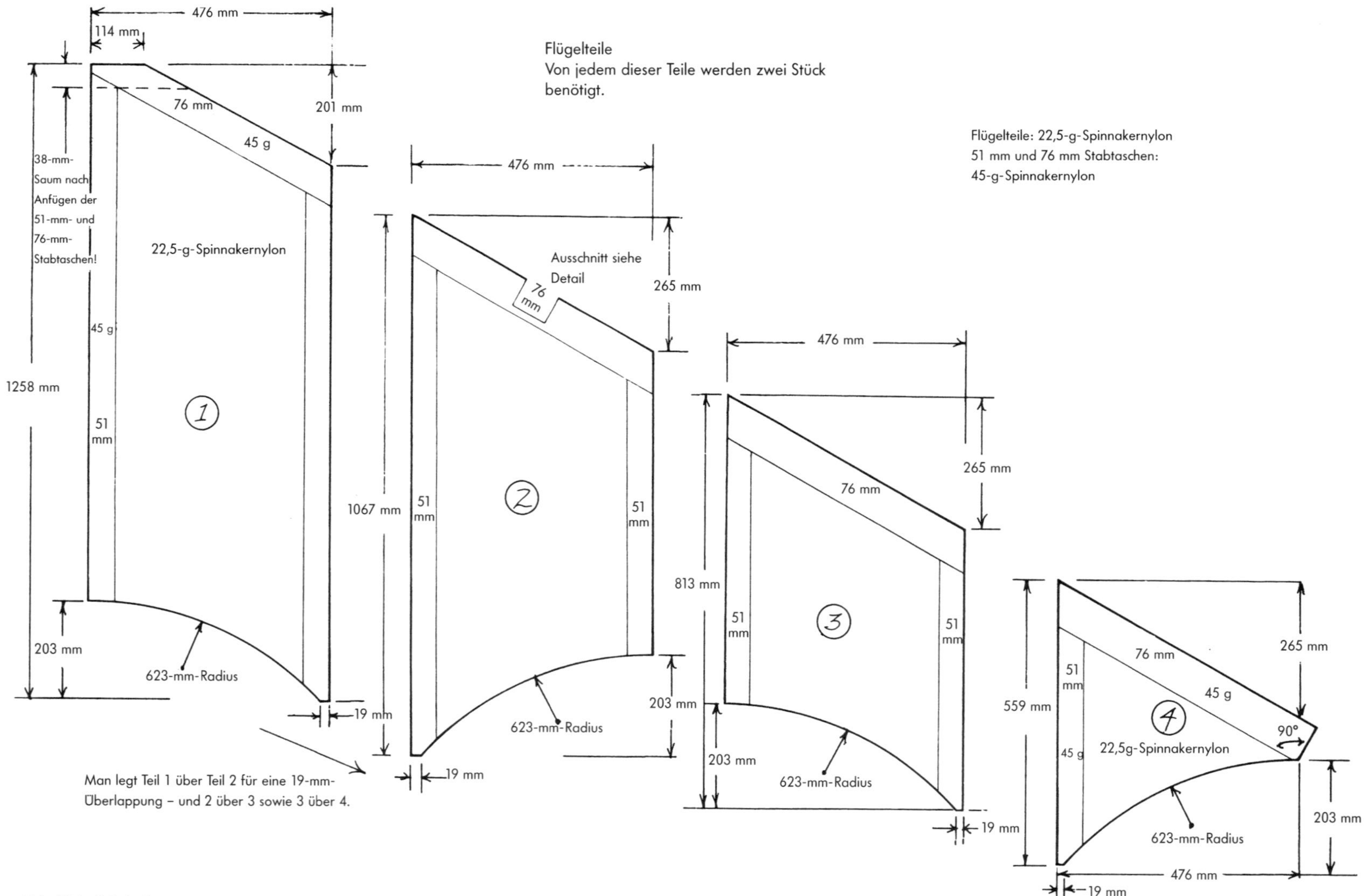

Abb. 256 Schritt 1

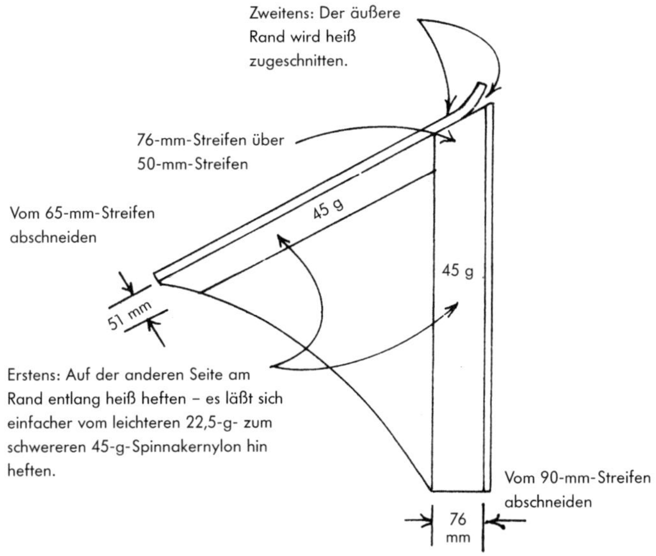

Abb. 257 Schritt 2

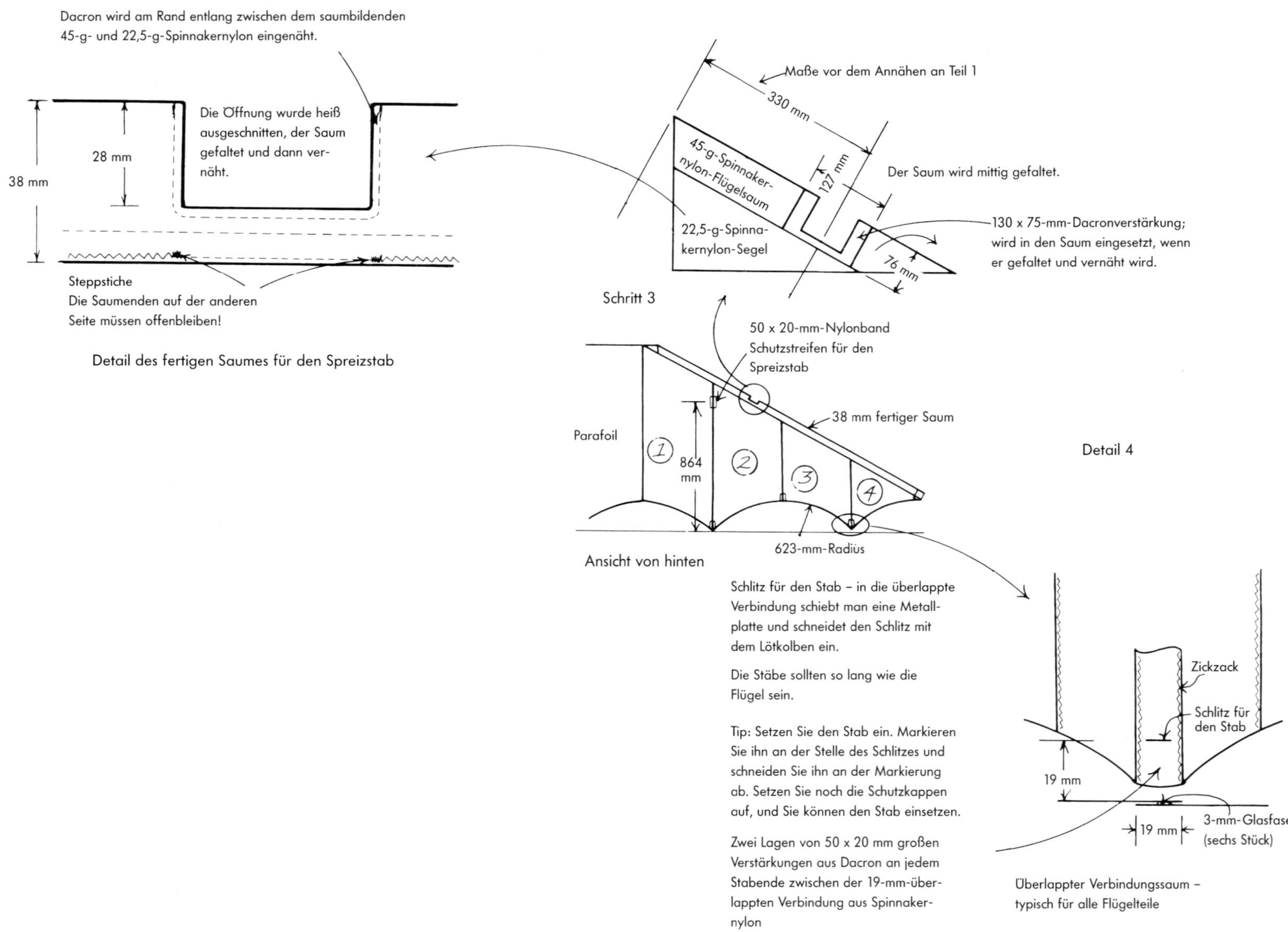

Abb. 258 Schritt 3

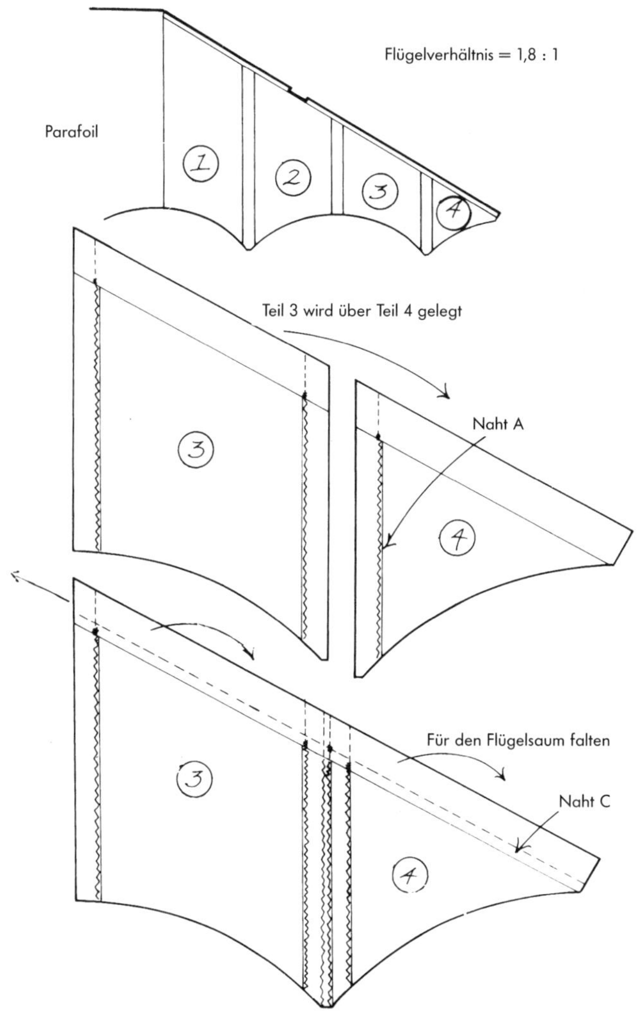

Abb. 259 Schritt 4

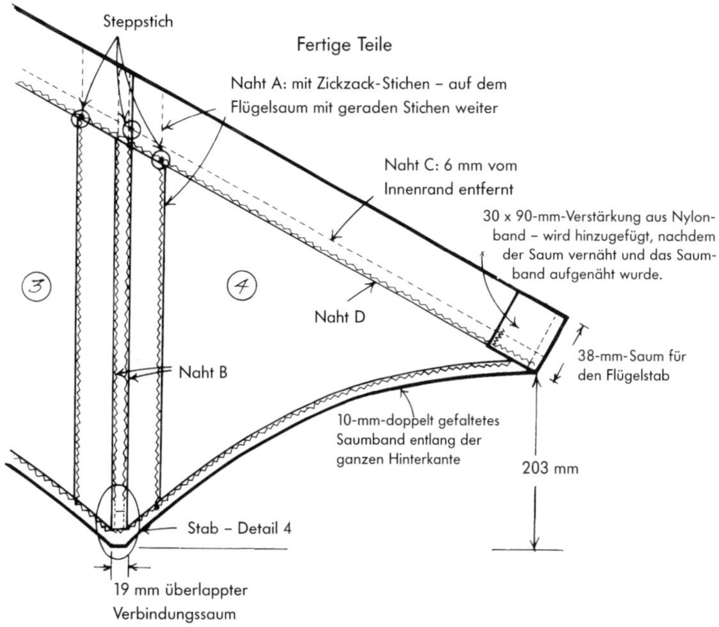

Abb. 260 Schritt 5

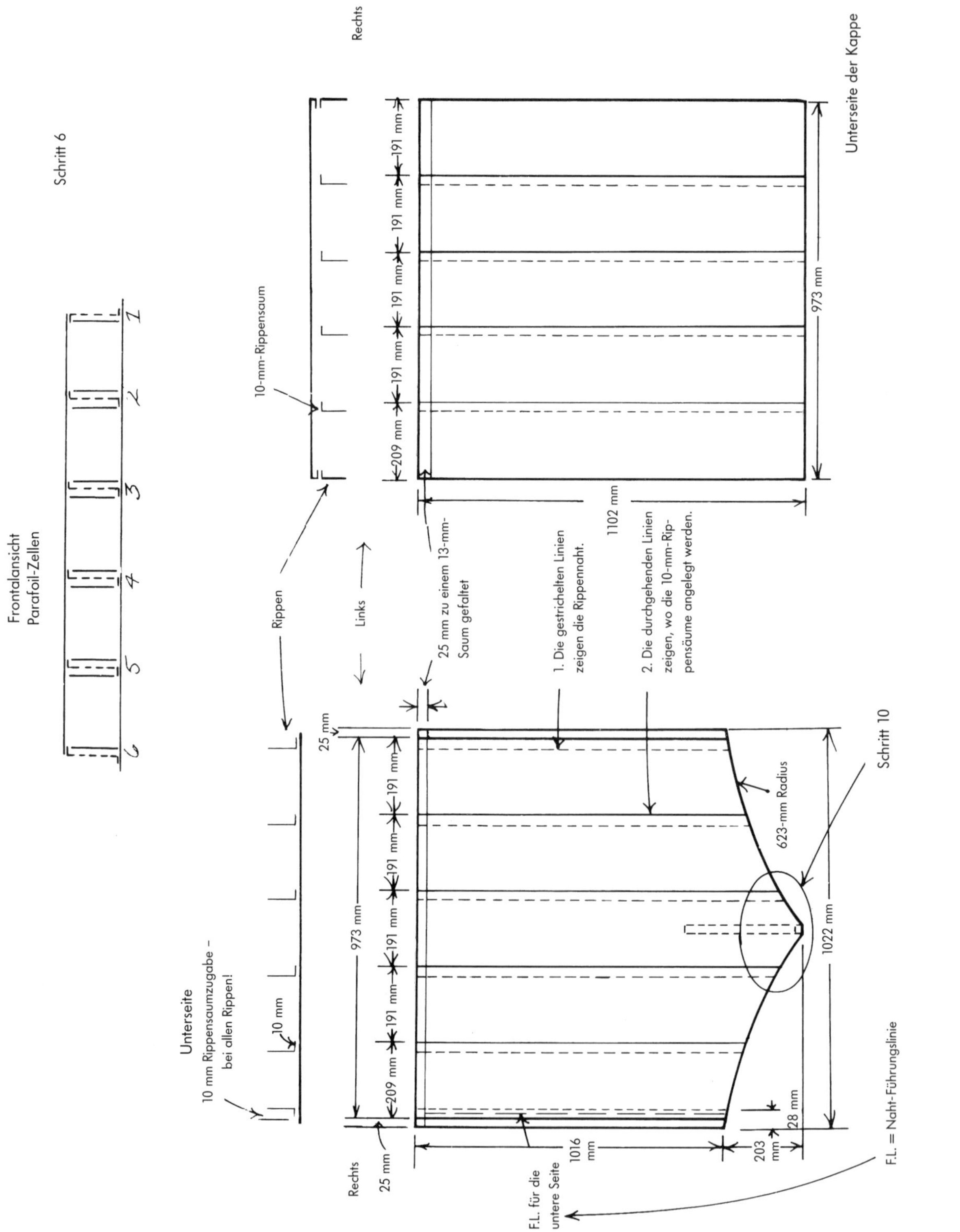

Abb. 261 Schritte 6 und 10

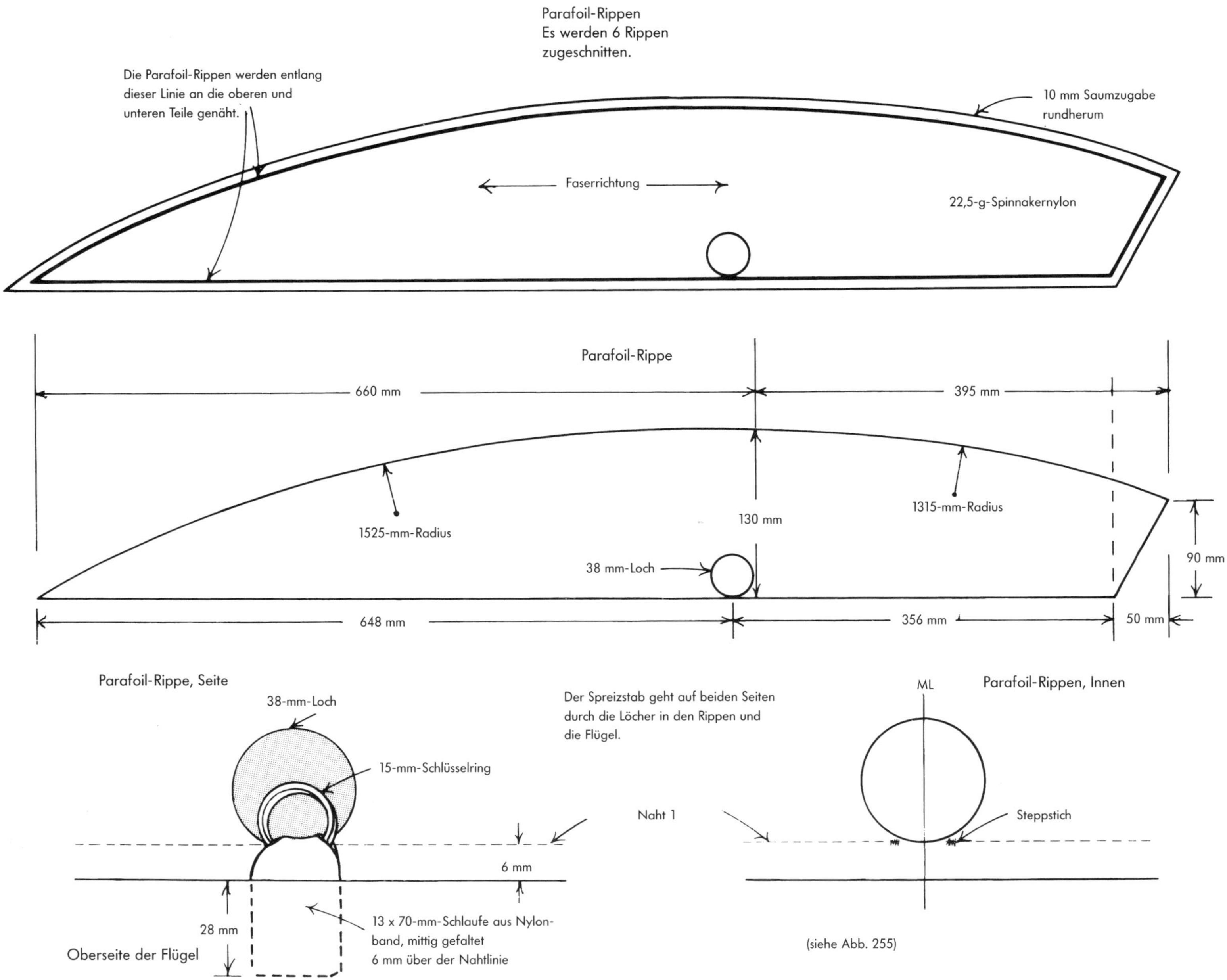

Abb. 262 Schritt 7

Abb. 263 Schritt 10

Kappe, Rücken des Parafoils

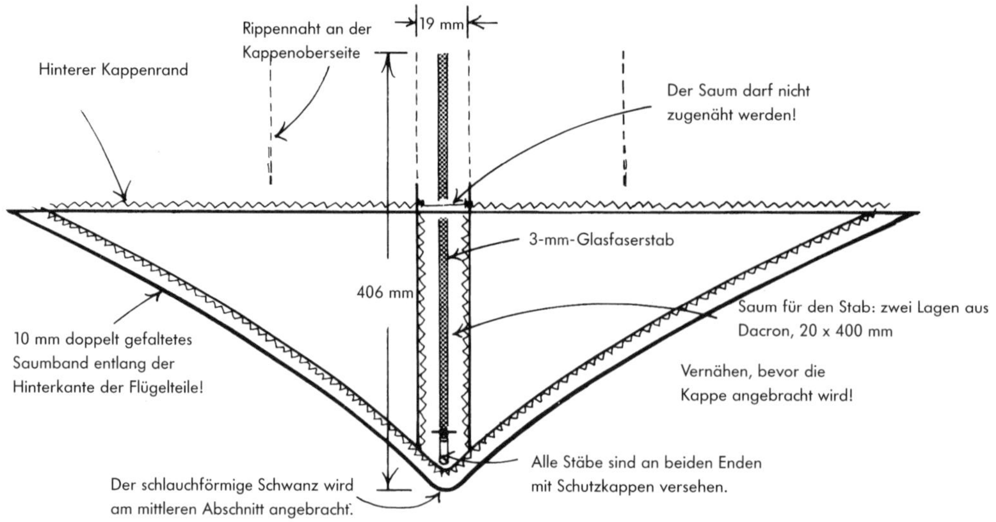

Abb. 264 Schritt 12

Rechte Kielspitze

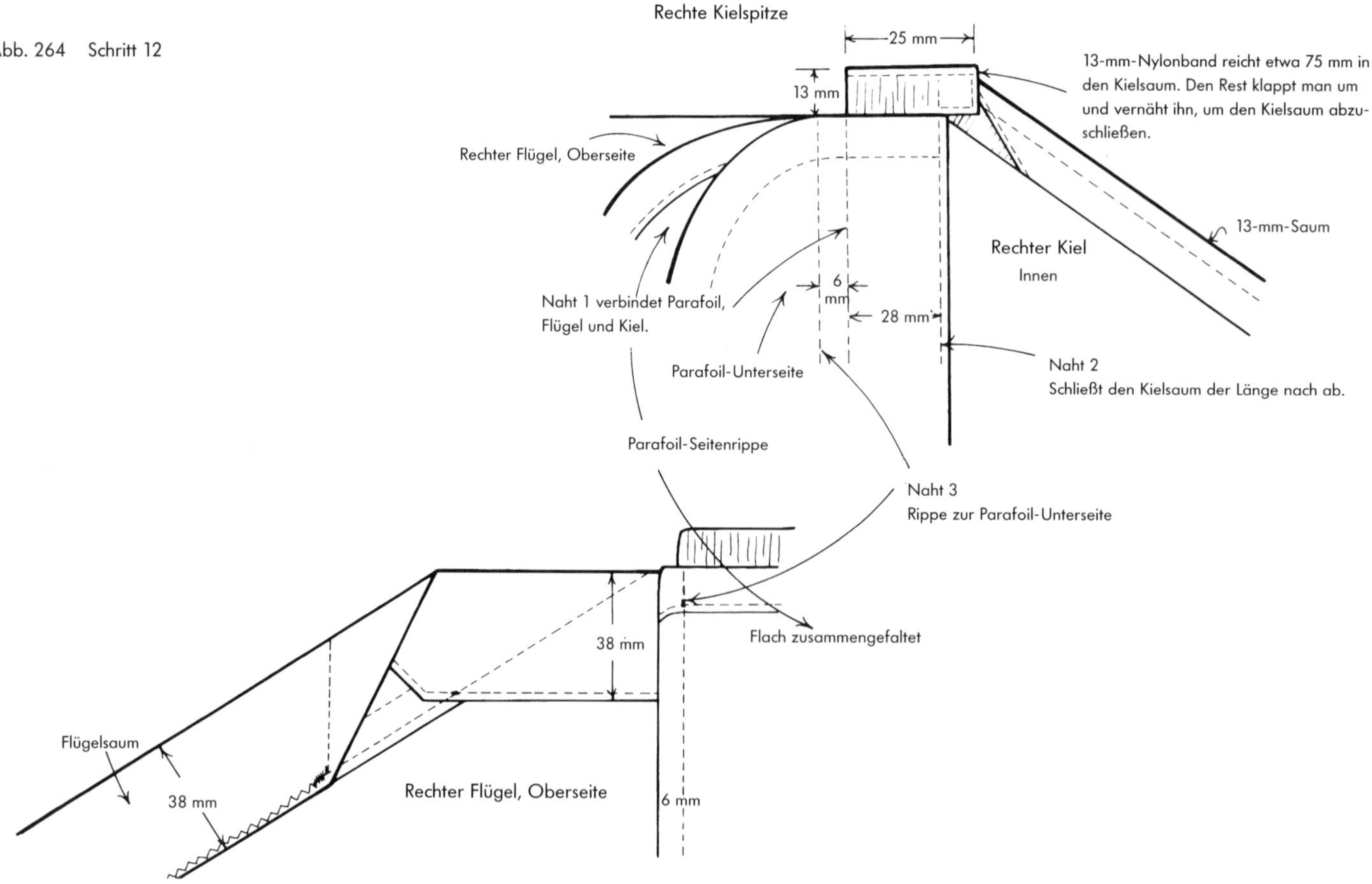

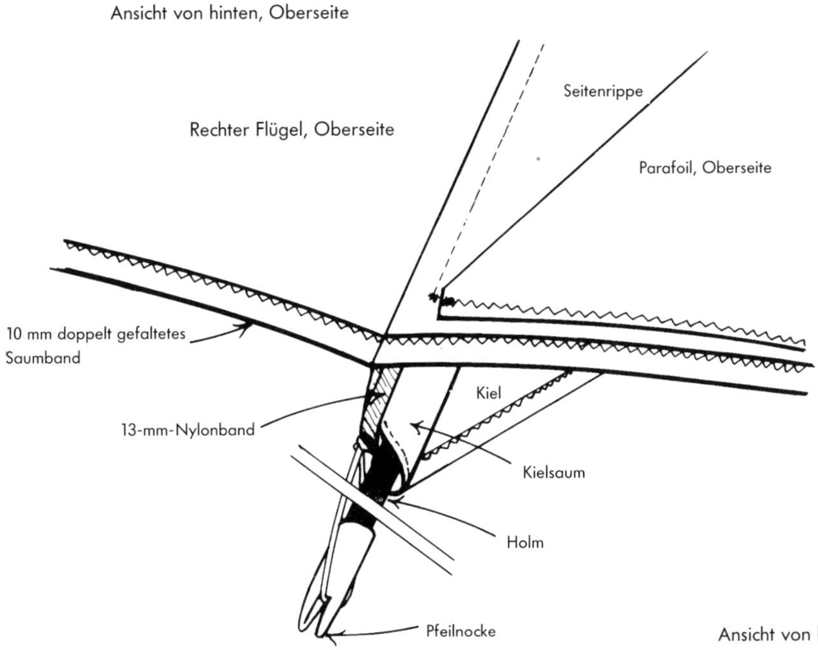

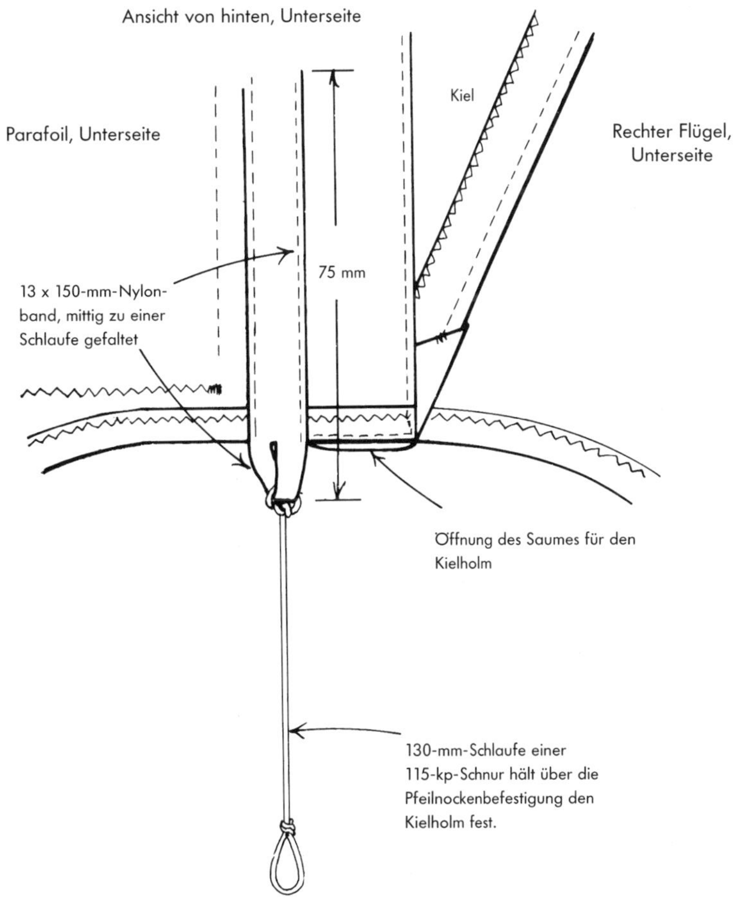

Abb. 265 Schritt 13

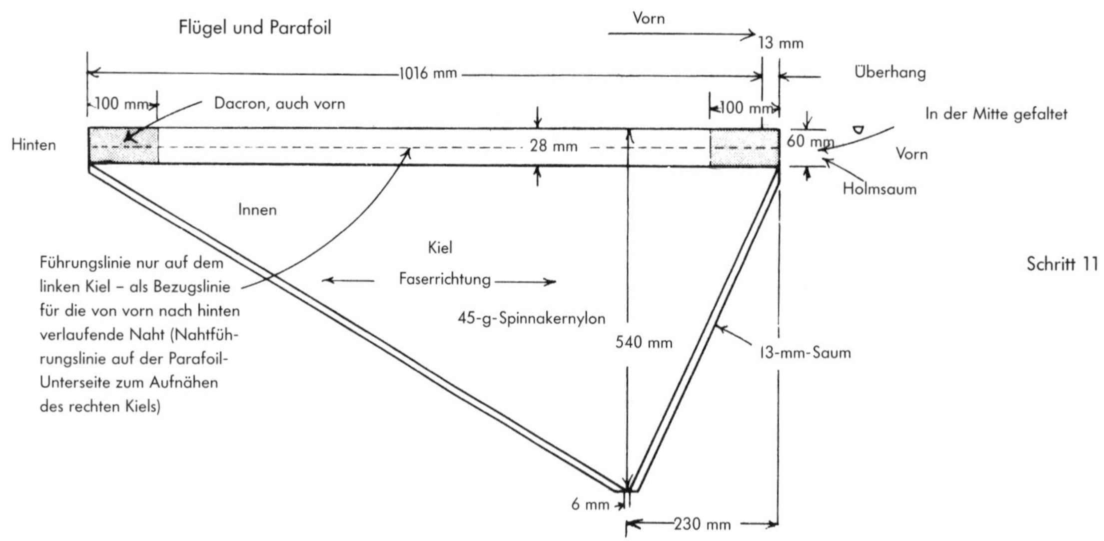

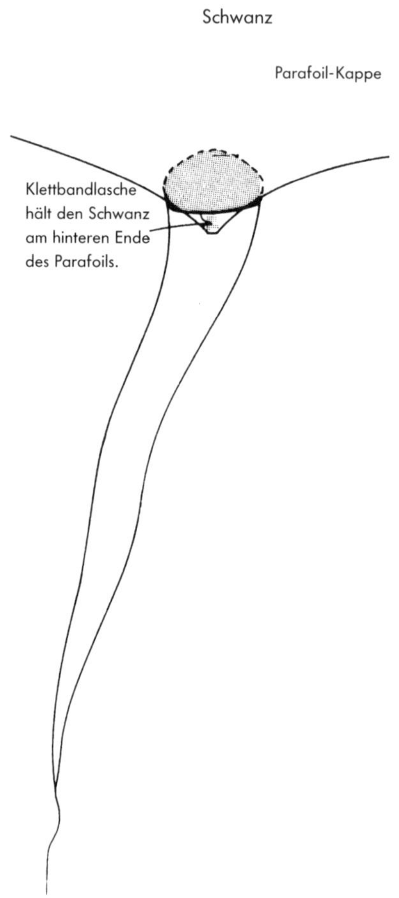

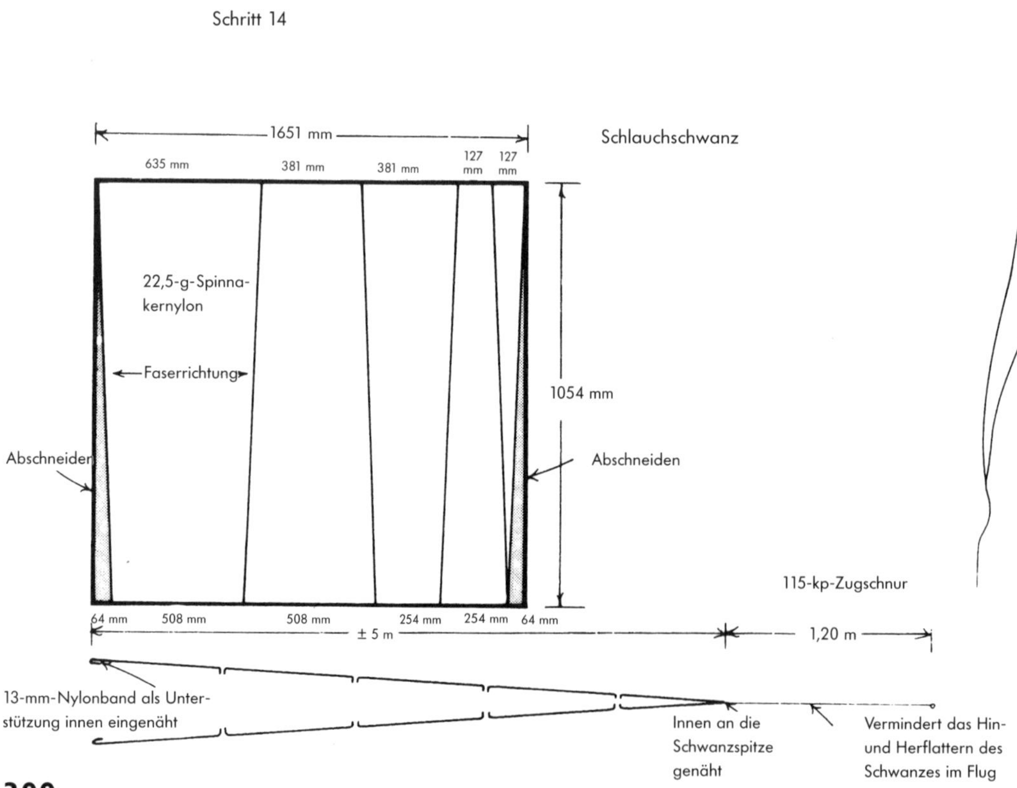

Abb. 266 Schritte 11 und 14

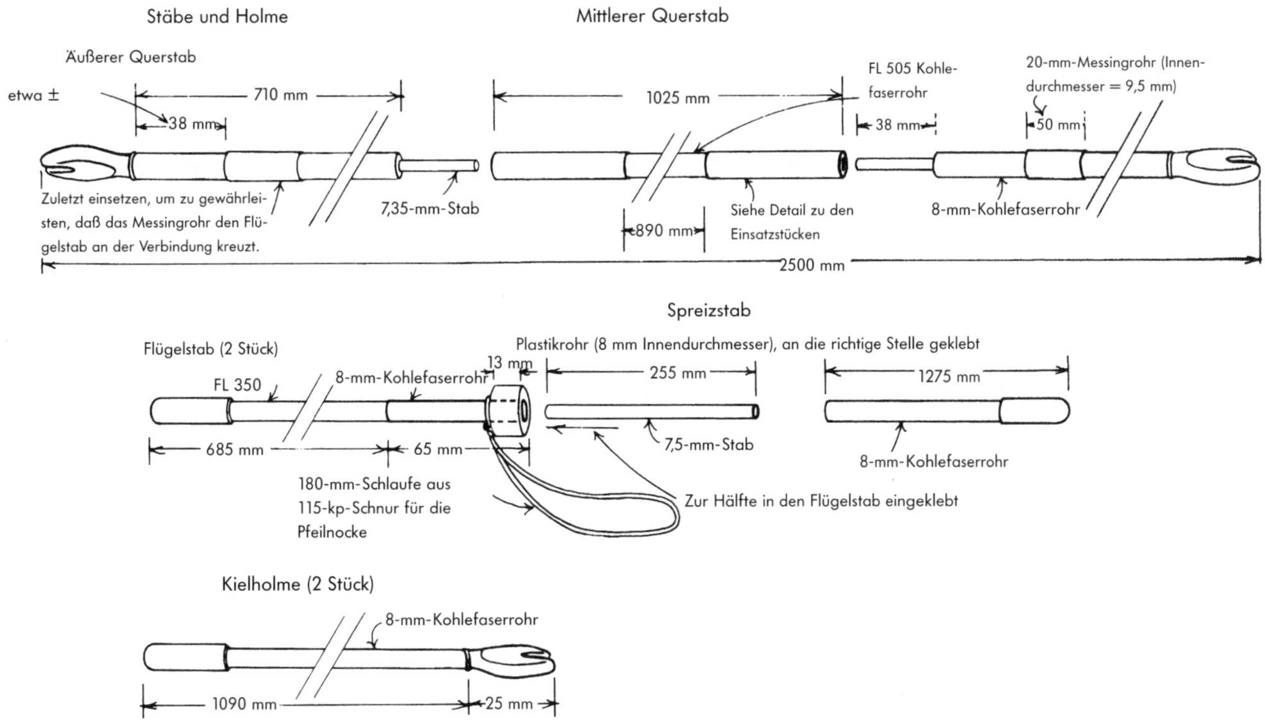

Abb. 267 Schritt 15

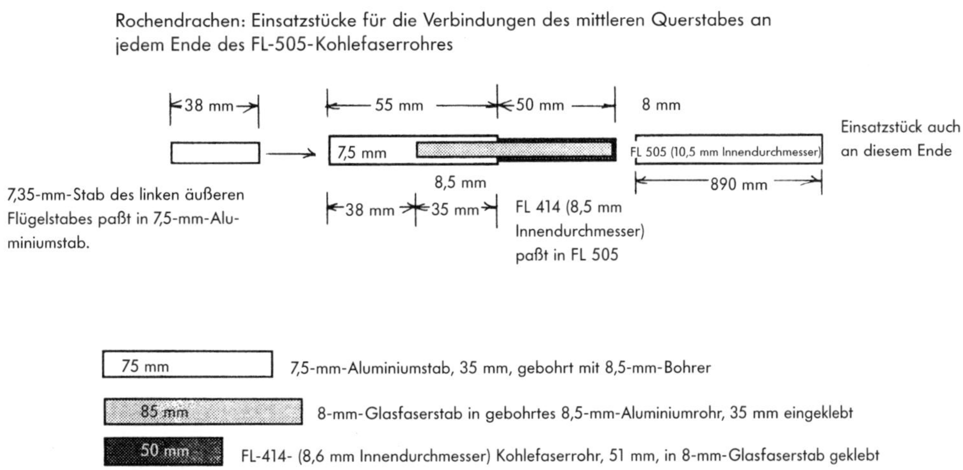

Abb. 268 Einsatzstücke

41

Kaffeebecherdrachen

Entwurf: Mit freundlicher Genehmigung von Ron Petralito[1]

Kaffeebecherdrachen zum Mitnehmen[2]

In den frühen 80er Jahren begann Ron Petralito in einer geodätischen Kuppel, die er in Wisconsin errichtet hatte, mit Gleitern aus Styropor-Kaffeebechern zu experimentieren. Während eines langen und einsamen Winters baute Petralito in seinem Haus das Modell einer Sprungschanze, um mit Hilfe dieser Schanze auf wissenschaftlicher Basis die optimale Krümmung für einen Kaffeebecherdrachen zu bestimmen. Nach langen Experimenten kam er zu dem einfachen Ergebnis, daß ein halbierter Kaffeebecher von McDonald's den effektivsten Auftrieb hat.

Aufgrund ihrer aerodynamischen Eigenschaften sind die großen Kaffeebecher von McDonald's sehr zu empfehlen, denn der Rand des Bechers ist nach außen gewölbt – ein Vorteil, den Becher anderer Hersteller nicht haben. Weil diese Becher in aller Welt gleich sind, stellen sie ein verläßliches Bauteil dar, auf das man immer wieder zurückgreifen kann. Also entwickelte Petralito einen Trag-

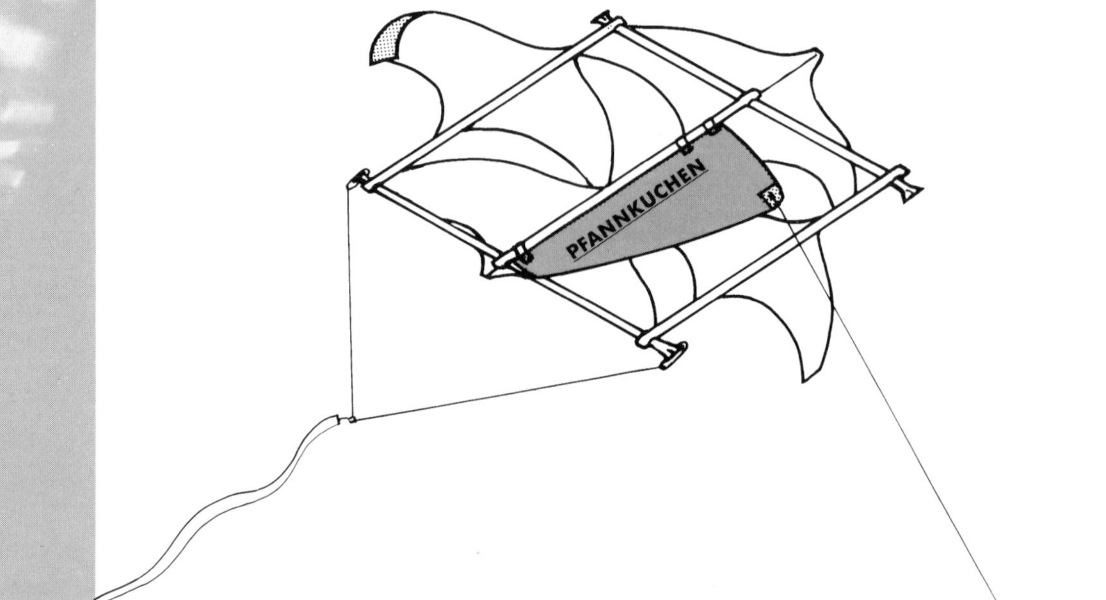

Abb. 269 Detail 1 – Der »Kurze«

1 Copyright 1985, Ron Petralito
2 Ron Petralitos Kaffeebecherdrachen wurden erstmals in Kite Lines, Frühjahr 1985, vorgestellt.

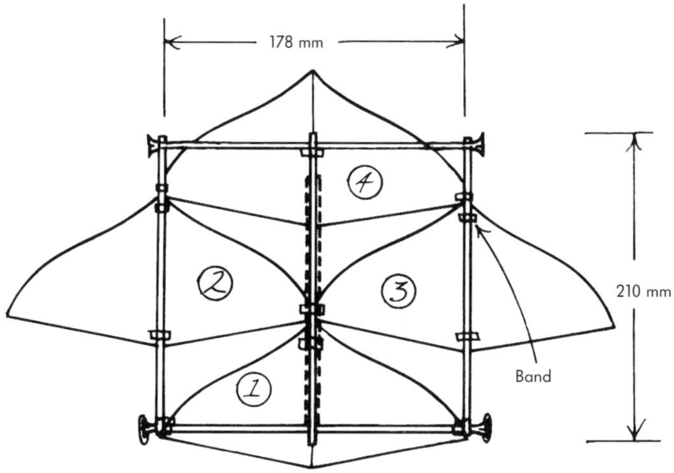

Abb. 270 Detail 2 und Schritt 11

flügel, der als »zusammengesetzte Rogallo-Matrix« bezeichnet wird. Diese Krümmung ist jedoch nicht die einzig mögliche. Petralito hat in der Folgezeit seine ursprüngliche Konstruktion überarbeitet und Krümmungsvarianten entwickelt, die Auftrieb und Flugverhalten wesentlich verbesserten. Da es auf dem Becher jedoch keine exakten Bezugspunkte gibt, um die erforderliche symmetrische Krümmung festzulegen, ist hier auch keine einheitliche Angabe des Krümmungsgrades möglich.

Hinweis: Sollten große Kaffeebecher von McDonald's nicht erhältlich sein, versuchen Sie, andere Becher mit nach außen gewölbtem Rand zu bekommen. Versuchen sie es vielleicht mit Bechern anderer Fast-food-Restaurants. Obwohl sich, laut Petralito, die Leistungsfähigkeit reduziert, wenn man nicht die Originalbecher von McDonald's verwendet, so wird der Drachen aus anderen Styroporbechern doch immer noch gut genug fliegen.

Im folgenden werden zwei Typen des Kaffeebecherdrachens vorgestellt – der sogenannte »Kurze« (siehe Abb. 269) und die sogenannte »Strohhalm-Pfannkuchen-Variante« (siehe Abb. 271).

Wenn Sie die elementaren Konstruktionsprinzipien erst einmal verstanden haben, werden Sie sehen, daß diese preiswerten Drachen ganz einfach und mit viel Spaß gebaut werden können.

Material

Für den Bau des »Kurzen« benötigen Sie:

- **Fünf große Kaffeebecher von McDonald's**
- **Fünf Standard-Strohhalme von McDonald's (206 mm)**
- **Einen McDonald's-Pfannkuchenteller**
- **13-mm-Klebeband**
- **19-mm-Isolierband**
- **Drei kleine Sicherheitsnadeln aus Messing**
- **Einen spitzen Bleistift**
- **Eine Papierraspel**
- **Einen Filzstift zum Markieren der Becher**
- **Ein scharfes Messer**
- **Leichtes Garn für die Schwanzwaage**
- **2,75 bis 5,50 m lange Streifen aus Spinnakernylon für den Schwanz**

Details

- **(Detail 1 in Abb. 269) Der »Kurze« im Flug. Vier Flügelzellen. Streifenschwanz aus Spinnakernylon: 2,75–5,50 m lang – je stärker der Wind ist, desto länger sollte der Schwanz sein. (Für ganz preiswerte Schwänze schneidet man Streifen aus langen Papierbögen, z. B. aus perforiertem Endlospapier, mit den angegebenen Längen zu.)**
- **(Detail 2 in Abb. 270) Ansicht der Unterseite – vier Flügelzellen mit Klebeband auf dem Strohhalmgerüst befestigt**
- **(Detail 3 in Abb. 271) »Strohhalm-Pfannkuchen-Variante« im Flug. Neun Flügelzellen. Streifenschwanz aus Spinnakernylon: 3,60–12 m lang – je stärker der Wind ist, desto länger sollte der Schwanz sein.**
- **(Detail 4 in Abb. 272) Ansicht der Unterseite – neun Flügelzellen mit Klebeband auf dem Strohhalmrahmen befestigt**
- **(Detail 5 in Abb. 273) Zusammensetzen der Strohhalme**
- **(Detail 6 in Abb. 274) Flügeldetail**

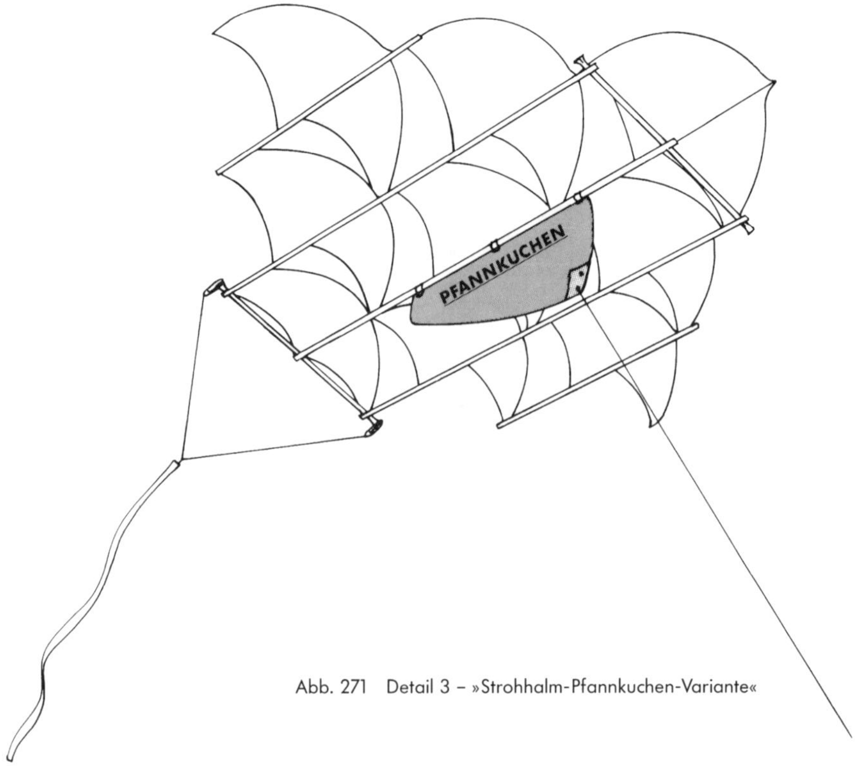

Abb. 271 Detail 3 – »Strohhalm-Pfannkuchen-Variante«

Der »Kurze« – Bauanleitung

Schneiden, Kleben und Montage: Fertigen der Flügelzellen-Schablone:

Hinweis: Die Art und Weise, wie die Becher zu gekrümmten Flügeln auseinandergeschnitten werden, basiert auf bestimmten Regeln. Den Becher nach eigenem Gutdünken zu zerschneiden, ist deshalb nicht zu empfehlen. Für die Markierungen auf dem Becher eignet sich ein Filzstift oder ein Kugelschreiber.

1. Für den Zuschnitt der Becher braucht man zunächst eine Bezugslinie. Man zeichnet sie sich am besten mit Filzstift auf liniertem Papier, z. B. auf der Seite eines Vokabelheftes, als durchgezogene Vertikallinie. Ziehen Sie dann eine Horizontallinie AB (siehe Abb. 275). Als nächstes wird in die Mitte des Becherbodens ein 3-mm-Loch gebohrt.
2. Siehe Abb. 276: Man legt den Becher mit der Oberkante auf Linie AB, so daß man durch das Loch den Schnittpunkt der Linien sehen kann. Um den Rand herum zieht man nun einen Kreis. Während man die Linie AB immer

Flugdaten:
Windgeschwindigkeit:
12–35 km/h
Flugleine: 10-kp-Schnur
AE: ± 55

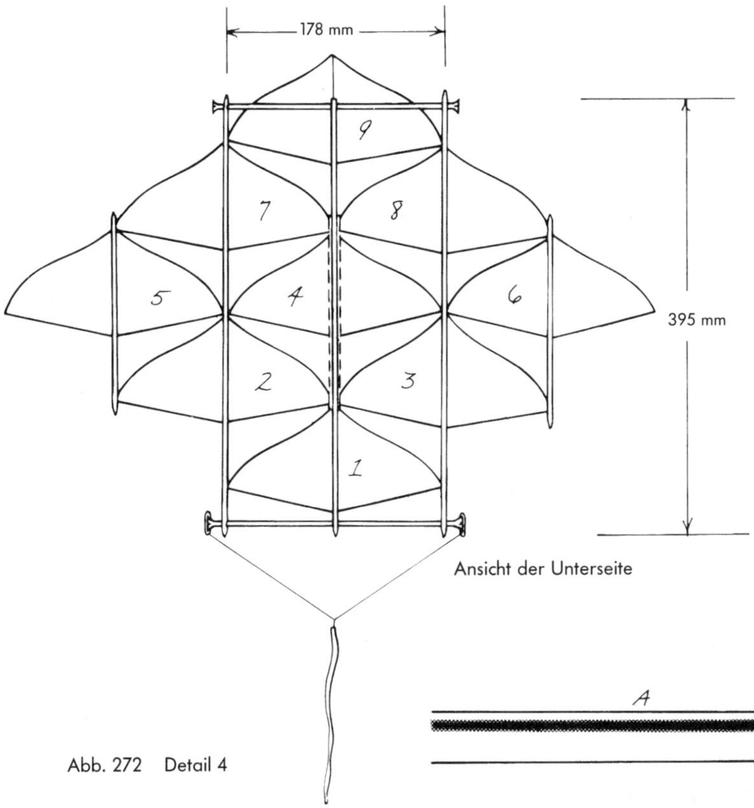

Abb. 272 Detail 4

Zusammensetzen der Strohhalme

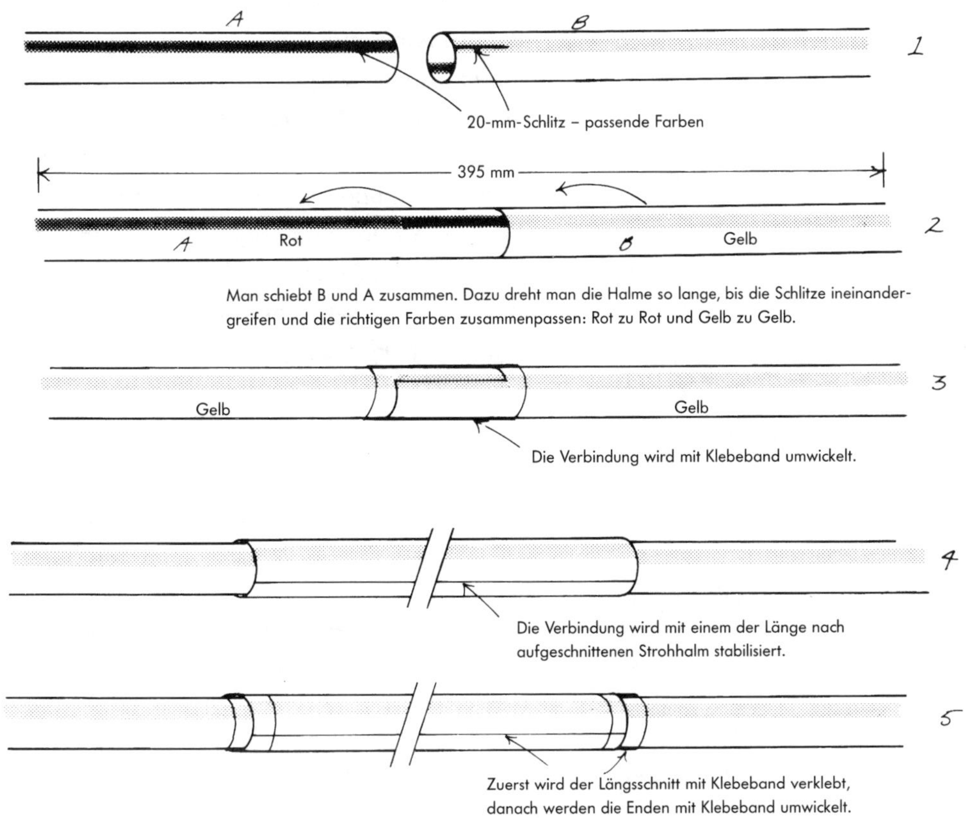

Abb. 273 Detail 5

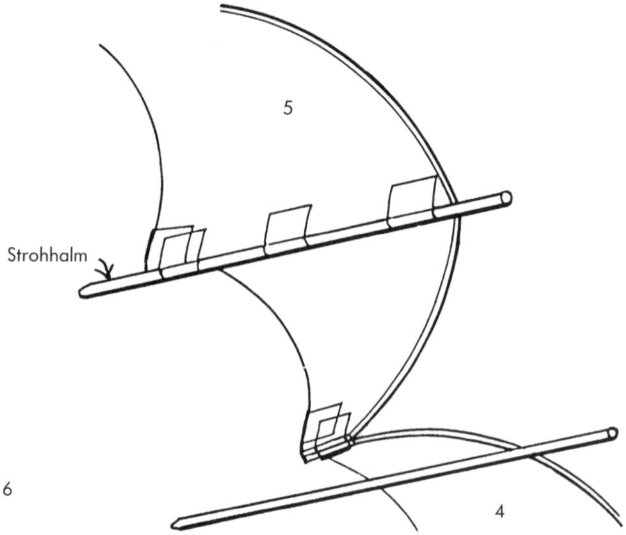

Abb. 274 Detail 6

noch durch das Loch sehen kann, positioniert man den Becher so, daß die gedanklich über den Becher geführte Linie AB auf beiden Seiten genau durch das McDonald's-Logo verläuft. Mit Hilfe eines flexiblen Gegenstandes mit geradem Rand, z. B. einem Briefumschlag, verbindet man die oberen und unteren Markierungspunkte für die Halbierungslinien.

3. Siehe Abb. 277: Machen Sie auf einer Seite der Halbierungslinie einen Punkt auf dem Becherrand. Auf der gegenüberliegenden Seite machen Sie einen Punkt 90 mm über dem Becherrand auf die Halbierungslinie direkt unter der Mitte des McDonald's-Logos. Diese beiden Punkte verbinden Sie nun mit einer Linie, die Sie mit Hilfe des flexiblen Briefumschlages o. ä. ziehen. Während man die Linie zieht, darf der Umschlag, der den Becher fest umschließt, nicht verrutschen. Die so erhaltene Zuschnittslinie ist die kürzeste Entfernung

Halbierung eines Kaffeebechers

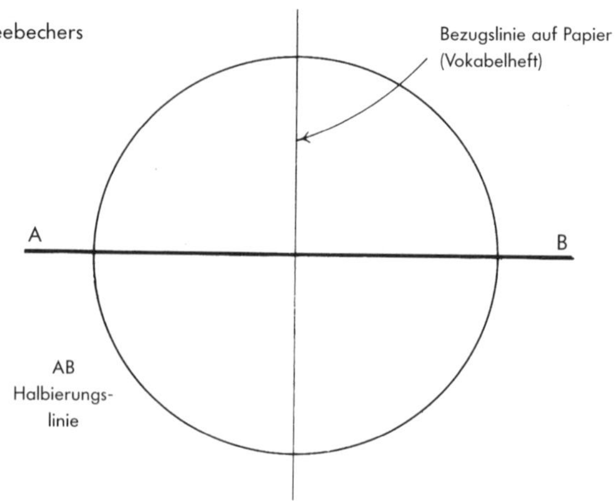

Abb. 275 Schritt 1

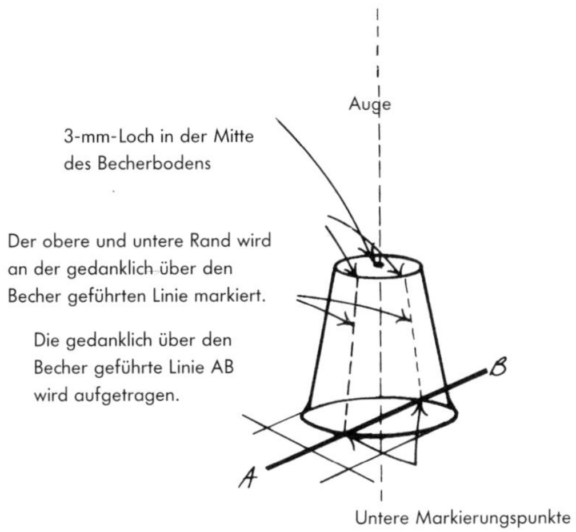

Abb. 276 Schritt 2

zwischen den beiden Punkten. Beim Schneiden muß man sehr sorgfältig vorgehen. Dazu setzt man die Spitze eines scharfen Messers am 90 mm über dem Becherrand markierten Punkt an und schneidet entlang der Linie zum zweiten Punkt. Zum Schluß schneidet man durch den Rand. Man klebt aber die Endpunkte mit Klebeband zusammen, damit die Schablonenform erhalten bleibt. Der Rest des Bechers wird entfernt. Die untere Becherhälfte ist die fertige Schablone.

4. Siehe Abb. 278: Man legt die Schablone nun über einen weiteren Kaffeebecher (der bereits wie in Schritten 1 und 2 beschrieben vorbereitet ist) und positioniert sie so, daß die Halbierungslinien sowohl auf der Schablone als auch auf dem Becher das McDonald's-Logo schneiden. Auf diese Weise gewährleistet man, daß alle Flügelzellen die gleiche Form erhalten. Nun trägt man die beiden diagonalen Linien der Schablone auf den Becher auf und nimmt die Schablone wieder ab.
5. Siehe Abb. 279: Die Flügelzellen werden wie folgt zugeschnitten: Der Becher wird entlang der Halbierungslinie AB aufgeschlitzt. Dann klebt man auf den Schlitz ein breites Klebeband. Das Klebeband hält den Becher für die verbleibenden Schnitte zusammen und verbindet die Flügelhälften, die später

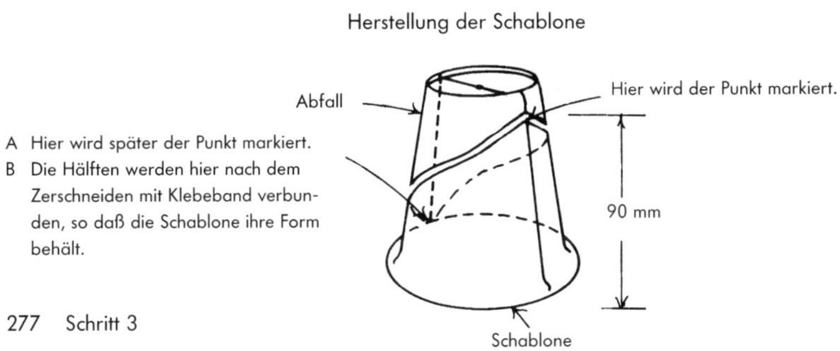

Abb. 277 Schritt 3

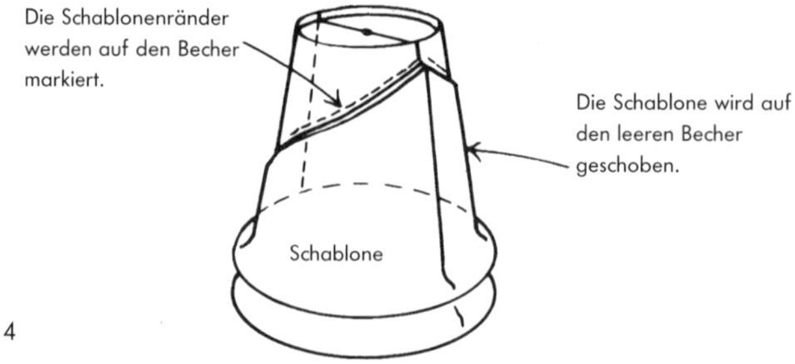

Abb. 278 Schritt 4

eine Flügelzelle bilden. Man schneidet nun entlang der diagonalen V-förmigen Linien zum Punkt C auf der anderen Seite. Der Boden wird entfernt. Schließlich durchschneidet man den verbleibenden Linienabschnitt CD.

6. Siehe Abb. 280: Jetzt biegt man die Flügelhälften entlang der mit Klebeband verstärkten Mittellinie so zurecht, daß man einen kegelförmigen Flügel erhält.
   Die fertige Flügelzelle: Der Flügel hat die richtige Form, wenn die Mittellinie und die beiden Flügelspitzen auf einer ebenen Fläche gerade aufliegen. Die vordere und hintere Kante der Mittellinie wird mit Klebestreifen verstärkt.
   Tip: Sie können die Kanten des Flügels mit einer Papierraspel glätten.
7. Mit Hilfe der Schablone werden nun die drei weiteren Flügelzellen angefertigt.

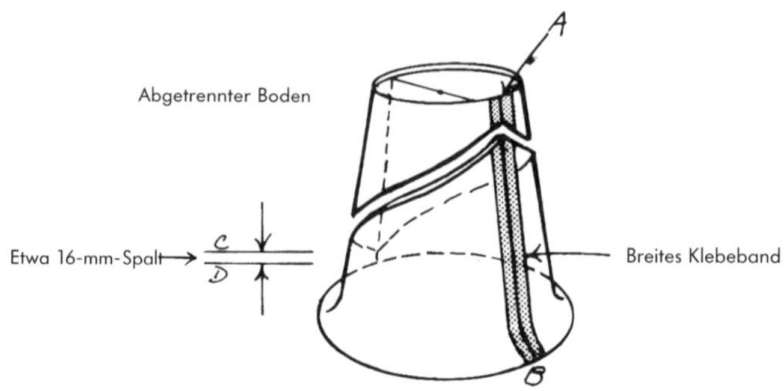

Abb. 279 Schritt 5

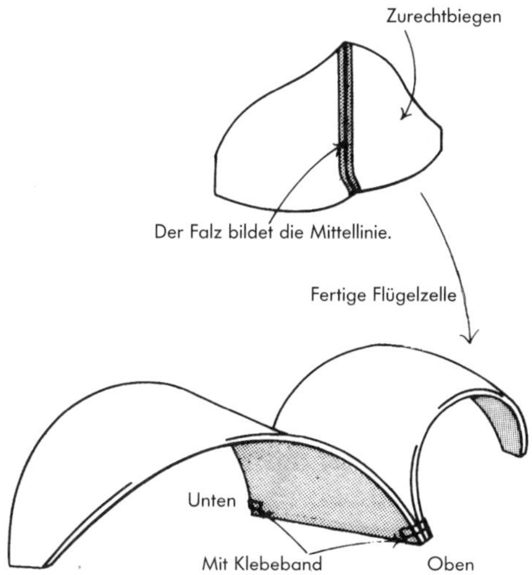

Die Flügelzelle hat die richtige Form, wenn die Mittellinie und die beiden Flügelspitzen gerade auf einer ebenen Fläche aufliegen.

Abb. 280 Schritt 6

Herstellung des Rahmens

8. Nehmen Sie fünf unbenutzte Strohhalme, da auf schon benutzten Strohhalmen das Klebeband nicht mehr gut hält. Die Halme sollten völlig rund sein. Verwenden Sie keine eckigen oder geknickten Strohhalme. Bei drei Strohhalmen flacht man die Enden ab und verklebt sie mit Klebeband (siehe Abb. 281). Mit einem Locher macht man in jedes Ende etwa 3 mm vom Rand entfernt ein Loch.
   Alle Löcher werden dann mit einem Bleistift etwas erweitert, bis dieser ganz durch das Loch paßt. Der Strohhalm darf dabei aber nicht geknickt werden!
9. Nun nimmt man die beiden anderen Strohhalme und schneidet an jedem Ende einen 5 mm tiefen Schlitz ein. Danach formt man die Enden kegelförmig aus.

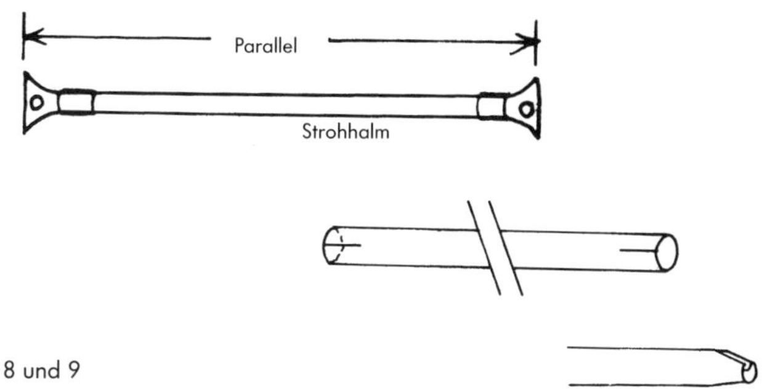

Abb. 281 Schritte 8 und 9

Abb. 282 Schritt 10

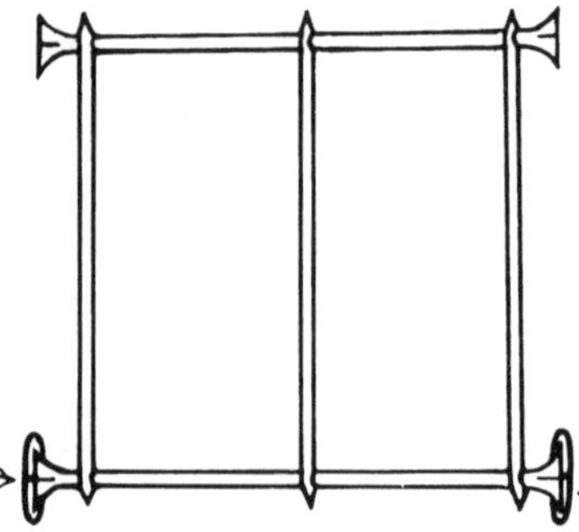

10. Der Rahmen: Man schiebt die beiden Strohhalme mit den kegelförmigen Spitzen durch die Löcher der anderen drei Strohhalme. Die Enden flacht man danach ab und verschließt sie mit Klebeband. Alle Schlitze müssen dabei in dieselbe Richtung zeigen (siehe Abb. 282).

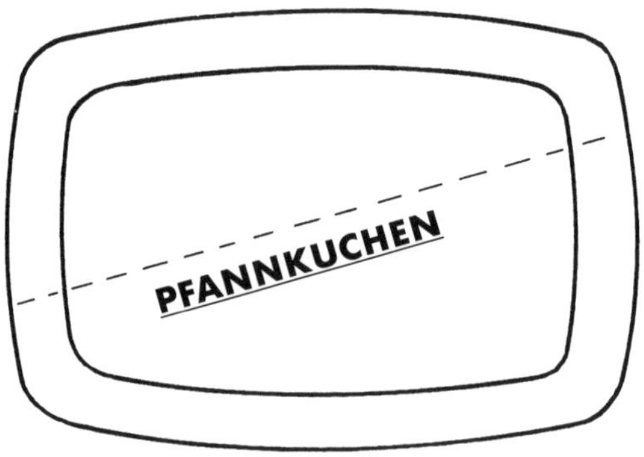

Abb. 283 Schritt 12

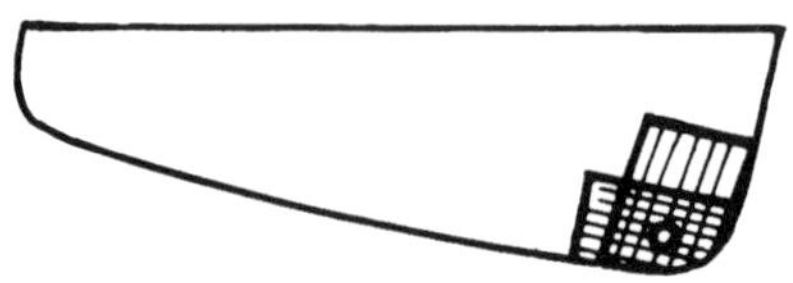

Abb. 284 Schritt 13

11. Nun befestigt man die Flügelzellen mit starkem Klebeband (siehe Detail 2 in Abb. 270). Man beginnt mit der Zelle 1, damit die Flügelspitzen so weit wie möglich hinten auf dem Rahmen sitzen.

Herstellung des Kiels:

12. Man schneidet einen Pfannkuchenteller wie in Abb. 283 gezeigt zu.
13. Siehe Abb. 284: Die Spitze wird mit Isolierband verstärkt, danach stanzt man 6 mm über der Spitze ein Loch für die Flugleine aus.

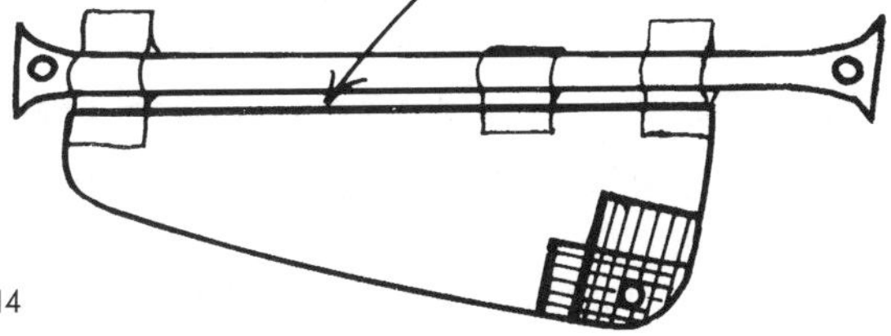

Abb. 285 Schritt 14

14. Siehe Abb. 285: Der Kiel wird am mittleren Strohhalm kurz vor dem hinteren Loch mit Isolierband befestigt. Zwischen Kiel und Strohhalm läßt man einen Abstand von etwa 1,5 mm, damit man den Kiel zur Seite klappen kann, wenn man den Drachen weglegen will.

Herstellung des Schwanzes:

15. Siehe Detail 1 in Abb. 269: Man schneidet aus leichtem Garn eine etwa 500 mm lange Schnur zu und knotet sie mit beiden Enden an zwei Sicherheitsnadeln fest. Danach bestimmt man die Mitte der Schnur und macht dort eine Schlaufe, an der man die dritte Sicherheitsnadel befestigt. Die beiden Sicherheitsnadeln mit den Schnurenden werden nun an den Enden des hinteren Strohhalms befestigt. Schließlich bringt man Streifen aus Spinnakernylon an, die den Drachen bei stärkeren Winden stabilisieren.

»Strohhalm-Pfannkuchen-Variante«

Bauanleitung

Hinweis: Gehen Sie beim Bau dieses Drachens nach der gleichen Methode vor, wie sie beim »Kurzen« beschrieben wurde.

1. Es werden neun Flügel hergestellt.
2. Siehe Detail 5 in Abb. 273: Zusammenfügen der Strohhalme: Die Strohhalme werden geschlitzt und umwickelt. Sie bilden drei Vertikalstäbe. Dann wird jeder geschlitzte Stab mit einem längs aufgeschnittenen Strohhalm stabilisiert.
3. Durch die Löcher in den Enden der Vertikalstäbe schiebt man Standard-Strohhalme.
4. Die Flügelzellen werden, wie oben gezeigt, am Rahmen befestigt (siehe Detail 4 in Abb. 272). Für die äußeren Flügelzellen 5 und 6 verwendet man Standard-Strohhalme.
5. Schließlich befestigt man den Kiel mit Isolierband (siehe Abb. 285).
6. Zum Schluß werden noch die Schwanzstreifen angebracht und ... Auf geht's!

Material

Für den Bau der »Strohhalm-Pfannkuchen-Variante« benötigen Sie:

- **Zehn große Kaffeebecher von McDonald's**
- **Einen McDonald's-Pfannkuchenteller**
- **13 Standard-Strohhalme von McDonald's (206 mm), davon**
  – sechs Strohhalme geschlitzt für drei 395 mm lange Vertikalstäbe
  – drei Strohhalme der Länge nach aufgeschnitten, damit sie über die Vertikalstäbe geschoben werden können
  – zwei Strohhalme als Horizontalstäbe vorn und hinten
  – zwei Strohhalme als äußere Flügelstäbe
- **Drei kleine Sicherheitsnadeln aus Messing**
- **Einen spitzen Bleistift**
- **3,60–12 m lange Streifen aus Spinnakernylon für den Schwanz**

Ein Bleistift-Gleiter

Man kann aus nur einer Flügelzelle und einem ungespitzten, eckigen Bleistift mit einem Radiergummiende einen Bleistift-Gleiter bauen (siehe Abb. 280).

Anbringen des Flügels: Der Bleistift wird auf einem Lineal oder einer Messerspitze ausbalanciert, um seinen Schwerpunkt zu bestimmen. Diese Stelle wird markiert. An der Längsachse des Flügels markiert man 38 mm von der Vorderspitze entfernt einen Punkt. Die Markierungen auf der Flügelzelle und dem Bleistift werden deckungsgleich angepaßt. Als nächstes positioniert man die Flügelzelle auf einer flachen Seite des Bleistifts. Man fixiert die Flügelzelle vorn und hinten mit etwas Klebeband, da diese Position vermutlich nicht sofort optimal ist. Wenn der Gleiter nicht fliegen sollte, muß man die Zelle etwas nach vorn oder hinten verschieben. Erst wenn der Gleiter zufriedenstellend fliegt, wird er endgültig zusammengesetzt.

Start: Man hält den Bleistift zwischen Daumen und Zeigefinger, wobei die Vorderspitze leicht nach oben zeigt, und stößt den Gleiter horizontal nach vorn. Man darf ihn aber nicht zu heftig werfen!

Für einen Katapult-Gleiter schneidet man knapp hinter dem Radiergummi eine 45°-Kerbe, in die man einen Gummiring einsetzt. Den Gleiter hält man dabei hinten fest. Dann spannt man den Gummi, zielt nach oben und läßt den Gleiter los.

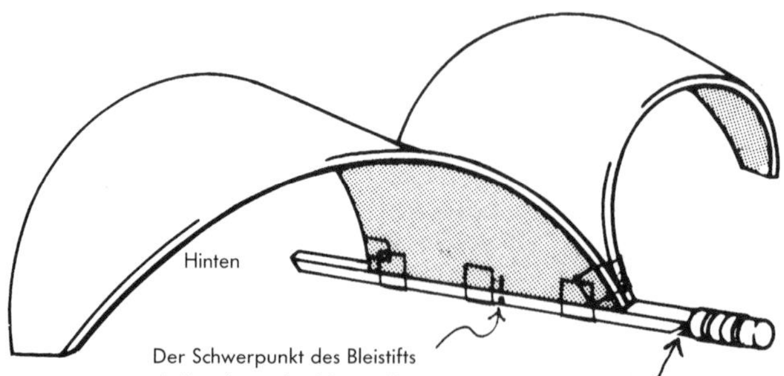

42 Miniaturdrachen

Eddy, Delta und Optical Confusion – mit freundlicher Genehmigung von Charlie Sotich[1]
Modifizierter japanischer Wanwan – mit freundlicher Genehmigung von Mark Sandy

Alles Gute gibt's auch im Kleinen

Miniaturen sind in Japan, China und Südostasien schon seit Jahrhunderten in vielen Bereichen sehr beliebt – und Drachen bilden hier keine Ausnahme.

Ich hatte zwar schon gehört, daß diese winzigen Exemplare der großen Drachenfamlie (viele sind kleiner als 30 cm) eine spezielle Flugform haben, doch sah ich darin nicht unbedingt etwas Besonderes. Als ich jedoch die Möglichkeit hatte, selbst einen solchen kleinen Drachen fliegen zu lassen, veränderte sich meine Einstellung dazu völlig.

Fran Gramkowski, Eigentümer der High Fly Kite Company, berichtete mir von zwei Gästen aus Deutschland – Mark Sandy und seinem Freund Werner Siebenberg, Vorsitzender des Berliner Drachenclubs – und sagte mir, ich solle mir doch unbedingt deren Miniaturdrachensammlung ansehen. Also lud ich die beiden ein, und sie besuchten mich am nächsten Tag.

Ich räumte den Tisch im Eßzimmer frei und machte Platz für Sandys großen, schwarzen Koffer, in dem er fast 30 Miniaturdrachen aus China und Japan sowie viele eigene Kreationen aufbewahrte und dem er immer mehr kleine Drachen entnahm, um sie mir voller Stolz zu zeigen.

Eines seiner Juwele war ein etwa 15 x 7 cm großer Cody-Drachen aus schwarzem Seidenpapier und fein geschliffenen Bambusstäben. Seine Detailtreue war eindrucksvoll. Er flog auch – sogar im Zimmer! Die durch die Hand erzeugte Luftbewegung reichte aus, um den Cody-Drachen emporzuheben!

Auf die genau gearbeiteten Edo-, Nagasaki-hata-, Rokkaku-, Wanwan- und Suruga-Drachen waren traditionelle Symbole aufgemalt. Einige 8 cm große Eddy-Drachen waren mit drolligen Figuren verziert.

Sandy hatte sich den Bau dieser Miniaturdrachen selbst beigebracht, indem er die asiatischen Miniaturdrachen genau untersuchte, die er von seinen Reisen mitgebracht hatte. Bevor sich Sandy verabschiedete, zeichnete er mir einen groben Entwurf des japanischen Wanwan-Drachens auf, der seiner Meinung nach selbst für noch nicht geübte Miniaturdrachenbauer leicht zu fertigen ist.

Werkzeuge

Für den Bau von Miniaturdrachen benötigen Sie eine gute Lichtquelle sowie folgende Werkzeuge (siehe Abb. 287):

- **Pinzetten**
- **Rasierklinge oder Skalpell**
- **Spritzen (erhältlich in Apotheken) zum Schneiden der Bordrähte**
- **Uhrmacherlupe (mit zwei- bis dreifacher Vergrößerung)**
- **ein kleines Lineal aus Metall**

[1] »How to Make Small (Really Small) Kites that Fly« von Charles A. Sotich. Zuerst erschienen in der Winter-Frühjahr-Ausgabe 1987 von »Kite Lines«, © 1987, Aeolus Press, Inc. Auszüge dieses Artikels sind hier mit freundlicher Genehmigung abgedruckt.

Material

Für den Bau eines Miniaturdrachens benötigen Sie:

- **0,01-mm-Mylarfilm für Segel und Kiel**
- **0,1-mm-Bordraht für die Stäbe (etwa doppelt so dick wie ein menschliches Haar)**
- **0,03-mm-Nylonfaden, wie er von Augenärzten verwendet wird, als Flugleine**
- **Seidenfaden – in feine Fasern aufgetrennt als alternative Flugleine (mehrere kurze Stücke des aufgetrennten Fadens lassen sich zur nötigen Länge von 1–2 m zusammenknüpfen)**
- **Dünner Klebefilm zum Anbringen der Flugleine an die Halteschnur**
- **Sprühkleber und Verdünner (ca. fünf bis zehn Teile Verdünner auf einen Teil Kleber)**
- **Sekundenkleber**
- **Extrafeine Filzstifte**
- **Abklebeband für die Spritzen-Schneidetechnik**

Plötzlich erinnerte ich mich wieder an einen Artikel im »Kite-Lines«-Magazin, der darüber berichtete, daß Charlie Sotich bei der Internationalen Ausstellung kleiner Drachen im Jahr 1984 den ersten Preis gewonnen hatte. Sotich, ein berühmter Drachenliebhaber, war früher Vorsitzender der Chicagoland Sky Liners, eines aktiven Drachenclubs von internationalem Ruf. Nach einem kurzen Telefonat hielt ich wenige Tage später ein Päckchen in den Händen. Darin befanden sich sein »AKA-Eddy«, ein »Thunderbird Delta« und Miniaturdrachen, die als »Optical Confusion« bekannt wurden – sowie Hinweise, wie man solche Drachen baut. Es war damals ein »Optical Confusion« (siehe Abb. 286) gewesen, mit dem Sotich den ersten Preis bei der Internationalen Ausstellung gewonnen hatte.

Ich ließ Sotichs kleine Drachen steigen und zeigte sie sofort jedem, der mich besuchte. Ich hoffe, daß sie auch Ihnen gefallen werden.

Sotich verwendete High-Tech-Materialien, die besonderer Bearbeitung bedürfen. Seine drei Regeln sind: Man nimmt das leichteste Material, das man bekommen kann, verwendet nur soviel Material wie nötig und beschwert es nicht! Man kann aber auch mit anderen als den hier angegebenen Materialien experimentieren: So kann man zum Beispiel Seidenpapier und Bambus durch Mylar und Bor ersetzen und auch damit sehr gute Ergebnisse erzielen.

Abb. 286 Charlie Sotichs »Optical Confusion«

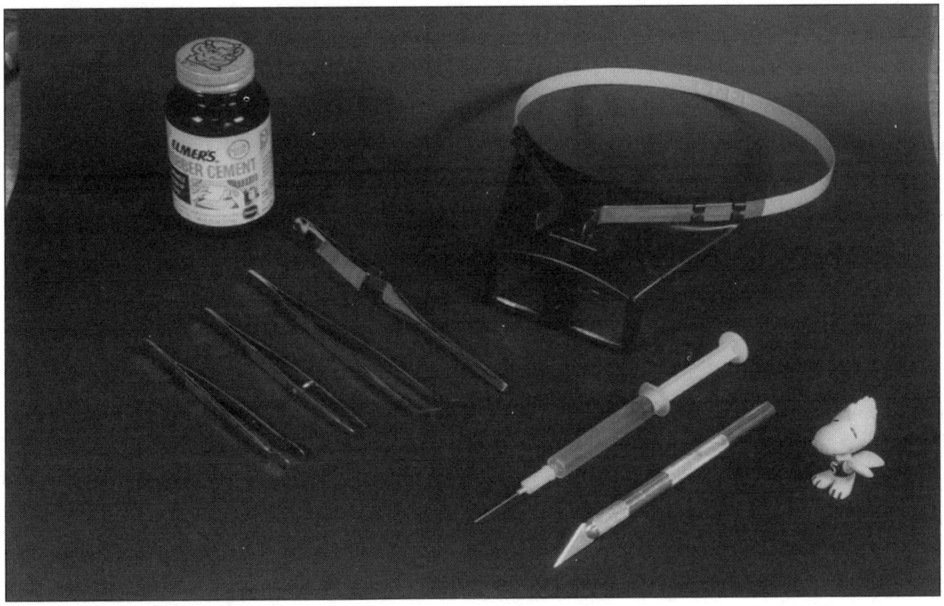

Abb. 287 Wichtige Werkzeuge für den Bau von Miniaturdrachen: Sprühkleber (verdünnt), Pinzetten, Lupe, Spritzen zum Schneiden der Bordrähte und ein scharfes Taschenmesser

Material
(Fortsetzung)

- **0,75 x 1,5 mm fester Karton für den Rahmen**
- **Styropor-Fleischschale (3 x 50 x 75 mm) für die Haspel**
- **Bambusspan (1,5 x 75 mm) für den Haspelgriff**

Bauanleitung

Tips von Ray Brandes: Sie brauchen ein verstellbares Gummi-Verbindungsstück für eine zweischenklige Waage (siehe Abb. 294) und Katzen-Schurrhaare. Katzen verlieren ihre Schnurrhaare hin und wieder, so daß man sich deswegen nur an einen Katzenhalter wenden muß. Für den Miniaturdrachenbauer stellen diese dünnen, festen und leicht spitz zulaufenden Schnurrhaare eine Alternative zu den Stäben dar.

Tips von W. D. (Red) Braswell: Als steifes, hauchdünnes und leichtes Segelmaterial kann man den Isolierüberzug aus Styropor verwenden, wie er manchmal bei amerikanischen Limonadenflaschen zu finden ist. Dank seiner Rundung eignet er sich besonders für Rotor- und Kastendrachen im Miniaturformat.

Kritisch für die Flugtüchtigkeit von Drachen ist das Segel-Last-Verhältnis. Die Segellast bezieht sich darauf, wieviel der Drachen im Verhältnis zur Fläche, die angegehoben werden muß, wiegt. Die Segellast ist das Gewicht geteilt durch die Fläche, die für den Auftrieb sorgt (siehe die Formel für die Segellast auf Seite 201). Der Stone-Mountain-Drachen ist beispielsweise ein effizientes Modell mit etwa 3,7 m^2 Auftriebsfläche und einer Segellast von etwa 140 g/1 m^2. Damit Sotichs 76-mm-Eddy bei einer Luftbewegung von weniger als 1,5 km/h in der Luft bleibt, darf die Segellast auf 1 m^2 nicht mehr als ungefähr 8,5 g betragen.

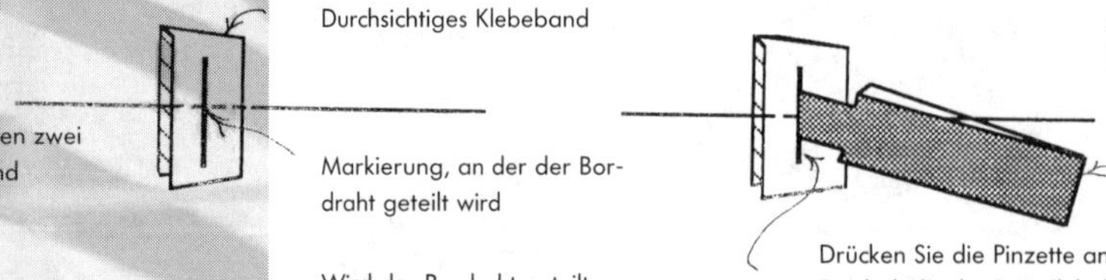

Abb. 288 Schneiden von Bordraht – Methode 1

Für den Bau von Miniaturdrachen benötigt man nicht nur andere Werkzeuge und Materialien, sondern auch andere Konstruktionstechniken. So kann z.B. der Umgang mit Bordraht ziemlich gefährlich sein, und man muß daher sehr vorsichtig mit ihm umgehen. Aus diesem Grund werden hier in den Abb. 288 und 289 zwei Methoden, wie man Bordraht schneiden kann, ausführlicher demonstriert.

Gehen Sie beim Bau von Sotichs »AKA-Eddy«, dem »Thunderbird Delta« und dem »Optical Confusion«-Miniaturdrachen vor, wie in den Abbildungen 290, 291 und 292 beschrieben.

Hinweis: Sandys modifizierter japanischer Wanwan-Drachen (siehe Abb. 264) ist ein einfacher Entwurf, für den man nur Seidenpapier und zugespitzte Bambusstäbe benötigt. Sandy empfiehlt hierzu »Gampi«, eine leichte Seidenpapiersorte, aber gewöhnliches Seidenpapier reicht auch aus. Nachdem man den Bambusstab mit einem Taschenmesser in dünne Späne gespalten hat, formt man die Späne mit einem Skalpell und mit Schleifpapier. Bambus läßt sich sehr dünn schneiden und verliert dabei nicht seine Elastizität und Festigkeit. Als Stabmaterial können aber auch Nylonschnüre verwendet werden. Am besten finden Sie die Materialstärke durch Probieren selbst heraus.

(Siehe Abb. 295 für Schritte 1–6; Abb. 296 für Schritte 7–11; Abb. 297 für Schritte 9A, 10A und 11A; Abb. 298 für Schritt 12; Abb. 299 für Schritt 13; Abb. 300 für Schritt 14 und Abb. 301 für Schritt 17).

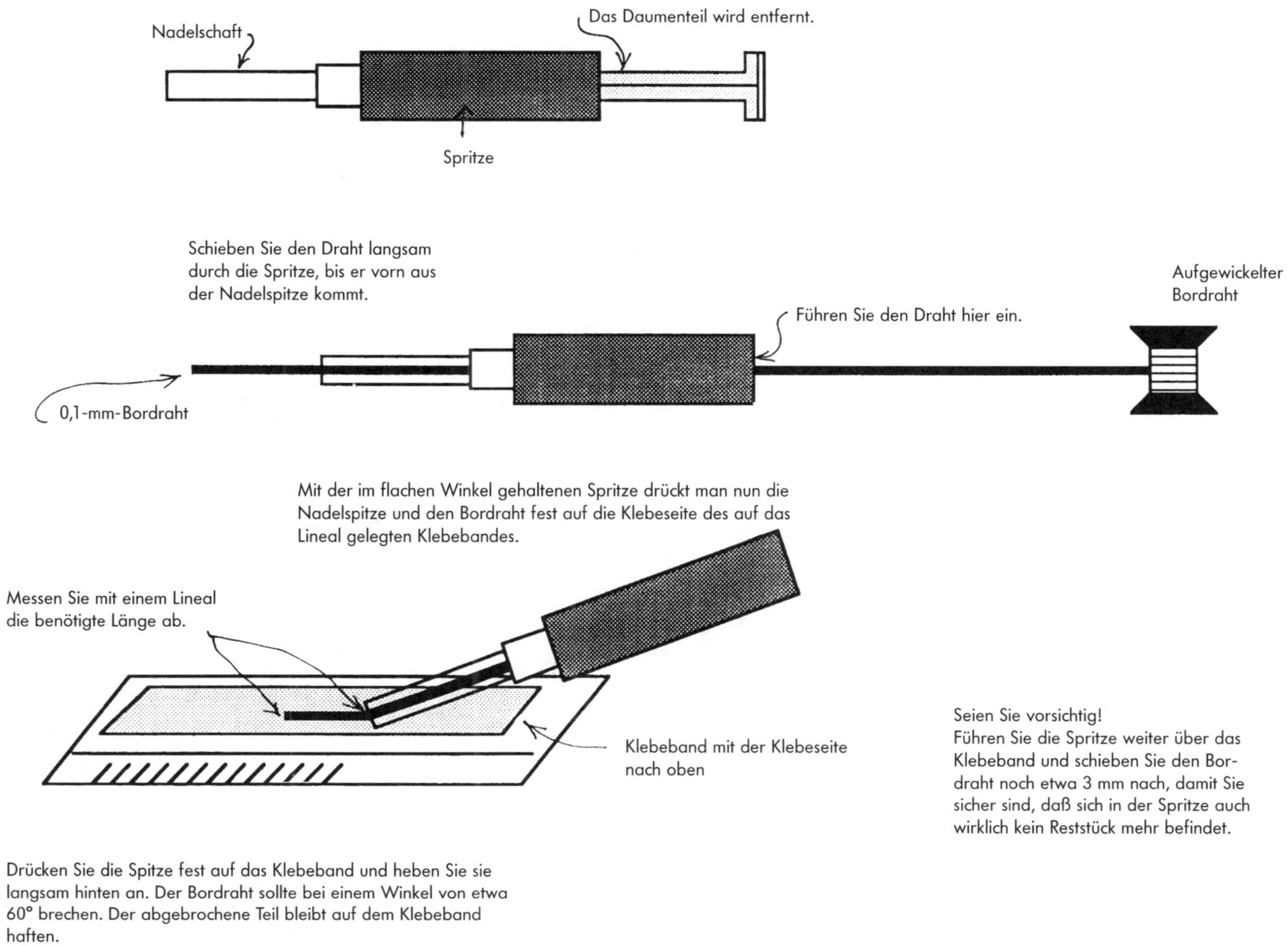

Abb. 289 Schneiden von Bordraht – Methode 2

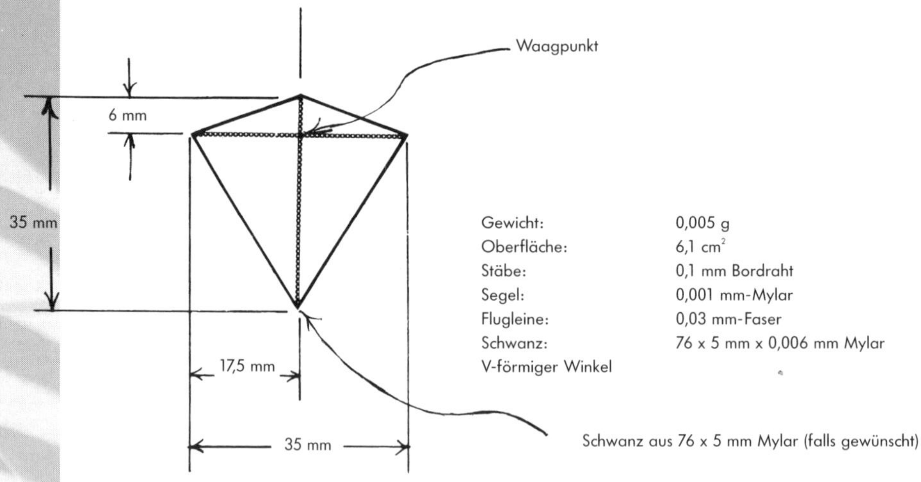

Gewicht:	0,005 g
Oberfläche:	6,1 cm^2
Stäbe:	0,1 mm Bordraht
Segel:	0,001 mm-Mylar
Flugleine:	0,03 mm-Faser
Schwanz:	76 x 5 mm x 0,006 mm Mylar
V-förmiger Winkel	

Abb. 290 AKA-Eddy – Entwurf

1. Zeichnen Sie den ganzen Drachen und die Anordnung der Stäbe mit einem spitzen Bleistift auf ein Blatt Papier.
2. Stellen Sie nach dieser Vorlage nun einen Rahmen her. Nehmen Sie dünnen Karton und schneiden Sie einen Ausschnitt mit den Abmessungen des Drachens hinein. Lassen Sie dabei einen Spielraum von etwa 6 mm.
3. Schneiden Sie ein Stück Mylar aus, das etwas größer ist als der Ausschnitt im Karton.
4. Bringen Sie um die Innenränder dieses Ausschnittes Sprühkleber auf.
5. Legen Sie nun den Mylarfilm über den Ausschnitt und glätten Sie den Film, bevor der Sprühkleber trocknet.
6. Legen Sie jetzt den Rahmen mit dem Mylar nach oben über den Entwurf. Mit einem kleinen Lineal und einem Folienstift tragen Sie nun die Umrisse und den Kiel auf dem Mylar auf. Die Markierungen können ruhig auf dem fertigen Drachen zu sehen sein, denn sie können Ihnen später als Anhaltspunkte dienen.
7. Legen Sie das Mylar nun auf ein vorbereitetes Muster und dekorieren Sie das Segel mit Folienstiften. Üben Sie lieber vorher auf den Mylarresten, bevor Sie sich an das Drachensegel selbst wagen!
8. Drehen Sie den Kartonrahmen um und legen Sie das Segel genau darüber. Befestigen Sie die Stäbe auf dieser Seite, da der Haftkleber die Farben löst. Tragen Sie verdünnten Sprühkleber auf die Stäbe auf (fünf bis zehn Teile Verdünner auf einen Teil Sprühkleber). Plazieren Sie die Stäbe ganz vorsichtig mit einer Pinzette und kleben Sie sie dann auf dem Mylarsegel fest.

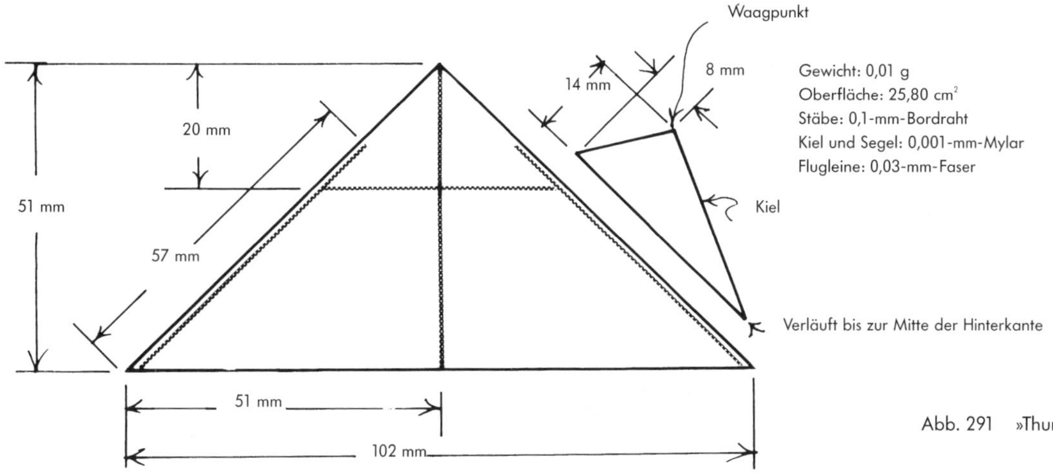

Gewicht: 0,01 g
Oberfläche: 25,80 cm^2
Stäbe: 0,1-mm-Bordraht
Kiel und Segel: 0,001-mm-Mylar
Flugleine: 0,03-mm-Faser

Abb. 291 »Thunderbird Delta« – Entwurf

Abb. 292 »Optical Confusion« – Entwurf

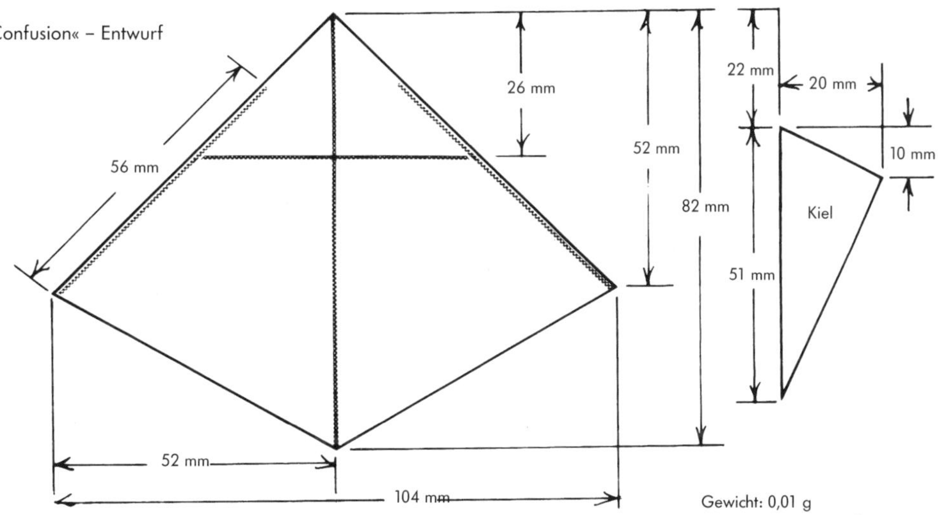

Gewicht: 0,01 g
Oberfläche: 43,23 cm^2
Stäbe: 0,1-mm-Bordraht
Segel: 0,001-mm-Mylar
Flugleine: 0,03-mm-Faser
Fluggeschwindigkeit: 1 km/h

Miniaturdrachen – technische Daten			
»Eddy«	»Delta«	»Optical Confusion«	
35	102	104	Flügelspannweite in mm
35	51	82	Länge in mm
6,1	25,80	43,23	Oberfläche in cm^2
0,005	0,0113	0,014	Gewicht in g
1,9	1,15	1	Fluggeschwindigkeit in km/h

Abb. 293 Technische Daten zu »Eddy«, »Delta« und »Optical Confusion«

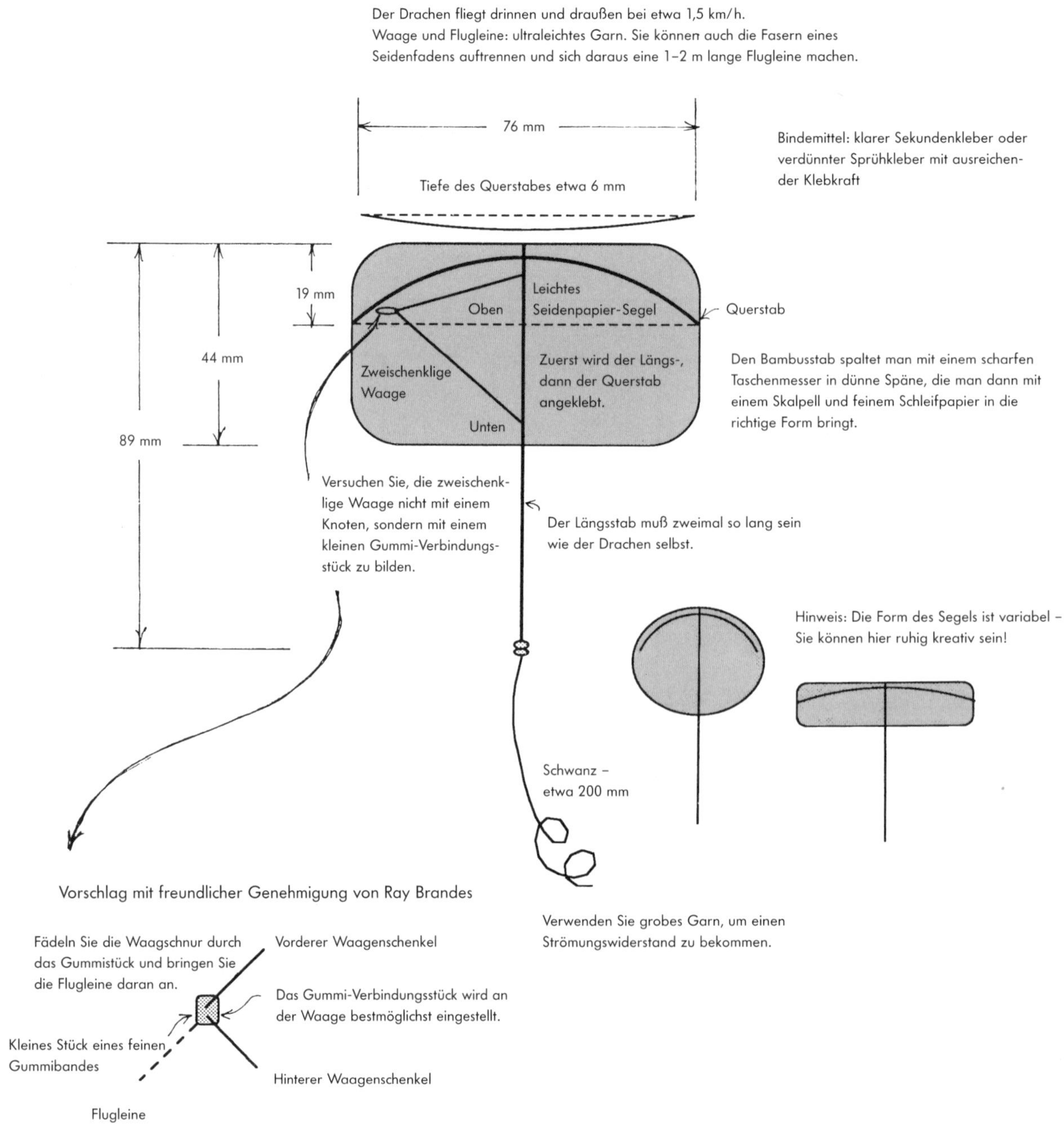

Abb. 294 Modifizierter Entwurf eines japanischen Wanwan-Drachens

Abb. 295 Schritte 1–6

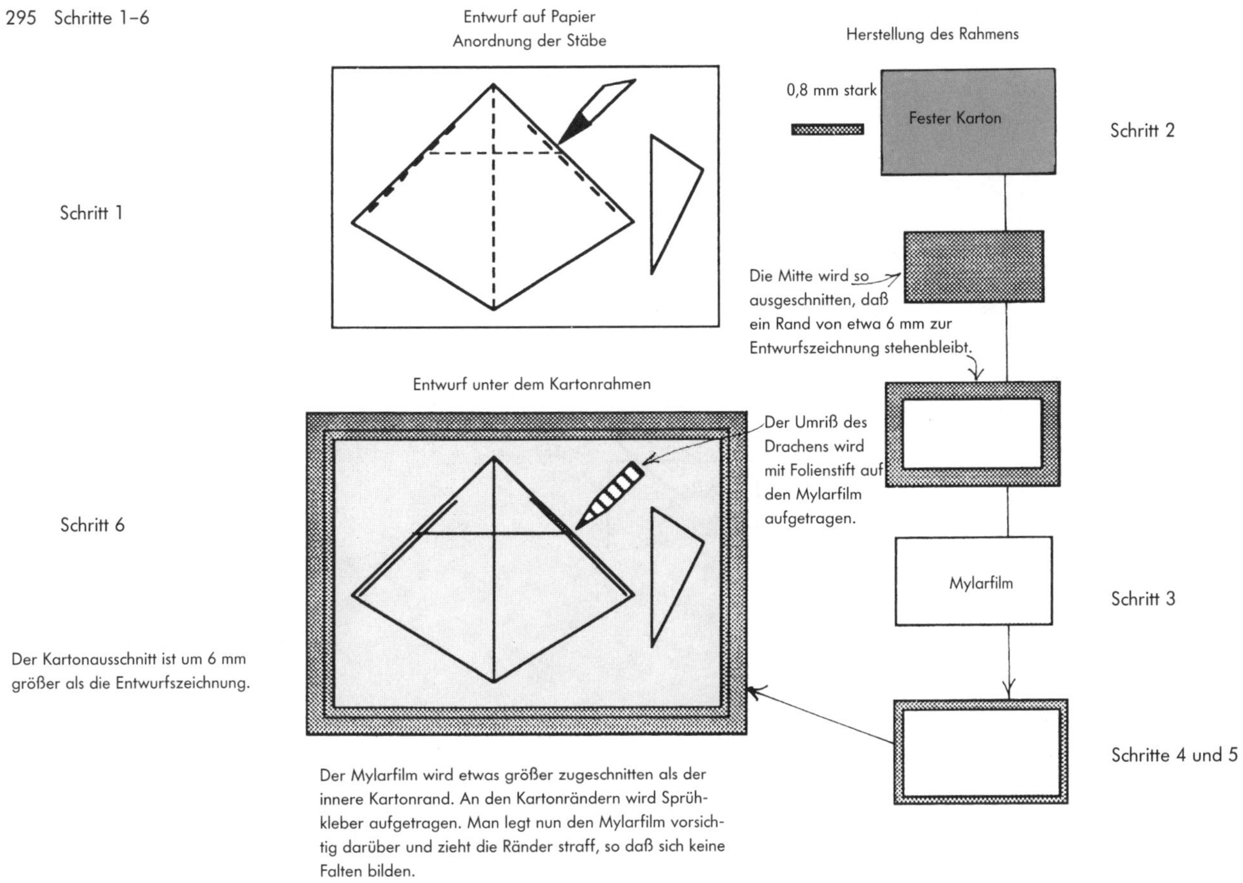

Abb. 296 Schritte 7–11

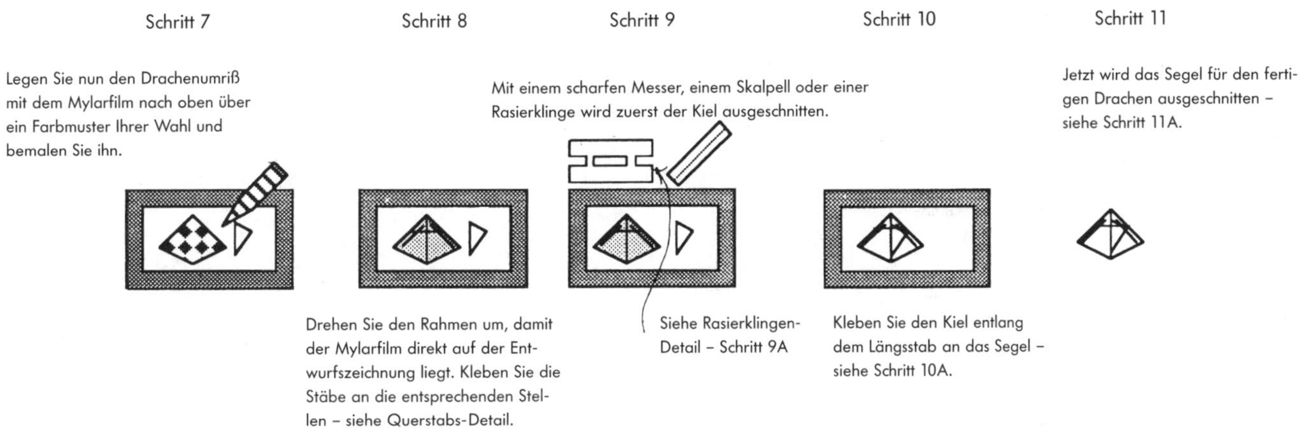

Schritt 9A Rasierklingen-Detail

Verwenden Sie eine Rasierklinge, die sich in der Mitte auseinanderbrechen läßt.

Brechen Sie die Klinge in der Mitte durch oder teilen Sie sie mit einem Messer.

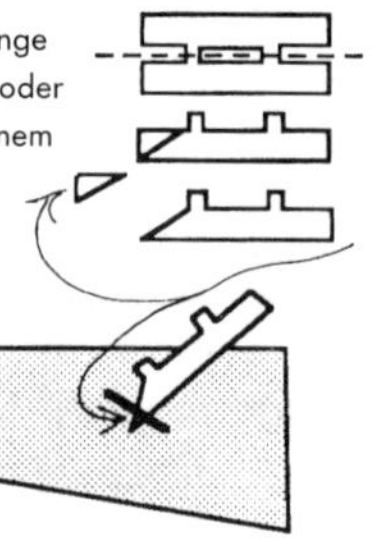

Brechen Sie mit einer Zange vorsichtig eine Spitze ab.

Schritt 11A

Anbringen des Kiels am Segel

Schritt 10A

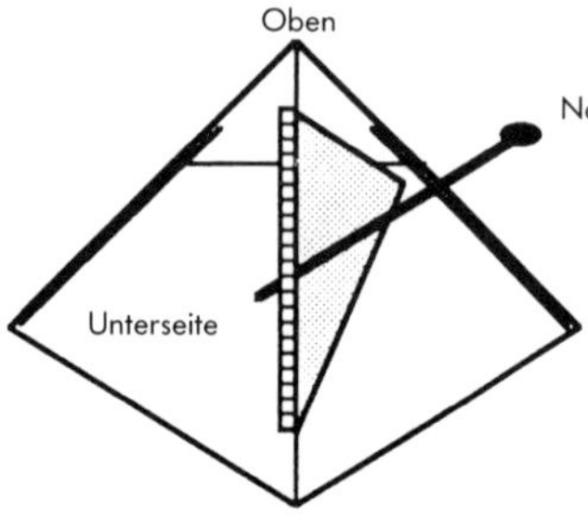

Nehmen Sie einen Balsastreifen zu Hilfe, um den Kiel auf dem Längsstab zu befestigen. Ist er angeheftet, so schieben Sie eine Nadel in der Mitte zwischen das Holz und den Kiel und heben das Vorder- und das Hinterteil vorsichtig an.

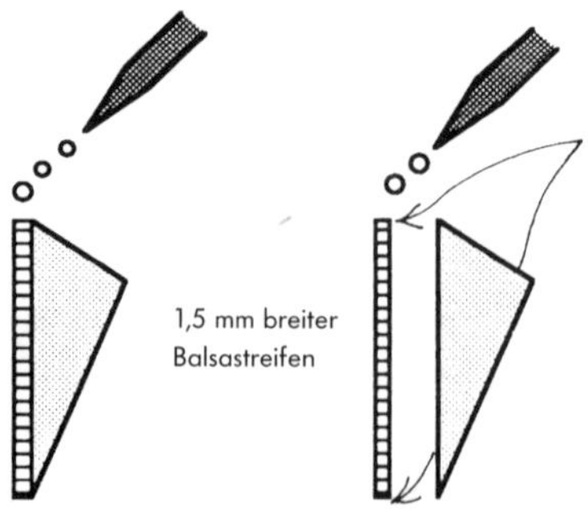

Unverdünnter Sprühkleber wird am vorderen und hinteren Ende des Balsastreifens aufgetragen, um den Mylarkiel vorübergehend straff zu halten.

Wenn der Kiel am Balsastreifen befestigt ist, tragen Sie an der Kante des Kiels, die mit der Drachenunterunterseite in Berührung kommt, Kleber auf.

Abb. 297 Schritte 9A, 10A und 11A

Schritt 12

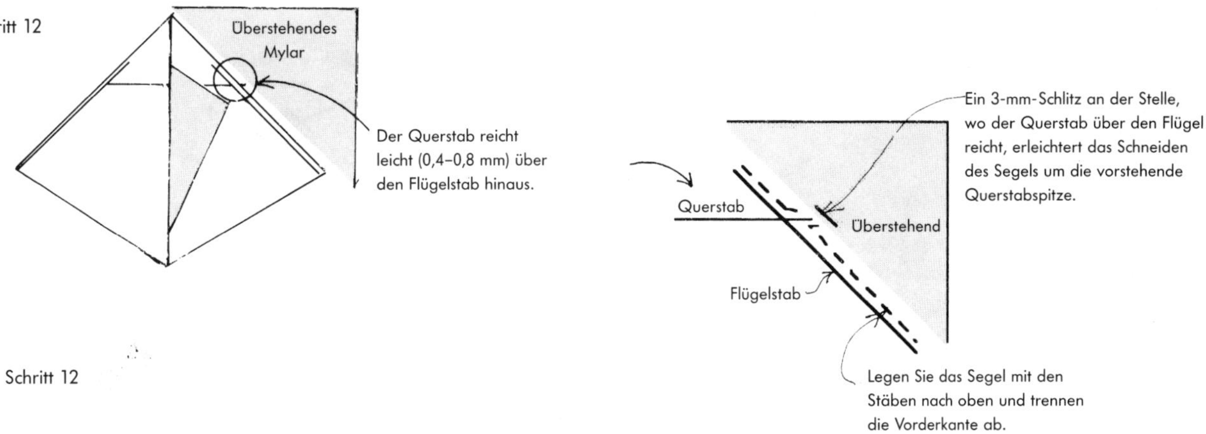

Abb. 298 Schritt 12

Schritt 13

Eine stabile V-Form mit Stäben aus Bordraht

Waagpunkt: Ziehen Sie ihn so lange nach oben oder unten, bis er sich an der optimalen Position befindet. Bringen Sie die Flugleine am Kiel an (siehe Schritt 14).

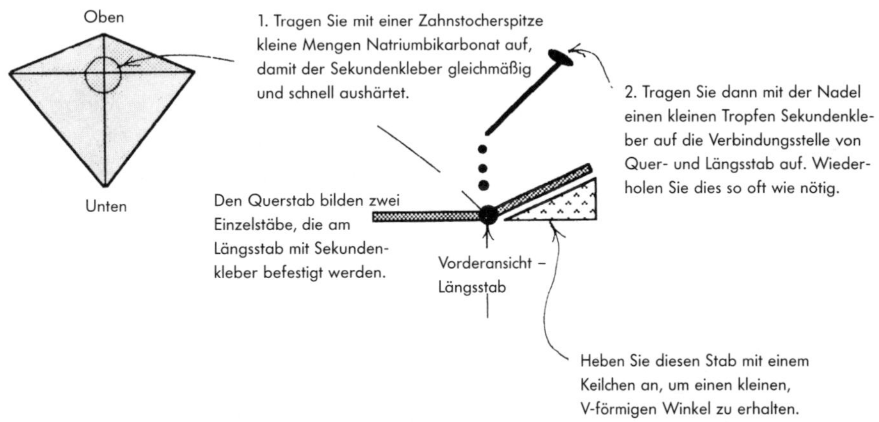

Abb. 299 Schritt 13

Schritt 14

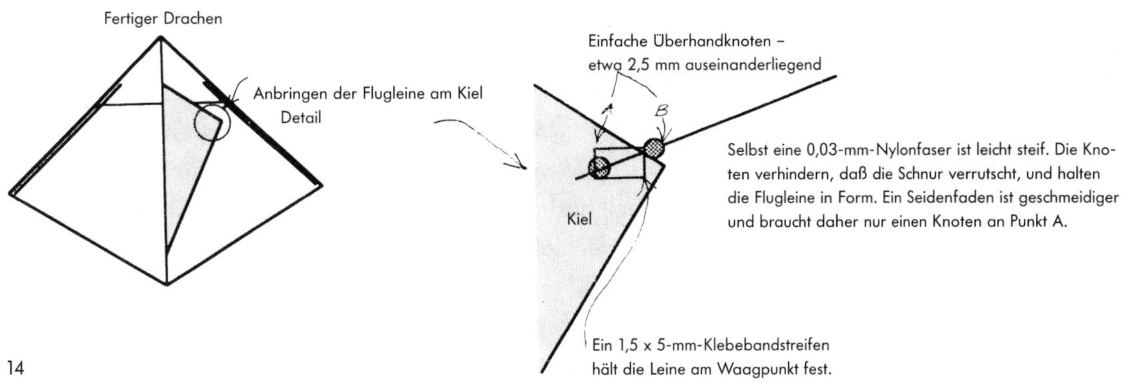

Abb. 300 Schritt 14

Vorschlag für die Haspel

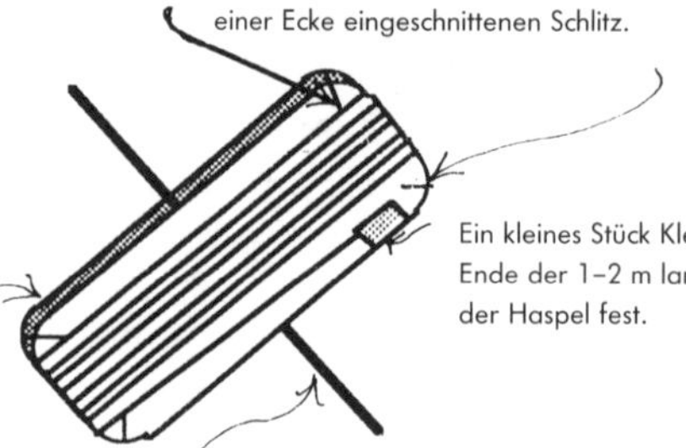

Abb. 301 Schritt 17

9. Befestigen Sie den Kiel, wie in der Gesamtansicht gezeigt, mit verdünntem Sprühkleber an der richtigen Stelle.
10. Positionieren Sie den Kiel mit Hilfe eines 1,5 mm breiten Balsastreifens auf der Unterseite (siehe Schritt 10A).
11. Schneiden Sie nun mit einer Rasierklinge oder einem scharfen Skalpell das Segel mit den Stäben nach oben liegend vorsichtig entlang eines Lineals aus. Achten Sie darauf, daß die Klinge nicht stumpf ist, da sonst das Mylar eingerissen wird (siehe Schritt 11A).
12. Bei Deltadrachen wie dem »Optical Confusion« sollte der Querstab über die Flügelstäbe hinausreichen, da so das Segel den zum Flug nötigen V-förmigen Winkel bilden kann. Schneiden Sie den Querstab so ab, daß er zwischen 0,4 und 0,8 mm über die Flügelkante übersteht.
    Varianten: Kleben Sie den Querstab nur an der Stelle fest, wo er an der Vorderkante auf den Flügelstab trifft. Für einen sichereren Halt kleben Sie den Querstab der Länge nach auf den Rücken des Drachens. Probieren Sie beide Varianten aus und finden Sie dann die Unterschiede im Flugverhalten heraus.
13. Wenn der Drachen einen bestimmten V-förmigen Winkel braucht – etwa der »Eddy« –, verbindet man die Einzelteile des Querstabes am Schnittpunkt mit dem Längsstab in diesem Winkel miteinander. Stützen Sie dazu eine Seite des Segels ab. Mit einer Zahnstocherspitze tragen Sie über dem Verbindungspunkt kleine Mengen Natriumkarbonat auf, damit der Kleber gleichmäßig und schnell aushärtet. Tragen Sie dann am Schnittpunkt einen winzigen Tropfen Sekundenkleber auf. Vorsicht, ein Tropfen Kleber aus der Flasche ist schon zuviel! Nehmen Sie deshalb eine Nadel, mit deren Spitze Sie einen winzigen Tropfen Kleber aufnehmen. Falls nötig, wiederholen Sie dies mehrere Male. Leichtes Anhauchen beschleunigt den Aushärtungsprozeß.

14. Machen Sie einen einfachen Überhandknoten am Ende der Flugleine und einen zweiten etwa 2,5 mm darunter. Kleben Sie dann einen rund 1,5 x 5 mm großen Klebebandstreifen auf die Leine am oberen Knoten. Plazieren Sie die Leine und das Klebeband mit Hilfe einer Pinzette. Drücken Sie das Klebeband nur leicht an, da dieser Schritt nur der exakten Ausrichtung dient.
15. Machen Sie an einer etwa 600 mm langen Leine einen Testflug. Finden Sie heraus, welche Luftbewegung nötig ist, um den Drachen steigen zu lassen. Der Drachen bleibt in der Luft, wenn Sie die Leine mit der Hand gleichmäßig vorwärts- und rückwärts bewegen. Dazu benötigen Sie allerdings etwas Übung. Falls der Drachen seitlich ausbricht, setzen Sie den Waagpunkt tiefer. Setzen Sie den Waagpunkt dagegen hoch, falls der Drachen immer auf eine Seite zieht.
16. Führen Sie mehrere Testflüge durch und stellen Sie den Waagpunkt so lange nach, bis der Drachen problemlos fliegt. Heften Sie dann das Klebeband an die Leine am Waagpunkt an.
17. Messen Sie 1–2 m Flugleine ab und spulen Sie sie auf einer Haspel auf.
18. Bewahren Sie den Drachen und die Haspel in einer kleinen Schachtel auf.

Der 5,5 Mio. Dollar-pro-Kilogramm-Drachen

Zum ersten, zum zweiten, und …
zum dritten!

Bei einer Auktion der American Kite Fliers Association im Jahr 1986 wechselte ein von Charlie Sotich gebauter, 76 mm großer AKA Eddy für 55 Dollar den Besitzer. Der Drachen wog 0,01 g. 100 Drachen dieses Typs würden 1 g wiegen, 100 000 Stück 1 kg. Setzt man diese Angaben in ein Dollar-Kilogramm-Verhältnis, dann hätte der Drachen mit 5,5 Mio. Dollar pro Kilogramm das Zeug, auch bei Sotheby's versteigert zu werden!

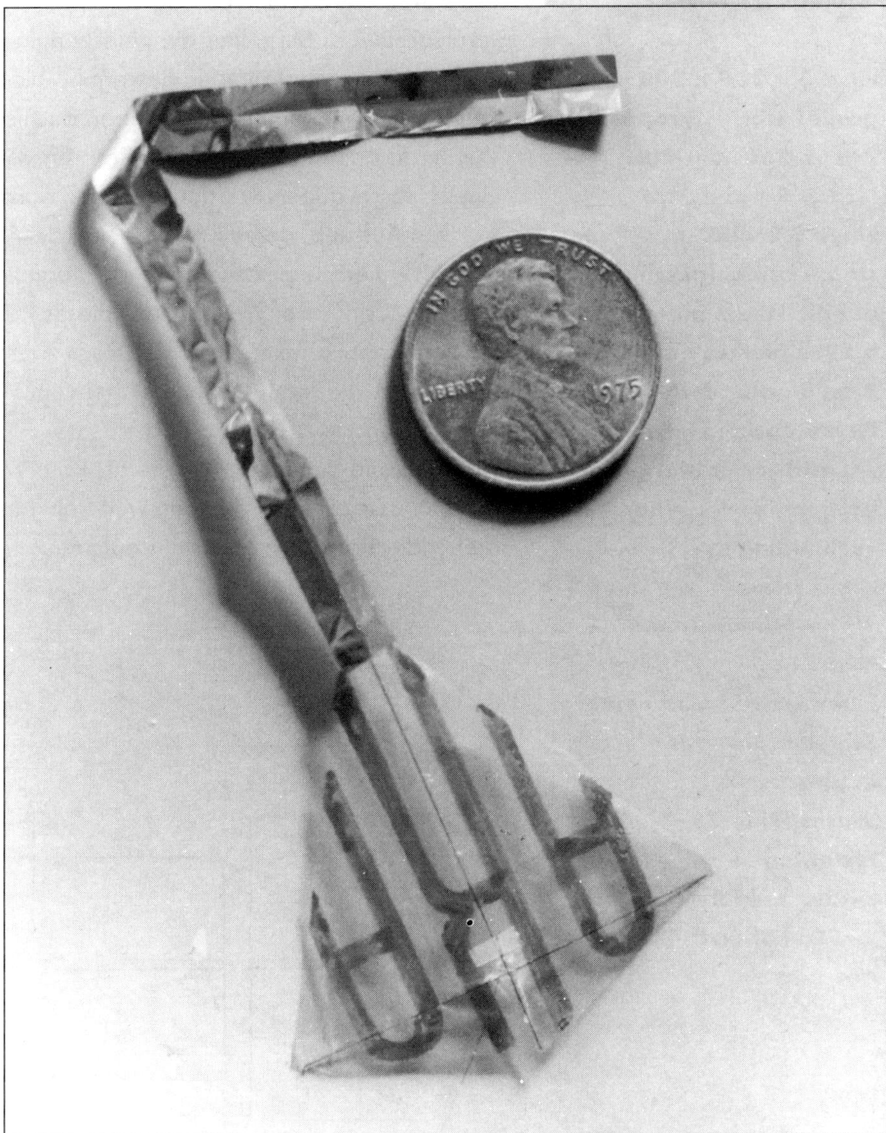

43

Material

Für den Bau dieses Drachens benötigen Sie:

- **Ein ± 5 x 200 x 300 mm großes Stück Styropor**
- **Zwei ± 260-mm-Partyteller aus Schaumstoff**
- **Einen 5 x 1220-mm-Rundstab – zurechtgeschnitten auf die Länge eines Rotorblattes plus 150 mm**
- **Zwei Stecknadeln**
- **Plastikdeckel eines Joghurt- oder Margarinebechers für die Waagenverbindungen**
- **Alleskleber**
- **10-kp-Schnur für die Waage**
- **Einen Universalschneider**
- **Schleifpapier oder Papierraspel**
- **Wachspapier**
- **Nylonfaden**
- **Sekundenkleber**
- **Elektrohobel, falls gewünscht**

Ein Rotordrachen

Entwurf: Mit freundlicher Genehmigung von W.D. (Red) Braswell

Drehen im Wind

Der Rotordrachen (siehe Abb. 303) ist eine von acht Drachengrundformen. Dieser Drachen erhält seinen Auftrieb durch Eigenrotation, die von der Luftströmung verursacht wird. Mit seiner dynamischen, in der Sonne schimmernden Rotorfläche muß der Drachen ständig in Bewegung bleiben, damit er nicht abstürzt. Passive Rotoren wie Windmühlen oder eben auch solche Drachen werden allein von der Windkraft angetrieben. Andere Rotoren wie die Propeller eines Flugzeugs oder eines Hubschraubers werden dagegen durch Motoren angetrieben.

Den Auftrieb, den ein Körper hat, der im Wasser oder, wie in diesem Fall, in der Luft rotiert, bezeichnet man als Magnus-Effekt – benannt nach dem Physiker Gustav Magnus (1802–1870), der dieses Phänomen untersucht hat. In der Natur existiert dieser Effekt jedoch schon seit Jahrmillionen, etwa bei Lindensamen, die rotierend zu Boden fallen und dabei vom Wind oft viele Kilometer weit getragen werden.

Während die ersten Patente für Rotoren ins Jahr 1911 zurückreichen, scheint das Interesse an Rotordrachen weiterhin beschränkt zu sein, obgleich ein sich drehender Rotor immer wieder aufs neue fasziniert.

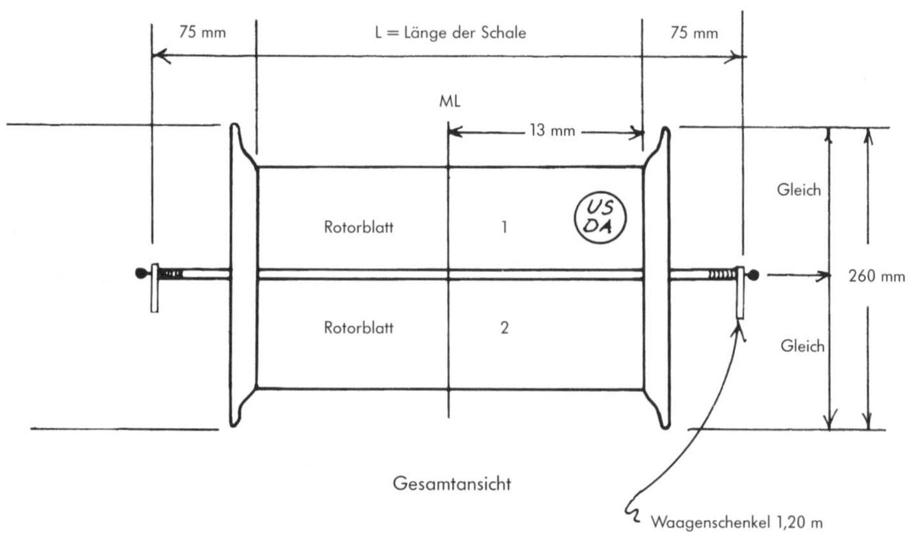

Abb. 302 Detail 1

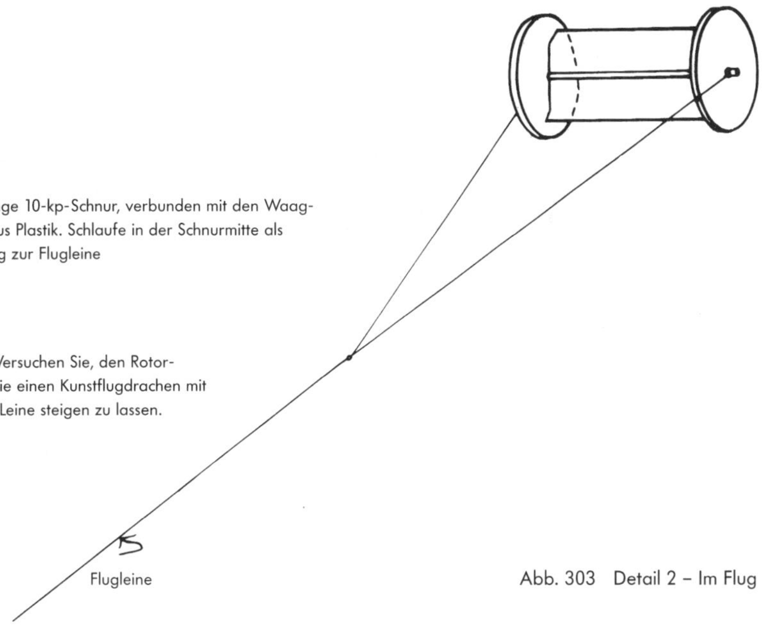

Abb. 303 Detail 2 – Im Flug

Bauanleitung

Schneiden:

1. Die Styroporschale wird mit einem scharfen Messer zugeschnitten. Danach glättet man die Kanten mit feinem Schleifpapier oder mit einer Papierraspel. Die Kanten der Schale werden so, wie in Abb. 304 gezeigt, geschnitten. Markieren Sie die horizontale Mittellinie X und die vertikale Mittellinie Y.
   Tip: Verwenden Sie ein Kurvenlineal oder einen Briefumschlag, um auch die abgerundeten Kanten der Schale glatt markieren zu können.
2. Die Schale wird entlang der Mittelline X aufgeschnitten, so daß man die Rotorblätter 1 und 2 erhält. Drehen Sie Rotorblatt 2 wie gezeigt um (siehe Abb. 305).

Kleben:

3. Siehe Abb. 306: Man schneidet einen 5-mm-Rundstab auf die Länge des Rotorblattes (L) plus 150 mm zu und markiert davon die Mitte. In die Mitte der beiden Enden bohrt man nun ein Loch mit dem Durchmesser einer Stecknadel. Umwickelt und verklebt man die Enden des Stabes mit einer Nylonschnur, spalten sie sich nicht auf.
   Nun bringt man die Mittellinie von Rotorblatt 1 mit der Mitte des Rundstabes deckungsgleich übereinander und klebt das Rotorblatt an den Stab. Schließlich setzt man auch Rotorblatt 2 (in die andere Richtung weisend) an den Stab und klebt es fest, so daß ein zusammengesetzter Rotor entsteht.

Details

- **(Detail 1 in Abb. 302) Gesamtansicht**
- **(Detail 2 in Abb. 303) Im Flug. 2,40 m lange 10-kp-Schnur verbunden mit den Waagpunkten aus Plastik; Schlaufe in der Schnurmitte als Verbindung zur Flugleine (Variante: Versuchen Sie den Rotordrachen wie einen Kunstflugdrachen mit doppelter Leine steigen zu lassen)**

Flugdaten:
Windgeschwindigkeit:
13–32 km/h
Flugleine: 10-kp-Schnur
AE: ± 55

Abb. 304 Schritt 1

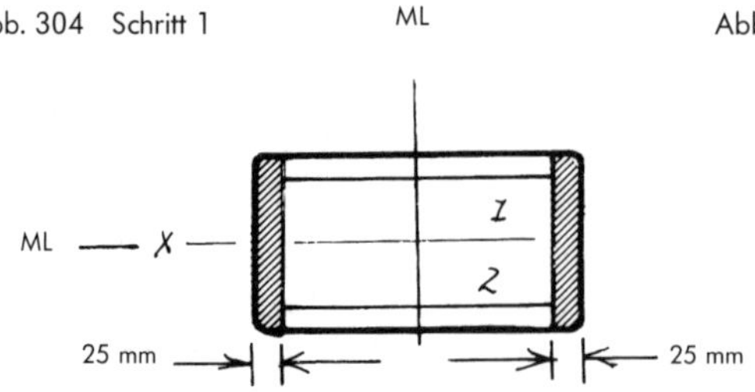

Abb. 305 Schritt 2

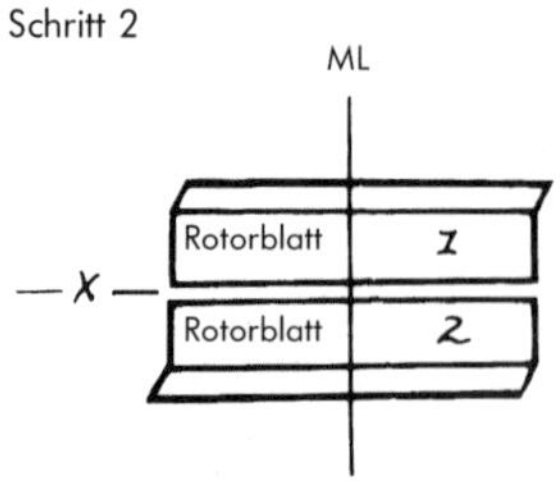

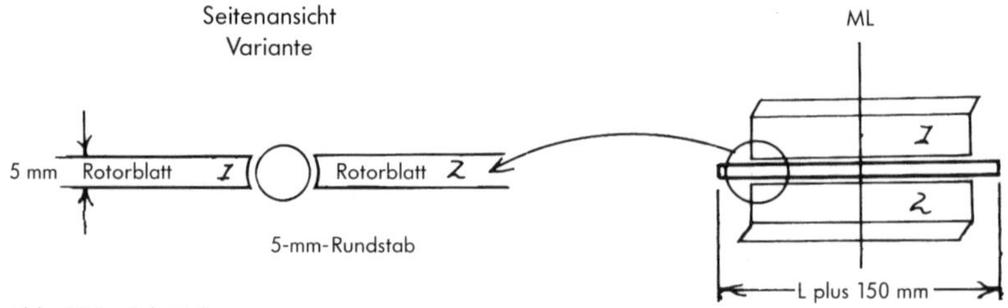

Abb. 306 Schritt 3

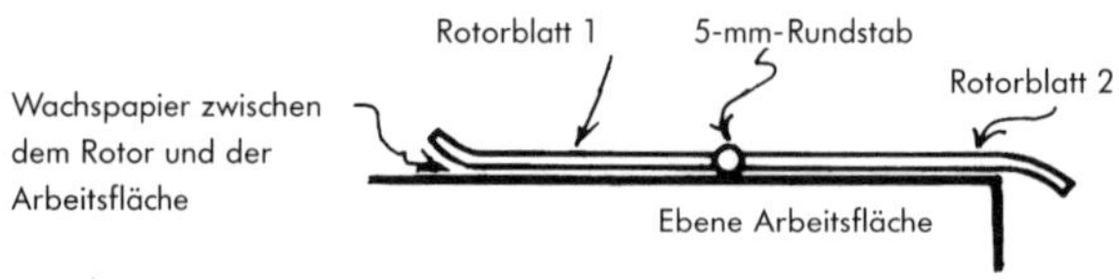

Abb. 307 Schritt 4

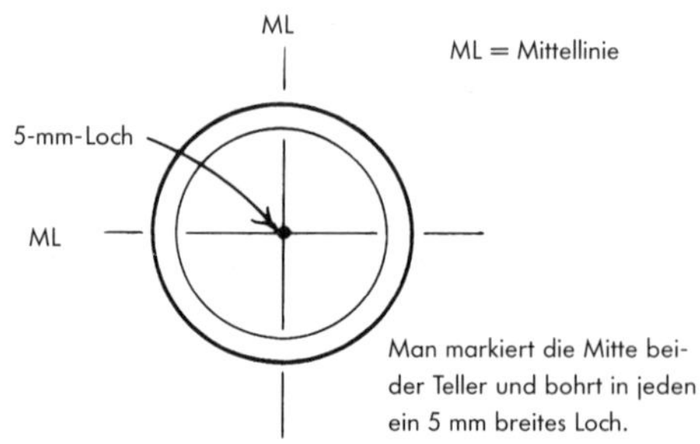

Abb. 308 Schritt 5

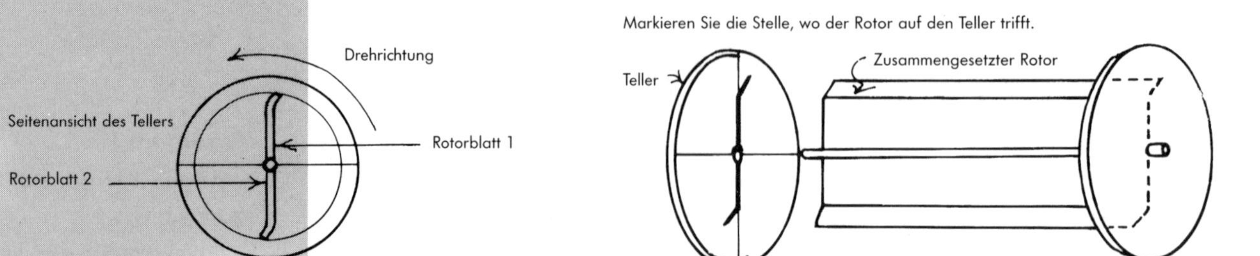

Abb. 309 Schritt 6

Der zusammengesetzte Rotor wird zwischen den beiden Tellern eingepaßt.

Abb. 310 Schritt 7 Waagenverbindung aus Plastik

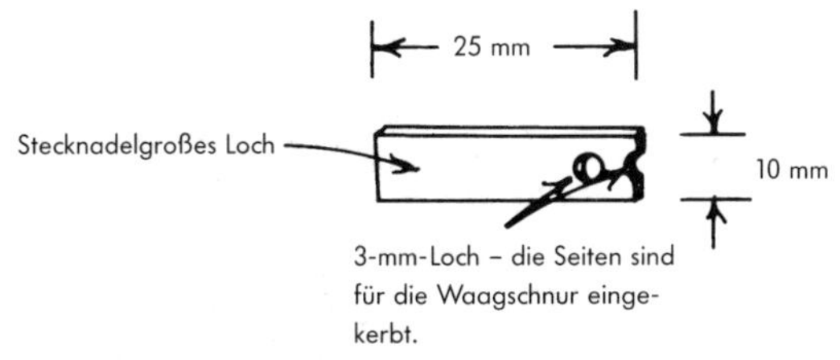

Abb. 311 Schritt 8

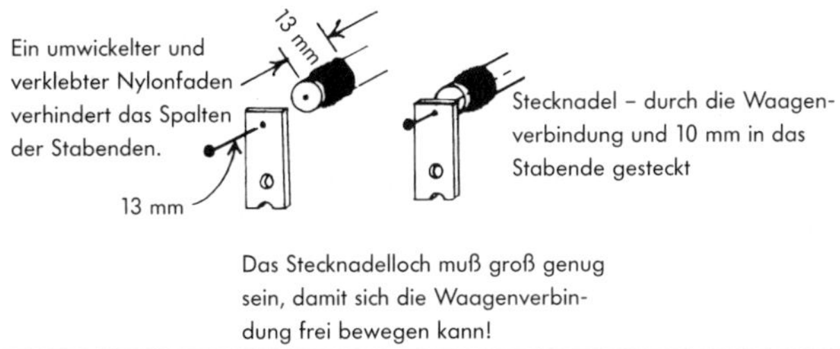

Abb. 312 Schritt 9

Vorschlag: Für einen perfekten Sitz können Sie die Kanten der beiden Rotorblätter, die am Rundstab aufeinandertreffen, auch mit einem Elektrohobel bearbeiten.

4. Siehe Abb. 307: Decken Sie die Arbeitsfläche mit Wachspapier ab, damit der Kleber dort nicht festklebt. Vergewissern Sie sich, daß die Rotorblätter richtig angeordnet sind und daß sie gerade liegen. Lassen Sie den zusammengesetzten Rotor über Nacht liegen, so daß der Kleber aushärten kann.
5. Siehe Abb. 308: In die Mitte jeden Tellers bohrt man ein 5 mm großes Loch.
6. Siehe Abb. 309: Der zusammengesetzte Rotor wird zwischen den beiden Tellern eingepaßt. Dazu markiert man sich die Stelle, wo der Rotor auf die Teller trifft. Der Rotor muß überall eben mit dem Teller abschließen. Ist dies nicht der Fall, wird der Rotor nachgeschliffen. Dann klebt man den Rotor zwischen den beiden Tellern fest und läßt alles über Nacht trocknen.

7. Siehe Abb. 310: Aus Plastik schneidet man zwei Waagenverbindungen von je 25 x 10 mm zu. Mit Hilfe einer Nähnadel oder einem anderen spitzen Gegenstand sticht man in beide Verbindungen ein kleines Loch für die Stecknadeln. Mit einem Locher macht man daneben noch ein 3 mm großes Loch und schneidet an der Spitze eine Kerbe ein.
8. Siehe Abb. 311: Man schneidet zwei Stecknadeln auf 13 mm Länge zu. Die Löcher für die Stecknadeln müssen so groß sein, daß eine freie Bewegung der Waagenverbindungen gewährleistet ist. In die Löcher an den Enden des Rundstabes tropft man etwas Sekundenkleber. Jetzt werden die Stecknadeln durch die Waagenverbindungen hindurch 10 mm tief in die Rundstabenden gesteckt.
9. Mit einem Knoten bindet man anschließend die Waagschnur an die Waagverbindungen (siehe Abb. 312).

44 Der Schirmflügeldrachen

Entwurf von Francis M. Rogallo

Der Vorläufer des Hängegleiters

Im Jahr 1948 stellte sich Francis M. Rogallo ein Fluggerät vor, das die Aerodynamik eines starren Flügels mit der Flexibilität eines Fallschirmes vereinen konnte – und ersann so den Schirmflügel. Diesen Schirmflügel (siehe Abb. 315) ließ er patentieren und vertrieb ihn in den 60er Jahren als einen Mylardrachen unter der Bezeichnung Rogallo-Flex-Drachen.

Die frühen Experimente Rogallos, einem ehemaligen Ingenieur der Zentralbehörde für Luft- und Weltraumfahrt der USA (NASA), führten zu der Entwicklung des Hängegleiters. Rogallo erzählte, daß er gar nicht daran gedacht hätte, damit eine neue Sportart ins Leben zu rufen, sondern daß er einfach nur einen tragbaren, flexiblen Flügel konstruieren wollte, der sich an die Windverhältnisse anpaßt. Der »Vater« der modernen Hängegleiter kann bis heute nicht verstehen, warum vor 1948 noch niemand auf die Idee gekommen war, einen flexiblen Flügel zu entwerfen.

Es sind aber nicht nur die Hängegleiter, die von den Flügelstudien Rogallos profitiert haben, sondern auch die gewöhnlichen Deltadrachen einschließlich der Kunstflugdrachen.

Bauanleitung

Hinweis: Dieser Drachen besticht durch sein anpassungsfähiges Flugverhalten. Sie müssen jedoch die Maße aus Detail 1 so genau wie möglich übernehmen; selbst kleinste Veränderungen – zum Beispiel bei einer Trageleine – stören das Gleichgewicht des Drachens.

1. Nehmen Sie ein 100 cm^2 großes Stück Mylar (aluminiumbeschichtet) und falten es diagonal. Die Falte auf der Unterseite des Segels verleiht dem Drachen seine einzigartige konische Form. Bügeln Sie anschließend über die Falte, so daß eine ausgeprägte Mittelfalte entsteht. Damit das Mylar – ein Plastikmaterial – sich nicht verformt oder schmilzt, legt man ein dickes Stück Papier, z. B. eine Papiereinkaufstüte, zwischen Bügeleisen und Mylar. Die Hitze und der Druck machen die Falte dauerhaft.

Details

- **(Detail 1 in Abb. 313)**
Gesamtentwurf
- **(Detail 2 in Abb. 314)**
Schirmflügel mit Rundholzversteifung (falls gewünscht)
- **(Detail 3 in Abb. 315)**
Im Flug

Flugdaten:
Windgeschwindigkeit:
11–26 km/h
Flugleine: Nähfaden oder leichte Baumwollschnur (4–6 kp)
AE: ± 55

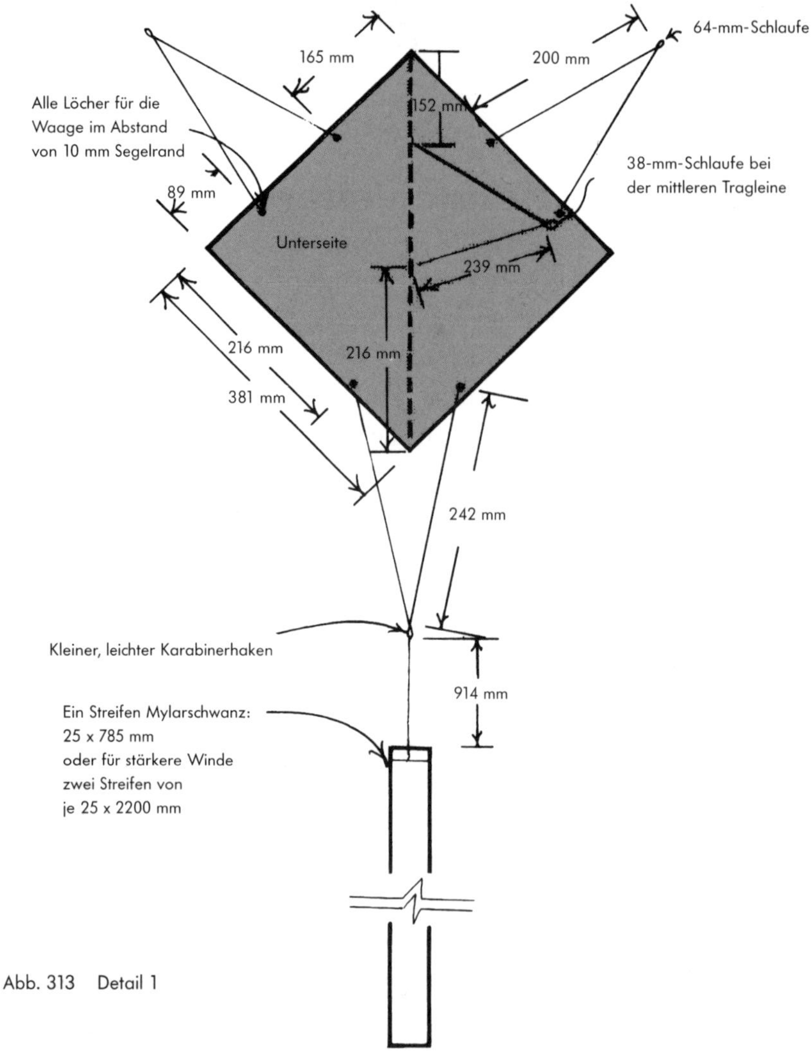

Abb. 313 Detail 1

2. Machen Sie die Schlaufen in die Tragleinen der Waage, bevor Sie sie am Drachensegel befestigen. So lassen sich die zum Drachen führenden Leinen genauer abmessen.
3. Stechen Sie mit einer Nadel im Abstand von 10 mm vom Segelrand kleine Löcher für die Verbindungspunkte der Waage und für die Schwanzwaage in das Segel. Ziehen Sie die Waagschnur von der Unterseite durch das Segel und machen Sie eine Schlaufe, damit das Mylar nicht zerknittert. Ziehen Sie für die mittlere Tragleine beide Enden durch das Segel, binden Sie sie ab und sichern Sie sie mit einem Stück Klebeband auf der Rückseite des Drachens. Variante: Man kann alle Löcher für die Waage im Segel mit kleinen Isolierbandstückchen verstärken.

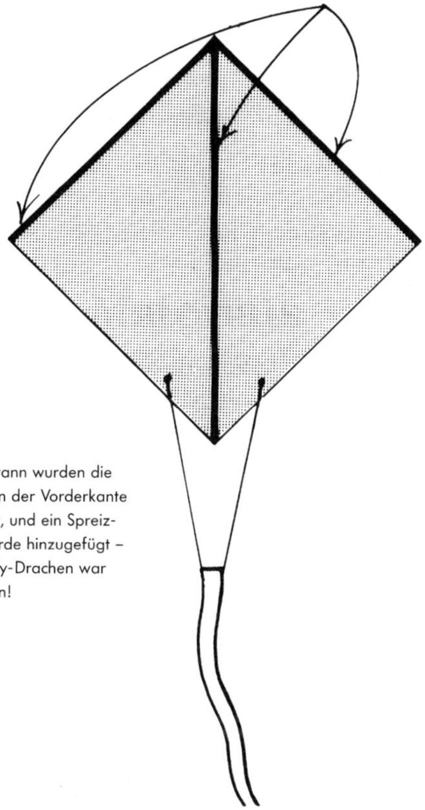

Abb. 314 Detail 2

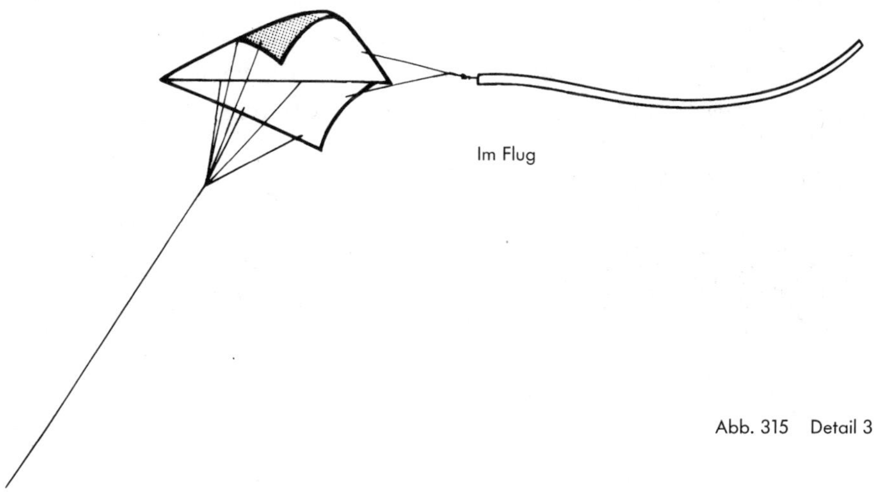

Abb. 315 Detail 3

4. Bringen Sie mit einem kleinen Karabinerhaken einen Schwanz an.
5. Jetzt müssen Sie nur noch die Flugleine an den drei Schlaufen mit einem Laufknoten befestigen – und Sie können den Drachen steigen lassen!
6. Man kann den Schirmflügeldrachen auch als Kunstflugdrachen mit einer Doppelleine steigen lassen. Dazu verwendet man kleine Karabinerhaken. Einen der Haken bringt man an der äußeren und der inneren Schlaufe an. Den zweiten Haken befestigt man an der anderen jeweils äußeren und inneren Schlaufe. Jetzt können Sie mit Ihrem Schirmflügeldrachen auch Figuren fliegen!
7. Wenn Sie eine größere Variante ausprobieren möchten oder leichteres Segelmaterial verwenden wollen, kleben Sie drei 3-mm-Rundstäbe an jede Seite und befestigen Sie sie entlang der Falte. In den frühen 60er Jahren experimentierte auch die NASA mit Versteifungen auf Rogallo-Drachen.
8. Sie können versuchen, den Schirmflügeldrachen als Gleiter fliegen zu lassen. Entfernen Sie dazu den Schwanz und bringen Sie an der Stelle, wo die drei Schlaufen zusammenlaufen, ein kleines Gewicht an. Probieren Sie verschiedene Gewichte aus, bis Sie das Gleichgewicht des Drachens hergestellt haben.
   Tip: Bringen Sie an den Schlaufen jeweils eine Kugel aus Ton an. Bei diesen Kugeln können Sie ohne größeren Aufwand kleine Stückchen abnehmen oder hinzufügen, um das Gewicht zu vergrößern oder zu verringern. Stellen Sie sich auf einen Stuhl, halten Sie den Schirmflügelgleiter hoch, stoßen Sie ihn leicht nach vorn und lassen Sie ihn los. Ein gut ausgeglichener Schirmflügel gleitet gerade durch den Raum.
   Variante: Wenn Sie die Rundstab-Versteifung anfügen, benötigen Sie keine Waagschnüre. Befestigen Sie einfach ein kleines, dreieckiges Drahtgestell am Längsstab und an beiden Flügelstäben, das die Tonkugel (den Schwerpunkt) unter dem Drachen in der richtigen Lage hält. Die heutigen Hängegleiter wurden wahrscheinlich auf ähnlich einfache Weise konstruiert.

45 Der Scheunentor-Drachen

Mehr Spannung für einen besseren Drachen

Schon 1885 verwendete der Forscher Alexander McAdie seidenbespannte Varianten des Scheunentor-Drachens für meteorologische Experimente des Blue Hill Observatoriums in Massachusetts und später auch für das U. S. Weather Bureau. Doch leider waren McAdies Drachen genauso unzuverlässig wie das Wetter. Als Transportgerät für meteorologische Meßgeräte kam der Scheunentor-Drachen nicht richtig zum Zuge, da fast gleichzeitig zwei neue Drachengrundformen entwickelt wurden, der Eddy- und der Kastendrachen, die dafür besser geeignet waren.

Bei dem hier vorgestellten Drachen (siehe Abb. 317) handelt es sich um eine verbesserte Version von McAdies Scheunentor-Drachen. Die Zuverlässigkeit dieses aus drei Stäben aufgebauten Drachens resultiert vor allem aus seiner selbststabilisierenden Spannkraft. Diese wird durch seine Spannschnur erreicht, die William Eddy Ende des 19. Jahrhunderts bei seinem schwanzlosen »Eddy-Drachen« als erster verwendet hatte (siehe »Der Eddy-Drachen« auf den Seiten 148–155).

Bauanleitung

Hinweis: Achten Sie besonders auf die Randeinfassung, die dafür sorgt, daß das Drachensegel nicht verzerrt wird. Wollen Sie z. B. die Einfassung auf der Unterseite des Drachens anbringen, um ein bestimmtes Design oder Farbmuster einzufassen, können Sie auf eine Umsäumung des Randes verzichten und den Drachen mit einem Lötkolben zuschneiden. Wenn Sie jedoch die Einfassung auf der Rückseite des Drachens haben möchten, benötigen Sie einen Saum, wie im folgenden Entwurf gezeigt.

Heißschnitt:

1. Messen Sie das Segel wie angegeben aus (siehe Abb. 319). Sie sehen hier auch die Faltlinie für die Umsäumung. Vergessen Sie nicht, an allen Seiten 6 mm für den Saum zuzugeben, bevor Sie das Segel zuschneiden.

Material

Für den Bau dieses Drachens benötigen Sie:

- **1015 x 1040 mm Spinnakernylon, Tyvek oder Baumwolltuch**
- **1015 x 6 mm Saumband**
- **6-mm-Ösen**
- **Dacron, als Verstärkungsmaterial**
- **Fünf 20-mm-Schlüsselringe**
- **Drei 6 x 1220-mm-Hartholz-Rundstäbe (auf die richtige Größe zugeschnitten) oder 6-mm-Kohlefaserrohr (mit Verbindungsstäben)**
- **Zwei Spannschnurregler**
- **3,65 m einer 25-kp-Dacronschnur für Waage, Spannschnur und Schwanzwaage**
- **610 x 20-mm-Nylontuch für die Taschen**
- **255 x 6-mm-Randeinfassung**
- **6–9 m x 100 mm Spinnakernylon oder Tyvek für den Schwanz**

Details

Siehe Abb. 316 für Details 1–4, Abb. 317 für Detail 5 und Abb. 318 für Detail 6.

- **(Detail 1) fertiger Drachen (Rückseite): Segel aus 22,5-g-Spinnakernylon**
- **(Detail 2) Querstabstasche; Spannschnurregler, Spannschnur und Querstab**
- **(Detail 3) Querholmtasche. Die Waagschnur durch 6-mm-Ösen gezogen; Schlüsselringe an den unteren Querholmtaschen für die Schwanzwaage; Verstärkung aus Dacron; über den Saum ist ein 6-mm-Einfassungsband genäht; 20 x 100 mm Nylontuch (gefaltet) bildet die Tasche; Tasche wird an der Segelkante zugenäht.**
- **(Detail 4) Dacronverstärkung am Schnittpunkt der Stäbe; die Waagschnur wird durch die Ösen und über den Querstab gefädelt. Überhandknoten mit 6 x 510 mm Saumband, hält den Querstab an der richtigen Stelle. Mit dem restlichen Saumband macht man zur Sicherung der Querholme einen weiteren Knoten um die Querholme.**

Hinweis: Alle Stäbe befinden sich unter der Spannschnur.

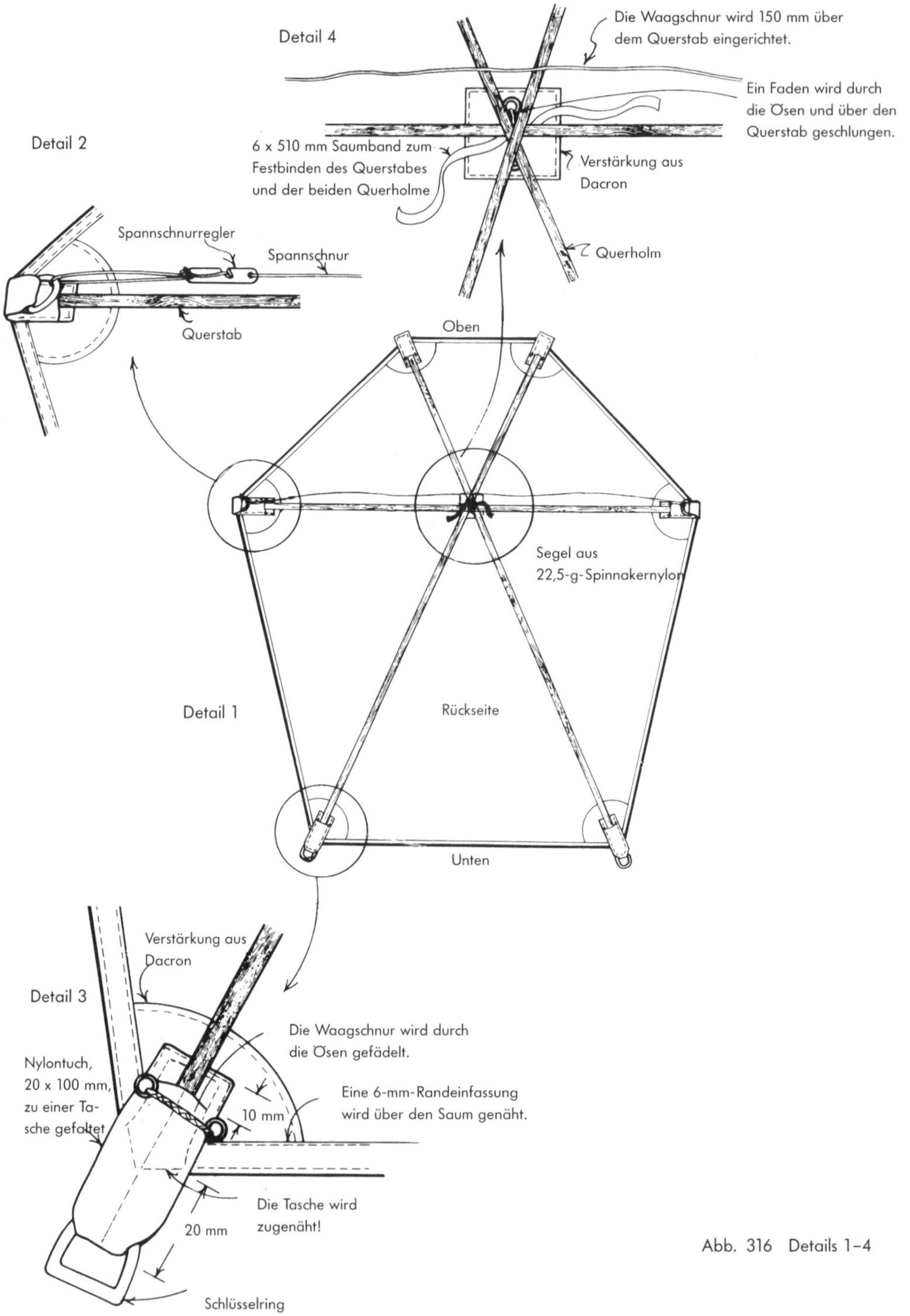

Abb. 316 Details 1–4

2. Schneiden Sie mit dem Lötkolben sieben Stücke der Dacronverstärkung und sechs 20 x 100 mm große Nylonstreifen für die Taschen aus.

Nähen:

3. Siehe Abb. 320: Auf der Rückseite des Segels wird in jede Ecke eine Dacronverstärkung genäht. Man näht dabei nur der Krümmung entlang und schließt beide Enden mit einem Steppstich ab.
   Hinweis: Führen Sie diesen Schritt aus, bevor Sie den Segelrand umsäumen.
4. Nach dem Umsäumen des Segelrandes legt man eine Randeinfassung auf den Saum und vernäht alles (siehe Detail 3 in Abb. 316).
5. Jetzt werden die Nylontaschen gefaltet und auf das Segel gesetzt (siehe Detail 3). Auf das Verstärkungsstück in der Mitte des Segels näht man ein 6 x 510 mm großes Saumband (siehe Detail 4 in Abb. 316).

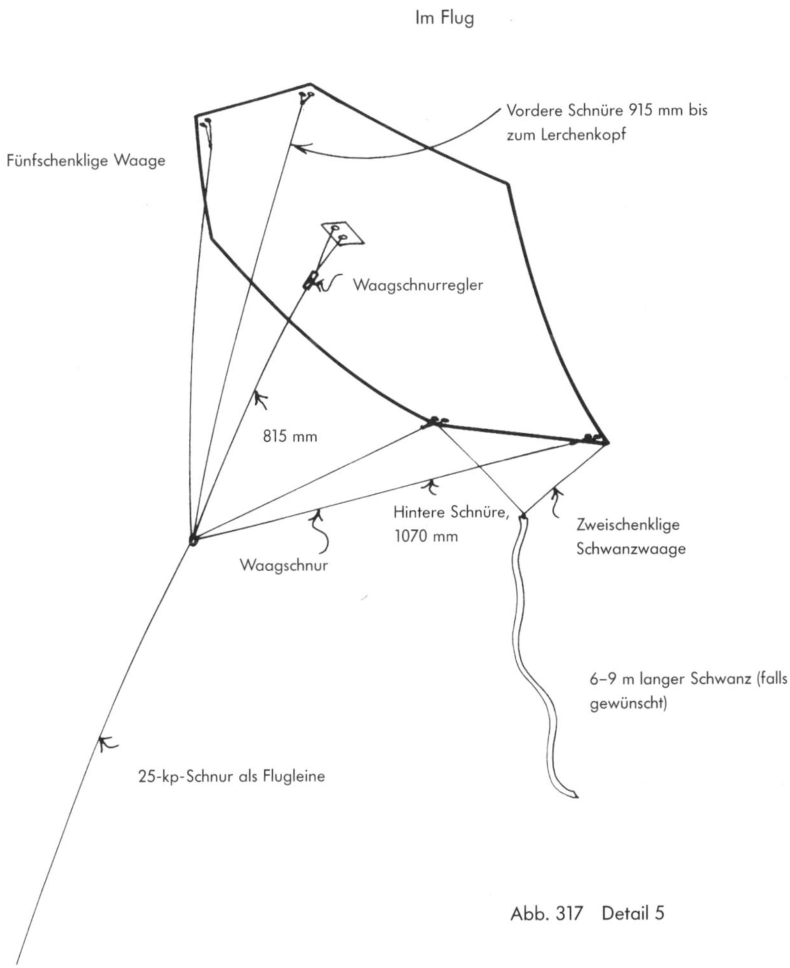

Abb. 317 Detail 5

Details
(Fortsetzung)

Stellen Sie die Spannschnur mit einer Bogentiefe von 150 mm über dem Querstab ein. Bei schwachen Winden sollte die Bogentiefe 100 mm betragen. Markieren Sie die Punkte auf der Spannschnur mit einem Filzstift.

- **(Detail 5) Im Flug. Fünfschenklige Waage. Die vorderen (915 mm) und die hinteren Schnüre (1070 mm) werden mit einem Lerchenkopf an einem Schlüsselring befestigt. Die mittlere 815-mm-Waagschnur ist straff, die vorderen und hinteren Schnüre sind lockerer. Eine gleichmäßige Spannung der Waage tritt während des Fluges auf.**
- **(Detail 6) Varianten mit drei Stäben**

Flugdaten:
Windgeschwindigkeit: 6–24 km/h
Flugleine: 25-kp-Schnur
AE: ± 50

Montage:

6. Mit der Spitze des Lötkolbens schmilzt man Löcher in das Segel, die groß genug sind (etwa 3 mm), um dort die 6-mm-Ösen für die Waagpunkte einzusetzen.
7. Der Querstab und die beiden Querholme werden nun so zugeschnitten, daß sie genau von einem Taschenende zum anderen reichen. Runden Sie die Kanten der Stäbe ab, damit sie die Taschen nicht durchscheuern.
8. Schneiden Sie die Waagschnüre und die Spannschnur (1020 mm) aus 25-kp-Dacronschnur zu.

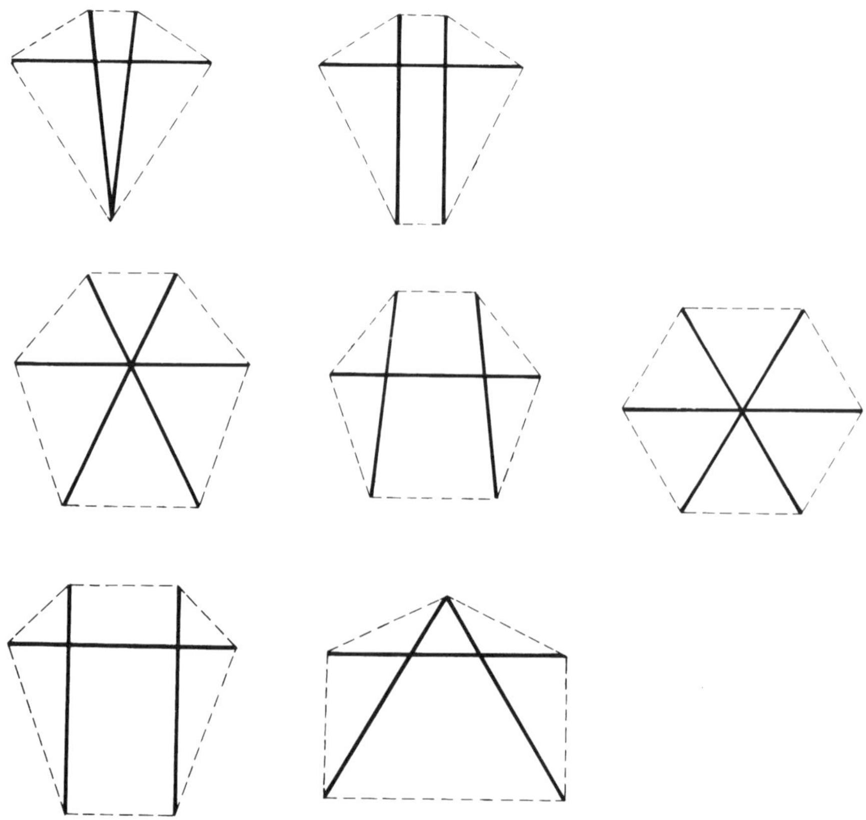

Abb. 318 Detail 6 – Varianten mit drei Stäben

9. Zum Anbringen der Waage legen Sie den Drachen mit der Unterseite nach oben auf den Boden. Richten Sie alle Waagschnüre so aus, daß sie über dem Verbindungspunkt der drei Stäbe zusammenlaufen. Halten Sie die Waagschnüre hoch und richten Sie die mittlere Schnur mit dem Waagschnurregler so ein, daß sie etwas kürzer ist als die anderen. Die lockeren äußeren Schnüre werden dann beim Flug gespannt.
10. Bringen Sie nun an den Schlüsselringen der hinteren Querholmtaschen den Schwanz an.

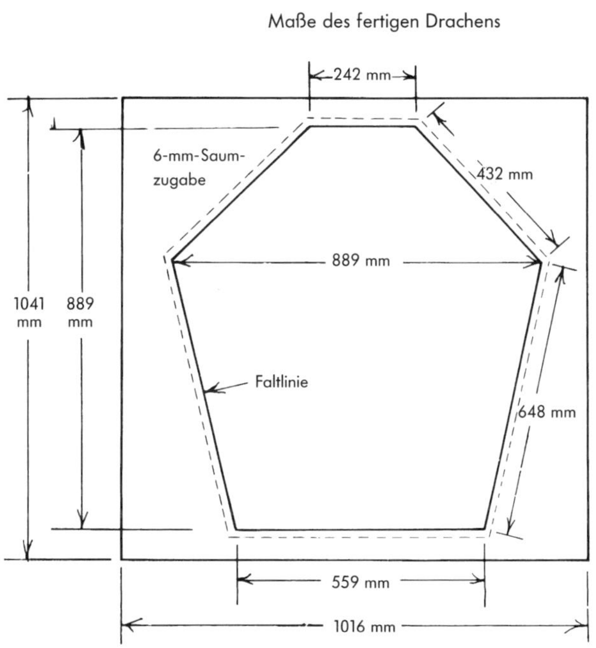

Abb. 319 Schritt 1

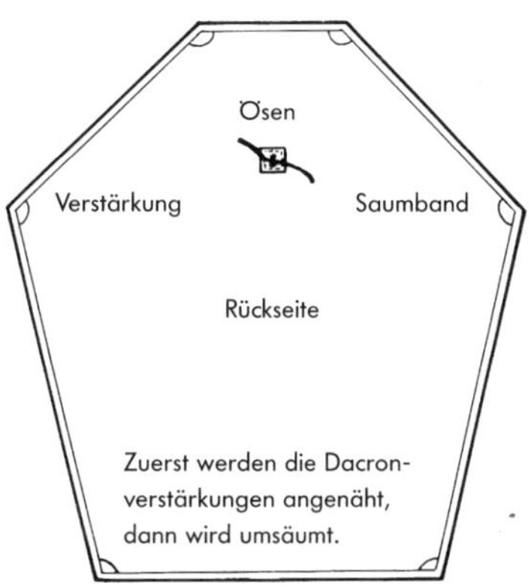

Abb. 320 Schritt 3

46

Der dreifache Yakko-Stakk-Drachen

Entwurf: Mit freundlicher Genehmigung von Martin Lester

Material:

Für den Bau dieses Drachens benötigen Sie:

- **1045 x 1220 mm 22,5-g-Spinnakernylon als Segelmaterial**
- **Drei 2 x 1800-mm-Glasfaserstäbe, auf die richtige Größe zugeschnitten**
- **Sechs Schutzkappen für die Glasfaserstäbe**
- **Neun leichte Karabinerhaken**
- **6 m 25-kp-Flugleine für drei Waagschnüre**
- **Einen 15-mm-Schlüsselring für den Zugpunkt der Flugleine**

Drachen in einer Kette

Erst einige Jahre nachdem der englische Drachenbauer Martin Lester diesen ungewöhnlichen Drachen entworfen hatte, entdeckte er, daß sein Prinzip bereits seit Jahrhunderten von den Japanern verwendet wurde. In Japan werden diese Drachen Yakko- (»Lakaien«-)Drachen bezeichnet, und Lester benannte seinen Drachen in Anlehnung daran. Anders als sein fernöstliches Gegenstück benötigt der Yakko-Drachen von Lester keinen Längsstab und hat eine sich selbst regulierende V-Form, um das Gleichgewicht zu erhalten. Sein Yakko kann allein oder auch in einer Kette fliegen (siehe auch den japanischen Yakko-Drachen in Abb. 321 und Lesters dreifachen Yakko-Stakk-Drachen in Abb. 322 – Detail 4).

Der Yakko läßt sich schnell und einfach bauen und ist praktisch unzerstörbar. Um herauszufinden, welchen Spaß man beim Fliegen einer Drachenkette haben kann, sollte man mit einem dreifachen Stakk, wie er hier beschrieben ist, beginnen. Werden weitere Drachen hinzugefügt, muß die Waagschnur verändert und auch alle anderen Schnüre müssen verstärkt werden. Lester berichtet, daß der bisher längste Stakk-Drachen etwa 200 Einzeldrachen umfaßte und sein Flug ein unglaubliches Schauspiel war.

Bauanleitung

Die folgenden Anleitungen gelten für jeden einzelnen Drachen.

Heißschnitt:

1. Man schneidet ein Stück Spinnakernylon als Rechteck mit den Maßen 914 x 381 mm zu (siehe Abb. 323).
2. Die drei Waagpunkte werden markiert (Abb. 323).
3. Man nimmt einen 20 mm breiten und 150 mm langen Streifen 22,5-g-Spinnakernylon und faltet ihn zweimal der Länge nach. In der Mitte bringt man eine Naht an und

Abb. 321 Der japanische Yakko-Drachen

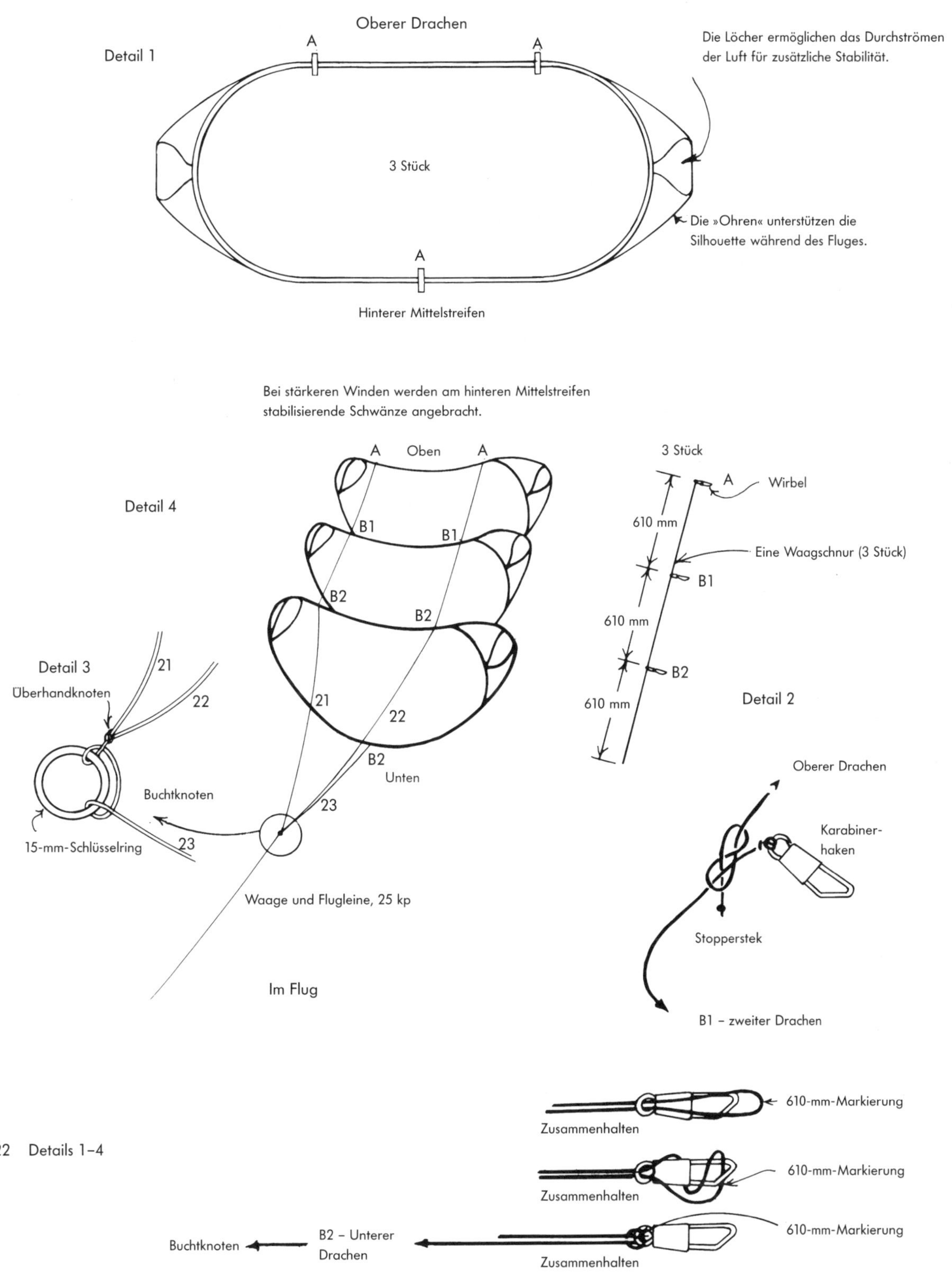

Abb. 322 Details 1–4

Details

Die folgenden Details sind in der Abb. 322 zu sehen.

- **(Detail 1) Fertiger oberer Drachen: hinterer Mittelstreifen und »Ohren«, die die Silhouette während des Fluges unterstützen**
- **(Detail 2) Anordnung der Waage. Man stellt die drei Waagschnüre wie gezeigt her; die unteren Schnüre sind mit einem Buchtknoten verbunden.**
- **(Detail 3) Waagschnüre: Befestigt mit einem Überhandknoten; an einem 15-mm-Schlüsselring wird ein verstellbarer Buchtknoten angebracht.**
- **(Detail 4) Im Flug. Bei stärkeren Winden sollte am hinteren mittleren Streifen ein stabilisierender Schwanz angebracht werden.**

Flugdaten:
Windgeschwindigkeit: 5–40 km/h
Flugleine: 25-kp-Schnur
AE: ± 60

schneidet den Streifen in drei Stücke, mit den Maßen 6 x 50 mm – auf diese Weise erhält man die Verbindungsschlaufen für die Waage.

4. Man nimmt ein Segel und schlägt die Ecken 10 mm übereinander (siehe Abb. 324). Die obere Ecke wird mit einem 20 mm langen Steppstich an die Unterseite genäht. Dieser Arbeitsschritt wird für die andere Seite wiederholt.
5. Beginnend in der Mitte der Unterseite (Waagpunkt), faltet man den Segelrand doppelt und erhält so eine 10-mm-Saumtasche. Zuerst näht man den vertikalen Saum und folgt dann dem äußeren Rand, um eine Tasche wie in Abb. 325 gezeigt zu erhalten.
6. Wenn man die beiden oberen Waagpunkte erreicht, faltet man die 50-mm-Streifen in der Mitte und näht sie wie in Abb. 326 gezeigt an.
7. Man fährt mit dem Umnähen des Segelrandes fort, unterbricht aber 20 mm vor dem vertikalen Saum am unteren Segelrand, also dort, wo mit dem Nähen begonnen wurde, die Naht. An dieser Stelle läßt man im Saum eine Öffnung, um den Glasfaserstab hinein- und hinausschieben (siehe Abb. 327) zu können. Dann bringt man den dritten Streifen an und näht ihn über die Oberseite des vertikalen Saumes.

Zuschnitt:

8. Man schneidet einen 2-mm-Glasfaserstab auf eine Länge von ca. 1800 mm zu (die exakte Länge sollte vor dem Zuschneiden das Stabes festgelegt werden). An beiden Enden bringt man Schutzkappen an. Dann steckt man ein Ende des Stabes in die Öffnung und führt den Stab durch den Taschensaum, indem man abwechselnd den Stab weiterschiebt und den Stoff ein Stück über den Stab zieht. Um einen möglichst perfekten Sitz des Stabes zu bekommen, schiebt man ihn ganz in die Taschenöffnung hinein.
9. Mit je einem Karabinerhaken befestigt man die drei Waagschnüre an den Schlaufen (siehe Detail 4, Abb. 322).

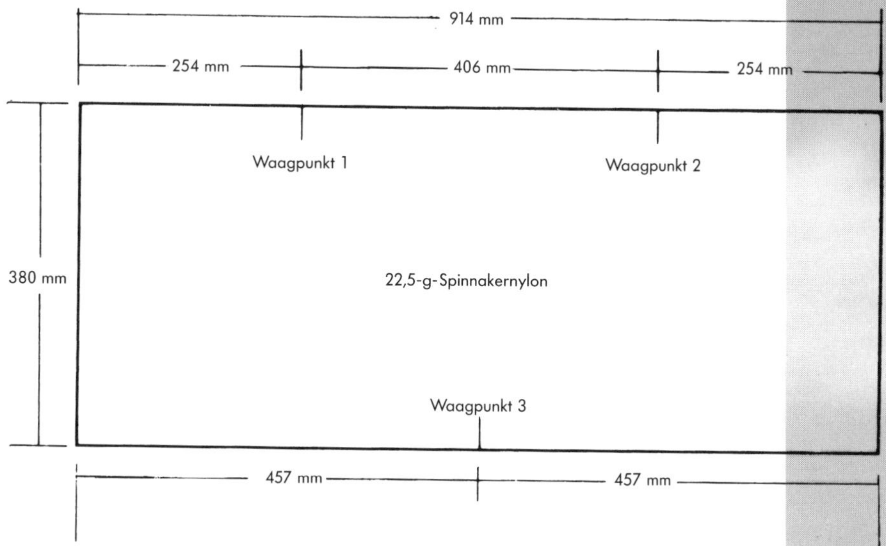

Abb. 323 Schritte 1 und 2

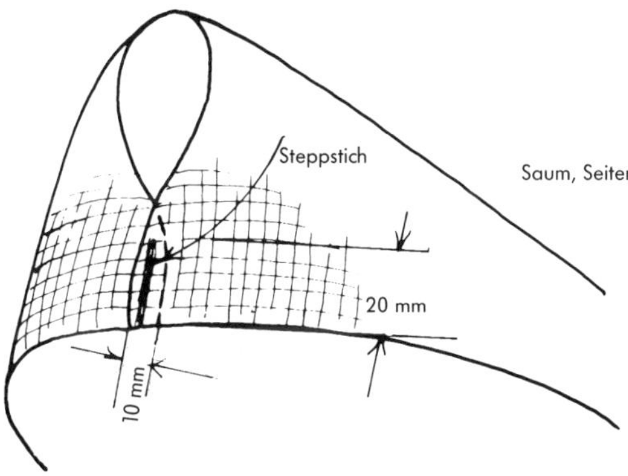

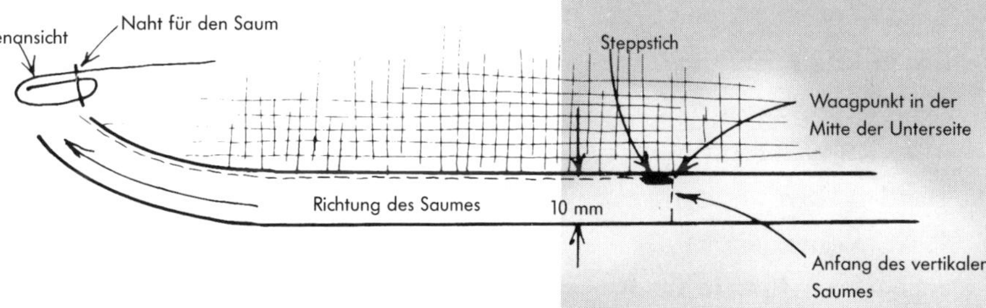

Abb. 324 Schritt 4

Abb. 325 Schritt 5

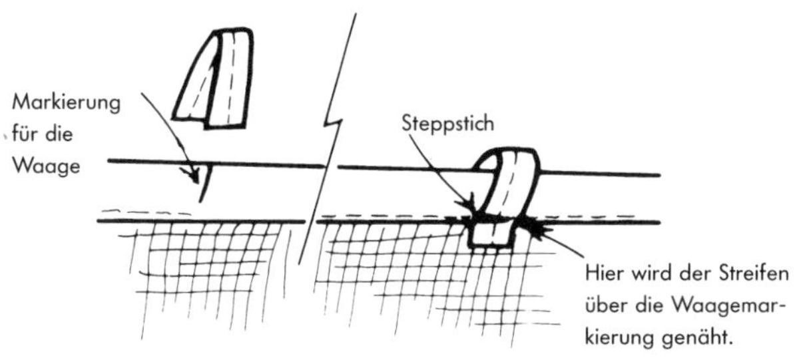

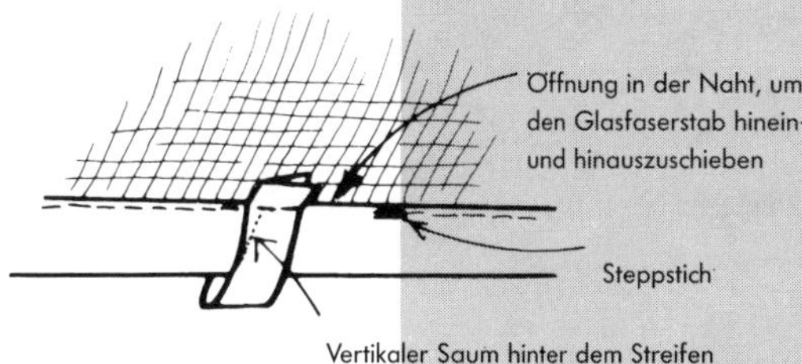

Abb. 326 Schritt 6

Abb. 327 Schritt 7

Material

Für den Bau dieses Drachens benötigen Sie:

- **1500 x 1050 mm 22,5-g-Spinnakernylon**
- **1015 x 6 mm Saumband**
- **Dacron als Verstärkungsmaterial**
- **Drei 1220 x 8-mm-Hartholz-Rundstäbe – für die Querstäbe zwei halbierte Stäbe, für den Längsstab einen runden Stab**
- **Schutzkappen**
- **6-mm-Ösen**
- **635 x 25 mm Nylontuch für die Taschen**
- **5,50 m einer 13 mm breiten Randeinfassung**
- **Zwei Spannschnurregler oder Knöpfe mit zwei bis vier Löchern**
- **2,75 m einer 45-kp-Dacronschnur für die Waage sowie für die vorderen und hinteren Segelverbindungen**
- **Zwei 8 mm (Innendurchmesser) x 102 mm Aluminiumrohre als starre Verbindungsteile**
- **Drei 16-mm-Schlüsselringe**
- **Ein starkes Gummiband**
- **Ein 5-mm-Rundholzstab, zurechtgeschnitten**

Der Roloplan

Nach einem Entwurf von Alick Pearson[1]

Keiner schwebt so elegant wie er

Obwohl seine Flugeigenschaften bei leichtem bis mäßigem Wind am besten sind, braucht der Roloplan keine Idealbedingungen. Durch seine selbstregulierende Waage kann er selbst schwierige Windverhältnisse gut meistern. Diese Waage erlaubt es ihm, plötzlich auftretende starke Böen abzufangen, die sonst dazu führen würden, daß die Flugleine reißt oder der Drachen außer Kontrolle gerät.

Der Roloplan wird meist für ein englisches Modell gehalten, in Wirklichkeit jedoch stammt er aus Deutschland. Zu Beginn des 20. Jahrhunderts wurde der Roloplan von der deutschen Spielzeugfirma Steiff hergestellt. Weil man den Drachen problemlos auch auf kleineren Arealen, wie z. B. in kleinen Parkanlagen, steigen lassen konnte, wurde der Roloplan später im dichtbevölkerten London sehr populär, und schon bald begannen Londoner Drachenfreunde, ihn nachzubauen.

Heute gehen die Londoner, wie übrigens schon seit vielen Jahren, besonders gern zu einer kleinen Wiese in der Nähe des sogenannten Round Pond in Kensington Gardens, um ihre Roloplan-Drachen steigen zu lassen. Dort kann man auch einer Gruppe von Drachenexperten begegnen, die als die »Drachenfreunde vom Runden Teich« bekannt sind. Sie meinen, daß ein zuverlässiger großer Flugwinkel, Stabilität und gute Starteigenschaften die wichtigsten Eigenschaften eines Drachens sind – und genau diese Eigenschaften vereint der Roloplan in sich.

Der in diesem Buch vorgestellte Roloplan ist eine Version, die von dem mittlerweile verstorbenen Alick Pearson entwickelt wurde, der in den frühen 70er Jahren den traditionellen Roloplan perfektionierte und auch zur Gruppe am Round Pond gehörte. Bevor Pearson diesen Drachen verbesserte, hatten viele der Roloplan-Drachen schwerfällige, mehrschenklige Waagen – manche mit und manche ohne Vorder- und Hinterruder. Zu den Verbesserungen Pearsons gehören die quadratischen Proportionen des Drachens und die Waage mit nur einer Schlaufe.

Dieser selbst bei schwächstem Wind leicht zu startende Drachen ist bekannt für seinen großen Flugwinkel (65–80°). Er kann, die Thermik nutzend, problemlos hunderte Meter aufsteigen, bis er nur noch als kleiner Punkt am Himmel zu sehen ist.

[1] mit Unterstützung von Dan Leigh und Kevin Shannon

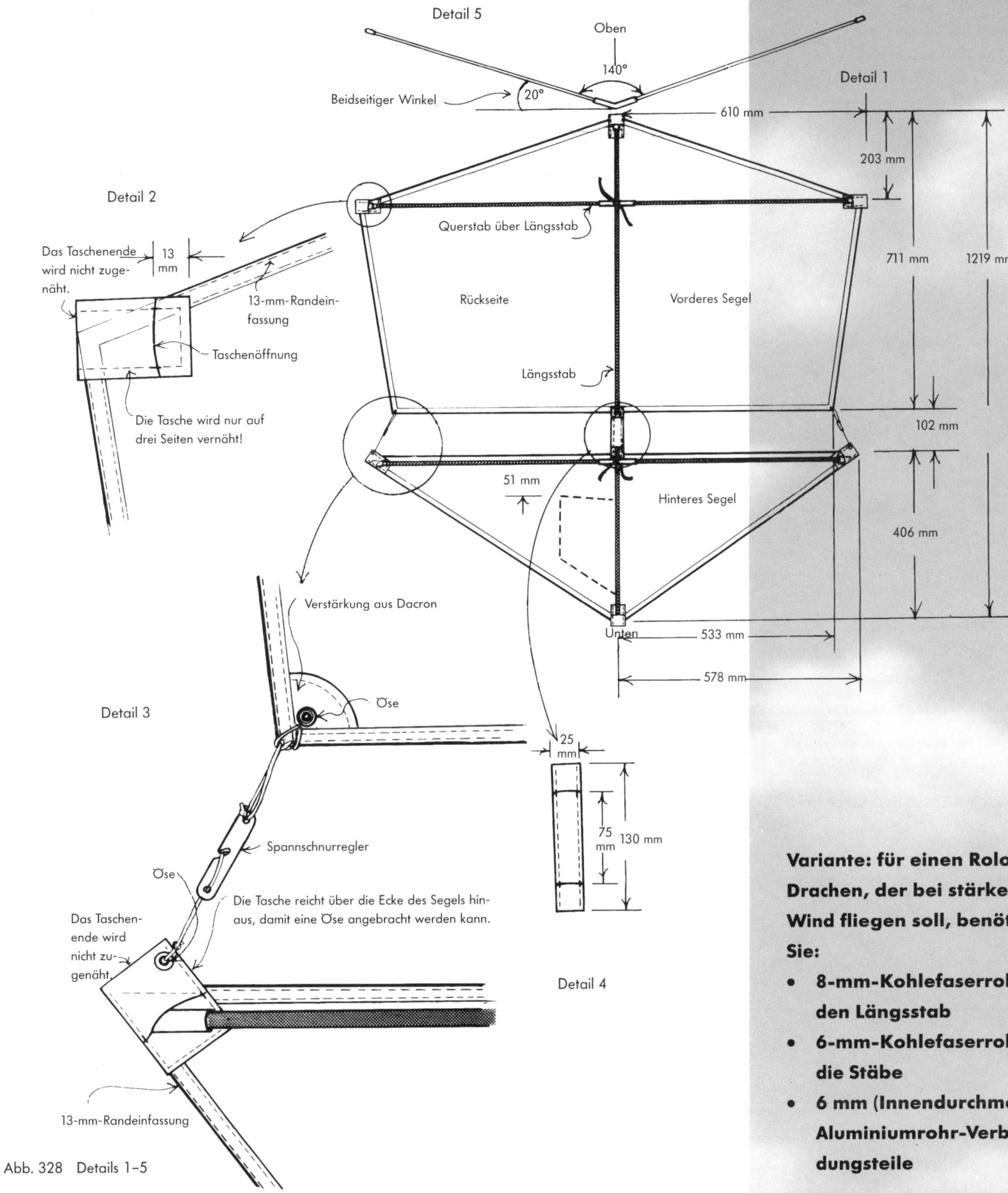

Abb. 328 Details 1–5

Variante: für einen Roloplan-Drachen, der bei stärkerem Wind fliegen soll, benötigen Sie:

- **8-mm-Kohlefaserrohr für den Längsstab**
- **6-mm-Kohlefaserrohr für die Stäbe**
- **6 mm (Innendurchmesser) Aluminiumrohr-Verbindungsteile**

Durch die Randeinfassung wird das Segel stabilisiert; außerdem verhindert sie ein Ausdehnen des Spinnakernylons. Wenn man anstelle der Randeinfassung einen doppelt gefalteten Saum macht, sollte man den Drachen nicht bei feuchter Witterung steigen lassen, da sich das Spinnakernylon-Segel sonst leicht verzieht. Der Drachen ist in Abb. 329 (Detail 6) dargestellt.

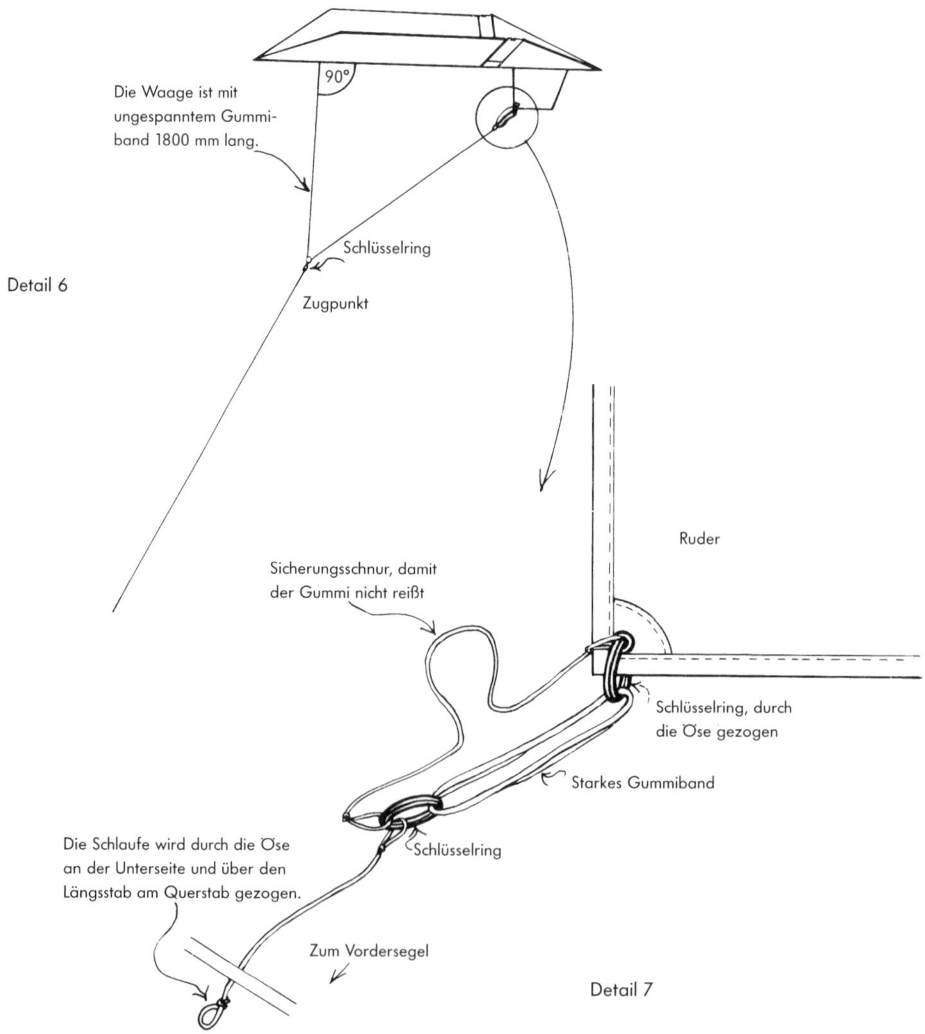

Abb. 329 Details 6 und 7

Schritt 1

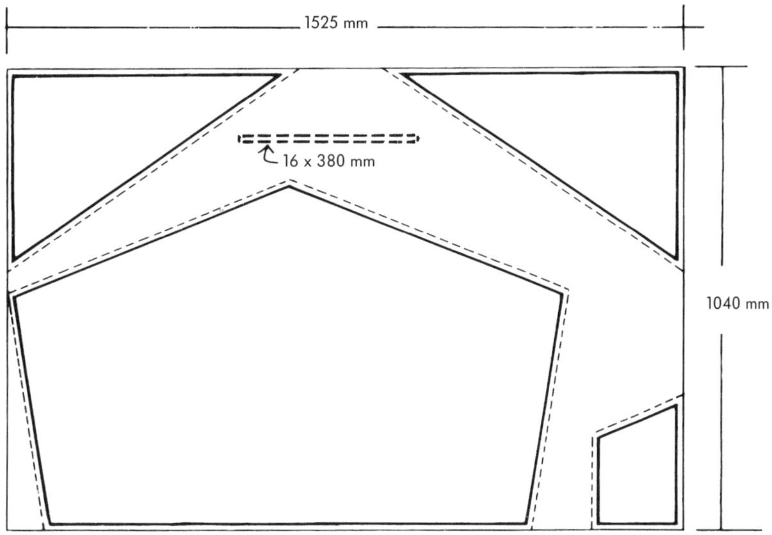

Alle Drachenteile, mit Ausnahme des 16 x 380 mm großen Streifens für den Saum des Ruderstabes, werden heiß und mit 13 mm Saumzugabe zugeschnitten.

Maße des fertigen Drachens

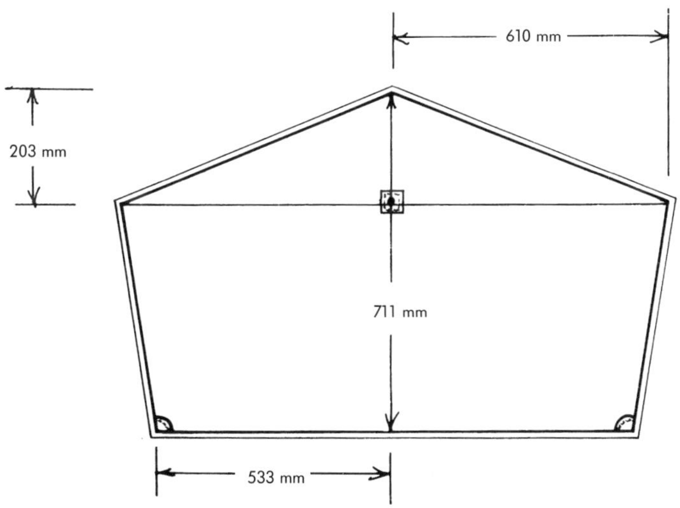

Schneiden Sie ein Vordersegel zu.

Schneiden Sie zwei Hintersegel aus.

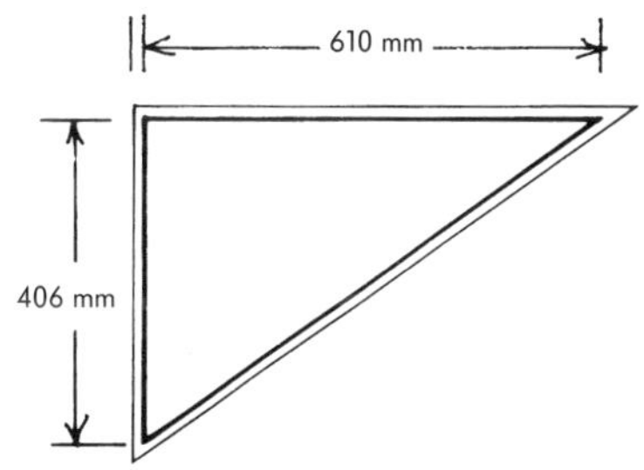

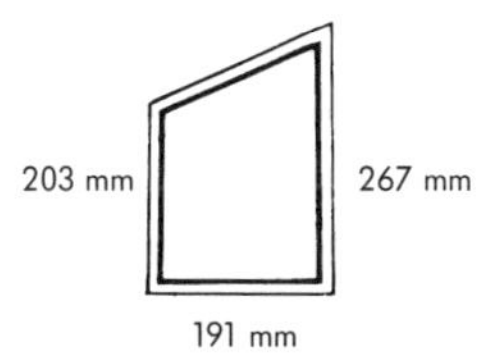

Schneiden Sie ein Ruder zu.

Schneiden Sie einen Streifen für den Saum des Ruderstabes zu.

Abb. 330 Schritt 1

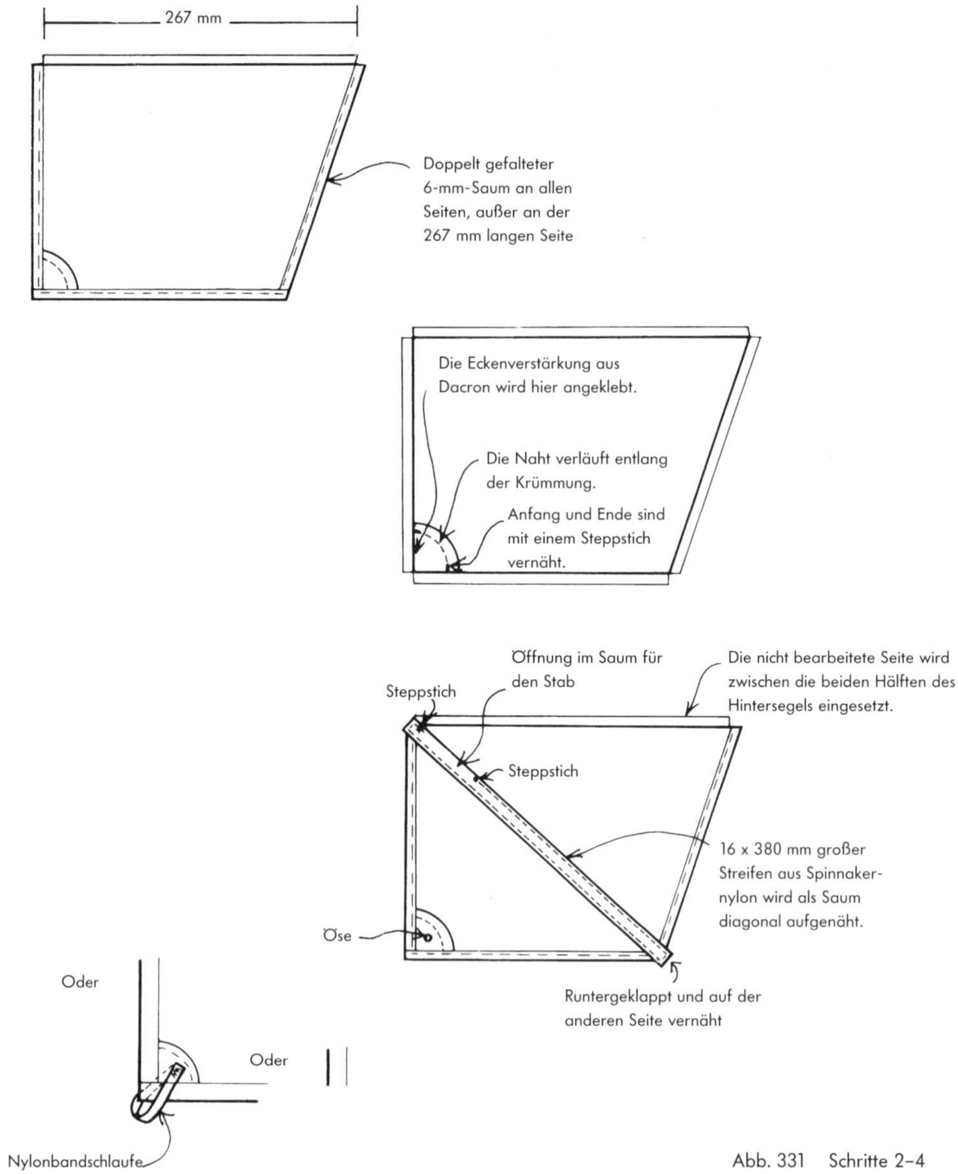

Abb. 331 Schritte 2–4

Bauanleitung

Heißschnitt:

1. Zuerst schneidet man fünf Teile aus Spinnakernylon mit den angegebenen Maßen zu (siehe Abb. 330). Bei allen Teilen wird ein 13-mm-Saum zugegeben, außer am Streifen für den Saum des Ruderstabes.
2. Aus Dacron schneidet man eine Verstärkung für die Ecke des Ruders zu und klebt sie dort fest (siehe Abb. 331).

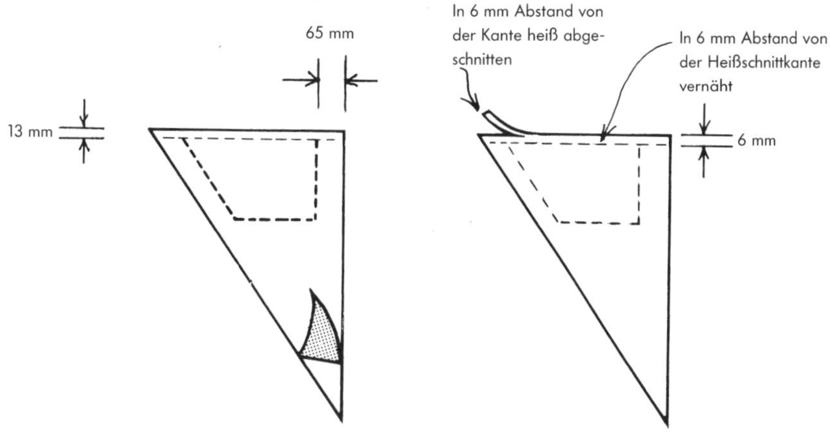

Die Segelhälften werden aufgeklappt und mit der Unterseite nach unten ausgebreitet. Das Ruder wird zur Seite geklappt und der Segelsaum mit einer zweiten Naht fertiggenäht.

Hintersegel

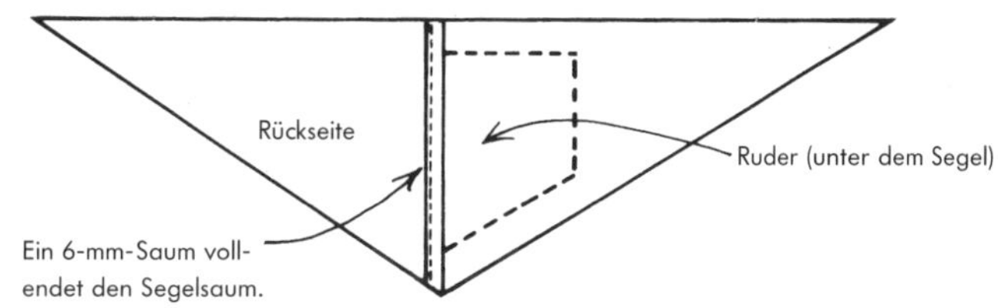

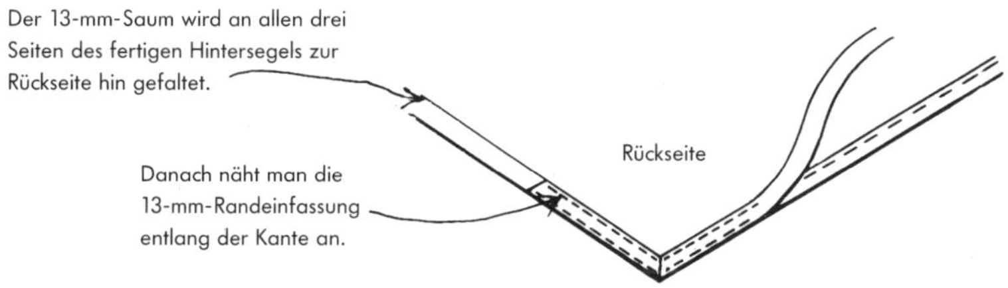

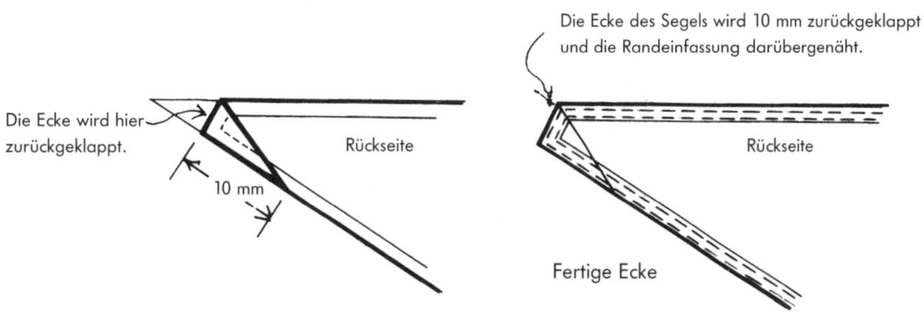

Abb. 332 Schritte 5–7 Ruder und Hintersegel

Nähen:

3. Siehe Abb. 331: Die Verstärkung der Ruderecke wird nur entlang der Krümmung vernäht. Anfang und Ende werden mit einem Steppstich vernäht. Jede Seite mit Ausnahme der 267 mm langen Seite wird mit einem 6-mm-Saum abgeschlossen. Der 16 x 380 mm große Streifen wird als diagonaler Saum angenäht, wobei man eine Öffnung für den 5-mm-Ruderstab freiläßt.

Heißschnitt:

4. Siehe Abb. 331: Mit einer kegelförmigen Lötkolbenspitze macht man ein 3 mm großes Loch in die Ecke des Ruders und setzt eine 6-mm-Öse als Verbindungspunkt für die Waage ein. Man kann anstelle der Öse auch eine Schlaufe aus Nylonband verwenden.
5. Das Ruder wird mit der 267 mm langen Seite zwischen die beiden Hälften des Hintersegels eingesetzt (siehe Seite 332). Wenn man nun mit dem Lötkolben 6 mm vom Rand abschneidet, werden die drei Teile miteinander verschweißt.

Nähen:

6. Siehe Abb. 332: Das Ruder wird mit einer 6 mm von der Schnittkante entfernten Naht an den Hintersegelhälften befestigt. Das Segel wird mit der Unterseite nach unten gelegt. Das Ruder klappt man zur Seite, bevor man dann mit einer zweiten Naht den 6-mm-Segelsaum entlang dem Rand des Hintersegels vernäht.
7. Siehe Abb. 332: Der 13-mm-Saum wird auf allen drei Seiten des dreieckigen Hintersegels zur Rückseite hin gefaltet. Danach näht man die 13-mm-Randeinfassung entlang der Kante an. Schließlich wird die Ecke des Segels 10 mm zurückgeklappt und die Randeinfassung wie gezeigt darübergenäht.

Heißschnitt:

8. Taschen: Aus dem Nylontuch schneidet man sechs Streifen zu je 65 x 25 mm.

Nähen:

9. Die Taschen werden gefaltet und an die drei Ecken des Hintersegels genäht (siehe Abb. 328). Mit einer kegelförmigen Lötkolbenspitze macht man für die beiden Querstäbe 3 mm große Löcher in die Taschen und setzt 6-mm-Ösen ein.
10. Vordersegel: Mit der Rückseite nach oben klebt man die Dacron-Verstärkung der unteren Ecke fest und näht sie an. Dann klappt man den 13-mm-Saum zur Rückseite und faßt die Ränder ein. Nun werden auch die drei Nylon-

taschen angenäht (siehe Detail 2 in Abb. 328). Die Stelle, an der die Schlaufe für die Waage angebracht wird, verstärkt man mit einem etwa 25 mm breiten, quadratischen Dacronstück. Mit der Lötkolbenspitze macht man drei 3 mm große Löcher für die 6-mm-Ösen.

11. Jetzt bildet man den verbindenden Mittelsaum zwischen Vorder- und Hintersegel, indem man einen 75 x 25 mm großen Nylonstreifen auf die Mitte eines 125 x 25 mm großen Streifens näht. Der Saum wird mit dem 75-mm-Streifen nach oben in die Mitte von Vorder- und Hintersegel genäht. Beachten Sie, daß der Abstand zwischen den beiden Segelteilen 102 mm beträgt. Stimmt der Abstand, können Sie den Mittelsaum am Hintersegel annähen.
12. Auf die Rückseite des Drachens näht man an der Stelle, wo sich Quer- und Längsstab kreuzen, einen 510 x 6 mm großen Streifen Saumband mittig fest. Genauso verfährt man im hinteren Abschnitt, wo man das Saumband 20 mm entlang der Mittellinie annäht.

Montage:

13. Der Längsstab wird so zugeschnitten, daß er einschließlich der Schutzkappen zwischen der oberen und der unteren Tasche straff sitzt. Der Längsstab muß durch den Mittelsaum gesteckt werden. Mit den Saumbändern auf dem Vorder- und Hintersegel bindet man den Längsstab fest.
14. Man biegt nun beide 102-mm-Aluminiumrohre in der Mitte zu einen 140°-Winkel.
    Tip: Man befestigt ein Ende des Rohres auf einer ebenen Arbeitsfläche und biegt das andere Ende des Rohres um 40° hoch, so daß ein 140°-Winkel entsteht.
15. Die vier Querstäbe werden so zugeschnitten, daß sie straff zwischen den Taschen sitzen und das Segel die richtige Wölbung erhält.
16. Vorder- und Hintersegel werden an jeder Seite mit einer 45-kp-Schnur und Spannschnurreglern verbunden. Dabei sollte der Abstand zwischen beiden Segeln überall 102 mm betragen.
17. Schließlich schneidet man einen 5-mm-Rundstab zu und setzt ihn in die Öffnung des Rudersaumes ein.
18. Die Waage wird wie in den Details 6 und 7 gezeigt angebracht (siehe Abb. 329). Durch die Elastizität des Gummibandes kann bei Windböen eine plötzliche Veränderung des Flugwinkels erfolgen, ohne daß dabei die Waage beschädigt wird oder daß man die Kontrolle über den Drachen verliert.

Der Original-Roloplan von Steiff

Der Original-Roloplan, den die Firma Steiff in der Zeit zwischen 1909 und 1968 herstellte, bestand aus Bambusstäben und einem groben Baumwollsegel. Der Rand des Segels war mit einer Zickzacknaht umsäumt.

Für all jene, die sich an diesem historischen Drachen versuchen möchten, sind die Abmessungen des Original-Roloplan[2] in der Zeichnung rechts eingetragen. Für den Bau sind folgende Materialien zu empfehlen:

- Segel: Baumwolle oder 22,5-g-Spinnakernylon. Alle Schnitte am Segel sind gerade. Die Krümmungen in der Zeichnung zeigen die Form des Segels während des Fluges an.
- Sechs 895-mm-Stäbe: zwei für den Längsstab, je zwei (vier insgesamt) für die beiden Querstabsätze. Die Querstäbe müssen bestmöglich ausbalanciert werden.
- Drei Aluminiumverbindungen: zwei für die Querstäbe – sie werden so gebogen, daß sie einen 150°-Winkel bilden. Ein Stab verbindet die Längsstabhälften miteinander.
- Stabmaterial – Querstäbe: 8-mm-Hartholzrundstäbe oder 6-mm-Kohlefaserrohr; Längsstab: 10-mm-Hartholzrundstab oder 8-mm-Kohlefaserrohr.
- Waagschnur: 45-kp-Schnur
- Verstrebungen: 35-kp-Schnur
- Flugleine: 45-kp-Schnur

Folgen Sie beim Bau dieses Drachens Schritt für Schritt der Bauanleitung des Roloplan – viel Spaß beim Bau des Drachens!

[2] Dieses seltene Original wurde freundlicherweise von Larry Nuesslein zur Verfügung gestellt.

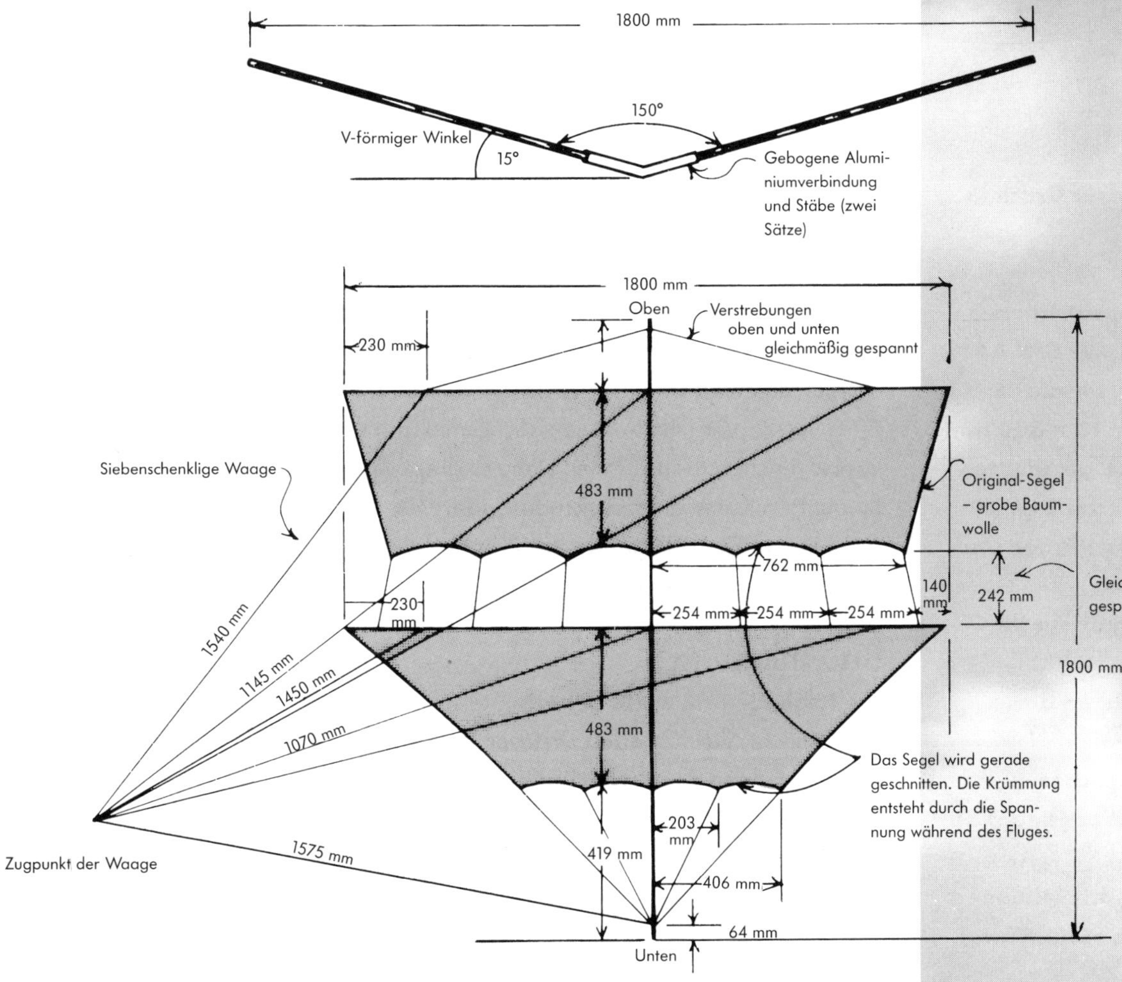
1800 mm
150°
V-förmiger Winkel
15°
Gebogene Aluminiumverbindung und Stäbe (zwei Sätze)
1800 mm
Oben
Verstrebungen oben und unten gleichmäßig gespannt
230 mm
Siebenschenklige Waage
483 mm
Original-Segel – grobe Baumwolle
762 mm
140 mm
242 mm
Gleichmäßig gespannte Schnüre
230 mm
254 mm
254 mm
254 mm
1800 mm
1540 mm
1145 mm
1450 mm
1070 mm
483 mm
Das Segel wird gerade geschnitten. Die Krümmung entsteht durch die Spannung während des Fluges.
203 mm
Zugpunkt der Waage
1575 mm
419 mm
406 mm
64 mm
Unten

48

Origami-Käferdrachen

Entwurf: Mit freundlicher Genehmigung von Ed Grauel
(»Fliegende Nonne« oder auch »Langwanze«: Mit freundlicher Genehmigung von William Schaeffer)

Material

Für den Bau dieser Drachen benötigen Sie:

- **Leichtes, ungestrichenes 60-g/m²-Papier DIN A4**
- **Kreppapier, für die Schwänze in 13 x 300 mm große Stücke geschnitten**
- **Baumwoll- oder Teppichfaden für die Waage und die Flugleine**
- **Lochverstärker zur Verstärkung der Verbindungspunkte an der Waage**
- **Schere und Locher**
- **Hefter (für die »Fliegende Nonne«)**
- **Alleskleber oder Klebestift (für den »Maikäfer«)**

Gefaltete Flugobjekte

Obwohl die alte japanische Kunst des Origami ohne jedes Schneiden oder Kleben auskommt, kann in der modernen Papierfaltkunst auch schon mal geschnitten und geklebt werden. Die flexiblen, aus Papier gefalteten Drachen, wie sie hier vorgestellt werden, bestechen durch ihren schlichten Entwurf und ihre einfache Bauweise. Diese Drachen sind zudem wunderbare Geschenke, die man sogar zusammengefaltet mit der Post an Freunde verschicken kann.

Für die meisten dieser Drachen verwendet man leichtes, ungestrichenes 60-g/m²-Papier DIN A4 (den »Schaufelkäfer« kann man auch aus schwererem Papier machen, und für den »Purzelkäfer« eignet sich gar Zeitungspapier). Diese fliegenden Käfer eignen sich besonders für Windgeschwindigkeiten von 6–16 km/h. Die »Fliegende Nonne« und der »Maikäfer« fliegen bei leichtem Wind auch ohne Schwanzstabilisierung.

Bauanleitung

Die folgenden Hinweise betreffen alle fünf Origami-Käferdrachen. Die einzelnen Schritte sind für jeden Drachen extra dargestellt (siehe Abb. 333–337).

1. Alle Falze sollten scharf und gleichmäßig gezogen werden.
2. Der mittlere (nach innen gebogene) Falz zeigt immer nach oben.
3. Die Überhandschlaufe, die die Schlaufe für die Waage bildet, sollte über der mittleren Falte zentriert werden, damit die beiden Waagschenkel exakt die gleiche Länge haben.
4. Wenn der Drachen flach auf dem Boden ausgebreitet ist, sollte die Waagschnur über seine Spitze hinausreichen. Sie sollte etwa 400 mm lang sein.
5. Zur Verstärkung der Verbindungspunkte an der Waage können Lochverstärker angeklebt werden.
6. Den Schwanz bringt man mit einem kurzen Faden an. Für den Schwanz kann man ein 13 x 300 mm großes Stück Kreppapier verwenden, das in der Mitte gefaltet und verknotet wird, um einen doppelten, 150 mm langen Schwanz zu erhalten. Bei mittelstarken Winden sollte man längere Schwänze am Drachen befestigen.

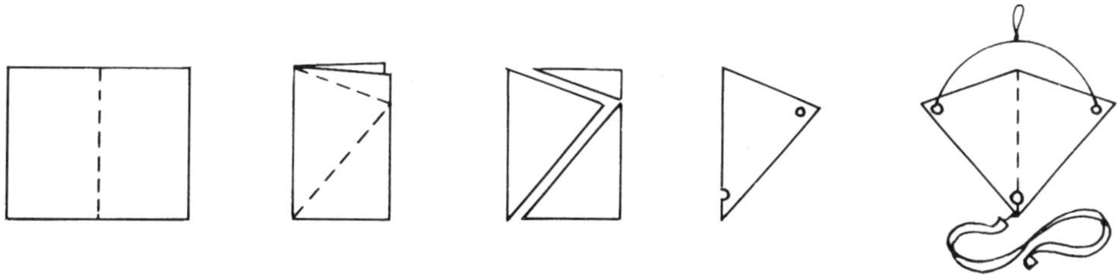

Abb. 333 Der »Purzelkäfer«

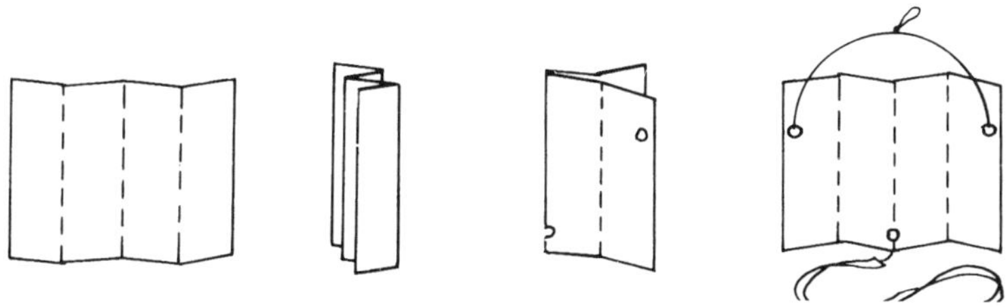

Abb. 334 Der »Schaufelkäfer«

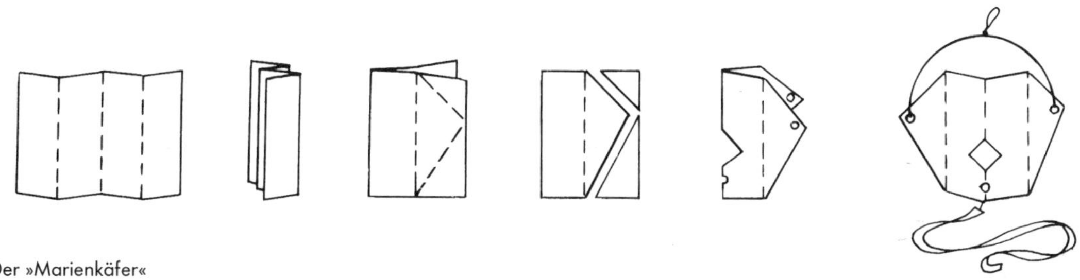

Abb. 335 Der »Marienkäfer«

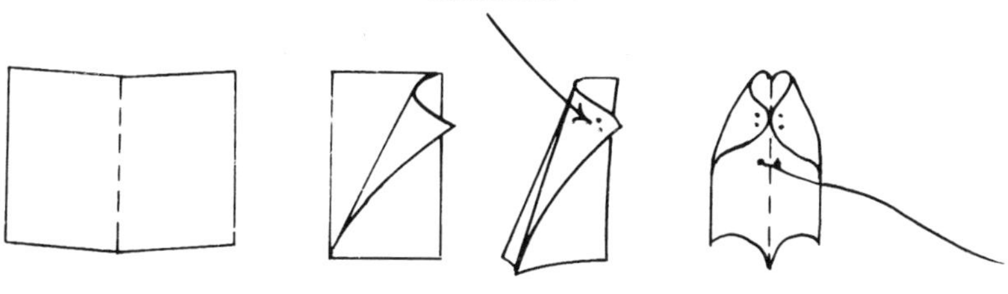

Abb. 336 Die »Fliegende Nonne« oder auch »Langwanze«

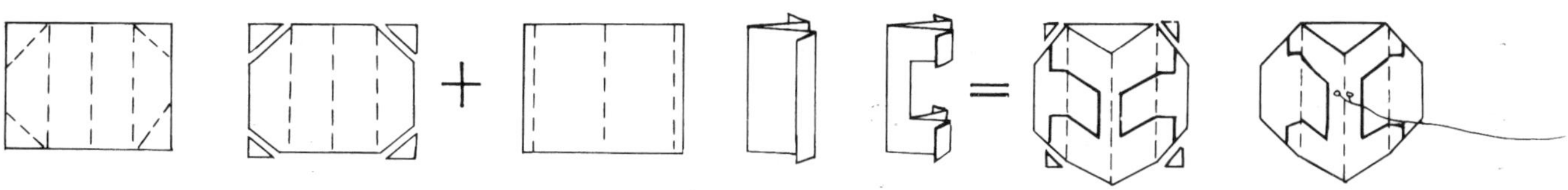

Abb. 337 Der »Maikäfer«

Kampfdrachen –

Der Sanjo Rokkaku, der Szilagi und der Nagasaki Hata

Abb. 338

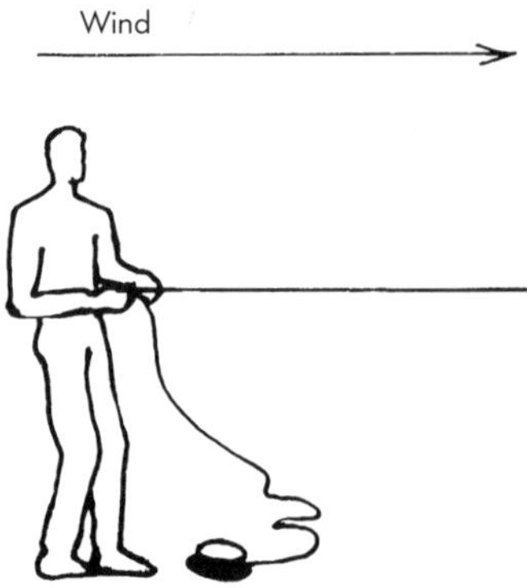

Tips für das Fliegen von Kampfdrachen

Der Kampfdrachen läßt sich lenken, weil er auf Grund seiner Auslegung relativ labil ist. Die Kontrolle über einen Kampfdrachen zu behalten, erfordert daher einige Übung, und es empfiehlt sich, einen Begleiter mitzunehmen, der helfend zur Seite steht.

Lassen Sie Ihren Drachen in weitläufigem Gelände fliegen, wo sich möglichst keine Menschen aufhalten. Versuchen Sie niemals, Ihren Kampfdrachen steigen zu lassen, indem Sie mit ihm laufen. Für Anfänger ist es günstig, zusätzlich eine

Abb. 339

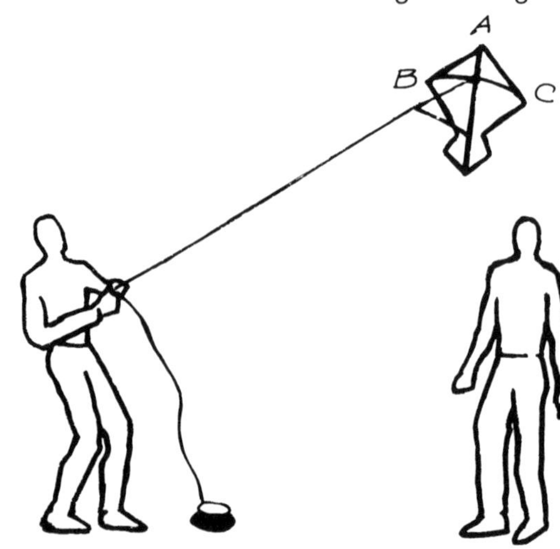

Abb. 340

Abb. 341

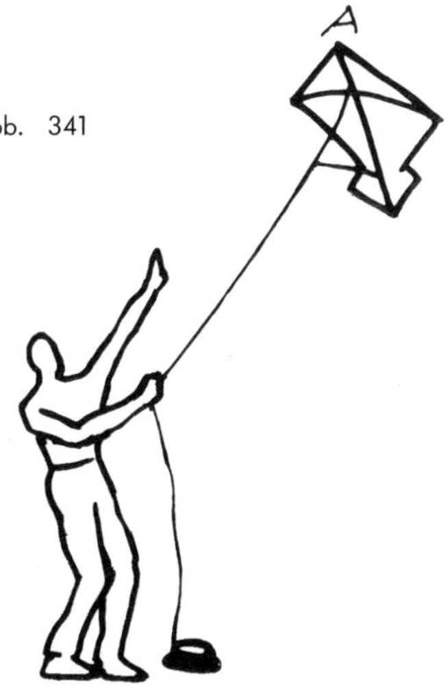

Papierschlange aus Krepp-Papier von etwa 3 m Länge zu verwenden, um den Drachen in der ersten Lernphase zu stabilisieren. Die Lenkmanöver werden zwar noch nicht mit höchster Feinabstimmung möglich sein, doch wird dadurch die Kontrolle über den Drachen in diesem Anfangsstadium erleichtert. Wenn Sie erst einige Grundfertigkeiten beherrschen, kann die Papierschlange wieder entfernt werden.

1. Siehe Abb. 338: Nachdem Sie die Flugleine an der Waage mit einem Laufknoten befestigt haben, sollte Ihr Begleiter in etwa 15 m Entfernung in Windrichtung stehen. Er sollte Sie ständig im Blick haben, während er den Drachen an den Flügelenden B und C im Gleichgewicht hält (sich aber nicht daran festklammert!) und dabei die Nase A nach oben richtet. Sie sollten dabei die Flugleine in einer Länge von etwa 6 m von der Rolle neben Ihnen abgewickelt haben.

Abb. 342

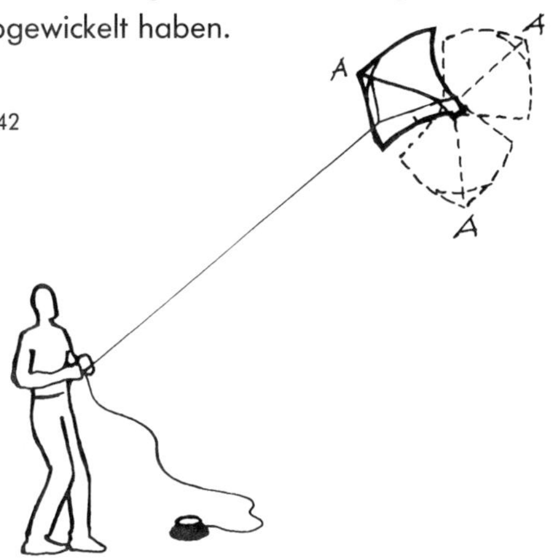

Material

Für den Bau eines Sanjo Rokkaku Kampfdrachens benötigen Sie folgende Materialien:

- **2,75 x 1 m 22,5-g-Spinnakernylon für das Segel**
- **1 m x 6 mm Saumband**
- **Vier 6-mm-Ösen**
- **Dacron als Verstärkungsmaterial**
- **Vier Stück eines 826 mm langen FL-250-Epoxidrohres oder eines 8 mm starken Hartholzrundstabes für die Querstäbe**
- **Zwei Stück eines 826 mm langen FL-370-Epoxidrohres oder eines 10 mm starken Hartholzrundstabes für den Längsstab**
- **Innenmuffen (für die Epoxidrohre) und Außenmuffen (für die Rundstäbe)**
- **610 x 25-mm-Nylontuch für die Taschen**
- **Vier 25-mm-Schlüsselringe**
- **Einen 20-mm-Schlüsselring als Waagring**
- **Zwei Regler für die Spannschnüre (Knöpfe mit zwei oder vier Löchern erfüllen den gleichen Zweck)**

2. Siehe Abb. 339: Bei einem beständigem Rückenwind von 5–10 km/h ziehen Sie an der Flugleine und umgreifen dabei Hand für Hand die Leine, um den Drachen in Richtung der Nase (A) steigen zu lassen. Halten Sie die Flugleine dabei ständig gespannt, damit der Drachen seine Flugrichtung beibehält. Versuchen Sie, den Drachen mindestens 20–30 m emporsteigen zu lassen. Dadurch erreichen Sie die notwendige Höhe, um die Lenkmanöver mit Ihrem Drachen zu üben.
3. Siehe Abb. 340: Wenn Sie erste Erfahrungen im Zusammenspiel mit Ihrem Begleiter gemacht haben und die Reaktionszeit bei der Kontrolle der Flugrichtung Ihres Drachens verbessern konnten, haben Sie eine Stufe erreicht, auf der Sie den Drachen alleine steigen lassen können. Dabei nehmen Sie den Drachen wieder bei Rückenwind auf und lassen ihn langsam los, während Sie die Flugleine gespannt halten.
4. Siehe Abb. 341: Der Drachen kann sich drehen und von Seite zu Seite geworfen werden. Das Grundprinzip besteht darin, die Nase ständig aufwärts gerichtet zu halten, bis der Drachen in eine Höhe steigt, in der er sich steuern läßt.
5. Siehe Abb. 342: Läßt man die Flugleine zu schnell los, wird der Drachen in seinem Flugverhalten instabil, und die Nase wird die Flugrichtung ändern. Ist die Nase in die gewünschte Richtung dirigiert worden, läßt sich der Drachen bei gleichbleibender Spannung der Flugleine stabilisieren, und er wird seine Flugrichtung beibehalten, bis die Flugleine wieder lockerer wird. Wenn sich Ihr Drachen in einer sicheren Höhe befindet, lenken Sie ihn nach rechts, nach links und nach oben. Versuchen Sie, den Drachen nach unten zu lenken – sofern Sie es sich zutrauen.
   Hinweis: Geraten Sie nicht in Panik, wenn der Drachen außer Kontrolle geraten sollte, während er in einer Art »Tauchmanöver« zu Boden geht. Durch noch kräftigeres Ziehen an der Flugleine erhöht man die Geschwindigkeit des Drachens, bis er ganz abstürzt. Durch ein schrittweises Nachlassen der Flugleine kann man den Absturz des Drachens jedoch verhindern.

Zum Verständnis der aerodynamischen Zusammenhänge bei einem Kampfdrachen beachten Sie Abb. 343.

Der Sanjo Rokkaku Kampfdrachen

Bauanleitung: Mit freundlicher Genehmigung von Kevin Shannon

Die Kampfdrachen von Shirone

An der Westküste Japans, 240 km von Tokio entfernt, befindet sich der kleine Ort Shirone. Das Leben verläuft dort im allgemeinen in friedlichen Bahnen, aber einmal im Jahr – in der zweiten Juniwoche, nachdem die Arbeit auf den Reisfeldern gerade beendet ist – wird die Ruhe des Ortes von einem Drachenkampffestival gestört, das schon seit 250 Jahren gefeiert wird.

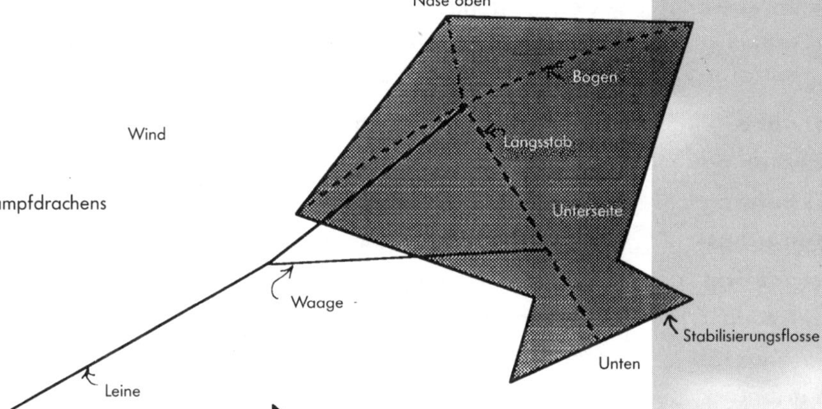

Abb. 343 Die Aerodynamik eines Kampfdrachens

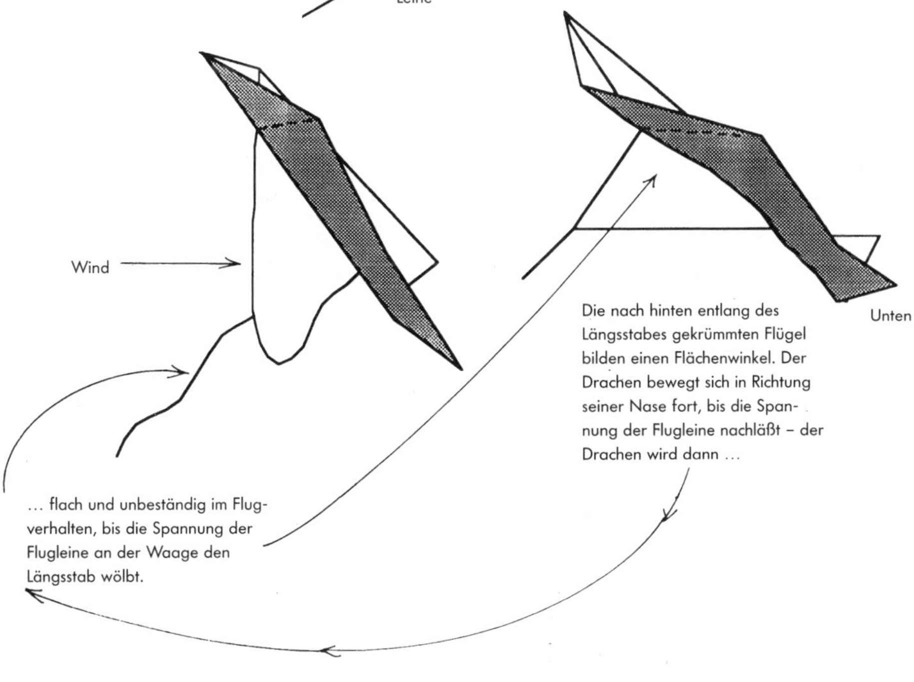

Material
(Fortsetzung)

- **10,5 m geflochtene Dacronschnur, 70 kp für die Waage**
- **3,6 m geflochtene Dacronschnur, 45 kp als Spannschnur**
- **Vier Holzkugeln mit einem Loch in der Mitte**
- **Pfeilnocke mit Einsatzstück (für den Längsstab aus Epoxidrohr) oder Pfeilnocke (für den Rundstab)**
- **Fünf Schutzkappen für die Querstäbe und den oberen Teil des Längsstabes**

Details

Siehe Abb. 344 für die Details 1–5 und 7; Abb. 345 für Detail 6 und Abb. 346 für Detail 8.

- **(Detail 1) Hauptkonstruktion**
- **(Detail 2) Die Taschen für die Querstäbe werden an drei Seiten zugenäht. Dabei sollte eine Öffnung von 6 mm bleiben, um den Schlüsselring hindurchzustecken. Die Bereiche mit hoher Belastung müssen gut vernäht werden.**
- **(Detail 3) Die Querstäbe werden mit Saumband an der vorgesehenen Stelle befestigt. Danach setzt man den Längsstab über die Querstäbe und unter die Spannschnüre ein. Das Ende des Längsstabes mit der Pfeilnocke wird dabei durch den unteren Saum gesteckt und mit einer Holzkugel gesichert. Mit dem verbleibenden Saumband sichert man den Längsstab gegen die Querstäbe. Verbinden Sie die Bänder über Kreuz zu einem Knoten über dem Längsstab.**
- **(Detail 4) Waagpunkt; mit Dacron verstärkt. Danach wird eine 6-mm-Öse als Schlaufe für die Waage angebracht, die um den Querstab paßt.**
- **(Detail 5) Die Spannschnur wird so lange gezogen, bis das Segel straff ist. Sie wird**

Am Eröffnungstag treffen sich die unterschiedlichsten Vertreter verschiedener Kulturen. Es sind aber nicht nur die Mannschaften für den Drachenkampf, die mit ihren farbenprächtigen Modellen durch die überfüllten, engen Straßen ziehen, sondern auch Ringewerfer und Musikkapellen, die mit lautem Getöse durch den Ort marschieren.

Im Laufe der Jahrhunderte haben sich im Kontext dieses Drachenfestivals zwei Drachentypen herausgebildet: der fast 7 m große, rechteckige O-Dako und der kleinere, normalerweise etwa 2,50 m große und wendigere Rokkaku in der Form eines Hexagons. (Der hier vorgestellte Rokkaku ist in Abb. 346 zu sehen.)

Die Mannschaften für die Drachenkampfwettbewerbe bestehen aus mindestens vier bis fünf Männern für den Rokkaku und acht bis zwölf Männern für den größeren und schwerfälligeren O-Dako. Die Drachen treten immer in ihrer jeweils eigenen Klasse gegeneinander an: O-Dako gegen O-Dako und Rokkaku gegen Rokkaku.

Das Ziel jeder Mannschaft ist es, ihren Drachen möglichst geschickt durch die Luft zu lenken, bis er einen gegnerischen Drachen fängt. Unter den Blicken tausender Zuschauer nehmen die Mannschaften am Westufer und am Ostufer des Nakanokuchi-Flusses ihre Positionen ein. Wenn nun der Wind aufkommt, versuchen die einzelnen Mannschaften, ihre »Himmelskrieger« möglichst schnell in die Luft zu bekommen. Haben die Drachen einmal abgehoben, schießen sie wie Raubvögel durch die Luft.

Es ist fast zwangsläufig, daß kämpfende Drachen zusammenstoßen und sich bei einem Luftkampf über dem Wasser ineinander verhaken und hin- und hergezerrt werden. Beide Mannschaften ziehen ungestüm an ihren Flugleinen und bemühen sich mit großem Kraftaufwand, so viel Flugleinenlänge wie möglich einzuholen, da sie für jeden Zentimeter Flugleine, den sie ihrem Gegner streitig machen, Zusatzpunkte von den Kampfrichtern erhalten.

Durch das Zerren im Kampfgetümmel am Himmel verwickeln sich die Flugleinen und die Waagen hoffnungslos ineinander. Die Mannschaft, deren Leine zuerst reißt, verliert. Allerdings kann man sich auf den errungenen Lorbeeren nicht lange ausruhen oder seine Niederlage beklagen, denn jede Mannschaft hat mehrere Drachen zur Verfügung, und so werden bald neue O-Dakos und Rokkakus für ein weiteres Scharmützel am Himmel gestartet.

Wenn die Winde günstig stehen, werden bis zum Ende der Woche fast alle der 1500 Drachen, die für das Fest gebaut wurden, bis zur Unkenntlichkeit beschädigt. Erst wenige Tage zuvor wunderschön bemalte Drachensegel sind nun völlig hinüber, und nur die unverwüstlichen Rahmenkonstruktionen aus Bambusrohr sind nach dem Gemetzel noch zu verwenden.

Ist das Fest vorüber, beginnt für die Bewohner des kleinen Ortes wieder das normale Leben, und der graue Alltag hält Einzug – bis zum nächsten Jahr, wenn jeder wieder »tako-kichi« (»drachenverrückt«) wird und das Ritual von neuem beginnt.

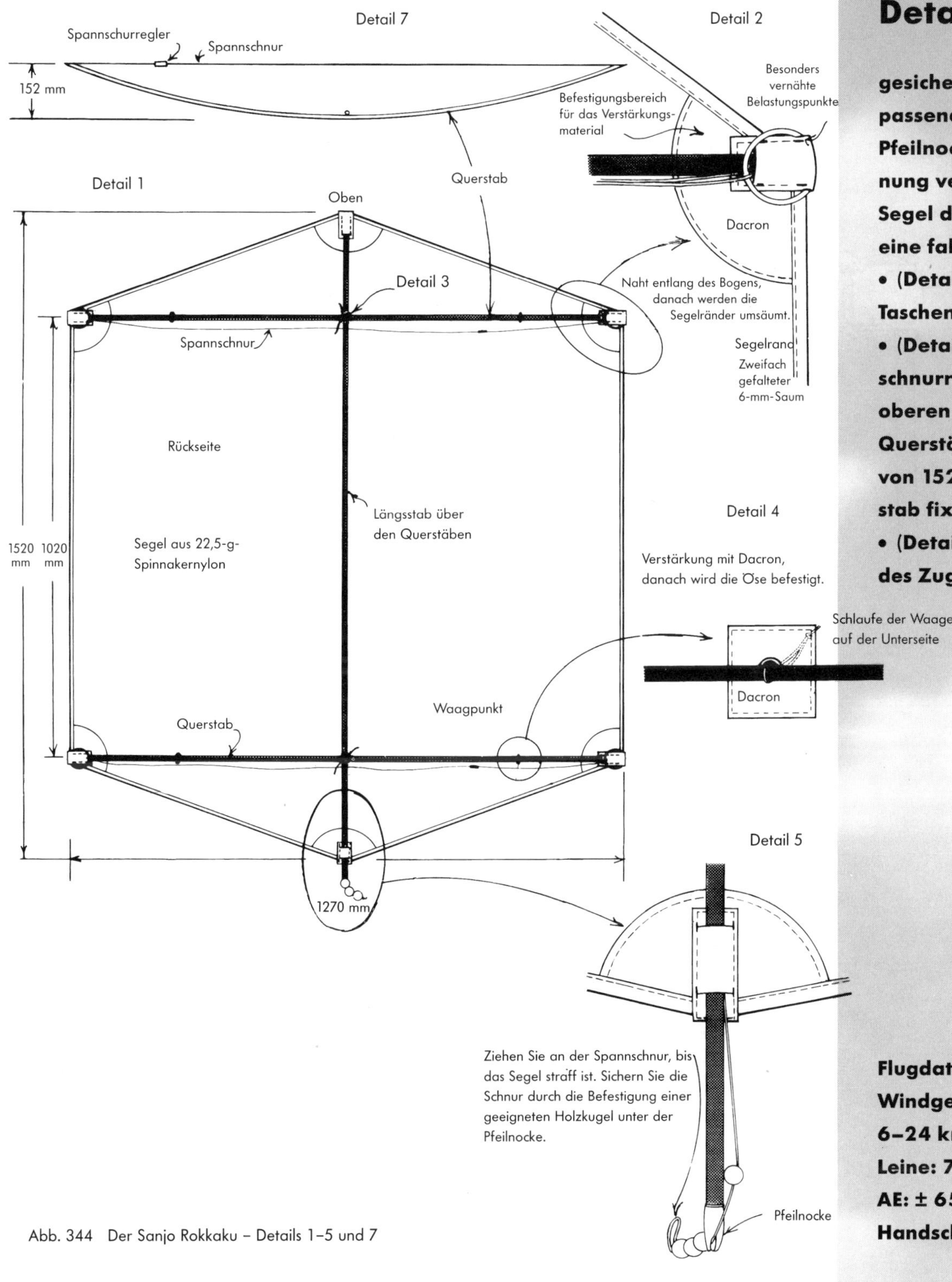

Abb. 344 Der Sanjo Rokkaku – Details 1–5 und 7

Details (Fortsetzung)

gesichert, indem man die passende Holzkugel unter die Pfeilnocke klemmt. Die Spannung verhindert, daß das Segel durch zu starken Wind eine falsche Form annimmt.

- **(Detail 6) Spannschnur und Taschen**
- **(Detail 7) Mit dem Spannschnurregler werden die oberen und die unteren Querstäbe auf einer Höhe von 152 mm über dem Längsstab fixiert.**
- **(Detail 8) Im Flug. Position des Zugpunktes der Waage**

Flugdaten:
Windgeschwindigkeit:
6–24 km/h
Leine: 70-kp-Leine
AE: ± 65
Handschuhe empfohlen

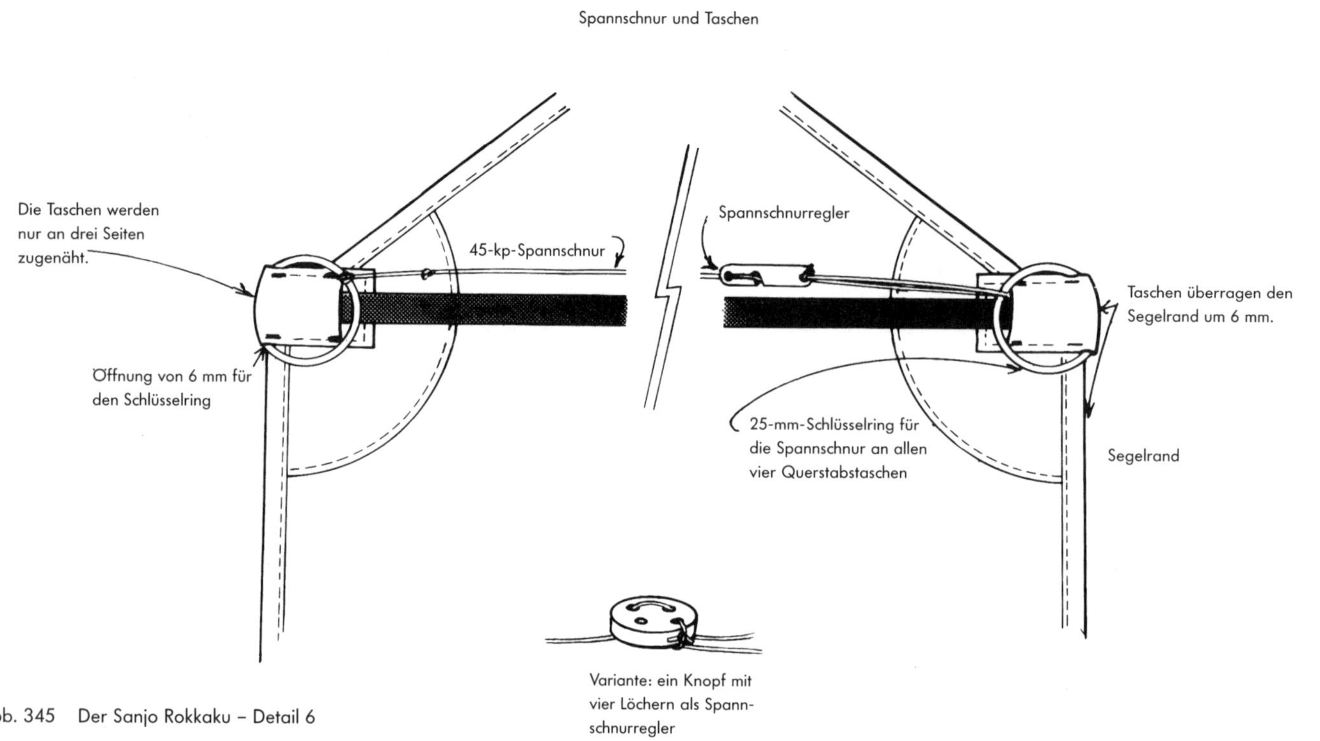

Abb. 345 Der Sanjo Rokkaku – Detail 6

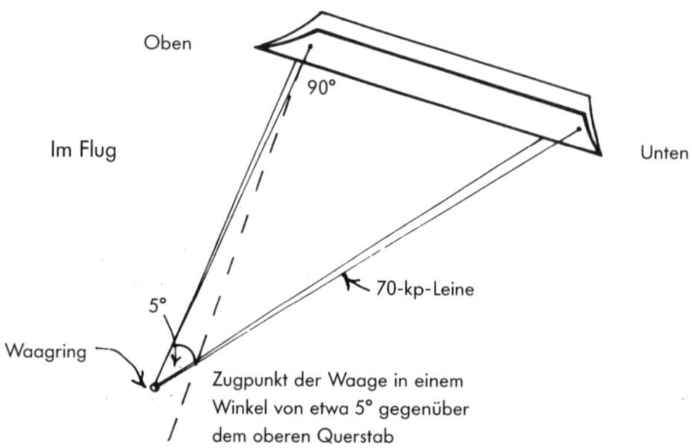

Abb. 346 Der Sanjo Rokkaku – Detail 8

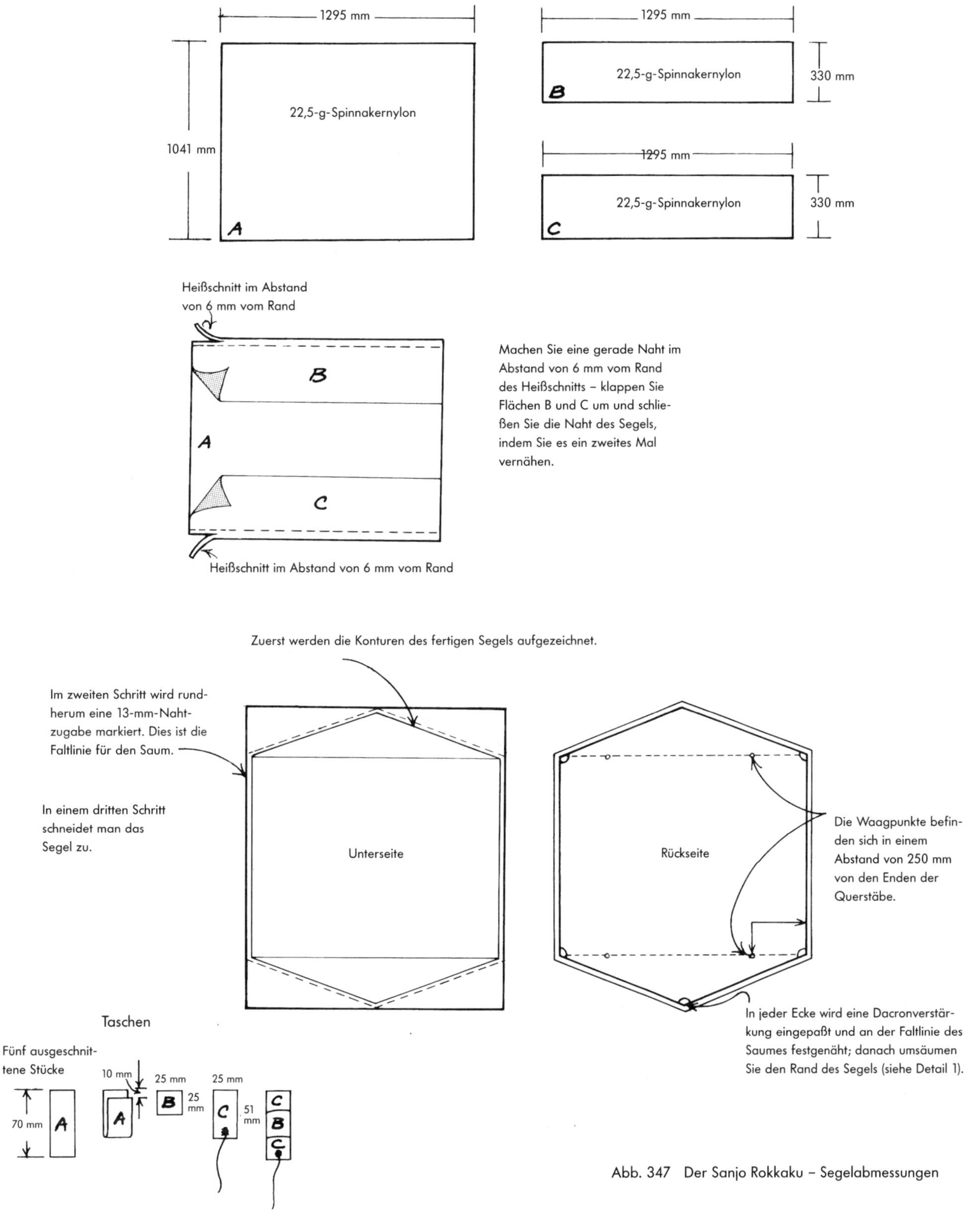

Abb. 347 Der Sanjo Rokkaku – Segelabmessungen

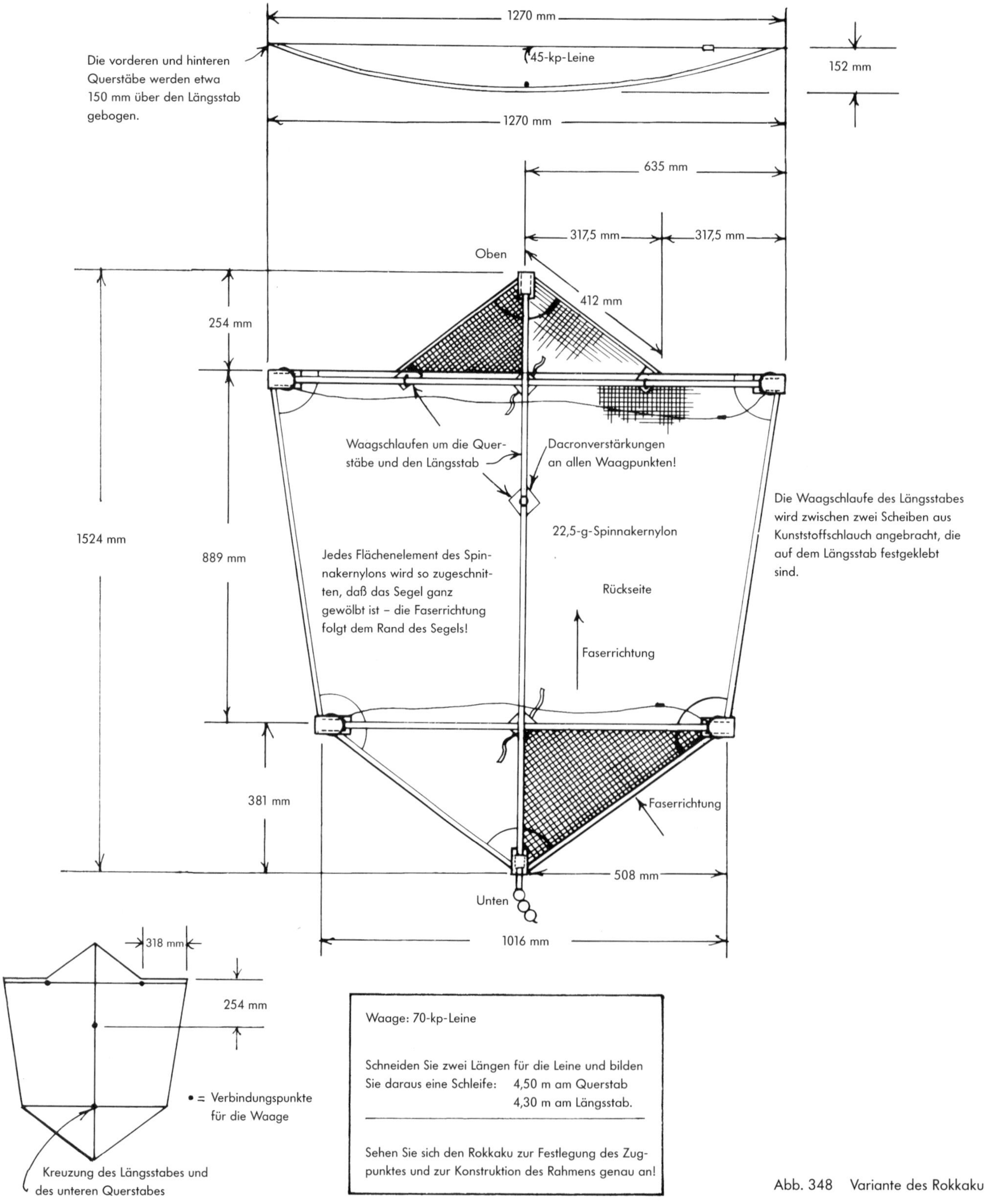

Waage: 70-kp-Leine

Schneiden Sie zwei Längen für die Leine und bilden Sie daraus eine Schleife: 4,50 m am Querstab
4,30 m am Längsstab.

Sehen Sie sich den Rokkaku zur Festlegung des Zugpunktes und zur Konstruktion des Rahmens genau an!

Abb. 348 Variante des Rokkaku

Bauanleitung

Die Abmessungen des Sanjo Rokkaku resultieren aus einem modularen System, mit dem Drachenbauer den Maßstab für ihren Drachen leicht bestimmen und damit eine beliebige Größe wählen können. Die üblichen Proportionen der Module des Rokkaku entsprechen einem Verhältnis von 4 : 5 : 6. Als Ausgangsmaß für diesen Drachen werden 254 mm für jede Moduleinheit genommen. Multiplizieren Sie die Zahl der Moduleinheiten mit 254 mm, so erhalten Sie einen Rokkaku mit 1524 mm Länge und Abmessungen von 1270 mm und 1016 mm in der Breite zwischen den Enden der Querstäbe.

Wenn Sie diese Schritte durchgehen, sollten Sie Abb. 347 und die Zeichnungen mit den verschiedenen Detaildarstellungen beachten.

Heißschnitt:

1. Schneiden Sie mit dem Lötkolben drei Stück Spinnakernylon aus. Die Abmessungen sind in Abb. 347 angegeben. Eine 13-mm-Saumzugabe ist dabei schon berücksichtigt.
2. Legen Sie die Flächen B und C über A. Schweißen Sie beide Ränder mit einem Abstand von 6 mm vom Rand durch Heißschnitt zusammen.
3. Schneiden Sie die Taschen, wie in Abb. 347 gezeigt, aus Nylontuch heiß aus.

Nähen:

4. Ein Segelsaum verbindet B und C mit A. Von den verschweißten Kanten AB und AC wird in einem Abstand von 6 mm eine gerade Naht abgenäht. Öffnen Sie den Stoff mit der Rückseite des Segels nach oben. Falten Sie die 6-mm-Klappe AC zu A und machen Sie eine zweite Naht, um den Segelsaum zu vervollständigen. Wiederholen Sie den Vorgang bei der Klappe AB.
5. Wenn der Segelsaum fertig ist, falten Sie das Material auf und kennzeichnen mit einem Stift die Konturen des fertigen Drachens. Diese Linie ist Ihre Faltlinie für die Umsäumung. Berücksichtigen Sie eine über die Kontur im Randbereich hinausgehende Materialzugabe von 13 mm, bevor Sie das Segel ausschneiden.

Heißschnitt:

6. Legen Sie die Unterseite des Segels auf die Arbeitsfläche und messen Sie sechs Dacronverstärkungen für jede Ecke des Segels ab. Schneiden Sie sie mit einem Lötkolben aus.

Nähen:

7. Heften und kleben Sie die Dacronverstärkungen in jeden Eckbereich an die Faltlinie (verwenden Sie dazu Sprühkleber oder einen Klebestift).
   Nähen Sie nur entlang des Bogens und vernähen Sie Anfang und Ende. Schließen Sie diese Arbeit ab, bevor Sie mit der Umsäumung des Drachensegelrandes beginnen.
8. Jetzt umsäumen Sie das Drachensegel mit einem Doppelfalz, da so keine rauhen Kanten entstehen.
9. Die Taschen aus Nylontuch werden an die Ecken des Segels wie in Detail 2 gezeigt genäht. An der unteren C-Tasche befestigt man eine 500 mm lange 70-kp-Leine.
10. Legen Sie ein 500 mm langes und 6 mm breites Saumband vertikal auf die Rückseite des Segels. Legen Sie es an die Stelle, wo sich der Längsstab und der obere Querstab kreuzen. Befestigen Sie es in der Mitte. Wiederholen Sie diesen Vorgang bei dem unteren Querstab.

Montage:

11. Die vier Waagpunkte werden in einem Abstand von einer Moduleinheit (254 mm) zu jedem Ende der beiden Querstäbe fixiert. Mit der Vorderseite des Drachens nach oben schmilzt man mit der kegelförmigen Spitze eines Lötkolbens vier Löcher ein, die groß genug sind (etwa 3 mm), um eine 6-mm-Öse aufzunehmen.
    Hinweis: Verstärken Sie die Löcher mit kleinen Dacronquadraten, bevor Sie die Ösen einfügen.
12. Setzen Sie an jeder der vier Querstabstaschen einen 25-mm-Schlüsselring ein.
13. Schneiden Sie den Epoxidlängsstab und die Querstäbe zu. Bei dem Maß für die Gesamtlänge des Drachens sind die Schutzkappen schon mit berücksichtigt. Der Längsstab hat eine Länge von 1650 mm; die Querstäbe sind 1270 mm lang.
14. Stellen Sie aus 70 kp geflochtener Dacronschnur zwei Waagschnüre mit einer Länge von jeweils 4,50 m her. An jedem Ende der beiden Schnüre wird eine Schlaufe geknüpft. Nehmen Sie eine Waagschnur und führen Sie deren Schlaufen durch das vordere und das hintere Ösenloch auf der linken Seite des Segels. Wiederholen Sie diesen Vorgang für die rechte Seite. Im nächsten Schritt schieben Sie einen Querstab durch beide Schlaufen und stecken dessen Enden in die Taschen. Wiederholen Sie diesen Vorgang für den zweiten Querstab.

15. Längen Sie von einer 45-kp-geflochtenen Dacronschnur zwei 1,80-m-Stücke ab und ziehen Sie die Spannschnüre mit einem dafür vorgesehenen Regler im Bereich des oberen und unteren Querstabes von Ring zu Ring auf.
16. Positionieren Sie den Längsstab über den Querstäben und unter den Spannschnüren. Führen Sie diesen in die obere Tasche ein und sichern Sie die Spitze der Pfeilnocke mit einer gespannten Schlaufe.
17. Stellen Sie die obere und die untere Spannschnur so ein, daß sich jede in einem Abstand von 152 mm zum Längsstab befindet. Markieren Sie die Einstellpunkte auf der Schnur als Bezugsgröße für zukünftige Justierungen.
18. Legen Sie den bogenförmigen Drachen mit der Unterseite nach oben auf den Boden. Ziehen Sie beide Waagschnüre über der Mitte des Drachens zusammen. Danach ziehen Sie die Schnüre bis zu einer Position nach vorn, in der sie sich in einem Winkel von 5° über dem oberen Querstab befinden. Dies ist der angenäherte Zugpunkt. Möglicherweise müssen Sie auf dem Flugfeld noch geringfügige Veränderungen vornehmen.

Eine Variante des Rokkaku

Nach einem Entwurf von Lincoln Chang

Beim Bau dieses Drachens sollten Sie sich an den Arbeitsschritten zur Konstruktion des vorherigen Drachens orientieren. Beachten Sie besonders die Abb. 348. Hinweis: Jeder Abschnitt des Spinnakernylons ist gewölbt. Die Faserrichtung folgt der Kante des Drachens.

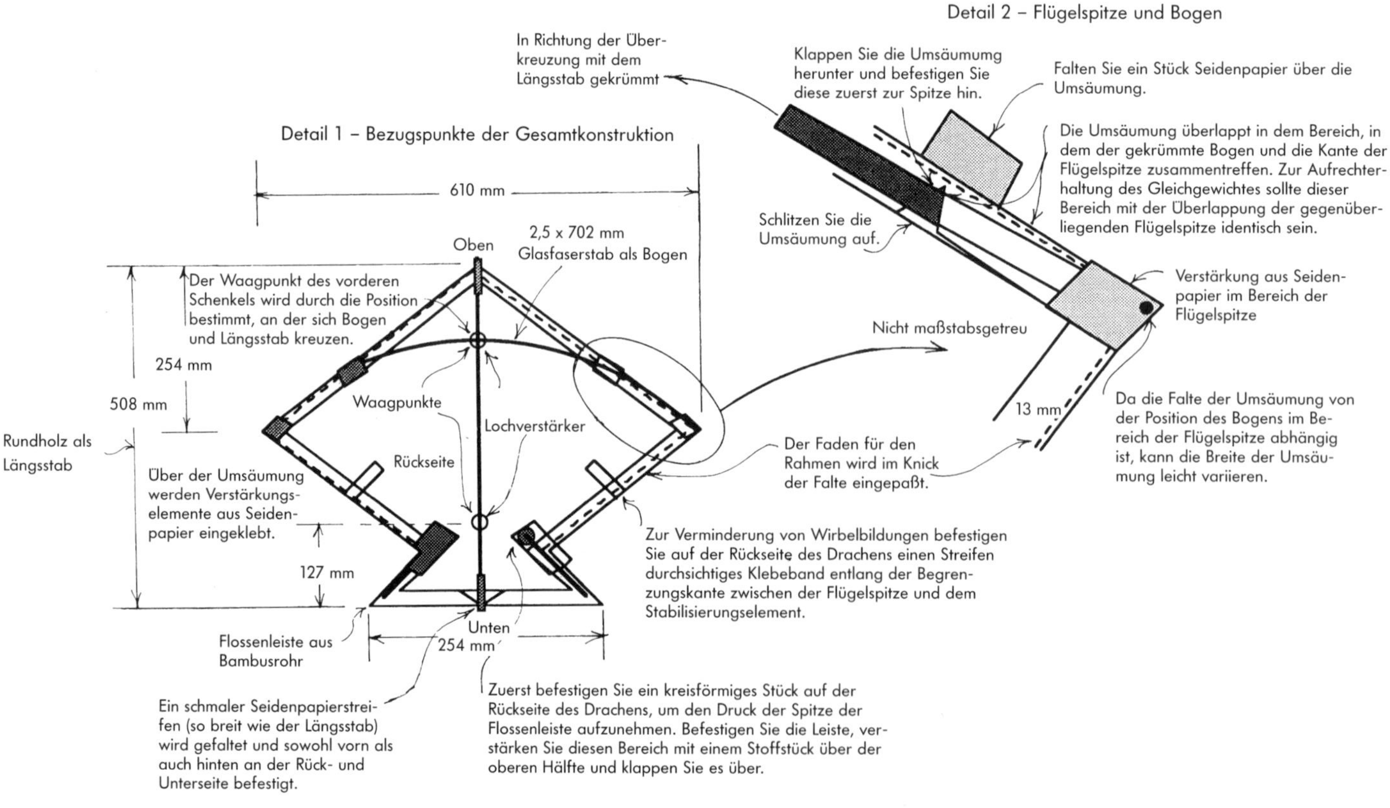

Abb. 349 Details 1 und 2

Der Szilagi Kampfdrachen

Entwurf: Mit freundlicher Genehmigung von Karl Szilagi

Manhattan gehört mir!

Es ist ein kühler Sommertag in New York, und es herrscht eine entspannte Atmosphäre auf der Sheep Meadow im Central Park. Der Himmel über diesem schönen Fleckchen Erde wird nur ein wenig durch die Wolkenkratzer in der Umgebung gestört. Plötzlich erscheint wie aus dem Nichts ein schemenhafter Farbstreifen am Himmel. Der Störenfried aus der Luft berührt beinahe die Baumspitzen, bevor er in einer Höhe von etwas mehr als 1 m horizontal über das Gras gleitet. Jetzt werden das gestreifte Seidenpapier und die breite Stabilisierungsflosse als typische Merkmale eines Szilagi Kampfdrachens deutlich sichtbar. Mit seiner einzigartigen Form und dem Glasfaserbogen stellt dieser Kampfdrachen ein bewegliches Wunderwerk der Drachenbaukunst dar, das enge Kurven und gerade Flugbahnen zu fliegen vermag.

Bauanleitung

1. Schleifen Sie einen Längsstab mit den Maßen 3 x 5 x 508 mm auf beiden Seiten so ab, daß die Kanten abgeflacht sind. Wenn Sie am unteren Ende etwas mehr Material stehenlassen, verändert sich dadurch der Schwerpunkt des Drachens. Das Zusatzgewicht am unteren Ende des Längsstabs ermöglicht es dem Drachen, die gewünschte Wendigkeit bei lockerer Flugleine zu entwickeln. Kerben Sie das vordere Ende ein, um dort später die Rahmensschnur für die Vorderkante der Rahmenkonstruktion sichern zu können. Als nächstes bringen Sie den Längsstab in eine leicht gekrümmte Form, indem Sie ihn über einer Flamme erhitzen und dabei leicht biegen. Die Krümmung sollte in einem Abstand von 95 mm unterhalb der eingekerbten Spitze beginnen und etwa in der Mitte des Längsstabes aufhören.
2. Bereiten Sie den Bogen aus dem 2,5 x 702-mm-Glasfaserstab vor, indem Sie ihn an beiden Enden mit einer feingezahnten Säge leicht einkerben. Die Kerben an den Enden müssen dabei die gleiche Ausrichtung besitzen (siehe Schritt 12). Tip: Bevor Sie den Glasfaserstab zuschneiden, sollten Sie seine Länge messen und markieren. Setzen Sie den Bogen genau zwischen den Markierungen an den Flügelspitzen an. Der Bogen sollte 95 mm unterhalb der Spitze des Längsstabes gekreuzt werden. Wenn der Bogen nicht genau sitzt, nehmen Sie einige Justierungen vor, bis er genau paßt.

Material

Für den Bau dieses Drachens benötigen Sie:

- **Einen Bogen gestreiftes Seidenpapier (508 x 762 mm)**
- **Einen 5 x 508-mm-Rundholzstab für den Längsstab**
- **Einen Glasfaserstab mit den Maßen 2,5 x 702 mm; verwenden Sie einen gängigen Werkstoff oder für einen schnelleren Drachen ein besonders biegsames Material**
- **Zwei flache Bambusstäbe von 114 mm Länge und der Stärke eines Streichholzes**
- **Zwei Lochverstärkerringe**

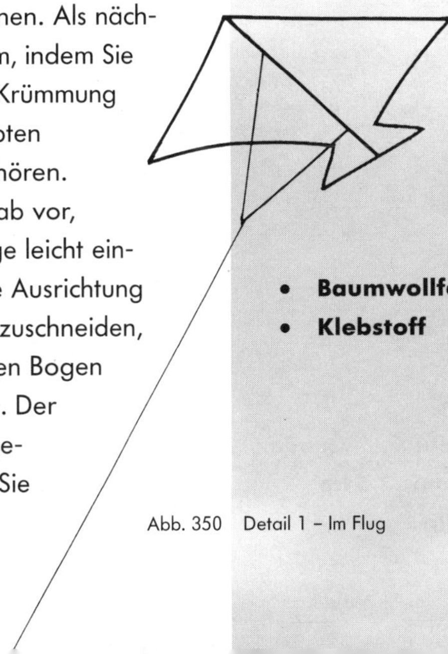

- **Baumwollfaden**
- **Klebstoff**

Abb. 350 Detail 1 – Im Flug

Details

Siehe Abb. 349 mit den Details 1 und 2, Abb. 350 mit Detail 3 und Abb. 351 mit Detail 4.

- **(Detail 1) Bezugspunkte der Hauptkonstruktion**
- **(Detail 2) Flügelspitze und Bogen**
- **(Detail 3) Im Flug**
- **(Detail 4) Abmessungen der Waage: Beim vorderen Waagenschenkel 324 mm zum Knoten; beim hinteren Waagenschenkel 362 mm zum Knoten**

Flugdaten:
Windgeschwindigkeit:
0–20 km/h
Flugleine:
Gewachste Schnur, 5 kp oder Baumwollschnur, 3,5 kp
AE: voll wendig

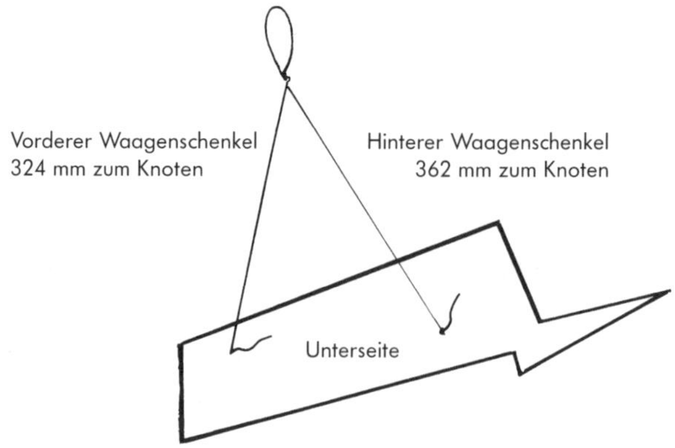

Abb. 351 Detail 4

Die Abstände im Kreuzungsbereich des Bogens mit dem Längsstab können leicht variieren. Versuchen Sie es mit einem Fünftel der Länge des Längsstabes. Der Kreuzungspunkt zwischen Bogen und Längsstab sollte auf keinen Fall über ein Sechstel der Länge des Längsstabes hinausgehen.

3. Siehe Abb. 353: Falten Sie ein 508 x 762 mm großes Stück Seidenpapier an der kürzeren Seite zur Mitte. Der Drachenkörper und die Stabilisierungsflosse werden aus einem Stück Seidenpapier herausgeschnitten.
4. Siehe Abb. 354: Markieren Sie den Mittelpunkt entlang der Faltlinie von 508 mm (254 mm). Messen Sie in einem 90°-Winkel vom 254-mm-Bezugspunkt aus eine Strecke von 318 mm ab und machen Sie dort eine Markierung. Ziehen Sie mit einem Lineal von dem bei 318 mm markierten Punkt zum oberen und unteren Ende der 508-mm-Faltlinie gerade Verbindungslinien. Ausgeschnitten und aufgeklappt beträgt die Flügelspannweite 610 mm mit einer überlappenden Umsäumung von 13 mm.
5. Siehe Abb. 355: Messen Sie vom unteren Punkt der Faltlinie ausgehend in einem 90°-Winkel nach oben und zur Seite jeweils 127 mm ab und markieren Sie die Punkte. Verbinden Sie nun mit einem Lineal die Bezugspunkte mit einer diagonalen Linie. Diese beschreibt die Stabilisierungsflosse.
6. Siehe Abb. 356: Ziehen Sie mit einem stumpfen Messer und einem Lineal in einem 13-mm-Abstand von der an der Kante eingezeichneten Linie eine Vertiefung, um die Faltlinie für die Umsäumung zu erhalten. Markieren Sie mit einem Filzstift den 305-mm-Punkt von der Faltlinie zur Flügelspitze.
7. Siehe Abb. 357: Lassen Sie das Seidenpapier in der Mitte gefaltet. Schneiden Sie entlang der eingezeichneten Linien die Konturen des späteren Drachens aus.
8. Siehe Abb. 358: Klappen Sie die halbseitige Vorlage auf und überprüfen Sie, ob sich die Markierungslinie für die Umsäumung durchgängig in einem Abstand von 13 mm vom Rand des Drachens befindet. Der Bogen wird zwischen den mit dem Filzstift markierten Bezugspunkten zwischen den Flügelspitzen eingepaßt.
9. Beachten Sie das Schnittmuster für das Segel in Abb. 359.

Abb. 352 Schritt 1

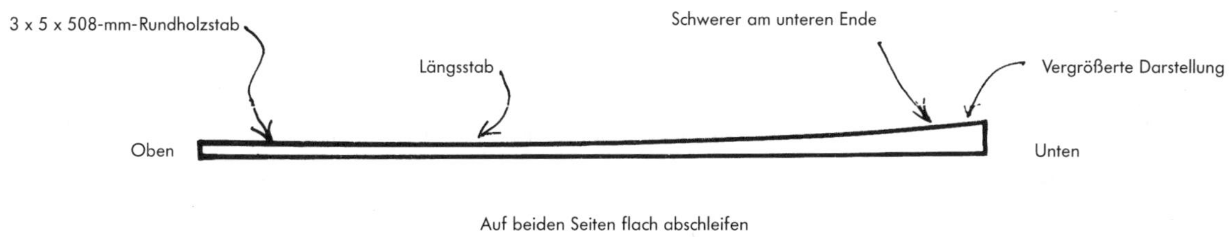

Abb. 353 Schritt 3

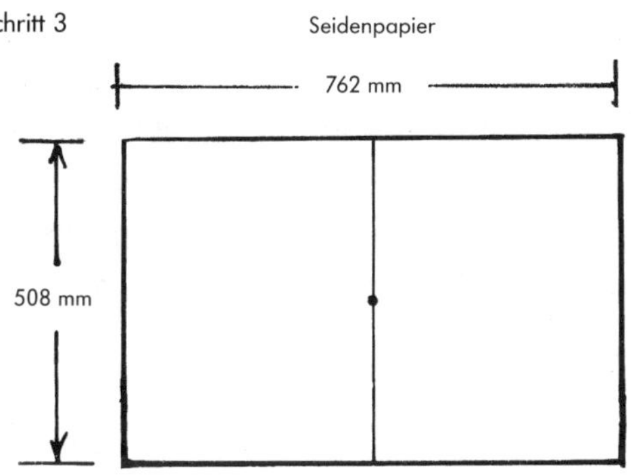

Abb. 354 Schritt 4

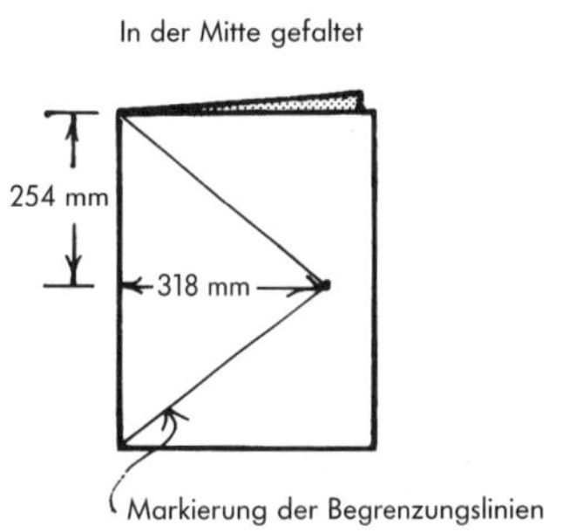

Abb. 355 Schritt 5

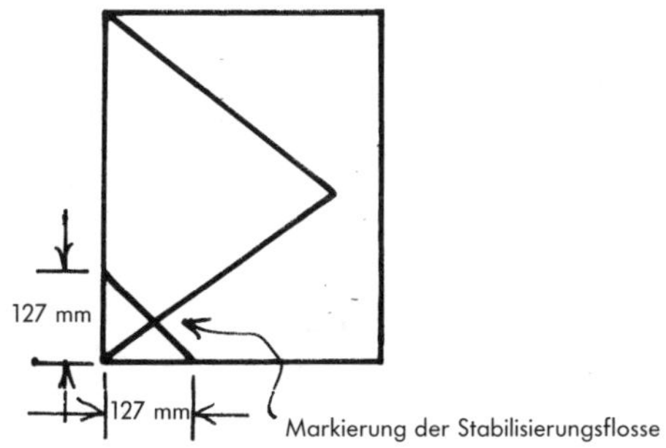

Abb. 356 Schritt 6

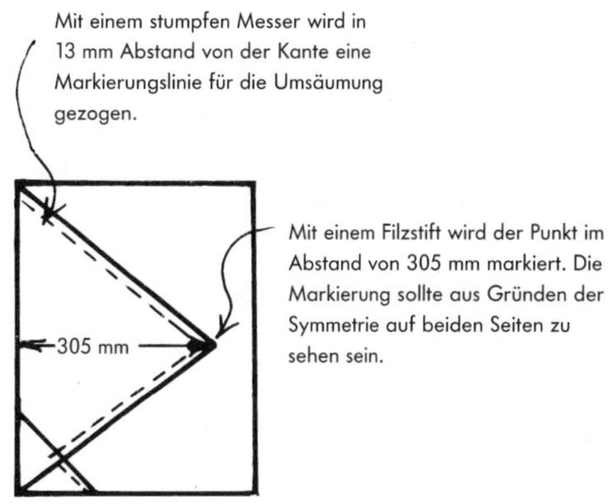

Abb. 357 Schritt 7

Abb. 358 Schritt 8

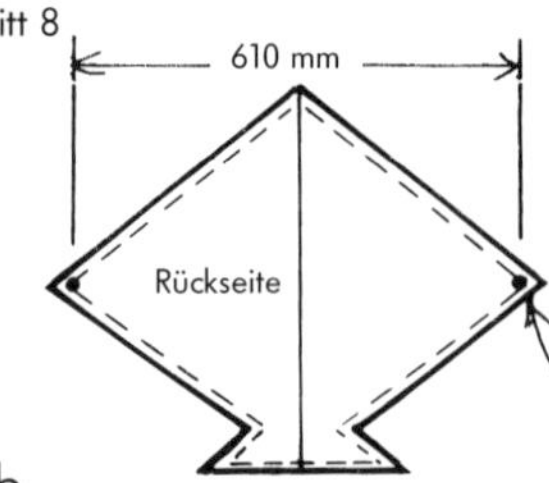

10. Siehe Abb. 360: Befestigen Sie den Längsstab entlang der Faltlinie mit dem eingekerbten und schmaleren Ende nach oben. Die durch die Erhitzung hervorgerufene Krümmung des Längsstabes sollte zur Rückseite des Drachens gerichtet sein. Sie können die Lochverstärkerringe später auf der Unterseite des Drachens anbringen – oder Sie befestigen sie aus ästhetischen Gründen jetzt auf der Rückseite des Drachens. Kleben Sie die Ringe an die dafür vorgesehenen Stellen, bevor Sie den Klebstoff auf den Länggstab auftragen. Befestigen Sie einen Ring im Abstand von 127 mm zum Ende des Längsstabes und den anderen Ring am Kreuzungspunkt von Bogen und Längsstab – der durch folgende Formel ermittelt wird: $^3/_{16}$ mal der Länge des Längsstabes (hier 508 mm) oder 95 mm vom oberen Ende des Längsstabes.
11. Siehe Abb. 361: Falten Sie die Umsäumung entlang der Markierung an der Hinterkante. Nehmen Sie einen etwa 1,50 m langen Baumwollfaden und

Für eine saubere Verarbeitung sollten Sie an den Waagpunkten der Drachenrückseite Lochverstärker anbringen. Der Längsstab wird in der vorgesehenen Position befestigt.

Abb. 359 Schritt 9

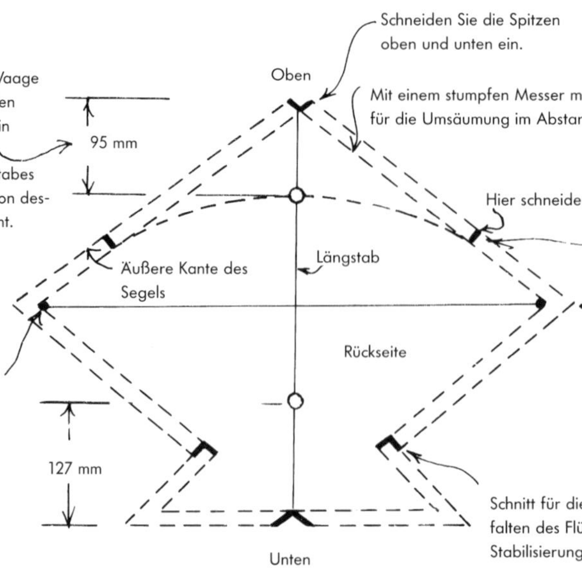

Abb. 360 Schritt 10

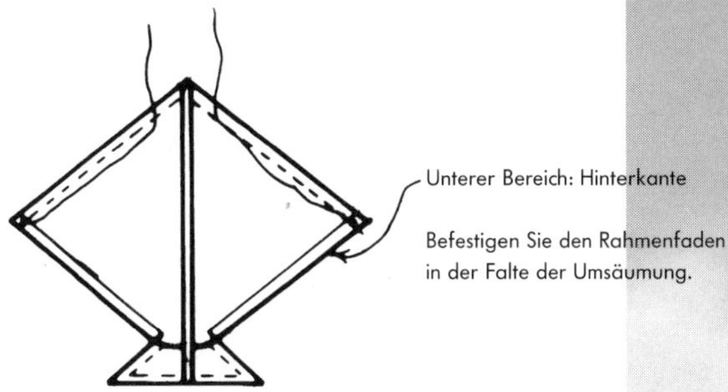

Abb. 361 Schritt 11

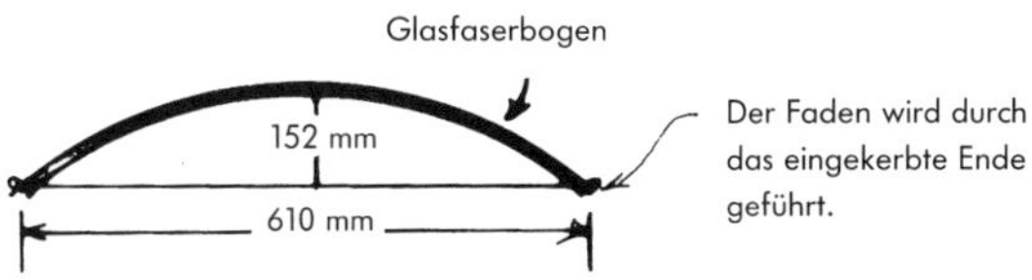

Abb. 362 Schritt 12

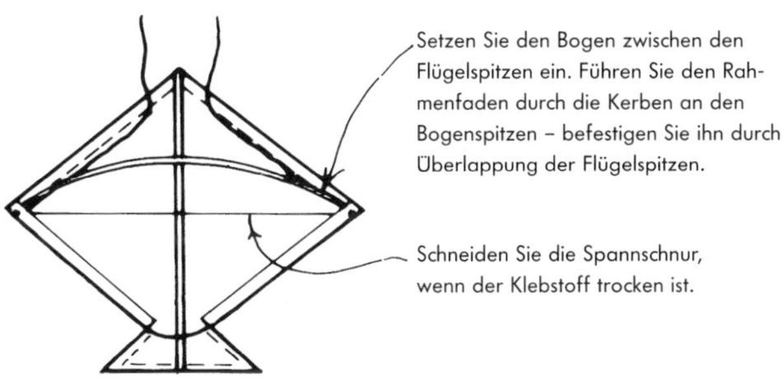

Abb. 363 Schritt 13

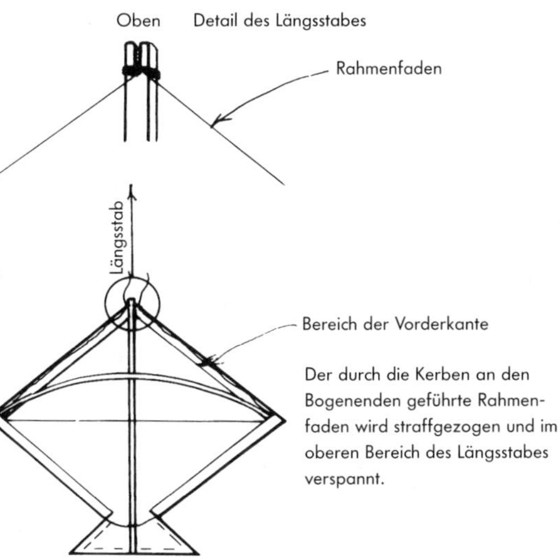

Abb. 364 Schritt 14

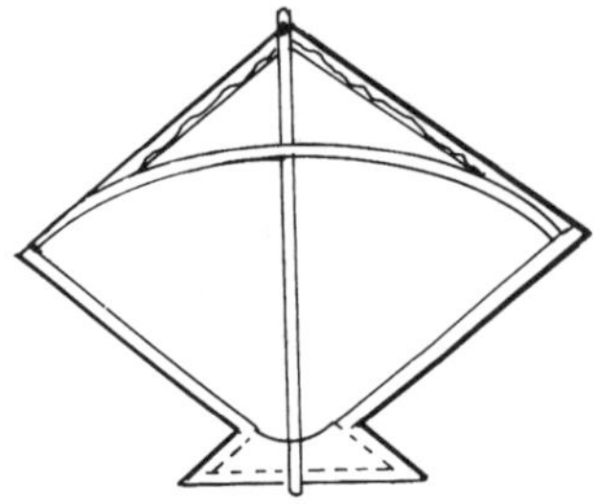

Abb. 365 Schritt 15

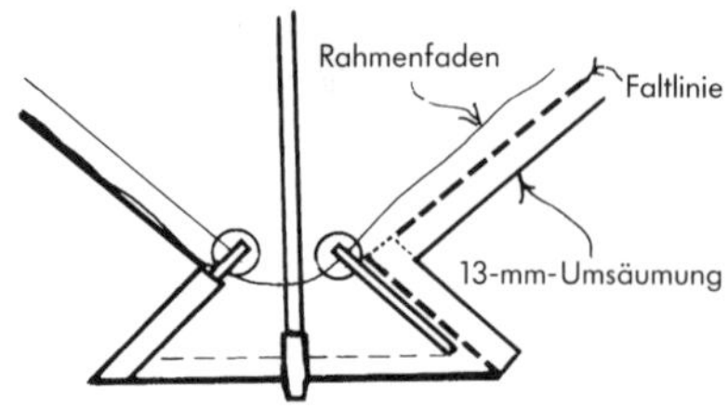

Abb. 366 Schritt 17

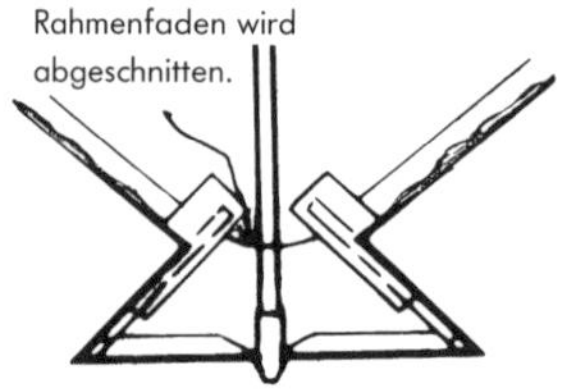

Abb. 367 Schritt 18

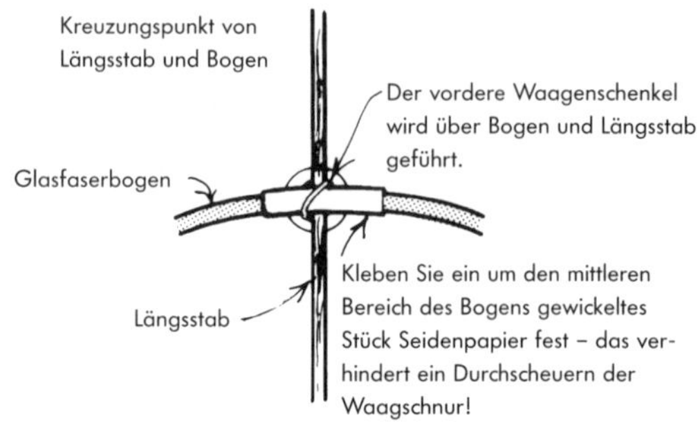

Abb. 368 Schritt 19

befestigen Sie ihn vorsichtig (mit etwas Spannung) in der Markierungslinie so nahe wie möglich an der Falte. Drücken Sie den Faden mit einem stumpfen Messer oder einem ähnlichen Werkzeug hinein.

12. Siehe Abb. 362: Befestigen Sie ein Stück des Fadens zwischen den eingekerbten Enden des Glasfaserbogens, so daß er die Krümmung annimmt, die der Drachenform zwischen den Flügelspitzen entspricht. Die Tiefe des gespannten Bogens sollte ± 150 mm betragen, und der Abstand von Ende zu Ende sollte einem Wert von 610 mm entsprechen.
13. Siehe Abb. 363: Setzen Sie den Bogen wie gezeigt auf den Drachen. Führen Sie den Rahmenfaden der Hinterkante in die Kerben des gespannten Bogens. Kleben Sie ihn an der vorgesehenen Stelle an den Flügelspitzen. Lassen Sie den Klebstoff trocknen!
14. Siehe Abb. 364: Nehmen Sie beide Enden des Rahmenfadens, der durch die Kerben des gespannten Bogens geführt wurde, und ziehen Sie ihn entlang der Faltlinie straff. Binden Sie danach beide Fadenenden an der vorderen Kerbe des Längsstabes fest.
15. Siehe Abb. 365: Falten Sie die Umsäumung an der Vorderkante entlang der Markierungslinien. Befestigen Sie den Rahmenfaden so fest wie möglich in der Falte. Die Umsäumungskante sollte dort eingeschnitten werden, wo sich

der Bogen von der Vorderkante wegbiegt (siehe Schritt 9 und die Gesamtdarstellung). Falten und kleben Sie den oberen Bereich der Vorderkante zuerst. Danach falten Sie den Rest an der Flügelspitze über den Bogen. Die über den Bogen gefaltete Umsäumung muß auf beiden Seiten gleich sein.

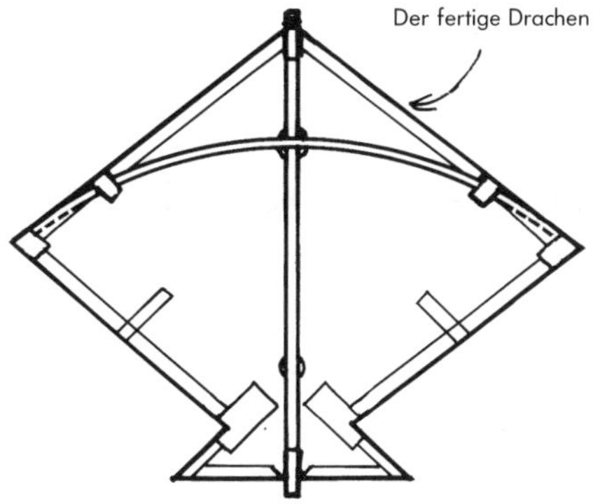

Abb. 369 Der fertige Drachen

16. Siehe Abb. 349: Verstärken Sie die Flügelspitzen sowie den oberen und unteren Bereich des Längsstabes, indem Sie kleine Quadrate aus Seidenpapier an den in der Gesamtkonstruktion gezeigten Stellen befestigen.
17. Siehe Abb. 366: Schneiden und falten Sie auf beiden Seiten der Stabilisierungsflosse entlang der Markierungslinien. Bringen Sie kreisförmige Seidenpapierstücke am Leistenende an. Kleben Sie Bambusleisten in die Falte und klappen Sie die Umsäumung darüber.
    Tip: Um gleichmäßige, symmetrische Leisten zu erhalten, hobeln Sie beide Leisten zusammen mehrere Male auf jeder Seite ab, drehen Sie sie anschließend um und hobeln Sie auch die andere Seite. Dies wiederholen Sie, bis die gewünschte Breite erreicht ist.
    Hinweis: Die Leisten sollten nahe des Längsstabes dünner (± 0,8 mm) und im äußeren Bereich etwas stärker (± 1,6 mm) sein.
18. Siehe Abb. 367: Schneiden Sie aus Seidenpapier zwei rechteckige Stücke mit den Maßen 25 x 102 mm zu und kleben Sie diese auf der Rückseite des Drachens über den Bambusleisten fest. Klappen Sie den Rest um und kleben Sie ihn wie gezeigt fest. Falten und kleben Sie die Hinterkante der Stabilisierungsflosse entlang der Markierungslinie.
19. Siehe Abb. 368: Um zu verhindern, daß die Baumwollschnur der Waage bei Flugbelastung durchscheuert und reißt, wickeln und befestigen Sie ein kleines Stück Seidenpapier (oder Klebeband) um den mittleren Bereich des Bogens.
20. Kleben Sie auf der Drachenrückseite zwei Lochverstärker wie in Abb. 359 gezeigt an den Längsstab.
21. Verbinden Sie die Waagschnur mit Laufknoten an den in Detail 4 gezeigten Positionen. Der vordere Waagenschenkel wird sowohl um den Längsstab als auch um den Bogen geführt.

Der Nagasaki Hata Kampfdrachen

Entwurf: Mit freundlicher Genehmigung von Caleb Crowell

Material

Für den Bau dieses Drachens benötigen Sie:

- **Zwei 3 x 914-mm-Hartholzrundstäbe. Holzstäbe verziehen sich bei feuchter Witterung, deshalb sollten Sie nur bei trockenem Wetter damit fliegen (Variante: ein 2,5-mm-Glasfaserstab ist nicht nur unempfindlich gegenüber Feuchtigkeit, sondern hat auch bessere Eigenschaften hinsichtlich der für einen schnellen Drachen notwendigen Flexibilität)**
- **Durchsichtiges Klebeband und Textilklebeband**
- **Klebstoff**
- **Ein 508 x 762 mm großes Stück Seidenpapier**
- **Baumwollfaden für die Waage**
- **Normaler Nähfaden für die Quasten**
- **Ein Messer**
- **Eine Schere**
- **Ein Lineal oder einen Maßstab**
- **Eine Nähnadel**
- **Lochverstärker**

Eine vereinfachte Version

Wie die meisten kleinen asiatischen Kampfdrachen entspricht der Nagasaki Hata in seiner Grundform einem Quadrat, das diagonal geflogen wird. Sein Längsstab und sein Bogen werden von den Meistern der japanischen Drachenbaukunst aus hochwertigem Bambusrohr in Handarbeit hergestellt. Das leichtgewichtige »Washi« (Reispapier) wird zurechtgeschnitten, zu einem Segel zusammengeklebt und dann mit den traditionellen Farben dekorativ bemalt. Da ein echter Nagasaki Hata Kampfdrachen schwer zu beschaffen ist, zeigen wir hier einen Entwurf (siehe Abb. 370) für diejenigen, die sich mit einer abgeänderten Variante dieses Drachens zufriedengeben.

Bauanleitung

Folgen Sie beim Bau des Drachens den Arbeitsschritten 1–5 sowie den Abbildungen 370 und 371. Hinweis: Sie können diesen Drachen noch verbessern, indem Sie einige konstruktive Elemente des Szilagi Kampfdrachens übernehmen.

Abb. 370 Die vereinfachte Variante des Nagasaki Hata

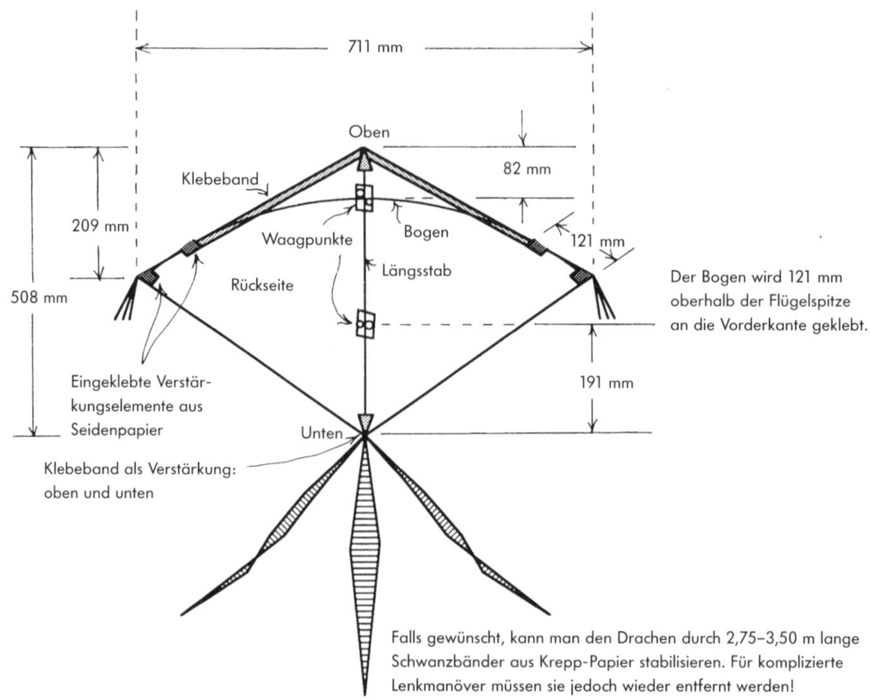

1. Messen, schneiden und falten Sie den Drachenkörper mit den angegebenen Maßen.
2. Schneiden Sie aus den Resten zwei rechteckige Stücke für die Quasten zu. Fassen Sie die Kanten wie gezeigt ein.
3. Kerben Sie die Enden des Bogens für die Quasten ein. Binden Sie dort kurze Fäden an und schneiden Sie sie auf die richtige Länge zu.
4. Wickeln Sie die gefransten Enden um ein Reststück des Rundholzes. Binden Sie diese an die Fäden der Flügelspitzen, und die Quasten sind fertig. Wenn Sie möchten, können Sie auch noch Schwanzbänder anbringen.
5. Befestigen Sie die Waage und – guten Flug!

Material
(Fortsetzung)

- **Zwei 102 x ± 0,8-mm-Leisten für die Flosse, aus flachen Zahnstochern oder Bambusspänen zugeschnitten und geschliffen**
- **(Variante) Schwanzbänder aus Krepp-Papier**

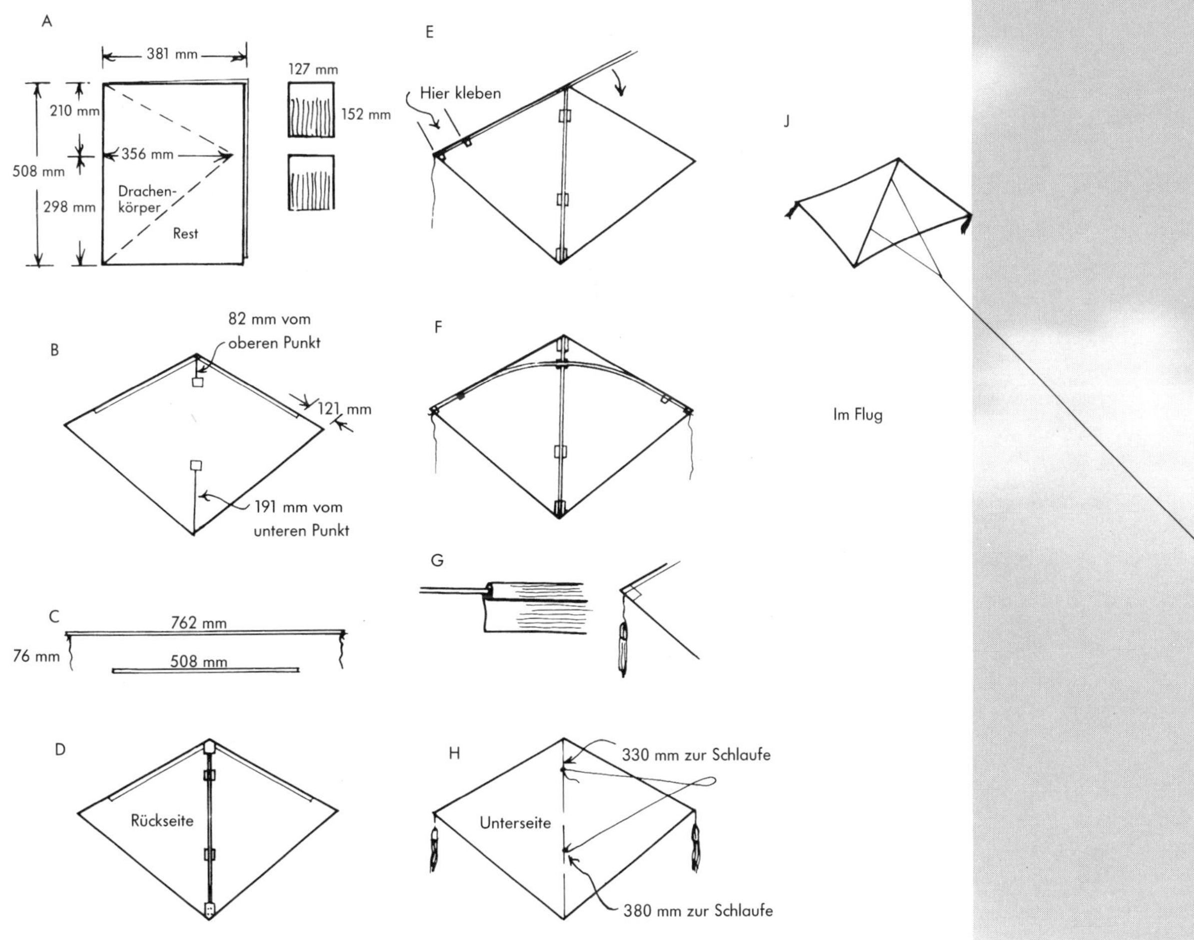

Abb. 371 Die vereinfachte Variante des Nagasaki Hata – Bauplan

50

Der Deltadrachen

Ein Delta ist ein gleichseitiges Dreieck, benannt nach dem vierten Buchstaben des griechischen Alphabets. Als Delta bezeichnet man auch die fruchtbaren, meist dreieckig ausgebildeten Schwemmlandschaften an den Mündungen großer Flüsse. Und schließlich ist es auch eine der Grundformen von Drachen.

»Die Deltaform ist äußerst vielseitig und bietet eine breite Basis für Individualität, Erfindungsgabe und Experimente«, sagt der Luftfahrtingenieur und Drachenexperte Dan Leigh, der sich jahrelang mit dem Bau von Deltadrachen beschäftigt hat. Der in den USA geborene Waliser Leigh konzentrierte sich dabei vor allem auf Leichtwind-Entwürfe. Seine Drachen verbinden maximalen Auftrieb mit minimaler Zugkraft. Leigh sagt, daß seine Begeisterung für Deltadrachen aus der »wundervollen Art und Weise, wie sie am Himmel tanzen«, herrühre.

Bei einigen Entwürfen entscheidet sich Leigh für einen Zugpunkt, der so weit wie möglich hinten am Drachen sitzt und dennoch gut handhabbar ist. Da alle Elemente eines Entwurfs sich aufeinander beziehen und gegenseitig beeinflussen, müssen oft Kompromisse geschlossen werden. Wenn man zum Beispiel einen Deltadrachen für maximale Windgeschwindigkeiten konstruiert, kann man ihn bei schwachem Wind (mehr Auftrieb mit weniger Zugkraft) nicht mehr steigen lassen. Das gilt natürlich auch im umgekehrten Sinn. Wenn Sie einen Drachen entwerfen, müssen Sie sich darüber im klaren sein, was für eine Art Drachen Sie wollen.

Bauanleitung

Wenn Sie einen Deltadrachen bauen möchten, können Sie sich an Leighs Konstruktionen orientieren, wie sie hier im Buch gezeigt werden.

Mittellinien:

Damit das Segel auch wirklich symmetrisch ist, bearbeitet man stets beide Segelhälften gleichzeitig und geht immer von der Mittellinie aus vor. Das Segel besteht nur aus einem einzigen Stück, das man in der Mitte faltet und auf das dann der Umriß des Drachens markiert wird. Um die beiden Seiten für eine leichtere Bearbeitung zusammenzuhalten, bringt Leigh entlang der Innenkante des Längsstabsaumes Kleber auf (Heißheften bringt dasselbe Ergebnis). Er klebt auch die Hinterkante außerhalb des fertigen Kantenverlaufs fest. Die Hinterkante wird erst endgültig geschnitten, wenn an der Mittellinie die Naht für den Längsstabsaum fertig genäht ist.

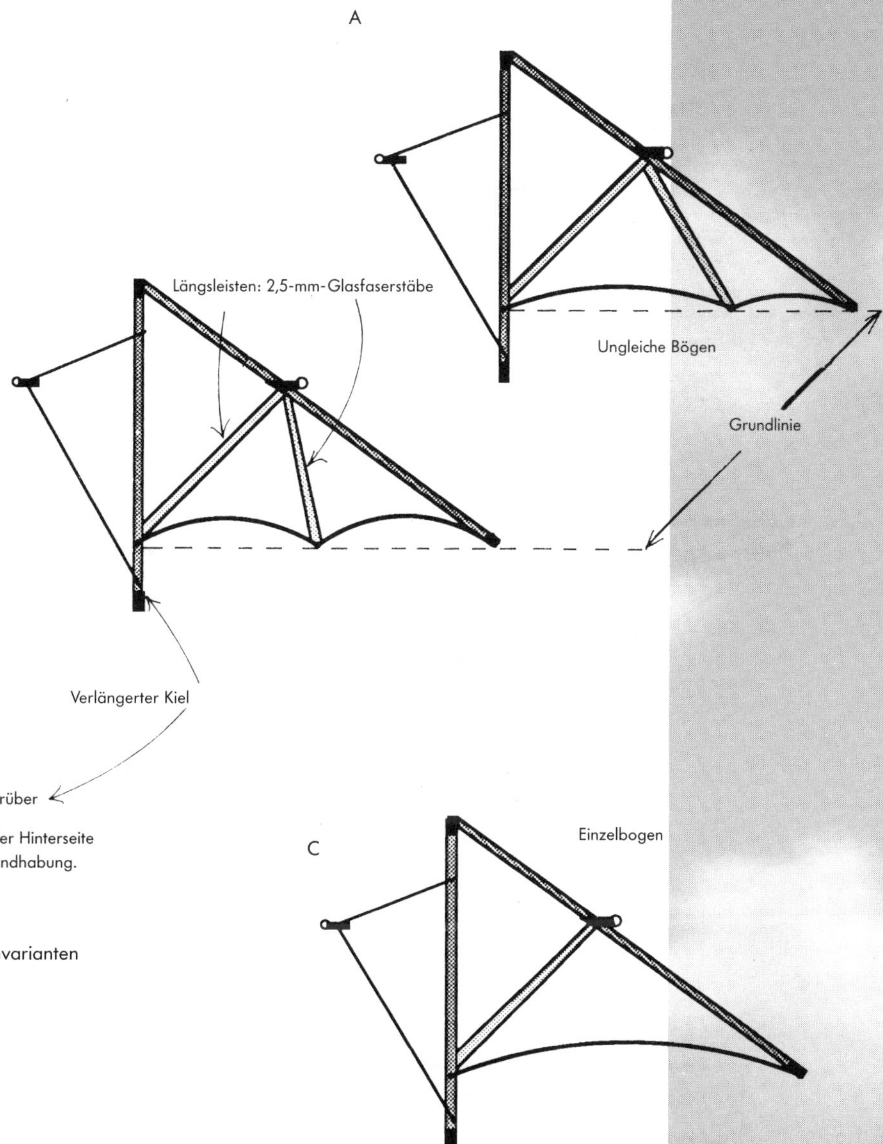

Abb. 372 Längsleisten- und Bogenvarianten

Längsstab:

Ein Längsstab auf der Unterseite des Drachens hat zwei Funktionen: Zum einen bietet er eine Befestigungsmöglichkeit für einen Kiel, zum anderen kann er gerade so fest eingepaßt werden, daß er die Naht entlang der Mittellinie strafft und dadurch eine leichte Wölbung hervorruft.

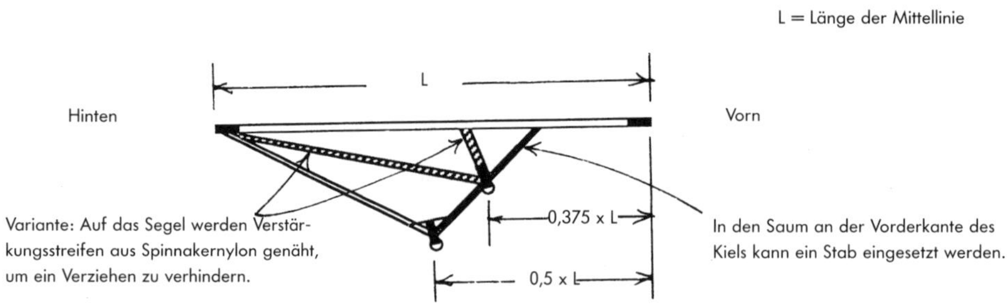

Diese Kiel-Anordnung wurde bei einem etwa 4 m großen Deltadrachen nach einem Entwurf von Leigh gewählt: Der Drachen flog bei einer Windgeschwindigkeit von 35 km/h. Für über 3,60 m große Deltadrachen ist ein Zugpunkt bei 0,4 x L empfehlenswert, da der Drachen so stabiler ist, weniger stark zieht und insgesamt leichter zu handhaben ist.

Bezugsgrößen für den Entwurf siehe Abb. 376

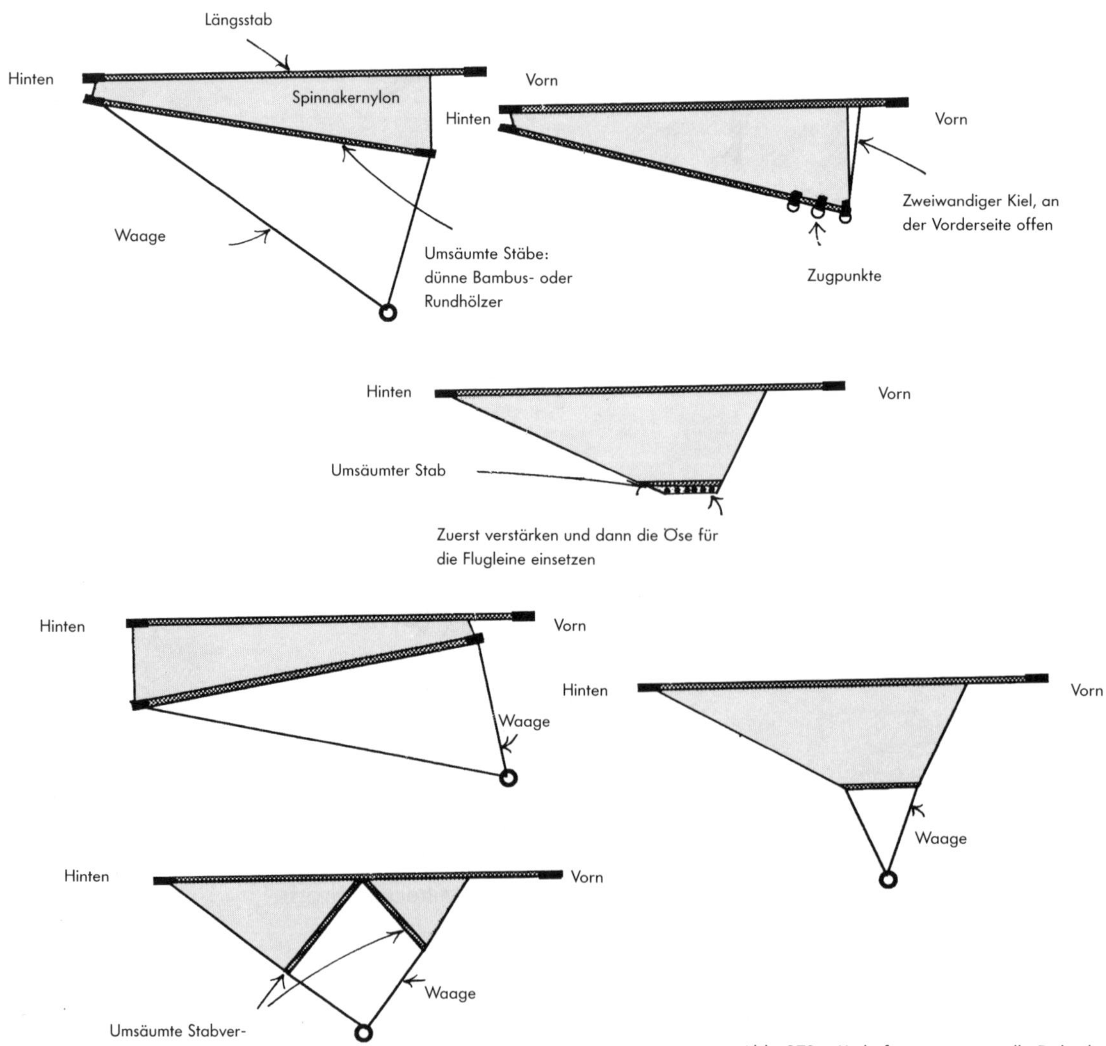

Abb. 373 Kiele für experimentelle Deltadrachen

Hinweis: Alle Zugpunkte sind verstellbar.

Stäbe:

- Es ist sehr wichtig, zwei Stäbe zu verwenden, die sich vollkommen gleich biegen lassen. Probieren Sie das vorher aus. Wenn sich beide Stäbe nämlich nicht gleich biegen lassen, neigt der Drachen zur Seite oder taucht bei Böen auf eine Seite ab. Man sollte möglichst starre Stäbe verwenden. Rundhölzer sind zwar starr und leicht, Stabmaterial aus Kohle- oder Glasfaser ist im Gegensatz dazu das gleichförmigere Material, wenn auch schwerer.
  Ganz gleich für welchen Deltadrachen, verwenden Sie für Längs- und Flügelstäbe stets Stäbe mit demselben Durchmesser und einen Spreizstab, der etwas stärker ist. Verwenden Sie dazu ein entsprechendes Rundholz, falls Sie bei den anderen Stäben mit Kohle- oder Glasfaserstäben arbeiten (siehe Deltadrachen-Entwürfe, Beispiele A und B).

Kiel:

- Der Kiel sollte flach in der Luft liegen, ohne daß seine Vorderkante herumflattert. Ein einfacher, der Kante entlang vernähter Saum mit einem in Faserrichtung geschnittenen Spinnakernylonstreifen verstärkt die Kante und verhindert, daß sich der Kiel verformt.
  Bei kleineren Delta-Drachen (mit 1,50 m oder weniger Spannweite) kann die Vorderkante auch parallel zur Faserrichtung verlaufen, und eine einfache Naht am doppelt gefalteten Saum reicht aus.

Experimentelle Kiele:

- Experimentelle Kiele ermöglichen verstellbare Zugpunkte, die sich für wechselnde Windverhältnisse gut eignen. Solche Kiele sind auch bei ungewöhnlichen Deltavarianten sinnvoll, um die beste Lage des Zugpunktes herauszufinden (siehe Abb. 373).

Spreizstab:

- Die Position des Spreizstabes kann sehr stark variieren. So kann z. B. ein starrer Spreizstab ziemlich kurz sein und nach vorn gesetzt werden – während ein langer, biegsamerer Spreizstab, etwa bei flexiblen Flügelstäben, auch hinten angebracht werden kann. Eine am Längsstab angebrachte Feststellschlaufe verhindert, daß leichtere Spreizstäbe bei plötzlich auftretenden Windböen zerbrechen (siehe Detail in Abb. 378).
  Wenn der Spreizstab zu fest ist, wird das straffe Segel – vor allem bei stärkeren Winden – den Drachen abtauchen lassen. Eine Möglichkeit, die richtige Tiefe des Spreizstabes herauszufinden, ist es, den fertigen Drachen

kopfüber aufzuhängen und den Abstand zwischen der Mittellinie des Segels und der Innenkante des Spreizstabes zu messen. Dieser Abstand, geteilt durch den Abstand von der Drachenspitze zum Befestigungspunkt des Spreizstabes an der Flügelvorderkante, kann als einfacher, dimensionsloser Zahlenwert ausgedrückt werden. Ein Wert um 11 ist der Durchschnitt – während bei kleineren Drachen, die bei stärkeren Winden fliegen, Werte von 14 oder mehr als normal gelten.

Zugpunkt:

– Der für einen Standard-Deltadrachen mit gewöhnlichem Kiel mögliche Spielraum erlaubt einige Varianten. Bei kleinen Deltadrachen sollte der Zugpunkt so weit hinten wie möglich liegen.
  An der Kielspitze zwei Ösen für unterschiedliche Windverhältnisse anzubringen, ist eine umstrittene Methode. Ein Unterschied von 15 mm auf der einen oder anderen Seite spielt für das Flugverhalten keine große Rolle. Bei einem Standard-Deltadrachen, dessen Zugpunkt in der Mitte von L (Länge der Mittellinie) liegt, könnte ein zweiter Ring bis zur Hälfte der Kielvorderseite, bei 953 mm von L, gesetzt werden (siehe Abb. 373).

Entwurf eines eigenen Drachens:

– Die genaueste Planung erfordern die Flügelstäbe. Deltadrachen mit Flügelstäben aus 6 x 915-mm-Hartholzrundstäben sind sehr beweglich und schwer steuerbar. Drachen mit 6 x 990-mm-Stäben lassen sich noch bei stark unterschiedlichen Windgeschwindigkeiten gut handhaben. Stäbe mit den Maßen 6 x 1145 mm eignen sich am besten für leichte Winde. Leigh präferiert sogar 6 x 1300-mm-Stäbe für Leichtwind-Deltadrachen.
  Das zusätzliche Gewicht und die Elastizität von Glasfaser- und Kohlefaserstäben verlangt aber einen kleineren Nasenwinkel und einen nach hinten versetzten Spreizstab.
  Die Dimensionen des Grundentwurfs sind sowohl auf Holz- als auch auf synthetische Stäbe anwendbar. Es könnte sich jedoch dabei der Maßstab verändern. Glasfaser-Flügelstäbe können etwas kleiner sein als die entsprechenden Holzstäbe (siehe Abb. 374).

Kleinere Deltadrachen:

– Kleinere Deltadrachen benötigen für ihre Stabilität zusätzliche Zugkraft, z. B. durch Fransen entlang der Hinterkante. Bei ganz kleinen Deltadrachen bringt man an den Flügelspitzen Streifenschwänze an.

Durchmesser des Holzstabes	Empfohlene Flügelstablänge	Durchmesser des Kohlefaserstabes	Durchmesser des Glasfaserstabes	Empfohlene Flügelstablänge	Empfohlener Nasenwinkel
8 mm	1350–1500 mm	7,5–8 mm	7,5 mm	1270 mm	98–104°
6 mm	915–1220 mm	6,35–6,6 mm	6,35 mm	1040 mm	90–100°
				865 mm	90–94°
5 mm	685–915 mm		4,72 mm	650 mm	90°
3 mm	430–610 mm		3,175 mm	445 mm	90°
Für größere Deltadrachen					
10 mm	1500–2050 mm	9,25			90°*
13 mm	2100–2400 mm	12,5 mm			90°

Bei größeren Deltadrachen berechnet man einen Nasenwinkel von 90° und einen vorne liegenden Zugpunkt (0,40–0,42: »Z« in der Tabelle auf S. 387), damit der Drachen bei unterschiedlichen Windstärken sicher fliegt.

Zur Erinnerung: Drachen mit größerem Nasenwinkel haben auch ein höheres Streckungsverhältnis, d. h., sie haben ein höheres Steigvermögen, das zu Lasten der Stabilität geht.

Empfehlungen mit freundlicher Genehmigung von Dan Leigh

* bis zu 103° bei Deltadrachen mit verlängertem Kiel und hohem Streckungsverhältnis

Abb. 374 Stabverhältnisse und empfohlene Nasenwinkel

Nasenwinkel:

- Deltadrachen mit einem Nasenwinkel von 100° gelten als Entwürfe mit hohem Streckungsverhältnis, bei denen zugunsten eines höheren Steigvermögens eine geringere Stabilität in Kauf genommen wird (ausführlichere Informationen über das Streckungsverhältnis finden Sie auf den Seiten 199–201). Eine Möglichkeit, der mangelnden Stabilität bei Drachen mit hohem Streckungsverhältnis entgegenzuwirken ist es, den Kiel über die Hinterkante hinausragen zu lassen (siehe Abb. 378). Diese Methode hat man auch bei leistungsstarken Hängegleitern erfolgreich genutzt. Der Pilot verhält sich wie der Kiel und sorgt für den richtigen Winkel, so daß der Flügel stabil bleibt. Bei den meist flachen Deltadrachen verschiebt ein über die Hinterkante des Segels hinausgehender

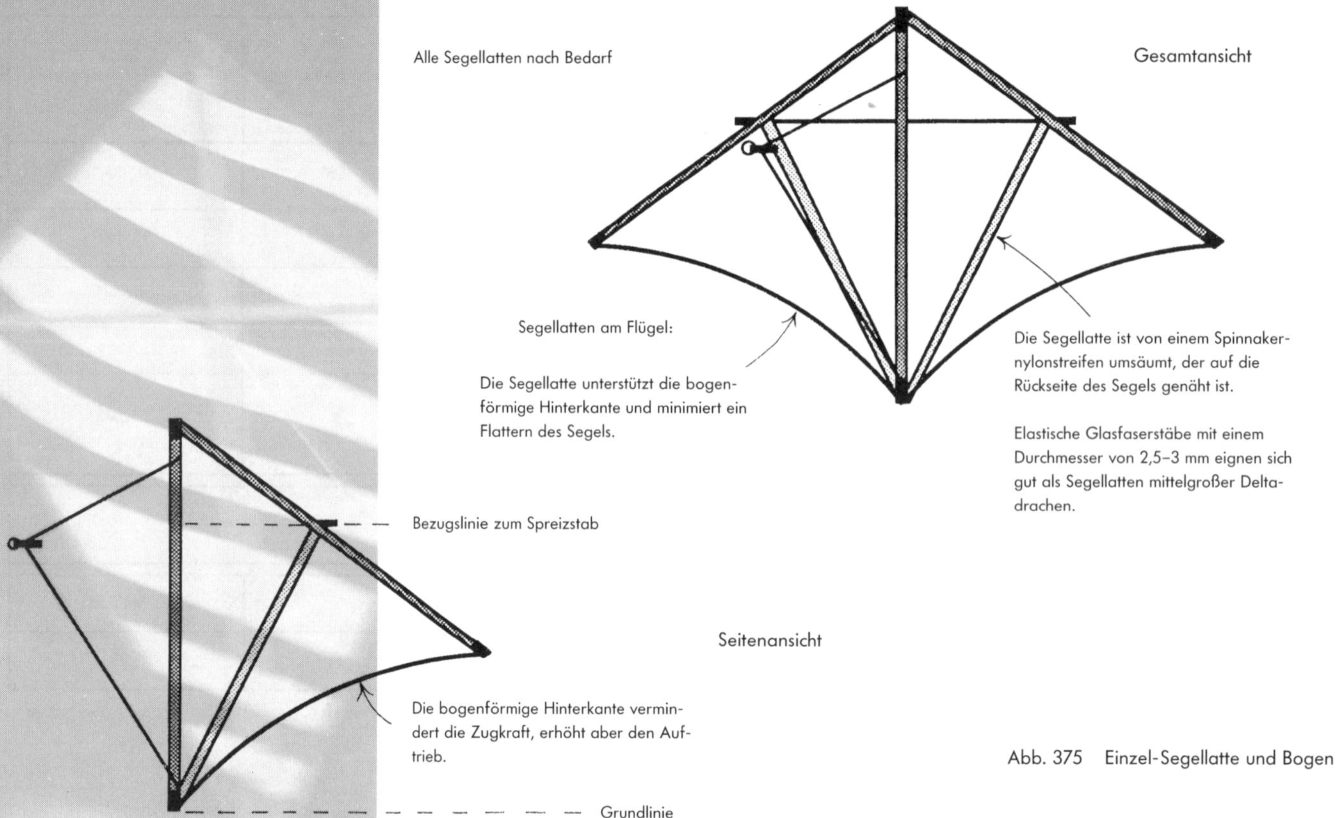

Abb. 375 Einzel-Segellatte und Bogen

Längsstab den Schwerpunkt leicht nach hinten und sorgt so für einen stabileren Flug.

Segellatten:

Siehe Abb. 375: Mit Hilfe von Segellatten kann die Flügeloberfläche vergrößert werden. Indem sie die äußeren Teile des Flügels strecken, verhindern solche Segellatten ein Flattern des Segels im Wind. Die Segellatten- und Bogenvarianten in Abb. 372 basieren auf flugerprobten Entwürfen. Beginnen Sie mit diesen Entwürfen und machen Sie sich mit dem Flugverhalten von Drachen mit und ohne Segellatten vertraut. Elastische Glasfaserstäbe mit einem Durchmesser von 2,5–3 mm eignen sich gut als Segellatten für mittelgroße Deltadrachen.

Man muß jedoch zwischen den Segellatten für Flugdrachen und für Deltadrachen unterscheiden. Die Segellatten von Deltadrachen halten die Stoffoberfläche straff und strecken sie nicht, wie es bei Flugdrachen oder auch bei Schiffssegeln der Fall ist.

Ob Segellatten das Flugverhalten der Deltadrachen wirklich verbessern können, ist fraglich.

Bauen Sie zwei Deltadrachen mit den unten angegebenen Maßen und vergleichen Sie dann deren Flugverhalten bei unterschiedlichen Bedingungen. In Abb. 377–379 finden Sie weitere Vorschläge für Deltadrachen-Varianten. Durch eigene Experimente können Sie die Vor- und Nachteile der unterschiedlichen Modelle herausfinden. Auf diese Weise erkennen Sie auch, welche Flugmerkmale Ihnen selbst am angenehmsten sind.

Beispiel A
Flügelstäbe = 6 x 990 mm Hartholzrundstab (FS = 990 mm)
Kh = 890 mm
F/2 = 1015 mm
Z = 432 mm oder 445 mm
LK = 665 mm
TK = 338 mm
SSp = 770 mm
Säume = 25 mm
Spreizstab = Hartholzrundstab mit 8 mm Durchmesser
Längsstab = Hartholzrundstab mit 6 mm Durchmesser
Nasenwinkel = 97,6°

Beispiel B
Flügelstäbe = 13 x 2100 mm Hartholzrundstab (FS = 2100 mm)
Kh = 2000 mm
F/2 = 2000 mm
LK = 1500 mm
TK = 660 mm
SSp = 1670 mm
Säume = 50 mm
Spreizstab = Hartholzrundstab mit 16 mm Durchmesser
Längsstab = Hartholzrundstab mit 13 mm Durchmesser
Nasenwinkel = 90°

Varianten für Z – Lage des Zugpunktes:
Z = 1000 mm (0,5 x Kh)
Z = 900 mm (0,45 x Kh)
Z = 850 mm (0,425 x Kh)
Z = 800 mm (0,4 x Kh)

Deltadrachen-Entwürfe

Verzeichnis der Abkürzungen aus Dan Leighs Deltadrachen-Grundform in Abb. 376:

Kh = Kappenhöhe
F/2 = halbe Flügelspannweite
Z = Lage des Zugpunktes
TK = Tiefe des Kiels oder der Flosse
LK = Länge des Kiels oder der Flosse
LV = Länge der Vorderkante
FS = Länge des Flügelstabes
SSp = Abstand von der Flügelspitze zum Schnittpunkt von Spreizstab und Flügelstab

Bezugsgrößen für den Entwurf:
F/2 = 1,0 bis 1,15 x Kh (bis zu ⅓ x bei verlängerten Kielen)
Z = 0,4 bis 0,5 x Kh (0,5 bei kleinen Drachen)
FS = 0,75 x LV
SSp = 7/9 x FS
LK = 0,75 x Kh
TK = F/6 oder ⅓ x (F/2)

Abb. 376 Dan Leighs Deltadrachen-Grundform

Bezugsgrößen für den Entwurf

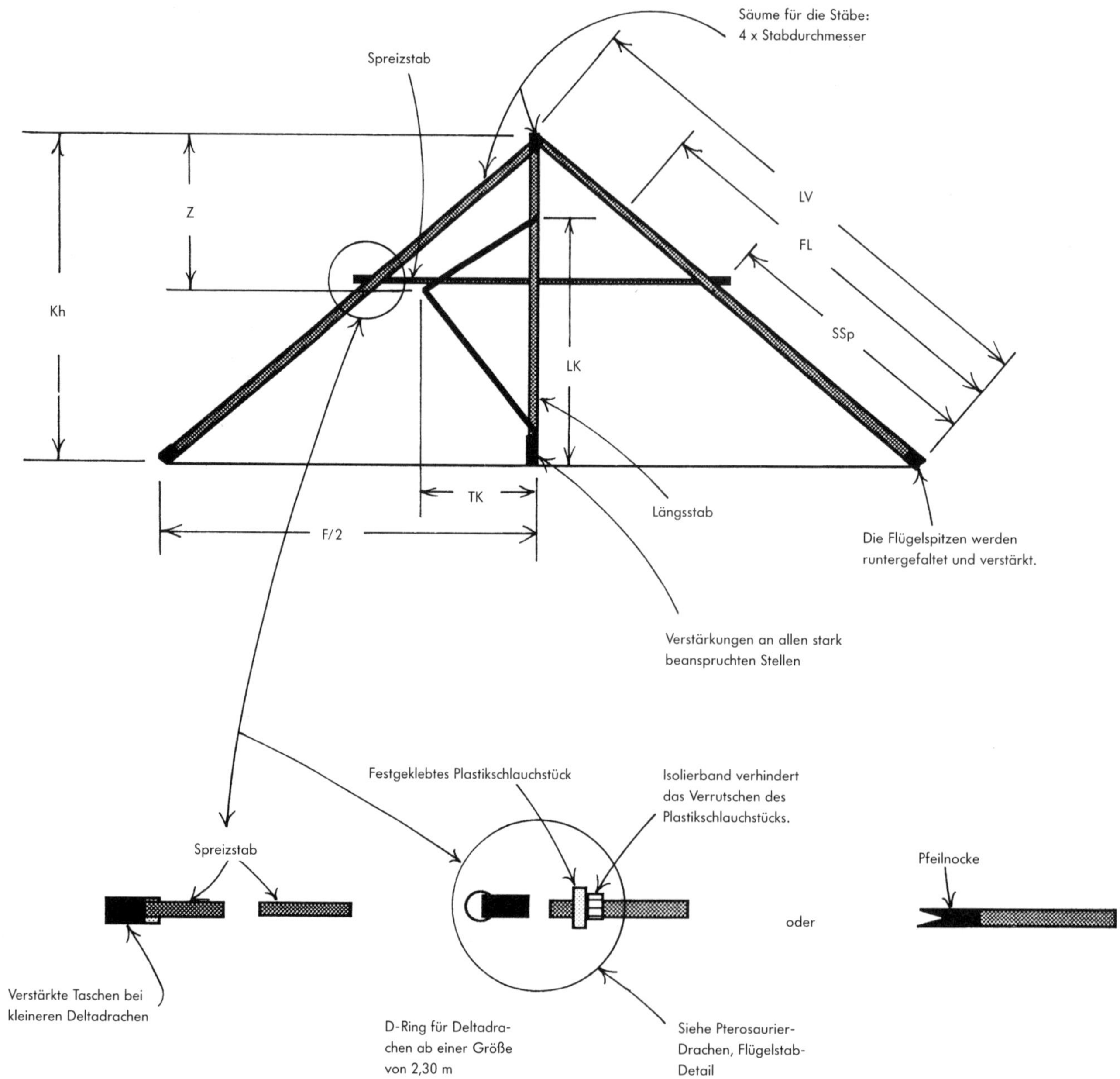

Abb. 377 Dan Leighs Deltadrachen mit zweiwandigem Kiel

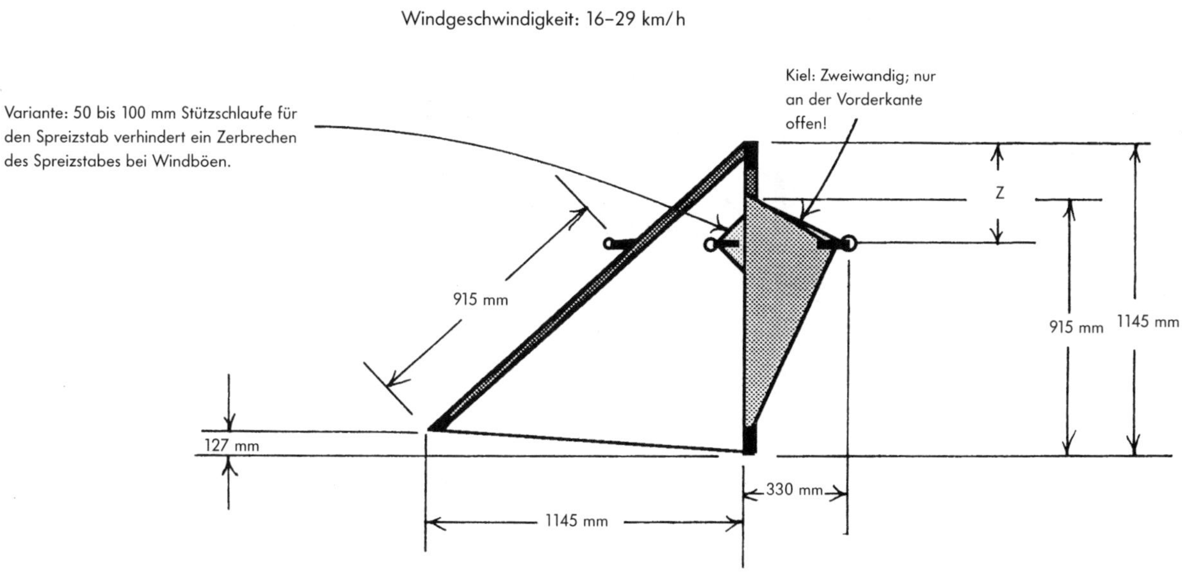

Länge des Kiels: 915 mm
Tiefe des Kiels: 330 mm
Z = 405 mm bis 460 mm

Flügelstäbe: 1270 x 6 mm Kohlefaserrohr
Die Rohre werden mit Glasfaserstäben auf die richtige Größe zusammengesteckt.

Längsstab: 8-mm-Hartholzrundstab

Spreizstab mit Stützschlaufe an der Mittellinie – 10 mm-Hartholzrundstab
ohne Schlaufe – 11-mm-Hartholzrundstab oder 8-mm-Glasfaserrohr

Abb. 378 Deltadrachen mit verlängertem Kiel – nach einem Entwurf von Dan Leigh

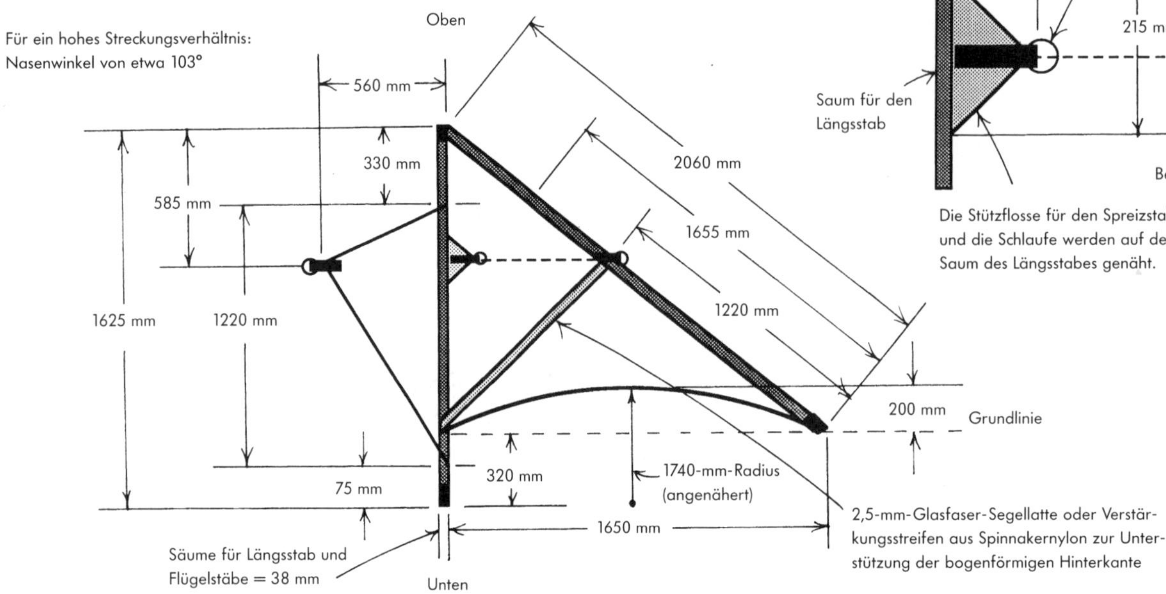

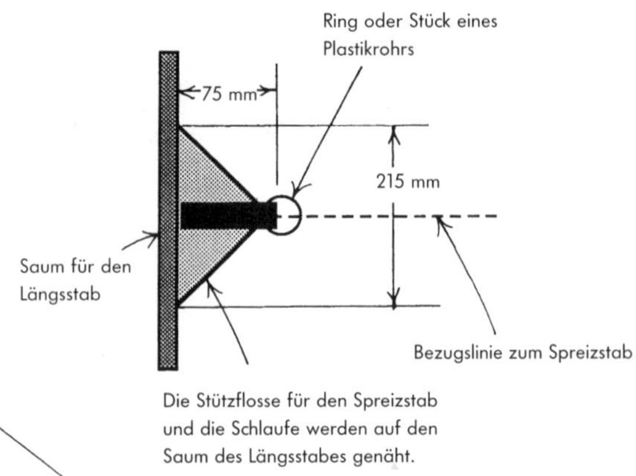

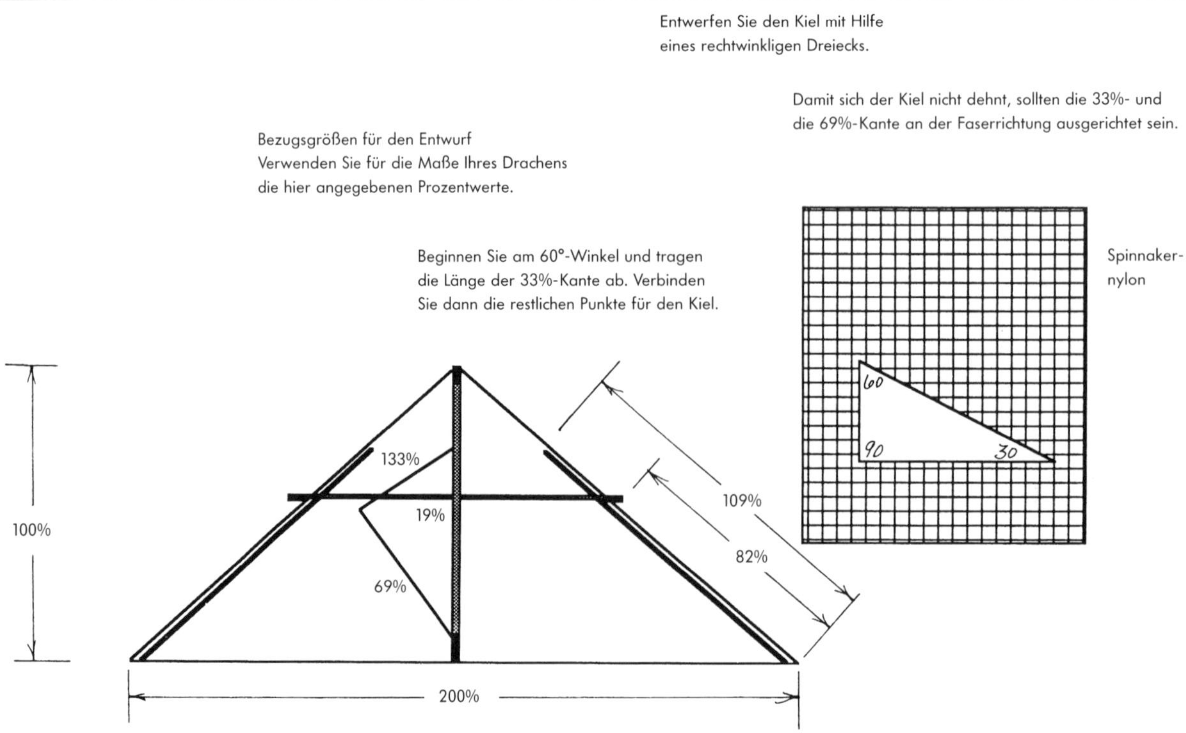

Abb. 379 Tony Cypherts Deltadrachen

51 Der Zephir-Deltadrachen

Entwurf: Mit freundlicher Genehmigung von Ed Grauel

Guter Flug bei schwachem Wind

Der Zephir ist ein warmer, leichter Wind. Es ist aber auch die Bezeichnung für ein feines Baumwollgewebe – und zugleich die Bezeichnung einer Variante des Deltadrachens.

Mit einem normalen einfachen, flachen Kiel gleitet der Deltadrachen nach vorn, sobald der Wind nachläßt. Trotz Aufwind oder Thermik kommt der Drachen dann aufgrund der nachlassenden Spannung der Flugleine leicht ins Trudeln und gerät außer Kontrolle. Bei einem Versuch, dieses Vorwärtsgleiten zu reduzieren oder ganz auszuschalten, entwickelte Ed Grauel einen zweiseitigen, wie ein Luftkanal wirkenden Kiel, der sowohl vorn als auch hinten offen ist. Damit konnte er das Problem weitgehend lösen.

Grauel wollte sich aber nicht auf seinen Lorbeeren ausruhen und fragte sich, was wohl geschähe, wenn der kanalartig offene Kiel am hinteren Ende geschlossen würde und somit einen ballonartigen Kiel bildete. Das war die Lösung! Durch diese Veränderung konnte jetzt die noch immer latent vorhandene Tendenz des Drachens, nach vorn zu gleiten, ganz abgestellt werden. Was jedoch noch wichtiger ist: Durch den hinten geschlossenen Kiel fliegt der Drachen auch bei leichtem Wind recht gut, was ihm schließlich auch den Namen Zephir gab (der Zephir-Deltadrachen ist in Abb. 382 dargestellt).

Bauanleitung

Gehen Sie Schritt für Schritt vor. Beachten Sie dabei auch die Detailzeichnungen.

1. Herstellung des Segels: Falten Sie das Spinnakernylon entlang der Mittellinie. Markieren Sie alle Saumzugaben sowie die Nahtlinie für den Kiel auf der Unterseite des Drachens. Hinweis: Überlegen Sie sich zuerst, wie Sie den Spreizstab befestigen wollen, und beziehen Sie schon jetzt die dazu notwendigen Materialien und Verstärkungen in Ihre Planung ein. Beachten Sie die Spreizstab-Varianten im Kapitel »Der Deltadrachen«.
   Beginnen Sie mit den Flügelsäumen. Der 152 mm breite hintere Flügelrand sowie die Hinterkante des Segels müssen nicht umsäumt werden, wenn Sie das Segel heiß mit einem Lötkolben ausschneiden. Vernähen Sie den Saum wie gezeigt. Lassen Sie eine 40 mm breite Öffnung zum Einsetzen der

Material

Für den Bau dieses Drachens benötigen Sie:

- **1,85 x 1,00 m von 22,5-g-Spinnakernylon für das Segel und den Kiel**
- **Drei 5-mm-Hartholzrundstäbe: einen 850 mm langen Stab für den Längsstab, zwei 710 mm lange Stäbe für die Flügelstäbe**
- **6 x 915-mm-Hartholzrundstab (zugeschnitten) für den Spreizstab**
- **Dacron als Verstärkungsmaterial**
- **6-mm-Öse für den Zugpunkt**
- **Material zur Befestigung des Spreizstabes**

Abb. 381 Detail 3

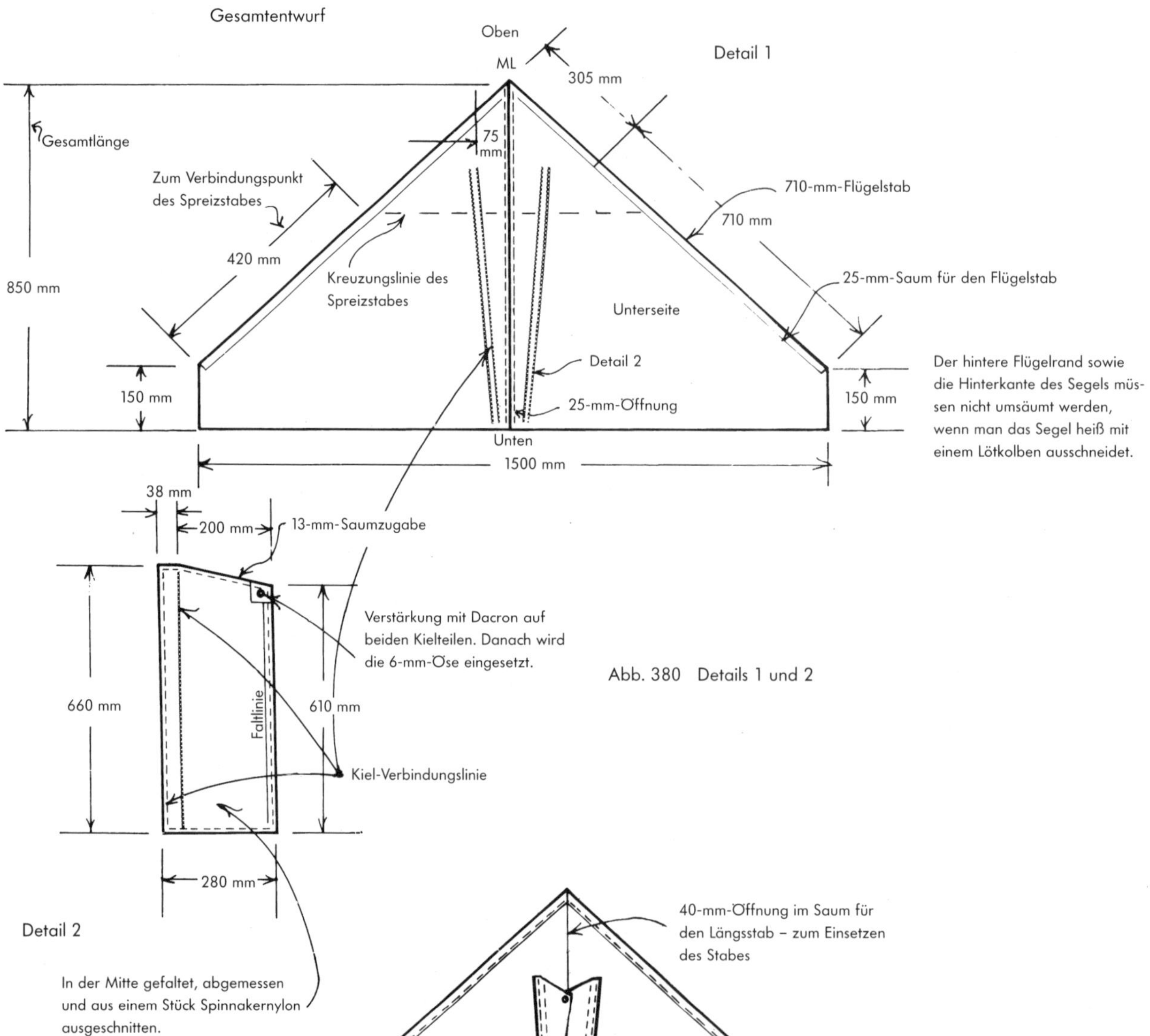

Abb. 380 Details 1 und 2

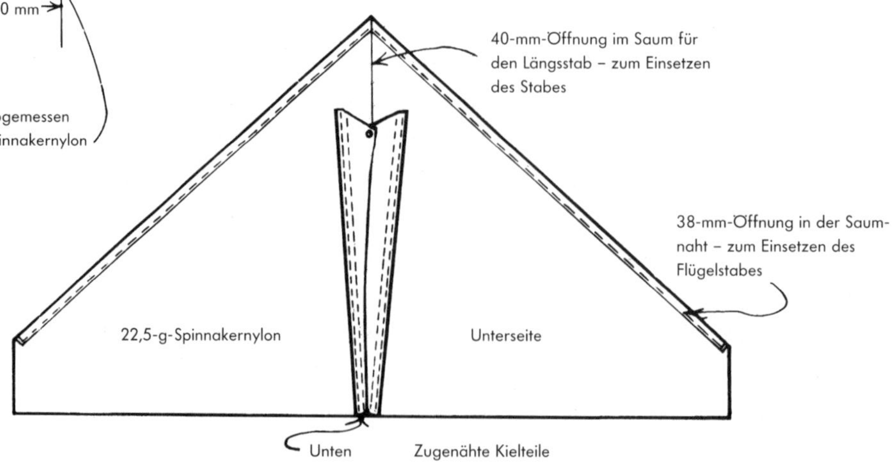

Flügelstäbe. Nähen Sie die Enden zu. Nähen Sie Dacron als Verstärkung an die unteren Flügelspitzen, an das vordere und hintere Ende des Längsstabsaumes und an andere stark beanspruchte Stellen.

2. Herstellung des Kiels: Falten Sie ein Stück Spinnakernylon in der Mitte und folgen Sie der Anleitung in Schritt 1. Bringen Sie ringsum einen 6 mm breiten, doppelt gefalteten Saum an und verstärken Sie den Bereich, an dem die Öse eingesetzt wird, mit Dacron. Nähen Sie im Abstand von 13 mm von der Faltlinie entlang der ganzen Länge des Kiels. Die Breite des fertigen Kiels mißt 200 mm von Naht 1 bis zur Naht entlang der Faltlinie an der Vorderkante.
3. Falten Sie das Segel in der Mitte so, daß die Rückseiten zusammenkommen, und nähen Sie im Abstand von 13 mm zur Mitte einen Saum für den Längsstab. Vorhergehendes Heißheften entlang der Nahtlinie macht das Nähen einfacher.
4. Legen Sie den Kiel entlang der Verbindungslinien an. Heften Sie die Verbindungslinie 1 heiß an das Segel und nähen Sie sie fest. Genauso verfahren Sie mit Verbindungslinie 2.
5. Setzen Sie die Flügelstäbe und den Längsstab ein. Befestigen Sie auch den Spreizstab, damit der Drachen flach bleibt. Das Drachensegel sollte sich aber im Wind noch etwas aufwölben können.
6. Jetzt können Sie die Flugleine anbringen und den Drachen steigen lassen!

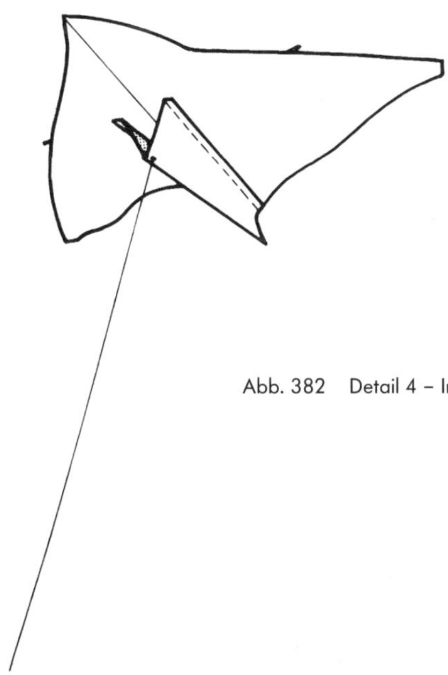

Abb. 382 Detail 4 – Im Flug

Details

- **(Detail 1 in Abb. 380) Gesamtentwurf**
- **(Detail 2 in Abb. 380) Kiel**
- **(Detail 3 in Abb. 381) Kiel am Drachen**
- **(Detail 4 in Abb. 382) Im Flug**

Flugdaten:
Windgeschwindigkeit: 5–34 km/h
Flugleine: 25-kp-Schnur
AE: ± 55

Der Trefoil-Deltadrachen

Entwurf: Mit freundlicher Genehmigung von Helen Bushell

Material

Für den Bau dieses Drachens benötigen Sie:

- **2 m 22,5-g-Spinnakernylon**
- **6-mm-Metallösen**
- **Dacron oder 45-g-Spinnakernylon als Verstärkungsmaterial**
- **Vier 915 x 6-mm-Hartholzrundstäbe für den Mast, den Spreizstab und die Flügelstäbe (für den Einsatz bei schwachen Winden; bei stärkeren Winden sind Kohlefaserrohre mit 6,5 mm Außendurchmesser geeigneter.)**
- **Zwei 15-mm-Schlüsselringe**
- **5-mm-Plastikschlauch, als Verbindungsteile für die Flügelstäbe zugeschnitten**

Für den Spreizstab kann man alternativ auch zwei Gummiösen oder Dichtungsringe, die genau über die 6-mm-Rundstäbe passen, sowie vier Ringe aus einem Polypropylen-Schlauch verwenden.

Ein Nebenprodukt der Hydrodynamik

Helen Bushell ist eines der aktivsten Mitglieder der Australian Kite Association. Aus ihrer Abneigung gegen Kiele, die an der Unterseite von Drachen angebracht sind, macht sie keinen Hehl. Laut Helen Bushell besteht das Problem bei konventionellen Deltadrachen darin, daß der verlängerte Unterseitenkiel den Drachen aus der Bahn wirft, da der Drachen so eine gekrümmte Vorderkante bekommt, in der sich der Wind dann verfängt. Der zentrale Holm oder Längsstab aber, der den Spreizstab stützt, hält das Segel flach und verhindert so, daß sich der Drachen der Luftströmung anpaßt.

Bushell konnte zwar auf den Erkenntnissen anderer aufbauen und ihr Wissen über die allgemeinen Konstruktionsprinzipien des Schiffbaus nutzen, dennoch dauerte es zwanzig Jahre, bis sie Mitte der 70er Jahre den Australian Evolution Trefoil patentieren lassen konnte. Der Begriff Trefoil bezeichnet die besonderen physikalischen Eigenschaften des Drachens: Zwei Flügel werden entlang einer parallel zum Kielstab laufenden Linie zusammengenäht, wobei der Kielstab selbst innerhalb des nach vorn weisenden Kiels eingesetzt ist. Dieser Aufbau läßt drei Wirkungsflächen entstehen, die in der Mitte entlang einer aerodynamischen Krümmung zusammenlaufen.

Da der Drachen so gebaut war, daß der Kielstab nun im Kiel saß, entfiel eine andere zentrale Stütze, was wiederum dazu führte, daß der Drachen den Wind wirkungsvoller durchschneiden konnte, ohne daß dabei das Segel verzerrt wurde. Der Drachen neigte jedoch dazu, sich am Kielstab entlang nach unten zu neigen. Bushell behob das Problem auf geniale Weise, indem sie entlang des Kiels eine Krümmung in den Flügel konstruierte.

Helen Bushell erzählte, daß ihr die Idee zu einem solchen Drachen in den 60er Jahren eher nebenbei kam. Sie war zu jener Zeit Mitglied des Chelsea Yacht Club in Australien und mehr darauf fixiert, den America's Cup zu gewinnen. Der Drachen entstand, so Helen Bushell, in einer Atmosphäre »von hydrodynamischen Lehrsätzen und Entwürfen für Schiffskörper und Segel«.

Auch wenn einige Drachenbauer über sehr unterschiedliche Erfahrungen mit Bushells Trefoil-Deltadrachen berichteten, so flogen die Drachen, die ich selbst nach Helen Bushells Vorbild baute, alle ausgezeichnet. Dafür gibt es einen ganz speziellen Grund: Während alle Deltadrachen einen fixen Zugpunkt haben (bei Standardmodellen ist es die Kielspitze), muß beim Trefoil-Deltadrachen die exakte

Lage des Waagpunktes am Kielstab bestimmt werden. Wenn man aber präzise schneidet, näht und den Waagpunkt genau setzt, erhält man einen sehr »lebendigen« und äußerst fluggewandten Drachen (siehe Abb. 389).

Baut man den Trefoil-Deltadrachen mit stützenden Rundhölzern, dann ist er leicht genug, um auch im Sommer bei geringstem Wind unter Ausnutzung der Thermik in die Lüfte zu steigen. Tauscht man die Rundhölzer gegen Glasfaserrohre, wird der Trefoil-Deltadrachen schnell zu einem Ganzjahresdrachen, der auch rauheres Wetter gut verträgt. Beim Zuschneiden des Segels muß man darauf achten, daß die Faserrichtung parallel zur Hinterkante verläuft, um Dehnungen und Verzerrungen zu reduzieren und um auch noch die leichteste Brise ausnutzen zu können.

Bauanleitung

Gehen Sie Schritt für Schritt vor. Beachten Sie dabei auch die Detailzeichnungen.

Heißschnitt:

1. Stellen Sie eine halbseitige Schablone wie folgt her: Geben Sie in der Höhe 25 mm für die 13-mm-Säume vorn und hinten zu. In der Breite geben Sie 50 mm für die 20-mm-Flügelsäume, den 13-mm-Mastsaum und 13 mm zum Überdecken der 6-mm-Trimmung und des 6-mm-Segelsaums zu. Insgesamt soll das hier gezeigte Segel eine Höhe von 940 mm und eine Breite von 1015 mm haben. Das fertig umsäumte halbseitige Segel mißt dann 915 x 965 mm. Falten Sie das Spinnakernylon in der Mitte, mit den glänzenden Seiten (Drachen-Unterseite) nach innen. Legen Sie dann die Schablone so auf, daß die Faserrichtung parallel zur Hinterkante verläuft. Schneiden Sie zunächst das Material grob um die Schablone herum aus.

Nähen:

2. Als nächstes werden die beiden Segelhälften mit einem Segelsaum entlang des Kielstabes verbunden. Die beiden Hälften klappt man auf und faltet sie entlang der Nahtlinie in die andere Richtung. Nachdem man die Segelhälften glattgestrichen hat, zieht man mit Bleistift und Lineal im Abstand von 13 mm zum Saum eine parallele Linie.

Heißschnitt:

3. Die beiden Flügelhälften werden mit dem Lötkolben entlang der Bleistiftlinie zusammengeheftet.
4. Richten Sie die Hinterkante der Schablone parallel zur Faserrichtung aus und schneiden Sie mit dem Lötkolben das Segel mit den Maßen 90 x 1015 mm zu.

Details

Die Details 1–5 siehe in Abb. 383. Die Details 4a, 6 und 7 siehe in Abb. 384. Die anderen Abbildungen sind gesondert aufgeführt.

- **(Detail 1) Halbseitiges Segel**
- **(Detail 2) Profillinie. Die Bezugspunkte für die Tiefe werden aufgetragen und miteinander verbunden. Die Flügel werden so zusammengenäht, daß sie eine aerodynamische Krümmung bilden.**
- **(Detail 3) 125-mm-Öffnung in der Naht entlang des Saumes zum Einsetzen des Mastes. Vorderes und hinteres Ende: Die Verstärkungen werden nur auf zwei Seiten aufgenäht. Der Mastsaum darf nicht abgeschlossen werden!**
- **(Detail 4a) 20-mm-Saum für den Flügelstab; halbstarre Plastikrohre mit 5 mm Innendurchmesser als Verbindungsteile für den Spreizstab; 6-mm-Rundstab als Spreizstab; evtl. Verstärkungen aus Spinnakernylon innerhalb des Saumes**
- **(Detail 4b in Abb. 385) Alternative Methode: Der Schlüsselring wird durch den Saum für**

Fortsetzung auf der nächsten Seite

Details
(Fortsetzung)

den Flügelstab gezogen. An jedem Ende des Spreizstabes ist eine Gummiöse oder ein Dichtungsring zwischen je zwei Ringen aus einem Polypropylen-Schlauch eingepaßt. Der innere Ring verhindert ein Verrutschen der Öse. Der äußere Ring wird entfernt und das Ende des Stabs durch den Schlüsselring geschoben.

- **(Detail 5a in Abb. 386) Zugpunkte. Vor dem Einsetzen der Ösen wird das Segelmaterial verstärkt.**
- **(Detail 5b in Abb. 387) Alternative Methode: Der Schlüsselring wird wie beim Flügelstab direkt durch den Stoff über dem Mast gezogen. Am Waagpunkt, der genau im Schwerpunkt des Drachens liegt, wird die Flugleine angebracht.**
- **(Detail 6) Rückseite des Segels. Der Spreizstab sollte leicht in die Segelstabverbindungsteile eingepaßt werden können. Falls gewünscht, kann man eine Schlaufe anbringen, an die bei stärkeren Winden ein stabilisierender Schwanz oder eine Windturbine befestigt werden kann.**

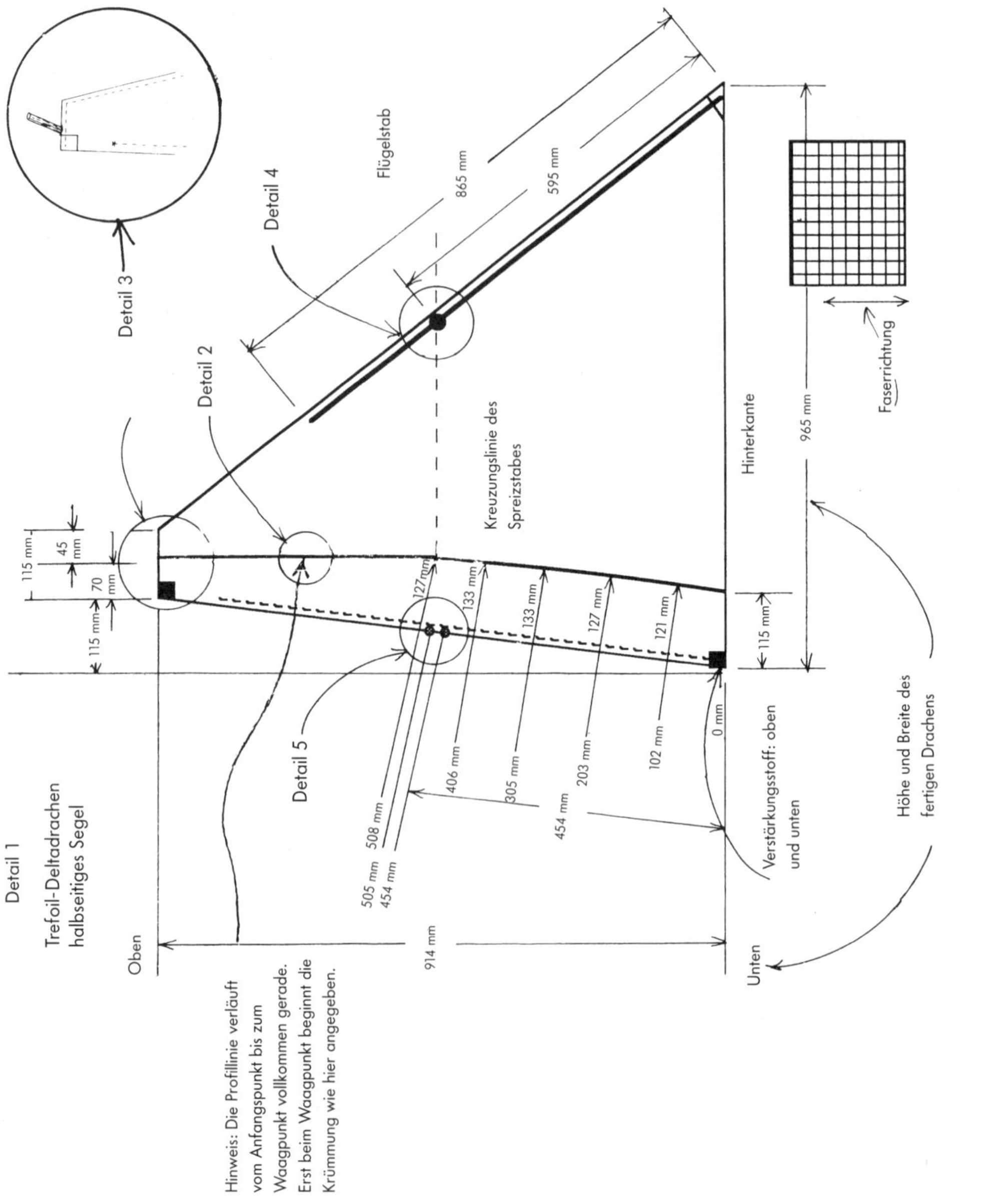

Abb. 383 Details 1–5

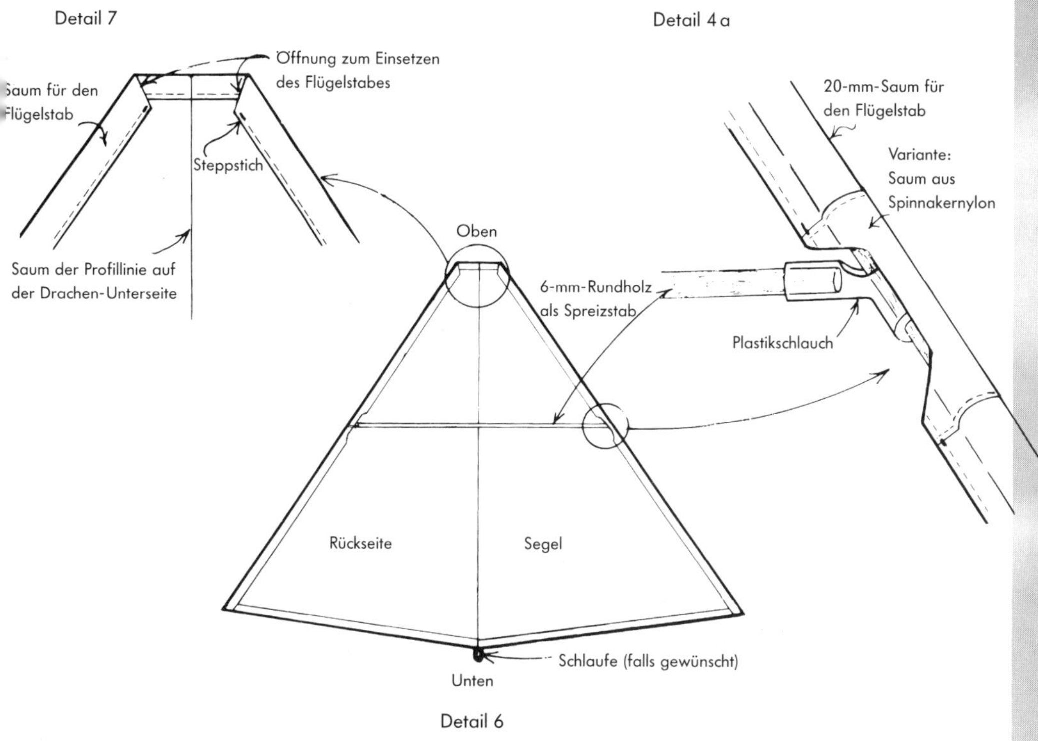

Abb. 384 Details 4 a, 6 und 7

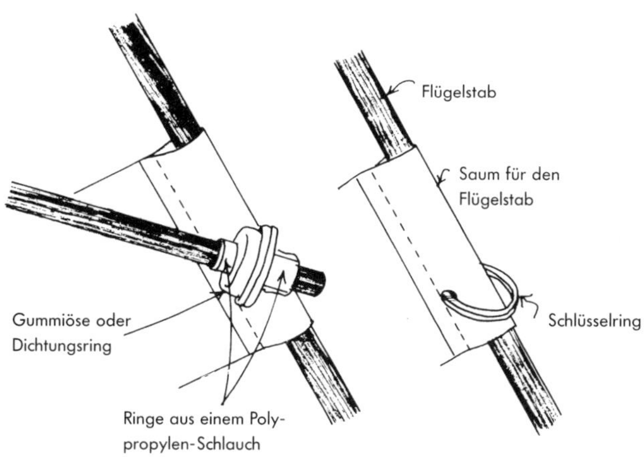

Abb. 385 Detail 4b

Details
(Fortsetzung)

- **(Detail 7) Vorderer Abschnitt, Rückseite. Saum für den Flügelstab mit Öffnung zum Einsetzen des Flügelstabes; Saum der Profillinie auf der Drachen-Unterseite.**
- **(Detail 8 in Abb. 388) Flugform. Trefoil: drei Wirkungsflächen, die in der Mitte entlang einer aerodynamischen Krümmung miteinander verbunden sind; Vorderansicht: Flügelstäbe und Mast innerhalb des Kiels; Rückansicht; Seitenansicht: oben und unten.**
- **(Detail 9 in Abb. 389) Im Flug**

Flugdaten:
Windgeschwindigkeit:
3–20 km/h
Flugleine: 25-kp-Schnur
AE : ± 70

Abb. 386 Detail 5a

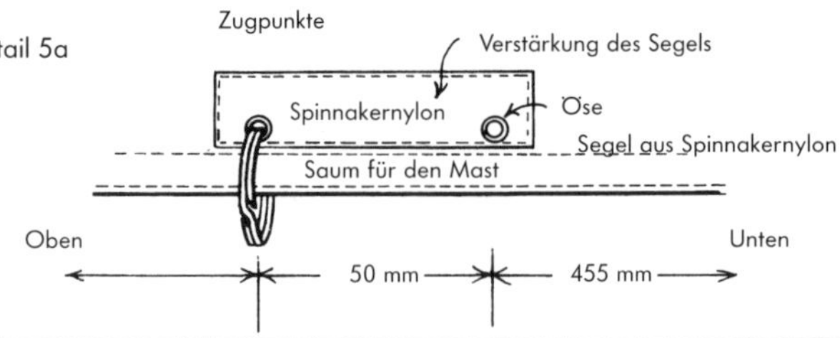

Abb. 387 Detail 5b

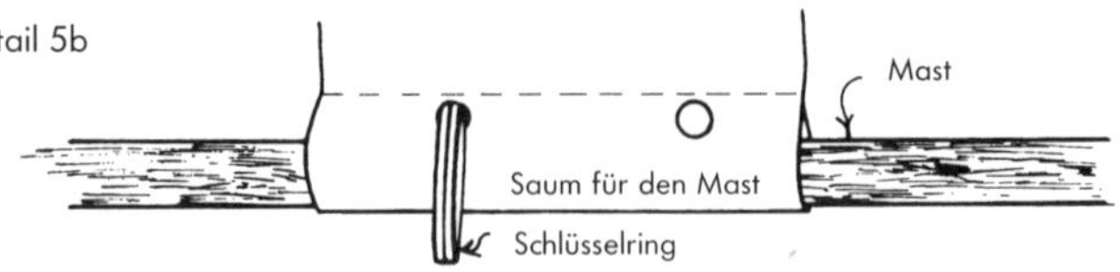

Nähen:

5. Klappen Sie die Segelhälften auseinander und umsäumen Sie das vordere und hintere Ende (siehe Detail 7). Danach wird das Segel wieder in der Mitte gefaltet, und man näht entlang der bereits vorgehefteten Bleistiftlinie den Saum für den Mast. Lassen Sie am Anfang und Ende eine 125 mm breite Öffnung zum Einsetzen des Mastes. Nähen Sie zur Festigung des Zugpunktes am vorderen und hinteren Ende eine Verstärkung an.
6. Verstärken Sie auch die Verbindungspunkte von Flügel- und Spreizstab, bevor Sie die Flügelsäume nähen.
7. Messen, markieren und verbinden Sie die Punkte der Profillinie.
   Tip: Mit einem Kurvenlineal können Sie eine gekrümmte Linie besser ziehen. Falten Sie den Drachen in der Mitte und heften Sie nun mit dem Lötkolben die Flügel entlang der Profillinie zusammen. Danach vernähen Sie die zusammengeheftete Linie.

Heißschnitt:

8. Machen Sie mit der Lötkolbenspitze an den Zugpunkten zwei Löcher, in die Sie die Ösen einsetzen können. Alternative Methode: Machen Sie direkt am Rande des Spinnakernylons ein Loch und setzen Sie dort einen Schlüsselring ein. Ist Ihr Segel aus Baumwollstoff, verwenden Sie dazu eine Häkelnadel.

Montage:

9. Befestigen Sie die Schlüsselringe an den Zugpunkten.
10. Schneiden Sie den Mast, die Flügelstäbe, den Spreizstab und den Plastikschlauch auf die angegebene Größe zu und bauen Sie damit den Drachen zusammen.

Abb. 388 Detail 8

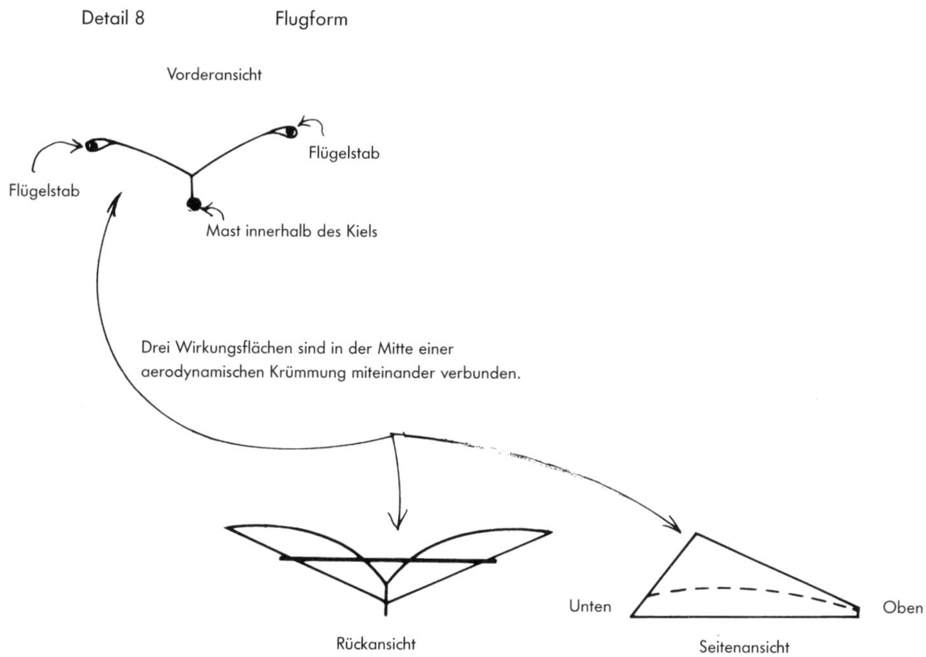

Abb. 389 Detail 9 – Im Flug (zwei Ansichten)

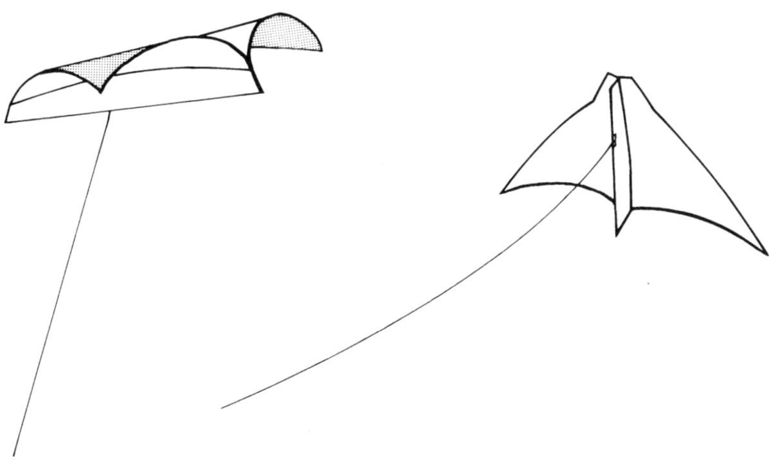

53

Material

Für den Bau dieses Drachens benötigen Sie:

- **2,75 m Spinnakernylon**
- **900 x 8-mm-Rundholz für den Mast**
- **Zwei 635 x 6-mm-Rundhölzer für die Flügelstäbe**
- **± 560 x 6-mm-Rundholz für den Spreizstab (so zugeschnitten, daß das Segel gestrafft ist)**
- **280 x 6-mm-Rundholz als Schwanzstock**
- **Dacron oder 45-g-Spinnakernylon als Verstärkungsmaterial**
- **6-mm-Nylonband oder 45-kp-Dacronschnur für die Schlaufen zur Flugleine**
- **25-mm-Nylonband für Verstärkungen (auf die erforderliche Größe zugeschnitten)**
- **20-mm-Schlüsselring zum Anbringen an den Nylonschlaufen-Zugpunkt**
- **5-mm-Plastikschlauch für die Verbindungsteile der Flügelstäbe**
- **Ringe aus einem 5-mm-Polypropylen-Schlauch für den Schwanzstab**
- **Schutzkappen**

Der Trefoil-Schlangendrachen

Entwurf: Mit freundlicher Genehmigung von Helen Bushell

Eine Schlange am Himmel

Hoch am Himmel und eindrucksvoll wie ein urzeitlicher Flugsaurier kann man Helen Bushells Trefoil-Schlangendrachen schon aus mehreren Kilometern Entfernung sehen.

Beim Start der Trefoil-Schlange wirbelt ihr drohender Kopf zunächst hin und her, bis die Schlange sich schließlich in die Lüfte erhebt. Wenn ihr Schwanz sich dann zu voller Länge entfaltet, wird auch der Flug der Schlange immer ruhiger. Behalten Sie die nun ruhig fliegende Schlange aber immer gut im Auge! Bisweilen ist ein solcher Drachen schon aus 300 m Höhe im rasanten Sturzflug zu Boden gegangen. Aber keine Panik – wenn man die Leine schnell locker läßt, fängt sich die Schlange bei mittlerer Höhe schon wieder. Lassen Sie daher für solche Situationen (die auch bei anderen Drachen eintreten können) etwa 60 m Reserveleine auf Ihrer Haspel (siehe Trefoil-Schlangendrachen in Detail 1, Abb. 390).

Ein Tip für den Start: Mit dem Wind im Rücken sollten Sie das Ende des Schwanzes nahe bei sich und den Kopf so weit wie möglich von sich weg halten. Auf diese Weise läßt sich der Drachen meist gut starten.

Bauanleitung:

Gehen Sie Schritt für Schritt vor. Beachten Sie dabei auch die Detailzeichnungen. Hinweis: Für den Bau des Schlangenkopfes beachten Sie bitte die Anleitungen für den Trefoil-Deltadrachen auf den Seiten 394–399.

Heißschnitt:

1. Sie können den Drachen wie in Abb. 393 gezeigt aus einem Stück Spinnakernylon herstellen. Legen Sie die halbseitige Kopf-Schablone so auf, daß die gekrümmte Kante mit der Falte auf dem gefalteten Stoff abschließt. Markieren Sie das vordere und hintere Ende auf dem Stoff. Schneiden Sie mit einem Lötkolben eine Vertikallinie, so daß Sie einen grob rechteckigen Schnitt erhalten. Aus den Stoffresten können Sie den Schwanz herstellen.
2. Formen Sie nun mit Hilfe des halbseitigen Musters den fertigen Kopf, indem Sie von vorn bis hinten entlang der Diagonalen schneiden.

Abb. 390 Details 1–6

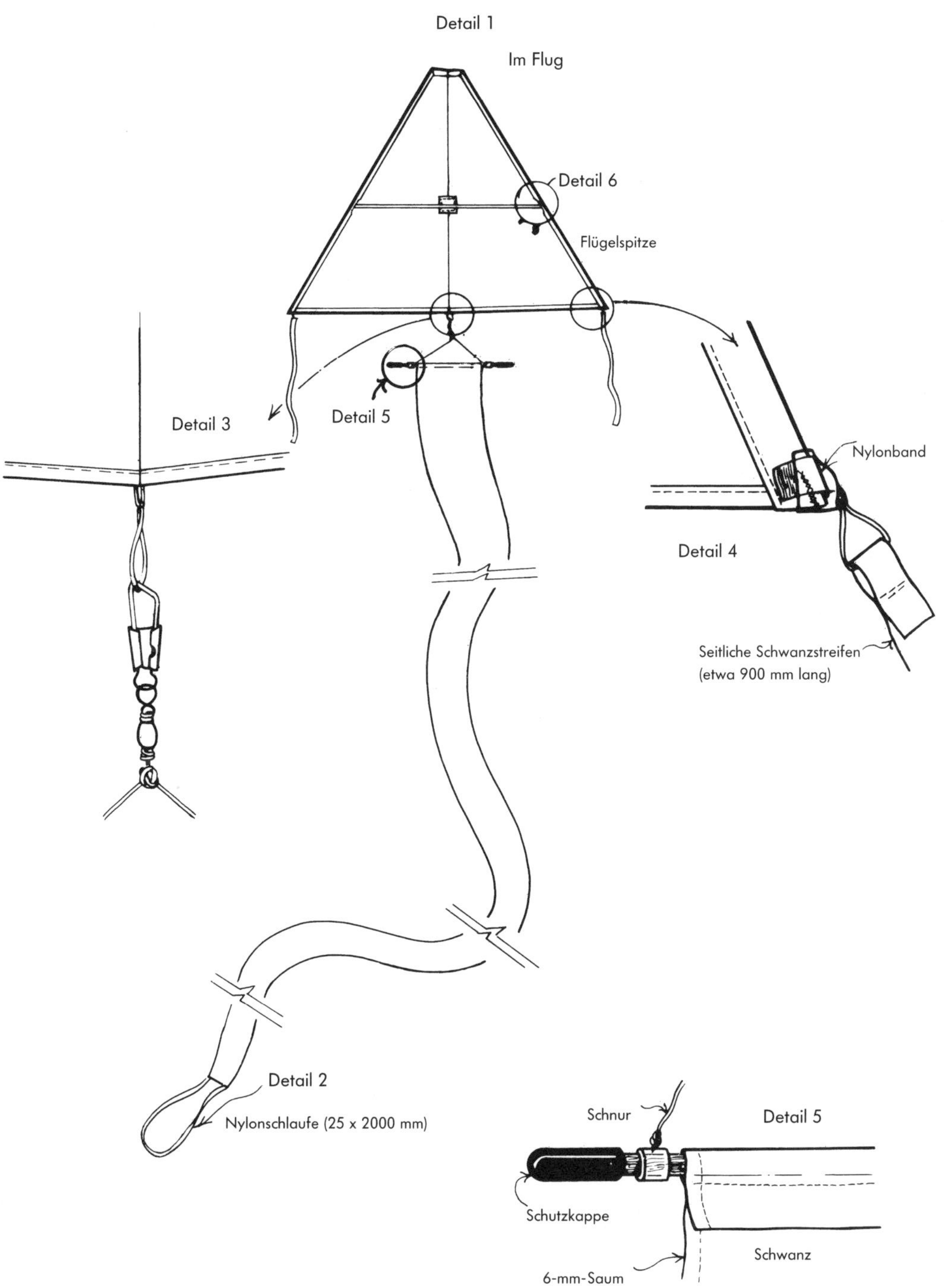

Details

Siehe Abb. 390 für Details 1–6; die Abbildungen für andere Details sind gesondert aufgeführt.

- **(Detail 1) Im Flug. Der Kopf des Drachens ist ähnlich einem Rennboot keilförmig. Zugunsten einer höheren Geschwindigkeit verzichtet man bei diesem Drachen auf Stabilität durch eine entsprechende Breite. Um die Richtung halten zu können, besitzt der Drachen einen stabilisierenden Schwanz.**
- **(Detail 2) Der 9 m lange, spitz zulaufende Schwanz. Die obere Seite des Schwanzes wird mit einem Schwanzstab breit gespannt. Eine Schlaufe aus Spinnakernylon (25 x 2000 mm) reduziert das Hin- und Herschlagen und verhindert, daß sich der Schwanz verknotet.**
- **(Detail 3) Der Schwanz wird mit einem Karabinerhaken an der Nylonschlaufe am Drachen befestigt.**
- **(Detail 4) Ein Nylonband verstärkt die Flügelspitzen und bildet etwa 900 mm lange seitliche Schwanzstreifen.**

Details (Fortsetzung)

• (Detail 5) Schutzkappen. Die Schnur wird um einen 6-mm-Rundstab gewickelt und mit einem fest anliegenden, aus einem Polypropylen-Schlauch geschnittenen Ring gesichert, den man über der Schnur festklebt. Ein 6-mm-Saum verhindert das Verwickeln des Schwanzes – vor allem bei einer Länge von über 3,50 m.
• (Detail 6) Verbindungsteil für den Spreizstab. Beachten Sie dazu die Hinweise beim Trefoil-Deltadrachen im vorherigen Kapitel.
• (Detail 7 in Abb. 391) Die Profillinie oder »aerodynamische Krümmung« wird abgetragen und vernäht.
• (Detail 8 in Abb. 391 und 391) Fertiges halbseitiges Muster
• (Detail 9 in Abb. 391 und 392) Die rückwärts gerichtete Krümmung an der Nase erzeugt einen raschen Auftrieb nach vorn. Der lange, flache Schwanz wirkt als Stabilisator. In die Öffnung zwischen Verstärkung und der Profillinie wird ein 5-mm-Kielstab eingeführt. Verstärkungen sind vorn und hinten angebracht. Die Verstärkungen

Abb. 391 Detail 8 (einschließlich der Details 6, 7, 9 und 10)

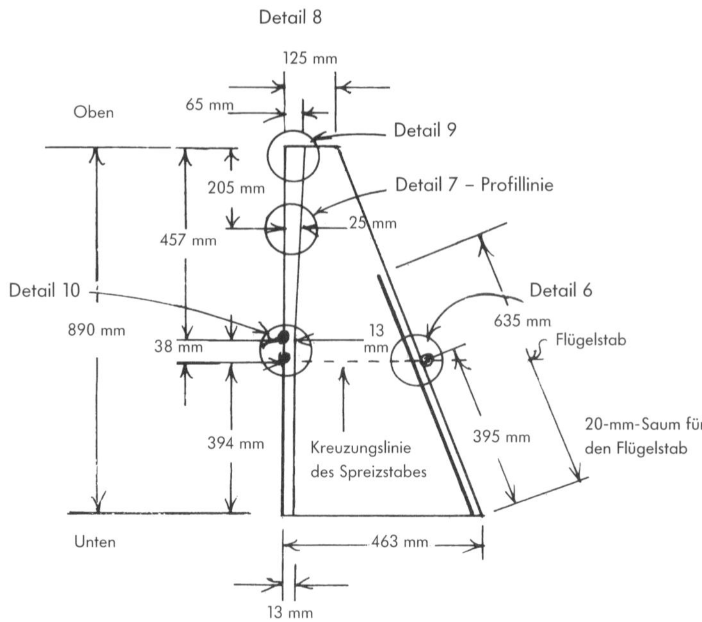

Nähen:

3. Umsäumen Sie die Hinter- und Vorderkante des Segels. Bringen Sie die Verstärkungen am Befestigungspunkt der Flugleine an. Falls Sie wollen, können Sie auch die Flügel mit einem Saum versehen (beachten Sie dazu die Anleitungen beim Trefoil-Deltadrachen).

Montage:

4. Tragen Sie die Krümmung mit einem Bleistift auf das Segelmaterial auf und heften Sie sie mit einem Lötkolben an.
5. Beenden Sie nun den Kopf. Vergessen Sie dabei aber nicht die Schlaufe für den Schwanz! Verwenden Sie dazu ein Nylonband oder eine 45-kp-Schnur.

Heißschnitt:

6. Die Reste des Spinnakernylons schneidet man zu einem 230 mm breiten und etwa 9 m langen Schwanz zurecht, der zum Ende hin spitz zuläuft. Wenn die Stoffteile für den Schwanz zusammengefügt sind, kann man ihn – vor dem Umsäumen der Ränder! – spitz zuschneiden, wobei die Faserrichtung parallel zur Vorder- und Hinterkante verlaufen sollte (siehe Kapitel »Schwänze und Schleppsäcke«). Alternative: Lassen Sie nur den letzten, etwa 1,80 m langen Abschnitt des Schwanzes bis auf eine Breite von 90 mm schmaler werden.

Abb. 392 Details 8, 9, 10a und 10b

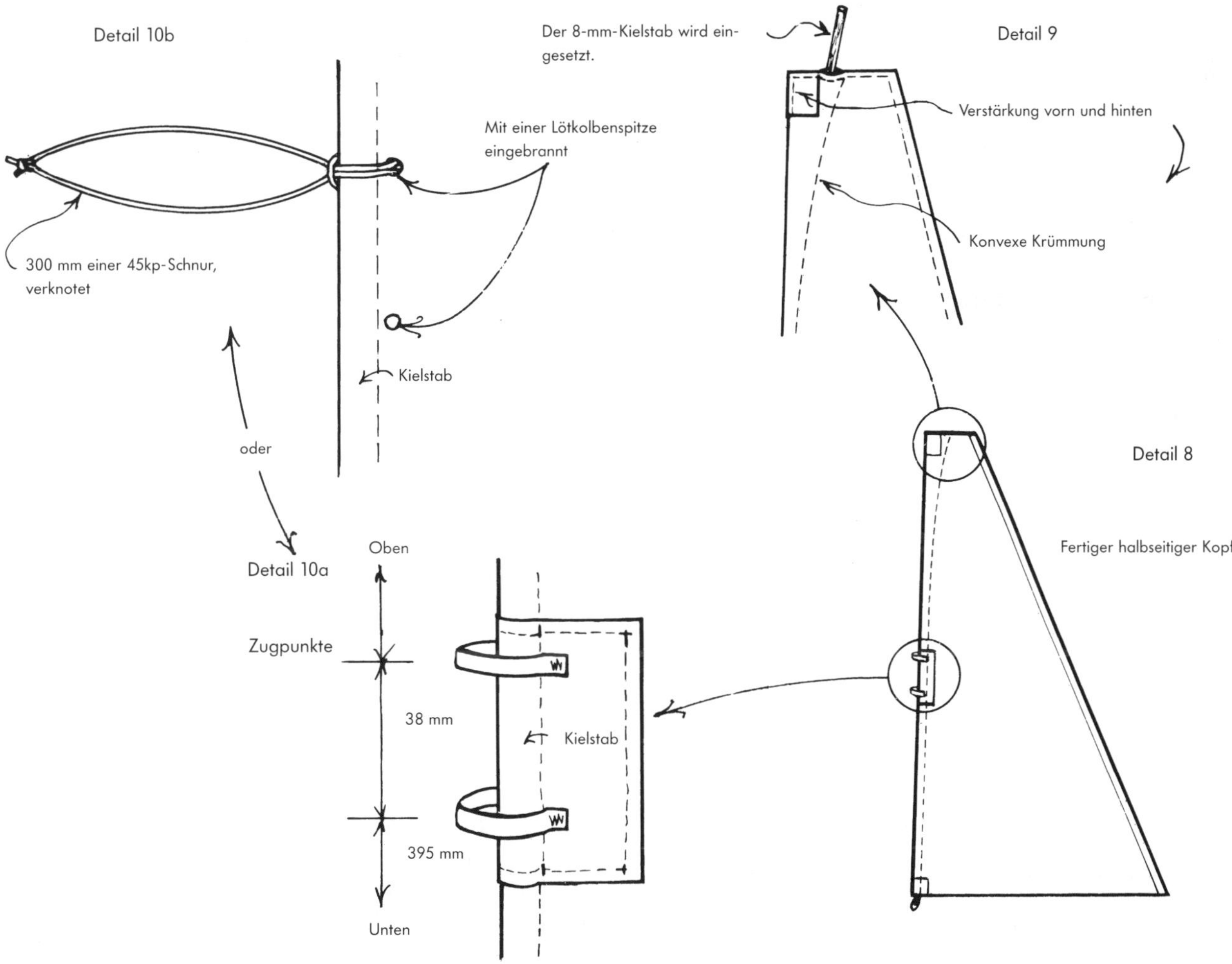

Details
(Fortsetzung)

werden nur an die Außenränder genäht, damit der Mastsaum offenbleibt.
• (Detail 10 in Abb. 391 und 392) Zugpunkte. Sie werden zuerst verstärkt, dann wird die Profllinie vernäht. An den Verbindungspunkten zur Flugleine werden Nylonschlaufen angebracht. Zwei Schlaufen: untere Schlaufe für schwächeren Wind; obere Schlaufe für stärkeren Wind.
• (Detail 10b in Abb. 392) Variante: Mit der Lötkolbenspitze wird an den Zugpunkten ein Loch in den Stoff gemacht. Man bindet eine 300 mm lange 45-kp-Schnur zusammen, zieht sie durch ein Loch, um den Kielstab herum und durch sich selbst hindurch, so daß eine Schlaufe für die Flugleine entsteht.

Flugdaten:
Windgeschwindigkeit: 10–30 km/h
Flugleine: 45-kp-Schnur
AE: ± 50
Handschuhe empfohlen

Nähen:

7. Nachdem Sie die Abschnitte des Schwanzes mit einem Segelsaum verbunden haben, nähen Sie an jeder Längsseite einen 6-mm-Saum. Nähen Sie einen Saum für den Schwanzstock und setzen Sie diesen ein. Seine Enden sichern Sie mit Schutzkappen.

Montage:

8. Schneiden Sie den Kielstab, die Flügelstäbe, den Spreizstab und das Plastikrohr zu und setzen Sie alles zum fertigen Drachen zusammen.

Abb. 393 Schritte 1 und 2

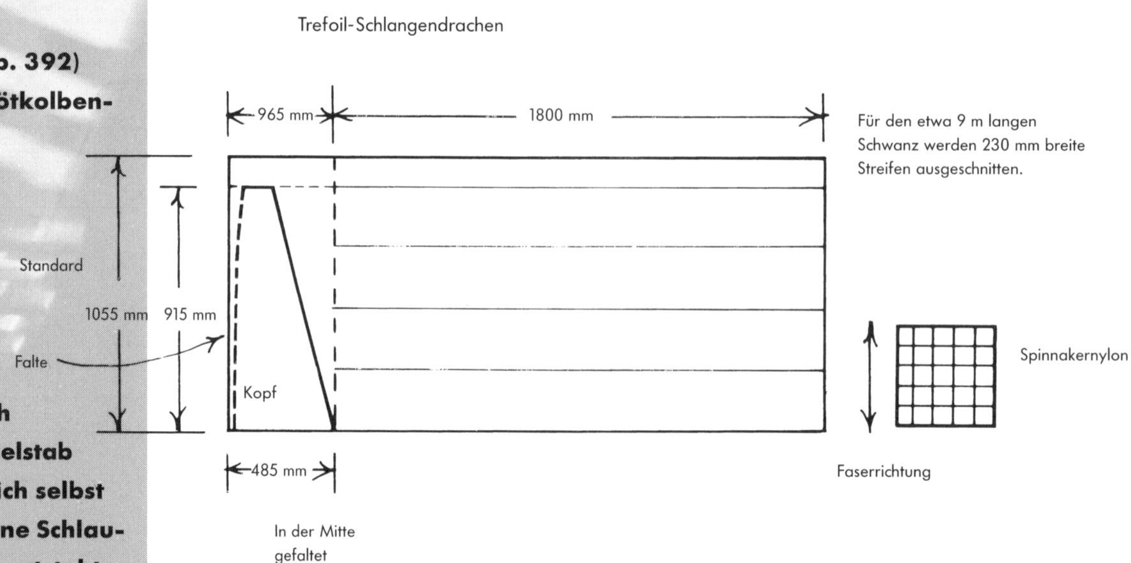

Halbseitig geschnitten:	915 x 485 mm
Saum vorn und hinten:	13 mm
Saum für den Flügelstab:	20 mm

Fertiger Drachen:	890 x 463 mm

54 Der Pterosaurier-Drachen

Entwurf: Mit freundlicher Genehmigung von George Peters

Ein fliegendes Geschöpf aus der Urzeit

Lebhafte Farben und eine akribische Bearbeitung der Einzelteile sind die Markenzeichen von George Peters Drachen. Hier sehen Sie eine stilisierte Nachahmung eines urzeitlichen Flugsauriers, der vor rund 80 Millionen Jahren die Luft über Europa, Asien und Nordamerika beherrschte (siehe Pterosaurier-Drachen in Abb. 394). Dieser Drachen bevorzugt leichte, stetige Winde und hinterläßt einen sehr lebendigen Eindruck. Bei annähernder Windstille sinkt er in anmutigem Gleitflug nach unten, bis er schließlich auf der Erde landet.

Für den Pterosaurier-Drachen müssen alle Teile sehr präzise ausgeschnitten, zusammengesetzt und vernäht werden. Lesen Sie sich die Bauanleitung sorgfältig durch und beginnen Sie erst mit dem Bau, wenn Ihnen jeder Schritt klar ist. Der Pterosaurier besteht aus mehreren Segmenten. Konzentrieren Sie sich aber immer nur auf ein Segment auf einmal. Der fertige Drachen wird Sie dann für Ihre Mühen entlohnen!

Abb. 394 Der Pterosaurier-Drachen im Flug

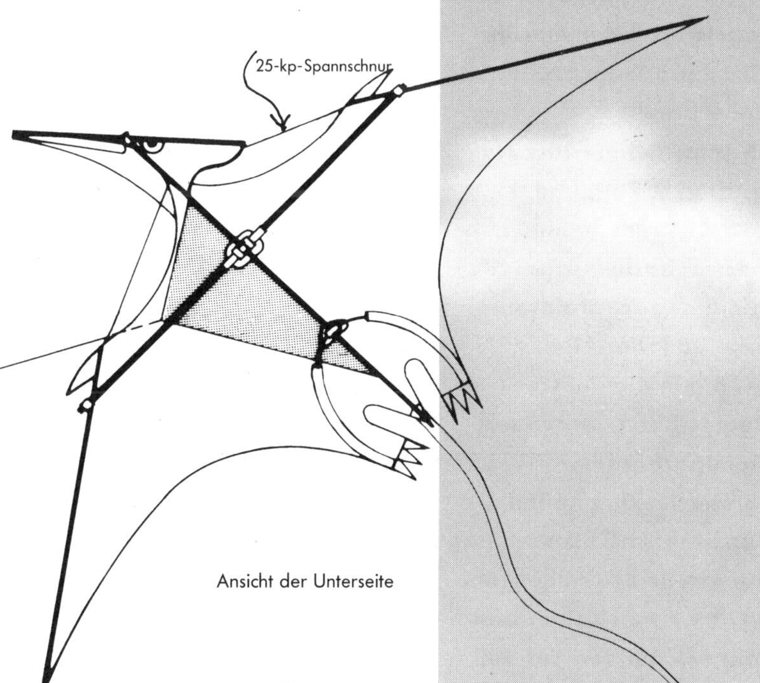

Material

Für den Bau dieses Drachens benötigen Sie:

- **Spinnakernylon: 45 g – schwarz und rot; 22,5 g – schwarz, braun, orange, grün und gelb**
- **Dacron als Verstärkungsmaterial in Rot und Blau**
- **6 mm doppelt gefaltetes Saumband**
- **10 mm, 20 mm und 32 mm grobfaseriges Nylon**
- **15 mm und 25 mm Nylontuch**
- **10 mm (Innendurchmesser) Kunststoff- oder Alurohr**
- **40 oder 50 mm breites Isolierband**
- **25-mm-Metall- oder Nylonring, D-Ring und Ösen**
- **200 x 16 mm (Innendurchmesser) hochwertiges Aluminium- oder Stahlrohr**
- **Zwei 38 (oder 11) x 1735 mm Rundhölzer – zu Flügelstäben verbunden**
- **Messingrohre (zwei 102 x 13 oder 11 mm (Innendurchmesser)) als Verbindungsteile der Flügelstäbe**
- **2210 x 8 mm Kohlefaserrohr (verbunden) für den Mittelstab**

Vorlagen

Folgende Vorlagen werden maßstabsgetreu erstellt (siehe Abb. 395):

- Körper (halbseitig)
- Kopf
- Kiel

Bauanleitung

In Einzelteile zerlegt, ist dieser Drachen nichts anderes als eine Reihe von Dreiecken mit rund geschnittenen Seiten. Fertigen Sie sich Schablonen für die Teile A (halbseitige Vorlage für den Körper), B (Kopf) und C (Kiel). Die Maße enthalten bereits alle Saumzugaben (siehe Abb. 395).

Sie benötigen eine Arbeitsunterlage, auf der genügend Platz für alle halbseitigen Schablonen dieses Drachens ist.

Obwohl alle Stablängen hier genau angegeben sind, sollten Sie sich die Kohlefaserrohre, die Rundhölzer und die Glasfaserstäbe so zurechtschneiden, daß sie ganz genau für Ihren Drachen passen. Selbst beim sorgfältigsten Nähen können geringe Abweichungen entstehen. Wenn z. B. für die Flügelstäbe eine Länge von 1710 mm angegeben ist, messen Sie sicherheitshalber doch noch einmal die Länge der fertigen Flügelsaumtasche nach, damit Ihr Flügelstab auch richtig sitzt.

Variante: Durch Aufnähen von schwarzem Spinnakernylon auf einen helleren Stoff kann man das Nähen von Flügeln und Körper verkürzen. Dieses Verfahren ist jedoch nur ein Kompromiß, da die Sonne nun nicht mehr durch den Stoff dringen kann und der ganz besonderer Reiz des Drachens verlorengeht.

Herstellung der beiden Flügelhälften

Heißschnitt:

Beginnen Sie mit dem Zuschnitt der halbseitigen Vorlagen für die Segmente von A bis G (siehe Abb. 397). Ein Overhead-Projektor erleichtert die Arbeit, da man mit ihm die Vorlagen auf die richtige Größe projizieren kann. Man kann aber auch mit der Rastermethode (siehe Kapitel »Schablonen«) arbeiten. Jede Schablone soll so groß sein wie das fertige Segment nach dem Umsäumen. Messen und markieren Sie die Saumzugaben sowie die für den Heißschnitt nötigen Zugaben an allen Schablonen mit Hilfe eines Teflon-Schneiderades (oder eines anderen geeigneten Hilfmittels).

Vermessen Sie die einzelnen Streifen der Segmente A, C, D und F und schneiden Sie sie mit dem Lötkolben zu. Die Saumkanten innerhalb eines Segments müssen jetzt passend zugeschnitten werden, während am Außenrand jedes Segmentes zusätzliches Material zum späteren Anpassen, Positionieren und Zuschneiden stehenbleiben muß. Der Bereich um die Flügelachse des Pterosauriers (H) ist der zentrale Punkt, wo die Segmente B, C, E, F und G zusammenlaufen und genau zueinander passen müssen.

1. Legen Sie für passende Streifen ein Stück Spinnakernylon zusammen und schneiden Sie so zwei Stücke gleichzeitig aus. Beachten Sie dabei, daß die Faserrichtung parallel zu den Seitenrändern der Streifen verläuft. Ein entlang der Faserrichtung geschnittener Streifen verzieht sich nicht so leicht wie ein quer zur Faserrichtung geschnittener Streifen (siehe Kapitel »Arbeiten mit Spinnakernylon«).
2. Schneiden Sie die vertikalen Streifen zu und geben Sie bei diesen Streifen in der Breite 12 mm zu – 6 mm für den Heißschnitt und 6 mm für den Segelsaum. Der Heißschnitt verbindet die Streifen miteinander und hält den Stoff zum Nähen zusammen. Geben Sie zum späteren Aneinanderfügen und Schneiden mehrere Zentimeter Material an den Rändern der Streifen zu, die an andere Segmente angrenzen – Segment A an B, AB an C usw. Geben Sie mehrere Zentimeter an den Rändern der Teile zu, die ein ganzes Segment bilden, also B, E und G.

Nähen:

3. Bei allen Flügelteilen wird ein Segelsaum gebraucht. Die Säume breiten sich auf beiden Flügelhälften von der Drachenmitte ausgehend fächerförmig aus. Die glatten Saumkanten befinden sich auf der Drachenunterseite. Beginnen Sie mit dem Zusammensetzen der Teile, aus denen die Segmente A bis G bestehen. Die aus einem Teil bestehenden Segmente B, E und G müssen bis jetzt noch nicht vernäht werden.
   Legen Sie über die fertigen Segmente von A bis G die Schablonen. Bevor Sie mit dem Schneiden beginnen, sollten Sie jedoch die Segmente nebeneinander legen, damit Sie sehen, ob die Proportionen stimmen. Schneiden Sie ruhig etwas großzügig zu, denn es ist leichter, überschüssiges Material abzuschneiden als fehlendes Material hinzuzufügen!

Heißschnitt:

4. Für eine genaue Symmetrie legen Sie die Schablonen über beide Sätze der grob zugeschnittenen Segmente A bis G.

Material
(Fortsetzung)

- **1015 x 8 mm Kohlefaserrohr, verbunden für die Nase**
- **Glasfaserstäbe plus Schutzkappen für Mittel-, Nasen- und Beinstäbe**
- **Zwei 2,5 x 305 mm Glasfaserstäbe für Krallenstäbe**
- **Zwei 6 x 838 mm Glasfaserstäbe für Beinstäbe**
- **Zwei 15 x 1175 mm Abschnitte eines Kohlefaserrohrs für Querstäbe (zur Verstärkung der Rohrenden kann man Rundhölzer einsetzen; sollte das Rundholz zu stark sein, muß man es etwas abschleifen; sitzt es zu locker, umwickelt man es mit Isolierband, bis es fest sitzt).**

Hinweis: Wenn Sie keine Stäbe in den angegebenen Größen finden, nehmen Sie die nächstmögliche Größe.

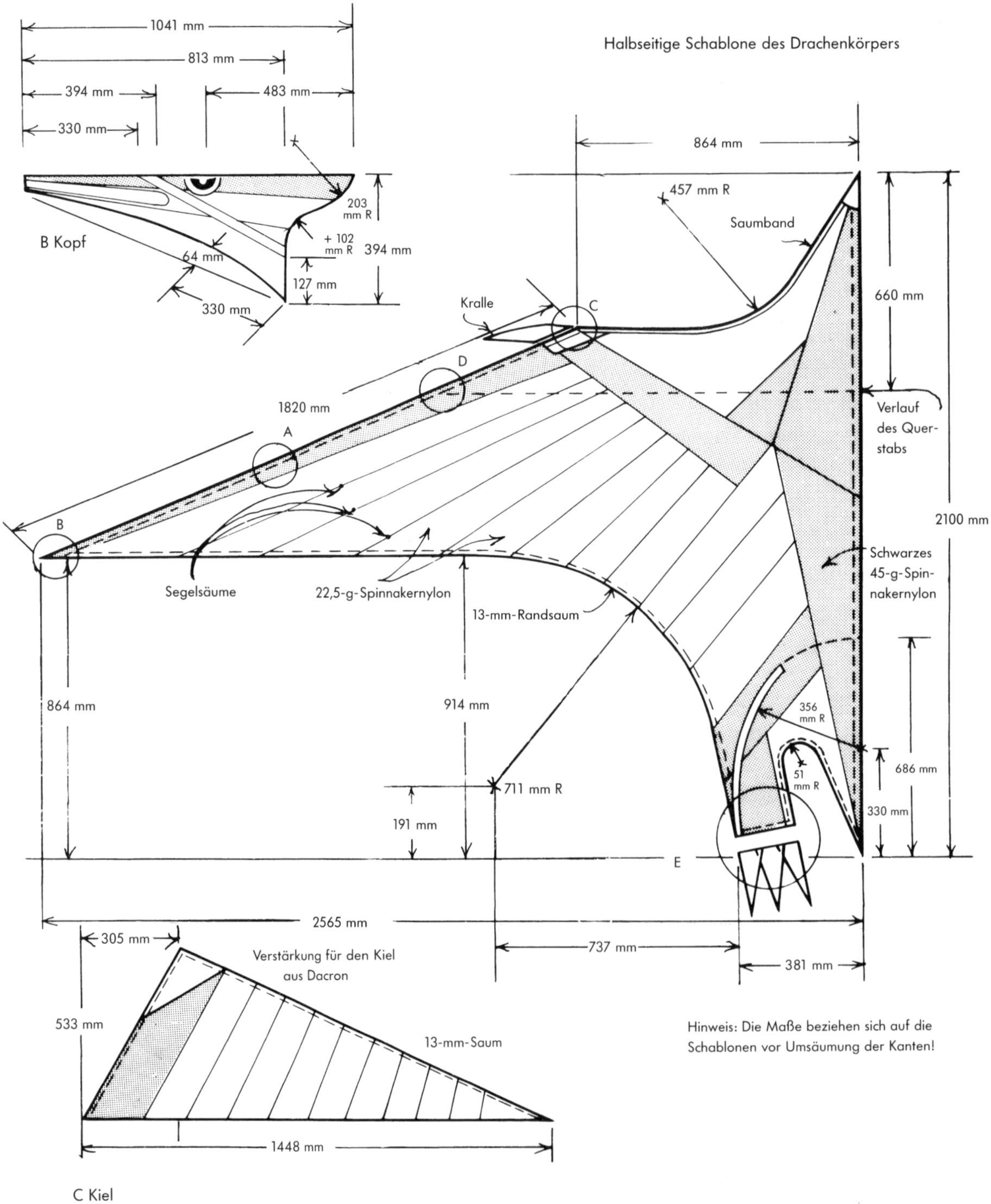

Abb. 395 Kopf, Körper und Kiel in verkleinertem Maßstab. Siehe Kapitel 13 (über das Fertigen von Schablonen)

Abb. 396 Vernähen des Flügelsaums – Details A, B und C

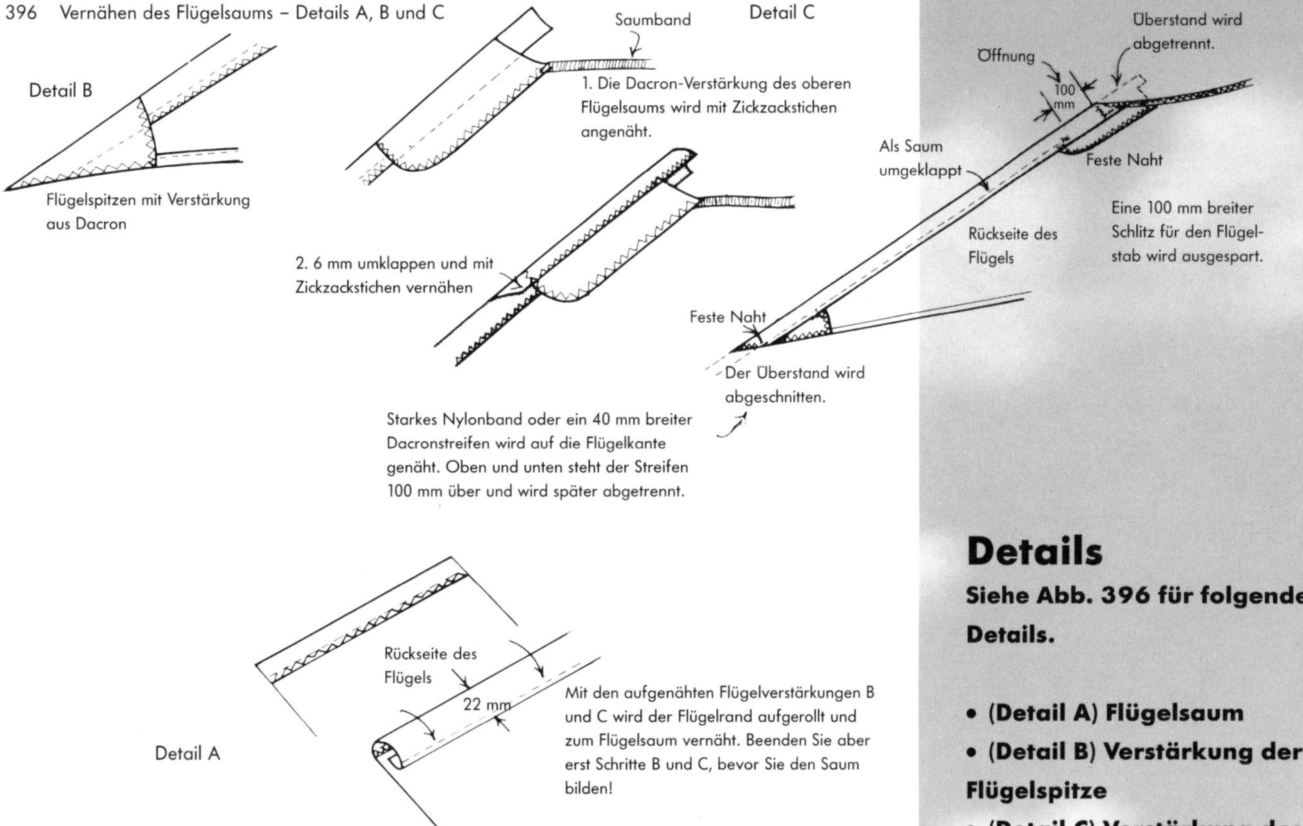

Details

Siehe Abb. 396 für folgende Details.

- **(Detail A) Flügelsaum**
- **(Detail B) Verstärkung der Flügelspitze**
- **(Detail C) Verstärkung des oberen Flügelsaums**

Nähen:

5. Verbinden Sie Körper und Flügel in dieser Reihenfolge: A und B an C an D und E. Nähen Sie F und G zusammen. Die Segmente B, E, F und G müssen im Bereich der Flügelachse H zusammenlaufen, erst dann ist der Körper richtig angeordnet. Wiederholen Sie dies bei der anderen Körperhälfte.

Heißschnitt:

6. Legen Sie den oberen Teil (F und G) mit dem unteren Teil am Schnittpunkt H zusammen (jeweils mit der Unterseite nach oben). Die überlappenden Teile werden jetzt abgeschnitten.

Nähen:

7. Die Segmente beider Flügelhälften werden nun jeweils zusammengenäht.

Flugdaten:
Windgeschwindigkeit: 8–24 km/h
Flugleine: 70–90-kp-Schnur
AE: ± 70
Handschuhe empfohlen

Abb. 397 Halbseitige Vorlage für den Flügel (Segmente A–G) und Einzelheiten von D

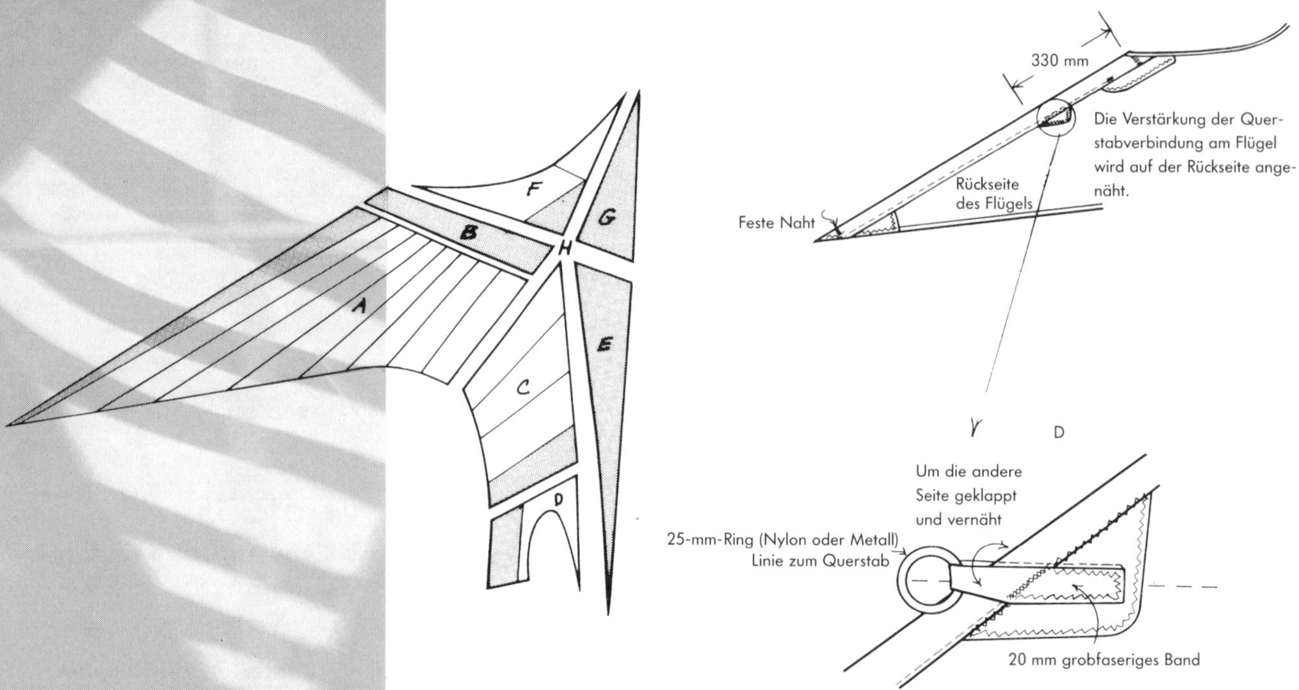

Heißschnitt:

8. Siehe Abb. 398: Legen Sie die halbseitige Schablone A auf beide Flügel (die Sie vorher aufeinandergelegt haben). Achten Sie darauf, daß alle Ränder genau übereinstimmen, damit die Flügel auch symmetrisch werden. Schneiden Sie dann die Flügel wie gezeigt zu.

Zuschnitt und Nähen:

9. Setzen Sie Kopf und Kiel wie in Abb. 395 gezeigt zusammen. Schneiden und vernähen Sie den Stoff. Verwenden Sie für den Kopf und den Kiel die Schablonen A und B. Schneiden Sie mit dem Lötkolben alle Dacron-Verstärkungen, Krallen und Beine aus (siehe Abb. 399 und 400).

Fertigen des Körpers und anderer Einzelteile

Nähen:

Hinweis: Lesen Sie sich das Kapitel »Tips für das Nähen« aufmerksam durch.

Abb. 398 Schablonen – Körper, Kopf und Kiel

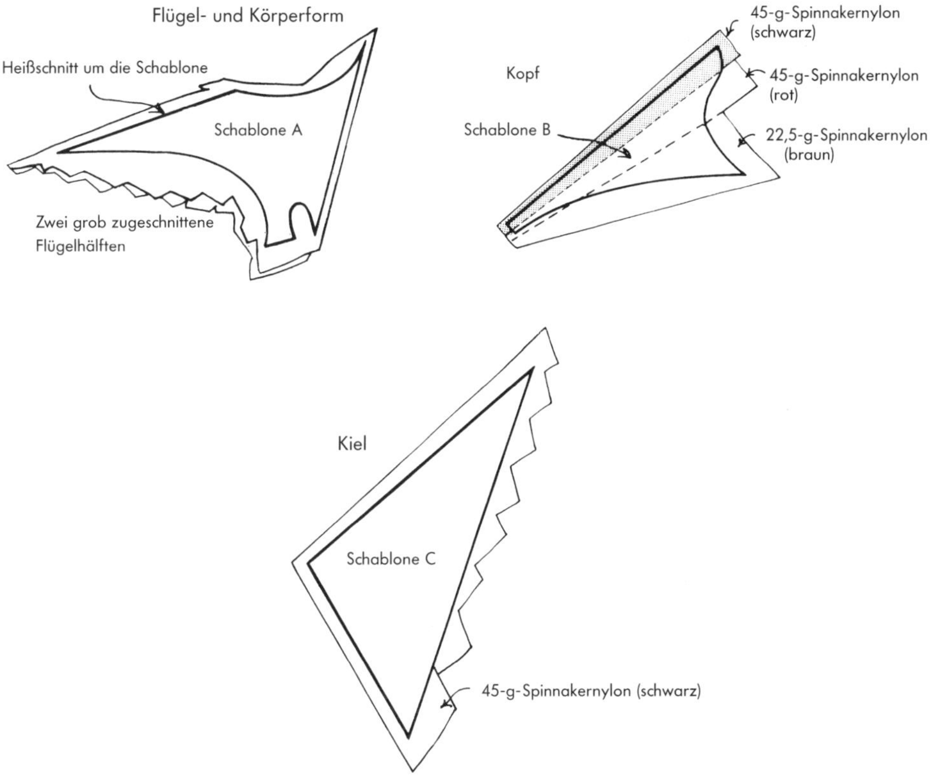

10. Die Flügelsäume werden wie in Abb. 396 zu sehen vernäht (Details A, B und C).
11. Nähen Sie jetzt die Verstärkungen der Querstabsverbindungen an dem Flügel an. Achten Sie darauf, daß die Ringe mit dem Querstab sich auf einer Linie befinden (siehe Abb. 397).
12. Flügelkrallen: Arbeiten Sie nach den Anleitungen in Abb. 401.
13. Stellen Sie den Kopf (1 in Abb. 402) und den Kiel (2 in Abb. 403) fertig. Verbinden Sie dann Kopf und Kiel mit Zickzackstichen (3 in Abb. 404).
14. Legen Sie das vernähte Kopf-Kiel-Teil an beiden Flügeln an und vernähen Sie diese entlang der Mittellinie (siehe Abb. 405, 4).
15. Verstärken Sie die Schwanzspitze mit Dacron und nähen Sie die Nylonbefestigung für den Mittelstab an (siehe Abb. 406, 5).
16. Siehe Abb. 406, 6: Klappen Sie die Flügel zurück und nähen Sie den Saum für den Mittelstab.
17. Nähen Sie den Klettband-Streifen auf die Rückseite der Schwanzspitze (siehe Abb. 406, 7).

18. Formen Sie die Krallen (siehe Abb. 407) und nähen Sie diese mit Zickzack-Stichen an. Nähen Sie die Umsäumungen für die Beinstäbe (jeweils etwa 510 mm lang) und bringen Sie dann Verstärkungen aus Dacron an (E 8).
19. Nähen Sie die Befestigungstaschen für den Querstab (10 in Abb. 408) und den Beinstab (E 9 in Abb. 407) an der vorgegebenen Stelle auf der Rückseite des Drachens fest.
    Hinweis: Achten Sie darauf, daß Sie nicht in den Kiel auf der anderen Seite hineinnähen.
20. Schwanz (siehe 11 in Abb. 409): Nähen Sie der Länge nach einen Segelsaum. Bringen Sie im oberen 45-g-Bereich Saumband an. Nähen Sie den oberen Bereich auf den 22,5-g-Schwanz auf. Vernähen Sie die ganze Bahn zu einem Schlauch. Nähen Sie auch den Klettband-Streifen an und stülpen Sie das ganze um.

Die letzten Arbeitsschritte:

1. Verbindungsteile für den Querstab (siehe 12 in Abb. 410). Biegen Sie in ein 200 mm langes Aluminium- oder Stahlrohr einen 155°-Winkel.
2. Befestigen Sie die Spannschnüre (25 kp) mit Karabinerhaken vom Hals bis zu den beiden Ösen an jeder Kralle. Die Schnüre sollen gerade so gespannt sein, daß sie das Segel straffen, es aber nicht verzerren.

Abb. 399 Vorlagen für die Verstärkungen

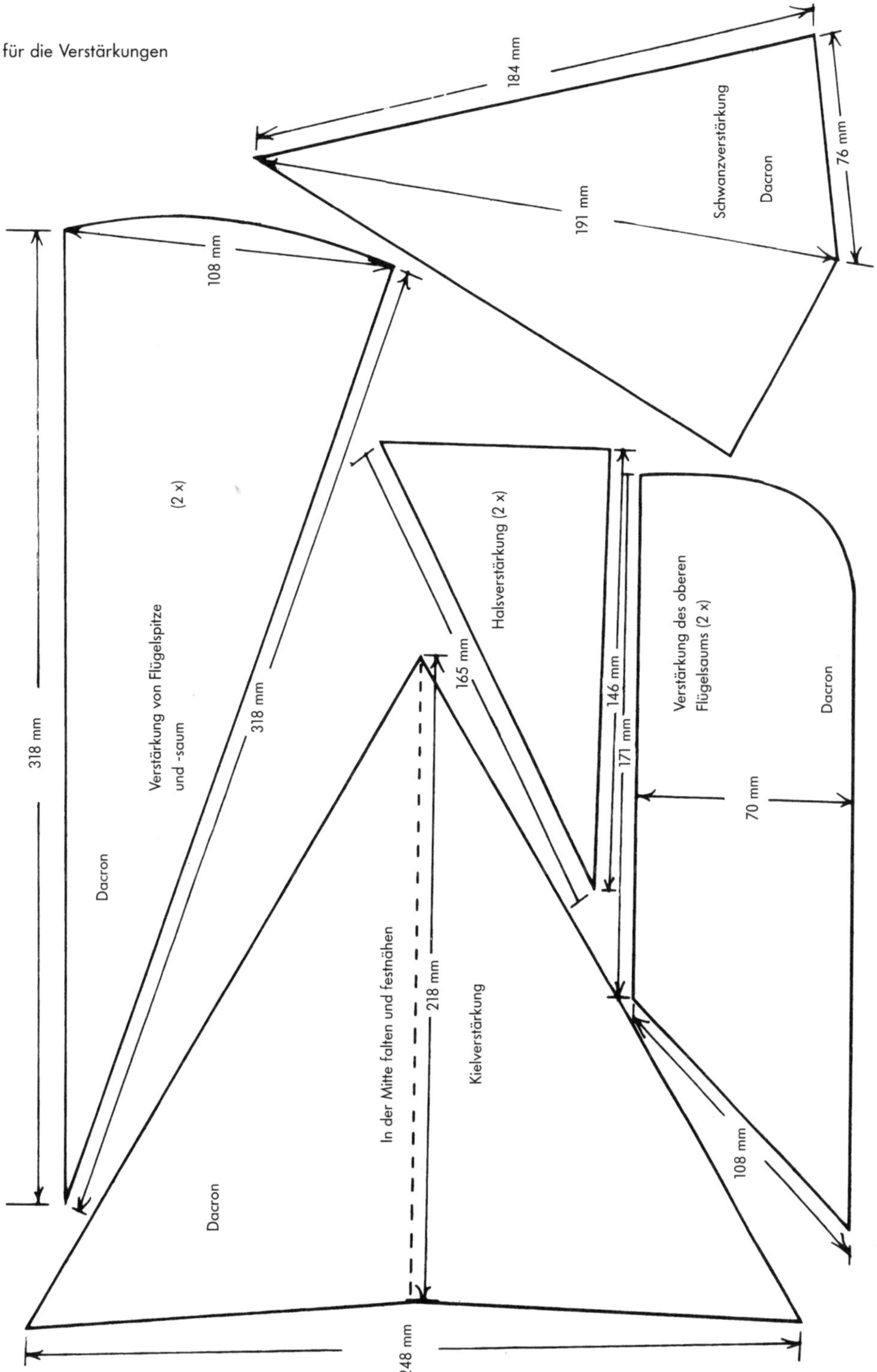

Abb. 400 Vorlagen für die Verstärkungen

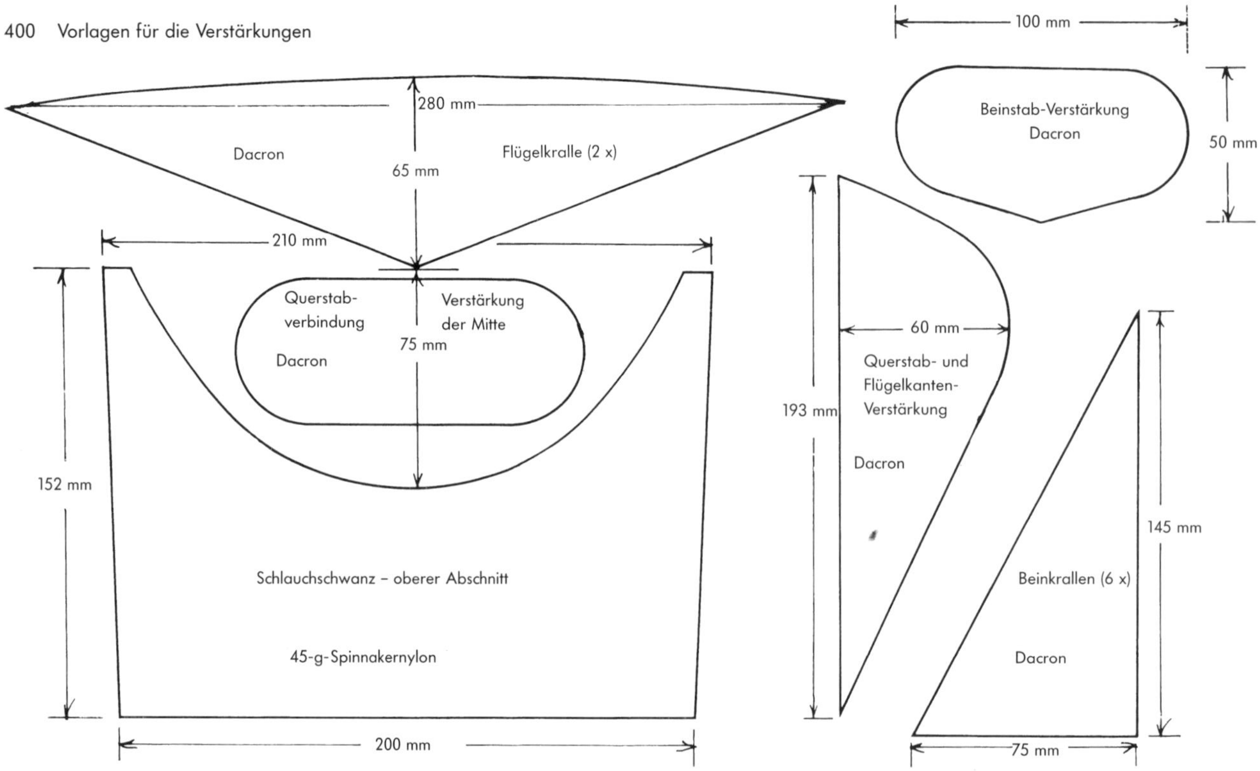

Abb. 401 Flügelkralle

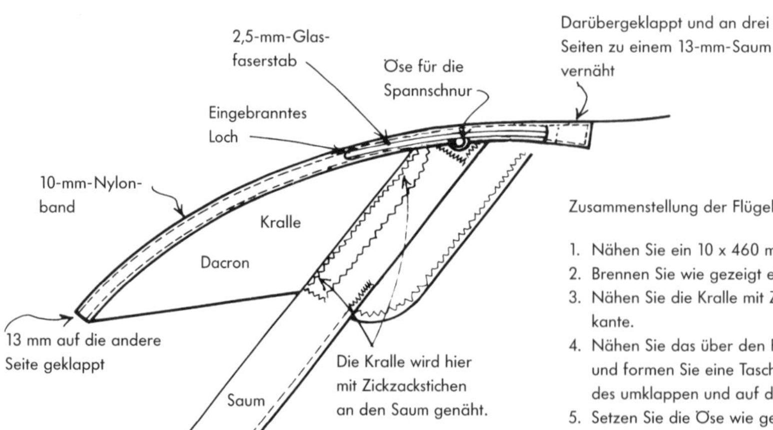

Zusammenstellung der Flügelkrallen

1. Nähen Sie ein 10 x 460 mm Nylonband an die Kralle.
2. Brennen Sie wie gezeigt ein Loch in das Band.
3. Nähen Sie die Kralle mit Zickzackstichen an die Saumkante.
4. Nähen Sie das über den Rand ragende Nylonband an und formen Sie eine Tasche, indem Sie 13 mm des Bandes umklappen und auf drei Seiten vernähen.
5. Setzen Sie die Öse wie gezeigt ein.
6. Der 2,5-mm-Glasfaserstab hält die Kralle während des Fluges in ihrer Form.

Abb. 402 Kopf (1)

Kopf und Auge

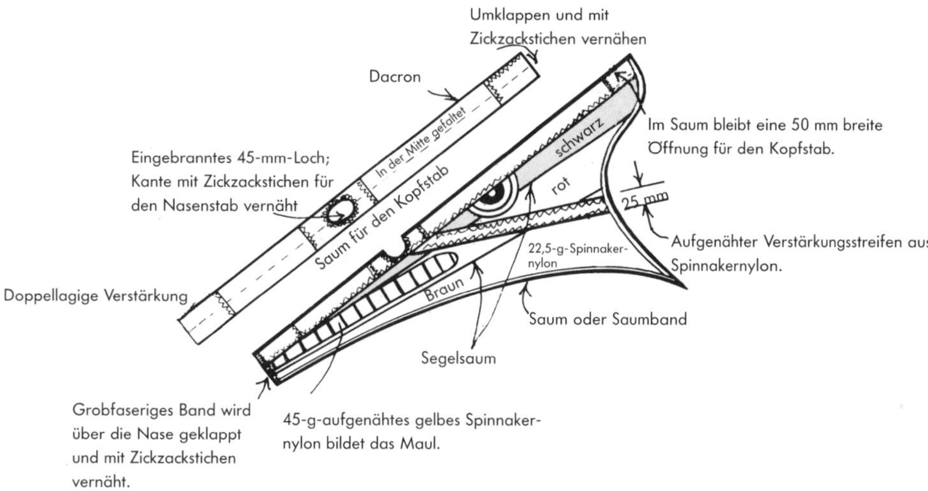

Kopf und Auge

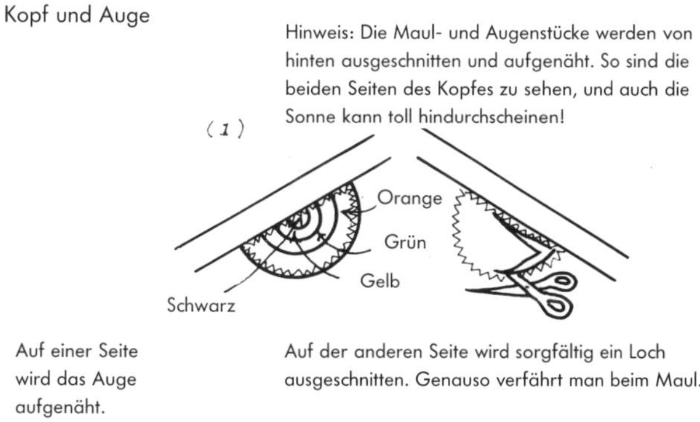

Detail des Nasenstabes

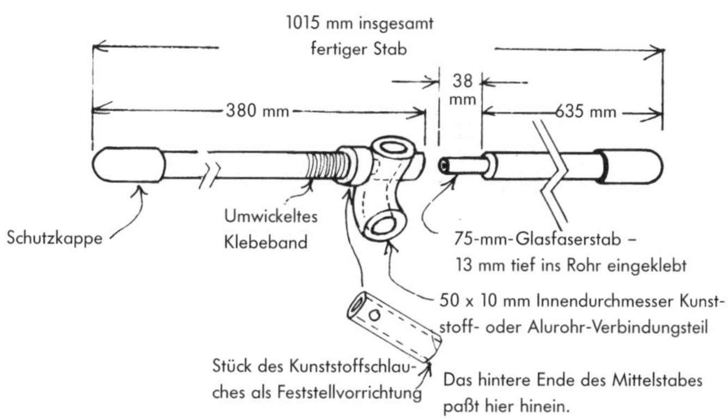

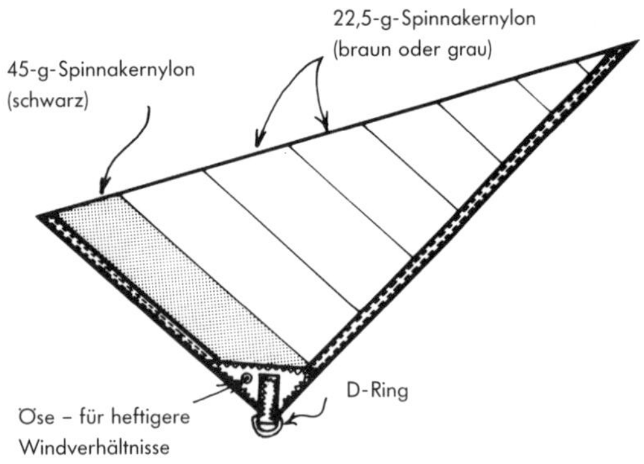

Abb. 403 Kiel (2)

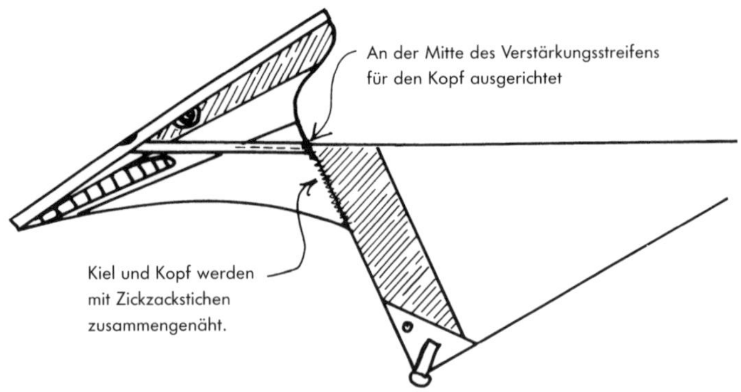

Abb. 404 Verbindung von Kopf und Kiel (3)

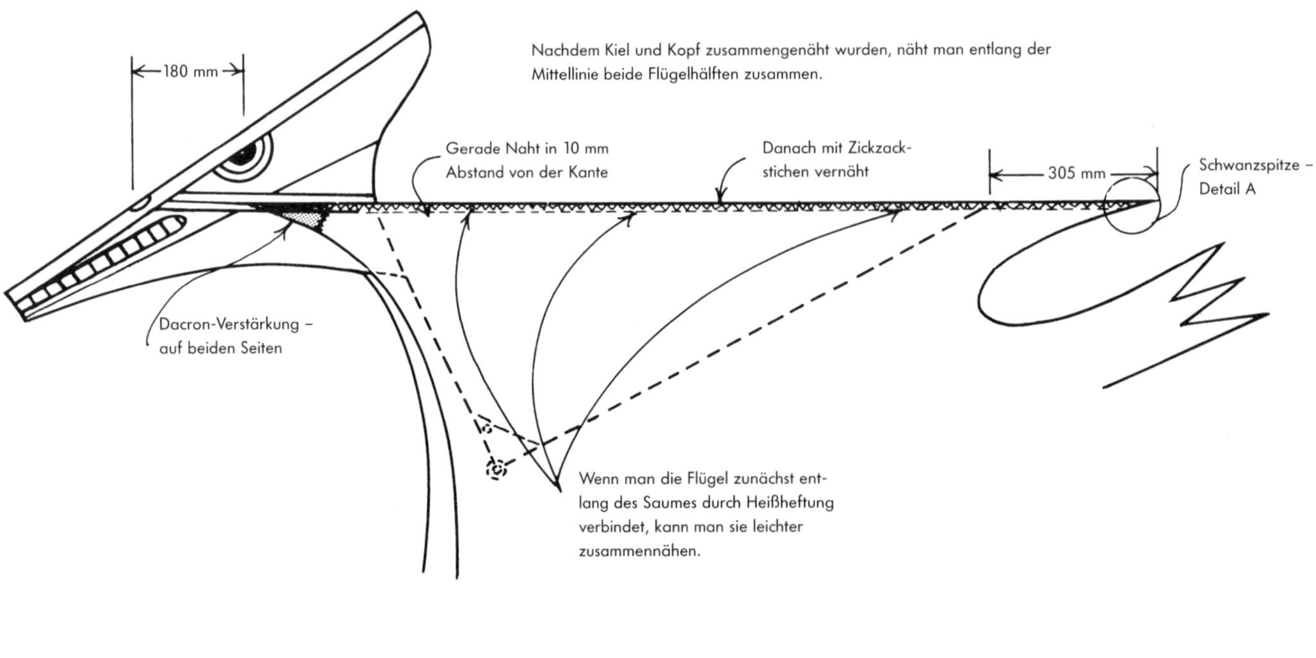

Abb. 405 Vernähen der Flügel (4)

Abb. 406 Details 5, 6 und 7

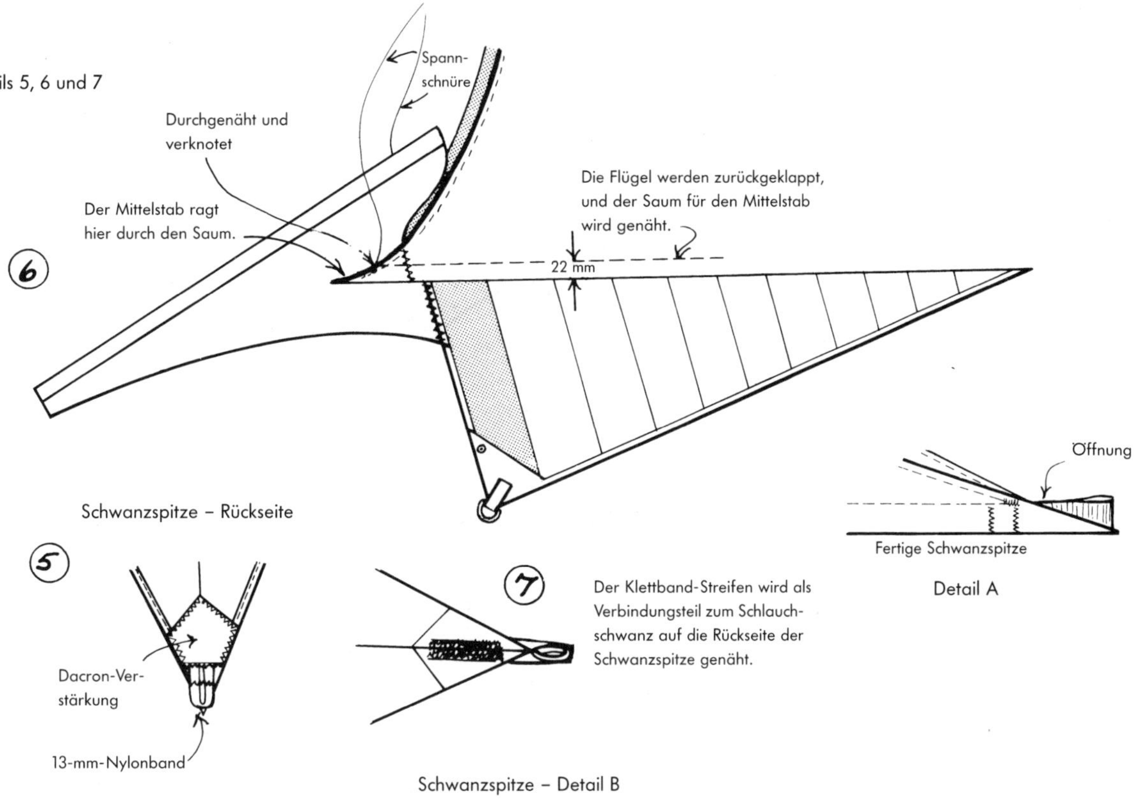

Abb. 407 Beinstab – Detail (8 und 9)

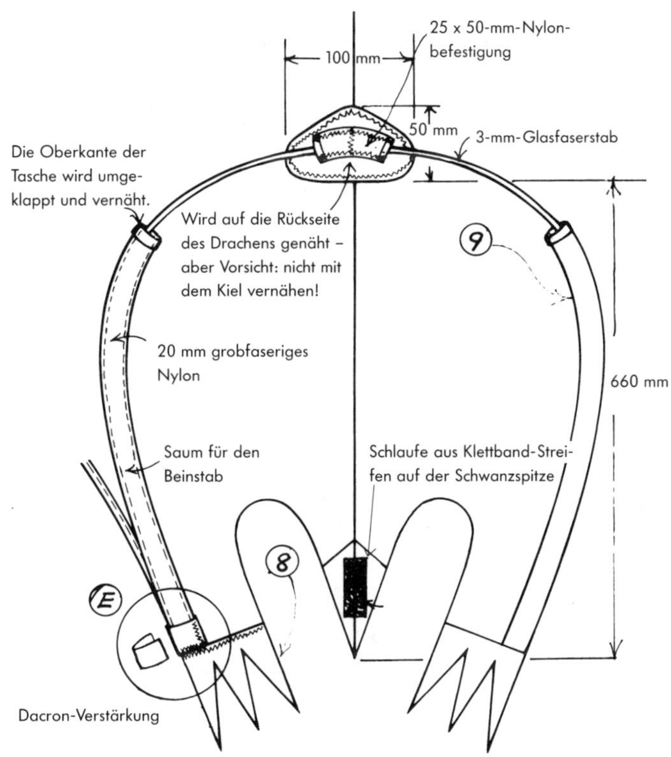

Abb. 408 Detail 10

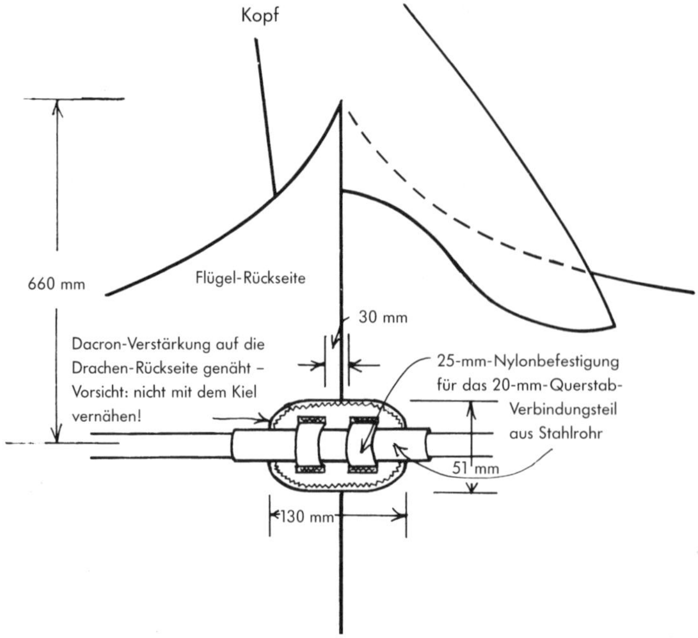

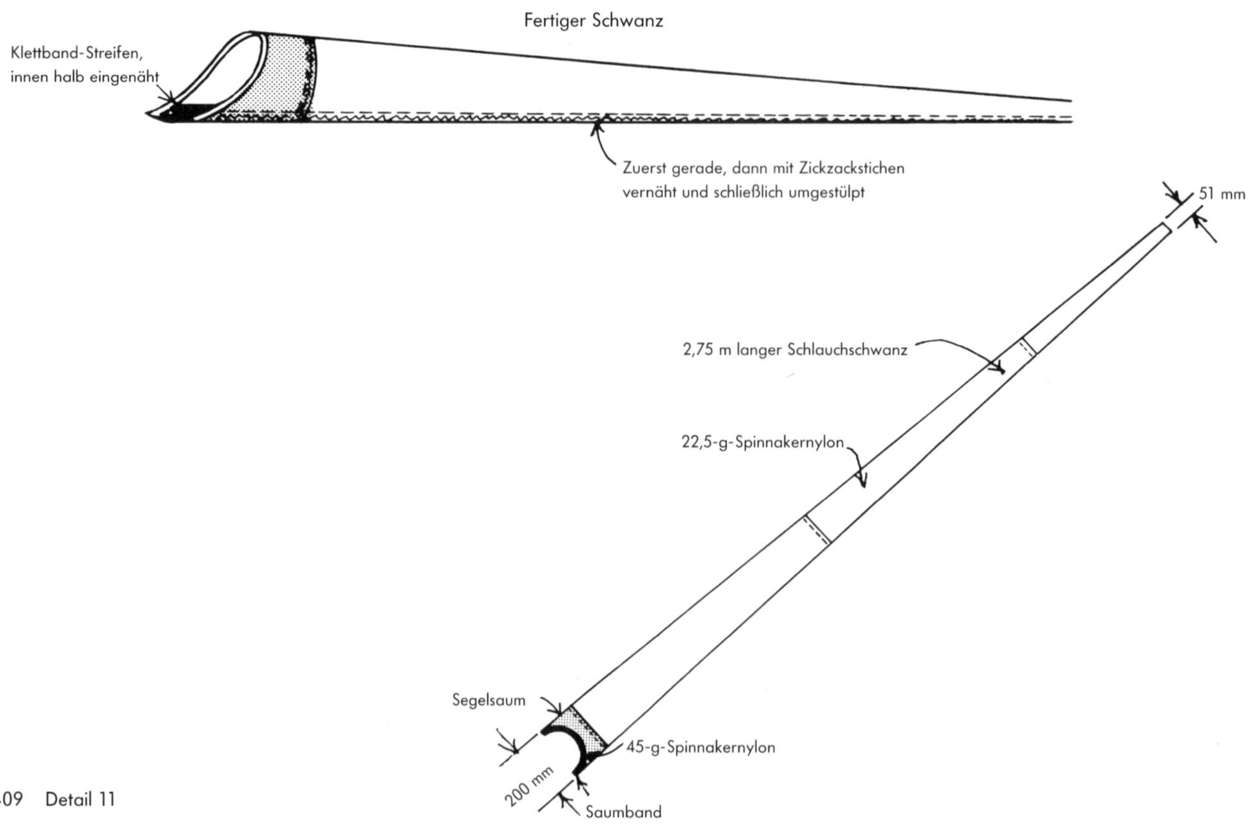

Abb. 409 Detail 11

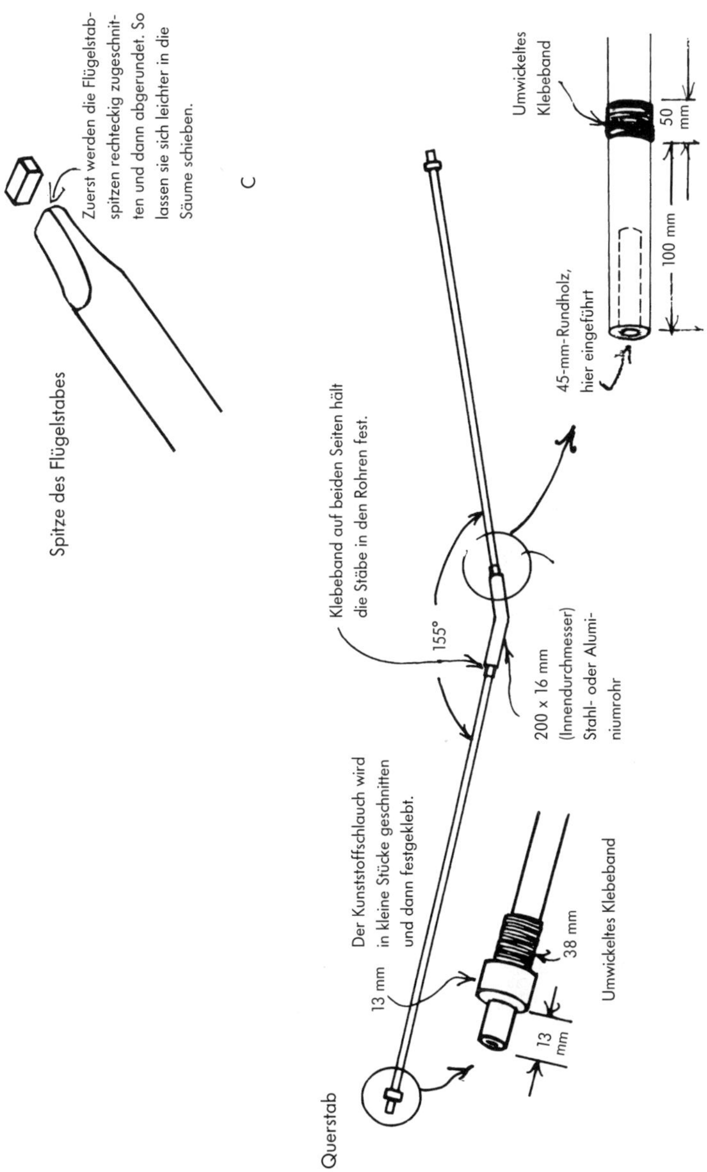

Abb. 410 Detail 12

55

Material

Für den Bau dieses Drachens benötigen Sie:

- **3,35 m² 22,5-g-Spinnakernylon für das Segel**
- **Dacron für Umsäumungen und Verstärkungen**
- **8 mm (Innendurchmesser) durchsichtiger Plastikschlauch**
- **3 mm elastische Schnur**
- **6-mm-Ösen**
- **25-mm-Nylontuch für Segelstütztaschen (A)**
- **3 mm (Innendurchmesser) durchsichtiger Plastikschlauch für Segelstützen (B)**
- **Pfeilnocken, Einsätze und Schutzkappen**
- **Stäbe mit 8,75 mm Außendurchmesser und 7,4 mm Innendurchmesser für:**
  – den Längsstab 8 x 990 mm Kohlefaserrohr
  – die Querstäbe 405 mm (oberer Stab) und ± 2475 mm (unterer Stab)
- **100-kp-geflochtene Dacronschnur für die Waage**
- **Karabinerhaken für die Waagen-Variante A**
- **13 mm (Außendurchmesser) durchsichtiger Plastikschlauch**
- **13 mm (Innendurchmesser) durchsichtiger Plastikschlauch**

Der Turbo-Kunstflugdrachen

Nach einem Entwurf von Lee Sedgwick

Ein wahrer Power-Drachen

»Es haben sich schon Leute auf Skiern von Kunstflug-Drachen bergauf ziehen lassen«, behauptet Sedgwick. »Das nenne ich die wahren Power-Drachen – Drachen, die den Wind als Zugpferd benutzen.«

Sedgwick, der für seine eleganten, musikalisch unterlegten Kunstflug-Drachen-Nummern bekannt ist, errang 1987 den ersten Platz in der Sparte Individual Ballet Open bei den Second Annual East Coast Stunt Kite Championships in Wildwood, New York, USA. Er befestigte die doppelte Flugleine am Boden und war so in der Lage, sich unmittelbar unter seinem eigenen Drachen hin- und herzubewegen. Scheinbar allen physikalischen Gesetzen trotzend, schwebte der Drachen unmittelbar über seinem Kopf, so daß er ihn mit seinen Händen berühren und gleichzeitig steuern konnte. Sedgwick vermittelte den Eindruck, als liefe dies alles völlig mühelos ab, und am Schluß seiner Show gab es lang anhaltenden begeisterten Jubel von den Zuschauern. Während Sedgwick seinen Drachen steigen läßt, hört er Musik aus dem Walkman, denn, so sagt er, »die Musik überträgt sich auf den Drachen«.

Abb. 412 Lee Sedgwick mit einem Vierleiner (Foto: Pete Hubbell)

Eine zweistündige Runde mit dem Kunstflug-Drachen ist ein gutes körperliches Training: Laufen, Ziehen, Drehen, Sich-nach-Vorn-Beugen, Springen, In-die-Seitenlage-Gehen, Sich-im-Rhythmus-der-Musik-Bewegen – all das gehört dazu, wenn man die Bewegungen des Drachens nach seinen Vorstellungen perfektionieren will, und es macht natürlich auch Spaß. Sedgwick benötigt ungefähr 100 bis 150 Stunden, um eine solche Choreographie einzustudieren.

Hat man sich erst einmal für einen Kunstflug-Drachen entschieden, dann ist die nächste Überlegung, welche Flugleine man verwenden möchte. Obwohl

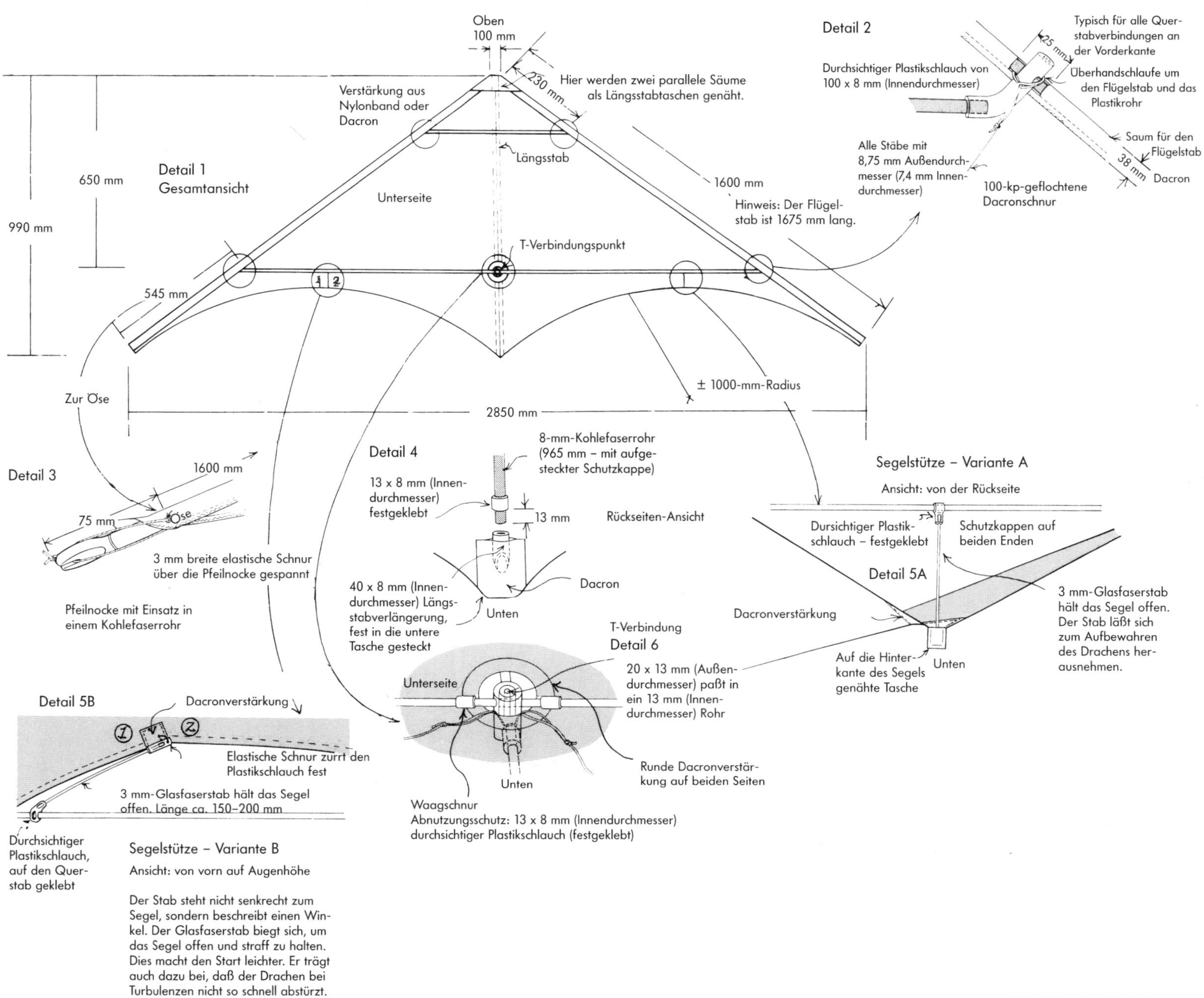

Abb. 411 Details 1–6

Details

Siehe Details 1–6 in Abb. 411. Die Abbildungen für weitere Details sind gesondert aufgeführt.

- **(Detail 1) Gesamtansicht**
- **(Detail 2) Typische Querstabverbindung**
- **(Detail 3) Flügelspitze, mit elastischer Schnur unter Spannung gehalten**
- **(Detail 4) Längsstab – unten, Rückseitenansicht**
- **(Detail 5A) Die Segelstützen aus 3-mm-Glasfaserstäben halten das Segel offen und erleichtern den Start. Sie tragen auch dazu bei, daß der Drachen bei Turbulenzen nicht so schnell abstürzt. Der Glasfaserstäbe werden auf die richtige Größe zugeschnitten und verlaufen senkrecht zum unteren Querstab bis zu der auf der Hinterkante aufgenähten Tasche. Die Stäbe lassen sich entfernen.**
- **(Detail 5B) Segelstütze (Variante): Die Segelstütze ist angewinkelt und in einem durchsichtigen Plastikschlauch mit einer elastischen Schnur am Segel befestigt.**
- **(Detail 6) T-Verbindung, Unterseitenansicht**
- **(Detail 7 in Abb. 413) T-Verbindung, Rückseitenansicht**

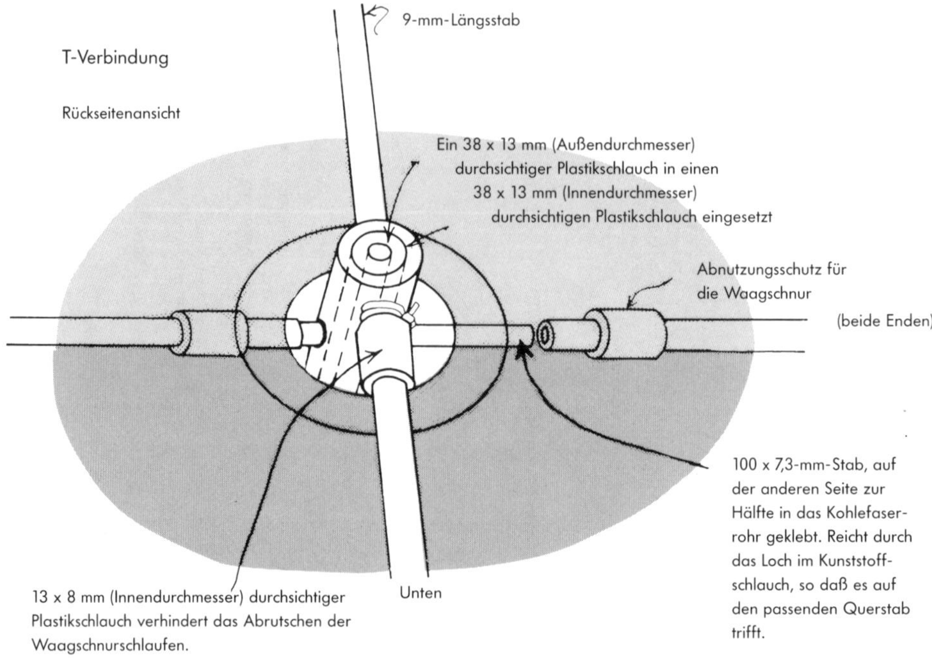

Abb. 413 Detail 7

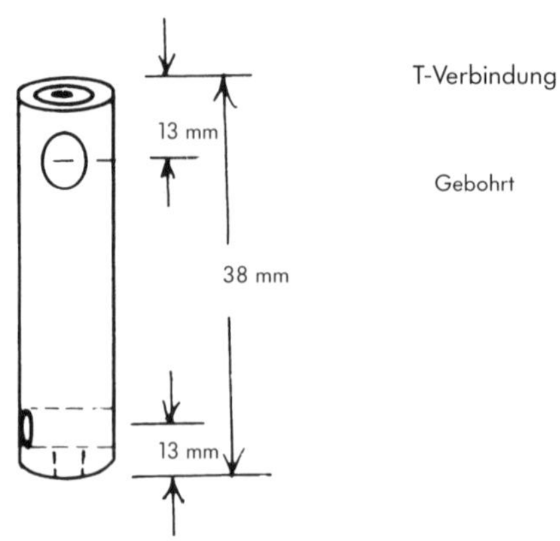

Abb. 414 Detail 8

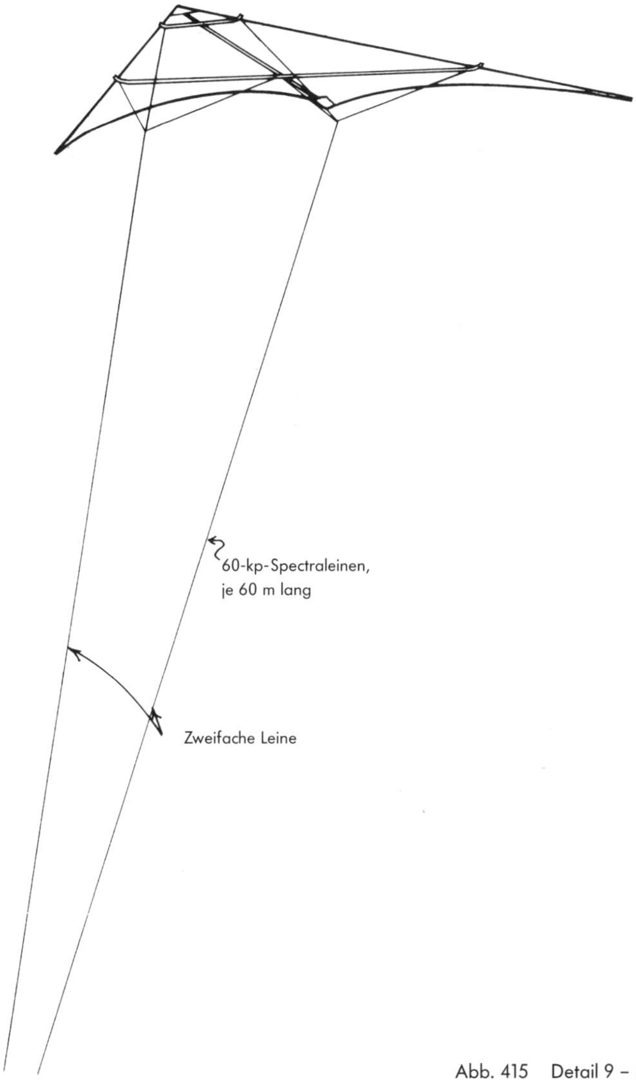

Abb. 415 Detail 9 – Im Flug

Kevlar für einen Kunstflug-Drachen immer noch eine gute Wahl ist, so bevorzugt Sedgwick doch die 60-kp-Variante von Spectra. Laut Sedgwick zeigt Spectra kaum Abnutzungserscheinungen, auch wenn man die Flugleine am Boden festmacht und es dabei zu extremen Belastungen kommt. Da sich Spectra nicht selbst durchtrennt, wenn der Knoten durch eine Ummantelung geschützt ist, verwendet er eine Flugleine aus diesem Material, macht einen einfachen Knoten und erhitzt ein Ende, so daß dieses Ende als Stopper dient und sich der Knoten damit nicht selbst lösen kann, da Spectra ziemlich glatt ist.

Für alle Flugarten und Windverhältnisse hat Sedgwick unterschiedliche Ausrüstungen wie verschiedene Griffe, Leinenstärken und -längen. Er verwendet Leinen von 31,50 m für einen Einzeldrachen und 45 m für ein Gespann. Die

Details
(Fortsetzung)

- **(Detail 8 in Abb. 414) T-Verbindung, gebohrt**
- **(Detail 9 in Abb. 415) Im Flug. 70-kp-Spectra-Doppelleine, je 60 m lang**
- **(Detail 10A in Abb. 416) – Waage, Variante A: Verbindung mit Karabinerhaken; Variante B: Karabinerhaken ist nicht nötig, da diese Verspannung aus Knoten und Schlaufen in sich geschlossen ist. Die angegebenen Maße beziehen sich auf den Abstand vom Ende des einen Verbindungspunktes zum anderen.**
- **(Detail 10B in Abb. 417) Vierleiner-Waage**

Flugdaten:
Windgeschwindigkeit:
12–40 km/h
Flugleine:
60–100-kp-Spectraschnur
AE: lenkbar
Zweileiner-Handgriffe erforderlich

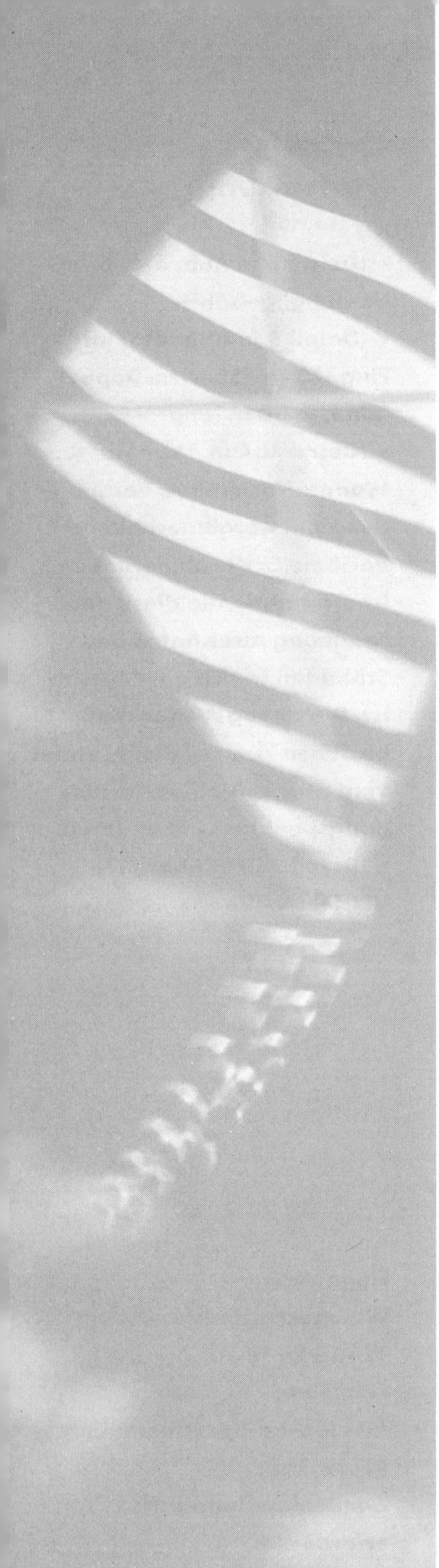

Leinenstärke ist natürlich eine kritische Sache. Lee empfiehlt 60 kp für Einzeldrachen, 90 kp für Powerflüge bei mäßig starkem Wind und 140 kp für Powerflüge bei starkem Wind sowie für Gespannflüge. Zur Sicherheit rät er, bei allen Powerflügen oder bei anderen Bedingungen, unter denen der Drachen stark zieht, ein System aus knotenlosen Schlaufen zu verwenden.

»Zu meinen interessantesten Entdeckungen gehört das Fliegen mit einem Vierleiner«, sagt Sedgwick und meint damit Kunstflugdrachen, die mit vier statt zwei Leinen gelenkt werden. Als Leinen, von denen je zwei an der oberen und zwei an der unteren Waage angebracht sind, verwendet er 90-kp-Spectra. Er erhält damit mehr Kontrolle über den Drachen. Abb. 412 zeigt Sedgwick mit solch einem Vierleiner. Man sieht auch, wie die Leinen um seine Arme gewunden sind.

Den Turbo-Kunstflugdrachen sehen Sie in Abb. 415 und in Farbe auf der Seite 235. Mehr zum Thema Kunstflugdrachen – einschließlich Flugtips und Sicherheitshinweise – finden Sie im Kapitel 20.

Bauanleitung

Gehen Sie Schritt für Schritt vor. Beachten Sie auch die Detailzeichnungen.

1. Legen Sie zuerst die farbliche Zusammenstellung Ihres Drachens fest und schneiden Sie dann das Spinnakernylon mit den in Detail 1 angegebenen Maßen zu. Der Radius für die Bögen der Hinterkante beträgt etwa 1000 mm – hier hat man jedoch genügend Spielraum.
2. Nähen Sie die Flügelsäume aus Dacron auf. Schneiden Sie aber vor dem Aufnähen noch vier Abschnitte für die Plastik-Stabbefestigungen aus. Fügen Sie eine 6-mm-Öse wie gezeigt ein.
3. Verstärken Sie das Segel sowohl im Bereich der T-Verbindung als auch an den anderen gekennzeichneten Stellen.
4. Der Längsstab wird an drei Punkten auf der Rückseite des Drachens angebracht: in der unteren Tasche, der T-Verbindung und den parallelen Säumen, die oben in die Verstärkung eingenäht werden.
5. Schneiden Sie alle für den Drachen benötigten Stäbe, Rohre, Plastikschläuche und Verbindungsteile zu und ordnen Sie diese wie gezeigt – nach Variante A oder B – an. Sollten Sie sich für Variante B entscheiden, so kann sich eine Arterienklemme als sehr nützlich erweisen, um die elastische Schnur durch den Kunststoffschlauch zu ziehen. Hat man die Schnur durch den Schlauch gezogen, bindet man sie mit einer Schlaufe ab.
   Verwenden Sie Schutzkappen, um den Verschleiß der Längsstabenden, der Querstabenden und der Enden der Segelstützstäbe zu verhindern.

Abb. 416 Detail 10A

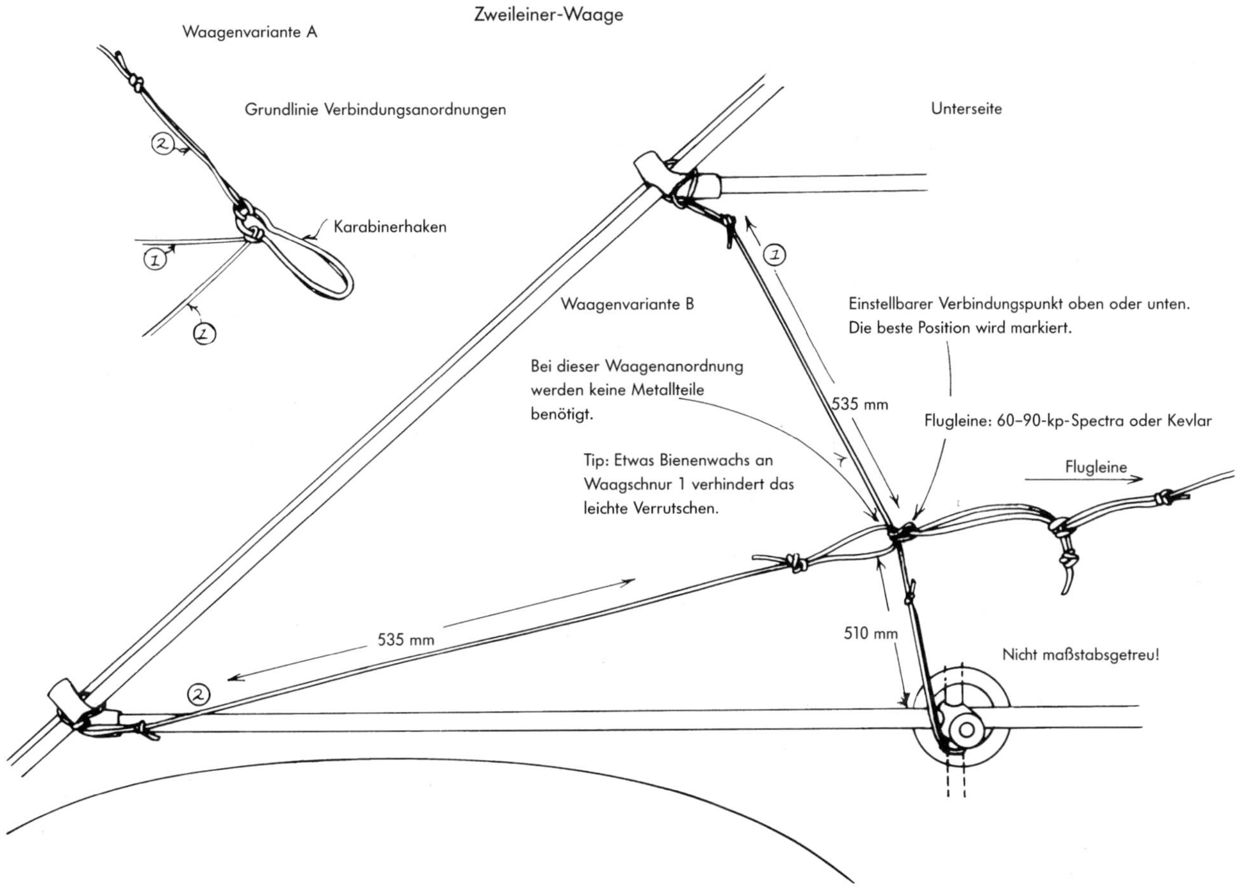

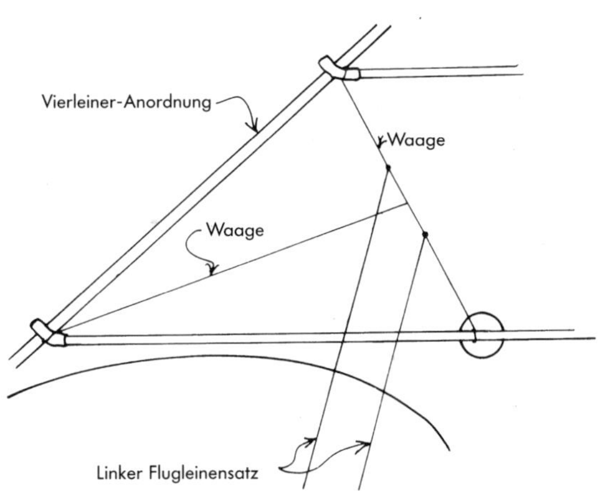

Abb. 417 Detail 10B

6. Mit einer 3 mm starken elastischen Schnur hält man die Flügelstäbe unter Spannung, ohne daß sie verformt werden.
7. Jetzt bringt man die Waagschnüre mit Überhandknoten an den vorgegebenen Punkten an.
8. Einrichten der Waage: Damit der Drachen richtig fliegt, müssen die Verbindungspunkte der Waage entlang der Linie 1 ausgerichtet werden. Falls der Drachen nicht an Höhe gewinnt, sitzt die Waage zu tief. Falls der Drachen langsam reagiert oder sich träge bewegt, sitzt die Waage ebenfalls zu tief. Sobald Sie den richtigen Gleichgewichtspunkt oder Waagpunkt herausgefunden haben, sollten Sie ihn mit einem Filzstift für spätere Flüge markieren. Tip: Wenn Sie die Geschwindigkeit des Drachens erhöhen wollen, setzen Sie den Verbindungspunkt der Waage höher. Für mehr Zugkraft und engere Kurven justieren Sie den Verbindungspunkt weiter hinten. Justieren Sie ihn in Schritten von 3 bis 6 mm und machen Sie immer Testflüge, bevor Sie weitere Veränderungen vornehmen.

56 Der Tetraederdrachen

Nach einem Entwurf von Graham Bell

Im Bannkreis von Bell und Fuller

Nachdem er das Telefon erfunden hatte, verfolgte der geniale Alexander Graham Bell einen neuen Plan. Er dachte an die Entwicklung eines pilotengesteuerten motorgetriebenen Flugzeugs. Er arbeitete über zehn Jahre hinweg äußerst intensiv daran und setzte seine Anstrengungen auch nach dem Pionierflug der Brüder Wright im Jahre 1903 fort.

Bells Arbeit begann damit, daß er den Kastendrachen von Lawrence Hargrave weiterentwickelte. Dieser Drachen war eine Erfindung, die laut Bell den höchsten Stand der Entwicklung im 19. Jahrhundert verkörperte. Nachdem er mit vielen Drachenkonfigurationen, einschließlich rechtwinkliger und stumpfwinkliger Tetraeder, experimentiert hatte, kam er schließlich auf das gleichseitige Tetraeder – der Form, der auch dieses Buch letztlich seine Entstehung verdankt. Bells Drachen

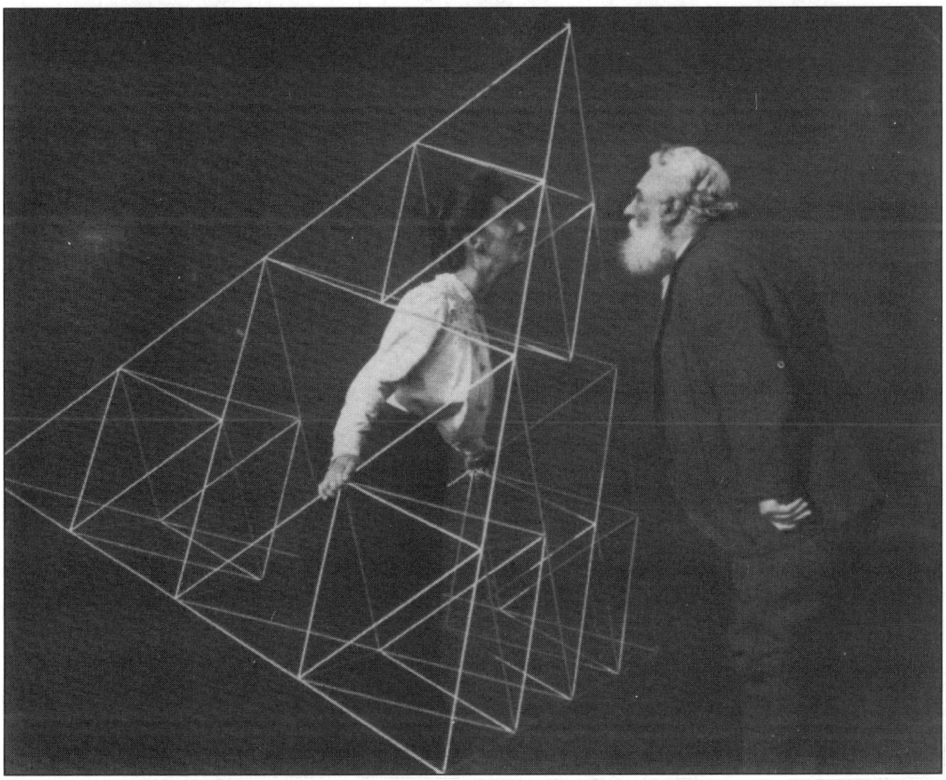

Abb. 418 Alexander Graham Bell mit seiner Frau Mabel mit einem Gerüst aus Tetraedern
(Foto: Library of Congress)

Material

Für den Bau dieses Drachens benötigen Sie:

- **2 m 22,5-g-Spinnakernylon für die Segel**
- **6 x 2400 mm Nylonband für die Segelschlaufen**
- **Dacron als Verstärkungsmaterial**
- **16 Stück 6-mm-Kohlefaserrohr, auf die richtige Größe zugeschnitten**
- **Acht Stück 2,5-mm-Glasfaserrohr, auf die richtige Größe zugeschnitten, für die Spreizstäbe**
- **6 mm (Innendurchmesser) Messingrohr, auf die richtige Größe zugeschnitten, als Spreizstabendkappen**
- **610 mm eines 6 mm (Innendurchmesser) durchsichtigen Plastikschlauches**
- **10 x 1220-mm-Nylonstab für allgemeine Verbindungen**
- **610 mm 70-kp-Schnur als Spannungsschlaufe**
- **610 mm 45-kp-Schnur als Spannungsschlaufe**
- **Acht Holzkugeln mit einem Durchmesser von 13 mm (mit Loch)**
- **16 Kabelbinder**

Material
(Fortsetzung)

- **16 Schrauben und Flügelmuttern, passend für die 10-mm-Löcher der Nylonstabverbindungen**
- **3,65 m einer 45-kp-Schnur für die Waagschnüre**
- **Vier vierlöchrige Knöpfe für das System zur Spannungsregulierung der Schnüre**

Abb. 419 R. Buckminster Fuller mit einigen seiner Modelle (Foto mit freundlicher Genehmigung des R. Buckminster Fuller Institute)

war eine Pyramide aus vier gleichschenkligen Dreiecken, die in ihrem Aufbau stabil und doch relativ leicht war.

Weil bei einem gleichseitigen Tetraeder alle Seiten gleich lang sind, ist die Zahl der miteinander kombinierbaren Zellen unendlich (siehe Abb. 418). Nur zwei Seiten der vierseitigen Tetraederzelle benötigten ein Segel (Bell verwendete Seide), um eine zweiflächige Auftriebsfläche zu erhalten. Das Konzept wurde dann nach und nach weiterentwickelt – zuerst eine Zelle, dann zwei Zellen, vier Zellen ... und schon ging es los.

Am 6. Dezember 1907 startete Bell seinen 94 kg schweren Cygnet – ein bemannter, aus 3393 Tetraederzellen bestehender Drachen – über der Baddeck Bay in der kanadischen Provinz Nova Scotia. Der riesige, mit Schwimmhilfen ausgerüstete Drachen, an Bord ein Leutnant der US-Armee, wurde von einem Dampfer über die Bucht gezogen. Der Cygnet erreichte eine Flughöhe von rund 50 m und flog ungefähr sieben Minuten lang. Langsam hinabschwebend, ging er auf der Wasseroberfläche nieder. Da aber die mit dem Dampfer verbundene Flugleine nicht rechtzeitig gekappt wurde, geriet der Cygnet in die Fluten und wurde zerstört. Glücklicherweise kam der Leutnant mit dem Schrecken davon.

Später baute Bell den Cygnet II, eine modifizierte Version des Ursprungsmodells, in der auch ein Motor sowie ein Pilot Platz fanden. Der Motor entwickelte aber zu wenig Schubkraft, um den neuen Cygnet vom Boden abheben zu lassen. Der Cygnet II war somit Bells Schwanengesang auf dem Gebiet der Luftfahrt.

Ich wollte den Tetraeder-Drachen (siehe Abb. 422) so entwickeln, daß er jene elegante Kraft der Natur veranschaulichen konnte, die R. Buckminster Fuller als »Synergie« bezeichnete[1]. Nach Auffassung Fullers (siehe Abb. 419) ist das Tetraeder die grundlegende Struktureinheit des Universums, und alle komplexeren Strukturen beruhen auf Synergieeffekten. Das heißt, daß das Zusammenspiel der einzelnen Teile eine Wirkung hervorruft, die größer ist als die Summe der Wirkungen der einzelnen Teile.

Ich hatte lange mit Modellen experimentiert, die zwar nicht schlecht, aber irgendwie doch nicht das Richtige waren, bis ich das Glück hatte, den Tensegritoy zu entdecken. Es handelt sich dabei um einen genialen Drachen mit hölzernen Streben und elastischen Schnüren, die eigentlich zum Bau von geometrischen Formen entwickelt worden waren und die auf der Arbeit Fullers basierten. Diese Formen behalten ihr inneres Gleichgewicht auch unter Spannung und Druck bei und sind so ein Beispiel für die Wirksamkeit jener Kräfte, die Fuller als »Tensegrity« bezeichnete. Es ist eine Wortbildung aus »tensional« (abgeleitet von tension = Spannung) und »integrity« (= Einheit).

Später hatte ich eine zündende Idee. Es lagen gerade verschiedene Drachenbauteile und der Tensegritoy vor mir auf dem Tisch. Also nahm ich zwei Holzkugeln, fädelte sie auf eine Schnur und verknotete die Enden. Dann zog ich an den Kugeln, bis sich die Schnur straffte, und überlegte dabei, daß Tetraeder, die

[1] R. Buckminster Fuller war gerade drei Jahre alt, als Bell seine Flugexperimente durchführte. Bells Tetraeder-Drachen und Fullers geodätische Formen basieren auf ein- und demselben Prinzip. Fuller erfuhr jedoch erst von Bells Arbeit mit dem Tetraeder, als er die geodätische Kuppel schon entworfen hatte.

Details

- **(Detail 1 in Abb. 420) Das vierzellige Tetraeder bildet eine Pyramide mit einer Höhe von ± 1170 mm und einer Grundfläche von 1370 x 1370 mm.**
- **(Detail 2 in Abb. 421) Einzelliges Tetraeder; 457 mm lange Horizontalstäbe; 445 mm lange Vertikalstäbe; 2,5 mm breiter horizontaler Glasfaserspreizstab und 2,5 mm breiter vertikaler Spreizstab. Wird die Spannungsschnur entspannt, können die Stäbe, die das horizontale Dreieck bilden, zum Verstauen zusammengelegt werden.**
- **(Detail 3 in Abb. 421) Kugel-, Schnur- und Knopfsystem zur Spannungsregulierung. Wird Spannung aufgebaut, bilden die inneren Stäbe ein rechtwinkliges Dreieck (45°, 45° und 90°).**
- **(Detail 4 in Abb. 420) Verbindung der Nylonstäbe. Eine 6-mm-Nylonbandschlaufe wird mit einem Kabelbinder an der Verbindung angebracht. Eine Nylonschraube und eine Flügelmutter sichern die Verbindung.**

Details
(Fortsetzung)

• **(Detail 5 in Abb. 422) Im Flug. Anordnung der Waage: Die Flugleine wird an den Waagschlaufen angebracht. Die Waagschlaufen der hinteren Zellschnüre werden an der vorderen Verbindung befestigt.**

Flugdaten:
Windgeschwindigkeit: 10–40 km/h
Flugleine: 45-kp-Schnur
AE: ± 45
Handschuhe empfohlen

Abb. 420 Details 1 und 4

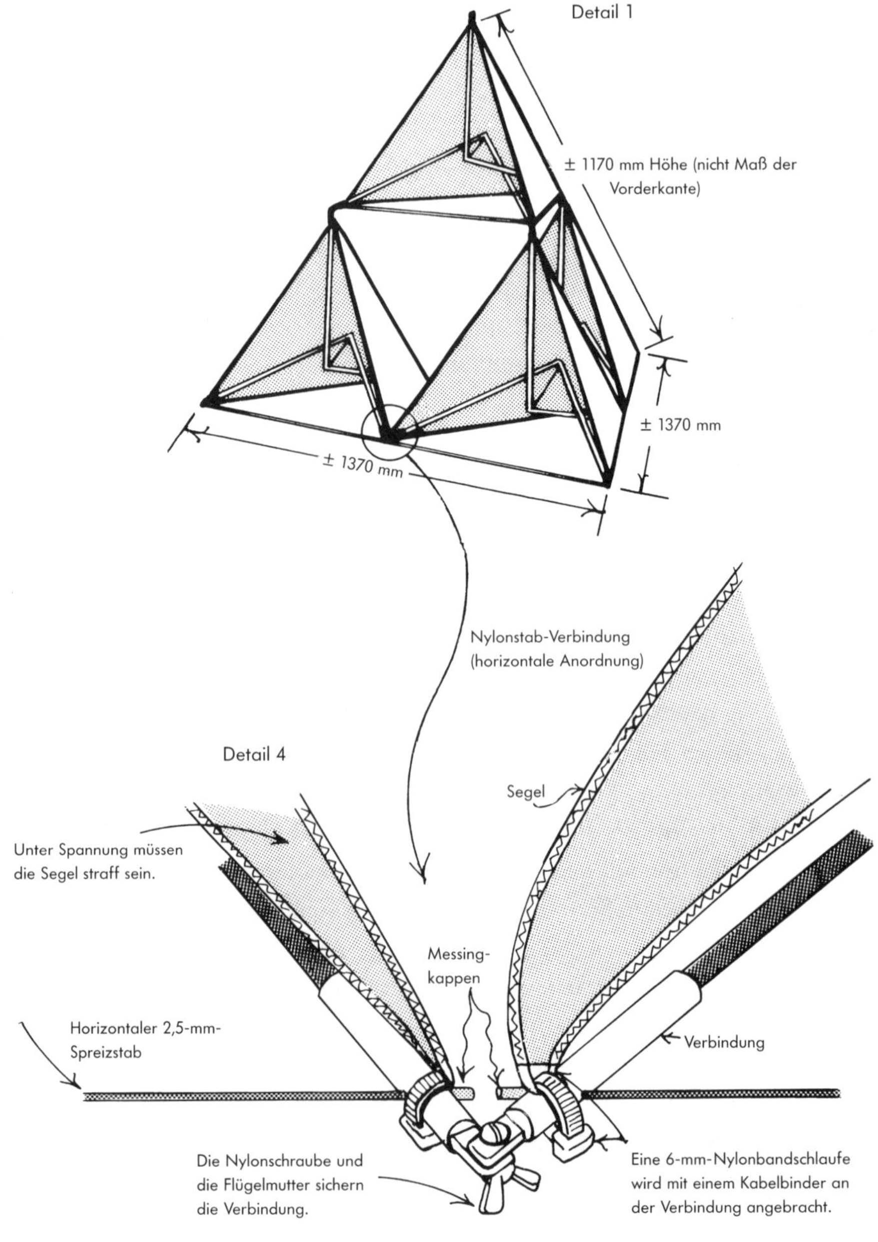

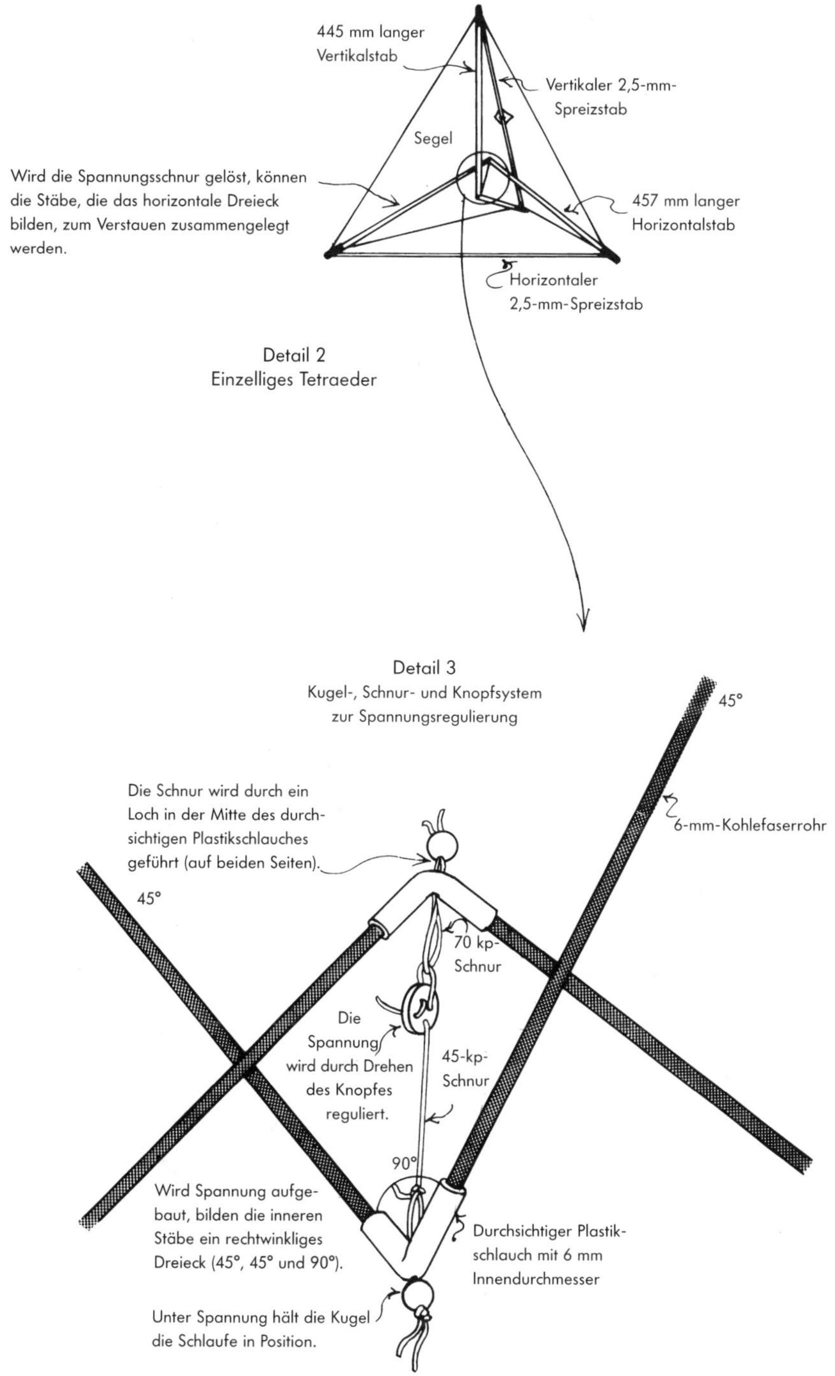

Abb. 421 Details 2 und 3

Abb. 422 Detail 5

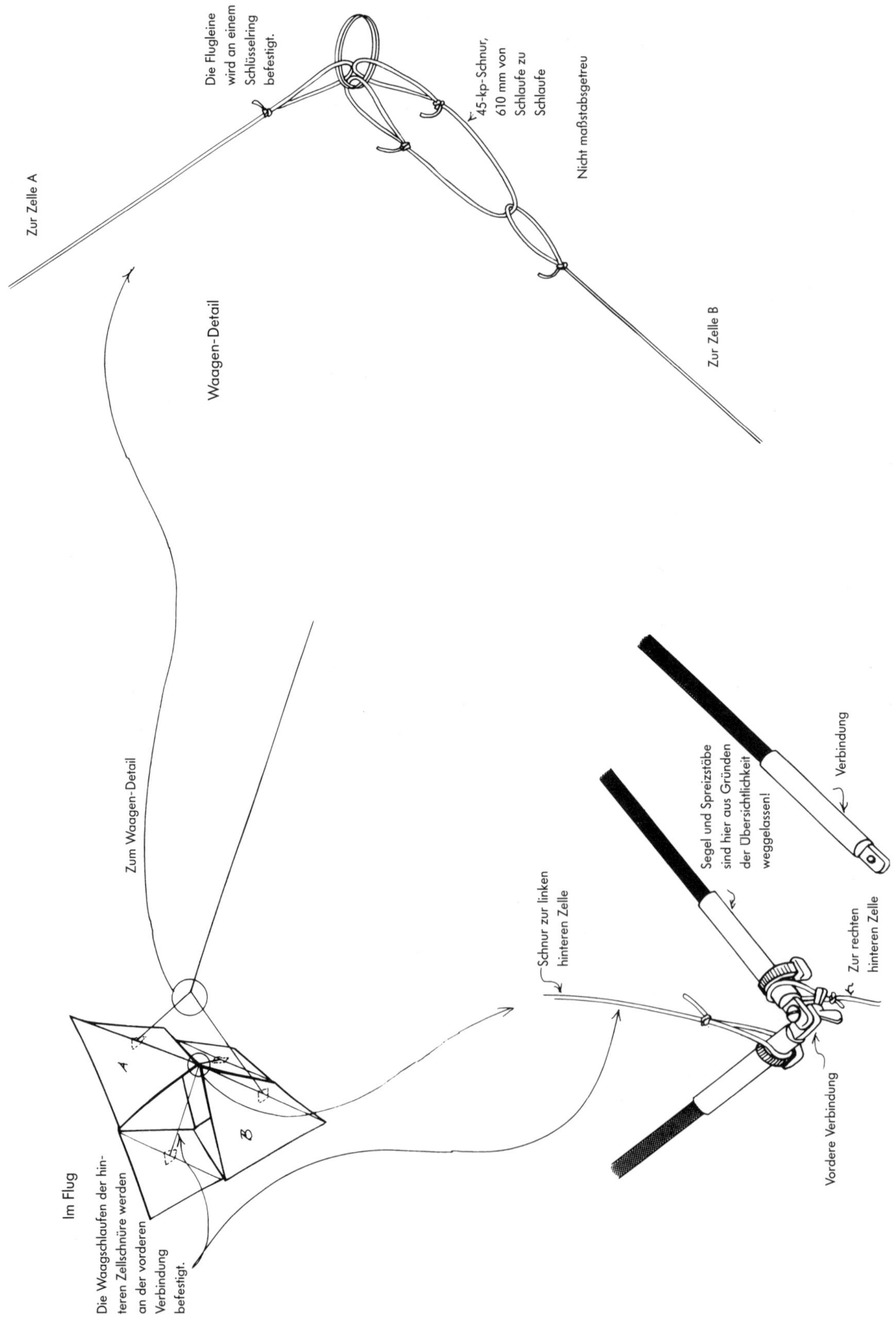

geodätische Kuppel und in der Folge alle Formen des Universums Tensegrity-Formen sind, die in alle Richtungen umfassender Kohärenz zusammengehalten werden, wie eben auch die Schnur und die Kugeln in meiner Hand. Blitzartig verstand ich das Kugel-, Schnur- und Knopfsystem zur Spannungsregulierung und brachte das ganze Tetraederdrachen-Projekt innerhalb weniger Minuten zu Ende[2].

Bauanleitung:

Segel:

1. Schneiden Sie mit dem Lötkolben vier Abschnitte mit den angegebenen Maßen zu (siehe Abb. 423). Beachten Sie dabei die Faserrichtung des Stoffes. Nähen Sie A an B und C an D. Schneiden Sie danach beide Abschnitte entlang von EF. Lassen Sie Zugaben für die Trimmung und den 6-mm-Saum stehen.
2. Siehe Abb. 424: Nähen Sie auf die Mitte jedes Segels eine Dacronverstärkung und machen Sie dann dort mit der Lötkolbenspitze ein 6 mm breites Loch.
3. Nähen Sie einen 6 x 150 mm großen Nylonstreifen in Form einer Schlaufe an jede Ecke. Orientieren Sie sich an den Hinweisen in den Kapiteln »Tri-D-Kastendrachen« und »Stone-Mountain-Drachen« über das Annähen von Nylonstreifen auf die Segelspitze.

Gerüst:

4. Schneiden Sie acht 445 mm lange 6-mm-Kohlefaserstäbe und acht 457 mm lange 6-mm-Kohlefaserstäbe zu.
5. Schneiden Sie aus dem 6 mm (Innendurchmesser) Plastikrohr acht 65 mm große Stücke.
6. Bohren Sie in die Mitte jedes dieser Stücke ein 3 mm großes Loch.
7. Schneiden Sie acht 2,5 x 711 mm große Glasfaserstäbe für die Spreizstäbe zu.
8. Schneiden Sie mit einer geeigneten Säge 16 Messingrohrkappen mit den Maßen 6 x 2,5 mm zu.

Verbindungen:

9. Siehe Abb. 425: Schneiden Sie 16 Nylonstabverbinder mit den Maßen 10 x 65 mm zu. Bohren Sie bei jedem dieser Verbinder in ein Ende ein Loch.
   Tip: Beginnen Sie mit einem kleinen Bohrer und erhöhen Sie die Bohrergröße dann bis zu dem gewünschten Durchmesser. Dabei kann der Bohrer schnell heiß werden, und das Nylon kann schmelzen: Bohren Sie daher sehr langsam und vorsichtig. Sägen Sie am anderen Ende mit einer feinen Säge eine

[2] Zunächst glaubte ich, mein Kugelsystem wäre etwas völlig Neues, doch dann stieß ich auf den Tetraederdrachen von Professor Waldof aus Worcestershire in England, der bereits mit einem ähnlichen System gearbeitet hatte.

Abb. 423 Schritt 1

Vorlage: Abmessungen

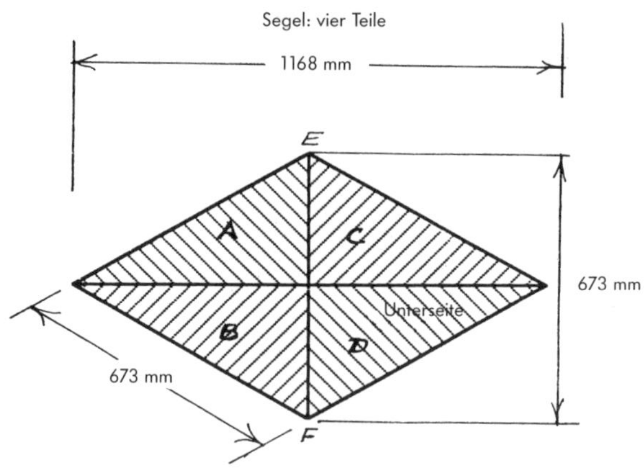

Die vier Teile aus Spinnakernylon werden, wie hier zu sehen, zusammengelegt. An den Vorderkanten werden 6 mm breite Saumbänder und an allen Innenkanten 6 mm breite Segelsäume angebracht.

Die Vorlage basiert auf einer Raute – also einem gleichseitigen Parallelogramm.

rechtwinklige, 3 x 15 mm große Nut, in die Sie wie gezeigt ein 10 mm großes Loch bohren.

10. Bohren Sie diagonale Löcher in einem Winkel von etwa 45° (siehe Abb. 425) in die Paßstücke. Das Loch sollte außen etwas größer sein, so daß ungefähr die Hälfte der Messinghülse in das Paßstück geht. Jedes Paßstück muß in zweifacher Hinsicht angeglichen werden: Der 2,5-mm-Spreizstab, der das Dreieck formt, muß flach und straff liegen, wenn die Drachenzelle zusammengebaut und die Spannschnur eingesetzt wird. Die 3-mm-Nutverlängerung muß mit der gegenüberliegenden Nut genau übereinstimmen, wenn man sie mit der Nylonschraube und der Flügelmutter sichert (siehe Detail 4 in Abb. 420).
11. Wenn die Löcher im Spreizstab im Verhältnis zu den anderen Paßstücken richtig gebohrt sind, führen Sie die Enden der 2,5-mm-Glasfaserstäbe in die Paßstücke ein und kleben die Messinghülsen mit Sekundenkleber fest.

Abb. 424 Schritt 2

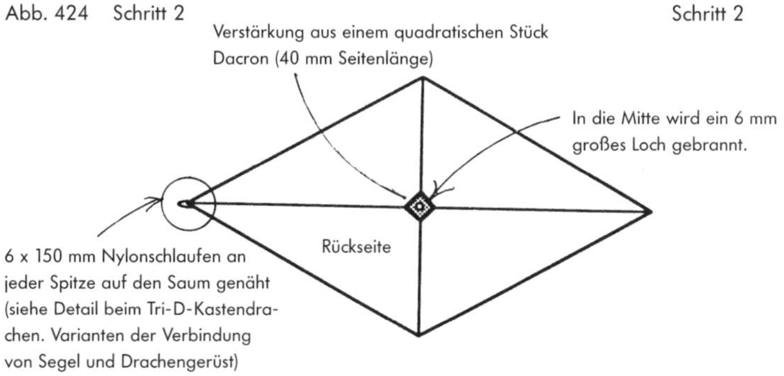

Abb. 425 Schritte 9 und 10

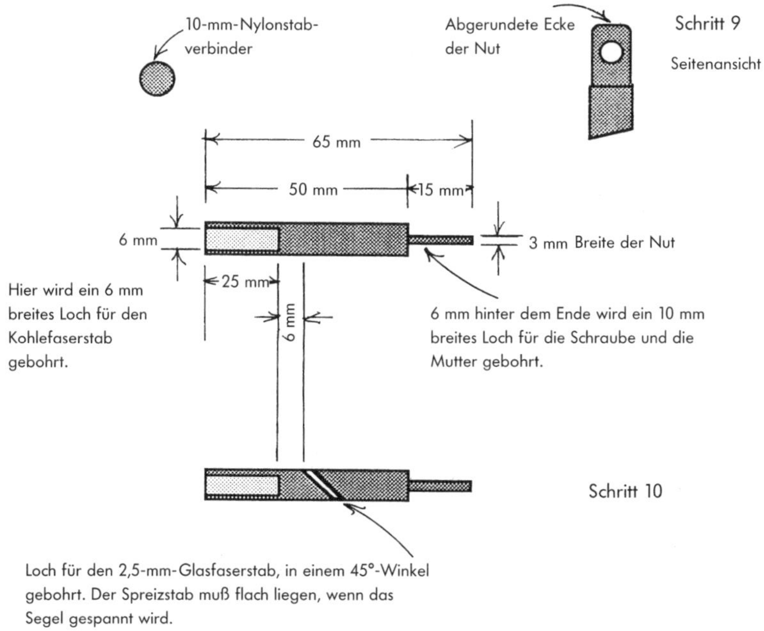

Das Kugelsystem zur Spannungsregulierung

12. Man verwendet zwei Kugeln mit einem Loch in der Mitte, führt eine Schlaufe hindurch, steckt sie durch den Plastikschlauch und befestigt daran eine Spannschnur (siehe Detail 3 in Abb. 421). Diese Anordnung wird für jede Zelle vorgenommen.

Montage:

13. Befestigen Sie an den Segelspitzen die Nylonschlaufen mit Kabelbindern an den Verbindungen (siehe Detail 4 in Abb. 420). Nachdem mit Hilfe des Kugelsystems die Spannung hergestellt wurde, sollte das Segel straff sein.
14. Befestigen Sie in der verstärkten Mitte jedes Segels und um den vertikalen Glasfaser-Spreizstab einen 15-mm-Schlüsselring.
15. Die Waage: Schneiden Sie aus einer 45-kp-Schnur fünf 610 mm lange Waagschnüre zu und binden Sie an jedes Ende eine 25-mm-Überhandschlaufe. Bringen Sie am Schlüsselring jeder Zelle eine solche Waagschnur an. Die fünfte Schnur verläuft durch die Schlaufe der unteren Zelle und verbindet sich mit der Schlaufe der oberen Zelle zu einer Waage (siehe Detail 5 in Abb. 422).

57 Eine praktische Drachentasche

Wenn man einen Drachen nicht benutzt, sollte man ihn möglichst gut geschützt aufbewahren. In der Abb. 426 sehen Sie eine Anleitung zum Herstellen einer praktischen Drachentasche.

Abb. 426 Praktische Drachentasche

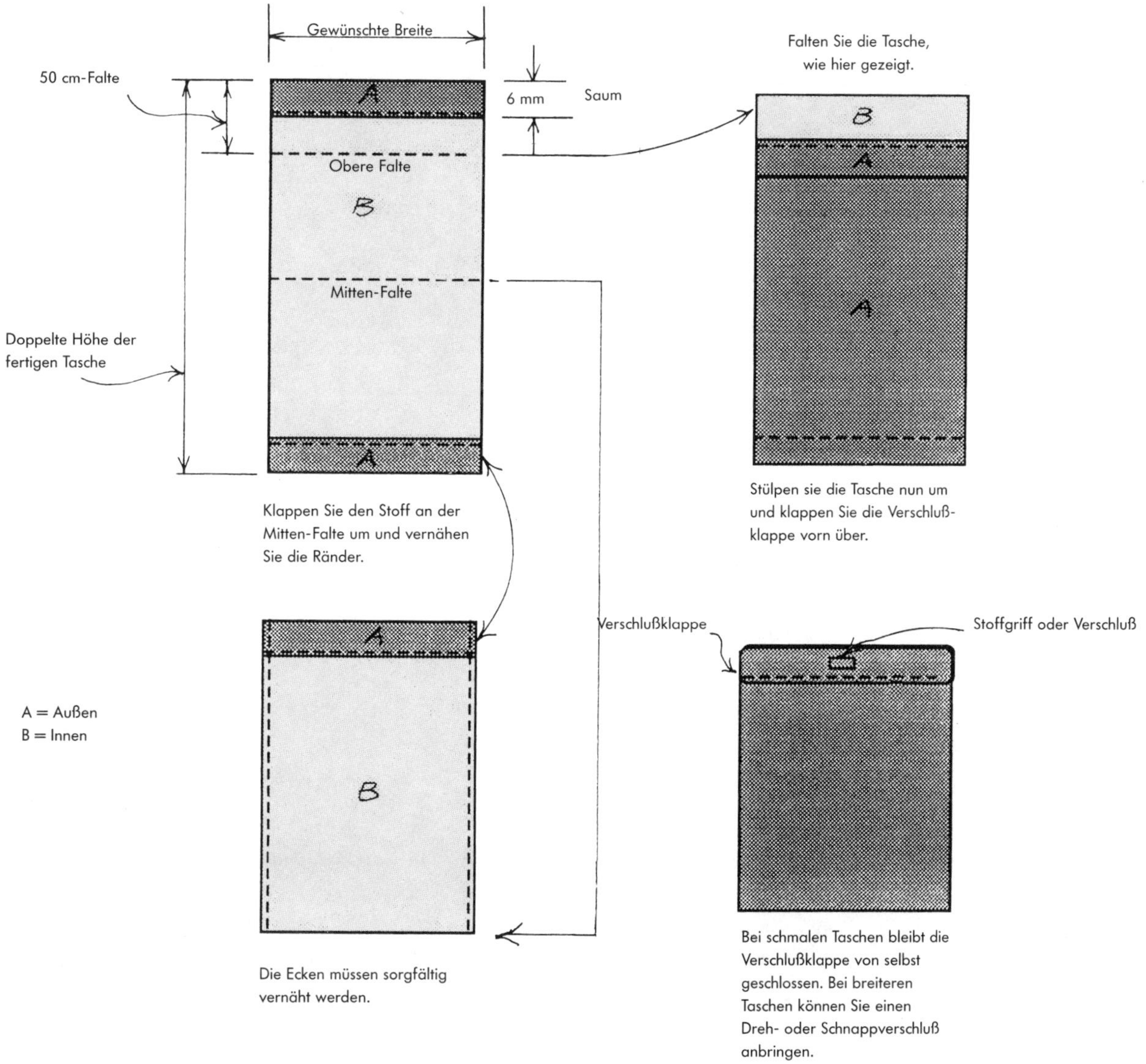

Anhang

Drachenclubs und Vereine

Deutschland

Drachen Club Deutschland
Wandsbeker Chaussee 82
22089 Hamburg

Der Drachen Club Deutschland (DCD) ist ein Verband, der alle Belange des Drachensports in Deutschland fördert und auch aktiv vertritt. Viermal jährlich erscheint sein Clubmagazin »Hoch hinaus«. Der DCD wurde 1984 gegründet. Daneben existieren in zahlreichen Orten Deutschlands weitere Clubs und Vereine, die zum Teil im DCD organisiert sind (im folgenden mit * markiert).

Diese Zusammenstellung deutscher Drachenclubs und -vereine beruht auf aktuellen Angaben. Durch Vorstandswechsel oder ähnliches können sich die hier genannten Adressen jedoch ändern. Aktuellste Informationen erhalten Sie jedoch immer beim Drachen Club Deutschland – oder Sie schauen mal ins Internet (siehe Seiten 116, 117).

Arnsberg:
Drachenfreunde »Take Off«
Bernd Sawatzki
Alt Hüsten
59579 Arnsberg

Bad Kreuznach:
IG Fesseldrachen Bad Kreuznach
Heiko Schmidtke
Weyroth 11
55543 Bad Kreuznach

Bad Mergentheim:
Drachenclub Mergentheimer Windspieler e. V.*
Achim Müller
Eisenbergweg 85
97980 Bad Mergentheim

Bad Schwartau:
Hanse Drachenclub e.V.*
Roman Sobieroy
Eutiner Str.
25611 Bad Schwartau

Berlin:
Drachenclub Berlin »AERO-FLOTT« e. V.*
Hans Peter Böhme
Saarstr. 19
12161 Berlin

Bocholt:
Flying Circus e. V.*
Hans Jürgen Telaar
Stifterweg 17
46397 Bocholt

Cuxhaven:
Drachen Club »He flüch doch« e. V.
Frank Dankert
Hamburg-Amerika-Str. 2b
27472 Cuxhaven

Delbrück:
Drachenclub Fly in the Sky e. V.
Werner Gerken
Postdamm 1/100
33129 Delbrück

Detmold:
Drachenclub Lippe-Detmold e. V.
Peter Heerdejürgen
Postfach 1227
32760 Detmold

Dillingen/Saar:
Drachenclub Pegasus Dillingen/Saar
Armin Franzke
Saarstr. 22
66763 Dillingen

Duisburg:
Drachenclub Rheinhausen
Peter Schneider
Auf dem Dudel 8
47228 Duisburg

Düsseldorf:
Düsseldorfer Drachenfreunde e. V.*
Jürgen Ebbinghaus
Stadtwaldstr. 63
41179 Mönchengladbach

Eckernförde:
Stieg op Drachenfreunde Eckernförde e. V.*
Helmut Gubisch
Karl-Amwer-Ring 13
24340 Eckernförde

Essen:
Ruhrdrachen e. V.
Horst Merschkewitz
Auf der Donai 16
45139 Essen

Esslingen:
Sportfreunde Esslingen
Frank Eckstein
Stöckenbergweg 33
73732 Esslingen

Freiburg:
Drachenclub Breisgau e. V.
Franz Flach
Hurstweg 10
79114 Freiburg

Youth-Power Kiter Club
Jakob von Trotha
Altgasse 16
79112 Freiburg

Fulda:
Wind-Spiel-Gemeinschaft Fulda e. V.*
Ulrich Kersten
Rittlehnstr. 5
36041 Fulda

Hamburg:
Drachen-Club Flattermann e. V.*
Matthias Raabe
Grotenkamp 53
22607 Hamburg

Drachengruppe »Laß einen Fliegen«
R. Kregovski
Sievekingsallee 114d
20535 Hamburg

Hamm:
Drachenfreunde Hamm e. V.*
Werner Köhler
Bockumer Heide 1
59075 Hamm

Luftsportclub Hamm e. V.*
Heessenerstr. 24
59065 Hamm

Heidenheim:
Heidenheimer Albflyer
Robert Jaekel
Buchhofsteig 38
89522 Heidenheim

Herne:
Windpiraten e. V.
Frank Schulte
Katharinastr. 18
44628 Herne

Itzehoe:
Drachenfreunde Itzehoe
Wilhelm Sahm
Eichenstr. 5
25587 Münsterdorf

Kassel:
Drachenclub Himmelstürmer e. V.
Frank Memmeler
Wolfhagenstr. 102
34127 Kassel

Kiel:
Drachenclub Kiel oben
Andreas Rathge
Kaiserstr. 28
24143 Kiel

Köln:
Drachenfreunde Köln e. V.*
Dieter Lang
Schaafenstr. 39
50676 Köln

Leipzig:
1. Drachenclub Mondschegriebchen e. V.
Reinhard Wild
Karl-Rothe-Str. 2
04105 Leipzig

Lingen:
Drachtreff Jugendzentrum Lingen
Stephan Berndzen
Konrad-Adenauer-Ring 40
49808 Lingen

Lüneburg:
1. Lüneburger Drachenverein »Hart am Wind« e. V.
Friedhelm Brandt
Am Berge 3
21335 Lüneburg

München:
Erster Münchner Drachenclub
Martin Nesyt
Korbinianstr. 50b
80807 München

First Munich Dragon Club
Peter Muth
Eschenstr. 56
85716 Unterschleißheim

Neu-Isenburg:
Drachengruppe Neu-Isenburg
Peter Strüb
Kronengasse 6
63263 Neu-Isenburg

Nordenham:
Drachen Club Wesermarsch
Heiko Bahlmann
Deichgräfenstr. 16
26954 Nordenham

Nürtingen:
Drachenfreunde Nürtingen
Wolfgang Engelhardt
Röntgenweg 12
72622 Nürtingen

Oberhausen:
Drachenfreunde Sterkrader Heide
R. Eickelkamp
Walsumermarkstr. 64
46147 Oberhausen

Osnabrück:
Drachenclub Osnabrück »Bleib bloß oben«
Dieter Wasilke
Schlingheide 2
49179 Venne

Peine:
Colors in the Sky
Uli Heinecke
Bodenstadtstr. 6
31224 Peine

Pirmasens:
Allgemeiner Drachensportverein Pirmasens e. V.
Carsten Drews
Zweibrücker Str. 92
66953 Pirmasens

Recklinghausen:
Drachenzauber Recklinghausen
Andreas Hardtung
Suderwichstr. 235
45665 Recklinghausen

Rendsburg:
Rendsburger Drachenclub
Hans Basmann
Postfach 648
24752 Rendsburg

Rodgau:
Drachenclub Aiolos Rodgau e. V.
Jürgen Schneider
Friedberger Str. 32
63110 Rodgau

Rodgauer Drachenclub
W. Husmann
Feldstr. 12
63110 Rodgau

Schwäbisch Gmünd:
Gmünder Drachenclub
Bodo Borchert
Klostersteige 16
73527 Schwäbisch Gmünd

Solingen:
Crazy-Peel Buggy Team Gruppe West
Thomas Feldker
Lenbachstr. 17
42719 Solingen

St. Ingbert:
Drachenclub Himmelsstürmer
Jens Jungfleisch
Hans-Böckler-Str. 7
66386 St. Ingbert

Stade:
Fessel Drachen Freunde Stade
Kerstin Schmiedel
Heidbecker Weg 4
21680 Stade

Wiesbaden:
Drachenclub Wiesbaden e. V.*
Helmut Schwägler
Am Parkfeld 10a
65203 Wiesbaden

Wuppertal:
Fesseldrachenclub Schwebebahn
Udo Kammler
Fischertal 62
42287 Wuppertal

Würzburg:
1. Drachenclub Fuchur e. V.
Stephan Müller
Lindahlstr. 2
97070 Würzburg

Österreich

Fly High
1. Wiener Drachenbau- und Flugverein
Argentinierstr. 16
1040 Wien

Schweiz

Drachenclub Regio Basel
Postfach 19
4123 Allschwil

Drachenfreunde Aarau
Hanspeter Arm
Untere Torfeldstr. 10
5022 Buchs

Drachenclub St. Gallen
Postfach 116
9030 Abtwil/St. Gallen

Drachenclub Wehntal
Postfach 19
8165 Schöfflisdorf ZH

Drachenclub Engadina
Silvia Fässler
Chesetta
7513 Silvaplana

Frankreich

Cerf-Volant Club de France CVCF
B.P. 186
75623 Paris Ledex 13

Italien

Associazione Italiana Aquilonisti – AIA
Via Dandolo 19
00153 Roma

Niederlande

Dutch Kite Society
P.O. Box 180
6200 AD Maastricht

Dänemark

Dansk Drage Klub
Jørn Engholm Jensen
Kastanieallee 29
6270 Tønder

Belgien

de Nouveau Cervoliste Belge
Ernest Lernout
Gouden Regen 25
2510 Mortset

Großbritannien

Kite Society of Great Britain
31 Grange Road
Ilford
GB-Essex IG 1 EU

USA

American Kitefliers Association
352 Hungerford Drive
Rockville, MD 20850

Drachenfeste

Fast jedes Wochenende – vor allem im Herbst – findet irgendwo ein Drachenfest statt. Aktuelle Termine können Sie bei Drachenclubs erfragen oder in Fachzeitschriften nachlesen. Auch das Internet bietet eine gute Möglichkeit, die aktuellen Daten von Drachenfesten herauszufinden. Die folgende Aufstellung von Drachenfesten ist nur eine kleine, nicht vollständige Übersicht jährlich stattfindender Ereignisse in Deutschland und in aller Welt.

Januar:

Winterfliegen in Hamm

Februar:

Streckenrennen in Silvaplana, Schweiz

März:

Venezia World Kite Festival in Venedig, Italien
Royal Thai Kite Competition in Bangkok, Thailand
Oahu Kite Flying Festival, Oahu, Hawaii/USA
Ocean Beach Kite Festival mit Parade in San Diego, USA
Smithsonian Kite Festival in Washington, USA

April:

Drachenfest in Aurach/Mittelfranken
Deutsch-Amerikanisches Drachenfest in Bad Kreuznach
Osterfliegen in Liebschützberg/Sachsen
Internationales Drachenfestival der japanischen Drachenorganisation in Shimizu, Japan

Mai:

DCB-Vereinsfliegen in Berlin
Drachen- und Zirkusfest in Burhave
Donaueschinger Drachentage
Flug in den Mai in Duisburg-Neuenkamp
Internationales Drachenfestival in Cervia, Italien

Juni:

Familiendrachenfest in Kassel
International Kitefliers Meeting in Fanø, Dänemark
International Fokker Kite Festival in Scheveningen, Niederlande
Blackheath Summer Kite Festival in London, Großbritannien
Riesendrachenfestival in Shirone, Japan

Juli:

Drachenfest in Oldenburg-Kreyenbrück
Flughafen-Drachenfest in Rotenburg/Wümme
Vlieger Treff in Hoek van Holland, Niederlande
Vliegerfest in Groote Keeten, Niederlande

August:

Drachen über Lemwerder
Drachenfest in Stendal
Long Beach Kite Festival in Long Beach, USA

September:

Drachenfest in Bad Berka/Erfurt
Bad Mergentheimer Drachenfest
Internationales Drachenfest in Berlin
Teutoburger Drachenfest in Bielfeld am Obersee
Drachenfest der Kurverwaltung Borkum
Familiendrachenfest Braunfels
Sauerländer Drachenfest in Brilon-Scharfenberg
Internationales Drachenfest in Damp
Diestelbrucher Drachenfest
Dillinger Drachenfest
Alb-Drachenfest in Gerstetten
Gifhorner Drachenfestival
Internationales Drachenfestival in Goslar
Howachter Drachenfest
Leipziger Familiendrachenfest
Lindenhöfer Drachen- und Familienfest
Südheider Familiendrachenfest in Nienhagen
Oltner Drachenfest
Familiendrachenfest in Rodgau
Familiendrachenfest Syke
Familiendrachenfest in Titz-Kalkrath
Völklinger Drachenfest
OZ-Drachenfest in Warnemünde
Drachen-Wochenende in Skansenhagen, Dänemark
Internationales Drachenfestival in Rømø, Dänemark
Familiendrachenfest Interlaken, Schweiz
International Kite Festival in Dieppe, Frankreich
Internationales Drachenfestival in Sanur, Bali/Indonesien

Oktober:

One Sky One World – International Kite Fly for Peace (weltweit)
Augsburger Drachenfest
Familiendrachenfest in Bebra-Iba
Ilmenauer Familiendrachenfest mit Workshop
Allgäuer Drachenfest in Kaufbeuren
Familiendrachenfest in Lünen
Malmsheimer Drachenfest
Nürtinger Drachenfest
Hunsrücker Drachenfest in St. Goar-Werlau
Viersener Familiendrachenfest
Wolfenbüttler Segelflugplatzfest
Drachenparty in Maloja, Schweiz
Herbstdrachenfest in Wien, Österreich
Internationales Drachenfestival Cala Ratjada, Spanien

November:

Drachentreffen Fuerteventura, Spanien

Dezember:

Kölle-Indoor-Kiting in Köln

Literaturhinweise

Backes, W.: Drachen aus aller Welt, Ravensburg 1987

Backes, W.: Drachen bauen, Ravensburg 1984

Backes, W.: Drachen einfach und schnell gebaut, Ravensburg 1997

Backes, W.: Drachen kombinieren und verketten, Ravensburg 1989

Botermans, J., Weve, A.: Drachenmodelle zum Selberbauen, München 1986

Bridgewater, A. und G.: Easy-To-Make Decorative Kites, New York 1985

Christopher, T.: Drachen-Modelle zum Selberbauen, München 1984

Diem, W.: Drachenbuch für Kinder, Ravensburg 1987

Erfurth, Th., Schlitzer, H.: Originelle Drachen zum Nachbauen, Wiesbaden 1988

Eugster, J.: Drachen, Bausteine für das Werken, Liestal 1984

Greger, M.: Kites for Everyone, Washington 1984

Hart, C.: Kites: An Historical Survey, Mount Vernon, New York 1982

Hunt, L.L.: 25 Kites That Fly, New York 1971

Jue, D.: Chinese Kites: How to Make and Fly Them, Vermont & Tokio 1984

Klaus, T.: Drachen – Spiel und Sport für jung und alt, München

Moulton, R.: Das Drachenbuch, Ravensburg 1982

Neuner, R.: Drachen – Spiele mit dem Wind, Aarau 1994

Pelham, D.: DuMont's Bastelbuch der Drachen, Köln 1977

Schimmelpfennig, W.: Hobby-Drachen bauen und steigen lassen, Niedernhausen/Ts. 1987

Schimmelpfennig, W.: Phantastische Drachenwelt, Niedernhausen/Ts. 1991

Skinner, Scott: Kites. Paper Wings Over Japan, New York 1997

Streeter, T.: A Kite Journey Through India, New York 1996

The Dayton Art Institute: Art That Flies, Dayton, Ohio 1991

Die führenden Fachzeitschriften zum Thema Drachen sind:

Drachenmagazin
Brahmsallee 8
20144 Hamburg 13

Sport und Design Drachen
Postfach 1128
76530 Baden-Baden

sowie in englischer Sprache die

Kite Lines
Aeolus Press, Inc.
P.O. Box 466
Liberty Road, Randallstown
Maryland 21133–0466, USA

Fachgeschäfte für Drachenfreunde

Auf den folgenden Seiten finden Sie eine Liste mit Fachgeschäften, in denen Sie Materialien für den Drachenbau, Fachliteratur, Bauanleitungen oder einfach Rat und Unterstützung bei Fragen rund um Drachen erhalten können. Die Liste bietet nur eine Auswahl von Fachgeschäften. Weitere Adressen in Ihrer Nähe finden Sie im Telefonbuch oder in den Gelben Seiten, wo Sie auch unter den Rubriken »Modellbau« bzw. »Modellbaubedarf« fündig werden können.

Chill Out
Friedberger Str. 116
86163 Augsburg

Windspiel
Kopenhagener Str. 75
10437 Berlin

Vom Winde verweht
Eisenacher Str. 81
10823 Berlin

Pegasus
Oberstr. 138
56154 Boppard

Windvogel
Marterburg 30/1
28195 Bremen

Drachenschwärmer
Ostertorsteinweg 58
28203 Bremen

Flic Flac
Mühlenstr. 12
27568 Bremerhaven

Flic Flac
Strichweg 14
27472 Cuxhaven

Drachenparadies & Das
Nieder-Ramstädter Str. 45
64283 Darmstadt

Drachenschmiede Dortmund
Weißenburger Str. 5
44135 Dortmund

KeWo International
Tonhallenstr. 21
47051 Duisburg

Zieh Leine
Sonnenwall 54
47051 Duisburg

Aufwind
Ellerstr. 134
40227 Düsseldorf

Drachenladen Rieleit
Münsterstr. 71
40476 Düsseldorf

Flic Flac
Brückstr. 2
26725 Emden

Jam Drachenwerkstatt
Mozartstr. 9
79312 Emmendingen

Drachenwerkstatt
Margaretenstr. 71
45144 Essen

Looping – Freizeit, Sport und mehr
Rathausplatz 18
73728 Esslingen

Kaskade
Holm 17
24937 Flensburg

Larry's Drachenshop
Jägerallee 21
65933 Frankfurt

Drachenfieber
Hardtstr. 25
72250 Freudenstadt

Drachenwerkstatt Schmitz & Vogel GmbH
Ahstr. 7
45879 Gelsenkirchen

Luftikus Drachen
Polsumer Str. 75
45896 Gelsenkirchen

Drachenladen Göttingen
Kurze Geismarstr. 34
37073 Göttingen

Wolkenstürmer
Hansastr. 52
20144 Hamburg

Windspiele
Weidestr. 147
22083 Hamburg

Luftzirkus
Drosselstr. 4
22305 Hamburg

Luftpirat
Kieler Str. 685
22527 Hamburg

Drachenfänger
Fischbecker Str.
31785 Hameln

Windvogel
Wilhelmstr. 91
59067 Hamm

The Difference, Drachen und mehr …
Gladiolenweg 1
59071 Hamm

Fridolin's
Lister Meile 15
30161 Hannover

Drachenfachgeschäft Flieg-Zeug
Braunstr. 10
30169 Hannover

Metropolis – Drachen und Zubehör
Musbeker Weg 88
24955 Harrislee

Drachenhäusle
Goethestr. 74
74076 Heilbronn

Drachendompteur
Pfarrgasse 20
65719 Hofheim

Flic Flac
Alter Markt 7
26441 Jever

Henrys
Adlerstr. 27a
76133 Karlsruhe

Kiters Point
Gablonzer Str. 10
76187 Karlsruhe

Höhenflug
Knooper Weg 185
24118 Kiel

Drachenshop Bernauer
Eichendorfstr. 70
73230 Kirchheim/Teck

Pattevugel – Der Kölner Drachenladen
Pfeilstr. 47
50672 Köln

Drachenladen Zieh Leine
Schaafenstr. 39
50676 Köln

Drachenladen Lübeck
Hüxterdamm 12a
23552 Lübeck

Taucher-Treff/Drachen-Point
Gothlandstr. 13
23558 Lübeck

Bavarian Kites »Der Drachenshop« Uwe Hesse
Isartorplatz 9
80331 München

Drachenladen Aumer
Korbinianstr. 5a
80807 München

Drachendoktor
Hansaring 1
48155 Münster

Kite Base
Hauptstr. 11
69151 Neckargemünd

Lindwurm
Johannisstr. 47b
90419 Nürnberg

Flic Flac
Gaststr. 13
26122 Oldenburg

Drachenhöhle
Edewechter Landstr. 43
26131 Oldenburg

Edi's Drachenladen
Erbprinzenstr. 92
75175 Pforzheim

Drachengrube
Untere Breite Str. 28
88212 Ravensburg

Drachenladen Hennes
Sudetenlandstr. 29a
83024 Rosenheim

Die Drachenecke
Neißestraße 2
38226 Salzgitter

Ars Ludi ... spiel mit Phantasie!
Gilgenstr. 23
67346 Speyer

Drehwurm
Aarstr. 248
65232 Taunusstein-Wehen

Leyendecker
Saarstr. 6-12
54290 Trier

Jonathan Dirk Flethe
Münsterstr. 23
33775 Versmold

Drachen Shop Succow
Hochstr. 129
41749 Viersen-Süchteln

Wirbelwind Alexander Goebels
Schirick 75a
41751 Viersen-Dülken

Brummkreisel – Drachen und Mee(h)r
Seestr. 12
18119 Warnemünde

Hobbyshop
Mainstr. 12
65203 Wiesbaden

Flic Flac
Mozartstr. 8
26382 Wilhelmshaven

Aufwind
Luisenstr. 96
42103 Wuppertal

Zugvögel – Drachen-, Flug- und andere Spiele
Postplatz 6
18374 Ostseebad Zingst/ Darß

Fly High
Mariahilferstr. 77
1060 Wien

Wörterliste Englisch-Deutsch

In diese kurze Wörterliste wurden nur Begriffe aufgenommen, die direkt mit Drachen oder mit dem Drachenbau zu tun haben. Sie kann Ihnen als praktisches Nachschlagemittel dienen, wenn Sie z. B. englischsprachige Drachenseiten im Internet aufrufen oder wenn Sie eine in englischer Sprache verfaßte Bauanleitung vor sich haben.

adjuster – Regler
adjustment beads – Regulierungskugeln
aft in-flight vie – Fluganssicht von hinten
aft – unten (in Detailzeichnungen)
aircraft plywood – Flugzeugsperrholz
aircraft spruce – Fichtenleiste
allowance – Zugabe
arrow-nock – Pfeilnocke
aspect ratio – Streckenverhältnis
assembly – Montage
backstitch – Steppstich
balance point – Waagpunkt
band saw – Bandsäge
beads – Kugeln
bead-tension system – Kugelsystem zur Spannungsregulierung
bias cut – Diagonalschnitt
bias tape – Saumband
blind nut – Schraubenmutter
bolt – Schraube
bow line – Spannschnur
bow-line adjuster – Spannschnurregler
bow-spar – (gebogener) Querstab
box cell – Kastenzelle
box-kite – Kastendrachen
braided – geflochten
brass grommet – Metallöse
bridle – Waage
cambered – gewölbt
canopy – Kappe
cell – Zelle
compound kite – Kombidrachen
countersink bolt – Senkschraube
cross-spar – Drachenkreuz
cutout-V – V-förmige Öffnung
cutting – Zuschnitt
dacron line – Dacronschnur
Delta Box Kite – Delta-Kastendrachen
double-wall keel – zweiwandiger Kiel
dowels – Rundhölzer
drag – Zugkraft
Dragon Kite – Schlangendrachen
drogue – Schleppsack
Eddy Kite – Eddy-Drachen
edge binding – Randeinfassung
emery board – Papierraspel
end cap – Schutzkappe
epoxy tubing – Kohlefaserrohr
face – Unterseite
ferrule – Stab
fiberglass ferrule – Glasfaserstab
fiberglass – Glasfaser
Fighter Kite – Kampfdrachen
fin batten – Flossenleiste
fin stabilizer – Stabilisierungsflosse
flat kite – Flachdrachen
fore – oben (in Detailzeichnungen)
four-legged bridle – vierschenklige Waage
frame – Gerüst
framing string – Rahmenschnur
fulcrum – Waagpunkt
grommet – Öse

grosgrain – grobfaserig
guy-line – Spannschnur
head-on view – Frontalansicht
heat-sealing – Schmelzkleben
hem – Umsäumung, Saum
hem allowance – Zugabe für die Umsäumung/ den Saum
hobby knife – Universalschneider
hot-cutting – Heißschnitt (mit einem Lötkolben heiß ausschneiden)
hot-tacking – Heißheften
I. D. – Innendurchmesser
intersection joint – Kreuzverbindung
jig – Spannvorrichtung
keel panel – Kielstreifen
key ring – Schlüsselring
kite – Drachen
kraft paper – Packpapier
L/D ratio – Auftriebs-/Zug-Verhältnis
lark's head hitch – Lerchenkopf (eine Knotenart)
leading edge – Vorderkante
leg – Waagenschenkel
lift ability – Steigvermögen
line – Flugleine
lock-stitch – Steppstich
longeron – Mittelholm, Längsstab
loop – Schlaufe
notch – Kerbe
notched – eingekerbt
nut – (Schrauben-)Mutter
nylon webbing – Nylontuch
outer bow-spar – äußere Querstrebe
overhand knot – Überhandknoten
panel – Stoffteil, Stoffbahn
Parafoil Kite – Parafoil-Drachen
Parawing Kite – Schirmflügeldrachen
pennant – Wimpel
perimeter hems – Randumsäumung
plane-surface kite – Flachdrachen
reel – Haspel, Spule
reinforcement – Verstärkung
retainer joint – Feststellvorrichtung
ripstop – Spinnakernylon
Roller Kite – Roloplan-Drachen
rope – Leine
sail material – Segelmaterial
sail tension system – System zur Spannungsregulierung des Segels
scarf joint – Hakenblatt
secure point – Befestigungspunkt
semirigid – halbstarr
shock-cord-system – Gummizug-System
shroud-line – Tragleine
sleeve – Umsäumung, Saum
slip knot – Laufknoten
slot – Kerbe
soaring ability – Flugeigenschaften
space bar – Waagstab
spar – Rundstab; Stab
spine – Längsstab
spinner – Winddreher
spreader bar – Spreizstab
square off – rechtwinklig zuschneiden
stopper knot – Stopperstek
strapping tape – Isolierband
streamer – Streifenschwanz
Stunt Kite – Kunstflugdrachen
swivel – Wirbel
tail banner – Schwanzstock
tail – Schwanz
tapered – spitz zulaufend
tassels – Quasten
template – Schablone
tension system – System zur Spannungsregulierung
tether – Leine

tissue paper	– Seidenpapier
T-joint	– T-Verbindung
torque-resistance	– Belastungsfähigkeit
tow point	– Zugpunkt
tow ring	– Waagring
trailing edge	– Hinterkante des Drachensegels
train	– (Drachen-)Kette
trim	– trimmen
tweezers	– Pinzette
twill tape	– Dacronband
two-legged bridle	– zweischenklige Waage
tyvek	– Tyvek
venting	– Windloch, Windlöcher
white glue	– Holzleim
wing sleeve	– Flügelsaum
wing spar	– Flügelstab
wing-spar dowels	– Rundhölzer für Flügelstäbe
wood beads	– Holzkugeln

Register